唐代五绝品读与英译研究系列

教育部人文社会科学研究一般项目"唐代五绝及其韵体英译研究"
(项目编号:14YJA740039)资助出版

唐代五绝品读与英译研究
及韵体英译探索

上卷

An Appreciation of Tang Dynasty's Quatrains with Five Chinese Characters to Each Line, a Research on Their English Translations, and an Exploration of Translating Them into English Verse

Volume 1 of 2

王永胜　李　艳　著

WANG Yong-sheng, LI Yan

哈尔滨工业大学出版社

内容提要

当前,在中西方文化交流日益繁盛以及"文化自信"和"一带一路"的背景之下,国内外学者对中国古诗词的翻译和研究方兴未艾。本书包括上、下两卷,重点对唐代五绝加以品读(包括人物品读、艺术品读和个人品读等三个方面的内容),为其英译研究和韵体英译(韵译)探索打下坚实的基础。在此基础上,对唐代五绝英译问题通过不同的译本或相关的译例加以对比研究,并做韵译方面的探索。本书对中国传统文化的国际传播具有现实意义。

本书共十七章,主要内容包括绪论、诗歌的起源、唐诗简史、唐诗格律、五绝特点、英诗格律、古诗英译状态,以及五绝的品读、英译研究和韵体英译探索,这些五绝涵盖离别、乡情、友情、闲适、怨情、思恋、景色、物象、饮酒、月夜等。

本书可供英语及汉语专业本科生及研究生阅读、参考,也可供感兴趣的非英语或汉语专业本科生及研究生参考。本书可供海内外广大文学爱好者阅读,也可供有关诗歌(特别是汉语古体诗和英文格律诗)和翻译等方面的学习者和研究者阅读、参考。

图书在版编目(CIP)数据

唐代五绝品读与英译研究及韵体英译探索:上、下卷/王永胜,李艳著. —哈尔滨:哈尔滨工业大学出版社,2019.4
ISBN 978-7-5603-4033-3

Ⅰ.①唐… Ⅱ.①王… ②李… Ⅲ.①唐诗-五言绝句-英语-文学翻译-研究 Ⅳ.①I207.227.42 ②H315.9

中国版本图书馆 CIP 数据核字(2019)第 038711 号

责任编辑	田新华
封面设计	刘长友
出版发行	哈尔滨工业大学出版社
社　　址	哈尔滨市南岗区复华四道街10号　邮编150006
传　　真	0451-86414749
网　　址	http://hitpress.hit.edu.cn
印　　刷	哈尔滨市道外区铭忆印刷厂
开　　本	880mm×1230mm　1/32　印张23.5　字数801千字
版　　次	2019年4月第1版　2019年4月第1次印刷
书　　号	ISBN 978-7-5603-4033-3
定　　价	120.00元(上、下卷)

(如因印装质量问题影响阅读,我社负责调换)

前　言

中国是一个诗歌的国度，也是一座诗歌的百花园，而唐代诗歌则是这座百花园中一朵朵娇艳之花。这些娇艳之花装点着中国诗歌的百花园，令其变得绚烂无比、美妙绝伦、经久不衰，从而使之鸟语花香、芳香四溢、生机盎然。在这里，从古体诗歌，如"忽如一夜春风来，千树万树梨花开"（岑参《白雪歌送武判官归京》），到近体诗歌，如"日暮乡关何处是，烟波江上使人愁"（崔颢《黄鹤楼》），再到发端期的词作，如"思悠悠，恨悠悠，恨到归时方始休"（白居易《长相思·汴水流》），朵朵唐代诗词（"词"其实是一种特殊形式的"诗"）之花争奇斗艳，令人目不暇接。

唐诗的美以及唐诗所表达的情感，无处不在。这里有依依惜别之情——"劝君更尽一杯酒，西出阳关无故人"（王维《渭城曲》，一作《送元二使安西》）；"别离在今晨，见尔当何秋"（韦应物《送杨氏女》）；"日暮酒醒人已远，满天风雨下西楼"（许浑《谢亭送别》）；"醉不成欢惨将别，别时茫茫江浸月"（白居易《琵琶行》，一作《琵琶引》）；"朝朝送别泣花钿，折尽春风杨柳烟"（鱼玄机《折杨柳·朝朝送别泣花钿》）。这里有无尽的乡愁——"举头望明月，低头思故乡"（李白《静夜思》）；"遥怜故园菊，应傍战场开"（岑参《行军九日思长安故园》）；"此夜曲中闻折柳，何人不起故园情"（李白《春夜洛城闻笛》）；"今夜月明人尽望，不知秋思落谁家"（王建《十五夜望月寄杜郎中》）。这里有别后的思念——"愿君多采撷，此物最相思"（王维《相思》）；"忆君心似西江水，日夜东流无歇时"（鱼玄机《江陵愁望寄子安》，一作《江陵愁望有寄》）；"遥知兄弟登高处，遍插茱萸少一人"（王维《九月九日忆山东兄弟》）；"花红易衰似郎意，水流无限似侬愁"(刘禹锡《竹枝词九首》其二);"啼时惊妾梦,不得到辽西"(金昌绪《春怨》,一作《伊州歌》)。这里有对春的咏叹——"畏老身全老,逢春解惜春。今年看花伴,已少去年人"(李益《惜春伤同幕故人孟郎中兼呈去年看花友》);"无计延春日,何能驻少年"(杜牧《惜春》);"昨夜闲潭梦落花,可怜春半不还家"(张若虚《春江花月夜》);"残阳寂寞东城去,惆怅春风落尽花"(武元衡《崔敷叹春物将谢恨不同览时余方为事牵束及往寻不遇题之留赠》);"恰似春风相欺得,夜来吹折数枝花"(杜甫《绝句漫兴九首》其二)。这里有真挚的劝勉话语——"莫愁前路无知己,天下谁人不识君"(高适《别董大二首》其一);"莫学武陵人,暂游桃源里"(裴迪《送崔九》,一作《崔九欲往南山马上口号与别》);"十年未称平生意,好得辛勤谩读书"(刘长卿《客舍喜郑三见寄》);"青春须早为,岂能长少年"(孟郊《劝学》),等等。这里有的,实在太多、太多,不胜枚举。徜徉在这座百花园中,真是令人流连忘返,犹入桃花源地,久久不肯离去。

君不见"茂陵刘郎秋风客,夜闻马嘶晓无迹"(李贺《金铜仙人辞汉歌》),却又是"闲云潭影日悠悠,物换星移几度秋"(王勃《滕王阁诗》)。是啊,物是人非。可是,时间是永恒的,那夜空中皎洁的明月是永恒的——"今人不见古时月,今月曾经照古人"(李白《把酒问月·故人贾淳令予问之》)。于是,唐代之后的一位文人不禁发出这样的感慨:"但愿人长久,千里共婵娟。"(宋代苏轼《水调歌头·明月几时有》)随着时间的推移,几乎一切都将化作历史的尘烟,那情景犹如"南朝四百八十寺,多少楼台烟雨中"(杜牧《江南春绝句》)。但是,诗永恒,这也是令人欣慰之事。在中国诗歌的百花园中,朵朵唐诗的娇艳之花,依然开放,吐露馨香。

在此,不妨将镜头拉近,你就会发现,在中国诗歌百花园里朵朵娇艳的唐诗之花中,有一种不起眼的小花,也在迎风绽开笑脸。虽小,却不孤单,却也娇艳,却也翩翩,却也非凡,且更为耀眼。这种小花,对唐诗的园区加以装点,令其更加辉煌、璀璨。这就是唐诗中的五绝——五言绝句。有谁不了解"春眠不觉晓,处处闻啼鸟",有谁不感叹"夜来风雨声,花落知多少",有谁不熟谙"红豆生南国,春来发几枝",又有谁不懂得"欲穷千里目,更上一层楼""白日依山尽,黄河入海流"的壮美,"千山鸟飞绝,万径人踪灭"的静谧,"一声何满子,双泪落君前"的幽怨,"落花如有意,来去逐船流"的情思,"古调虽自爱,今人多不弹"的悲叹……这一切的一切,又有谁没有体会过!

一般来说,"五绝"为"五言绝句"的省称,而"五言绝句"则为"五言律诗"的一半,即诗体四行且每行五言,所以五绝具有狭义性,专指"五言律绝"(从这个层面上讲,"五绝"实质上也是"五言律绝"的省称),而非"五言古绝"(其省称应为"五古绝")的省称①。但是,一提到"绝句",自然要提到"古绝"与"律绝",或者"五绝"与"七绝",则"绝句"具有广义性:

> 古绝即古体诗的绝句,律绝指通常称为五绝、七绝的格律诗中的绝句。古绝与律绝,在体裁上的区别,突出表现在选择韵脚和讲究平仄这两个方面。
>
> 古绝的韵脚可押平声的也可押仄声的[sic]②,而律绝只押平声韵,不押仄声韵。读绝句时,发现它用的是仄声韵,那就能断定它不是律绝。但遇到用平声韵的绝句,还要根据它讲究平仄的程度,才能决定[sic]它属于哪种绝句。
>
> 古绝一般只关心两个字的平仄,它要求诗中三、四句的句末字必须平仄相反。如李绅《古风二首(其二)》③"谁知盘中餐,粒粒皆辛苦"的"餐(平)"与"苦(仄)",太上隐者《答人》"山中无历日,寒尽不知年"的"日(仄)"与"年(平)"。律绝则对诗中的全部用字,都要讲究平仄。在五绝、七绝的平仄格式上,从头到尾,何字该用平声,何字该用仄声,都有明确规定,写得清楚明白。
>
> (文东,2015:362)

至于仄韵诗是否为格律诗,专家学者间还存在着争议。目前有

---

① 更多关于"五绝"和"五古绝"方面的知识,敬请参阅本书上卷第五章第一节"五绝和五古绝"。
② "sic",拉丁文,意为"原文如此"。
③ 括号及括号内文字为本书著者所加。

很多专家学者认为符合格律要求的仄韵诗也是律诗,本书从之。另外,在历代唐诗选本中,不少选本将某些古绝特别是押仄韵的古绝视作律绝。具体体现,就是将某些五古绝归入五绝之列。鉴于此,为研究方便起见,本书五绝作品的选取并不是严格限定在律绝上,而是在实际选取过程中将少量按严格要求应为五古绝的作品也选来,并采取某些唐诗选本的观点视其为五绝作品。简而言之,本书中所提取的具有代表性的唐代五绝作品,绝大多数为"律绝",个别为"古绝",具体为"五古绝",因这样的古绝在很多唐诗选本中又做五绝处置,故本书从之。

短小精悍的五绝,需要细心地去品味和阅读,即品读,从而发现其中的美。品读之余,拿来与世人共赏,共赏的桥梁就是翻译,即通过翻译让世人了解中国的这种诗歌文化,了解这种"袖珍"的美感与"浓缩"的内涵。但是,品读和翻译之前,需要了解其"前身"——诗歌的起源,还需了解其"身世"——唐诗简史,还需看清其"容貌"——唐诗格律,更需了解其"秉性"——五绝的特点。这些方面对于唐代五绝的品读和翻译,不可小觑。品读之余,再将其拿来与世人共赏,就是将中国传统文化传播到全世界。于是,鉴于英语的全球化特点,英译恐怕是其中一个主要的途径了。

将唐代五绝这种小花拿来与世人共赏前,也就是在英译之前,要考虑到诸多因素,如英诗格律、古诗英译目前所存在的各种状态等。其中,最需要考虑的是英诗格律,特别是在把唐代五绝这样的古诗译成韵体英诗的情况之下,更得简单了解一下英诗的格律特点。正所谓"知彼知己,百战不殆;不知彼而知己,一败一负;不知彼不知己,每战必殆"[①]。

在文化融合的大背景下,中国的古典诗歌要想走向世界,进入交流领域,英译是必然的一步。但是,古诗英译的难度很大,受到诸多

---

① 《孙子·谋攻篇》,转引自"付朝,2010:120"(全书类似引用格式仅注:读者可在书后参考文献中姓名为付朝的作者2010年出版的那本书的120页上找到)。

因素的限制,也存在不少的争议。例如,将古诗译成英语时,是译成英语的散文体、自由诗体、格律诗体,还是译成改写诗体形式等。所幸的是,不管是大家,还是小家,抑或后起之秀;不管是中国人,还是外国人,抑或外籍华人,都对此做出了不懈的努力和探索,也为本书的研究奠定了坚实的基础。

英诗,特别是古典英诗,在长期的演变过程中形成了一套类似汉语近体诗即格律诗的"格律"——音步、节奏、押韵等。如:

Let us then be up and doing,	我们站起来开始采取行动吧,
With a heart for any fate;	胸怀赤诚之心何惧命运好坏;
Still achieving, still pursuing,	仍然要进取和追求啊,
Learn to labor and to wait.	还要学会苦干和等待[①]。

这样,了解了英诗的格律,就可以"以诗译诗",也就是所谓诗歌的"移植",即韵体英译,简称"韵译"——本书所研究的一个主题。当然,包括唐代五绝在内的古诗,也可以译成自由体英诗,或者散文体英文形式,或者改写体形式,对此国内外译者都做出了数量可观的尝试和探索。

本书在对唐代五绝进行简单分类的基础上,提取具有代表性的唐代五绝作品(绝大多数为"律绝",个别为"古绝",具体为"五古绝",但这样的五古绝在很多唐诗选本中又做五绝处置,故本书从之),不惜笔墨和篇幅对其加以品读,包括人物品读、艺术品读和个人品读三个方面,为其英译研究和韵体英译探索打下坚实的基础。紧接着,在对这些具有代表性的五绝作品所做的品读的基础上,对其英译问题通过不同的译本或相关的译例加以对比研究,并做韵译方面的探索。

乍一看,本书研究的重点落在"品读"上,似乎有"本末倒置"之嫌,但其实,这跟本书上卷前七章一样,是唐代五绝英译研究前特别

---

① 亨利·沃兹沃斯·朗费罗(Henry Wadsworth Longfellow)《人生颂歌》(*A Psalm of Life*)节选,王永胜译。

是韵体英译探索前的一个厚重的铺垫，也是本书著者追求的目标。与此同时，冒昧地希望这样的研究方式会收到"抛砖引玉"之功效，达到"举一反三"之效果。

需要说明的是，首先，为了给那些不能从头至尾阅读本书的读者一个完整的印象，更是为了方便读者阅读，本书中有些引用的古诗、译诗以及"注释"中一些条目做了重复化处理。也就是说，为了那些"查找式"阅读者的需要，上述内容反复再现，而未给出"Cross Reference"（交叉引用）提示，以免除读者来回"参见"之苦。其次，书中所引原文（指放在引号中的原封不动的引用），为尊重原文内容及原文作者，除了个别处加括注、脚注或加"[sic]"（方括号中的单词为拉丁文，意为"原文如此"）字样标注外，一律原封不动对原文加以抄录。另外，书中某些所引汉语原诗由于版本不一，最终采用的版本都有所说明或标注出处。

需要特别说明的是，本书引用的一些国内外学者的译诗，一律视作本书引文的一部分，均标明了出处，版权归原译者所有，而且本书著者对这些引用的译诗所做的点评，仅代表本书著者的观点，有失公允甚至不当之处在所难免，还望见谅。同时，欢迎广大读者就本书著者对这些译诗所做的点评提出批评意见，不胜感激。

本书不当之处，在所难免；错谬疏失，定当百出。敬请斧正，不吝赐教！

王永胜　李艳
2018 年 5 月 13 日

目 录

第一章 绪论 ………………………………………………… 1
　　第一节　中国诗歌:现代之初 …………………………… 1
　　第二节　中国诗歌:唐代之盛 …………………………… 3
　　第三节　唐诗英译:交流之需 …………………………… 4

第二章 诗歌的起源 ………………………………………… 7
　　第一节　劳动号子 ……………………………………… 7
　　第二节　传情达意 ……………………………………… 8
　　第三节　诗者,歌也 …………………………………… 10
　　第四节　诗以言志 ……………………………………… 11
　　第五节　《诗经》与诗歌 ……………………………… 12

第三章 唐诗简史 ………………………………………… 13
　　第一节　初唐时期 ……………………………………… 13
　　第二节　盛唐时期 ……………………………………… 19
　　第三节　中唐时期 ……………………………………… 25
　　第四节　晚唐时期 ……………………………………… 31

第四章 唐诗格律 ………………………………………… 35
　　第一节　平仄 …………………………………………… 36
　　第二节　押韵 …………………………………………… 42

第三节 对仗	46
第四节 章法	49
第五节 节奏	53

第五章 五绝特点 57
第一节 五绝和五古绝	57
第二节 平仄、押韵、对仗和章法	59
第三节 五绝的节奏	60
第四节 五绝的谱式	61

第六章 英诗格律 64
第一节 押韵	64
第二节 节奏	74
第三节 类别	80
第四节 诗体形式	86

第七章 古诗英译状态 95
| 第一节 古诗英译实践状态 | 95 |
| 第二节 古诗英译理论状态 | 102 |

第八章 离别五绝 113
第一节 山中离别	114
第二节 僧友离别	125
第三节 劝勉离别	139
第四节 南浦离别	152
第五节 易水离别	162

第九章　乡情五绝 …… 177

第一节　月夜乡情 …… 178

第二节　渡江乡情 …… 189

第三节　偶发乡情 …… 200

第四节　雨夜乡情 …… 214

第五节　战时乡情 …… 226

第十章　友情五绝 …… 245

第一节　秋夜友情 …… 246

第二节　赤诚友情 …… 261

第三节　寒夜友情 …… 276

第四节　临别友情 …… 291

第五节　质朴友情 …… 307

第十一章　闲适五绝 …… 320

第一节　雪中闲适 …… 321

第二节　隐居闲适 …… 334

第三节　春日闲适 …… 345

第四节　游览闲适 …… 356

第五节　洒脱闲适 …… 371

第一章 绪　　论

　　唐朝开国之初,采取了一系列措施,进行政治、经济、文化体制的改革,以至于在唐朝历史上出现了前所未有的盛世,如"贞观之治""开元盛世""元和中兴"等盛世局面,再加上道教的兴起、佛教的传入,以及科举制度的兴盛,使得文人的思想异常活跃,入仕、出仕司空见惯。有的人入仕为抱负,为家国;出仕后,有的人归隐,有的人失意,而遭贬谪则更为失意,有许多伟大的诗篇也因此而产生。这一切都为唐诗的孕育、发展和革新创造了得天独厚的条件。

　　口头形式的劳动号子"邪许"(yé hǔ),可能在无意之中成为中国诗歌的雏形;原始诗歌中的"燕燕往飞",也许就是中国第一首诗歌。中国是一个诗歌的国度,是一座诗歌的宝库。从《诗经》到唐诗,到宋词,到元曲,到第一首现代白话诗,再到现代朦胧诗(而非"离谱"得让人不知所云的朦胧诗),人们无不用诗歌去抒发情感,表达人生的喜怒哀乐。

第一节　中国诗歌:现代之初

　　1921年,中国现代史上一位大名鼎鼎的人物——胡适,写下一首题为《希望》的诗,跟以前的古体诗歌有着很大的不同,带着一股新鲜的芳香气息,扑面而来。这首诗后来经"陈德贤和任弼作曲、刘文正演唱"(阿忆,2012:80),广为流传。可以说,这首诗引发了清新的风格,或许是中国现代白话诗的鼻祖。虽然在古体诗中不乏类似胡适所创作的这样"通俗"的诗,但是由于那时处于文言文时代,不足为训。时至今日,许多人对这首谱了曲的诗歌,仍旧记忆犹新:

　　我从山中来,带着兰花草。
　　种在小园中,希望花开早。
　　一日看三回,看得花时过。
　　兰花却依然,苞也无一个。
　　转眼秋天到,移兰入暖房。
　　朝朝频顾惜,夜夜不相忘。
　　期待春花开,能将凤愿偿。
　　满庭花簇簇,添得许多香。①

上述歌词根据胡适的小诗《希望》改编而成。胡适写的这首小诗《希望》,最早出现在胡适1921年的日记中。当时,胡适的友人赠他花草一盆。他悉心照料,至秋却仍未开,于是就写下了这首名为《希望》的小诗。后来,这首诗收在其《尝试集》(第四版)中。这首小诗读起来,虽然会隐约见到一丝文言之痕迹,但更像是现代诗的萌芽了:

　　我从山中来,带得兰花草。
　　种在小园中,希望花开好。
　　一日望三回,望到花时过。
　　急坏种花人,苞也无一个。
　　眼见秋天到,移花供在家。
　　明年春风回,祝汝满盆花。

(胡适《希望》)

接下来,在这个小小的萌芽之上,一只"蝴蝶"翩翩而飞,开创了中国"新诗"的纪元:

---

① 歌曲《兰花草》的歌词,是一首改编自胡适《希望》的校园歌曲,转引自"阿忆,2012:80"。

两个黄蝴蝶,双双飞上天。
不知为什么,一个忽飞还。
剩下那一个,孤单怪可怜;
也无心上天,天上太孤单。 （胡适《蝴蝶》）

从胡适以前的"古诗",到胡适之后的"新诗",中国始终充满了诗的气息,中国可谓"诗国"。所以,说中国是诗的国度,一点都不为过。

第二节 中国诗歌：唐代之盛

中国诸诗之中,古典诗歌是其中的文化瑰宝。瑰宝之中,唐诗则首屈一指,成为其中一颗璀璨的明珠,而唐诗中的五绝,以其诗体(这里的"诗体"并非是上文所提到"诗歌的体式",而是指诗的主体,即诗的正文,下文涉及"诗体"时,其概念同此)短小、内容严谨、寓意深刻,成为这颗明珠上一个耀眼的光点,闪闪发光,至今不衰。例如：

白日依山尽,黄河入海流。
欲穷千里目,更上一层楼。 （王之涣《登鹳雀楼》）

中国文学史上一个辉煌的阶段就是唐宋文学阶段,以"唐诗""宋词"为代表。其中,唐诗是中国古典诗歌的一个巅峰。明代人胡应麟在其所著《诗薮》中,对唐代诗歌做了如下简要的阐述：

盛唐句如"海日生残夜,江春入旧年",中唐句如"风兼残雪起,河带断冰流",晚唐句如"鸡声茅店月,人迹板桥霜",皆形容景物,妙绝千古,而盛、中、晚界限斩然。故知文章关气运,非人力。

上述言论也说明时代风貌在诗歌作品中的反映。唐朝各个时期的风貌,但从浩如烟海的诗歌作品中,就可以充分地体现出来。譬如盛唐的自然之壮美：

日照香炉生紫烟,遥看瀑布挂前川。
飞流直下三千尺,疑是银河落九天。

（李白《望庐山瀑布水二首》其二）

唐朝存世290年。在这290年的历史长河中,唐诗就是一条清澈的支流,它一路流淌而下,构成了中国文学史上一道亮丽的风景线。唐诗是中华民族的骄傲,大唐的风风雨雨体现在一首首绚丽的唐诗之中。翻开唐诗,人们仿佛看到唐朝的血雨腥风、权力之争,又仿佛目睹了唐人的欢乐苦痛、富有贫穷。这时,唐朝离我们是那么近,恍若昨日。翻开唐诗,人们会发现唐朝那些事已成过往,无可追寻,而唐诗里古色古香的文字、浩瀚无垠的题材、无穷无尽的悲欢,则成为一个休止符。这时,唐诗离我们又是那么远,如昨夜的一场梦,醒来后,再也无法精确再现。

第三节 唐诗英译:交流之需

在此,就让我们一起到唐诗的支流里探寻,探寻其中的一涓细流——五绝,即五言绝句,细加品味和阅读——品读,有的品读是客观的,有的则具有强烈的主观色彩——融入了本书著者个人情感和思考的个性化的品读。就让我们一起踏进唐诗的花丛,摘下其中的一朵——五绝,细加观赏。品味与观赏之余,再让我们将其介绍给远方的客人——古诗英译。具体来说,就是对五绝的英译特别是韵体英译做浅显的探索。

在目前文化融合的大背景之下,文化交流日益频繁。中国文化的传播,英译是一个主要的途径。其中,古诗英译则起到了一个重要的作用。在这一点上,中外译者都做出了不懈的努力,进行了有益的尝试和探索。其中不乏外国译者的英译探索。例如:

乐游原 李商隐
向晚意不适,驱车登古原。
夕阳无限好,只是近黄昏。

Lo You Yuan

By *Li Shangyin*

Towards evening my soul was disquieted,

And I urged my carriage up to this ancient plateau.

The setting sun has boundless beauty;

Only the yellow dusk is so near.①

注: 1. disquiet: *Verb* (with obj.) (usu. as adj. disquieted) make (someone) worried or anxious 使担心;使焦急(e. g. She felt disquieted at the lack of interest the girl had shown. 她为这个女孩表现出来的缺乏兴趣而着急。)

2. carriage: *Noun* a four-wheeled passenger vehicle pulled by two or more horses (由两匹或以上的马所拉的)四轮马车

3. plateau: *Noun* (pl. plateau or plateaus) an area of fairly level high ground 高原

4. boundless: *Adjective.* unlimited; immense 无限的;无边无际的;巨大的 (e. g. Enthusiasts who devote boundless energy to their hobby. 那些狂热的人在他们的爱好上投入了无限的精力。)

在古诗英译方面,更多的中国译者做出了更多的英译探索,有的还提出了自己独到的翻译见解、原则或理论。其中,不乏大家之译作,也有后起之秀之作品,也有类似本书著者一样名不见经传的探索者的英译探索。这对于中国典籍的传播和国际交流,无疑起到了很好的推进作用。例如:

听弹琴 刘长卿

泠泠七丝上,静听松风寒。

古调虽自爱,今人多不弹。

Zither Playing

By *Liu Changqing*

Upon the seven-stringed tinkling zither,

Mutely I heard the chilly Wind-through-the-Pine.

O how I love it, though it is out-moded,

Though to play it most moderns would decline!②

---

① 李商隐《乐游原》,R·科特韦尔(R. Kotewell)和N·史密斯(N. Smith)译,原载"*Penguin Book of Chinese Verse*",转引自"郭著章,江安,鲁文忠,2010: 216"。遗憾的是,英译的诗题"Lo You Yuan"中的"Lo",按照现代汉语拼音方案来衡量,发音不规范,可能依照的是"威妥玛拼音",改成"Le",庶几可通。

② 杨周翰译,转引自"郭著章,江安,鲁文忠,2010: 83"。

注： 1. zither: *Noun* a musical instrument consisting of a flat wooden soundbox with numerous strings stretched across it, placed horizontally and played with the fingers and a plectrum. It is used especially in central European folk music 齐特琴(一种乐器,由一扁平的木制共鸣箱和众多弦线组成,用手指和拨子拨奏,尤用于中欧民间音乐演奏中)
2. string: *Noun* (count noun) a length of catgut or wire on a musical instrument, producing a note by vibration (乐器的)弦
3. tinkle: *Verb* make or cause to make a light, clear ringing sound (使)发叮当声(或丁零声)
4. pine: *Noun* (also pine tree) an evergreen coniferous tree which has clusters of long needle-shaped leaves. Many kinds are grown for the soft timber, which is widely used for furniture and pulp, or for tar and turpentine 松树
5. O: *Interjection* used to express surprise or strong emotion 哦;哟;啊;唉;哎呀(表示惊讶或强烈的情感)
6. modern: *Noun* (usu. moderns) a person who advocates or practises a departure from traditional styles or values 主张现代风格的人;宣扬现代价值观的人

但愿,古诗不是"夕阳无限好,只是近黄昏"。但愿,古诗英译不是"古调虽自爱,今人多不弹"。但愿,本书对唐代五绝的品读、英译研究及韵体英译探索,在"敢竭鄙诚,恭疏短引"(王勃《滕王阁序》)之余,能给读者带来一点点帮助,带来一点点启发。

第二章 诗歌的起源

诗歌是抒发情感的外在语言形式,主要是用一个民族的语言文字加以记录。当然,也有口口相传的诗歌形式。所以说,诗歌是一种语言的艺术,而"抒发或寄托感情的非文学的其他形式,如舞蹈家的身态、画家的画等则称为艺术"(余浩然,2001:1),这类其他形式的艺术以及文学形式的东西,"也可以合称为一类东西,即文学艺术。"

诗歌是现代人使用的一个统称。诗有口头和书面两种形式,口头形式包括吟咏和歌唱两种方式。另外,严格说来,"在古代,有乐器伴奏的曰歌,没有伴奏的曰谣。"(余浩然,2001:1)

关于诗歌的起源,说法不一。当然,诗歌也经历了一个"无中生有"的过程,正如老子——我国古代伟大的哲学家和思想家、道家学派创始人在《道德经》第四十二章中所言:

道生一,一生二,二生三,三生万物。

在这里,虽然老子讲的主要是宇宙生成论,但是把它笼统地用来描述诗歌的起源,也是十分形象的。"存在即是合理",诗歌的起源自然有其合理的因素存在。

第一节　劳动号子

诗歌起源的一个常规的说法是:诗歌起源于劳动号子,是人们劳

动的产物。例如,《淮南子·道应训》中有这样的描述:

  今夫举大木者,前呼"邪许",后亦应之,此举重劝力之歌也。

  试想想,在中国古代的大地上,太阳炙热地烘烤,我们的先人抬着粗壮的树木,迈着沉重的脚步艰难而行。骄阳似火,汗流浃背。无奈,树木过于沉重,他们抬得太辛苦,一路上走走停停。恰在此时,有人大呼一声"邪许"(yé hǔ),本想舒缓一下疲劳不堪的神经,减缓重负,谁曾想,后面的人随声附和起来。于是,这种"邪许、邪许……邪许"的声音渐渐趋向一致,大家的步伐也得到了协调,大大减缓了疲劳的程度。这种劳动号子慢慢地演变成日后的诗歌,诗人之间的唱和之作也许正来源于此。有的学者也认为,"在原始人的集体劳动中,由于肌肉的弛张和工具的运用,都有一定的间歇和强弱,诗歌就是伴随着这种肢体动作的快慢节奏和劳动呼声而产生的。"(余浩然,2001:2)

  大家一起抬着大木头,喊着号子有节奏地协调步伐,如果在号子中加进一些内容,就是原始的诗歌了。鲁迅曾把这种喊着"杭育、杭育"声音的劳动号子称作最早的文学形式,并称之为"杭育杭育"派。当然,诗歌艺术也是一种文学形式。鲁迅在《且介亭杂文·门外文谈》中提到了自己的想法:

  人类在未有文字之前就有了创作的,可惜没有人记下,也没有法子记下。我们的祖先的原始人原是连话也不会说的,为了共同劳作,必须发表意见,才渐渐练出复杂的声音来。假如那时大家抬木头,都觉得吃力了,却想不到发表。其中有一个叫道"杭育杭育",那么这就是创作,大家也要佩服、应用的,这就等于出版;倘若用什么记号留存下来,这就是文学;他当然就是作家,也就是文学家,是"杭育杭育"派。

第二节　传情达意

  诗歌的产生,也源于人们思想感情的表达,如对悲欢离合、爱恨情仇等的表达。《吕氏春秋·音初》记载:

  有娀氏有二佚女,为之九成之台,饮食必以鼓。帝令燕往视之,鸣若谥谧。二女爱而争搏之,覆以玉筐。少选,发而视之,燕遗二卵,北飞,遂不返。二女作歌,一终曰:"燕燕往飞"。实始作北音。

由上可见,这首原始诗歌,诗体(这里的"诗体"指的是诗的主体,即诗的正文,下文涉及相关"诗体"时,其概念同此)仅为"燕燕往飞"这四个字,"表现的正是商民族对于那遗卵而飞的燕燕无限依恋的深情,寄托着她们对于自己的图腾物、祖先神深情的怀恋"(李建军,2005[2]:17-18)。"燕燕"即玄鸟,而玄鸟为商民族的图腾之物。"玄鸟生商"乃神话传说,由来已久,多见于我国的文献典籍。另外,商的始祖名契(xiè),在《史记》《诗经》《楚辞》《吕氏春秋》《淮南子》等很多古代书籍中,都记载了契的生母简狄,因为吞下玄鸟的卵而生下契的传说。其中,《史记·殷本纪》有这样的记载:

殷契,母曰简狄,有娀氏之女,为帝喾次妃。三人行浴,见玄鸟坠其卵,简狄取吞之,因孕生契。

所以,"燕燕往飞"所表现的,实则是一种无奈与惋惜之情。因此,诗歌的起源也是情感表达的需要。

特别值得一提的是,诗歌的起源与爱情有着不可割舍的联系。《周易·系辞下》中是这样记载的:"天地氤氲,万物化醇;男女构精,万物化生。"明代的胡应麟则将后两句借用到其所作的《诗薮》中,初步阐明了诗歌的形成过程——与男女之情相关:

男女构精,万物化生,人道之本也。太初始判,未有男女,孰为构精乎?天地之气也。既有男女,则以形相禅,嗣续无穷矣,复求诸天地之气可乎?周之国风,汉之乐府,皆天地元声。运数适逢,假人以泄之。体制既备,百世之下,莫能违也。今之诟学古者,动曰"关关雎鸠",出自何典?是身为父母生育,而求人道于空桑也。噫!

上述引文中提到的"乐府",则更能说明诗歌与爱情的渊源,诗歌的起源与爱情的关联可见一斑。《乐府诗集·鼓吹曲辞·铙歌十八曲·上邪》有这样的记载:

上邪!我欲与君相知,长命无绝衰。山无陵,江水为竭,冬雷震震,夏雨雪,天地合,乃敢与君绝。

这种诗体形式歌颂的是多么伟大而坚贞的爱情啊!《上邪》是一首远古时代的民间情歌,可谓是一首感情强烈、气势豪迈的爱情诗篇,它传达的是一个女子炽烈又痴狂的情感。诗中女主人公为了抒发自己对情郎忠贞不渝的情感,对天发誓,让地作证,誓与自己钟爱的人相守,不离分。

根据《汉魏六朝诗歌鉴赏辞典》的观点,《上邪》当与《有所思》合为一篇,而根据《乐府诗鉴赏辞典》的观点,这两首诗应该相互独立。其实,这两首诗站在了相反的角度:《上邪》站在"誓死相守"的角度,而《有所思》则是站在"誓死决绝"的角度。试看《乐府诗集·鼓吹曲辞·铙歌十八曲·有所思》:

有所思,乃在大海南。何用问遗君,双珠玳瑁簪,用玉绍缭之。闻君有他心,拉杂摧烧之。摧烧之,当风扬其灰。从今以往,勿复相思,相思与君绝!鸡鸣狗吠,兄嫂当知之。妃呼狶!秋风肃肃晨风飔,东方须臾高知之。

这首古体诗表达的又是何等决绝的情感:我所思念的人啊,就在大海的南边。我该拿什么东西赠送给你呢?这是一支玳瑁做的簪子,上面装饰的是珍珠,还有配上的玉环。但是,听说思念的人他另有所欢,我心伤悲不已。我要将他赠送的所有东西堆到一起,拆碎、捣毁、烧掉,然后将灰烬迎风扬起!不再想念,断绝相思!想当初与你约会,惊动了鸡,鸡鸣叫;扰动了狗,狗吠叫。这样,兄嫂应该知晓了我们之间的事情吧。唉,情何以堪!屋外秋风瑟瑟,清晨的秋风尤凉。还是等一会儿日出东方,天就亮了。那时候,我就知道该何去何从了。

由此可见,诗歌的起源,传情达意的意图尤为明显。

第三节　诗者,歌也

诗歌的起源与声音,甚至是音乐,有着不可割舍的联系。"邪许"虽然是单调的劳动号子,但是富于节奏,减缓了先人的劳动强度,也许就是最早的诗歌形式——有声诗歌。不过这种号子毕竟缺乏感情的表达,后来出现了诸多抒情达意的诗歌形式,其中许多是可"歌"也可"唱"的,如"宋词""元曲"等。

《吕氏春秋·古乐》讲述古代音乐、舞蹈的产生,有一段是这样记载的:

> 昔葛天氏之乐,三人操牛尾,投足以歌八阕;一曰载民,二曰玄鸟,三曰遂草木,四曰奋五谷,五曰敬天常,六曰建帝功,七曰依地德,八曰总万物之极。

上述表现的是农耕文明中的原始宗教形式,三人手持牛尾,脚踏节拍,载歌载舞,体现了诗、乐、舞融为一体的原始形态。

诗者,歌也。后来,诗歌首先和舞蹈脱离,又渐渐脱离音乐,成为吟咏或者阅读的文学体裁,但其"歌"的特性依然有所保留,如节奏和韵律。诗往往统称为"诗歌",或许说明它与音乐的紧密关系。

第四节 诗以言志

诗言志。也就是说,诗歌的起源与"言志"不无关系。据《尚书·尧典》记载:

> 诗言志,歌永言,声依永,律和声。

由此可见,诗用来表达人们的意志、志向,歌是拖长声调来咏唱诗的语言,"诗""歌"之统一,可见一斑。《左传·襄公二十七年》有"诗以言志"的记载;《庄子·天下篇》说明"诗以道志";《荀子·儒效篇》则有"诗言是其志也"的记载。由此可见"言志"与诗歌起源的关系。另外,《毛诗序》也有类似的说法:

> 诗者,志之所之也。在心为志,发言为诗。情动于中而形于言。言之不足,故嗟叹之;嗟叹之不足,故永歌之;永歌之不足,不知手之舞之,足之蹈之。

可见,诗是用来"咏唱"的,再辅助以"舞蹈",方显淋漓尽致之情。也就是说,"言诗、嗟叹、永(咏)歌、舞蹈起源于'在心'之'志'和'动于中'的'情。"(余浩然,2001:2)

第五节 《诗经》与诗歌

诗歌的起源,与《诗经》也是有一定的关系的。

《诗经》是我国最早的一部诗歌总集,成书的时间大约在春秋中叶,包括从西周初年(公元前11世纪)到春秋中叶(公元前6世纪)约500年间的305首诗歌,分为《风》《雅》《颂》三大部分。其中,《风》收诗160首,《雅》收诗105首,《颂》收诗40首。

《诗经》在先秦时代称为"诗",孔子称之为"诗三百",并无"经"的名目。到了汉代"独尊儒术"之后,才被称为"诗经",在封建社会文化中具有崇高的地位。隋代以后,科举制度确立,《诗经》成为必考内容,读书人更是铭记在心。

《诗经》的精神对中国诗歌具有深远的影响,以至于其后的诗歌创作不少都继承了《诗经》传统。《诗经》中的很多诗句,至今仍脍炙人口:

七月流火,九月授衣。　　　　　　　　　(《国风·豳风·七月》)

昔我往矣,杨柳依依。今我来思,雨雪霏霏。 (《小雅·采薇》)

正是由于种种因素的交替作用,诗歌产生了,人类的语言也得以丰富,一种文学艺术形式也就应运而生了。

第三章 唐诗简史

唐诗达到了中国整个古典诗歌的巅峰,唐朝也就成为中国诗歌史上的一个鼎盛时期。这个时期,诗人辈出,名作迭出,诗歌的内容无所不包。

唐诗的分期,历来有不同意见,例如,宋人严羽将唐诗分为唐初体、盛唐体、大历体、元和体、晚唐体。但是,如今在理论界一般把唐诗的历史分为初唐、盛唐、中唐和晚唐四个时期,谓之"四分法",即初唐时期(618—712)、盛唐时期(713—744)、中唐时期(756—824)、晚唐时期(825—907)。但是,时间的起止划分不一。有的划分其间还有历史空白。上述括注的时间段只是其中一种划分,仅供参考。当然,还有人认为在盛唐和中唐之间,有一个转折时期,认为"天宝中至贞元中为转折时期。"(罗宗强,1987:2)

以上唐诗历史的"四分法"是理论界一般性的划分,本书从之。

第一节 初唐时期

唐朝存世290年,是中华民族古典诗歌的黄金朝代。从诗歌史来看,初唐时期是唐诗的孕育阶段,是唐诗这棵大树得以枝繁叶茂的一个重要时期。从学界一般的观点来看,这个阶段起始于唐高祖武德元年(公元618年),到唐玄宗先天元年(公元712年),有将近百年的历史。

一、宫体诗歌

初唐时期的开始阶段——初唐前 50 年的时间,是宫廷诗的时代。从创作思想来看,以唐太宗李世民为首的诗人对南北文风的差异有着较为清醒的认识。同时,对南朝齐梁文风也有所批判,并提出了融合南北文风、各去所短、合其两长的文学主张。可是,在创作风格上,他们仍然承袭着南朝诗歌的绮靡诗风。

在宫廷诗人中,上官仪是一位具有代表性的诗人。他的诗以绮靡、婉媚著称,时人多效仿,称为"上官体"。例如:

石关清晓夏,璇舆御早秋。
神麾飐珠雨,仙吹响飞流。
沛水祥云泛,宛郊瑞气浮。
大风迎汉筑,丛烟入舜球。
翠梧临凤邸,滋兰带鹤舟。
偃伯歌玄化,扈跸颂王游。
遗簪谬昭奖,珥笔荷恩休。　　　　　(上官仪《奉和过旧宅应制》)

关于"上官体",《旧唐书》有这样的记载:

工五言,好以绮错婉媚为本,仪既显贵,故当时颇有学其体者,时人谓之上官体。

二、唐诗发端

一提到初唐诗歌,人们自然而然地就想到了"初唐四杰",把他们看成唐诗开始的标志。但是,据元代辛文房的《唐才子传》记载,辛文房"把王绩作为唐朝的第一位诗人,后来很多学者也认同这个说法,于是唐诗选本也就经常从王绩开始了"(摩西,2008:1)。王绩的代表作当属《野望》,写的是秋日里的山野景色,用闲适的笔调,写出自己的彷徨和苦闷之情:

东皋薄暮望,徙倚欲何依。
树树皆秋色,山山唯落晖。

牧人驱犊返,猎马带禽归。
相顾无相识,长歌怀采薇。

三、初唐四杰

初唐时期,"先后出现过留有文集的诗人150多位,其中著名的近20人。"(赵建莉,1990:1)当然,影响最为深远的莫过于"初唐四杰",也就是王勃、杨炯、卢照邻、骆宾王四位诗人。以"初唐四杰"为代表的初唐诗人,在总结前人经验的基础上,提出了自己的理论,并写出了完备的五言律诗、七言律诗,为唐诗的繁荣打下了坚实的基础。

"四杰"之首,当属王勃,他是上面提到的王绩的侄孙。王勃自幼好学,"崇尚实用"是他的文学主张。《旧唐书》有这样的记载:

六岁解属文,构思无滞,词情英迈,与兄才藻相类,父友杜易简常称之曰:此王氏三株树也。

影响深远的《滕王阁序》出自王勃之手。他的《送杜少府之任蜀州》则表达了他对朋友深深的情谊。明代胡应麟在《诗薮》中是这样评说此诗的:"终篇不著景物,而兴象宛然,气骨苍然。"我们知道,离别是痛苦的,但是,王勃的这首诗所反映的则是一种"欢快"的离别之情。戏谑之中,真情凸显:

城阙辅三秦,风烟望五津。
与君离别意,同是宦游人。
海内存知己,天涯若比邻。
无为在歧路,儿女共沾巾。

"四杰"中排名第二的杨炯,才高八斗,却屡遭诽谤,终身不得志。唐代格律诗的前身是所谓的"宫体诗",以描写宫廷生活为主,涂脂抹粉,缠绵悱恻。对此,杨炯大喝一声,站了出来,一改宫体诗的胭脂气息,令唐诗焕发出光彩,令其具备了"刚健"的风骨。从杨炯的《从军行》中,男儿心中的理想以及疆场杀敌、建功立业的志向,可见一斑:

烽火照西京,心中自不平。
牙璋辞凤阙,铁骑绕龙城。
雪暗凋旗画,风多杂鼓声。

宁为百夫长,胜作一书生。

排名第三的卢照邻,自幼好学,胸怀大志。三十岁过后,他却身患疾病,四方求医,也未能康复。可是,他的诗歌内容还是比较充实的,主张抒发真情实感,反映现实生活。他的代表作是一首七言歌行体诗《长安古意》,曾经引起轰动,在中国诗歌史上也具有划时代的意义。闻一多先生在《宫体诗的自赎》里高度评价这首诗说:"在窒息的阴霾中,四周是细弱的虫吟,虚空而疲倦,忽然一阵霹雳,接着的是狂风暴雨!虫吟听不见了,这样便是卢照邻《长安古意》的出现。这首诗在当时的成功不是偶然的,它放开了粗豪而圆润的嗓子……"① 试看这首长诗的第一部分。这部分描写细腻,古都长安的繁华和权贵生活的奢华,不禁跃然纸上:

长安大道连狭斜,青牛白马七香车。
玉辇纵横过主第,金鞭络绎向侯家。
龙衔宝盖承朝日,凤吐流苏带晚霞。
百尺游丝争绕树,一群娇鸟共啼花。
游蜂戏蝶千门侧,碧树银台万种色。
复道交窗作合欢,双阙连甍垂凤翼。
梁家画阁中天起,汉帝金茎云外直。
楼前相望不相知,陌上相逢讵相识。

"四杰"中排名最后的一位是骆宾王,七岁就能"咏鹅"了。但是后来,骆宾王偏偏命运多舛,遭人陷害,竟然入狱。别人看蝉、听蝉,心态平和,但是狱中的骆宾王看蝉、听蝉却别有一番滋味上心头:

西陆蝉声唱,南冠客思侵。
那堪玄鬓影,来对白头吟。
露重飞难进,风多响易沉。
无人信高洁,谁为表予心?② （骆宾王《在狱咏蝉》）

---

① 转引自"赵建莉,2009:49-50"。

② 此为《全唐诗》版本。另,首联对句尾字"侵",一作"深";颔联出句中"那堪",一作"不堪"。

对于"初唐四杰"的评价,盛唐时期的杜甫,可谓一"诗"中的:
王杨卢骆当时体,轻薄为文哂未休。
尔曹身与名俱灭,不废江河万古流。(杜甫《戏为六绝句》其二)

四、文章四友

初唐时期,除了上述"初唐四杰"外,还有号称"文章四友"的四位诗人,这四个人是指高宗武后朝的四位诗人,分别是李峤、苏味道、崔融、杜审言,他们都工于律诗。就诗歌创作而言,李、苏、崔成就不甚突出,而杜审言则由于仕途不畅,历任丞、尉等职,写出了一些颇具真情实感的作品。例如:
知君书记本翩翩,为许从戎赴朔边。
红粉楼中应计日,燕支山下莫经年。 (杜审言《赠苏绾书记》)
另外,关于杜审言,《新唐诗·杜审言传》有这样的记载:
少与李峤、苏味道、崔融、杜审言为文章四友,世号崔、李、苏、杜。

另外,初唐时期的另一位诗人因其一首传咏甚广的诗作而值得一提,这位诗人就是刘希夷。他的那首颇具影响力的诗作就是《代悲白头翁》:
洛阳城东桃李花,飞来飞去落谁家。
洛阳女儿好颜色,坐见落花长叹息。
今年花落颜色改,明年花开复谁在。
已见松柏摧为薪,更闻桑田变成海。
古人无复洛城东,今人还对落花风。
年年岁岁花相似,岁岁年年人不同。
寄言全盛红颜子,应怜半死白头翁。
此翁白头真可怜,伊昔红颜美少年。
公子王孙芳树下,清歌妙舞落花前。
光禄池台文锦绣,将军楼阁画神仙。
一朝卧病无相识,三春行乐在谁边?
宛转蛾眉能几时,须臾鹤发乱如丝。

但看古来歌舞地,惟有黄昏鸟雀悲。①

五、宋之问和陈子昂

初唐时期,诗人辈出,几经努力,奠定了唐诗的初音——五律、七律,且使之定型并发展起来。这个时期的宋之问,写过不少这样的律诗,如:

卧病人事绝,嗟君万里行。
河桥不相送,江树远含情。
别路追孙楚,维舟吊屈平。
可惜龙泉剑,流落在丰城。　　　　　(宋之问《送杜审言》)

真正摆脱"齐梁诗风"影响的,就是"摔琴"疾呼的陈子昂。他是在武后时期才登上诗坛的诗人,也是一位对唐诗发展有重大影响的诗人。在《与东方左史虬修竹篇序》里,他说:

　　文章道弊五百年矣。汉魏风骨,晋宋莫传,然而文献有可征者。仆尝暇时观齐、梁间诗,彩丽竞繁,而兴寄都绝,每以永叹。思古人,常恐逶迤颓靡,风雅不作,以耿耿也。一昨于解三处,见明公《咏孤桐篇》,骨气端翔,音情顿挫,光英朗练,有金石声。遂用洗心饰视,发挥幽郁。不图正始之音,复睹于兹,可使建安作者,相视而笑。

在这篇文章里,陈子昂第一次提出,作诗要有"风骨"与"兴寄",要有汉魏时期的"建安风骨",不可像宫体诗一般"无病呻吟"。

公元696年,陈子昂第二次出征,由于跟武攸宜不和,遭到排挤,贬为军曹,最后打了败仗,心情十分郁闷。一天,他"登蓟北楼,感惜乐生、燕昭之事,赋诗数首"(卢藏用《陈氏别传》)之后,乃"泫然流涕而歌"(卢藏用《陈氏别传》):

前不见古人,后不见来者。

---

① "光禄池台文锦绣"句中"文",一作"开"或"文",疑为误传。尾联出句中"古",一作"旧"。

念天地之悠悠,独怆然而涕下。　　　（陈子昂《登幽州台歌》）

不管当时左迁岭南、偷偷跑回家的宋之问心里多么忐忑不安,多么"不敢问来人"（宋之问《渡汉江》）,也不管陈子昂多么郁闷地站在幽州台上高声疾呼,毕竟,唐诗的一个辉煌的时代就要到来。

第二节　盛唐时期

按照一般的划分,盛唐时期从公元713年到公元744年。唐朝到了开元年间,达到了全盛时期。《新唐书·食货志》有这样的记载:

> 是时,海内富实,斗米之价钱十三,青、齐间斗才三钱,绢一匹钱二百。道路列肆,具酒食以待行人,店有驿驴,行千里不持尺兵。

在这样安定、繁荣的局面下,唐代文人入仕做官主要靠科举考试和"祖荫",后者就是靠祖上的功名和官位而谋得官职。再者,就是以归隐或者隐居的方式,曲线入仕。实际说来,唐朝很多文人的隐居"其实不是真正意义上的避世"（摩西,2008：67）。多数人归隐的主要目的就是想入仕,或者再入仕。所以,他们就以归隐的方式等待皇帝的召见。怎样才能更快地再次入仕呢？那就归隐到离长安最近的终南山吧。"终南捷径"由此而来。一朝得志,就如李白般喜形于色,可谓"仰天大笑出门去,我辈岂是蓬蒿人"（李白《南陵别儿童入京》）。归隐之后,佳作会因此而产生,所以从某种意义上说,"归隐"对于唐诗的发展也是功不可没的。关于唐代的隐居,闻一多先生在《唐诗杂论·孟浩然》中这样说道:

> 隐居本是那时代普遍的倾向,但在旁人仅仅是一个期望,至多也只是点[sic]暂时的调济[sic]或过期的赔偿,在孟浩然却是一个完完整整的事实。

经过初唐以来近百年的发展,到了盛唐时期,唐朝文化在世界上已经处于十分先进、发达的阶段,唐朝已经成为一个符号、一个象征、一个图腾、一个里程碑。再经过盛唐近百年的发展和繁荣,到唐玄宗时期,唐诗终于迎来了黄金时代。紧接着,开元天宝年间,随着经济的繁荣、国力的强盛,大唐的疆土上诗人层出不穷,佳作如林,形成了令人叹为观止的盛唐诗歌气象。

此时的诗歌艺术也达到了巅峰状态。盛唐的天空下,一片繁荣昌盛的景象。诗人如群星般璀璨,诗作如泉水般喷涌。

一、非凡开端

盛唐初期的诗人,有一种昂扬的精神风貌和时代精神,强大的自信心驱使他们积极入仕,建功立业。他们的这种风貌反映到诗歌中,也就具有了昂扬的基调。如王湾的《次北固山下》一诗。全诗情感明朗,气象壮阔,虽是乡思,却无哀伤之感,预示着盛唐诗歌时代的到来,是盛唐诗歌一个非凡的开端:

客路青山外①,行舟绿水前。
潮平两岸阔,风正一帆悬。
海日生残夜,江春入旧年。
乡书何处达,归雁洛阳边。

张九龄(字"子寿")担任宰相的时候,正值开元盛世,也深得唐玄宗的赏识。他贤明、正直,是盛唐时期难得的名相。在唐诗发展过程中,他的作用大致体现在两个方面:首先,他是一个喜好文学的宰相,对于盛唐诗歌的形成,起到很大的作用;其次,他的诗作简约、清淡,扭转了齐梁之浮艳。明人胡应麟《诗薮》有这样的评论:

> 唐初承袭梁隋,陈子昂独开大雅之源,张子寿首创清淡之派。盛唐继起孟浩然、王维、储光羲、常建、韦应物,本曲江之清淡而益以风神者也。高适、岑参、王昌龄、李颀、孟云卿,本子昂之古雅而加以气骨者也。

张九龄的诗歌以简约、清淡著称,这一点可以从其《望月怀远》看得出来。在这首诗中,他将怀恋与相思写得十分真挚和浓郁,且不失淡雅、明朗之风:

海上生明月,天涯共此时。

---

① "青山外",一作"青山下"

情人怨遥夜,竟夕起相思。
灭烛怜光满,披衣觉露滋。
不堪盈手赠,还寝梦佳期。

这期间的另一位诗人贺知章,为人豪放,诗风清新,诗中情感浓烈。尤其是他的绝句,更能体现出这些特点。如《回乡偶书二首》其一:

少小离家老大回,乡音无改鬓毛衰。
儿童相见不相识,笑问①客从何处来。

又如《咏柳》:

碧玉妆成一树高,万条垂下绿丝绦。
不知细叶谁裁出,二月春风似剪刀。

二、田园诗歌

盛唐时期,山美水秀,田园风光令人心生闲适之感。因此,诗人诗中的山水、田园风光浓烈,自成一派,称为"田园诗派",也有人称之为"山水田园诗派"。田园诗的创作十分繁荣,作家作品很多,其中的主要人物当属王维和孟浩然。

山水诗源于南北朝时期,以谢灵运为开创者。可是,真正将思想和灵性融于山水、田园诗中的,当属盛唐时期有名的诗人——王维。经过官场上多次的坎坷、失意之后,王维已经厌倦了这种政治上的纷争,笃信佛教,修身养性,沉醉于田园风光之中。他的诗清新、自然,颇具佛性和禅意,如《终南别业》:

中岁颇好道,晚家南山陲。
兴来每独往,胜事空自知。
行到水穷处,坐看云起时。
偶然值林叟,谈笑无还期。

---

① 笑问,一作"却问"或"借问"。

又如王维《鸟鸣涧》：

人闲桂花落，夜静春山空。
月出惊山鸟，时鸣春涧中。

另一位跟王维齐名的田园诗人代表就是孟浩然。他着眼细微，从细微处体察出诗的意境和人生的境地，从而悟出生命的真谛。《旧唐书·文苑传》对他的生平有这样简单的记载：

孟浩然，隐鹿门山，以诗自适。年四十，来游京师，应进士不第，还襄阳。张九龄镇荆州，署为从事，与之唱和，不达而卒。

孟浩然的诗中，以山水诗居多，田园诗只占一少部分。就山水诗而言，他的诗大多写旅游中所见所感，且寓情于景、情景交融。如其中的两首诗：

春眠不觉晓，处处闻啼鸟。
夜来风雨声，花落知多少。　　　　　　　　（孟浩然《春晓》）
八月湖水平，涵虚混太清。
气蒸云梦泽，波撼岳阳城。
欲济无舟楫，端居耻圣明。
坐观垂钓者，徒有羡鱼情。①　　　（孟浩然《望洞庭湖赠张丞相》）

三、边塞诗歌

边塞诗是唐代诗歌的主要题材，是唐诗当中思想性最深刻、想象力最丰富、艺术性最强的部分，参与人数之多，诗作数量之大，为前代所未见。其创作贯穿初唐、盛唐、中唐、晚唐四个阶段。其中，盛唐边塞诗有较大的影响，格调昂扬向上，艺术感染力极强。

唐朝国力强盛，解除了少数民族对边疆的威胁，使得人民自信心、自豪感大为增强，边塞不再是让人感到孤寂、荒凉的地方。在盛唐，将士浴血沙场的边塞，因为有了诗人的参与，边塞诗也就应运而

---

① 颔联对句中"撼"，一作"动"。尾联中，"者"，一作"叟"；"徒"，一作"空"。

生了。所谓边塞诗,是指以边境——特别是西部边疆地区的自然风光和军民生活为题材而创作的诗歌。尽管边塞诗歌的创作源远流长,但其繁荣却是在唐代,特别是盛唐时期。彼时,文人志士以驰骋疆场、建功立业而凯旋为荣,也算是文人墨客入仕的一个途径。于是,在边塞立下军功,成为一些人追求的目标。

边塞诗有的反映边疆人民的疾苦,有的描写战争的惨烈,有的抒发诗人的报国之志,还有的描画边疆的景色,不一而足。下面几首可见一斑:

凉州词 王 翰
葡萄美酒夜光杯,欲饮琵琶马上催。
醉卧沙场君莫笑,古来征战几人回。[①]

从军行 王昌龄
青海长云暗雪山,孤城遥望玉门关。
黄沙百战穿金甲,不破楼兰终不还。

逢入京使 岑 参
故园东望路漫漫,双袖龙钟泪不干。
马上相逢无纸笔,凭君传语报平安。

四、李杜诗篇

继屈原之后,李白是中国文学史上另一位伟大的诗人。李白是盛唐时期伟大的浪漫主义诗人,人称"诗仙"。李白诗风豪放、飘逸、洒脱,想象丰富,语言流转自然,音律和谐多变。他善于从民歌、神话中汲取营养素材,构成其特有的瑰丽绚烂的行文风格。李白生活在唐代极盛时期,具有"济苍生""安黎元"的进步理想,毕生为实现这一理想而奋斗。他的大量诗篇,既反映了那个时代的繁荣气象,也揭露和批判了统治集团的荒淫和腐败,表现出蔑视权贵、反抗传统束

---

① 有的版本中,"葡萄"也写作"蒲桃",这一句就成了"蒲桃美酒夜光杯"。参见"朱徽,2010:161"。

缚、追求自由和理想的向上精神。在艺术上，他的诗想象新奇、构思奇特、感情强烈、意境瑰丽、语言清新、气势雄浑、风格豪迈，达到了我国古代积极浪漫主义诗歌艺术的高峰。他的存诗近千首，有《李太白集》，是盛唐浪漫主义诗歌的代表人物。

李白的《月下独酌》一共有四首。这四首诗写的是诗人在月夜的花下独酌、无人亲近的冷落情景。诗中既见怀才不遇的孤独寂寞，又见惆怅失意的狂荡不羁。其中第一首是这样写的：

花间一壶酒，独酌无相亲。
举杯邀明月，对影成三人。
月既不解饮，影徒随我身。
暂伴月将影，行乐须及春。
我歌月徘徊，我舞影零乱。
醒时同交欢，醉后各分散。
永结无情游，相期邈云汉。

杜甫也是盛唐时期伟大的诗人，世人称其为杜工部、杜拾遗，自号少陵野老。杜甫忧国忧民、人格高尚、诗艺精湛，被后世尊为"诗圣"。但是，杜甫生活在唐朝由盛转衰的历史时期，其诗多数涉及社会的动荡、政治的黑暗、人民的苦难，他的诗被誉为"诗史"。根据史料记载，杜甫一生写过一千四百多首诗，其中很多成为传颂千古的名篇，比如"三吏"和"三别"，并有《杜工部集》传世。上述的"三吏"为《石壕吏》《新安吏》和《潼关吏》，"三别"为《新婚别》《无家别》和《垂老别》。杜甫的诗篇对后世产生了深远的影响。

唐代宗大历二年（公元767年）秋日里的一天，安史之乱已经结束四年，五十六岁的老人杜甫独自登上夔州白帝城外的高台。登高眺远，心生百感；眼中所见，胸臆无限；萧瑟秋景，令人感叹。于是，挥就了这首被誉为"古今七言律诗第一"的旷世杰作——《登高》：

风急天高猿啸哀，渚清沙白鸟飞回。
无边落木萧萧下，不尽长江滚滚来。
万里悲秋常作客，百年多病独登台。
艰难苦恨繁霜鬓，潦倒新停浊酒杯。

李白与杜甫被视为唐诗世界中两座并峙的高峰,被人并称为"李杜"。元和十年(公元815年),韩愈写出《调张籍》,这是文学史上著名的推尊李白、杜甫的一首诗,其中的前六句是这样说的:

李杜文章在,光焰①万丈长。

不知群儿愚,那用故谤伤!

蚍蜉撼大树,可笑不自量。

清代赵翼的《论诗》,其中的第二首就是评述李杜诗篇的,对李杜诗篇给予了极高的评价:

李杜诗篇万口传,至今已觉不新鲜。

江山代有才人出,各领风骚数百年。

《全唐诗》第369卷中,皇甫湜的五言古体诗《题浯溪石》中的一联,是对李杜的赞誉。这一联是这样写的:

李杜才海翻,高下非可概。

毋庸置疑,李杜诗篇构成了盛唐一道亮丽的风景线,也是唐诗中的两座里程碑,影响极其深远。

第三节　中唐时期

中唐时期的诗歌大约从公元756年至公元824年。中唐之初,国家衰落,诗坛也很不景气。

一、过渡期诗风

唐代宗大历年间,有十位诗人自然形成一派,代表一个诗歌流派,这个流派偏重诗歌形式,人称"大历十才子"。这个称号以及所指人名最早见于姚合的《极玄集》:

> 李端,字正己,赵郡人,大历五年进士。与卢纶、吉中孚、韩翃、钱起、司空曙、苗发、崔峒②、耿湋、夏侯审唱和,号十才子。

---

① "光焰",一作"光芒"

② 崔峒,一作崔洞。

大历年间是盛唐诗风向中唐诗风演变的过渡期。"大历诗风"就是指这个过渡时期的诗风——大历至贞元年间活跃于诗坛的一批诗人共同的创作风貌,主要是指"大历十才子"的创作风貌。这批诗人从"开元盛世"转向"安史之乱"后期,他们的诗已不再具有李白式的磅礴气势,也缺乏杜甫式的忧民襟怀,表现出的大多是孤寂、冷落和清雅,逐渐失去雄浑的风骨。一言以蔽之,他们的诗虽具意韵,却一点点露出中唐的面目。例如:

春城无处不飞花,寒食东风御柳斜。
日暮汉宫传蜡烛,轻烟散入五侯家。

(韩翃《寒食》,一作《寒食日即事》)

善鼓云和瑟,常闻帝子灵。
冯夷空自舞,楚客不堪听。
苦调凄金石,清音入杳冥。
苍梧来怨慕,白芷动芳馨。
流水传潇浦,悲风过洞庭。
曲终人不见,江上数峰青。

(钱起《省试湘灵鼓瑟》)

二、韩孟诗派

如果说在中唐初期——过渡时期,以"大历十才子"为代表的诗歌创作,相对来说令唐诗落入了波谷的话,那么随着时间的推移,中唐诗歌又跃上波峰——再度出现了盛唐诗歌那样的繁荣景象。其标志就是以韩愈、孟郊为核心的"韩孟诗派"。除核心人物韩愈、孟郊外,这个诗派的代表人物,一般来说还包括李贺、贾岛、卢仝、马异和刘叉等。这个诗派的诗风以深沉、险峻、怪异而著称。清人赵翼在《瓯北诗话》(卷四)中,是这样评说的:

中唐诗以韩、孟、元、白为最。韩、孟尚奇警,务言人所不敢言;元、白尚坦易,务言人所共欲言。

韩愈倡导"古文运动",其古文《师说》,仍是现代人喜爱的篇章。其诗风追求"奇崛险怪",即使遭到贬谪后,亦是如此。韩愈在去往潮州途中所写的七言律诗《左迁至蓝关示侄孙湘》成为后人传唱不绝的佳篇：
>一封朝奏九重天，夕贬潮州路八千。
>欲为圣朝除弊事，肯将衰朽惜残年。
>云横秦岭家何在，雪拥蓝关马不前。
>知汝远来应有意，好收吾骨瘴江边。①

孟郊在任时，常常以作诗为乐，诗要是作不出来，就不出门，人称"诗囚"。在任期间为作诗方便，他还雇了一个人代行其职，拿去了他一半的俸禄。不久之后，他干脆弃官而去。他的诗风，正如唐代思想家、文学家李翱在《荐所知于徐州张仆射书》中所言：

>郊为五言诗，自汉李都尉、苏属国及建安诸子、南朝二谢，郊能兼其体而有之。

孟郊是位苦寒诗人，可谓命运多舛：
>天寒色青苍，北风叫枯桑。
>厚冰无裂纹，短日有冷光。
>敲石不得火，壮阴正夺阳。
>调苦竟何言，冻吟成此章。　　　　　　　　（孟郊《苦寒吟》）

命运有了转机后，他又一反常态，欢快起来，犹如小孩子般，何等闲适、悠哉：
>昔日龌龊不足夸，今朝放荡思无涯。
>春风得意马蹄疾，一日看尽长安花。　　　　（孟郊《登科后》）

不管怎么说，孟郊最终还是实现了自己的一个愿望：把母亲接到跟前，让她老人家安度晚年。
>慈母手中线，游子身上衣。
>临行密密缝，意恐迟迟归。
>谁言寸草心，报得三春晖。　　　　　　　　（孟郊《游子吟》）

---

① 此诗有多个版本，用字稍有差异。颔联出句中，"欲为"，一作"本为"；"圣明"，一作"圣朝"；"弊事"，一作"弊政"。颔联对句中，"肯将"，一作"敢将"。

三、元白诗派

中唐诗歌再现了盛唐诗歌繁荣景象的另一个标志,就是以元稹、白居易为核心的"元白诗派"。这个诗派的诗风以通俗易懂而著称,诗体直接反映现实社会与个人情感,影响极大。

元稹一生经历丰富,曾入相出将,也曾被远谪边关。但是,最令人称道的是他的几首爱情诗和一些悼亡诗,如《遣悲怀三首》和悼亡诗《离思五首》等——虽然他的爱情生活也备受指责。

唐德宗贞元十八年,即公元 802 年,太子少保韦夏卿的小女儿韦丛下嫁给 24 岁的诗人元稹,当时韦丛芳龄二十。令人意想不到的是,出身名门的韦丛并没有嫌弃元稹,而是勤俭持家、任劳任怨,婚后的生活可谓温馨而甜蜜。可是,天有不测风云,造化偏偏弄人。唐宪宗元和四年(公元 809 年),韦丛年仅 27 岁时因病去世。元稹痛苦无比,写下了一系列的悼亡诗。最著名就是《离思五首》,其中的第四首是这样写的:

曾经沧海难为水,除却巫山不是云。

取次花丛懒回顾,半缘修道半缘君。

甚至在睡梦中,元稹也梦到了可爱的妻子。凄婉之中,思念无限:

昔日戏言身后意,今朝都到眼前来。

衣裳已施行看尽,针线犹存未忍开。

尚想旧情怜婢仆,也曾因梦送钱财。

诚知此恨人人有,贫贱夫妻百事哀。(元稹《遣悲怀三首》其二)

就在元稹的妻子韦丛去世两年后,即元和六年(公元 811 年),白居易的母亲去世。孝顺的白居易因此回家守孝,一守就是三年。回来后,一切都变了样,原来左拾遗的职位也没有了,他只好陪太子读书。这期间,他越职进谏,遭到贬谪,到江州做了司马。

同是天涯沦落人,相逢何必曾相识!

我从去年辞帝京,谪居卧病浔阳城。

……

今夜闻君琵琶语,如听仙乐耳暂明。

莫辞更坐弹一曲,为君翻作《琵琶行》。
感我此言良久立,却坐促弦弦转急。
凄凄不似向前声,满座重闻皆掩泣。
座中泣下谁最多,江州司马青衫湿。（白居易《琵琶行》,片段）

据传说,在做江州司马期间,白居易认识了刘十九①,并成了好朋友:

绿蚁新醅酒,红泥小火炉。
晚来天欲雪,能饮一杯无？　　　　　　（白居易《问刘十九》）

就在元稹的妻子韦丛去世前三年,即元和元年(公元806年),白居易写就了《长恨歌》。当时,白居易在盩厔县(今陕西周至县)任县尉。有一天,他跟朋友陈鸿、王质夫同游仙游寺,听人讲起唐玄宗、杨贵妃的故事。回去后,感慨颇多,就提笔完成了这首长篇叙事诗。在这首长篇叙事诗中,他对唐玄宗、杨贵妃的爱情悲剧寄予了深深的同情:

六军不发无奈何,宛转蛾眉马前死。
花钿委地无人收,翠翘金雀玉搔头。
君王掩面救不得,回看血泪相和流。
黄埃散漫风萧索,云栈萦纡登剑阁。
……
回头下望人寰处,不见长安见尘雾。
惟将旧物表深情,钿合金钗寄将去。
钗留一股合一扇,钗擘黄金合分钿。
但教心似金钿坚,天上人间会相见。
临别殷勤重寄词,词中有誓两心知。
七月七日长生殿,夜半无人私语时。
在天愿作比翼鸟,在地愿为连理枝。
天长地久会有时,此恨绵绵无绝期。　　（白居易《长恨歌》,片段）

---

① 此说有待考证。此说可参见"闫敬芳,2010(1):69",或者参阅"萧涤非,俞平伯,施蛰存等,1983"的相关部分。

四、刘柳诗歌

刘禹锡是唐代中期著名诗人,有"诗豪"之称,他在政治上主张革新。柳宗元是唐代文学家、哲学家、散文家和思想家,与刘禹锡并称为"刘柳"。

刘禹锡性格刚毅,不畏权贵,大有"斗士"之豪勇。因参与"永贞革新"失败,柳宗元被贬为永州司马,刘禹锡也同期遭到贬谪,做了朗州司马,这一做就是十一年。元和九年(公元815年),刘禹锡应诏回京。在京期间,跟朋友一起游京城的玄都观,写下了《元和十年自朗州承召至京戏赠看花诸君子》:

紫陌红尘拂面来,无人不道看花回。
玄都观里桃千树,尽是刘郎去①后栽。

这首诗真是刺痛了当权者,于是,他被改派播州刺史,后来在柳宗元和宰相裴度的努力下,又改派他为连州刺史,而柳宗元则被派为柳州刺史,基本上都属于"明升暗降"的类型。大和元年(公元827年),刘禹锡回到洛阳,但并没有吸取前一次的教训,再次游览玄都观时,写下了《再游玄都观绝句》:

百亩庭中半是苔,桃花净尽菜花开。
种桃道士归何处,前度刘郎今又来。

硬朗的、已经年过半百的刘禹锡老先生,生怕别人看不懂他的这首诗,还专门写了个序言:

余贞元二十一年为屯田员外郎时,此观未有花。是岁,出牧连州,寻贬朗州司马。居十年,召至京师。人人皆言有道士手植仙桃,满观如红霞,遂有前篇,以志一时之事。旋又出牧,于今十有四年,复为主客郎中,重游玄都,荡然无复一树,惟兔葵、燕麦动摇于春风耳。因再题二十八字,以俟后游。时大和二年三月。

如果说《再游玄都观绝句》算是有点隐晦的讽刺的话,那么,这个"序言"简直就是明晃晃、赤裸裸的挑战了。不管是遭到贬谪,还是身居官职,在刘禹锡的眼里,一切都是过眼云烟,没有什么是永恒的,

---

① 去,一作"别"。

正是：
> 朱雀桥边野草花,乌衣巷口夕阳斜。
> 旧时王谢堂前燕,飞入寻常百姓家。　　（刘禹锡《乌衣巷》）

在长期贬谪的苦难生涯中,刘禹锡却发现并发展了散发着清新泥土芬芳的一朵小花——竹枝词。这种据说很难登上大雅之堂的小花,经过刘禹锡的"妙手回春",彻底改变了面貌,繁荣了唐诗的百花园。例如：

> 杨柳青青江水平,闻郎江上唱歌声。
> 东边日出西边雨,道是无晴却有晴。①
> 　　　　　　　　　　（刘禹锡《竹枝词二首》其一）

柳宗元(773—819),字子厚,唐代河东郡(今山西永济)人,他的一生,成绩斐然。宋代苏轼这样评价道："所贵乎枯淡者,谓其外枯而中膏,似淡而实美,渊明、子厚之流是也。"(苏轼《东坡题跋·评韩柳诗》)宋人严羽也曾说："唐人惟子厚深得骚学。"(严羽《沧浪诗话》)经过坎坷的一生和磨难的贬谪生涯后,柳宗元的人生达到了非凡的境界：

> 千山鸟飞绝,万径人踪灭。
> 孤舟蓑笠翁,独钓寒江雪。　　　　　　　（柳宗元《江雪》）

第四节　晚唐时期

按照一般的划分,晚唐时期的诗歌从公元825年开始至公元907年结束。

随着唐朝政局的动荡和经济的衰退,唐诗的创作也转入晚唐时期。在历经初唐、盛唐、中唐的辉煌之后,到了晚唐时期,虽然不乏杜牧、李商隐、温庭筠等杰出的诗人,以及某些诗歌派别,但唐诗就跟这个帝国不可逆转的命运一样,也不可避免地走向了生命的尽头。在晚唐时期,"新崛起的晚唐诗人,较之元和时代的诗人而言,最为突出的特点就是个性更加突出,唯美倾向更加鲜明,主情[sic]而斥功利

---

① 此诗首联对句中,"唱歌声",一作"踏歌声"。结句中"却有晴",一作"还有晴"。

的文学创作思想更加强烈。这些诗人之间基本没有流派和群体创作的现象,但在认识和表现上,却有惊人的相似之处。这些相似之处,共同构成了承续中唐,而又有鲜明时代特征的晚唐文学特色。"(田耕宇,2001:"前言"第6页)

一、怀古、咏史之诗

"甘露之变"后,宦官更是有恃无恐,晚唐的社会局势动荡不安,政权腐败严重。受此影响,晚唐诗人的怀古、咏史诗歌,着眼的是一切无法长驻的思想。晚唐诗中,哀伤的情调较多,表现出来的是世事的盛衰、浮沉:

江南春绝句 杜 牧
千里莺啼绿映红,水村山郭酒旗风。
南朝四百八十寺,多少楼台烟雨中。

咸阳城西楼晚眺 许 浑
一上高城万里愁,蒹葭杨柳似汀洲。
溪云初起日沉阁,山雨欲来风满楼。
鸟下绿芜秦苑夕,蝉鸣黄叶汉宫秋。
行人莫问当年事,故国东来渭水流。①

二、苦吟之诗

在晚唐社会与文化的大背景下,诗人已经没有了盛唐时期那高涨的信心——出口成章、信手拈来,而是苦苦吟咏,良久方成诗。贾岛、姚合及其追随者,诗歌内容都比较狭窄,很少反映社会问题。贾岛的苦吟甚至到了这样的地步:"二句三年得,一吟双泪流。知音如不赏,归卧故山秋。"(贾岛《题诗后》)尽管如此,"苦吟"也创作出不少的名篇佳作:

题李凝幽居 贾 岛
闲居少邻并,草径入荒园。

---

① 尾联出句中,"当年事",一作"前朝事"。结句"故国东来渭水流",一作"渭水寒声昼夜流"。其中"声",一作"光"。

鸟宿池边树,僧敲月下门。
过桥分野色,移石动云根。
暂去还来此,幽期不负言。

穷边词二首(其一) 姚　合
将军作镇古汧州,水腻山春节气柔。
清夜满城丝管散,行人不信是边头。

三、艳丽爱情之诗

晚唐时期,闺阁情怀浓郁,爱情之诗艳丽。一方面,科举仕途渺茫;另一方面,享乐之风盛行。诗人转而开始创作在色彩、辞藻等方面具有浓艳特征的情诗,以寻求政治上失意的安慰,从而逃避苦难而腐败的社会现实,体现出鲜明的晚唐时尚:

春愁曲 温庭筠
红丝穿露珠帘冷,百尺哑哑下纤绠。
远翠愁山入卧屏,两重云母空烘影。
凉簪坠发春眠重,玉兔熁香柳如梦。
锦叠空床委坠①红,飔飔扫尾双金凤。
蜂喧蝶驻俱悠扬,柳拂赤阑纤草长。
觉后梨花委平绿,春风和雨吹池塘。

已　凉 韩偓
碧阑干外绣帘垂,猩色屏风画折枝。
八尺龙须方锦褥,已凉天气未寒时。

四、小李杜之诗

"小李杜"指的是晚唐时期的诗人李商隐和杜牧。继盛唐的"李杜"之后,到了晚唐时期,杜牧、李商隐等一批才俊崛起,一改晚唐诗坛没落的氛围,为晚唐诗歌注入了最后一线生机。

杜牧的成就是多方面的,但是,他的诗歌受到杜甫、韩愈等人的影响,题材广阔,用词清丽。他的诗感时伤怀、情真意切、意蕴深远:

---

① 坠,一作"堕"。

娉娉袅袅十三余,豆蔻梢头二月初。
春风十里扬州路,卷上珠帘总不如。　　(杜牧《赠别二首》其一)
多情却似总无情,唯觉樽前笑不成。
蜡烛有心还惜别,替人垂泪到天明。　　(杜牧《赠别二首》其二)
落魄江湖载酒行,楚腰纤细掌中轻。
十年一觉扬州梦,赢得青楼薄幸名。　　　　　(杜牧《遣怀》)

李商隐,字义山,号玉溪生,比杜牧小十岁。他的一些爱情诗和无题诗写得缠绵悱恻,优美迷人,广为传诵。但是,部分诗歌过于隐晦,理解上存在诸多歧义,而且还具有现代"朦胧诗"的意味,最著名的一首莫过于他的那首《锦瑟》了:

锦瑟无端五十弦,一弦一柱思华年。
庄生晓梦迷蝴蝶,望帝春心托杜鹃。
沧海月明珠有泪,蓝田日暖玉生烟。
此情可待成追忆,只是当时已惘然。

乐游原,是位于西安市南郊大雁塔东北部、曲江池北面的黄土台塬,为唐时风景名胜区。一日,李商隐登上乐游原,看着夕阳的余晖,面对着帝国的都城,感慨万千,无限思绪涌上了心头。最终,短短二十字的《乐游原》(一作《登乐游原》)翻涌而出:

向晚意不适,驱车登古原。
夕阳无限好,只是近黄昏。

是啊,"夕阳无限好",谁不喜欢自己的家园?谁不热爱自己的王朝?唉,"只是近黄昏"(对此句的理解,参见本书下卷第十四章第五节第二部分)呐!只可惜,大唐王朝也将随着这落日的余晖,渐渐落幕。有谁不会感慨万千呢?

第四章 唐诗格律

"近体诗"是与"古体诗"相对而言的一个概念。唐人把当时新出现的律诗、绝句统称为近体诗。近体诗的创作有其特殊的要求:一是字数的限制,每行为五个字,或者七个字;二是句式的限制,律诗一般为八句(排律除外),绝句一般为四句;三是对仗的限制,律诗的中间各联要求工对,绝句各联可对仗,也可以不对仗;四是韵脚的限制,偶数句必须押韵,一般要求押平声韵,首句可入韵,也可不入韵(其实,这与对仗、不对仗有关);五是字的平仄限制,每行诗的平仄都有一定的要求,如平仄相间、平仄相对等。

鉴于此,近体诗也称"格律诗"。如上所述,它对格律的要求十分严格,其创作也受到了一定的限制,有人称格律诗的创作犹如"戴着镣铐跳舞",可见其约束性之强。难怪,贾岛发出了这样的感叹:"二句三年得,一吟双泪流。知音如不赏,归卧故山秋。"(贾岛《题诗后》)唐诗中可以发现此类诗歌,不足为怪。格律诗创作中的酸甜苦辣可见一斑。

苦吟　卢延让

莫话诗中事,诗中难更无。

吟安一个字,拈断数茎须。

险觅天应闷,狂搜海亦枯。

不同文赋易,为著者之乎。

由此看来,本书所谈"五绝",跟唐代发展、兴盛起来的格律诗是"上下义"的关系,也就是说,五绝是格律诗的一个组成部分。所以,具体谈"五绝"之前,可以纵观一下对"格律诗"提出的要求,然后,再细观对五绝提出的特殊要求及五绝的特点。这样,对于唐代五绝的理解和英译会有一定的帮助。

第一节　平仄

所谓平仄,是针对汉字的不同声调——也就是"四声"而言的(现代汉语的四声与古汉语的四声有所不同)。近体诗中的平仄其实就是将古音中的声调分成"平"和"仄"两部分,即所谓的"四声二元化"(余浩然,2001:38)。近体诗就是利用平声和仄声两大声调来构成的:诗中一句之内声调要平仄相间,联内两句之间要平仄相反,联间两句之间要平仄相同,这就是"相黏",否则就不相黏,称作"失黏",乃近体诗(格律诗)一大忌。

一、平仄的概念

现代汉语中,发音有三大要素:第一就是声母,即 b、p、m、f……第二就是韵母,即 a、o、e、i、u、ü、ai、an、ao……第三就是前两者组合而形成的汉字读音所具备的四个声调——阴平、阳平、上声、去声,也就是我们常说的第一声、第二声、第三声、第四声。由于读音产生的四声变化,在诗歌中将它们有机地组合起来,就形成了高低强弱、抑扬顿挫的感觉,形成一种音乐美。参照古汉语中对平仄的划分,阴平和阳平合在一起,称作"平声",简称"平",而上声和去声合在一起,称作"仄声",简称为"仄"。这样,平仄的概念也就产生了,也就是本节所说的"四声二元化"的方法。平仄音的不同组合,就形成了诗歌中高低起伏的音乐效果。

不过,现代汉语的平仄,跟古汉语的平仄概念不太一样。换句话说,近体诗中的平仄是古汉语中所划分出来的平仄,跟现代汉语中的平仄划分不完全一样,这在品读和翻译近体诗的时候,要特别加以注意。

二、古今四声之别

如上所述,现代汉语四声中的阴平和阳平(划归到"平"中),以及上声和去声(划归到"仄")与古汉语的四声以及由此产生的平仄概念有所不同。

古汉语的四声是指平声、上声、去声、入声,主要是沿用南齐沈约等人的分法,称"沈分法"(余浩然,2001:38)。这种分法,是根据具有入声的浙江口音而来的,具有地域性的限制,但是对于近体诗产生了极大的影响,古汉语的格律诗就是根据这四声以及由此而产生的平仄来创作的;而现代汉语则是中华民族目前通行的语言,以北京语音为标准音,以北方话为基础方言,以典范的现代白话文著作为语法规范的普通话,其四声很显然跟"沈分法"所依据的四声是不同的。例如,汉字中的"八"字,现代汉语是阴平,归入"平",而在古汉语中,则为"入声",归入"仄"。

可以看出,古汉语"沈分法"基于的四声,跟现代汉语中的四声有两个不同之处:第一,古汉语的"平"就是平声,不分阴平和阳平;第二,古汉语的"仄"里面,除了上声和去声,还多了一个"入声",这也是最大的麻烦所在,因为"沈分法"中的"入声",在现代汉语中,既可能是"平"里的阴平或阳平,又可能是"仄"里的上声或去声。

这样,不仅品读格律诗存在着麻烦,也给现代人创作格律诗带来了一个"棘手"又"头疼"的问题。何去何从,莫衷一是。于是乎,产生了两派意见:一派意见认为,现代人创作格律诗应遵循"沈分法";另一派意见则认为,现代人创作格律诗应抛弃古四声,完全按照现代汉语的发音规范和声律来进行。例如,余浩然先生就是这样认为的:

> 我写诗词,都是严格按着现代的四声和平仄的概念进行的,根本不考虑入声。从发展的眼光看,剪掉辫子,甩掉裹脚布,按现代的四声写诗,是历史的必然。要按入声写,又要按平声读,是十分可笑的。同一个字的平仄,读写不能使用双重标准。(余浩然,2001:39)

当然，余先生的说法是很有道理的，起码也前瞻性地为"格律诗"或者"近体诗"的发展指出了道路，可谓"现代格律诗"。本书著者认为，为了与"近体诗"相区别，可以称这种"现代格律诗"为"现体诗"，以别于如今的"现代诗"，同时还能与"古体诗""近体诗"遥相呼应。当然，这里只是"抛砖引玉"，具体还需细加研究。

另一派意见认为，现代人创作格律诗，应该遵循"沈分法"，毕竟格律诗是一个时代的产物。否则，就会不伦不类。这一点，本书著者也比较赞同。因此，本书著者的格律诗创作也是严格按照"沈分法"的平仄概念来进行的。另外，以毛泽东为代表的一批现代文人也是严格地按照"沈分法"来创作的。例如，毛泽东的《七律·长征》：

红军不怕远征难，万水千山只等闲。
平平仄仄仄平平　仄仄平平仄仄平
五岭逶迤腾细浪，乌蒙磅礴走泥丸。
仄仄平平平仄仄　平平平仄仄平平
金沙水拍云崖暖，大渡桥横铁索寒。
平平仄仄平平仄　仄仄平平仄仄平
更喜岷山千里雪，三军过后尽开颜。
仄仄平平平仄仄　平平仄仄仄平平

上诗中，加着重号的字都是古入声字，都做"仄"处理，其中，"不"今读去声，"礴"今读阳平，"拍"今读阴平，"索"今读上声，"雪"今读上声。

当然，现代人创作格律诗还有一种情况，那就是：默认情况下，采用古声古韵来创作，不用做任何标注，读者按照近体诗的特点去欣赏；若采用的是今声今韵，则要在诗歌的某一部分做出标示（比如诗题后面加括号来标注），读者也就按照现代汉语的声和韵来欣赏了。目前，文学网站的格律诗创作者一般都是这么做的，似乎也形成了常规。试看下面的一首：

七绝·衰年（步韵白居易《衰荷》）　　王永胜
岁岁催人人废残，时时挥泪泪枯干。

谁人可解心中意？把酒遥遥对月看①。

上面这首七绝，作者没有任何标注，应按照格律诗（近体诗）来理解和衡量，因为古声古韵中，"看"属平声韵。否则的话，若不使用古声古韵特别是入声字、入声韵来创作格律诗，则最好在诗歌的某处做标注或说明。

这种格律诗的创作样式，是目前人们比较容易做到的，也是比较容易接受的一种近体诗创作方式。这也算作现代人创作近体诗的一种趋势吧。否则，近体诗创作的尴尬局面将难以化解。

无论如何，要想品读好唐诗，并翻译成英文，懂得一些"入声"知识，还是十分必要的。入声字表，手头必备，最好是能记住一些常用的入声字。研究唐诗，入声字万万抛弃不得，至于创作格律诗，根据目前的分歧，那就另当别论了。此外，还要注意古汉语中某些字的特殊情况，比如某一个字可"平"可"仄"的情况，等等。

三、句内平仄相间

所谓"句内平仄相间"，就是指格律诗的一句之内，平仄要搭配起来，平仄要彼此"岔开"。但是，要注意的是，这里所说的并不是一句之内，一个字跟紧挨着另一个字的平仄彼此岔开，而是以一定的单位彼此岔开。以七言律诗为例，前四个字每两个字为一个单位，平仄两两岔开，后三个字分两种情况，一种是第五、六字跟第七字岔开，另一种是第五字跟第六、七字岔开。这样，整个一行就在整体上平仄相间了，但某些特殊的句式除外，如"拗句""不拘句""病句"等。下面是一般性句内平仄相间的例子：

身无彩凤双飞翼，心有灵犀一点通。
平平仄仄平平仄 平仄平平仄仄平　　　　　　（李商隐《无题》）

---

① 参见王永胜的博客"孤独行走的东北野狼"，地址：http://wys3000a.lofter.com，提取时间：2018年9月15日。

四、联内平仄相反

格律诗中,每两句构成一联,一般称上一句为"出句",下一句为"对句"。所谓"联内平仄相反",就是指一联之内,上下两句的平仄必须相反,而且,一首诗中所有联的上下两句的平仄都要相反。同样,这里指的平仄相反,也不是指上下两句每个单字一一对应起来而平仄相反,而主要是指下句跟上句的语义单位在整体上平仄相反。具体说来,以七言律诗为例,就是下句的二、四、六字跟上句的二、四、六字做到平仄相反就可以。如:

昨夜星辰昨夜风,画楼西畔桂堂东。
仄仄平平仄仄平 仄平平仄仄平平 (李商隐《无题》)

五、联间平仄相同

所谓"联间平仄相同",就是指格律诗的两联之间相邻的两个句子,即上一联的对句与下一联的出句,要做到平仄一样。当然,这里并不是严格地要求上下句之间对应的每一个字都完全平仄相同。对于七言律诗而言,就是做到对应的二、四、六字平仄相同。这样看起来,上下联之间似乎具有了"黏性",这就叫"相黏",或者"黏对"。如:

秦时明月汉时关,
万里长征人未还。
仄仄平平平仄平
但使龙城飞将在,
仄仄平平平仄仄
不教胡马度阴山。 (王昌龄《出塞》)

在格律诗中,如果做不到"联间平仄相同",则被称为"失黏",此乃格律诗一大忌,但例外的是,在拗体格律诗中,失黏是允许存在的。另外,初唐时格律没有严格加以限定,"黏对"的规则还没确定下来,所以,即使在格律诗中,也有少数失黏的现象。王维的诗中,哪怕诗仙李白的诗中,也可以见到失黏的现象。试体会失黏的例子:

雪净胡天牧马还,
月明羌笛戍楼间。
仄平平仄仄平平
借问梅花何处落,
仄仄平平平仄仄
风吹一夜满关山。　　　　　　　　（高适《塞上听吹笛》）

渭城朝雨浥轻尘,
客舍青青柳色新。
仄仄平平仄仄平
劝君更尽一杯酒,
仄平仄仄仄平仄
西出阳关无故人。　　　　　　　　（王维《送元二使安西》）

六、诗脚平仄相反

在格律诗中,平仄要求的另一个体现,就是在诗的"脚"上。所谓"诗脚",就是指格律诗中每一句的最后一个字。非押韵句的诗脚,称为"白脚";押韵句的诗脚。称为"韵脚"。所谓"诗脚平仄相反",就是指在格律诗中,除了首句押韵外,诗脚的平仄要相对。具体来说,白脚一般为"仄",韵脚一般为"平"。这样,诗脚的平仄规律就是:仄、平、仄、平……在格律诗中,白脚与韵脚的平仄若相同是不允许的,称为"踩脚"。

朝辞白帝彩云间,千里江陵一日还。
平平仄仄仄平平　平仄平平仄仄平
两岸猿声啼不住,轻舟已过万重山。
仄仄平平平仄仄　平平仄仄仄平平　　（李白《下江陵》)
国破山河在,城春草木深。
仄仄平平仄　平平仄仄平
感时花溅泪,恨别鸟惊心。
仄平平仄仄　仄仄仄平平

烽火连三月,家书抵万金。
平仄平平仄 平平仄仄平
白头搔更短,浑欲不胜簪。
仄平平仄仄 平仄仄平平
(杜甫《春望》)

第二节 押韵

如前所述,汉语发音有三大要素——声母、韵母、声调。其中,"韵母"与这里要谈论的格律诗的押韵密切相关。

按照结构划分,韵母可分为单韵母、复韵母、鼻韵母。单韵母也叫单元音韵母,其发音的特点是自始至终口形不变,舌位不移动。普通话中单元音韵母主要有七个:a、o、e、i(衣)、i(日)、u、ü,特殊韵母为er。复韵母是由两个或三个元音结合而成的,普通话共有十三个复韵母:ai、ei、ao、ou、ia、ie、ua、uo、üe、iao、iou、uai、uei。鼻韵母是由一个或两个元音后面带上鼻辅音构成的。鼻韵母共有十六个:an、ian、uan、üan、en、in、uen、ün、ang、iang、uang、eng、ing、ueng、ong、iong。当然,有的划分与上述略有不同。

具体说来,韵母又可分为韵头、韵腹、韵尾三部分,如"娘"(niáng)的韵母是"iang",其中"i"是韵头,"a"是韵腹,"ng"是韵尾。每个韵母一定有韵腹,韵头和韵尾则不一定有。如"大"(dà)的韵母是"a",但"a"是韵腹,没有韵头、韵尾;"瓜"(guā)的韵母是"ua",其中"u"是韵头,"a"是韵腹,但没有韵尾;"刀"(dāo)的韵母是"ao",其中,"a"是韵腹,"o"是韵尾,但没有韵头。

现代汉语中的"韵母",在格律诗中称为"韵"。可是,在格律诗中,只要基本韵母相同,则不管其韵头如何,都算作一个韵。基本韵母主要是指前面划分的单韵母 a、o、e、i(衣)、i(日)、u、ü,特殊韵母 er,复韵母中的 ai、ei、ao、ou,以及鼻韵母中的 an、en、ang、eng。而且,在格律诗中,韵还细分为平声韵、上声韵、去声韵和入声韵,其中,前一种统称为"平韵",后三种统称为"仄韵"。

唐代格律诗定型后,用韵逐渐规范起来,几经周折,"平水韵"成为格律诗的用韵准则。"平水韵"由其刊行者——宋末平水人刘渊而得名。"平水韵"依据唐人用韵情况,把汉字划分成107个韵部。"平水韵"虽然是南宋时才出现的,但是,它反映了唐宋时代人们作诗用韵的实际发音状况。其中的每个韵部包含若干个字,格律诗的韵脚的字必须出自同一韵部,不能错用。

一般而言,押韵是一种修辞的需要,而在格律诗中,押韵是一种基本的要求。

一、押韵的位置

如前所述,诗中押韵的那个字被称为"韵脚"。格律诗的韵脚一般在偶数行,首句押韵除外。例如:

白日依山尽,黄河入海[流]。

欲穷千里目,更上一层[楼]。　　　　　(王之涣《登鹳雀楼》)

二、平声入韵

自唐以后,格律诗逐渐甩开了仄声韵,转而以平声韵为主,而且不分阴平和阳平。例如:

日暮长江里,相邀归渡[头]。

落花如有意,来去逐船[流]。　　　　　(储光羲《江南曲》其一)

但是,也有一部分格律诗押仄声韵,尽管很多学者并不赞同,且存在着争议。

三、一韵到底

一般而言,格律诗中,不管是五言还是七言,亦不管是律诗还是绝句,都要一韵到底,一般不允许中途换韵。例如:

西陆蝉声唱,南冠客思[侵]。

那堪玄鬓影,来对白头 [吟]①。

露重飞难进,风多响易 [沉]。

无人信高洁,谁为表予 [心]。　　　　　（骆宾王《在狱咏蝉》）

四、首句的押韵问题

格律诗中,首句可以押韵,亦可不押韵。一般来说,五言的首句押韵的较少,七言的首句押韵的较多。具体分为以下几种情况：

1. 首句平起入韵式

首句入韵,而且首句的第二个字为"平",这种形式被称为"首句平起入韵式"。例如：

秋丛绕舍似陶 [家],遍绕篱边日渐 [斜]。

[平]

不是花中偏爱菊,此花开尽更无 [花]。　　（元稹《菊花》）

2. 首句平起不入韵式

首句不入韵,而且首句的第二个字为"平",这种形式被称为"首句平起不入韵式"。例如：

昔看黄菊与君别,今听玄蝉我却 [回]。

[平]

五夜飕飕枕前觉,一年颜状镜中 [来]。

马思边草拳毛动,雕盼青云睡眼 [开]。

天地肃清堪四望,为君扶病上高 [台]。　　（刘禹锡《始闻秋风》）

注：首联的"看"可平仄两用,意义不变,这里做"平"用；"听"可平可仄,意义相同,这里做"仄"用。

---

① 首句对句"南冠客思侵",一作"南冠客思深"。颔联出句中,"那堪"一作"不堪",写作"不堪玄鬓影"（朱徽,2010：2）。

3. 首句仄起入韵式

首句入韵,而且首句的第二个字为"仄",这种形式被称为"首句仄起入韵式"。例如:

杨柳青青杏花㊋,年光误客转思㊒。
　　㊣仄
不知湖上菱歌女,几个春舟在若耶。　　(王翰《春日思归》)

4. 首句仄起不入韵式

首句不入韵,而且首句的第二个字为"仄",这种形式被称为"首句仄起不入韵式"。例如:

万里人南去,三春雁北㊋。
　　㊣仄
不知何岁月,得与尔同㊒。　　(韦承庆《南中咏雁诗》)

掩涕辞丹凤,衔悲向白㊋。
　　㊣仄
单于浪惊喜,无复旧时㊒。　(东方虬《相和歌辞·王昭君》其二)

5. 首句入韵、首联对仗式

格律诗中,首句入韵,而且首联还对仗,称为"首句入韵、首联对仗式",简称为"韵对"。这应该是格律诗中开篇写法的最高境界,实属难为。例如:

五原春色旧来㊋,二月垂杨未挂㊒。
即今河畔冰开日,正是长安花落时。　　(张敬忠《边词》)

朱雀桥边野草㊋,乌衣巷口夕阳㊒。
旧时王谢堂前燕,飞入寻常百姓家。　　(刘禹锡《乌衣巷》)

可以说,首句入韵、不入韵,更多的是与不对仗、对仗有关。一般来说,首句入韵,不对仗居多。反之,首句不入韵,对仗居多。对仗是格律诗的一种艺术手法,也是一种修辞形式。

第三节 对仗

"对仗"的本意,一谓当廷奏事。古时皇帝坐朝听政,必设仪仗,百官当廷言事,无所隐秘,故称。《旧唐书·萧至忠传》记载:

旧制,大臣有被御史对仗劾弹者,即俯偻趋出,立於[sic]朝堂待罪。

对仗的本意,二谓左右分设、相对而立的仗卫。清代袁枚的《随园诗话》(卷一)中所引的万柘坡的《金鳌玉蝀桥》诗,是这样说的:

晓来浓翠东西映,也算蛾眉对仗班。

一、格律诗的对仗

近体诗(格律诗)中的对仗,从严格的意义上来讲,就是按照字音的平仄和字义的虚实而做成的对偶语句。换句话说,格律诗中的对仗,就是要求比较严格的对偶句,与过年时家家户户贴的对联如出一辙。一般形式的对仗由两句组成,两句形成一联(上句称"出句"或"上联",下句称"对句"或"下联"),两句字数相等,两句意义相关或相反(切忌相同),上下句对应的字或词的词性(如名字、动词等)要相同,上下句对应的字或词的平仄也要遵循上述对格律诗的平仄要求,如句内平仄相间、联内平仄相反等。试体会:

|星垂|平野|阔|,|月涌|大江|流|。　　　　　　(杜甫《旅夜书怀》)

除了一般形式的对仗外,还有一些特殊形式的对仗,如句内对仗(一句话内部对仗),鼎足对(三句话如三足鼎立般形成对仗),领字对或者领句对(古词、曲中用,如毛泽东的《沁园春·雪》中"望长城内外,惟余莽莽;大河上下,顿失滔滔"的"望"字,引领了对仗句),还有错综对(上下联的语序错开)等。

二、对仗的要求

近体诗,不管是五律还是七律,中间两联——颔联和颈联必须对仗,首联和尾联可以不用对仗。近体诗中的绝句——不管是五绝还是七绝,可以对仗,也可以不对仗。对于排律而言,严格地说,除了首联和尾联外,中间不管有多少联,都要对仗。例如:

细草微风岸,危樯独夜舟。
星垂平野阔,月涌大江流。
<u>名岂文章著</u>,<u>官应老病休</u>。
飘飘何所似?天地一沙鸥。　　　　　　　(杜甫《旅夜书怀》)
寒雨连江夜入吴,平明送客楚山孤。
洛阳亲友如相问,一片冰心在玉壶。(王昌龄《芙蓉楼送辛渐》)
<u>知有前期在</u>,<u>难分此夜中</u>。
无将故人酒,不及石尤风。　　　　　　　(司空曙《留卢秦卿》)

上述杜甫的七律,中间两联皆对仗,王昌龄的七绝不对仗,司空曙的首联对仗,这些都是格律诗所允许的。

三、工对

近体诗中,对仗严格、工整的,称为"工对"。要做到对仗的工整,一般来说,必须使用同一门类的词语作对,如"上"对"下","天"对"地","大地"对"长空"等。下面这首杜甫的绝句,全诗都对仗,而且是工对,尽管绝句可对仗,也可以不对仗。

<u>两个黄鹂鸣翠柳</u>,<u>一行白鹭上青天</u>。
<u>窗含西岭千秋雪</u>,<u>门泊东吴万里船</u>。　(杜甫《绝句四首》其三)

对于格律诗而言,凡是要求对仗的地方,应该都用工对,而不要求对仗的地方,则可以使用其他的对仗类型,如宽对等。

四、宽对

宽对是相对于工对而言的,是一种不很工整的对仗,一般只要句型、词性基本能吻合就可以。对宽对的要求,相对宽松些,半对半不对也属于宽对。宽对可以用在不要求对仗的地方,而要求对仗的地方,则应该使用工对。例如:

|匈奴犹未灭,魏绛复从戎|。
恋别三河道,言追六郡雄。
雁山横代北,狐塞接云中。
勿使燕然上,惟留汉将功。　　　　　(陈子昂《送魏大从军》)

上诗中,首联不要求对仗,所以"匈奴犹未灭,魏绛复从戎"的对仗就属于宽对:"匈奴"与"魏绛"是名词相对,"犹"与"复"则是副词相对,而"未灭"与"从戎"就不怎么能对上了。中间两联要求对仗,所以陈子昂使用了工对,十分严谨、工整。

五、流水对

所谓"流水对",就是出句的意思不完整,跟对句合起来方能表达一个完整的意思。流水对的实质就是一句话分为两句说,每句话都不完整,上句、下句合起来才是一个整体。流水对又称"走马对",出句与对句具有承接、转折、假设等关系。例如:

离离原上草,一岁一枯荣。　　　　(白居易《赋得古原草送别》)
欲穷千里目,更上一层楼。　　　　　(王之涣《登鹳雀楼》)

六、韵对

如本章第二节第四部分第 5 点所述,首句入韵、首联对仗的一联,称为"韵对"。按照格律诗的要求,这样的对仗,一般只能出现在一首诗的首联。韵对是对平仄、押韵和对仗提出的三重要求,的确难为。试看:

一雁过连|营|,繁霜覆古|城|。
胡笳在何处,半夜起边声。　　　　　　(戴叔伦《关山月》其二)
霜凝四野|萧|,草败万葩|凋|。

极目苍茫处,凄风逐菊摇①。　　（王永胜《五绝·九月菊花》）

第四节　章法

对于文章而言,章法就是指其布局和结构。格律诗是一种文体形式,也要遵循一定的章法。所谓格律诗的章法,就是指格律诗的布局和结构,是格律诗创作中的一种整体性要求。

一、题目

关于格律诗的题目,人们持有不同的意见。一些人认为,诗歌的内容是关键,是表情达意的,不需要什么题目,因而这类诗歌可归为"无题"类诗歌,其题目要么是"绝句""五绝""五律""七绝""七律",要么就是"五绝·无题""五律·无题""七绝·无题""七律·无题"。另一些人认为,诗歌需要题目,因为诗歌写出来是给别人看的,没有题目无以辨别,就像人需要名字一样。这时候,诗歌的题目,一方面让人称呼作品,方便交流;另一方面具有提纲挈领的作用,抑或交代创作的背景,便于读者解读作品的内涵。

对于"无题"类的诗歌,或者是一组只冠以一个标题的诗歌,后人为了加以区别,引用时往往加上括号,括号内附上原诗的首句。如:

无题(<u>昨夜星辰昨夜风</u>)　李商隐
昨夜星辰昨夜风,画楼西畔桂堂东。
身无彩凤双飞翼,心有灵犀一点通。
隔座送钩春酒暖,分曹射覆蜡灯红。
嗟余听鼓应官去,走马兰台类转蓬。
复愁②(<u>人烟生处僻</u>)　杜甫
人烟生处僻,虎迹过新蹄。
野鹘翻窥草,村船逆上溪。

---

① 参见王永胜的博客,"孤独行走的东北野狼",地址:http://wys3000a.lofter.com,提取时间:2018年9月15日。

② 杜甫的这组诗共有十二首,这是其中的第一首。

由此可见,诗歌的题目作为诗歌创作中的章法之一,是具有一定的作用的,最好给诗歌加一个题目。当然,"无题"诗的存在,有其合理的一面,因为有的作者认为,加上题目会妨碍读者对诗歌意境的理解,会限制读者的想象力,这有悖于诗歌的本质。这样的话,诗歌的题目可以采用诗体的首句,或者首句的首词。例如李商隐的《锦瑟》,就是取诗体首句"锦瑟无端五十弦"中的首词"锦瑟",既便于人们称呼,也让诗歌有了章法上的完整性。有的古体诗,干脆使用首句作题目。例如:

自君之出矣　　张祜
自君之出矣,万物看成古。
千寻蓴荇枝,争奈长长苦。

还有一类诗歌,其题目并不具备概括诗体主旨的作用,而只是作为一种背景的铺垫和附加信息的提供。古人诗歌中,这类题目的诗歌不少,既避开了人们理解上的限制,又赋予诗歌一个章法上的完整性——虽然题目过长,难以记忆。例如:

与史郎中钦听黄鹤楼上吹笛　　李白
一为迁客去长沙,西望长安不见家。
黄鹤楼中吹玉笛,江城五月落梅花。

作为格律诗的一个基本的章法,题目看来是必不可少的,其作用不可小觑,但也有一定的副作用——束缚了诗人的手脚、限制了读者的想象空间,因而题目的选取,也需要一定的技巧。

二、开头和结尾

开头和结尾是文章的一个章法,所谓"有始有终"矣。同样,格律诗也要求"有始"和"有终",即开头和结尾。格律诗中,开头也称作"起句",结尾也称作"结句"。开头可以开门见山,直抒胸臆,也可以以景起兴,借景抒情。古人诗句中,后者居多。试看:

送杜少府之任蜀州　　王勃
<u>城阙辅三秦</u>,<u>风烟望五津</u>。　　　　　　　(开篇以景起兴)
与君离别意,同是宦游人。

海内存知己,天涯若比邻。
无为在歧路,儿女共沾巾。

酬张少府　王维
晚年惟①好静,万事不关心。　　　　（开篇直抒胸臆）
自顾无长策,空知返旧林。
松风吹解带,山月照弹琴。
君问穷通理,渔歌入浦深。

对于格律诗而言,结句乃全篇的重点,具有"点睛"之功。结句往往是全诗的精华,是作者的主旨所在,结得精彩,往往给人留下深刻的印象。当然,有的诗歌,也许开头气势磅礴,抑或起伏不平,结尾处却舒缓得多,颇具另一番意境。

问刘十九　白居易
绿蚁新醅酒,红泥小火炉。
晚来天欲雪,能饮一杯无?　　　　（结句点题,主旨所在。）

酬乐天扬州初逢席上见赠　刘禹锡
巴山楚水凄凉地,二十三年弃置身。
怀旧空吟闻笛赋,到乡翻似烂柯人。
沉舟侧畔千帆过,病树前头万木春。
今日听君歌一曲,暂凭杯酒长精神。　　　　（结句精彩,直抒胸臆。）

省试湘灵鼓瑟　钱起
善鼓云和瑟,常闻帝子灵。
冯夷空自舞,楚客不堪听。
苦调凄金石,清音入杳冥。
苍梧来怨慕,白芷动芳馨。
流水传湘浦,悲风过洞庭。
曲终人不见,江上数峰青。　　　　（结句舒缓,亦颇具意境）

开头和结尾,起句和结句,涉及格律诗的布局和结构,是诗歌的

---

①　"惟",一作"唯"。

一个重要的章法,直接影响内容的表达,不可忽视。

三、起承转合

格律诗的另一个重要的章法,就是起、承、转、合。这里的"起"相当于上文的"开头";"合"相当于上文的"结尾"。

起承转合泛指文章的写作手法:"起"是开端,"承"是承接上文,"转"是转折,"合"是结尾。对于格律诗而言,这种章法同样适用。正所谓"万事开头难",古人创作诗歌非常重视"起",有明起、暗起、陪起、反起、逆起、单起、对起等;"承"就是承接上文,引出下文,上下关联,前后呼应;"转"就是转折,笔锋一转,或者由情转到景,或者由景转到情,转得好就会出神入化;"合"就是结尾——作者抒发情感、表达志向的重要环节。

起承转合在绝句中体现得最为明显,符合章法。一般来说,短短四句之中,起、承、转、合各占一句:

越中览古　李白

越王勾践破吴归,[起]

战士还家尽锦衣。[承]

宫女如花满春殿,[转]

只今惟有鹧鸪飞。[合]

起承转合虽然是格律诗创作的一个重要章法,但是,在古人的创作实践中,也有所变通,并非面面俱到。例如:

绝句(两个黄鹂鸣翠柳)　杜甫

两个黄鹂鸣翠柳,[起]

一行白鹭上青天。[承]

窗含西岭千秋雪,[承]

门泊东吴万里船。[承]

作为格律诗的一个章法,起承转合有时候使用得比较明显,有时候不明显,有时候严格加以使用,有时候灵活予以处理,具体要视诗歌所表达的思想内容而定。

四、附加部分

格律诗,不管是律诗还是绝句(长篇排律除外),都很短小,无法容纳更多的内容。因此,除了取较长的题目外,还可以用附加部分来表述额外的信息。附加部分包括序、记、注、评等。例如,《滕王阁序》就是为《滕王阁诗》作的序;还有白居易的《琵琶行并序》、杜牧的《杜秋娘诗并序》、高适的《燕歌行并序》、王维的《谒璿上人并序》、元结的《贼退示官吏并序》等。下面一首是李贺的七言古体诗,带一个"序",虽然不是格律诗,但姑且拿来说明问题。

金铜仙人辞汉歌并序 李贺

魏明帝青龙元年八月,诏宫官牵车西取汉孝武捧露盘仙人,欲立置前殿。宫官既拆盘,仙人临载,乃潸然泪下。唐诸王孙李长吉遂作《金铜仙人辞汉歌》。

茂陵刘郎秋风客,夜闻马嘶晓无迹。
画栏桂树悬秋香,三十六宫土花碧。
魏官牵车指千里,东关酸风射眸子。
空将汉月出宫门,忆君清泪如铅水。
衰兰送客咸阳道,天若有情天亦老。
携盘独出月荒凉,渭城已远波声小。

除上述外,格律诗的章法还包括本章上面几节提到的"言""联"等相关的内容,由于篇幅所限,就不一一赘述了。

第五节 节奏

语言要具有节奏美,诗歌的语言尤其如此。有了节奏,吟咏起来才能抑扬顿挫、错落有致、朗朗上口。格律诗的语言节奏感很强,是典型的用节奏吟咏和歌唱的语言。

一、现代汉语中音节的配合

现代汉语中有单音节词,也有双音节词。对于单音节词和双音节词的使用,要注意音节配合方面的问题。现代汉语中,音节的组合多取偶数形式,一般是单音节词与单音节词组合。双音节词与双音节词组合,这样做的结果,就是音节对称、结构均衡。例如,"蓝""蓝色""天""天空"这几个词语的组合。一般来说,习惯的组合是"蓝天""蓝色天空",而不太习惯说"蓝天空""蓝色天"。

当然,上述"蓝天空""蓝色天",意思上说得通,就是在音节的组合上不协调,读起来不是那么朗朗上口,从而不利于诗歌的创作。

二、汉语的节奏

音节配合得当,听起来悦耳动听,语言也就有了节奏感。汉语的节奏体现在汉语的口语中,包括交谈、朗读、歌唱、吟咏等。节奏其实就是连续发音的音节组合。如果说标点符号将句子分开,形成了不同的意义单位,是一种有形的节奏的话,那么,节奏本身则是无形的标点符号,且不同的节奏单位,形成了不同的意义,全凭读者利用常识加以把握,把握不好就容易形成歧义。一般情况下,节奏的把握还是具有共性的。例如,当看到"黑龙江省"这个专有名词时,我们就知道,其节奏一般应该是"黑龙江→省",而不会处理成"黑龙→江省",或者"黑→龙江省"。

节奏主要是为表达意义服务的,节奏的长短要服从于意义的表达。也就是说,节奏如何划分,要视所表达的具体意义而定——歧义的情况除外。但是,由于格律诗的特殊性,不管是五言的,还是七言的,都有其特定的节奏单位。

三、格律诗的节奏

如前所述,对于一般的汉语口语而言,节奏如何确定,要视意义表达的需要而定。但是,"对于格律诗而言,则有所不同。因为格律诗本身预先已经具有了自己的节奏结构要求。这就要求诗句的意义结构要反过来符合节奏结构的要求。"(余浩然,2001:187)

以七言的格律诗为例,只是从其一句——或出句或对句来看,七言的总体结构如下:

①②→③④→⑤⑥⑦
独在→异乡→为异客　　　　　（王维《九月九日忆山东兄弟》）

由上可见,七言的格律诗中,"①②""③④"节奏基本不变,变化的是"⑤⑥⑦"的节奏,主要有三种节奏方面的变化:

⑤→⑥⑦
⑤⑥→⑦
⑤→⑥→⑦

这样的话,"⑤⑥⑦"节奏的具体变化,就跟基本不变的"①②""③④"节奏模型组合起来。七言的格律诗节奏类型可具体归为如下三种:

①②→③④→⑤→⑥⑦
桃花→一簇→开→无主　　　　（杜甫《江畔独步寻花七绝句》其五）
①②→③④→⑤⑥→⑦
黄河→远上→白云→间　　　　　　　　　（王之涣《凉州词》）
①②→③④→⑤→⑥→⑦
上堂→已了→各→西→东　　　　　　　　（王播《题惠照寺》）

对于格律诗而言,出于格律等因素的考虑,"①②"与"③④"始终是一个节奏单位,不可分开。古诗中,分开的情况也有,只是不符合节奏的要求,读起来也不那么朗朗上口。另外,对于"①②"与"③④"分开的格律诗,朗读起来最好按照正常的节奏单位进行,而不要根据意义单位来朗读,否则就有"口吃"之嫌。例如,"为他人做嫁衣裳"这一句,按照意义单位划分,则是:

①→②③→④→⑤→⑥⑦
为→他人→做→嫁→衣裳　　　　　　　　（秦韬玉《贫女》）

对于打破节奏的格律诗句,朗读起来最好还是按照正常的节奏

单位来进行,所以上句的"为他人做嫁衣裳",不妨按照正常的节奏,这样朗读,也就弥补了其节奏上的不足:

①②→③④→⑤⑥⑦

为他→人做→嫁衣裳

最早的诗歌主要是用来吟唱的,吟唱讲究的是节奏。为了节奏的需要,可以断开意义完整的单位,现代流行歌曲中也有不少这样的现象。无论如何,格律诗最好是在表达意义的基础上,把节奏放在首位。这样做,才能符合格律诗对节奏的要求。

第五章 五绝特点

古诗中,"五言四行诗"分成两种,分别是"五绝"和"五古绝"。但是,对于两者的界限,却存在着混乱的划分,大家莫衷一是。主要倾向是,某些"五古绝"被当成了"五绝"。还有一个倾向,就是对仄韵"五言四行诗",有的也被划归到"五绝"之列。看来,在"五绝"和"五古绝"的界定方面,的确没有绝对的权威,因为这其中要考虑的,还有"破格""拗体""拗救""不拘句""固定句式""特定格式"等因素,确实很复杂。

鉴于此,为研究方便起见,本书中五绝作品的选取并不是严格限定在律绝上,而是在实际选取过程中将少量按严格要求应为五古绝的作品也选来,并采取某些唐诗选本的观点视其为五绝作品。简而言之,本书中所提取的具有代表性的唐代五绝作品,绝大多数为"律绝",个别为"古绝",具体为"五古绝",因这样的古绝在很多唐诗选本中又作五绝处置,本书从之。

第一节 五绝和五古绝

一般来说,"五绝"是"五言绝句"的简称,是截取五律(五言律诗)的上半部或者下半部而来的,其演变的来源是"五言律诗"。从这一个角度来看,"五绝"也是"五言律绝"的省称。所以,从严格的意义上来说,"五绝"是要符合格律的,但同时还要考虑"破格""拗体""拗救""不拘句""固定句式""特定格式"等因素。"五古绝"则是"五言古体绝句"的简称,它本身是"五言古体四行诗",是不讲究格律的,特别是不讲究平仄,但还是要押韵的。

有些选本也将某些不太符合或者很不符合格律要求的一些"五言古体绝句"视作"五绝",无形中混淆了概念,放宽了对"五绝"的要求。但是,从另一个方面来看,这样的划分,也考虑到这些所谓的"五古绝"也讲究格律这一方面因素的。实质上,对于不讲究平仄等格律规范的"五言古体绝句",通常简称为"五古绝",而不是"五绝"。

严格意义上的"五绝",是讲究格律的,但是出于某些因素的考虑,本书也将某些特殊的"五古绝"纳入讨论的范畴,而在某些唐诗选本中,这些特殊的"五古绝"是被当成地道的"五绝"来看待。这样处理,也是考虑到"从众心理"因素的。讨论到这些所谓的"五古绝"类型的"五绝"的时候,本书会特别做出说明的。

由此看来,对于"五绝""五古绝"的划分,还是应该抱以"宽容"的态度,但是鉴于五绝在格律上严谨的要求,本书特别是本章讨论的重点是"五绝"。了解了"五绝",那么"五古绝"也就迎刃而解了。上一章所说的有关唐诗格律方面的要求,同样适用于五绝,但具体到五绝上面,还有一些细节方面的差异。特别需要说明的是,本章对于五绝的概述,属于五绝的"正律",即没有将"破格""拗体""拗救""不拘句""固定句式""特定格式"等因素考虑在内,感兴趣的读者可自行查阅相关资料来了解一下。

当然,也有的学者将五言绝句,即五绝,划分为"古绝"和"律绝"两种[①](本书著者认为,绝句可分为律绝和古绝两种,参见本书"前言"后半部),这也在无形之中造就了"名同"而"质异"的局面,此为不严格意义上的五绝。其实,这可能从一个侧面说明有的"五古绝"被当成"五绝"的一个原因了。另外,自唐代以来,"五言绝的创作跟

---

① 参见"毛谷风,1989(1):8"。

七言绝一样,臻于完善,达到顶峰。所不同的是,唐代的七言绝多为律绝,古绝很少;五言绝却不然,虽律绝盛行,而古绝仍然不废,一直沿用下来,两者并驾齐驱。"(毛谷风,1989[1]:8)再者,在律绝的创作方面,"晚唐以后出现了首句用邻韵的情况,这是容许的。有的诗人写律绝,有时不严格遵守格律,为了追求音调的铿锵悦耳,有意识地写成拗句、拗体,这也是容许的"(毛谷风,1989[1]:8)。所以,对于"五绝"的讨论,预先的界定还是很有必要的。

从严格意义上来说,五绝就是五言绝句,即五言律绝,而五古绝就是五言古体绝句,故五绝与五古绝应为两个平行的概念。

第二节 平仄、押韵、对仗和章法

对于一般的五绝而言,其平仄也要遵循上一章第一节中的平仄要求,包括"句内平仄相间""联内平仄相反""联间平仄相同""诗脚平仄相反"等。例如:

月明三五夜 元稹

待月西厢下,迎风户半开。

仄仄平平仄 平平仄仄平

拂墙花影动,疑是玉人来。

平平平仄仄 仄仄仄平平[①]

在押韵方面,五绝一般采用首联首句不入韵的方式,这主要与对仗有关。也有一些五绝,首联首句不押韵,首联也不对仗。这样的五绝,如果排除意境的因素,在手法上就逊色多了。

由于五绝的特殊性——由五律演变而来的,在对仗方面要宽松得多。其实,五绝就是五律拦腰截断的结果——上、下两部分各是一首五绝,或者将五律的中间两联掏出去的结果——掏出的部分和剩下的部分各成一首五绝。五绝可对仗,也可不对仗;对仗时,可工对,

---

① 本诗中的"月""拂""玉"为古入声字,做仄用。

也可不工对,如宽对、流水对等。

一般情况下,五绝的首联首句若不押韵,则首联对仗的居多。例如:

曲池荷　卢照邻

浮香绕曲岸,圆影覆华池。常恐秋风早,飘零君不知。

相和歌辞·王昭君三首(其二)　东方虬

掩涕辞丹凤,衔悲向白龙。单于浪惊喜,无复旧时容。

有的五绝首联不对仗,但尾联对仗:

于易水送人　骆宾王

此地别燕丹,壮士发冲冠。昔时人已没,今日水犹寒。

也有的五绝整首都不对仗:

寒夜思友三首(其一)　王勃

久别侵怀抱,他乡变容色。月下调鸣琴,相思此何极。

还有的五绝整首都对仗:

南望楼　卢僎

去国三巴远,登楼万里春。伤心江上客,不是故乡人。

同样的,五绝也要像上一章所述,具有一定的章法,包括"题目""开头与结尾""起承转合""附加部分"等,恕不赘述。

第三节　五绝的节奏

跟上一章第五节所述一样,五绝也有其节奏方面的要求,只不过具体到五绝之中,还有其特殊的方面。

对于五绝而言,只是从其一句——或出句或对句来看,其节奏的总体结构如下:

①②→③④⑤

众鸟→高飞尽　　　　　　　　　　　(李白《独坐敬亭山》)

由上可见,五言的格律诗包括五绝,"①②"节奏基本不变,变化的是"③④⑤"的节奏,主要有三种节奏方面的变化:

③→④⑤
③④→⑤
③→④→⑤

这样的话,"③④⑤"节奏的具体变化,跟基本不变的"①②"节奏模型组合起来,五绝的节奏类型可具体归为如下三种:

①②→③→④⑤
江流→石→不转　　　　　　　　　　　(杜甫《八阵图》)
①②→③④→⑤
名成→八阵→图　　　　　　　　　　　(杜甫《八阵图》)
①②→③→④→⑤
魏帝→使→人→催　　　　　　　　　　(崔国辅《铜雀台》)

对于五绝来说,"①②"始终是一个节奏单位,不可分开,但是古诗中分开的情况也有,只是不符合节奏的要求,读起来也不那么朗朗上口。另外,对于"①②"分开的五绝,朗读起来最好按照正常的节奏单位进行,而不要根据意义单位来朗读,否则,会像上一章所述,也具有"口吃"之嫌。例如,"笔与泪俱落"这一句,按照意义单位划分,则是:

①②③→④⑤
笔与泪→俱落　　　　　　　　　　　　(刘叉《作诗》)

对于打破节奏的格律诗句,朗读起来最好还是按照正常的节奏单位来进行,所以上句的"笔与泪俱落",不妨按照正常的节奏处理,这样朗读起来也就弥补了其节奏上的不足:

①②→③→④⑤
笔与→泪→俱落

第四节　五绝的谱式

五绝一共由四行组成,每行五个字。如前所述,每个字的平仄都有一定的要求。这种平仄的排列样式,称为谱式,也就是格律模式。

五绝的谱式也要遵循第四章第一节所提出的平仄要求,即句内平仄相间、联内平仄相反、联间平仄相同、诗脚平仄相反。其中的"联间平仄相同"也就是联间的平仄要"相黏"。"诗脚平仄相反"也就是要做到"脚分明"。

综合起来,五绝有四种标准的谱式,也叫基本谱式,其中有两种首联首句入韵,另两种首联首句不入韵。至于非标准的拗救谱式,这里篇幅所限就不加以讨论了。

谱式一(首句平起不入韵式):

平平平仄仄　轻车何草草,
◯仄仄平□平　独唱后庭花。
◯仄平平仄　玉座谁为主,
平平仄仄□平　徒悲张丽华。① 　　(张祜《玉树后庭花》)

谱式二(首句平起入韵式):

平平仄仄□平　花明绮陌春,
◯仄仄平平　柳拂御沟新。
◯仄平平仄　为报辽阳客,
平平仄仄□平　流芳不待人。　　(王涯《闺人赠远五首》其一)

谱式三(首句仄起不入韵式):

◯仄平平仄　滞雨长安夜,
平平仄仄□平　残灯独客愁。
◯平平仄仄　故乡云水地,
◯仄仄平□平　归梦不宜秋。　　(李商隐《滞雨》)

---

① 圈起的部分虽然可平可仄,但是严格来讲,应以圈内的平(仄)为佳。加方框的为韵脚,下同。

谱式四（首句仄起入韵式）：

仄 仄仄平 平　　北斗七星高，
平平仄仄 平　　哥舒夜带刀。
平 平平仄仄　　至今窥牧马，
仄 仄仄平 平　　不敢过临洮。　　　　　（西鄙人《哥舒歌》）

上述四种是五绝的基本谱式，也就是所谓的"正律"谱式。除此之外，还有一些"特殊格式""拗救"等谱式，这里就不一一列举了。

第六章 英诗格律

中国是诗的国度,但英语中也不乏诗的存在。英文诗歌的代表当属英美诗歌,其中尤其以英国诗歌为最盛,这里简称为"英诗"。当然,"英诗"还笼统地指以英语为媒体创作的诗歌,如美国人、澳大利亚人、新西兰人等以英语为第一语言的人所创作的诗歌,也称为"英诗"。因此,这里所说的"英诗"具有广泛的含义。

英诗在长期发展过程中,形成了表达上直率、含义上深刻、结构上严谨等特点,英诗既有叙事的成分,又有抒情的成分,英语国家出现了一大批伟大的诗人。同时,跟汉诗一样,英诗特别是古典英诗具有特定的韵式和节奏,也就是通常意义上的格律。因此,在品读唐代五绝、研究其英译以及探索其韵体英译之前,有必要简单了解一下英诗格律方面的知识。

第一节 押韵

诗歌是人类表达思想的一种高级的语言形式,同时,诗是用来吟咏的,所以朗朗上口是诗的主要特点。诗之所以朗朗上口,原因之一就是诗歌押韵,前述的汉语诗歌尤其如此。跟汉语诗歌一样,英诗也具有这方面的特点。

英诗有押韵的(rhyming),也有不押韵的,例如"古希腊和拉丁文诗不押韵,古代英诗也不押韵。如"*Beowulf*"长诗就是这样。后来在宗教仪式中,牧师们为了使来做礼拜的人唱起来容易,便于记忆,才将诗歌押了韵。于是,押韵的诗逐渐增加并流行起来"(梁守涛,1979:6)。

当然,押韵的英诗更具朗朗上口的特点,便于吟诵,也是这里讨论的主题。但是,在押韵方面,英诗比汉诗情况要复杂一些,具体表现在押韵的位置、押韵音节的数量以及押韵的格式等方面。

一、押韵的位置

英诗押韵的地方,严格来说,不应该仅仅称作"韵脚",因为它押韵的位置不仅仅是在"脚"的位置,有时候在"头"的位置,有时候可能还会在"腰"的位置。所以,这里只能笼统地说成英诗的"押韵"。

英诗的押韵,具有英语字母文字本身的特点,而且英诗押韵"在诗歌中不仅仅是纯粹的写诗技巧,它还作用于人的感觉器官而给人以美的享受。英诗押韵不但要求重读音节中的元音及元音后的辅音相同,而且要求元音前的辅音发音相异"(毛华奋,2007:17)。据此,spent、ascent、augment 都是押韵的。同理,abide、aside、bride、collide、decide、divide 也是押韵的。而 rating、forming 就不算是押韵的,因为韵部落在非重读音节上了。另外,英诗在押韵方面,不像汉语那样自古至今有很多韵书可供押韵参考,或者作为押韵标准,主要是因为英语是字母文字,其本身的读音就自然而然将押韵的"韵母"显示出来了,这也是英语作为字母文字的一大优势。

根据押韵位置的不同,英诗押韵可分为如下三种韵式:

(一)押尾韵的韵式

押尾韵(end-rhyming)的英诗跟汉诗类似,押韵的部位位于一行诗的末尾,所以也称"行尾韵",犹如汉诗的"韵脚",在英诗中占的比例最大,是比较常见的英诗韵式。上面所列举的那两组词,就是属于这样押韵的方式。再如:

Season of mists and mellow <u>fruitfulness</u>,
Close bosom-friend of the maturing sun;

Conspiring with him how to load and bless
With fruit the vines that round the thatch-eaves run;
迷雾浓浓的季节,
甘果累累的金秋
催熟万物的太阳之亲密朋友;
你和太阳默谋着如何祝福、如何
用硕果挂满屋格四周的藤蔓①;
Trust no Future, howe'er pleasant!
Let the dead Past bury its dead!
Act—act in the glorious Present!
Heart within, and God o'er head!
莫信未来,不管它如何令人愉快!
让死去的过去把死去的埋葬!
行动吧——就在绚烂辉煌的现在!
胸怀赤心,头顶上苍!②

Song: Go and Catch a Falling Star
By *John Donne*

Go and catch a falling star,
Get with child a mandrake root,
Tell me where all past years are,
Or who cleft the devil's foot,
Teach me to hear mermaids singing,
Or to keep off envy's stinging,
 And find
 What wind

---

① 约翰·济慈(John Keats)《秋颂》(*To Autumn*)节选,转引自"何功杰, 2011: 190—191"。

② 亨利·沃兹沃斯·朗费罗(Henry Wadsworth Longfellow)《人生颂歌》(*A Psalm of Life*)节选,王永胜译。

Serves to advance and honest mind.

其中,约翰·多恩(John Donne,也有人译成"约翰·邓恩")押的是"ABABCCDDD"型的尾韵。

(二)押首韵的韵式

所谓押首韵(head-rhyming),就是押韵的位置分别位于一行诗的头部。这跟押尾韵正好反了过来。具体来说,就是每行诗的第一个音节押韵。英诗中,这种韵式不很常见,但有时会起到意想不到的效果。例如:

<u>Mad</u> from life's history,
<u>Glad</u> to death's mystery.
人生的遭遇使她发了狂,
她乐于追求死的神秘。①

(三)押中韵的韵式

符合押韵规范的两个单词(或更多的单词)出现在同一行诗之内,被称为"押中韵"(internal rhyming),也有人称之为"押行内韵"或者"押腰韵"。这种韵式极大地丰富了吟诵的音韵感,用起来也比较自如,所以英诗中采用的也比较多。例如:

I bring fresh *showers* for the thirsting *flowers*,
From the *seas* and the *streams*;
我为焦渴的鲜花,从海洋,从河川,
带来清新的甘霖;②

英国诗人托马斯·纳什(Thomas Nash)1586年毕业后,成为"大学才子"(University Wits)之一。纳什的诗歌名篇是《春》(*Spring*),这首诗出自他为宫廷娱乐所作的喜剧《维尔·塞默的遗言》(*Will Summer's Testament*)。《春》这首诗简直就是押中韵的典范之作:

Spring, the sweet *spring*, is the year's pleasant *king*;

---

① 转引自"毛华奋,2007:18"。
② 珀西·比希·雪莱(Percy Bysshe Shelley)《云》(*The Cloud*)节选,转引自"毛华奋,2007:18"。

Then blooms each *thing*, then maids dance in a *ring*,
Cold doth not *sting*, the pretty birds do *sing*,
Cuckoo, jug-jug, pu-we, to-witta-woo!
春,甘美之春,一年之中的尧舜,
处处都有花树,都有女儿环舞,
微寒但觉清和,佳禽争着唱歌,
唧唧,啾啾,哥哥,割麦、插一禾!
The palm and *may* make country houses *gay*,
Lambs frisk and *play*, the shepherds pipe all *day*,
And we hear *ay* birds tune this merry *lay*,
Cuckoo, jug-jug, pu-we, to-witta-woo!
榆柳呀山楂,打扮着田舍人家,
羊羔嬉游,牧笛儿整日价[sic]吹奏,
百鸟总在和鸣,一片悠扬声韵,
唧唧,啾啾,哥哥,割麦、插一禾!
The fields breathe *sweet*, the daisies kiss our *feet*,
Young lovers *meet*, old wives a-sunning *sit*,
In every *street* theses tunes our ears do *greet*,
Cuckoo, jug-jug, pu-we, to-witta-woo!
Spring! the sweet Spring!
郊原荡漾香风,雏菊吻人脚踵,
情侣作对成双,老妪坐晒阳光,
走向任何通衢,都有歌声悦耳,
唧唧,啾啾,哥哥,割麦、插一禾!
春!甘美之春!①

二、押韵音节的数量

在押韵方面,汉诗比较规范和整齐,因为汉语一字为一韵。但

---

① 郭沫若译,转引自"毛华奋,2007:18-19"。

是,英诗是以音节(syllable)押韵,而英语中的一个单词不仅仅具有一个音节。多数情况下,一个单词具有两个或者两个以上的音节,这就是英文中的双音节词或者多音节词。这样看来,英诗的押韵方式就比汉诗多得多。具体说来,英诗中根据押韵的音节(当然是重复或者读音相同的音节)数量的多少。英诗的押韵可分为如下几种韵式。

(一)押单韵

押单韵(single rhyming),又称押阳韵(masculine rhyming)或者押男韵(male rhyming),因为"单韵只有一个音节押韵,韵律强劲有力"(景晓莺,王丹斌,2011:132)。需要指出的是,"押单韵"指的是在诗行的最后一个音节上押韵,而且这个音节应该是重读音节(stressed syllable)。例如:

Tell me not, in mournful numbers,
Life is but an empty *dream*!
For the soul is dead that slumbers,
And things are not what they *seem*.
感伤的诗中,不要对我说,
人生只是幻梦一场!
因为安睡的灵魂早已陨落,
而事物并非表面那般模样[①]。

(二)押双韵

押双韵(double rhyming),又称押阴韵(feminine rhyming)或者女韵(female rhyming),因为这种押韵方式节奏轻快,音调优美,如婀娜少女般。实质上,这是英诗中长短两个音节押韵的韵式,重音一般落在前一个音节上,后一个音节一般要弱读。例如:

Life is real—life is *earnest*—
And the grave is not its goal:

---

① 亨利·沃兹沃斯·朗费罗(Henry Wadsworth Longfellow)《人生颂歌》(*A Psalm of Life*)节选,王永胜译。

Dust thou art, to dust *returnest*,
Was not spoken of the soul.
人生很现实,人生很挚恳!
可坟地并不是它的终点:
你本是尘,你仍然要归于尘,
这并不是对灵魂而言①。

(三)押三重韵

押三重韵(triple rhyming)指的是英诗一行末尾三个音节读音相同或者重复,也就是末尾三个音节同时押韵,类似于汉诗的"叠韵"。一般来说,最前面一个音节重读,后面两个音节则弱读,如"vict*orious*"和"gl*orious*"。英诗中,这样的押韵韵式"通常带有喜剧性,因而多见于幽默诗或讽刺诗"(景晓莺,王丹斌,2011:132)。

Touch her not *scornfully*,
Think of her *mournfully*.
碰她时别轻蔑,
想她时要悲切②。

三、宽松的韵式

上述的押韵韵式,都是英诗严格意义上的押韵,也称"完全押韵"(full-rhyming)。但是,在英诗创作中,还有一类押韵的韵式属于比较宽松的押韵韵式,称作"非完全押韵"(non-full-rhyming)。这有点类似于汉诗中"宽韵"的提法,但实质不一样。非完全押韵的韵式种类繁多,主要体现在单个因素的重复以及重复的因素出现的位置的不同。试略举几例。

(一)头韵

所谓头韵(alliteration),就是指至少两个紧密相连的单词以相同

---

① 亨利·沃兹沃斯·朗费罗(Henry Wadsworth Longfellow)《人生颂歌》(*A Psalm of Life*)节选,王永胜译。

② 转引自"毛华奋,2007:20"。

的辅音开始,类似汉语的"双声叠音"词,如"青青河畔草,郁郁园中柳"①等。例如:

The fair *breeze blew*, the white foam flew,
The *furrow followed free*.
We were the first that even burst Into that *silent sea*.

微风吹拂,白浪翻卷,
船走得一路平安;
我们破天荒地
劈开了那片静寂的海面②。

(二)元音韵

紧密相关的两个或者两个以上的单词,具有相同的元音因素,但是元音前后的辅音却不相同的韵式被称为"元音韵"(assonance),这种韵式也称为"半谐韵"。例如:

The sun has set and the long grass now
Waves *dreamily* in the *evening* wind;
And the wild bird has flown from that old gray stone
In some warm nook a couch to find.③

(三)辅音韵

英诗中,如果至少有两个关系紧密的单词以相同的辅音因素结

---

① 此二句为《古诗十九首》中的第二首,诗中叠音字用的较多,原诗全文:"青青河畔草,郁郁园中柳。盈盈楼上女,皎皎当窗牖。娥娥红粉妆,纤纤出素手。昔为倡家女,今为荡子妇。荡子行不归,空床难独守。"另,《古诗十九首》,最早见于《文选》,为南朝梁萧统从传世无名氏《古诗》中选录十九首编入,编者把这些作者已经无法考证的五言诗汇集起来,冠以此名,列在"杂诗"类之首,后世遂作为组诗看待。

② 塞缪尔·泰勒·柯尔律治(Samuel Taylor Coleridge)《古舟子咏》(*The Rime of the Ancient Mariner*),转引自"毛华奋,2007:22"。

③ 艾米丽·勃朗特(Emily Bronte)《太阳落山了》(*The Sun Has Set*),转引自"景晓莺,王丹斌,2011:131"。

尾,但辅音前的元音又不相同的话,那么,这种韵式就是"辅音韵"（consonance）,也有人称之为"谐韵",或者"半押韵"。例如:

The sun has set and the long grass now
Waves dreamily in the evening wind;
And the *wild bird* has flown from that old gray stone
In some warm nook a couch to find.①
It seemed that out of battle I *escaped*
Down some profound dull tunnel, long since *scooped*.
看来我躲过了战斗,
来到久已挖好的又深又暗的坑道②。

（四）视觉韵

视觉韵（eye rhyme）,简称"视韵",其实是一种形式上的韵式,不算英诗中的真正的押韵方式,只不过拼写相同,但是读音却不同,也有人称其为"目韵"。如"slaughter"跟"laughter""flood"跟"wood"以及"plough"跟"cough"等,不胜枚举。再如:

These pretty pleasures might me *move*,
To live with thee and be thy *love*.③

四、押韵的格式

英诗中,对于严格意义上的"完全押韵"而言,随着韵部所在的行数的不同,一般有两种押韵的格式,分别指"偶数韵格"和"互锁韵格"。

（一）偶数韵格

所谓"偶数韵格"（couplet rhyming）就是指相邻的上下两行直接押韵,如"AA, BB, CC, DD, EE……",而且直接押韵的两行,相对来

---

① 艾米丽·勃朗特（Emily Bronte）《太阳落山了》（*The Sun Has Set*）,转引自"景晓莺,王丹斌,2011:131"。
② 转引自"毛华奋,2007:21"。
③ 沃尔特·罗利爵士（Sir Walter Raleigh）《仙子对牧人的回应》（*The Nymph's Reply to the Shepherd*）节选,转引自"景晓莺,王丹斌,2011:132"。

说,应该构成完整的一句,表达出一个完整的意思。至于整首诗的篇幅——诗的总行数,则取决于所表达内容的多少。但是,为了达到整齐、匀称的效果,总行数应以偶数为佳。例如:

It is not growing like a *tree*
In bulk, doth make Man better *be*;
Or, standing long an oak, three hundred year,
To fall a log at last, dry, bald, and sere:
A lily of a *day*
Is fairer far in *May*,
Although it fall and die that night;
It was the plant and flower of light.
In small proportions we just beauties *see*;
And in short measures life may perfect *be*. ①

(二)互锁韵格

所谓互锁韵格(interlocking rhyming),就是隔行交错押韵,形成类似"互锁"的结构,其中常规的互锁韵格十分类似于汉语格律诗的押韵方式,即隔行押韵。具体可以体现为"ABAB,CDCD,EFEF,GHGH……"形式,或者"ABABCC,DEDEFF,GHGHII,JKJKLL……"形式,或者"ABBA,CDDC,EFFE,GHHG……"形式,或者其他灵活多样的变体形式。例如:

Not enjoyment, and not sorrow,
Is our destin'd end or way;
But to act, that each to-morrow
Find us farther than to-day.
我们命定的目标,抑或路线,
既不是享乐也并非是痛楚,
而是去行动,我们在每一个明天

---

① 本·琼森(Ben Jonson)《高贵的性格》(*The Noble Nature*)。

都会发现比今天更进一步。
Art is long, and time is fleeting,
And our hearts, though stout and brave,
Still, like muffled drums, are beating
Funeral marches to the grave.
学问无止境,时光在疾跑,
而我们的心,虽然勇敢和刚毅,
始终,如布裹的闷鼓般蹦跳
奏着葬礼进行曲走向坟地。
In the world's broad field of battle,
In the bivouac of Life,
Be not like dumb, driven cattle!
Be a hero in the strife!
在世界这个宽阔的战争场地上,
在人生旅途的露营帐篷中,
不要像任人驱使的牛没法声张!
要在激战的时候做个英雄!①

第二节 节奏

  汉诗的节奏体现在四声(古音中多了一个"入声")及平仄方面,英诗的节奏(rhythm)则体现在重音与轻音的规则排列以及音步(foot,是指由一个或一个以上的音节所构成的一个音律或格律单位。英诗中,特别是经典英诗中,音步一般包含轻音节和重音节,或者说,短音节和长音节)的数量或长度这两个方面。这两个方面的组合就形成了英诗的总体节奏类型。英诗中,这种按照轻重音和音步来衡量格律的方法,被称为英诗的"格律节奏分析法"(scansion)。

---

  ① 亨利·沃兹沃斯·朗费罗(Henry Wadsworth Longfellow)《人生颂歌》(*A Psalm of Life*)节选,王永胜译。

一、轻重音的规则排列

英诗中,音的轻重或短长是决定节奏的重要因素。一般来说,轻音(unaccented or thesis)短,而重音(accent or ictus)长,但也未必尽然。实际使用中,短的未必是轻音,而长的未必是重音,这受到很多因素的影响,如词的来源、表达的需要、节奏的变换等,需要区别对待。如"din""down"若连在一起,重音本应该落在"din"上。但是,由于上述特殊的原因,实际使用中,重音有时反而会落到"down"上。无论如何,英诗中音的短长一般情况下决定了音的轻重。

英诗中,轻音、重音的规则排列是英诗节奏的一个体现形式,这种形式被称为英诗的"音律"(metre),实际上是音步(foot)的一种形式。英诗常见的音律有四种,不常见的也有四种。这八种音律格式的每一种,其实都是一个音步中所包含的节奏变化。

(一)抑扬格

抑扬格(iambus;iambic)是常见的一种音律格式(也可称之为"音步形式"),也称为"短长格"(这种叫法主要是从希腊语或拉丁语诗歌借用而来的,下同),即第一个音节轻短,为弱音拍(breve,标记符号为"˘"),第二个音节重长,为强音拍(ictus,标记符号为"-",下同)。例如:

˘   -   ˘   -
the sky   the clouds

(二)扬抑格

扬抑格(trochee;trochaic),也称为"长短格",即由一个重音节或长音节和一个轻音节或短音节组成的音律格式。例如:

- ˘   - ˘
double   trouble

(三)抑抑扬格

所谓抑抑扬格(anapest;anapestic),也称为"短短长格",就是由两短一长或者两轻一重的三音节所组成的一个音步。例如:

˘ ˘ -   ˘ ˘ -
like a child   like a ghost

(四)扬抑抑格

所谓扬抑抑格(dactyl；dactylic)，也称为"长短短格"，就是一个音步中，前一个音节重长，后两个音节轻短。

Hap·pi·ly   mur·mur·ing

(五)不常见的四种格

除了上述四种经常在英诗中被使用的四种格式外，还有四种不经常使用的格式，分别是扬扬格(spondee；spondaic)、抑抑格(pyrrhic)、抑扬抑格(amphibrach)和扬抑扬格(amphimacer)。

上述加起来，总共有八种音律格式。也就是说，一个音步之中存在着多达八种节奏的变化，可谓"变化多端"，但其中常用的只有四种节奏类型。一首英诗一般采用一种韵律格式，但有时也会加以变换，采用两种或者两种以上韵律格式。不管怎么变换，一般要采用某种韵律格式作为整首诗的基本韵律格式。对于某些类型的英诗，则严格要求要用到某一种韵律格式，不可逾越。

二、音步的数量或长度

英诗中，音步的数量或者长度是其节奏的另一种体现形式，是针对一行诗而言的。英诗是以音节(syllable)为单位的，因此，一行英诗中音节的多少就变得至关重要，这决定了英诗最终的节奏类型，也就是通常所说的格律。严格来说，节奏类型是格律的一部分。在英诗中，出于节奏的需要，经常会看到一些特殊的语言形式，如用"morn"代替"morning"；"eventide"代替"even"(意思是"黄昏")；"over"改为"o'er"等。

一首诗由不同的诗行组成，每行诗则由至少一个音步组成，但是，"一首诗的重音通常在相同的时间间隔反复出现，形成一种既定的模式，即格律(metre)。'格律'源于希腊语中的 metron(measure 测度)一词，指的是英诗通过韵律分析法(scansion)来分析音步和计算每个诗行的音步数量确定节奏格式的规范。音步是格律测量的基本单位……"(景晓莺，王丹斌，2011：145)按照一行英诗中音步的多少,可以将英诗分成八种音步数量类型:单音步 monometer(one foot);双音步 dimeter(two feet);三音步 trimeter(three feet);四音步 tetrameter(four feet);五音步 pentameter(five feet);六音步 hexameter(six feet);七音步 heptameter(seven feet);八音步 octameter(eight feet)。

由一个含有一个音节的音步组成一行诗,叫做"单音步诗";由两个音步组成的一行诗,称为"双音步诗";一行诗由三个音步组成,称为"三音步诗",以此类推。在英诗的"四行诗中,一、三两行含有四个音步,二、四两行只有三个音步。这种四音步和三音步相间的四行诗,是英诗中常见的诗格"(梁守涛,1978:2)。下面这首就是此类典型的英诗,用的"ABAB"型的互锁韵格:

O blithe New-comer! I have heard,
I hear thee and rejoice.
O Cuckoo! shall I call thee Bird,
Or but a wandering Voice?

While I am lying on the grass
Thy twofold shout I hear;
From hill to hill it seems to pass,
At once far off, and near.

Though babbling only to the Vale
Of sunshine and of flowers,
Thou bringest unto me a tale
Of visionary hours.

Thrice welcome, darling of the Spring!
Even yet thou art to me
No bird, but an invisible thing,
A voice, a mystery;

The same whom in my school-boy days
I listened to; that cry
Which made me look a thousand ways
In bush, and tree, and sky.

To seek thee did I often rove
Through woods and on the green;
And thou wert still a hope, a love;
Still longed for, never seen.

And I can listen to thee yet;
Can lie upon the plain
And listen, till I do beget
That golden time again.

O blessèd Bird! the earth we pace
Again appears to be
An unsubstantial, faery place;
That is fit home for Thee![1]

三、节奏的组合类型

英诗中,不同的音律格式或音步形式以不同的音步数量出现在一行诗中,则构成了英诗不同的节奏类型。例如:

˘ - | ˘ - | ˘ - | ˘ - |
The sky is high, the clouds are pale

---

[1] 威廉·华兹华斯(William Wordsworth)《致布谷鸟》(To the Cuckoo),转引自"Poetry Foundation",网址:http://www.poetryfoundation.org/,提取时间:2018年8月9日。

第六章 英诗格律

上面这行诗有四个音步,每个音步都属于抑扬格,所以其节奏类型应为"四音步抑扬格"(iambic tetrameter)。

英诗中,特别是古典英诗中,总的来说,会有一个基本的节奏类型,也就是占据数量居多的节奏类型,但在此基础上会有所变化。也就是说,统一的音律格式或音步形式和音步数量类型之下,会有一些局部的变化。这种在格律上的变化,是允许的,避免了单调感,但要有一个整体上一致的节奏类型或者格律形式,即统一的韵律格式和音步数量。例如:

˘ - | ˘ - | ˘ - | ˘ -
The golden sea its mirror spreads

˘ - | ˘ - | ˘ -
Beneath the golden skies,

˘ - | ˘ - | ˘ - | ˘ -
And but a narrow strip between

˘ - | ˘ - | ˘ -
Of land and shadow lies.

˘ - | ˘ - | ˘ - | ˘ -
The cloud-like rocks, the rock-like clouds

˘ - | ˘ - | ˘ -
Dissolved in glory float,

˘ - | ˘ ˘ | ˘ - | ˘ -
And midway of the radiant flood,

- - | ˘ ˘ | ˘ -
Hangs silently the boat.

˘ - | ˘ - | ˘ - | ˘ -
The sea is but another sky,

˘ - | ˘ - | ˘ -
The sky a sea as well,

˘　-　|　˘　-　|　˘　-　|　˘　-
　　And which is earth and which is heaven,
　　˘　-　|　˘　-　|　˘　-
　　The eye can scarcely tell.①

　　总体上来说,上面这首朗费罗的诗采用的基本上是四音步抑扬格(iambic tetrameter)和三音步抑扬格(iambic trimeter)的交替使用,恰似海浪高低起伏,个别处还采用变格形式(类似汉诗中的"拗体"格式),很好地烘托了诗歌的主题。这样看来,英诗的格律还真是"别具一格"的。

第三节　类别

　　欣赏英诗或者汉诗英译之前,了解一下英诗的类别划分,将是一件十分有益的事情。因为英诗跟汉诗一样,浩如烟海,了解了类别特征,对研究工作的进行,会起到一个指路明灯的作用,有利于从整体上来把握英诗的本质。

　　可以从不同的角度对英诗加以划分,如诗的内容、格律、诗体形式等。早期的英诗划分主要遵循"二分法",即将英诗划分为史诗和戏剧诗;后来,"三分法"占据上风,成为比较流行的英诗划分方法。大致说来,"三分法"将英诗划分成三大类:叙事诗(narrative poems)、抒情诗(lyric poems)和戏剧诗(dramatic poems)。但是,随着时代的发展,每一个大类下面又细分出不同的、有时甚至是彼此交叉或重叠的小类别。

一、叙事诗

　　叙事诗表现的是客观的事物,以诗歌的形式讲述客观的事实。一般来说,叙事诗包括史诗(epic)和民谣(ballads)。

---

① 亨利·沃兹沃斯·朗费罗(Henry Wadsworth Longfellow)《金色落日》(The Golden Sunset)节选,转引自"景晓莺,王丹斌,2011:152"。

英诗中的史诗主要描写传说中的英雄人物,叙述他们的英雄事迹,篇幅一般较长,其时间跨度也很长。这样的史诗气势恢宏、场面庞大、情节繁杂,而且人物众多,多数人物拥有非凡的才能,肩负着重大的历史使命,如古英语史诗《贝奥武甫》(Beowulf),以及约翰·弥尔顿的《失乐园》(Paradise Lost)和《复乐园》(Paradise Regained)等。例如:

> Of Man's first disobedience, and the fruit
> Of that forbidden tree whose mortal taste
> Brought death into the world and all our woe,
> With loss of Eden, till one greater Man
> Restore us and regain the blissful seat,
> Sing, Heav'nly Muse, that on the secret top
> Of Oreb, or of Sinai, didst inspire
> That shepherd who first taught the chosen seed
> In the beginning how the heav'ns and earth
> Rose out of Chaos; or if Sion hill
> Delight thee more, and Siloa's brook that flow'd
> Fast by the oracle of God, I thence
> Invoke thy aid to my advent'rous song,
> That with no middle flight intends to soar. ①

与史诗形成对照的是民谣,民谣可以"称得上是'叙事性短歌'。民谣中经常使用叠句和重复结构,既适合音乐伴唱,又便于记忆,并以口头方式传播,随意性很强,故而属于民间文学范畴。至19世纪,华兹华斯和柯勒律治将传统的英格兰民谣和苏格兰民谣与浪漫主义结合在一起,创作了《抒情歌谣集》(Lyrical Ballads),其中华兹华斯的《露西组诗》(The Lucy Poems)和柯勒律治的《古舟子咏》都是抒情民谣中的上

---

① 节选自约翰·弥尔顿(John Milton)《失乐园(第1卷)》(Paradise Lost: Book Ⅰ),转引自"Poetry Foundation",网址:http://www.poetryfoundation.org/,提取时间:2018年8月9日。

乘之作。后又出现了文人民谣(literary ballads),即现当代诗人刻意模仿传统民谣的语言、格式和精神所创作的叙事诗"(景晓莺,王丹斌,2011:185)。盛行于公元14世纪和15世纪的英格兰民谣和苏格兰民谣,可以说是英诗中叙事诗的典范。它们以诗歌的形式讲述了各式各样的故事,具有极强的艺术性和民族特色。例如:

> It is an ancient Mariner,
> And he stoppeth one of three.
> 'By thy long grey beard and glittering eye,
> Now wherefore stopp'st thou me?
> The Bridegroom's doors are opened wide,
> And I am next of kin;
> The guests are met, the feast is set:
> May'st hear the merry din.'
> He holds him with his skinny hand,
> 'There was a ship,' quoth he.
> 'Hold off! unhand me, grey-beard loon!'
> Eftsoons his hand dropt he.①

二、抒情诗

与叙事诗形成对照的是抒情诗,抒情诗表现的是主观的想法,主要体现了诗人的情感,篇幅相对短小。抒情诗主要体现的是诗人丰富的想象、微妙的内心世界以及复杂的情感,在英诗中占的比重很大,包括爱情诗、田园诗、哀悼诗、颂扬诗等。

抒情类英诗中,爱情诗(love poems)占了很大的比例,因为爱情是永恒的主题,诗人以奔放的想象、丰富的意象,尽情讴歌爱情的伟大、美好及甜蜜,当然,也有苦涩和遗憾。爱情诗表达了诗人对爱情

---

① 塞缪尔·泰勒·柯尔律治(Samuel Taylor Coleridge)《古舟子咏》(*The Rime of the Ancient Mariner*),转引自"Poetry Foundation",网址:http://www.poetryfoundation.org/,提取时间:2013年8月9日。

的深刻感悟,以及人们对爱情的美好向往。作为抒情诗的代表,爱情诗抒发了人们强烈的情感,主观色彩浓郁。例如:

> Come live with me and be my love,
> And we will all the pleasures prove,
> That Valleys, groves, hills, and fields,
> Woods, or steepy mountain yields.
> And we will sit upon the Rocks,
> Seeing the Shepherds feed their flocks,
> By shallow Rivers to whose falls
> Melodious birds sing Madrigals.
> And I will make thee beds of Roses
> And a thousand fragrant posies,
> A cap of flowers, and a kirtle
> Embroidered all with leaves of Myrtle;
> A gown made of the finest wool
> Which from our pretty Lambs we pull;
> Fair lined slippers for the cold,
> With buckles of the purest gold;
> A belt of straw and Ivy buds,
> With Coral clasps and Amber studs:
> And if these pleasures may thee move,
> Come live with me, and be my love.
> The Shepherds' Swains shall dance and sing
> For thy delight each May-morning:
> If these delights thy mind may move,
> Then live with me, and be my love. [1]

---

[1] 克里斯托弗·马洛(Christopher Marlowe)《多情牧羊人致情人》(*The Passionate Shepherd to His Love*),转引自"Poetry Foundation",网址:http://www.poetryfoundation.org/,提取时间:2013年8月10日。

跟汉诗中的山水田园诗类似，英诗中的田园诗（idyll）尽情展示了诗人对风景如画的田园景色无限的热爱，给人以恬静、安适之感，读起来朗朗上口、音韵优美。哀悼诗（elegy），又称"挽歌"，也译作"哀伤诗"，用以表现死亡、战争等题材，后来逐渐扩展到对爱情、社会、人生等的困惑和怀念。颂扬诗（ode）也是一种抒情诗，多用来颂扬重要的节日和一些庄重的场合，格调高雅、气势宏大、韵律宽松。试看哀悼诗一例：

> Image of her whom I love, more than she,
> Whose fair impression in my faithful heart
> Makes me her medal, and makes her love me,
> As kings do coins, to which their stamps impart
> The value; go, and take my heart from hence,
> Which now is grown too great and good for me.
> Honours oppress weak spirits, and our sense
> Strong objects dull; the more, the less we see.
> When you are gone, and reason gone with you,
> Then fantasy is queen and soul, and all;
> She can present joys meaner than you do,
> Convenient, and more proportional.
> So, if I dream I have you, I have you,
> For all our joys are but fantastical;
> And so I'scape the pain, for pain is true;
> And sleep, which locks up sense, doth lock out all.
> After a such fruition I shall wake,
> And, but the waking, nothing shall repent;
> And shall to love more thankful sonnets make,
> Than if more honour, tears, and pains were spent.
> But, dearest heart and dearer image, stay;
> Alas! true joys at best are dream enough;
> Though you stay here, you pass too fast away,

> For even at first life's taper is a snuff.
> Fill'd with her love, may I be rather grown
> Mad with much heart, than idiot with none. ①

三、戏剧诗

戏剧诗综合了叙事诗和抒情诗的特点,表现的内容主要是主观和客观两者的结合。戏剧诗主要指用戏剧技巧书写的诗歌,或者剧本中存在的诗体,常常表现为无韵诗的形式,以戏剧独白诗(dramatic monologue)为代表。

戏剧独白诗是用独白形式写成的一种戏剧诗,是戏剧中表现心理活动的一种手段。戏剧独白诗能够让读者了解到吟咏者的内心世界,从而揣摩出听诗者的态度和看法,如丁尼生(Alfred Tennyson)的《尤利西斯》(*Ulysses*)和布朗宁(Robert Browning)的《我已故的公爵夫人》(*My Last Duchess*)等。例如:

> That's my last Duchess painted on the wall,
> Looking as if she were alive. I call
> That piece a wonder, now; Fra Pandolf's hands
> Worked busily a day, and there she stands.
> Will't please you sit and look at her? I said
> "Fra Pandolf" by design, for never read
> Strangers like you that pictured countenance,
> The depth and passion of its earnest glance,
> But to myself they turned (since none puts by
> The curtain I have drawn for you, but I)
> And seemed as they would ask me, if they durst,
> How such a glance came there; so, not the first

---

① 约翰·多恩(John Donne)《哀悼诗第 10 篇:梦》(*Elegy* X: *The Dream*),转引自"*Luminarium*: *Anthology of English Literature*",网址:http://www.luminarium.org/,提取时间:2018 年 8 月 16 日。

Are you to turn and ask thus. Sir, 'twas not
Her husband's presence only, called that spot
Of joy into the Duchess' cheek; perhaps
Fra Pandolf chanced to say, "Her mantle laps
Over my lady's wrist too much," or "Paint
Must never hope to reproduce the faint
Half-flush that dies along her throat." Such stuff
Was courtesy, she thought, and cause enough
... ①

以上所讨论的叙事诗、抒情诗、戏剧诗只是从"三分法"这一个方面来讨论的。但是,英诗的分类其实很复杂,站在不同的角度会有不同的划分。例如赞美诗(hymn)、说理诗(didactic poem)、滑稽诗(burlesque)、模仿诗(parody)等。

第四节 诗体形式

英诗在演变过程中,经历了一个复杂的过程:从自由体的歌谣,到盎格鲁-撒克逊时期(Anglo-Saxon)工整的诗体形式,到盎格鲁-诺曼(Anglo-Norman)时期格律严谨的诗歌形式,再到现代英诗形式。

一、诗体形式的总体划分

总的来说,跟汉诗不太一样的是,英诗每句不一定只占一行,每行也不一定只容纳一句,行数在英诗中的作用非同小可。英诗的每一节(stanza)所含行数的多少,决定了诗体形式总的走向。英诗中,有的还没有"节"的划分,那就只有按照诗行来判定了。因此,英诗诗体形式划分的主要依据是诗行。

大致说来,按照诗行,可以将英诗分成"固定形式(fixed form 或

---

① 节选自罗伯特·布朗宁(Robert Browning)《我已故的公爵夫人》(*My Last Duchess*),转引自"Poetry Foundation",网址:http://www.poetryfoundation.org/,提取时间:2018年8月19日。

closed form)与开放形式(open form)两大类。固定形式包括五音步抑扬格不押韵的素体诗(blank verse)和各种诗节形式(stanzaic form)的诗;开放形式又称作自由诗(free verse)"(景晓莺,王丹斌,2011:192)。

二、以诗节为单位的诗体形式

英诗的诗体形式要是以诗节为单位,按照诗节的形式划分,则可根据每节行数的多少、节奏的类型(格律)等,将英诗划分为几类:
(1)双行偶合体诗　couplet
(2)三行体诗　tercet
(3)四行体诗　quatrain
(4)五行体诗　cinquain
(5)六行体诗　sestet
(6)七行体诗　septet
(7)八行体诗　octet
(8)斯宾塞式九行体诗　Spenserian stanza
(9)十四行体诗(商籁体)　sonnet

另外,还有十行体诗和十一行体诗,但很少见到和用到。上述诗体形式的划分,1~3用得多一些,较为普遍;4~8用得少一些,尤其在汉诗英译中用得不多。

尽管根据上述诗体形式的划分,每种诗体形式都有音步和节奏方面的要求,但是,这样的按照诗节划分的诗体形式也不是非常严格,存在着局部的变化,最终诗体形式的确定还是以诗行和主导格律为主。如果整首诗每一节以四行为主,而且大多诗行为四音步,每个音步多为抑扬格的话,那么,这首诗就可以确定为"四音步抑扬格四行诗"(iambic tetrameter quatrain)。

三、双行偶合体诗

双行偶合体诗,简单称作"双行体诗",这种诗体形式每节有两行,两行必须得押韵,而且两行的语法结构和思路要独立于前后的诗

行。因此,这种诗体也称为"闭合式双行偶合体诗(closed couplet)"。例如:

One prospect lost, another still we gain;
And not a vanity is giv'n in vain.
失去了一种前景,我们还有另一希望;
凡事只要追求,就不会失之徒劳①。

英国诗人杰弗里·乔叟(Geoffrey Chaucer)就经常采用这种诗体,但是,乔叟采用这种诗体形式时,并不严格遵守上述规则,而是加以灵活地运用。也就是说,乔叟经常将第二行的思路延伸到下一行,靠下一行来补足上一节第二行的意思,这种变通的双行偶合体诗形式称为"开放式双行偶合体诗(open couplet)"。例如:

Tiger! Tiger! Burning bright
In the forests of the night,
What immortal hand or eye
Could frame thy fearful symmetry?
老虎,老虎,你灿灿发光,
将黑夜的森林照得通亮。
什么样超凡的手和眼睛
塑成了你这可怕、匀称的体形?②

双行偶合体诗当中,使用最为普遍的莫过于"英雄双行体诗(heroic couplet)"。这种特殊的诗体形式要求两行押韵,意思完整,每行为五音步抑扬格(iambic pentameter)。例如:

Farewell, too little and too lately known,
Whom I began to think and call my own;
For sure our souls were near ally'd; and thine
Cast in the same poetic mould with mine.

---

① 转引自"毛华奋,2007:43"。
② 转引自"毛华奋,2007:44"。

One common note on either lyre did strike,
And knaves and fools we both abhorr'd alike:
To the same goal did both our studies drive,
The last set out the soonest did arrive.
Thus Nisus fell upon the slippery place,
While his young friend perform'd and won the race.
O early ripe! to thy abundant store
What could advancing age have added more?①

四、三行体诗

三行体诗(tercet)每一节有三行,每行一般为五音步抑扬格,也有的为四音步抑扬格的,而且三行都押韵,这种三行体诗通常被称为"triplet"。

He clasps the crag with crooked hands;
Close to the sun in lonely lands,
Ring'd with the azure world, he stands.
The wrinkled sea beneath him crawls;
He watches from his mountain walls,
And like a thunderbolt he falls.②

这种诗体后来从意大利人那里有所借鉴,押韵形式发生了改变,变成了"连锁韵式三行体诗(Terza Rima)"。也就是说,上一节的第二行和下一节的一、三行押韵,即"ABA,BCB,CDC,DED……"例如:

O wild West Wind, thou breath of Autumn being,

---

① 节选自约翰·德莱顿(John Dryden)《对奥尔达哈姆先生的回忆》(*To the Memory of Mr. Oldham*),转引自"Poetry Foundation",网址:http://www.poetryfoundation.org/,提取时间:2018年8月20日

② 艾尔弗雷德·丁尼生(Alfred Tennyson)《雄鹰》(*The Eagle*),转引自"Poetry Foundation",网址:http://www.poetryfoundation.org/,提取时间:2018年8月20日。

Thou, from whose unseen presence the leaves dead
Are driven, like ghosts from an enchanter fleeing.

Yellow, and black, and pale, and hectic red,
Pestilence-stricken multitudes: O thou,
Who chariotest to their dark wintry bed
呵,旷野的西风,你把秋气猛吹,
不露脸便将落叶一扫而空,
犹如法师赶走了群鬼。

赶走那黄绿红黑紫的一群,
那些染上了瘟疫的魔怪——
呵,你让种子长翅腾空[①]。

五、四行体诗

四行体诗是英诗中运用得最多的诗体形式,每一节押韵形式变化多样,其中有 ABBA、ABAB、ABCB、AABA、AAAA、ABAC、AABB 和 AAAB 等形式。但是,最为常见的韵式则是"抱韵"(ABBA)和"互锁韵"(ABAB)。下面的一节四行诗的韵式就是"ABAB"型的互锁韵:

Lives of great men all remind us
We can make our lives sublime,
And, departing, leave behind us
Footsteps on the sands of time.
伟大人物的生平让我们想起
我们能够使生活变得高尚,
况且,离开人世之际还可以

---

① 珀西·比希·雪莱(Percy Bysshe Shelley)《西风颂》(*Ode to the West Wind*)节选,王佐良译,转引自"毛华奋,2007: 45-46"。

在时间的沙滩留下脚印行行①。

四行体诗有"广义"和"狭义"之分。广义的四行体诗,指的是一首诗包含若干诗节,但每一节都是四行体诗,如上面朗费罗《人生颂歌》里的一节。再如约翰·多恩(John Donne)的"*A Valediction: Forbidding Mourning*":

As virtuous men pass mildly away,
And whisper to their souls to go,
Whilst some of their sad friends do say
The breath goes now, and some say, No:

狭义的四行体诗,每首诗只有四行,类似于汉诗中的绝句。例如:

The rain is raining all around,
It falls on field and tree,
It rains on the umbrellas here,
And on the ships at sea.
雨从四处落下,
落在田野和树梢,
落到眼前的雨伞,
也落上海中船条条②。

另外,还有一种四行诗体被称为"民谣四行体诗(ballad stanza)",每一节为四行,其中的第一、三行为四音步抑扬格,而第二、四行则变成三音步抑扬格。这种诗节格式是民谣中常用的,可叙述,也可抒情,两者兼顾得很好。例如:

O, my Luve is like a red, red rose,
That's newly sprung in June.

---

① 亨利·沃兹沃斯·朗费罗(Henry Wadsworth Longfellow)《人生颂歌》(*A Psalm of Life*)节选,王永胜译。

② 罗伯特·路易斯·史蒂文森(Robert Louis Stevenson)《雨》(*Rain*),王永胜译,转引自"PoemHunter.com"。

O, my Luve is like the melodie
That's sweetly played in tune.
呵,我的爱人像朵红红的玫瑰,
六月里迎风初开;
呵,我的爱人像支甜甜的曲子,
奏得合拍又和谐。
As fair art thou, my bonie lass,
So deep in luve am I;
And I will luve thee still, my dear,
Till a'the seas gang dry.
我的好姑娘,你有多么美,
我的情也有多么深,
我将永远爱你,亲爱的,
直到大海干枯水流尽。
Till a'the seas gang dry, my dear,
And the rocks melt wi'the sun;
O, I will luve thee still, my dear,
While the sands o'life shall run.
直到大海干枯水流尽,
太阳把岩石烧作灰尘,
我也永远爱你,亲爱的,
只要我一息犹存。
And fare thee weel, my only Luve,
And fare thee weel a while!
And I will come again, my Luve,
Tho'it were ten thousand mile!
珍重吧,我唯一的爱人,
珍重吧,让我们暂时别离,
我准定回来,亲爱的,

哪怕跋涉千万里①。

六、十四行体诗

十四行体诗(sonnet),也有的将其音译为"商籁",名为"商籁体",一开始主要是用于歌颂爱情的,算是一种音步和韵律比较严谨的一种抒情诗。这种英诗形式"起源于意大利,后来经怀亚特(Thomas Wyatt)和霍华德(Henry Howard)流传到英国。在中世纪和文艺复兴时期,诗人大都用它歌咏宫廷式的浪漫爱情,其中莎士比亚创作的154首十四行诗代表着该诗类的全盛时期。继莎士比亚之后,英国先后有许多诗人都青睐十四行诗,他们中有格雷、华兹华斯、济慈、勃朗宁夫人、史文朋、叶芝等,弥尔顿、拜伦、雪莱还用它写过政治抒情诗,将其内容扩充到爱情、革命、政治、宗教等领域"(景晓莺,王丹斌,2011:198)。

十四行体诗有很多变体形式,但影响最大的有两种诗体形式。一种是意大利式的十四行体诗,共分两部分,第一部分为八行诗节(octave),韵式固定为"ABBA,ABBA";第二部分为六行诗节(sestet),韵式不固定,可能为"CDE,CDE",也可能为"CDC,DCD"。另一种为英国式十四行诗,因莎士比亚的运用将其推向了顶峰,所以也称"莎式十四行诗"。诗体采用三节四行诗和最后一节双行对句体的形式,韵式基本固定为"ABAB,CDCD,EFEF,GG"的形式。例如:

Shall I compare thee to a summer's day?
Thou art more lovely and more temperate:
Rough winds do shake the darling buds of May,
And summer's lease hath all too short a date;

Sometime too hot the eye of heaven shines,

---

① 罗伯特·彭斯(Robert Burns)《一朵红红的玫瑰》(*A Red, Red Rose*),王佐良译,转引自"赵晓茹,2010(4):90"。

And often is his gold complexion dimm'd;
And every fair from fair sometime declines,
By chance or nature's changing course untrimm'd;

But thy eternal summer shall not fade,
Nor lose possession of that fair thou ow'st;
Nor shall death brag thou wander'st in his shade,
When in eternal lines to time thou grow'st:

So long as men can breathe or eyes can see,
So long lives this, and this gives life to thee. ①

以上介绍的诗体形式,是英诗中经常遇到的,还有许多其他类型的诗体形式,由于使用得不多,再加上篇幅所限就不一一做介绍了。

---

① 威廉·莎士比亚(William Shakespeare)《我可否将你比作夏日里的一天?》(Sonnet XVIII: Shall I Compare Thee to a Summer's Day?),转引自"Poetry Foundation",网址:http://www.poetryfoundation.org/,提取时间:2013 年 8 月 21 日。

第七章 古诗英译状态

在文化融合的大背景下,中国古典诗歌要想走向世界,进入交流领域,英译是必然的一步。但是,古诗英译的难度很大,受到诸多因素的限制,也存在颇多争议。譬如,古诗英译的时候,是译成散文体英文、自由诗体,还是译成格律诗体等。所幸的是,不管是大家,还是小家,抑或后起之秀;不管是中国人,还是外国人,抑或外籍华人,都对此做出了不懈的努力和探索,也为本书奠定了坚实的基础。

第一节 古诗英译实践状态

我国现存大量的文化历史典籍,但是只有其中很少一部分被译成以英语为代表的外国文字,其数量可谓少之又少。形成对照的是,自古至今,特别是近一个世纪以来,大量的外国作品,包括诗歌,被译成汉语,引进汉民族文化中来。由此可见差距之悬殊。比如"我国元代杂剧作家关汉卿著有 60 部戏剧、10 余首曲、50 多首小令,而莎士比亚只有戏剧 37 部、长诗 2 首和 154 首十四行诗,著作量不如关汉卿多。但是,世界上知莎翁者多,而知道关翁者寡"(朱媛媛,2011[5]:79)。

可喜的是,在古诗英译领域,特别是唐诗英译方面,中外学者近一个多世纪以来都在不懈地努力,做出了很大的贡献。在古诗英译领域,可以说出现了"百花齐放、百家争鸣"的实践状态。

一、外国译者古诗英译的实践状态

如果说1871年苏格兰传教士詹姆斯·理雅各(James Legge)所翻译的《中国经典作品集》(The Chinese Classics)是最早的古诗英译实践的话(因为其中包括基本上使用韵体英文翻译的《诗经》,即"Book of Poetry"),那么,古诗英译至今已有一百四十多年的历史了。如其中的《风雨》(The Wind and the Rain):

风雨凄凄,鸡鸣喈喈。
既见君子,云胡不夷?
Cold are the wind and the rain,
And shrilly crows the cock.
But I have seen my husband,
And should I but feel at rest.
风雨潇潇,鸡鸣胶胶。
既见君子,云胡不瘳?
The wind whistles and the rain patters,
While loudly crows the cock.
But I have seen my husband,
And could my ailment but be cured?
风雨如晦,鸡鸣不已。
既见君子,云胡不喜?
Through the wind and the rain all looks dark,
And the cock crows without ceasing.
But I have seen my husband,
And should I not rejoice?①

注:1. shrill: *Adjective* (of a voice or sound) high-pitched and piercing(嗓音或声

---

① 《诗经·郑风·风雨》,理雅各译。

音)尖叫的;尖声的
2. patter：*Verb*（no obj.）make a repeated light tapping sound 发出急速轻拍声
3. rejoice：*Verb*（no obj.）feel or show great joy or delight 欣喜,高兴;欢庆,欢乐

当然,在这一百四十多年的历史中,存在着断层期、低潮期以及高峰期。而汉诗中的经典——唐诗英译最早的、正式出版的作品恐怕要属英国人翟理斯(H. A. Giles)1898年出版的《中诗英韵》(*Chinese Poetry in English Verse*)。翟理斯倡导以韵译诗的直译手法,如其中的《金谷园》(A Wildness)：

金谷园
繁华事散逐香尘,流水无情草自春。
日暮东风怨啼鸟,落花犹似坠楼人。

A Wildness
A wildness alone remains,
All garden glories gone;
The river runs unheeded by,
Weeds grow unheeded on.
Dusk comes, the east wind blows, and birds
Pipe forth a mournful sound;
Petals, like nymphs from balconies,
Come tumbling to the ground.①

注:1. unheeded：*Adjective* heard or noticed but disregarded 未受注意的;被忽视的
2. nymph：*Noun*（chiefly poetic/literary）a beautiful young woman（主要为诗/文用法）美丽少女

上面这首诗是唐代诗人杜牧的作品《金谷园》。金谷园乃西晋大官僚石崇的别墅,位于古都洛阳,可谓名噪一时,华贵显赫。但是,石崇死后,金谷园荒废,杂草丛生,昔日繁华不再,苍凉一片。杜牧经过金谷园遗址,顿起吊古之思,于是有了这首《金谷园》的诗作。此诗可

---

① 杜牧《金谷园》,翟理斯译。

谓情深意切,情景交融,意味深长,读罢令人顿起苍凉、哀婉之情。所附英文为翟理斯所译。基本上来说,翟理斯采用的是四音步抑扬格(iambic tetrameter)与三音步抑扬格(iambic trimeter)交错排列的韵律模式,即单数行为四音步抑扬格,双数行为三音步抑扬格,这也是英诗中常见的格律形式。

还有很多外国学者在汉诗英译方面做出了诸多的探索,对华夏文化的传播起到了不可磨灭的作用,其中的主要译者及其译作的代表作品见表7.1。

表7.1 国外汉语古诗英译作品略表

英语名字	国籍	汉语名字	译作英文名	译作汉语名	出版年代	备注
James Legge	英国	詹姆斯·理雅各	The Chinese Classics	《中国经典作品集》	1871	译文基本上为韵体英诗
H. A. Giles	英国	翟理斯	Chinese Poetry in English Verse	《中诗英韵》	1898	译文为韵体英诗,是格律派代表人物
A. D. Waley	英国	韦利	A Hundred and Seventy Chinese Poems	《中国诗歌一百七十首》	1918	译文为自由体英诗,是自由派的代表人物
E. Pound	美国	庞德	Cathay	《华夏集》	1915	译文为改写英诗,是创造派的代表人物
A. Lowell	美国	洛威尔	Fir-Flower Tablets	《松花笺》	1921	作品有与他人合译的,译文为自由体英诗

续表

英语名字	国籍	汉语名字	译作英文名	译作汉语名	出版年代	备注
Shigeyoshi Obata	日本	小畑薰良	The Works of Li Po, the Chinese Poet	《中国诗人李白》	1923	译文为自由体英诗
Witter Bynner	美国	威特·宾纳	The Jade Mountain	《群玉山头》	1929	与江亢虎合译，译文介于韵体英诗与自由体英诗之间
W. J. B. Fletcher	英国	弗莱彻	Gems of Chinese Verse Translated into English Verse	《中诗精品英译》	1932	译文为韵体英诗
S. Jenyns	英国	杰宁斯	Selections from the Three Hundred Poems of Tang Dynasty	《唐诗三百首选译》	1940	译文为自由体英诗
R. Kenneth	美国	雷纳斯	One Hundred Poems from the Chinese	《诗一百首》	1956	译文为自由体英诗
Robert Kotewell	美国	罗伯特·科特瓦尔	The Penguin Book of Chinese Verse	《企鹅丛书·中国诗词》	1962	与史密斯 Norman Smith 合译
A. C. Graham	英国	格雷厄姆	Poems of the Late Tang	《晚唐诗歌》	1965	译文为自由体英诗，诗译本成为畅销书

续表

英语名字	国籍	汉语名字	译作英文名	译作汉语名	出版年代	备注
B. Watson	美国	华逊	Han-Shan, Cold Mountain: 100 Poems by the Tang Poet Han-Shan	《寒山:唐诗一百首》	1970	译文为自由体英诗
Rewi Alley	新西兰	艾黎	Tu Fu, Selected Poems	《杜甫诗选》	1974	译文为自由体英诗
S. Owen	美国	欧文	The Poetry of Men Chiao and Han Yu	《孟郊、韩愈诗歌》	1976	译文为自由体英诗
Paul Kroll	美国	沙灵娜	Meng Hao-jan	《孟浩然》	1981	译文为自由体英诗
D. Hilton	美国	希尔顿	The Selected Poems of Li Po	《李白诗选》	1996	不详
Chih Feng	美国	赤峰(音)	Tu Fu: Selected Poems	《杜甫诗选》	2004	不详

二、中国译者的古诗英译实践状态

虽然对于古诗是该外国人译还是中国人译的问题存在着不同的意见,但这并没有影响中国学者对古诗英译的热情和探索。诸如蔡廷干(*The Tang Verses*,《唐诗英韵》,1932 年)、翁显良(*Translation of*

Ancient Chinese Poetry,《古诗英译》,1985年)等很多学者都做出了大量的努力,付出了艰辛的劳动,为中华民族文化的世界推广同样做出了不可磨灭的贡献。

在中国,古诗英译的研究正呈现上升的趋势,越来越多的人投入到这项工作中去。同时,国家的政策也向这方面倾斜。例如,为推动中国学术著作外译,中国政府自2010年起,启动了"国家社科基金中华学术外译项目",出重资资助中国学术著作包括古诗方面著作的外译工作,特别是英译工作。但遗憾的是,其资助的前提是译者的译著要首先与国外机构签订出版意向,这一点对个体译者而言有些难度。

从另一个角度来看,近些年很多有关古诗英译的论文和译作在各类期刊发表,还有很多硕士毕业生和博士毕业生的论文专题讨论古诗英译。有人"以2004年为分界,分别统计1999年—2003年和2004年—2008年间的论文情况。仅从数量上,可以看出关于中国古典诗歌翻译的研究增幅明显,尤其是有关古诗英译的硕士论文由1999年—2003年的18篇猛增到2004年—2008年的225篇"(杨秀梅,包通法,2009[12]:58)。

中国有很多学者在古诗英译领域做了有益的探索,其中也包括理论方面的探索。兹列举其中的"沧海一粟",见表7.2。

表7.2 国内汉语古诗英译作品略表

译者姓名	译著名称	出版年	备注
蔡廷干 (Tsai Ting-Kan)	《唐诗英韵》	1932	译文为格律体英诗
初大告	《中华隽词101》	1937	译文为自由体英诗
登纳(J. Turner)	《汉诗金库》	1976	译者为香港人,译文为韵体英诗
翁显良	《古诗英译》	1985	译文为散文体英诗,获得好评
许渊冲	《唐诗三百首新译》	1988	译文为韵体英诗,属格律派译法,提出了"三美"论

续表

译者姓名	译著名称	出版年	备注
杨宪益、戴乃迭	《古诗苑汉英译丛：唐诗（中英文对照）》	2003	夫妇合译，译文为自由体英诗
孙大雨	《古诗文英译集》	1997	译文为自由体英诗
吴钧陶	《唐诗三百首》	1997	译文均为韵体英诗
郭著章	《朗读精品百首英译》	1994	译文为自由体英诗
文殊	《唐宋绝句名篇英译》	1995	译文为自由体英诗
徐忠杰	《唐诗二百首英译》	1992	译文为韵体英诗

随着古诗英译实践的增多，越来越多的学者投入到古诗英译的理论研究中来。译作的增加，为理论研究奠定了基础。同时，理论研究的深入，也为实践提供了一定的指导作用。

第二节 古诗英译理论状态

近几十年以来，随着古诗英译作品的增加，出现了一大批着手研究古诗英译理论的学者，甚至有的学者一边实践，一边做理论方面的探索。他们之中，很多人做出了大胆的尝试，不乏具有指导性的理论问世。

对于总体上的诗歌翻译，外国学者早就提出了不少前沿理论，有些被借用来指导古诗英译的实践，有些被用来当作古诗英译理论的基础。于是，近几十年以来，不断有新的理论针对古诗英译提了出来，涌现出一大批这样的学者。但是，"他们对于汉诗英译的主张一直以来各执己见，流派并存，主要的分歧就在于翻译的标准、原则和方法论问题"(朱媛媛，2011[5]：79)，这就导致了古诗英译理论方面所存在的状态：有分歧，有统一；有争论，有融合；有主张，有反对。不一而足。

一、译者的存在状态

古诗英译,首先需要有译者的存在,需要译者来操作。但是,在 20 世纪中后期,译者的存在状态受到了质疑:古诗英译,该由谁来译? 是由中国译者来译,还是由外国译者来译?

中国译者的优势,在于翻译前期理解阶段基本不会存在大的问题,对于古诗的理解和把握会很到位。但是,对于英文地道性的把握,或者说英文整体风格的把握,可能会出现一定的偏差。当然,对原文的误解程度会大大减少。外国译者——主要是以英语为母语的外国译者对译文的处理往往容易被译语读者接受,可是,他们对古诗的理解就大打折扣了。这样,矛盾局面就出现了,因"长期以来,中国翻译评论界对西方人士的译品过于挑剔、贬低。正如一位意大利学者所概括的:'外国汉学家通常是不能赢得中国学者的欢心的。提到外国人的译文,总要挑出一大堆误译,最后将其判处死刑'。另一方面,西方读者对中国翻译家的译品难以接受,因为中国译者的翻译往往比较生硬,译文难以引起读者的共鸣"[①]。试看中外译者对《登鹳雀楼》的不同处理:

登鹳雀楼 王之涣

白日依山尽,黄河入海流。

欲穷千里目,更上一层楼。

译本(1)

At Heron Lodge

By *WANG CHIH-HUAN*

Mountains cover the white sun,

And oceans drain the golden river.

But you widen your view three hundred miles,

---

① 转引自"王海艳,刘秀华,2009(3):50"。

By going up one flight of stairs.①

注：1. heron: *Noun* a large fish-eating wading bird with long legs, a long S-shaped neck, and a long pointed bill 鹭

2. lodge: *Noun* a small house at the gates of a park or in the grounds of a large house, typically occupied by a gatekeeper, gardener, or other employee（公园、大房子门口看门人、园丁及其他雇工居住的）小屋

3. drain: *Verb*（with obj.）cause the water or other liquid in（something）to run out, leaving it empty, dry, or drier 排干；排光；使流光（e.g. We drained the swimming pool. 我们排干了游泳池的水。）

译本(2)

Upward!

By *Wang Zhihuan*

Westward the sun,

ending the day's journey in a slow descent behind the mountains.

Eastward the Yellow River emptying into the sea.

To look beyond, unto the farthest horizon,

upward! Up another storey!②

注：1. upward: *Adverb*（also upwards）towards a higher place, point, or level 向上地（e.g. She peered upward at the sky. 她仰视天空。）

2. descent: *Noun*（usu. in sing.）an action of moving downwards, dropping, or falling 下降；下落

3. storey or story: *Noun* a part of a building comprising all the rooms that are on the same level 楼层；层

从古诗英译实践来看，不管是中国译者还是外国译者，都有成功的案例。理想的译者，应该具有深厚的汉文化功底，又长时间置身于英文化的氛围之中，这样才能产生理想的译文。这样的译者数量较少，如林语堂等人。

---

① 威特·宾纳（Witter Bynner）译，选自威特·宾纳所著"*The Chinese Translations: The Works of Witter Bynner*"。

② 翁显良译，转引自"程玉梅，2002: 9"。

现在看来,这个问题已经趋向于统一,没有了偏向。古诗英译,外国译者来做有优势,但优势未必十分明显;古诗英译,中国译者来做存在着不利因素,但不利因素未必不能产生优秀的译品。孰是孰非,当由译品读者来判定。毕竟古诗英译的译品是给英语读者看的,他们才有最终的发言权。另外,毋庸置疑的是,国外译者的出版机构对于译品的推广和传播起着举足轻重的作用,而中国译者的译品,即便是具备了"高飞"的实力,恐怕还要借助国外出版机构这双"羽翼"方可展翅高飞。

二、古诗的可译性状态

古诗英译,推而广之,典籍英译,西人和国人都做出了尝试,但据统计,"就时间论,西人居先。"[①]中外学者在古诗英译方面做出大胆尝试的同时,也对古诗英译持有不同的观点和主张。其中之一,就是古诗是否可译(translatable)? 也就是翻译中的可译性(translatability)问题。

当然,抛开古诗英译这个话题,翻译中的"巴别塔"(Babel)效应是存在的。古巴比伦人欲建筑一座通天之塔——巴别塔,但上帝因他们过于狂妄,就对他们加以责罚,令这些建塔之人各操不同的语言,彼此交流产生了困难,他们彼此就不了解了,最终的结果是该塔没有建成。因此,"巴别塔又可比喻为不可实现的乌托邦式的空想计划。用这一隐喻来指涉翻译显然是意味深长的。"(王宁,2009:60)巴别塔效应表明,人们要想交流就需要翻译这一中间媒介手段,这是可译性;同时,巴别塔效应也表明,最终建筑任务未能完成,通天之塔未建成,这是不可译性(untranslatability)。这本身就是一个悖论。古诗英译的可译性和不可译性,也是如此。

中国古典诗歌本身具有丰富的文化内涵,再加上其形式上的特殊性,即使是译成英诗的韵体形式,恐怕也会令人颇感"面目全非"。

---

① 转引自"卓振英,2011:24"。

因此,有人提出了古诗英译的"不可译性",这是可以理解的。但是,古今中外又有不少仁人志士为之付出辛苦,完成了大量的古诗英译作品,这起码说明古诗是具有"可译性"的。问题是,古诗英译中的取舍和兼顾,要把握好。不能做到绝对的忠实,起码要做到相对的忠实,毕竟汉英是属于不同语系的语言,差异是明显的,但相对的"可译性"还是存在的。要不然,就不会出现本章第一节"古诗英译实践状态"。通过各种手段的运用,总能从一定的程度上化"不可译性"为"可译性"。例如:

回乡偶书　贺知章
少小离家老大回,乡音无改鬓毛衰。
儿童相见不相识,笑问客从何处来。

A Casual Homecoming Song

By *He Zhizhang*

I left home when I was a lad;
Now old, and home's again in sight.
I have my native tongue as I had,
But my temple hair is sparse and white.
Confronted by the children small,
I am a stranger to the place.
"And where do you come from at all?"
One asks with a brightly smiling face.　　　　(吴钧陶,1997:33)

注:1. lad: *Noun* (informal) a boy or young man (often as a form of address)(非正式用语)少年;男青年

2. sparse: *Adjective* thinly dispersed or scattered 稀疏的

之所以有人持古诗(甚至是诗歌)不可译性的观点,就是因为古诗跟英诗在内容和形式上存在着似乎是不可逾越的障碍,尤其是汉语格律诗工整的格律形式,再加上古诗本身具有的模糊性思想内涵。诚然,古诗英译存在着困难和障碍,有时候这种障碍甚至是不可逾越的。古诗英译之难,恰如"蜀道之难,难于上青天"。但是,事情没有绝对的。在观照语言本身差别的基础上,古诗英译是可能的,可译性是存在的。若把古诗的不可译性绝对化,势必导致不可知论,甚至令翻译实践寸步难行,而事实上,"翻译,包括诗歌翻译是可能的,但可译性是有限度的。同时,可译性的限度也是相对的。"(毛华奋,2007:7)

关于古诗英译的可译性和不可译性,存在着不同观点。例如,"英译中国古诗是在不可能的范围里找出个可能来;诗差不多不能翻译;诗不可译,并不是说不可译诗;诗可译,但难译"[1]。也有人认为:"诗,严格说来是不能翻译的,尤其是真醇的好诗,经过翻译,必然会使原作的诗味、韵味有所损失……"[2],等等。

由此可见,在古诗英译方面,可译性与不可译性之争的状态具有多样性。但是,随着全球一体化进程的推进和文化交流的日益频繁,古诗英译不可译性的壁垒正逐渐解体,出于建造"巴别塔"需要交流的目的,古诗英译的"不可译性"会逐渐走上"可译性"之路,但一定的限度还是存在的。

三、古诗英译译品的存在状态

不管古诗英译的可译性和不可译性之争如何激烈,中外学者还是没有间断对古诗英译的尝试。随之而来的问题是,译品——翻译过去的英诗,是译成韵体英诗、自由体英诗还是散文体英文?在这一点上,大家可谓别出心裁,形式多样。

理雅各一开始的时候,倾向于使用英语散文体翻译中国的典籍,认为译文应该贴近原文,不增不减。但是,后来在《诗经》的英译中,他又倾向于采用韵体英诗来处理译文。韦利则"逐字逐句直译,采用不押韵的自由形式,认为用韵势必害义。吕叔湘先生对此颇为赞同:'不同语言有不同之音律,欧洲语言同出一系,尚且各有独特的诗体,以英语与汉语相去之远,其诗体自不能苟且相同。初期译人好以诗

---

[1] 转引自"王海艳,刘秀华,2009[3]:49"。
[2] 转引自"王海艳,刘秀华,2009[3]:48-49"。

体翻译,即令达意,风格已殊,稍不慎,流弊丛生。故小畑、Waley、Bynner诸氏率用散体为之,原诗情趣,转为保存。此中得失,可发深省'。茅盾先生也认为,对于格律'不如不管,而用散体去翻译'"①。翟理斯"最早把唐诗译成韵文。他'为了使英文尽力传达唐诗的风貌,非常严肃认真地采取了直译押韵的诗体形式'。他的译著受到评论家的好评。西方学者如唐安石、弗莱彻等也是翟理斯的追随者。唐安石认为,中国古典诗词美的特质是通过押韵和节奏来体现的,因而始终坚持韵体译诗"②。试看外国学者以自由体英诗翻译的一首古诗《江雪》(River Snow):

江雪　柳宗元

千山鸟飞绝,万径人踪灭。

孤舟蓑笠翁,独钓寒江雪。

译本(1)

River-Snow

By *Liu Zongyuan*

A hundred mountains and no bird,

A thousand paths without a footprint:

A little boat, a bamboo cloak,

An old man fishing in the cold river-snow. ③

注:1. bamboo: *Noun* [mass noun] a giant woody grass which grows chiefly in the tropics, where it is widely cultivated 竹;竹子

2. cloak: *Noun* an outdoor overgarment, typically sleeveless, that hangs loosely from the shoulders 斗篷;大氅

国内也有不少学者采用韵体英诗来翻译汉语古诗,也有相当数

---

① 转引自"卓振英,2011:25",稍有改动。
② 转引自"王海艳,刘秀华,2009(3):49"。
③ 威特·宾纳(Witter Bynner)译,转引自"郭著章,江安,鲁文忠,2010:169",只是诗题据宾纳本人著的"*The Chinese Translations*"一书稍做修改,即在诗题的"River"和"Snow"之间加了个连字符。

量的学者采用自由体英诗来翻译古诗,还有少数学者用散文体英文翻译古诗,如翁显良先生的《古诗英译》实质上就属于散文体英文的译诗作品。国内学者在古诗英译的实践中,也逐渐摸索出一些古诗英译的门道,并提出一些理论式的思想,如"译诗应该像诗";"用变通的韵式来译押韵诗";"诗的三要素:形文(形美)、声文(声美)和情文(意美)是可以再现的";"译诗如不传达原诗的音美,就不可能产生和原诗相似的效果。恰恰相反,用韵的音美有时反而有助于传达原诗的意美。这就是说,用韵固然可能因声损义,不用韵则一定因声损义,用韵损义的程度反比不用韵小"①,等等。同样是《江雪》,国内两位学者则跟宾纳采取了不一样的处理方法:以韵体英文译诗,只是韵式不同罢了:

译本(2)

Fishing in Snow

By *Liu Zongyuan*

From hill to hill no bird in flight;

From path to path no man in sight.

A straw-cloak'd man afloat, behold!

Is fishing snow on river cold.　　　　　(许渊冲,1992:287)

注:1. cloak: *Noun* an outdoor overgarment, typically sleeveless, that hangs loosely from the shoulders 斗篷;大氅

2. afloat: *Adverb & Adjective* on board a ship or boat 在船(或艇)上的(地)

3. behold: *Verb* [with obj.] [often in imperative] (archaic or poetic/literary) see or observe (someone or something, especially of remarkable or impressive nature) (经常用于祈使语气) (古旧用法或诗/文用法)看;观看(尤指看非凡的或感人的人或事物) (e. g. Behold your lord and prince! 看国王和王子!)

译本(3)

Snowing on the River

By *Liu Zongyuan*

---

① 转引自"王海艳,刘秀华,2009(3):49"。

There isn't a single bird
In the multitudes of mountain flying.
There isn't a single man's foot-print
On thousands of mountain paths existing.
There is only a solitary boat with an old man
An alpine rush and a bamboo conical hat he is wearing,
Fishing alone on the cold river
In the snowing.①

注:1. multitude: *Noun* a large number 大量;许多
  2. conical: *Adjective* having the shape of a cone 圆锥形的

采用韵体译诗的,过多考虑的是古诗的形式之美,属于诗歌的"移植",力求"形似";采用自由体英诗或者散文体英文译诗的,过多考虑的是古诗丰富的思想内涵,唯恐"以韵害意",力求"神似"。这都无可厚非。关键是,大家都在力争译出古诗的"风采"。

理想的古诗英译译品的存在状态,应该是在传递原诗信息(内涵)的同时,最大限度地保持原诗的形式之美。这样看来,古诗英译,形式固然重要,但不可过于固守形式,要在个别"害意"的形式处,打破形式的壁垒,以更好地传递信息。所以,理想的古诗英译译品的存在状态应该是一个"杂交"(hybrid)状态,也可以说是"韵式自由体英诗"(讲究押韵,但不十分讲究音步、节奏等格律形式),其实这隶属于本书倡导的"韵体英译"。

四、古诗英译原则的存在状态

不管是采用韵体译诗,还是使用自由体译诗,或者散文体译诗,都涉及古诗英译的原则问题,即直译还是意译的问题,因"在翻译理论中,直译与意译向来是争论的焦点,是翻译方法的两个对立面"(王永胜,赵朋亮,2007[6]:142)。对于翻译而言,直译并非是字对字

---

① 唐一鹤译,引自"唐一鹤,2005:189"。原译附有注释,恕未照录于此。

的翻译(word-for-word translation),意译也并非是天马行空式的随意发挥。所谓"直译是指尊重原文语言结构、句式特点和词语意义的译法。否则,若翻译时脱离原文语言结构以及句式特点的束缚……自由发挥式地进行翻译就是意译"(王永胜,赵朋亮,2007[6]:142)。

古诗英译中,直译和意译的争议不是那么明显,没有谁一味地强调直译,也没有谁一味地强调意译,大家几乎不约而同地遵循"能直译就尽量直译,不能直译就意译"的原则,而直译、意译兼顾则成为古诗英译的常态。例如,下面这首孟浩然的《春晓》(A Spring Morning),就是直译和意译相结合的译品:

春晓　孟浩然

春眠不觉晓,处处闻啼鸟。

夜来风雨声,花落知多少?

译本(1)

A Spring Morning

By *Meng Haoran*

This morn of spring in bed I'm lying.

Not woke up till I hear birds crying.

After a night of wind and showers,

How many are the fallen flowers?　　　(许渊冲等,1988:28)

注:1. morn: *Noun* poetic/literary term for morning(诗/文用法)同"morning"

   2. wake: *Verb* (past woke or waked; past participle woken or waked) emerge or cause to emerge from a state of sleep; stop sleeping 醒;醒来;唤醒(e.g. She woke up feeling better. 她醒来之后,觉得好些了。)

   3. shower: *Noun* a brief and usually light fall of rain, hail, sleet, or snow 阵雨;冰雹(或雨夹雪等)的一阵;阵雪

当然,无论外国学者还是中国学者,在总体译诗风格上,可能会偏重某种原则,因为古诗风格各异,有的也许更适合某个古诗英译的原则。同样是孟浩然的《春晓》,下面的英译就是在直译的基础上偏重意译的译品,题目的翻译和正文的处理与上一个译诗都具有不同的风格:

译本(2)

One Morning in Spring

By *Meng Haoran*

Late? This spring morning as I awake I know,

All around me the birds are crying, crying.

The storm last night, I sensed its fury.

How many, I wonder, are fallen, poor dear flowers?[①]

注:1. awake: Verb [no obj.] stop sleeping; wake from sleep 醒;睡醒(e.g. She awoke to find the streets covered in snow. 她醒来发现马路上盖满了雪。)

2. fury: Noun [mass noun] wild or violent anger 狂怒;暴怒

可以说,古诗英译原则的存在状态还是趋于稳定的,具体如何处理和把握,与译者的阅历、素养及技能相关。

---

① 翁显良译,转引自"赵晓茹,2010(4):91"。

第八章 离别五绝

现代社会中，交通便捷，日行千万里不在话下，就连地球的另一端亦可快速抵达。于是，人们见惯了生离死别、分分合合。离别之际，确然明了：再见不难，尽管会有情感上或者心理上的羁绊和挂牵。起码在现代，"相见时难别亦难"的场景，在技术层面上是不会出现的。尽管如此，中华民族重视团聚、憎恨离别的传统依然存在。故土难离，亲人难离，朋友难离，离别难免苦痛、伤心，但同时，也不乏豪迈、欢快。

远在古代，特别是唐代，尽管繁荣昌盛到了一个顶峰，但是交通、通讯等设施跟现代没法比；尽管景色美得到了"渭城朝雨浥轻尘，客舍青青柳色新"（王维《杂曲歌辞·渭城曲》，一作《送元二使安西》）的地步。但离别之际，未免还要坦言"劝君更尽一杯酒，西出阳关无故人"（王维《杂曲歌辞·渭城曲》，一作《送元二使安西》）。此地一别，何时相见？一阵瑟瑟的秋风吹来，答案随风飘远，就像一部英文古典作品的标题"Gone with the Wind"所体现出的意境一样。于是，自然而然，离别就成了中国古典诗歌中一个重要的组成部分，波澜不惊的诗句中述说着无比丰富的人生内涵，表达出无比感伤的离愁别绪。

难怪，远在南朝的江淹在《别赋》的开篇就大发感慨："黯然销魂者,唯别而已矣",可谓"相见时难别亦难"。当然,离别未必尽是惆怅和感伤,亦有悲壮和刚强。何曾不见"此地别燕丹,壮士发冲冠"(骆宾王《于易水送人》)?何曾不闻"无为在歧路,儿女共沾巾"(王勃《送杜少府之任蜀州》,"岐"一作"歧")?离别苦痛也好,欢快也罢,还需明了:"海内存知己,天涯若比邻"(王勃《送杜少府之任蜀州》),还需知晓:"莫愁前路无知己,天下谁人不识君。"①

抛开现代人离别的理由不说,古人离别,如唐人离别,不外乎如下几点原因:进京赶考、为官出使、遭受贬谪、赴边戍守、云游四方、归隐田园、隐居深山等。更有甚者,古代道路崎岖、交通落后,往往一别经年,甚至是一生,归期当然就难以定夺。因此,尽管"商人重利轻别离"(白居易《琵琶行》,一作《琵琶引》),动辄"前月浮梁买茶去"(白居易《琵琶行》,一作《琵琶引》),但是古人总体来说更加重视离别,主要表现为折柳送别、摆酒饯行、写诗赠别,话语感人肺腑,诗句情深意切。这样,"离别"就构成了唐诗中一道亮丽的风景线。短小精悍的五绝之中,也不乏"离别"之景。

第一节 山中离别

五言绝句原诗:

shān zhōng xiāng sòng bà, rì mù yǎn chái fēi。
山　中　相　送　罢,　日　暮　掩　柴　扉。
chūn cǎo míng nián lǜ, wáng sūn guī bù guī?
春　草　明　年　绿,　王　孙　归　不　归?

九言白话译文:

山中送友归来即发呆,夕阳西下掩门复入宅。
料想明年春草翠绿际,不知朋友可否再归来?

这首五绝的题目为《山中送别》,是唐代大诗人王维的作品。此诗一作《送别》或《送友》,尾联的出句"春草明年绿"中的"明年",有

---

① 高适《别董大二首》其一,高适也写作"高適"。

的版本亦作"年年"。

这首诗构思非凡,颇具特色。不同于常规的离别之诗的地方,就在于诗人王维并未着笔于眼前的"离别"场景而直抒胸臆,而是将时间向后做了推移处理,将离别画面置于诗意之外,着眼于未来,浓墨重彩于"送罢"的场景、行为以及希冀——盼望着,盼望着,盼望春草再绿时,能与友人再次相聚,共叙情怀。读罢更具苍凉之感,寂寞的心境被诗人烘托得微妙而真挚。全诗语言朴实、情感自然、思绪高远,很具真情实感,耐人寻味,令人仿佛置身离别的现场。

一、人物品读:王维

王维(701—761),字摩诘,原籍祁县(今属山西),后迁至蒲州(今山西永济),遂为河东人。开元九年(公元721年),进士及第,为太乐丞,是一个管理皇家乐队的小官,后累官至文部郎,转给事中。上元元年(公元760年),王维转做尚书右丞,所以人们也称其"王右丞"。王维晚年居住在蓝田辋川,走在官场与隐居的边缘,过着仙人般悠然自得的生活。

开元十四年(公元726年),王维在长安结识了孟浩然。这时,对官场有些失意的王维开始劝孟浩然归隐,但自己却并未对仕途完全死心。后因他的诗与孟浩然的诗齐名,史上并称他们为"王孟"。虽然前期写过一些边塞题材的诗歌,但王维的诗作却以山水诗、田园诗为主,而有的诗甚至是边塞和山水的融合。例如:

单车欲问边,属国过居延。
征蓬出汉塞,归雁入胡天。
大漠孤烟直,长河落日圆。
萧关逢候吏,都护在燕然。① （王维《使至塞上》）

晚年时光里,王维更加喜欢隐居生活,崇尚佛教和禅学,甚至专心侍佛,因此有了"诗佛"的雅号。

---

① 尾联出句"候吏",一作"候骑"。

开元二十三年(公元735年),当朝宰相张九龄荐王维为右拾遗。后来,张九龄罢相,王维被贬谪。安史之乱爆发后的第二年,即天宝十五年(公元756年),王维跟其他一些官员一样,被俘并被迫接受伪职,但王维服药装病,装聋作哑,意欲蒙混过关,却受到安禄山的软禁。后来王维作诗《菩提寺禁裴迪来相看说逆贼等凝碧池上作音乐供奉人等举声便一时泪下私成口号诵裴迪》,俗称《凝碧池》,怀念唐朝,以表忠心:

万户伤心生野烟,百僚①何日更朝天。
秋槐叶落空宫里,凝碧池头奏管弦。

唐军收复长安后,幸亏这首诗,再加上弟弟——时为宰相的王缙为他求情,他才免于一死。唐肃宗上元二年(公元761年),王维病逝长安,葬于辋川。

王维多才多艺、能诗会文,精通音乐、书法,兼具绘画才能。十七岁写出《九月九日忆山东兄弟》,现存诗歌约四百首,有《王右丞集》传世。王维写诗,善于从生活中收集貌似平凡的素材,语言朴实、清新、自然,却不乏深厚而真挚的情感表达。上面这首题为《山中送别》的五言绝句就是这样的一首诗。

二、艺术品读:《山中送别》

这首诗体为二十个字的《山中送别》,可谓匠心独运、别出心裁——没有从离别的场景写起,而是将时间推后,着笔于"相送罢"的感受,同时寓情于景,选取了与一般送别诗全然不同的视角,信手拈来,并无矫揉造作之感。

首联的出句"山中相送罢"中,一个"罢"字的运用,可谓精彩之极。首先,它告诉我们,诗人已经将朋友送走,省去了即使是千言万语也表达不尽的送行话别场景以及依依不舍的离别情怀。其次,一个看似波澜不惊的"罢"字,如同现代电影中的"快进"镜头以及"蒙

---

① 百僚,一作"百官"。

太奇"①手法,将时间的长度快放,一下子剪接到日暮时分。要知道,古人离别诗中,会经常出现"日暮""夕阳""斜阳""暮鼓"等字样,以衬托离别时的伤感情绪,烘托感伤的气氛。并非古人喜欢在日暮时分、夕阳西下之际或者暮鼓敲响时刻为友人送行,跟友人道别,而是将这样的景致与离别的愁绪搭配起来,可谓相得益彰,算是一种艺术加工手法。再次,一个看似冷冰冰的"罢"字,也控制住读者的情绪,诗人以一种"潇洒"的姿态,向读者表明离别的"司空见惯",实则为下文的"希冀"所带来的"凄凉"埋下了伏笔。

接下来,首联对句从白日又进一步跳跃到了"日暮"时分——又一个现代的蒙太奇手法,使"罢"字所带来的"潇洒"明亮度暗淡下来。

诗歌属于文学,源于生活的真实,又高度凝练于生活之上。对于五绝这样短短二十个字的诗歌形式而言,更是要注意炼字,可谓字字珠玑。因此,到了"日暮掩柴扉"之际,生活的真实度就大大地被浓缩了:不管离别的场景如何,从"送罢"到"日暮",短短的文字距离,却跨越了白昼的大部分时间,省去了哪怕是"西出阳关无故人"般的送别场景,将时间直接指向了看似心平气和的"掩柴扉"的"日暮"时刻。

体验过离别滋味的人可能会有这样的经历:离别时也许会十分感伤、依依不舍,但是"离别情结"往往具有"马后炮效应"。也就是说,离别所产生的真正的寂寞和惆怅,往往会滞后一段时间才能真正爆发出来。换句话说,"离别情结"是具有惯性作用的,会滑行很远的距离。于是,诗人送罢友人归来后,随着"日暮",会跟往常没有什么两样,照常"掩柴扉",但是须知道的是,这次"掩柴扉"实质上非同从前,因为在这之前,"离别情结"已经蓄足了动力,再加上"日暮"的关系,令这次"日暮掩柴扉"的山中居人的平常之举变得异乎寻常的不同。可想而知,在掩上的"柴扉"后面,该会出现怎样一番孤寂、惆怅

---

① 译自法语"montage"的一个外来词语,原为建筑学术语,意为"构成、装配"。最早被应用到电影艺术中,是将时间、空间、人物、地点有机地剪接到一起表达一定含义的艺术手法,后来逐渐被应用于不同的艺术领域。

的离别之感大爆发的场景啊！

但是,这种场景的爆发,如同白日离别的情景一样,隐没在背景之中,留出了空白,为读者提供了想象的空间。接着,诗人笔锋一转,读者被引领到诗人对未来的希冀上面,更加衬托出诗人的"离别情结"在"柴扉"后面宣泄的那种孤寂和惆怅。

尾联"春草明年绿,王孙归不归"中,"王孙"本来是指贵族的子孙,诗中指代诗人所送的友人。其实,在王维的诗中,"王孙"一词用得不止这一处。但是,其指代对象却莫衷一是。再如他的《山居秋暝》:

空山新雨后,天气晚来秋。
明月松间照,清泉石上流。
竹喧归浣女,莲动下渔舟。
随意春芳歇,王孙自可留。

无独有偶,唐代诗人白居易在其《赋得古原草送别》一诗中,也用到了"王孙"一词,其指代与王维的《山中送别》中的指代是一样的,即所送的友人:

离离原上草,一岁一枯荣。
野火烧不尽,春风吹又生。
远芳侵古道,晴翠接荒城。
又送王孙去,萋萋满别情。

追根究底,王维的这首《山中送别》的尾联,是从《楚辞·招隐士》化用而来的,原句是"王孙游兮不归,春草生兮萋萋"。王维的化用,恰如其分地表达出他对友人深深的情谊,唯恐友人一去经年不归。于是,他顿生孤寂、怅然之感。当然,这种感觉是隐匿于掩闭的"柴扉"之后的,却在诗人不经意的希冀中,"犹抱琵琶半遮面"般露出了端倪,这正是艺术的感染力所在,也是王维这首诗的精妙之处。难怪明代唐汝询在《唐诗解》中将王维的这首五绝说成"扉掩于暮,居人之离思方深;草绿有时,行人之归期难必"。

"王孙归不归"作为一个问题提出,但不是当着友人的面提出,而是在"日暮掩柴扉"后,也许过了许久才想起来,提出了这个问题,具有了上述的"马后炮效应"。其实,这是"离别情结"的滞后大爆发,诗人的真情实感也在含蓄的诗句中流露无遗。

有意思的是,王维之后一百多年,另一位唐代诗人,也就是在宣宗大中年间(公元847—860年)顺利考取进士的、仕为棣州司马的崔橹,写过一首题为《三月晦日送客》的五绝。估计当时崔橹读过王维的这首《山中送客》,而且特别喜欢王维的这首诗。所以,就在《三月晦日送客》的尾联里可以说是借用了王维《山中送别》的意境。只不过,在王维光芒的映照下,崔橹这种借用手法写出的尾联就显得暗淡了些许——直白的"说教式"的陈述,就逊色于王维的"含蓄式"的发问了,但其开篇,乃至整个首联还是十分精彩的:

三月晦日送客　崔橹
野酌乱无巡,送君兼送春。
明年春色至,莫作未归人。

Seeing a Friend Off at the End of April
By *Cui Lu*
Rounds of drinks run merry and riot;
I see you off, as well as spring.
The following year when spring comes
To go home, O, please don't be late.　　(张智中,2009:099)

在古代,人们将每个月(当然应该是中国的旧历——农历或者夏历,而不是现代的阳历)最后一天叫"晦日"。这一天,人们出外郊游、野餐、饮酒,写这一日场景的古诗也比较多,但这首诗意在晦日送人,写的是在晦日的离别,送客的时间是确定的。顺便说一下,虽然送客的时间是确定的,但是由于中国阴历和阳历的差异,再加上国际上通用的是阳历,因此,题目中的"三月晦日"的翻译,就有些棘手了。上面英译的题目看起来似乎欠妥,但有意思的是,在张智中(2009)这本书中,目录里给出的题目是"*Seeing a Friend Off at the End of March*"。上面这首诗的题目,不如在英译时跟原诗诗体中的"送春"结合起来,做模糊化处理,译成"*at the end of spring*"。另外,译诗中的"run merry and riot",意境的营造不错,但是,就英语本身来说,

"merry"和"riot"的词性不同,搭配到一起有些"失衡"的感觉。

在《山中送别》中,诗人送罢友人归来、日暮时分掩上柴扉后,就心存希冀和期盼——盼望着,盼望着,盼望春草再绿时,能与友人再次相聚,共叙情怀。但是,也许这种盼望之情只是徒劳,因为诗人自己十分清楚:远游的挚友不会回归。这样的话,结句的那一问,实质上等于白问,其效果就是更加增添诗人的惆怅、寂寥之感,无法排解,可谓徒增疑问。正如一位学者所言:"以山人送别,则所送者,当是驰骛功名之士,而非栖迟泉石之人。结句言'归不归'者,明知其迷阳忘返,故作疑问之辞也。庄子云:送君者皆自崖而返,而君自此远矣。此语殊有余味。"(俞陛云,2011:114)

从"送罢",到"日暮",到"明年",再到滞后的"归不归"的发问,犹如电影中的蒙太奇技法,在跳跃的节奏里表达了诗人深深的"离别情结"。

三、个人品读:山中送别多珍重

我虽然中了状元,名为"状元郎",职责却只是管理皇家的小乐队,芝麻大的一个小官,真是惭愧啊!看到阎立本匍匐在地为皇帝作画时的悲惨景象,而皇帝却与群臣宴饮欢畅——那时,我有些崩溃了。唉,仕途不顺,怎能令我开心!虽然我也劝过好友孟浩然归隐,可是自己终究下不了这个决心。但是,官场失意,坎坷接连不断,我有些厌倦了,还是去山中待上一段时间,放松放松自己的身心,轻松悠闲过一段时间再说吧。

心一横,我就暂别家人,也告了假,入山休整了。山里的空气真好,景色真是优美。鸟儿在蓝天飞翔,溪水在山谷流淌,还有蜜蜂在花间萦绕。好久没有这样惬意的感觉了。于是,我暂时忘却了人世间的烦恼,忘却了仕途的不顺,忘却了生活的繁杂。虽然有时候会思念妻子,想念孩儿,但我还是会调节自己而自得其乐的。

我是个好客之人,结交了不少的朋友,也结识了不少仁人志士。虽然临走时,没来得及跟所有的朋友道别,也没有告诉当时看到我的朋友,我究竟要去向哪里。但是,不知怎么的,有些朋友还是知道了我的下落。这不,不时会有朋友一路循迹而来,硬是找到了我。也

第八章 离别五绝

好,有他们来访,也会增加我的一些乐趣,叙谈叙谈人生,还会偶尔在不经意间打听一下外面的情况。当然,打探的时候,我脸上露出的是一副不以为意的神情。每每有朋友来访,我都会倾己所有,拿出自己的好客精神,好好招待。我怎么能怠慢了朋友呢?

有一天,我面对山里的美景,诗兴大发,挥毫泼墨,就要作画题诗。突然,一个朋友来访。我循声望去,原来是一个非常要好的朋友前来看我。在长安的时候,我们俩经常交流赋诗作画心得,彼此之间熟悉得很。他说,他临行前终于寻到了我,可以安心地离开了。促膝交谈之下,我才弄明白,原来他要远赴他乡做官。好事一桩啊,我向他表示祝贺。设法弄来下酒的好菜,还有飘香的美酒,与这位朋友开怀畅饮起来。

酒过三巡,我百感交集,眼前浮现出过往的一幕又一幕。朋友看出了我的心事,边喝边劝我。我转念一想,朋友升迁是好事啊,我干嘛要扫兴呢。更何况,朋友一路赶来不易,怎能怠慢?于是乎,我又开心地跟朋友畅饮起来。其间,酒兴诗意起,他唱我和,好不热闹。

天下没有不散的宴席。不知不觉间,就到了与朋友告别的时间。虽然相聚短暂,意犹未尽,但是毕竟朋友重任在身,无法强留,只得起身相送。山中的景色依然那么优美,风吹草动,花儿微笑,鸟儿鸣唱。但是,总觉得空气中多了一丝凉意。

趟过一条小溪,朋友说:请留步,后会有期。我执意不肯;翻过一道山梁,朋友说:请留步,后会有期。我执意不肯;进入有些阴暗的山谷,朋友说:请留步,后会有期,我执意不肯……就这样,边走边聊,送出了很远、很远,方跟朋友依依不舍地道别。毕竟朋友要远走,但朋友之情怎舍得?

看着朋友徐徐远去的背影,看着天空翻滚的云彩,我未免心生苦愁,心如远处的群山,起伏不平。站立良久,我才转身回返。虽然花草依然,树木依旧,但我总感觉,它们似乎一下子褪去了颜色。

返回山中寓所之际,太阳快要落山了。夕阳西下,红彤彤的一片,壮美无比。但是,一想到黑夜即将到来,我就无心欣赏,决定关门闭户,安心休息。趁日薄西山、夜幕未降之际,我关好了柴门。

我顾不得洗漱,顾不得更衣,顾不得铺床,就和衣而卧了。迷迷糊糊之中,我仿佛看到了朋友远去的身影,仿佛看到了那翻滚的云彩,还有那似乎褪了色的花草树木……迷迷糊糊之中,我想到了明年的春天,那时候还会有碧草萋萋,还有会蜂蝶绕花舞蹈……迷迷糊糊之中,我仿佛看到了那个我刚刚在山中送别、远赴他乡做官的朋友,我仿佛在问:我亲爱的朋友,明年春来草绿之际,我会不会再次见到你?于是,我决定,第二天早晨醒来,赋诗一首,送给这位远行的朋友。

对,我想,诗的题目就叫《山中送别》吧。

祝福你,远行的朋友。离别,为的是再次相见。毕竟,希冀是美好的。

四、英译研究:内容与形式、意象与意境

古诗英译,贵在"意象"的营造和"意境"的传达,还有源语(source language)的形式和内容在译语(target language)中的体现。

为了求得某个方面的完整体现,古今中外不少译者不断探寻各种手段、提出各种理论来探讨古诗英译方面的问题。有的译者为求"形似",采用英语的韵体诗形式来翻译古诗;有的译者为了求"神似",甚至不惜牺牲原诗的格律形式,采取散文体英文来翻译古诗。这些手段的运用,都是力求将中国的古典文化推送出去,跟世界交流,都是有益的尝试。孰是孰非,自然难以评说。笼统地断定某种译文是优是劣,自然不是明智之举,也是不可取的,不利于学术交流的进行和文化的推广。但是,客观地对译诗加以讨论和改进,则是可取的,有益于学术活动的进行。

但是,不论是古诗英译,还是其他文本的翻译,力求意义上的一致,应该是基本的追求。问题是,古诗英译的特殊之处,在于诗歌拥有与其他文本不一样的艺术形式。因此,古诗英译,"形式"应该是要考虑的一个因素。在有可能的情况下,要尽量照顾到形式。译品要是能在形式上有所观照的话,那就达到了古诗英译或者诗歌翻译特别是唐代五绝韵体英译的目的。

王维的这首《山中送别》,除了尾联化用《楚辞·招隐士》里的

"王孙游兮不归,春草生兮萋萋"之外,没有罗列繁杂的典故,读起来朗朗上口,通俗易懂,只是角度的选取险峻、奇特。因此,英译时基本可以采用直译的方法,对于"王孙"可以采用"归化"法来处理,译成英文的"friend",即可达到目的。试看下面的译文。

译本(1)
Seeing My Friend Off
By *Wang Wei*
After seeing my friend down the mountain,
Between the lights, I closed my wattled gate.
Next spring, grass'll also turn green and wanton,
Would you come back again? For you I'll wait!

(吴钧陶,1997:169)

注:1. between the lights:在傍晚
  2. wattle: *Noun* (mass noun) a material for making fences, walls, etc., consisting of rods or stakes interlaced with twigs or branches(用于编筑篱笆、围墙等的)枝条;篱笆条
     Verb (with obj.) make, enclose, or fill up with wattle(用枝条)编制;编筑
  3. wanton: *Adjective* (poetic/literary) growing profusely; luxuriant(诗/文用法)茂盛的;丰富的

上面这篇译文采用了韵体英诗来翻译王维的这首离别诗,基本是直译,个别地方做了变通处理。译诗共四行,每行基本上算是五音步抑扬格,韵式为"ABAB"型互锁韵格,这些都是难能可贵的。在力求"形似"的基础上,意义的表达基本到位。感觉在对原诗尾联的处理上,译文"意境"的传达似乎不够到位,但整体来看,不失为一篇很好的英译探索。再试看另一篇英译。

译本(2)
Seeing off an Old Friend from These Mountains
By *Wang Wei*
Seeing off an old friend from these mountains,
At dusk I closed my rick'ty garden gate.

Come spring, when the grass turns green again,
Will you be back by then, my friend?   (龚景浩,2006:31)

注:rick'ty = rickety: Adjective (of a structure or piece of equipment) poorly made and likely to collapse(建筑物或设备)摇摇晃晃的;摇摇欲坠的

这个译本跟上一篇风格不同,采用的是无韵的自由体英诗来翻译。摆脱了韵律的束缚之后,此译本对原诗尾联的处理,相对来说,就更加符合诗人王维的意境。译诗诗题和第一行中的"from these mountains",似乎有点"过载","seeing off..."作为伴随情况,对原诗"送罢"的意义的诠释稍显不足。"rick'ty"一词的添加,也许更能表现出当时的情景吧。

综上所述,古诗英译特别是唐代五绝的韵体英译,在形神兼顾方面,一个折中的处理方式,就是译成"韵式自由体英诗"。也就是说,为了达意并忠实于原诗,可以从一定程度上摆脱音步之中"节奏"的限制,在控制音步的基础上,将古诗译成押韵的英诗。这样做,译诗可以在最大程度上照顾到原诗的内容与形式乃至意象与意境。

五、韵译探索:山中送别

山中送别　　王维
山中相送罢,日暮掩柴扉。
春草明年绿,王孙归不归?

Seeing off a Close Friend
By *WANG Wei*
Havin' seen off my dear friend on th' mount track,
I shut my wooden door before th' day's black.
Suppose next spring grass has turn'd green—
"Would you, my friend, come again on the scene?"
(Translated by *WANG Yong-sheng*)　　　　(王永胜译)

注:1. havin' = having
2. th' = the
3. mount: *Noun* a mountain or hill (archaic except in place names)(除用于地

名外均为古义)山;丘

4. come/appear/arrive on the scene: arrive in/at a place, probably to change the existing situation 到达现场;露面;出现(或许会改变现存的局面)

第二节　僧友离别

五言绝句原诗:

cāng cāng zhú　lín　sì　yǎo　yǎo zhōng shēng wǎn
苍　苍　竹　林　寺,　杳　杳　钟　声　晚。
hé　lì　dài　xié yáng qīng shān　dú　guī yuǎn
荷　笠　带　斜　阳,　青　山　独　归　远。

九言白话译文:

竹林寺隐深青山色间,庙宇晚钟声声远远传。
上人身挎斗笠夕阳下,独自迈向遥遥之青山。

这是唐代诗人刘长卿的一首五言绝句,诗题为《送灵澈上人》。

首先需要说明的是,这是一首仄韵五言诗,当属律体绝句,即律绝,也就是五绝。当然,对此专家学者存在争议(参见本书"前言"后半部)。虽然首句稍有"变格",但仍可划归为五绝之列。早些选注版本的《唐诗三百首》(参见"陈婉俊,1959:卷七(五)")和晚些选注版本的《唐诗三百首》(参见"李淼,2007:179")都将这首诗列为"五言绝句"名下,本研究从之。对于押仄韵的诗算不算格律诗,确实存在一些争议。当然,浩如繁星的唐代格律诗绝大部分都押平韵。但是,也有一些诗人,其中不乏唐代的大家,写了一些仄韵诗。有些人干脆将这样的仄韵诗当作古体诗来看待。古体诗,通俗点儿说,就是古代的"自由体诗"。

由此看来,人们对仄韵诗,看法不一。对于讲究格律规范的仄韵诗,还是应当作格律诗看待为佳,只不过它们特殊一些,可以称作"仄韵格律诗"。如上述的《唐诗三百首》,不同的选注本都依据蘅塘退士的原本而来的,将这首诗划入"五言绝句"的范畴可见一斑。从许多唐诗的创作实践来看,仄韵格律诗是存在的,虽然这其中也有"破格"和"拗体"出现。仄韵格律诗跟通常的平韵格律诗一样,也能抒发情感,而且独具艺术魅力(关于"五绝"和"五古绝",请参阅本书上卷第五章第一节)。

《送灵澈上人》这首诗仿若一幅离别时的风景画,情与谊融入画中,画中透出情与谊,既是离别诗的典范,又是山水诗的名篇。这首诗中,看不到王维《山中送别》的孤寂和怅惘,看到的只是闲淡和雅致,这可能与诗人送别对象的身份有关吧。

一、人物品读:僧人与诗人

继隋代之后,唐代很重视对于佛教的整顿和利用,特别是在唐代后期,皇帝的礼佛活动日益频繁。高祖武德二年(公元619年),在京师聚集高僧,立十大德,管理一般僧尼。太宗即位之后,重兴译经事业,促进了当时佛教的发展。

唐代的国教本来是道教,武则天称帝后,大力扶植佛教,使佛教在唐代的发展达到了鼎盛时期。唐代佛教的发展,对文学、艺术等方面带来不少影响,特别是对唐代诗人和唐诗有着一定的影响。有的诗人崇佛、信佛,如本章第一节提到的王维,人称"诗佛";有的诗人大胆站出来,进谏皇帝,倡导废佛运动,如韩愈等人。当时,韩愈在其《谏迎佛骨表》里断然提出:"以此骨付之有司,投诸水火,永绝根本,断天下之疑,绝后世之惑。"结果,他的思想与宪宗的奉佛心意相抵触,最终被贬为潮州刺史。左迁赴任途中,韩愈悲壮地写道:

一封朝奏九重天,夕贬潮州路八千。
欲为圣明除弊事,肯将衰朽惜残年。
云横秦岭家何在,雪拥蓝关马不前。
知汝远来应有意,好收吾骨瘴江边。①

(韩愈《左迁至蓝关示侄孙湘》)

---

① 关于此书版本的差异性,参见本书上卷第三章第三节"二、韩孟诗派"中对此诗所加的脚注。

但是，不管怎样，僧人跟诗人，诗人跟僧人，有的结下了深厚的友谊，甚至有的僧人本身就是诗人。诗人、僧人互访离别之际，难免会产生离愁别绪。因此，诗人写给僧友的离别诗也就成为浩如烟海唐诗中的一部分了。

唐代宗大历年间（约公元769—771年），刘长卿和灵澈上人相遇在润州，又离别于润州。当时，诗人从南巴返回，一直很郁闷、失意，心情糟糕得很，而此时的灵澈上人正云游江南，功不成名不就，心情也不好，恰好逗留润州，即将返回。他们两个可谓"同是天涯沦落人，相逢何必曾相识"：一个宦途失意，一个无功云游，皆为失意之客。这首《送灵澈上人》的临别赠诗，很好地体现了两个人各自的心境：一个"宠辱不惊"，一个"处事淡雅"。

二、人物品读：灵澈上人与刘长卿

《送灵澈上人》是唐代诗人刘长卿的一首五绝，其中的灵澈上人是诗人刘长卿结识的一位僧人朋友。这位灵澈上人是唐代著名僧人，本姓杨，字源澄，为会稽（今浙江绍兴）人。杨源澄在会稽的云门山云门寺出家。"上人"是古代对僧人的一种敬称。

这首诗以景衬情，寓情于景，写出了灵澈上人超凡脱俗的姿态。先写灵澈上人要离别的情景和时间，再写目送灵澈上人辞别、离去的情景。诗中，诗人抒发了自己对僧友的深厚情谊，字里行间也透露出灵澈上人的不俗姿态，用词空灵而自然，闲淡中透出雅致，含蓄中传达出友情。

刘长卿（约709~725—约786~791），字文房，宣州（今安徽宣城）人。刘长卿年轻的时候在嵩阳读书，后来进士及第。肃宗至德年间（公元756—758年），一直做长洲（今江苏苏州）尉。后来，长卿被贬谪为岭南南巴（今广东茂名东，亦有记载为"电白"）尉。上元二年（公元761年），旅居江、浙一带。代宗大历五年（公元770年）后，任淮西鄂岳转运留后，被诬贪赃，贬为睦州（其治所在今天的浙江淳安）司马。

德宗建中初，刘长卿任随州（今湖北随县）刺史。不久，叛军李希烈攻打随州,刘长卿弃城而去。元朝辛文房的《唐才子传》(卷二)有这样的记载:"长卿清才冠世,颇凌浮俗,性刚,多忤权门,故两逢迁斥,人悉冤之。"于是,他再度遭贬谪。此时,诗人只有寄情于山水,用孤寂的诗歌和跟朋友的叙谈来聊以自慰。有一次,刘长卿访友遇雪,就夜宿在芙蓉山主人家中,写出如下五绝:

逢雪宿芙蓉山主人 刘长卿

日暮苍山远,天寒白屋贫。

柴门闻犬吠,风雪夜归人。

Spending the Night in a Mountain Village during a Snowstorm
By *Liu Changqing*

Bleak mountains at sunset stretching forever;

A white cottage even more pinched in the cold.

In the night I hear a dog bark at the thatched gate;

My host returns home in wind and snow.

(张廷琛,魏博思,2007:83)

注:1. bleak: *Adjective* (of the weather) cold and miserable(天气)寒冷的;凄凉的

2. thatch: *Verb* (with obj.) cover (a roof or a building) with straw or a similar material 用茅草(或类似材料)覆盖(屋顶、建筑物)

上面这首诗是刘长卿的《逢雪宿芙蓉山主人》,是一首五言绝句。虽然描绘的是一幅风雪夜归图——诗人投宿山村人家时候的所见所感,但也许体现出诗人当时的孤寂之情,以及主人归来时可能带给诗人的温暖和慰藉。这种温暖也许会缓解诗人仕途的坎坷所带来的失意。也许,这温暖真的让诗人在夜宿中找到了心灵的归宿。顺便说一下,上面这篇英译采用的是自由体英诗来翻译的,意义基本得到传达,只是题目翻译稍嫌不很"尽意"。另外,标点的使用似乎有令人费解之处。

刘长卿擅长五言——或五律,或五绝。刘长卿与诗仙李白交往甚笃,如"谁怜此别悲欢异,万里青山送逐臣"(《将赴南巴至馀干别李十二》)之语。他的诗以五、七言近体诗(即"格律诗")为主,曾经自诩为"五言长城",有《唐刘随州诗集》流传下来。例如,下面就是刘长卿一首吊古之作：

　　荒凉野店绝，迢递人烟远。

　　苍苍古木中，多是隋家苑。　　（刘长卿《茱萸湾北答崔载华问》）

《唐才子传》对他的诗的评价是"诗调雅畅，甚能炼饰。其自赋，伤而不怨，足以发挥风雅"[①]。

三、艺术品读：《送灵澈上人》

　　精于五言的刘长卿的绝句《送灵澈上人》，描述的是诗人在傍晚时分送别灵澈上人回竹林寺（据说，它位于现在的江苏丹徒南）时候的心情。心情的表达融于淡雅的景色之中，而"不动声色"的景致又极好地衬托了诗人的离别之情。这首五绝借景抒情、构思奇巧、语言朴素、风格清淡，是以"山水诗"的形式表达惜别情意的"离别诗"名篇。

　　首联"苍苍竹林寺，杳杳钟声晚"，可谓开篇不俗，犹如电影中的远景镜头，把读者的视线推到远方的竹林寺，空旷、遥远的意境顿出，衬托出佛家的境界，以及僧人朋友灵澈的身份特点。与此同时，读者的耳边响起了悠扬的寺庙晚钟的声音，可谓以静衬动，昭示僧友的归去，预示着离别时刻的到来。

　　深青色的山林掩映下的寺庙，正是灵澈上人夜晚的归宿之所。远远传来寺庙傍晚的钟声，那无异于告诉诗人，告诉读者，告诉灵澈上人：归去的时候到了，该说再见了。诗人的想象之笔，在不经意间一下子就勾勒出一个清远、幽渺、空灵的境界。犹如电影中的"空镜头"——虽然是交代背景，着重渲染景色，但是景色中的情意宛如一盏清茶中的香气，带着淡雅的芬芳，扑鼻而来。只不过，那"香气"自远方而来，虽有所闻，却来不及细加品味，就见"荷笠带斜阳，青山独归远"了。

　　尾联中，诗人笔锋一转，景致由远拉近，不闻离别之语，只见斜阳

[①]　转引自"摩西，2008：131"。

映衬下的斗笠,渐行渐远,独自离去。这里,"青山"照应首联出句的"苍苍"和"竹林",表明灵澈归宿地的所在——隐匿于苍苍林海的竹林寺。也许,"竹林寺"就是这座寺庙的本来名称。但是,也不妨将"竹林寺"看成是一座隐于苍山竹林里的一座寺庙;不管怎样,"青山"乃点睛之笔,诗人又一次将读者的视线拉远,拉到"苍苍"的"竹林寺",拉远了离别的脚步。"独"兼具两种视角——诗人的孤独之感,僧友的孤独之情;"远"兼具双重含义——诗人对远行者的惜别之情,僧友的渐渐远去。前者是秘而不宣的,后者是以景来渲染的。

另外,为了格律的需要,诗人并没有将结句写成"独归青山远",而是倒装成"青山独归远"。换个角度来说,诗人在这里不忍看着僧友渐行渐远的背影,而是望着青山,感觉青山离自己越来越远、越来越远,仿佛"独归"的不是灵澈上人,而是诗人自己。这种"相对运动"更加衬托了诗人依依惜别之情,而不忍僧友离开。于是,诗人的孤寂之感犹如那淡淡的茶香,缓缓地飘散出来。表面上看,诗人写的是归者——灵澈上人,但实质上是写诗人自己:久久伫立,不忍离去。

整首诗抒发了诗人对僧人朋友——灵澈上人深厚的情谊和真挚的情感,表现出灵澈上人的清寂和淡雅。不同于其他离别诗,这首诗中不见了离别的多愁善感和难以自制的神伤,唯见一丝淡淡的感怀,还有清雅的寂寥之情。

排除整首诗中透出的淡淡的离别情意,很多学者将其归为写景的山水诗佳篇,也不无道理:"四句纯是写景,而山寺僧归,饶有潇洒出尘之致。高僧神态,涌现毫端,其诗中有画也。"(俞陛云,2011:128)

刘长卿的诗善于将惜别的情感融于不经意的典故和景致之中,表面上看,惜别之情淡然,实质上却寓含了深深的离别之感。例如,与这首五绝风格相似的,是刘长卿另一首送别好友的诗,只不过离别的对象和诗体类型不同罢了:

扬州春草新年绿,未去先愁去不归。
淮水问君来早晚,老人偏畏过芳菲。(刘长卿《送李穆归淮南》)
与刘长卿同时代的诗人陈羽,也写过一首赠别上人的五绝,具有

同样飘逸的风格,尾联也不乏空灵之感,但是笔调更为轻松、畅快,同时也抒发了与僧友的情谊,隐隐散发出淡淡的离愁:

送灵一上人　陈羽
十年劳远别,一笑喜相逢。
又上青山去,青山千万重。

Seeing a Monk Off
By *Chen Yu*
Parted for ten years long;
We're happy to meet here.
You go your way anon:
Green hills stretch on and on. 　　（张智中,2009:091）

注:1. monk: *Noun* a member of a religious community of men typically living under vows of poverty, chastity, and obedience 修道士;僧侣

　　2. anon: *Adverb* (archaic or informal) soon; shortly(古旧用法或非正式用法)少顷;旋即

陈羽的这首《送灵一上人》要是英译的话,正文可能无法体现出诗中主人公"灵一上人"的名字,那么,就应该在诗的题目的翻译上体现出来,这一点应该是很重要的,而英译的题目"*Seeing a Monk off*",恰恰没有体现出"灵一上人"的字样。但是,起码也要体现出"灵一"的字样,这不能不说是一个缺憾。英译文本的后两行处理成押韵体英文,难能可贵,但是,"又上青山去"的意境体现得不很尽然。好在整首英译诗对音步的控制还是很独到的。陈羽原诗的尾联,很好地体现了灵一上人的风度,也衬托出诗人的怅惘之感。关于灵一上人,严维的一首五律《题灵一上人院新泉》,也许更能体现灵一上人的那种清冷、孤寂的风范:

山下新泉出,泠泠北去源。
落地才有响,喷石未成痕。
独映孤松色,殊分众鸟喧。
唯当清夜月,观此启禅门。

　　　　　　　　　　（严维《题灵一上人院新泉》,一作《一公新泉》）

跟陈羽一样,孟郊也写过一首类似的离别诗,很是别致地抒发了离别的感受——以笑赠别,可谓清新、旷远:

兰泉涤我襟,杉月栖我心。
茗啜绿净心,经诵清柔音。
何处笑为别,淡情愁不侵。　　　　　　(孟郊《送玄亮师》)

如今,刘长卿的这首五绝要是能拍成一部"微电影"的话,那画面一定会相当精美,画面中的人物不用一句台词。优美淡雅的画面中,只闻远处的钟声传来,就足以动人了。在这部微电影的画面中,有的只是诗人的背影,还有灵澈上人正面跟诗人行佛礼道别的一瞬,以及灵澈上人离去的背影。除此之外,余下的都是无语的景致,却足以感人、动人。

《送灵澈上人》这首五绝中,"钟声""斜阳""独归"触动了诗人的思绪,触发了读者的想象:那岂止是僧友的"独归"?那难道不是诗人的"独归"吗?灵澈上人要归宿竹林寺,那么,诗人的归宿又在哪里呢?

四、个人品读:斜阳伴晚风

我叫刘长卿。

在人才辈出、繁荣昌盛的大唐王朝,我只是一个小人物。在诗人如潮涌的唐朝,我只是沧海一粟。但是,我自负,诗的落款我敢写上"长卿"两个字,连姓都不用加。谁能做到呢?正是:作诗敢落长卿款,天下谁人不识俺?

可问题是,我真的不走运,路途坎坷,再加上自己的问题,多次被皇帝贬谪,真是悲惨啊!这不嘛,这次被贬去的是岭南南巴,任南巴尉。还没等任职呢,又将我改派到别处。唉,"时运不济,命途多舛"。对了,这八个字是谁说的呢?噢,想起来了,是王勃在《滕王阁序》里说的。怎么感觉王勃的这一句是写给我的呢?!

所幸的是,沿途我遇到了灵澈上人,地点在润州。

灵澈上人不得志,云游四方,正好经过润州。结识这样一位僧人朋友,我十分高兴。交谈之中,我得知我们有相同的境遇,皆郁闷和

第八章 离别五绝

失意。我们彼此交流了很多、很多,包括对仕途的看法。令我惊诧的是,作为一个僧人,灵澈对仕途的看法竟然跟我的看法不谋而合。真是难得,正可谓"同是天涯沦落人,相逢何必曾相识"。但是,这句话,我记不得是谁说的了。真是遗憾啊,记忆力也减退了。

功不成、名不就的灵澈,这次云游是为了排解自己的苦闷,结识我这样的"同病相怜"之人,也很高兴。不知不觉间,天色已晚。灵澈预先定好了要去竹林寺借宿,就在前方那座大山之上的竹子林海之中。我虽依依不舍,却也不得已。来日方长,也许以后还有相遇的机会。

顺着上人手指的方向看去,我发现在那遥远的地方,一座高山耸立,山上深青色的竹林很是浓密,将山坡覆盖,隐隐约约看出一座寺庙的轮廓。夕阳西下,天色已晚,寺庙里传来悠扬的钟声,站在这么远的地方都能听得见。夕阳映照之下,那悠悠的竹林更显幽深、静谧,那巍巍的高山更显高峻、挺拔。风吹竹动,如波浪荡漾,竹林寺恍如漂浮在大海之上。那座大山的背后,层峦耸翠,上出重霄。大自然真是神奇啊!且慢,"层峦耸翠,上出重霄",哇,又是《滕王阁序》里面的词儿。难道,我跟王勃真的就那么相似吗?那么,灵澈上人,他的遭遇呢?

正在我浮想联翩之际,不知何时,灵澈已经拱手向我道了别,我竟然没有觉察,没有看见。真是怨我自己啊!等我看过去的时候,只见一只大大的斗笠,还有夕阳衬托下的一个背影,渐渐远去。夕阳西下,天色已晚,僧友真的归去投宿了。我难过了吗?

相遇真是短暂,再次相逢,又是难以预料的遥远。感觉灵澈走远了,但是我不敢正视,也不愿正视。恍惚中,我仿佛看到远处那座山离我越来越远、越来越远,还有山中那座苍苍竹林掩映下的寺庙,渐渐地消失在我模糊的视线之中。

也许,我太渺小。关于时光,关于仕途,关于人生,我能说些什么呢?

也许,灵澈上人已经到达了竹林寺。这样,也好。

五、英译研究:内容的传达(1)——音译并加注

翻译过程中,"内容"的传递不可避免地会有所亏欠,那么,就原文文本来说,译文文本在忠实度方面就属于"欠额表达"(under-representation),或者叫"欠额译文"(under-translation)。反之,排除了合理加词的因素,译文表达的意义在原文中找不到的话,那么,译文文本就属于"过载表达"(over-representation),或者叫作"过载译文"(over-translation)。这两个方面都是不可取的。对于古诗英译而言,更是如此。

汉语的格律诗形式紧凑、意义浓缩,英译时如果照顾不好的话,或者过于注重"形式"的话,就有可能造成"内容"的亏欠。这种内容与形式的矛盾,在翻译中,特别是古诗英译乃至唐代五绝的韵体英译中,会不可避免地产生。为避免译诗内容"亏欠",音译并加注是一个值得考虑的翻译方法。

刘长卿的这首仄韵五绝《送灵澈上人》,通篇看似写景,但在景色的画面中却勾勒出淡淡的离别之意。英译时,对这方面内容的把握是关键,也是难点,不好处理。下面以《送灵澈上人》的几个英译本为例,对古诗英译特别是唐代五绝的韵体英译中对原诗内容的传达加以简单的探讨。

译本(1)

Seeing Monk Lingche Off

By *Liu Chang-qing*

The Bamboo Temple's hidden in green grove;
Eve bells resound afar in air above.
The slanting sun shines on a monk's straw hat;
Alone he's back to hills he's staying at. (王大濂,1998:85)

注:1. grove: *Noun* a small wood, orchard, or group of trees 树丛;小树林;果园

  2. eve: *Noun* (chiefly poetic/literary) evening(主要为诗/文用法)黄昏;傍晚

  3. resound: *Verb* (of a sound, voice, etc.) fill a place with sound; be loud enough to echo(声音)响彻;回响;回荡

4. afar: *Adverb* (chiefly poetic literary) at or to a distance(主要用在诗性文学中)在远方;向远方(e. g. Our hero travelled afar. 我们的英雄一路远行。)

这个英译采用的是韵体英诗形式,力求形式上的"神似",韵式为"AABB",音步数量的控制也不错,很难得。追求形式完美的同时,就有可能带来内容方面的亏欠。如,"above"的使用,无疑是为了跟上一行押韵,但是,参照"杳杳",感觉在内容方面,这个词的选用稍嫌"过载"。从"内容"传达的角度思考,"green"与"苍苍"相比,稍嫌"欠额";"grove"一词的选用,对内容传达出的"气势"而言,也稍显不足。整体上来说,这个英译很好地照顾到了"内容"的表达,并力求"神似",是一个值得肯定的英译探索。

译本(2)

On Parting with the Buddhist Pilgrim Lingche

By *Liu Chang-qing*

From the temple, deep in its tender bamboos,

Comes the low sound of an evening bell,

While the hat of a pilgrim carries the sunset

Farther and farther down the green mountain.[①]

注:1. tender: *Adjective* (of a plant) easily injured by severe weather and therefore needing protection(植物)纤弱的;幼嫩的;易毁的

2. pilgrim: *Noun* a person who journeys to a sacred place for religious reasons 朝圣者

这个英译舍弃了形式上的要求,以自由体英诗译出,很好地照顾了"内容"。特别是对于尾联的处理,采用直译的方式,可谓在内容上"传神"。其题目的翻译,感觉比第一个译文要精确一些。"pilgrim"一词的选用,虽然有些偏颇,但是有了题目中"Buddhist"的修饰和限制,还是可以接受的。跟第一个英译的"green"一样,这个英译里"tender"的选用,气势也有点不足,但不乏形象性、生动性。

---

① 威特·宾纳(Witter Bynner)译,选自威特·宾纳所著"The Chinese Translations: The Works of Witter Bynner"。

至此，古诗英译中，在处理好"内容"和"形式"这对矛盾的同时，一个值得注意的问题就凸显出来：源语文化中具有特色内容的竹林寺，该如何处理？诚然，"竹林寺"也许就是这座寺庙的本来名称，但是，也不妨将"竹林寺"看成是一座隐于苍山竹林里的一座寺庙。

上面这个英译就是将其作为后者来处理的。也就是说，做了模糊化的处理，而第一个英译是作为一个寺庙名来处理的——"Bamboo Temple"。但是，这样的处理又跟"竹林寺"这三个汉字所传达出的信息有些差距。即便是按照前者来处理，即把"竹林寺"看成是一座寺庙的名称，也面临着内容传达的两难境地：直译成英文，还是用汉语拼音来拼写——音译呢？当然，处理方式不同，译语读者所感受的效果也大不相同，接受审美的结果也就不同。在中国特色"内容"的处理上，这可真是一块"烫手的山芋"啊！

对这块"山芋"的处理，可以采用一个折中的办法——汉语拼音音译，再加注，即"音译并加注"，以避免译文"亏欠"。例如，将"竹林寺"译成"Zhulin Temple"，然后在译文后附上注解"Located in the southwestern part of today's Jiangsu Province, China, it is a Buddhist temple hidden among bamboo woods with green hills behind it"。

对于古诗英译中的中国特色过于明显的内容，音译再加注，应该不失为一种很好的处理方式。

译本(3)

Seeing Monk Lingche off

By *Liu Chang-qing*

The temple's amid where lush bamboos are,
The eve bells sound on and on from afar.
With a straw hat in the slanting sunlight,
Alone you're back to blue hills beyond sight. [1]

---

[1] 自娱自乐译，引自"翻译练习——自娱自乐的博客"，地址：http://blog.sina.com.cn/u/1717491785，提取时间：2013年9月8日。

注:1. lush: *Adjective* (of vegetation, especially grass) growing luxuriantly(植物,尤指草)生长繁茂的
2. afar: *Adverb* (chiefly poetic literary) at or to a distance(主要用在诗性文学中)在远方;向远方 (e. g. Our hero travelled afar. 我们的英雄一路远行。)
3. blue: *Adjective* (of a person's skin) having or turning such a colour, especially as a result of cold or breathing difficulties(因寒冷或呼吸困难而使皮肤呈)青紫色的;青灰的

跟"译本(1)"一样,上面这篇译文在古诗英译的格律探索方面做了有益的尝试,但其视角转到了"you",跟"译文(1)"中的"he"的处理不一样,这样的处理着实令人"惊艳"。但是,谁优谁劣,自难评说。话说回来了,把"you"这个视角放在王维的《山中送别》里是十分恰当的(参见本章第一节)。这个译文在对英文这种"形合"语言的观照上,稍显不足。另外,复数"bells"的选用也有点不合理的因素;"blue"一词用在这里,似乎欠妥,但也未必不合适。可以肯定,这个译文在古诗英译的格律方面做了很好的探索。

译本(4)

Seeing off Linche, a Monk

Amid the woods, deep and lururiant,
a Bamboo Grove Temple could be seen
in dimness, while towards evening,
and the bell rings its tongue so keen
and travels far and far. With a straw hat
on your shoulder, under a sunsetting scene,
you are walking your way alone
and to that distant mountain green.[①]

注:1. wood: *Noun* (also as woods) an area of land, smaller than a forest, that is covered with growing trees 树林;林地
2. dim: *Adjective* (of a light, colour, or illuminated object) not shining brightly

---

① 罗志野译,转引自"吴钧陶,1997: 401"。

or clearly(光线、颜色或发光体)黯淡的;模糊的

3. tongue:*Noun* the free-swinging metal piece inside a bell which is made to strike the bell to produce the sound 钟锤

这个英译跟"译本(3)"一样,选取"you"的视角,似乎欠妥。这篇译文基本上也是用韵体英诗来翻译的,而且隔行押韵。不同于上述所有译文的地方,就是这个译文采取八行的诗体形式来翻译,力求在"内容"上完美再现,的确做了有益的探索。值得一提的是,为了汉语古诗的韵体英译之需,增加诗行数量是一个很好的调整策略,诗行对等固然完美,但英汉是两种截然不同的语言,译诗时诗行对等着实难为。"woods"的选用颇具气势,既然选用了这个词,何不也将"竹林寺"译成"Bamboo Woods Temple"呢? 另外,感觉这篇译文在大小写的处理上不够严谨。在用词表达"内容"方面,"dimness"显得不妥;"Linche"疑为"Lingche";"lururiant"疑为"luxuriant"。无论如何,这个英译在"内容"的完美体现方面,做了很好的探索,同时也兼顾了形式上的要求。

综上所述,在古诗英译特别是唐代五绝的韵体英译中,为避免译诗较原诗在内容上有所"亏欠",可有意采取某些翻译策略来应对,如音译并加注、增加诗行数量等。

六、韵译探索:送灵澈上人

送灵澈上人　　刘长卿

苍苍竹林寺,杳杳钟声晚。

荷笠带斜阳,青山独归远。

Parting with My Friend Lingche, an Honorable Monk

By *LIU Chang-qing*

Dark green *Zhulin* Temple in th' distance far

Rings with eve tolls as if from the bell jar.

Against the setting sun atop green hills,

A lone rain hat moves to th' Temple for miles.

N. B. ***Zhulin Temple***: Located in southwestern part of today's Jiangsu Province, China, it is a Buddhist temple hidden among bamboo woods with green hills behind it. Here, *Zhulin* is a Chinese expression, meaning "bamboo woods".

(Translated by *WANG Yong-sheng*) （王永胜译）

注:1. th' = the
2. ring: *Verb* (of a place) resound or reverberate with (a sound or sounds) (地方)响起;回响起
3. eve: *Noun* (chiefly poetic/literary) evening (主要为诗/文用法)黄昏;傍晚 (e.g. a bitter winter's eve 一个严冬的傍晚)
4. toll: *Noun* (in sing.) a single ring of a bell 一记钟声
5. bell jar: (figurative) an environment in which someone is protected or cut off from the outside world(比喻用法)与世隔绝的安乐窝;世外桃源
6. atop: *Preposition* on the top of 在……顶上
7. lone: *Adjective* (attrib.) having no companions; solitary or single 单独的;孤独的;独自的

第三节　劝勉离别

五言绝句原诗:

guī	shān	shēn	qiǎn	qù	xū	jìn	qiū	hè	měi
归	山	深	浅	去，	须	尽	丘	壑	美。
mò	xué	wǔ	líng	rén	zàn	yóu	táo	yuán	lǐ
莫	学	武	陵	人，	暂	游	桃	源	里。

九言白话译文:

归隐山林无论遥或邻,皆须尽赏山间美与欣。
莫学陶公笔下武陵士,桃源停留片刻回凡尘。

这是唐代诗人裴迪的一首五绝,诗题为《送崔九》,一作《崔九欲往南山马上口号与别》。

首先需要说明,这也是一首五言仄韵诗,但是,格律方面不很严谨,当属"五古绝"。考虑到它对格律方面的讲究程度,很多选本将其划为"五绝"之列,如蘅塘退士的《唐诗三百首》等很多选本都将此诗作为"五言绝句"处理,这当中考虑的恐怕是"拗救"的因素。本研究从之,也将这首诗作为"五绝"加以讨论(关于"五绝"和"五古绝",请参阅本书上卷第五章第一节)。

大凡离别之诗,都写出了无尽的感伤和寂寥。这些感伤和寂寥通过不同的语言形式和情景组合加以呈现——或直白,或含蓄;或强烈,或低沉;或清淡,或浓烈。这样的离别之诗,或者动感十足,或者以静衬动;或者化静为动,或者化动为静。但是,还有一种离别之诗,既没有感伤的画面,也不见寂寥之情;既不闻离别的脚步声,也不见渐渐远去的身影。这种离别之诗里体现出的,只是静态的语言和离别的劝勉。

上面这首离别诗,向读者呈现出一种静态之美。离别之前,静静对坐(亦有版本载其题为《崔九欲往南山马上口号与别》。"马上口号",即指骑坐于马背之上顺口吟成诗句,亦可谓相对"静坐"也)。归去之前,以言相劝,此乃"劝勉式"离别。

这是裴迪的一首诗,题为《送崔九》,是一首仄韵体的五绝诗,是一首离别劝勉诗,劝勉诗中的主人公崔九:既然已经归山隐居,就不可半途而废而心生放弃之念;归隐就要心定,不可反复;不甘寂寞,不如不隐。

这首劝勉离别诗,语言直白,含意深远。即使在当代,也有一定的启迪意义。

一、人物品读:裴迪与崔九

裴迪与好友崔九离别前——送其"归山"之际,写下了这首仄韵体的五言绝句《送崔九》。当时,诗人与王维、崔九同在辋川南边的终南山隐居,所以首联的出句言崔九"归山"。诗人裴迪可能看出崔九的隐居之心不坚,快要耐不住寂寞而要出山。于是,就在一次离别前,写了这首带有劝勉性质的《送崔九》。

(一)裴迪

裴迪(约716—?),唐代诗人,约生于公元716年,恰逢盛唐的大幕开启,但卒年更为不详。裴迪是关中(今陕西)人。他的一生以诗文见长,是盛唐的一位著名的田园诗人。唐玄宗天宝年后,即公元

第八章　离别五绝

756年后,裴迪做过蜀州刺史和尚书省郎,与杜甫、李颀交往甚多。据查,《全唐诗》录存其诗作二十九首。

裴迪早年就与王维有很深的交情,晚年与王维、崔九一同隐居辋川的终南山——"终南捷径"所在地,并与王维、崔九相互唱和,不亦乐乎。其间,他与王维的交情更加深厚,来往更加频繁。王维对裴迪的影响也很大,使得裴迪的很多诗与王维的山水、田园诗十分接近,而且,裴迪的很多诗都是与王维的唱和之作。如:

积雨晦空曲,平沙灭浮彩。
辋水去悠悠,南山复何在。
(裴迪《辋口遇雨忆终南山因献王维》)

王维酬答裴迪的诗也很多,其中如田园景色一般优美、和谐的莫过于《辋川闲居赠裴秀才迪》:

寒山转苍翠,秋水日潺湲。
倚杖柴门外,临风听暮蝉。
渡头余落日,墟里上孤烟。
复值接舆醉,狂歌五柳前。

裴迪的诗以五绝为主,代表作是一组名为《辋川集》的诗(《辋川集》为王维的作品,同时收录裴迪诗作二十首)。例如:

好闲早成性,果此谐宿诺。
今日漆园游,还同庄叟乐。　　(裴迪《辋川集二十首·漆园》)
落日松风起,还家草露晞。
云光侵履迹,山翠拂人衣。　　(裴迪《辋川集二十首·华子冈》)

其中的《漆园》颇受好评,达到了诗歌中很高的思想、艺术高度。在诗歌繁盛的盛唐,裴迪的诗作的确不多。但是,"量少"就有可能意味着"质优"。张若虚不就是以孤篇横绝诗歌史册的吗?无论如何,裴迪的诗作也为盛唐的诗坛画上了浓墨重彩的一笔。

(二)崔九

裴迪的这首诗里的主人公,当指崔兴宗,因其在兄弟中排行第九,故人称"崔九"。

崔九为唐代诗人,但其生卒年不详,是博陵(今河北定州)人。他是"王孟诗派"的成员之一。隐居终南山时,与王维、裴迪等成为好友,饮酒唱和,你来我往,好不热闹。《全唐诗》收录他部分诗作,其事迹略见《新唐书·宰相世系表二下》《唐诗纪事(卷十六)》《唐才子传(卷二)》等。

玄宗时,崔九做过右补阙。另外,他是"诗佛"王维的妻弟,也就是现在所说的"小舅子"。崔九的这位"姐夫"也挺够意思的,曾经写过两首诗给自己的"小舅子",可见其情感之真挚。例如:

已恨亲皆远,谁怜友复稀。
君王未西顾,游宦尽东归。
塞迥山河净,天长云树微。
方同菊花节,相待洛阳扉。　　　　　　(王维《送崔兴宗》)
夜静群动息,蟪蛄声悠悠。
庭槐北风响,日夕方高秋。
思子整羽翰,及时当云浮。
吾生将白首,岁晏思沧州。
高足在旦暮,肯为南亩俦。　　(王维《秋夜独坐怀内弟崔兴宗》)

当然,崔九——崔兴宗,也是仁义之人,唱和之余,也送给王维不少诗作。例如:

驻马欲分襟,清寒御沟上。
前山景气佳,独往还惆怅。　　　　　　(崔兴宗《留别王维》)

但是,归隐意志不坚的崔九,被同是王维好友的裴迪看出了端倪。于是,一次离别前,裴迪以一首《送崔九》,劝崔九彻底"归山"。当然,关于这首诗,还有别的版本的说法,这里暂且不论。

二、艺术品读:《送崔九》

裴迪的这首《送崔九》,语浅而意却不浅,通俗而非同寻常,不同于大多数的离别诗。离别之际,没有哀伤,没有怅惘,有的只是对友人的"谆谆教诲"——具有劝勉性质的离别情怀。

首联的出句"归山深浅去"之前,看出端倪的诗人肯定会有一些劝慰性的话语,转而劝勉崔九"归山":归隐山间无论是"深"还是

"浅",无论是"远"还是"近",你总得"归山"吧。既然"归山"而"去",则无论"深浅",你皆"须尽丘壑美"啊!你都要尽情享受山中的美好:绿山的秀美,林间的幽静,山谷的深邃,还有那潺潺的溪流和奔腾的涧水。

开篇即具劝勉之功,意在打消崔九不坚的念头:尘俗的生活有何留恋?当然,诗人是站在自己的立场上说话的,源于诗人对现实的失望和厌倦,再加上仕途不畅,人情冷暖,世态炎凉,更是加强了诗人的这种失望感和厌倦感。于是,极力规劝崔九:怎么能轻易就言弃呢?首联中,诗人以朴素的语言,将欣赏"丘壑美"上升到一个理论的高度,诗歌的意境也得以升华。字里行间透露出对"山外世界"的不满,为第三句的转折埋下了"伏笔"。

紧接着,在尾联中诗人笔锋一转:"莫学武陵人"——陶潜笔下《桃花源记》里的那个武陵渔人,有什么好的地方呢?他几经辗转进入桃花源:"缘溪行,忘路之远近。忽逢桃花林,夹岸数百步,中无杂树,芳草鲜美,落英缤纷,渔人甚异之。复前行,欲穷其林。林尽水源,便得一山,山有小口,仿佛若有光。便舍船,从口入",可他却是"暂游桃源里",即没有多长时间就出来了。可是后来,"太守即遣人随其往,寻向所志,遂迷,不复得路",再也寻不到桃花源之所在了。那位武陵渔人,要是不出来该多好啊!真乃神来之笔。至此,劝勉的性质凸出,结句收之精彩。

既然归隐,则无论深浅,须陶醉其中。"莫学武陵人,暂游桃源里",意在进一步劝勉,犹如一剂"强心针",直接作用于崔九的心脏部位。那个武陵渔人折腾了半天,却出来了,肠子悔青了,也无法返回。从尾联来看,诗人对隐居持的是肯定的态度,而且态度坚决。同时,换一个角度来看,诗人对现实是不满的。这恐怕与诗人个人的经历不无关系。文人出仕,得意者有几?诗人虽处盛唐,但盛唐在政治上也存在着黑暗面,令像诗人裴迪和崔九这样的"寒士"感到没有什么出路,不如归去。可是,真的能做到与世隔绝吗?"终南捷径"难道不是归隐者不彻底性的体现吗?

当然,也许诗人真的跟一些真正的归隐者一样,铁了心,也一心劝勉崔九彻底归隐。既然归隐,则莫轻言放弃,莫学那武陵之人。"莫学武陵人,暂游桃源里"。崔九啊,你好好想想吧。

这一首劝勉离别诗,对现代人也有同样的劝勉功效。现代社会,物欲横流,人心浮躁。若要横下心来干点什么事情,就要坚定不移,不可三心二意、朝三暮四。浅尝辄止是要不得的。人生做事犹如"归山","深浅"皆有,但"须尽丘壑美"。

可见,离别之际"送崔九",送的不是感伤,而是劝勉,这倒是离别诗主旋律里的一种"弦外之音"了。

三、个人品读:别后多珍重

归隐辋川山间后,我自得其乐,游逛于青山绿水之间,尽享自然之美。其间,我跟王维的交往更深了,而且还通过王维认识了他的小舅子,崔姓,家中排行老九,人称崔九,其实他的真名叫崔兴宗。不知不觉间,我跟崔九也成了好朋友,我们几个人经常聚在一起,饮酒赋诗,相互酬答,彼此唱和,优哉游哉,惬意无比。

可问题是,随着时间的推移,我发现崔九有点耐不住性子了,甚至有点想要收拾铺盖走人的意思,不想归隐了。这可怎么得了!作为朋友,我得劝劝他,冲着他的姐夫王维的面子,我也得劝劝啊!更何况,我跟老崔也成了好朋友呢。

虽说归隐的生活悠闲,但是相聚一次也不是十分容易的事情。大家在山里彼此分散开来,虽说山里空气清新,一路有新鲜空气可以呼吸,但是彼此访问还是要走很远、很远的路。

有一次,恰逢崔九来访,我很高兴,正好趁机跟他说道说道。

见到我时,崔九有些神情恍惚,一副心神不宁的样子。我就问:"老崔啊,怎么回事儿呢?"其实,崔九还不一定有我大呢。但是,叫习惯、叫顺口了,就难以改口。再说,大家彼此已经很熟悉了,就不是那么拘于礼节了。

一杯酒一饮而尽后,崔九说:"你不知道啊,我是真想干一番事业的。"

"说什么呢,找借口吧。我看你是不甘寂寞了吧。江湖险恶,难

第八章 离别五绝

道你不知道?"我也举起酒杯,一饮而尽。

"那是,那是。不过,男子汉嘛,是否该有所为呢?"

"归隐修行,融于自然,提高自己的修行,难道不是有所为吗?行路难啊,行路难,那话是怎么说的呢?看我的记忆力,怎么跟王永胜在上一节里所说的刘长卿似的。"我又将彼此的酒杯满上,挠了挠头。

"王永胜何许人也?上一节又是怎么回事儿?"老崔有点丈二和尚摸不着头脑啦。

"瞧你,别打岔。噢,想起来了,'且乐生前一杯酒,何须身后千载名?'这话说得多好啊!来,干一杯!"

崔九跟我又一饮而尽,然后沉默不语。各自斟酒,各自若有所思。

……

"断章取义?老崔,你说我断章取义吗?"崔九一阵嘟囔,我有点儿没有听清,就问了一句。

"这个嘛……我懂,可是,终究不能'孟尝高洁,空怀报国之情'啊!"

"老崔啊,你在引经据典吧。肯定又是谁说的。反正我记得有人说'含光混世贵无名,何用孤高比云月?'"我开始直奔主题,极力去规劝。

崔九说:"嗯,我知道,我知道。我不就是有点放不下嘛。来,喝酒。"

一番推心置腹的交谈之后,酒已过数巡。我接着说:"归隐要归个完全,也许归隐到深山老林,也许归隐到不远的山间,这都无可厚非。关键是,归隐到哪里,你就要尽享哪里的美景,要善于发现美、欣赏美。"

朝对面一看,发现崔九似乎陷入了沉思,低头看着自己杯子里的酒,没有吱声。

我继续说:"看看陶公笔下那个武陵渔人。当时多好啊,寻到了仙人之所,却不珍惜,自己又跑了出来。结果怎样,还能回得去吗?"

崔九抬起头,冲我举起杯子,一饮而尽。"有道理,有道理。我回去好好考虑考虑。这就告辞了。"

等我将杯中的酒喝干,放下酒杯的时候,发现崔九已经跨马扬鞭,飞奔而去。

我端着酒杯,跟刚才的崔九一样,陷入了沉思。

四、英译研究:意似和形似

　　古诗英译中,需要处理的难点之一,就是具有中国古典文化特色的一些典故之类的地方了。对于这样地方的处理,译者向来莫衷一是,各种主张和处理方法都有。例如,对于本书已经讨论过的王维的《山中送别》里的"竹林寺"的处理。其中,看似笨拙却也折中的处理方法,就是音译加注。而另一种处理方式,就是舍弃原诗中的"形式",不求"形似",而是将其内涵翻译出来,也就是将其"意义"传达出来,只求其"意似"。从大的方面来看,这样处理属于"意译"(sense translation 或 free translation)的范畴。例如:

欲去牵郎衣,郎今到何处?
不恨归来迟,莫向临邛去!
You wish to go, and yet your robe I hold,
Where are you going—tell me, dear, today?
Your late returning does not anger me,
But that another steals your heart away.①

注:robe: *Noun* a long, loose outer garment reaching to the ankles 长袍;罩袍

　　这首《古离别》尾联的对句"莫向临邛(qióng)去",别有一番离别意味。临邛是什么地方? 临邛是今天四川省的邛崃市。根据典故,它也是汉代司马相如与卓文君结识并相恋的地方。但是,跟"竹林寺"不同的是,诗人在这里用"临邛",用意不在一个具体的地方,而是一种借指,借用来指代男子觅求新欢之所。看来,离别前妻子担心的不是郎君要到什么地方去,也不担心回来哪怕是晚一些——虽然

---

① 孟郊《古离别》,佛来遮(W. J. B. Fletcher)译,转引自"毛华奋,2007:95"。佛来遮是英国外交官,曾来华任领事,还在中山大学执过教。

希望早归,甚至是最好别离开,而是唯恐郎君去像临邛那样的地方——也就是现代所说的"移情别恋"。因此,对于这样典故的处理,就可以不用局限于音译加注的方式,可以舍弃"形式",追求"意义",争取"意似"——虽然意象会有所遗失,但却不失为一种较好的处理方式。看来,弗莱彻对于这个地方的处理还是比较独到和得当的。

这么说来,对于本节所讨论的裴迪的《送崔九》尾联的英译处理,就成为一个值得考虑的问题了。诗无达诂,译无定数,译者在完美的追求中总会不知不觉地就对原诗进行"不完美"的体现——信息总会有所流失,意义总会有所遗漏。或者换个角度说,"意似"程度总是在无限地接近原诗,但几乎不可能等于原诗。这是古诗英译的遗憾,也是必然的事情。如果说翻译是一门艺术的话,那么它就是一门遗憾的艺术。古诗英译,尤其如此。下面以《送崔九》的几个英译本为例,对古诗英译特别是唐代五绝韵体英译中意似与形似方面问题加以简单的探讨。

译本(1)

A Farewell to Cui

By *Pei Di*

Though you think to return to this maze of mountains,
Oh, let them brim your heart with wonder! ...
Remember the fisherman from Wuling
Who had only a day in the Peach-Blossom Country. ①

注:1. farewell: *Exclamation* used to express good wishes on parting(分别时用以表达良好祝愿)再会;再见;一路顺风;祝你好运

2. Maze: *Noun* a complex network of paths or passages 复杂道路系统

3. brim: *Verb* (figurative) be full of a particular quality, feeling, etc. (比喻用法)充满

这个英译采用的是自由体英诗的形式,尾联的处理采取了"异

---

① 威特·宾纳(Witter Bynner)译,选自威特·宾纳所著"*The Chinese Translations*: *The Works of Witter Bynner*"。

化"方式。但是,鉴于文化的差异,不知道英语读者读后的感受如何(没有读到宾纳的原本,也不知原本是否加了注)。对于原诗的首联来说,这个英译的前两行在"意义"的传达方面不很"神似"。也就是说,译文的"意似"程度稍显不足。"though"的选用,跟第二行搭配起来不是十分自然。但是,译者在首联的处理上,力求以"意译"来达意,别有一番意境。另外,题目的处理基本可以,但若能将"崔九"拼全,则更好,毕竟它是用来指代一个人的。

译本(2)

A Parting Wish

By *Pei Di*

However deep into the mountains you might go,
You should see all the beauties hills and vales could show.
Don't do as Wuling Fisherman did long ago—
To stay in that Peach Blossom Vale awhile and go.

(王大濂,1998:92)

注:1. vale: *Noun* a valley (used in place names or as a poetic term)(用于地名或作为诗歌术语)谷;溪谷

2. awhile: *Adverb* for a short time 暂时;片刻

这个译文采用了半韵、半散的英译处理方式,运用直译法,侧重于内容的同时,兼顾了形式的完整。但是,韵式不是很严谨,在押韵方面稍微显得单调。题目的处理很是达意,如果再加上诗中主人公的名字,则更达意。

译本(3)

A Farewell to Cui

By *Pei Di*

Go retreat to the undulating hill,
Fully enjoy the beauty of th' mounts 'n' dales.
Don't follow the steps of Wuling Fisherman,

Who stayed in Peach Valley just for a while.①

注:1. retreat: *Verb* withdraw to a quiet or secluded place 隐退

2. undulate: *Verb* (usu. as adj. undulating) have a wavy form or outline 波浪形的

3. dale: *Noun* a valley, especially in northern England(尤指英格兰北部)溪谷

这个英译的题目跟"译本(1)"的题目一样,但是诗体在兼顾意义的基础上,侧重了对形式的追求,并对音步有所控制,这是可取的。本书著者感觉,前两行要是更进一步观照一下英语"形合"特点的话,总体上将不失为一篇不错的英译探索。

译本(4)

A Farewell to a Friend

Pei Di from Tang Dynasty

Seeking solitude in the hills far'nd near,

Indulging in the beauty of hills and dales.

To Wuling fishermen's style not adhere,

Leaving regrets on short stays on Peach Vales.

Notes:1. A Friend here refers to Cui Jiu, one of the poet's friends, who wanted to come to the then world of hustles and bustles. And the poet tried to persuade him to stay in the same hills and dales as him as a recluse.

2. Pei Di (716—?): A quite famous poet from Tang Dynasty and one of the close friends of Wang Wei excelling at writing poems on idyllic landscapes.②

注:1. solitude: *Noun* (mass noun) the state or situation of being alone 独处;孤独 *Noun* (count noun) a lonely or uninhabited place 偏僻的地方;无人居住的

---

① Esicq 译,转引自"Translator's Digest",网址:http://blog.sina.com.cn/u/2811577355,提取时间:2013 年 8 月 25 日。

② 许景城(Peter Cooper Xu)译,转引自"Iciba 汉语频道",网址:http://hanyu.iciba.com/,提取时间:2013 年 8 月 25 日。

地方

2. adhere: *Verb* believe in and follow the practices of 信仰;追随
3. hustle and bustle: *Noun* busy and excited activity 熙熙攘攘;忙乱
4. idyllic: *Adjective* (especially of a time or place) like an idyll; extremely happy, peaceful, or picturesque 田园式的;(生活)平静快乐的;(风景)宁静如画的

这个译文对题目的处理,可谓周全,原诗的本意也传达出来了。译文采用"ABAB"韵式,并力求"意似",是一个不错的尝试。但是,前两行在"形合"方面不够严谨。复数形式的"fishermen"的选用似乎欠妥。

译本(5)

Farewell to Cui Jiu

By *Pei Di*

Into the mountains, far or near, there you'll be.
Enjoying yourself amid hill and dale, seeking beauty.
But do not imitate the Wuling fisherman of old,
And make transient your stay in Peach-Blossom Valley.①

注:1. amid: *Preposition* surrounded by; in the middle of 在……之中(e.g. our dream home, set amid magnificent rolling countryside 我们的梦想之家——坐落在绵延起伏的壮丽乡野)

2. transient: *Adjective* lasting only for a short time; impermanent 短暂的;暂时的

这篇英译力求内容的完整,而且关键地方还做了简短的加注处理,只是这里没有收录进来。但是,第四行里的"your"跟上下文联系起来,显得不很一致,不很协调。

译本(6)

A Parting Wish

By *Pei Di*

Deeper yet deeper into the mountains go,

---

① 陶洁译,引自"吴钧陶,1997:423"。原译附有注释,恕未照录于此。

Drain every beauty there of hill and dale;
Strive not to be the fisherman of old—
Mere sojourner of the Peach-blossom Vale. ①

注：sojourn: *Verb* (no obj.) [with adverbial of place] stay somewhere temporarily 短暂地停留

这篇译文很好地照顾到"内容"与"形式"这两个方面，音步也有所控制，二、四行押韵。但是，第一行开始的"Deeper yet deeper"对原诗的意境传达似乎有所亏欠。另外，题目的翻译，概括性较强，但有"欠额"的地方，虽有注释(在此未录)，但没有对题目加注。

综上所述，对于古诗英译特别是唐代五绝韵体英译中的意似与形似这两方面问题，要通过各种翻译手段处理好，将直译与意译结合起来综合处理，必要时可以做加注处理。对于其中涉及历史文化方面的典故，可以"异化"，也可以"归化"。当然，做了归化处理后，原诗的意象势必会有所损耗，则译诗会偏于"意似"，"形似"方面就比较残缺了。针对裴迪的《送崔九》，若想做到"形似"，势必要保留"武陵"渔人与"桃源"这样的意象而予以音译并加注。否则，可用游客代替武陵渔人来游览香格里拉，却无功而返。这样归化式的处理旨在追求"意似"，而舍弃了"神似"或"形似"。个中优劣，实难评说。

五、韵译探索：送崔九

送崔九　裴迪
归山深浅去，须尽丘壑美。
莫学武陵人，暂游桃源里。

Wishes before Bidding a Farewell to CUI Jiu, My Dear Friend
By *PEI Di*
'Mong th' hills an' vales since you have retreated,
Try to admire beauties you've been greeted.

---

① 杨周翰译，引自"许渊冲、陆佩弦、吴钧陶等，1988：217"。原译附有注释，恕未照录于此。

Don't be such a tourist who chanced to run

Into Shangri-La but left with no fun.

(Translated by *WANG Yong-sheng*) （王永胜译）

注：1. 'Mong = Among

2. th' = the

3. an' = and

4. vale：*Noun* a valley (used in place names or as a poetic term) （用于地名或作为诗歌术语）谷；溪谷

5. greet：*Verb* (of a sight or sound) become apparent to or be noticed by (someone) on arrival somewhere(景象或声音) 呈现在……前；被……所感知

6. admire：*Verb* look at with pleasure 欣赏

7. chance：*Verb* (no obj. with infinitive) do something by accident or without design 偶然；碰巧

8. Shangri-La：*Noun* a place regarded as an earthly paradise, especially when involving a retreat from the pressures of modern civilization(人间的)理想乐园；世外桃源；香格里拉

第四节 南浦离别

五言绝句原诗：

nán	pǔ	qī	qī	bié	xī	fēng	niǎo	niǎo	qiū
南	浦	凄	凄	别，	西	风	袅	袅	秋。
yī	kàn	cháng	yī	duàn	hǎo	qù	mò	huí	tóu
一	看	肠	一	断，	好	去	莫	回	头。

九言白话译文：

凄凄南浦不忍与君分，岂料秋风阵阵吹心沉。

每每相看肝肠寸寸断，莫频回首期盼传佳音。

这是唐代诗人白居易的一首五绝，诗题为《南浦别》。短短二十言的字里行间，透露出的是诗人浓浓的离别情意，仿佛令人看到了那感伤的离别场景。在这首诗中，诗人细腻地刻画出送别、离别的生动景象。以景起兴，转笔抒情，结句劝慰，层层深入地表达了诗人依依

第八章 离别五绝

不舍的离别感伤情怀。

一、人物品读：白居易

到了公元772年,也就是唐代宗大历七年,盛唐的两位大诗人——杜甫和李白——相继离开这个令他们感怀颇多却又恋恋不舍的世界。彼时,盛唐诗歌的黄金时代也渐渐落幕,大唐的天空也不再有耀眼的明星出现。但是,历史的车轮不会停止,仍然一如既往地旋转,不停地向前,这就是时间的秉性。

就在大历七年这一年的"正月二十日,河南新郑城西的东郭宅村白家降生了一个孩子,当时的人们并不知道,这个孩子将接过盛唐诗歌的旌旗,在中唐的诗坛上寻回唐诗的伟大和尊严"(摩西,2008：186)。这个孩子就是后来被称为"元白""刘白"中的"白",即白居易。

白居易(772—846),字乐天,号香山居士、醉吟先生,祖籍山西太原,生于新郑(今河南新郑),后迁至下邽(guī,今陕西渭南)。白居易少年时因战乱而去江南躲避,青年时生活拮据。德宗贞元十六年(公元800年),白居易进士及第;贞元十九年(公元803年),任秘书省校书郎。

元和十年(公元814年),宰相武元衡在上朝路上被人刺杀,震惊朝野。但是,朝廷上下没人敢言语,只有白居易上疏朝廷,要求追捕凶手。要知道,当时的白居易已经不是谏官,所以他的这一举动已经超越了自己的职责范围。这下罪名就大了,得罪了权贵,无缘无故成为政治的牺牲品,被贬为江州司马,三年后改任忠州刺史。穆宗长庆二年(公元822年),初为杭州刺史,后转为苏州刺史,其仕途可谓一波三折。

文宗大和三年(公元829年)后,历任太子宾客分司东都(洛阳)、河南尹、太子少傅分司东都,并定居洛阳。武宗会昌二年(公元842年),以刑部尚书致仕。白居易的一生,不能说是"时运不齐"(王勃《滕王阁序》),但可谓"命途多舛"(王勃《滕王阁序》)了。

武宗会昌六年(公元846年)八月十四日,白居易病逝于洛阳,葬于洛阳香山,享年 75 岁。白居易著有《白氏长庆集》,共有七十一卷。他去世后,唐宣宗李忱写了一首七言律诗来哀悼他,对他的离去寄予深切的悲痛之情,为他的离去而感到惋惜:

缀玉联珠六十年,谁教冥路作诗仙。
浮云不系名居易,造化无为字乐天。
童子解吟**长恨**曲,胡儿能唱**琵琶**篇。
文章已满行人耳,一度思卿一怆然。　　　　（李忱《吊白居易》）

在文学上,白居易积极倡导新乐府运动,同时他还提出了自己的文学主张。在《与元九书》中,他说:"自登朝来,年齿渐长,阅事渐多,每与人言,多询时务,每读书史,多求理道,始知文章合为时而著,歌诗合为事而作。"其中,最后两句就是他倡导的文学主张——写文章要反映当时的世事,作诗应当歌咏所遇见的事物。

白居易一生中写下了很多感叹时世、反映人民疾苦的诗篇。这些诗篇广为流传,产生了深远影响。《南浦别》就是其中的一首。

二、艺术品读:《南浦别》

白居易的这首离别五绝,融景、情于一体,哀伤的诗句娓娓道出离别的情意,读之令人潸然,回味良久。

首句开门见山,直奔诗题"南浦别"——"南浦凄凄别"。南浦本来是指水的南边,或者南面的水滨,但是也有真实的地名存在,比如今天的重庆市万州区,古时候名为"南浦",是蜀汉建兴八年(公元230 年)开始设置的一个县。后来,南浦就演变成一个送别的地点,是古人水边的送别场所。当然,古人送别、离别的地点并非只限于"南浦",但是由于文学作品主要是诗词歌赋的影响力和传播性,南浦就成了典型的送别场所。跟"长亭"一样,"南浦"已经成了离别地点的代名词。宋代大文学家王安石就有一首题为《南浦》的五言绝句:

南浦随花去,回舟路已迷。
暗香无觅处,日落画桥西。

另外,还有同名的词牌,如南宋词人程垓的这首《南浦》词:

金鸭懒薰香,向晚来春醒,一枕无绪。浓绿涨瑶窗,东风外、

第八章 离别五绝

吹尽乱红飞絮。无言伫立,断肠惟有流莺语。碧云欲暮。空惆怅,韶华一时虚度。　　追思旧日心情,记题叶西楼,吹花南浦。老去觉欢疏,伤春恨,都付断云残雨。黄昏院落,问谁犹在凭栏处。可堪杜宇。空只解声声,催他春去。

另外,还有很多典籍里含有南浦的字样,点明送别的地点。如屈原的《楚辞·九歌·河伯》里有这样的描述:"与子交手兮东行,送美人兮南浦";江淹的《别赋》:"春草碧色,春水渌波,送君南浦,伤如之何!";范成大的《横塘》:"南浦春来绿一川,石桥朱塔两依然",等等,不一而足。所以,在白居易的这首《南浦别》的开篇,"南浦"二字一映入眼帘,便令人顿生忧愁,预感到离别的愁绪,而"凄凄别"更是浓重地渲染了这种离别的氛围。接下来,首联对句及时收笔,将读者的目光引向看似随意之笔的"空镜头"——"西风袅袅秋":萧索的西风接连不断迎面吹来,已是秋。看似不经意的"空镜头",却着实加重渲染了离别的凄凉氛围。同时,这一句也交代了送别的时间。

白居易的这首《南浦别》的首联,与唐代另一位诗人钱起参加进士考试所作的《省试湘灵鼓瑟》的尾联有异曲同工之妙:"曲终人不见,江上数峰青"。秋季,"西风袅袅",落叶飘零,立于南浦,怎不令人愁绪陡升?

五绝本来就短小精悍,区区二十字,但是首联的两组叠字的运用——"凄凄""袅袅",无形中就令这首五绝的字数减少了两个。字数减少了,凄凉、萧瑟之意却反而增加了。叠字往往会增添形象化的意义,比单字更有力、更感人。用好了,会十分形象、传神。"凄凄"加深了离别之人内心的凄楚和愁苦,而"袅袅"更是渲染了秋天的凄凉和萧瑟,反衬了内心的"凄凄"。两组叠字遥相呼应,如泣如诉,离别之意顿时荡气回肠开来,读罢几乎就令人"腹中如汤灌,肝肠寸寸断"(《乐府诗集·华山畿二十五首》之一)了。

紧接着,诗人好像嫌"肝肠寸寸断"的力度还不够似的,将笔锋一转,"一看肠一断",真可谓肝肠寸断啊!"看"字看似平常,实际上非常传神,它能真切透露出诗中主人公的形象。"看",在诗中指回望。离人孤独地走了,还频频回望,每一次回望,都令诗人自己肝肠寸断。

此字让我们仿佛看到主人公泪眼迷蒙,想看又不敢看的形象。"看",有可能也指诗人远望,远远望着离人,依依不舍。只一"看"字,就淋漓尽致地表现出离别的酸楚。"看"字是"诗眼"所在,看似平常,却真真切切显示出诗人的形象和离别时的情感:离人已远,诗人却频频远看;离人已远,却频频回首。一次次地看去,一次次地寸断肝肠;一次次地回望,一次次地不舍。"看"字如神来之笔,淋漓尽致地展现了离别的凄楚场景。此时,不由得令人想起柳永《雨霖铃》里的一句:"执手相看泪眼,竟无语凝噎。"这一"看"是默默的,却显得不同寻常:不用千言万语,不用万般叮咛,不用潸然泪下,却足以表达离人心中的依依不舍和思绪起伏。"看"字可谓"此时无声胜有声"之笔。但是,话还是要说的,不管是出声的叮咛,还是内心的默念——"好去莫回头",朴素之语,将内心的情感推向了高潮,似乎有画外音响起:送君千里终有一别,此地一别,还须珍重;更是期待,期待他日重逢。正可谓:

　　多情自古伤离别。
　　更那堪、冷落清秋节。　　　　　　　　（宋代柳永《雨霖铃》)

三、个人品读:别时秋草黄

　　离别是痛苦的,离别是感伤的,离别的场景是我不愿意见到的。可是,人生又怎么可能没有离别呢?

　　记得当初去京城拜访顾况前辈的时候,我拿的是自己的五律《赋得古原草送别》,现在还记得诗的内容呢:

　　离离原上草,一岁一枯荣。
　　野火烧不尽,春风吹又生。
　　远芳侵古道,晴翠接荒城。
　　又送王孙去,萋萋满别情。

　　真是难以想象啊!那时候,我小小的年纪,应该是十六岁吧,就对离别体会得如此深刻。我记得当时顾况老前辈没有看到这首诗的时候,还拿我的名字开玩笑似的说:"小白啊,京城米价很贵,'白居'恐怕不'易'啊!"但是,看完我的那首《赋得古原草送别》后,他转而

第八章 离别五绝

说:"哇,写出这样的好诗,在京城居住也是很容易的嘛。"我很幸运,有前辈的赏识和举荐。但是,我不喜欢离别,我很看重朋友间的情谊。每每送别朋友,我的心情就久久无法平静,如石投静水起微澜,微澜却难消。

无论如何,相聚总是短暂的。先人孔子说得好:"有朋自远方来,不亦乐乎?"高兴之余,难免离开。

这一次,又要跟一位要好的朋友分离。朋友执意不让我去送,知道我这个人注重情义,多愁善感。但是,我还是执意要送。朋友拗不过,就不得不同意了。

彼时,已是秋。

伫立南浦,阵阵凉风袭来,吹皱我那单薄的衣衫。朋友忍不住裹紧长衫,跳上船头。秋风肆意吹来,哪还顾及离人的感受?阵阵秋风吹得柳枝狂摇,柳叶纷纷飘落,随着其他枯叶飘向水面,飘落到我和朋友的身上。远山笼罩在枯黄中,不见了夏日的葱翠。当时,朋友示意我赶快回去,我却不忍先离开,非要等到船扬帆开动。

在这离别之际,寒凉的风为什么总是吹个不停?人们都说秋天是萧瑟的,但离别逢秋,更是萧瑟一片。这一点,我一生中体会得太多、太多。当时,我想起了杜老前辈的诗句:"万里悲秋常作客,百年多病独登台。"于是,我愈感悲伤。当时,我也想起了刘彻《秋风辞》里的诗句:"秋风起兮白云飞,草木黄落兮雁南归。"是啊,雁南归,是要寻个冬日里的安身之所。那么,朋友归,若是也能寻个舒适的所在,我的感伤之情或许会减缓许多。可是,世事难料,不知道朋友这一别,前路会怎样。也许,荆棘密布;也许,心爽路畅;也许,吉凶未卜,生死两茫茫。这个世界上有太多的"也许"了。看着眼前那落叶凄凄的景象,听着袅袅的西风呼号,再看看即将离去的朋友,我不知不觉忧从心生。

不忍道别,唯有挥挥手,放眼看去,一次次看去,看着朋友远去。立于船头的朋友,也是频频回头,依依不舍。默默看着朋友离去,我多么想对着朋友大声叮咛:好好地去吧,不要回头了,前方的路还很长。但是,看着远去的朋友,我只能在心底默念:"好去莫回头。"

即使是我大声地说出来,那声音也会飘进秋风的旋涡中,随着秋风消失——消失在袅袅的西风之中。

凄凄的秋风中,孤零零的南浦上,我伫立良久,已是肝肠寸断。

离别时,已是秋,风甚凉,秋草黄。

四、英译研究:韵体、自由体、散文体与神似

古诗英译,除了传达意义之外,还要更好地照顾到形式,这就是古诗特别是格律诗(包括唐代五绝)不同于其他文本的地方。所以,有的译者提出了以"诗"译"诗"的主张,也就是将古诗译成英文的韵体诗形式。尽管在把诗歌翻译成什么样的文本形式方面存在着不同的主张和看法,但是以诗译诗还是具有很大的可取性,起码可以在极大程度上避免"害意"的情况下,可以用韵体英诗的形式将古诗翻译成英文。

当然,古诗英译中由于语言和文化的差异,完全"移植",即以诗译诗是不可能完全做到的。实际上,也有很多译者将古诗译成英文的"自由体"英诗形式、"散体"或者"散文体"英文形式等。

古诗英译,在忠实地传达出原诗意义的基础上,如果能很好地照顾到原诗的形式的话,实际上也就是做到了有些译者所强调的"神似"——"是否可以理解为文本所包含的意境、情调、气势。当然,说'神似',并不是将其从'形似'、'意似'中绝对分离,事实上也根本无法分离,其目的只是为了使这些概念在理论上有个明晰的说法,而简单地分为'形似'和'神似',这中间有些东西就变得游离不定,比如文本的内容、意义、风格等。"(丛滋杭,2007:112)

其实,在内容和形式得到很好观照的前提下,译诗就会自然而然地跟原诗的"神"在一定程度上"似"了。刻意追求"神似",意义方面肯定会有所"流失",或者有所"增加",毕竟汉英是形式上有着极大不同的语言,分属于不同的语系——汉藏语系和印欧语系。下面以李白的《秋浦歌》两个英译本及白居易的《南浦别》一个英译本为例,对古诗英译特别是唐代五绝的韵体英译中译本的体式问题加以简单的探讨。

译例(1)

秋浦歌　李白

白发三千丈,缘愁似个长。

不知明镜里,何处得秋霜。

My White Hairs

By *Li Bai*

My white hairs would make a long, long cord,

As long as an old man is bored.

I know not how the mirror bright,

Is sprinkled with autumn frost white.①

注:1. bored:*Adjective* feeling weary and impatient because one is unoccupied or lacks interest in one's current activity 觉得无聊的;觉得无趣的;空虚的

2. sprinkle:*Verb* (with obj. and adverbial) scatter or pour small drops or particles of a substance over (an object or surface) 洒在(一个物体或者表面)上

诗人李白一生中多次游过秋浦(今安徽省贵池区以西的地方),《秋浦歌十七首》大约是在唐玄宗天宝十二年(公元753年),李白漫游到秋浦,并在那里逗留期间所写的一组诗。这是其中的第十五首。作为这一首的题目,译者采用概括的方法译成"My White Hairs"倒不失为过。原诗首联出句里的"三千丈",极尽夸张之能事,译者在译诗的前两行采用三个"long"做了虚化处理,也很传"神"。参考原诗首联的对句里"似个长",感觉译诗的第二行后半部稍微欠妥,"神似"度显得不足。通篇采用韵体英诗来翻译,很不错。但是,只是为了押韵,有些语序的调整未必十分合理。这篇译文对音步进行了严格的控制,很是可取,是一个很好的英译探索。

译例(2)

In a Mirror

---

① 原诗实则为李白《秋浦歌十七首》其十五,许渊冲译,转引自"郭著章,江安,鲁文忠,2010:53"。

By *Li Bai*

My whitening hair would make a long long rope,
Yet could not fathom all my depth of woe;
Thought how it comes within a mirror's scope
To sprinkle autumn frosts, I do not know.①

注:1. fathom: Verb (with obj.) (usu. with negative) understand (a difficult problem or an enigmatic person) after much thought 领会;理解;揣摩(难题或深沉的人)

2. woe: Noun (often humorous) great sorrow or distress(常具幽默之感)悲哀;悲苦;苦恼

这首译诗的题目也采取了高度概括化的译法,无可厚非。另外,要是将李白的整组诗都译成英文,那么,"秋浦歌"这个意象本身就不得不考虑进去了。这个译诗对原诗首联的传达,感觉相当"神似"。通篇采用韵体英诗来翻译,最大限度地照顾到了内容与形式这两个方面,实属难为,可谓不错的古诗韵体英译探索。

针对白居易的这首《南浦别》,其中的某些意象在英译中很难做到所谓的"神似",如"南浦""凄凄""袅袅""肠断"等。但是,无论如何,也要做到在内容和形式兼顾的基础上,译出原诗的"神"。这样,译成韵体英诗就势在必行了。但是,古诗英译,究竟该译成韵体、自由体或者散文体,这往往与翻译风格和译者的理解有关。下面是本节主题诗《南浦别》的一个英译本。

译本

Parting at the Southern Riverside

By *Bai Juyi*

At the southern riverside
We're plaintively parting.
In the autumn

---

① 翟理斯(Herbert A. Giles)译,转引自"郭著章,江安,鲁文忠,2010:54"。

The west wind is soughing.
My heart is broken
When you look back at me.
Go ahead and
Don't turn your back please!

Note & Commentary:

The poem described a moving scene when two bosom friends separated on a bleak autumn day with griefs and sorrows that touched readers to the heart. （唐一鹤，2005：85）

注：1. plaintive：*Adjective* sounding sad and mournful 伤心的；哀伤的

2. sough：*Verb* (no obj.) (of the wind in trees, the sea, etc.) make a moaning, whistling, or rushing sound(风吹树叶、海浪等)作飒飒声；作沙沙声

3. bleak：*Adjective* (of the weather) cold and miserable(天气)寒冷的；凄凉的

这个英译采用的是自由体英诗形式，可以说，舍弃了古诗形式上的要求，一心传达原诗的意义。这样，意境的营造基本到位，也具有一定气势以及原诗的"神"。译文在整体的处理上，采用了现在时态，这倒不失形象性、生动性。但是，对于某些意象的处理还是稍嫌不足，如"南浦"(比方说，可以加注体现)，以及"好去"等。另外，由于文化的差异，"西风"直译成"the west wind"，恐怕有失贴切和妥当，由于文化上的差异恐怕会误导译语读者的理解。

采用韵体、自由体或者散文体英文来翻译古诗包括唐代五绝，也是很多译者一直讨论的话题，各有不同的主张和做法，但只要传达到位，当然都无可厚非。厚此薄彼，或者厚彼薄此，皆不可取，但可以客观地加以评论。更何况，格律诗的翻译包括这里唐代五绝的翻译研究是难中之难的事情呢。

五、韵译探索：南浦别

南浦别　白居易

南浦凄凄别，西风袅袅秋。
一看肠一断，好去莫回头。

Parting with a Friend to the Southern River Bank
By *BAI Ju-yi*
When we parted sad to the river bank,
The autumn wind kept blowing cold an' dank.
Looking to each other with broken hearts,
Into him I dinned "Going on" with lone darts.

N. B. *Southern River Bank* is usually the place for ancient Chinese people to sadly part with each other.

(Translated by *WANG Yong-sheng*)　　　　　（王永胜译）

注:1. an' = and
　　2. dank: *Adjective* disagreeably damp, cold, and musty 潮湿阴冷的
　　3. din: *Verb*（with obj.）(of a fact) be instilled in (someone) by constant repetition 对(某人)不停唠叨;反复叮嘱
　　4. dart: *Noun* (figurative) a sudden, intense pang of a particular emotion(比喻用法)一阵剧痛;一阵悲痛

第五节　易水离别

五言绝句原诗:

cǐ　dì　bié　yān　dān　zhuàng　shì　fà　chōng　guān
此　地　别　燕　丹,　　壮　士　发　冲　冠。
xī　shí　rén　yǐ　mò　　jīn　rì　shuǐ　yóu　hán
昔　时　人　已　没,　　今　日　水　犹　寒。

九言白话译文:

荆轲昔日此地别燕丹,壮烈豪迈之际发冲冠。
当时英雄豪杰化尘土,今日离别易水依然寒。

这是初唐诗人骆宾王创作的一首诗,诗题为《于易水送人》。

首先需要说明的是,很多选本都将这首诗归为"五绝"的范畴,但是严格来说,排除"入声字"等因素,这首诗有"破格"和"失黏"之处,实为"五古绝"。考虑到这首诗整体上在平仄等方面的协调性,很多

选本将其列为"五绝"体式。本书从之,将其归为"五绝"之列加以讨论(关于"五绝"和"五古绝",请参阅本书上卷第五章第一节)。

关于此诗的标题,版本不一,说法不一。《全唐诗》卷79第40首载有此诗,题目为《于易水送人》,本书从之。但是,也有其他版本的标题,如《于易水送别》《于易水送人一绝》《易水送人》《易水送别》《易水》等。另外,也有个别选本将其首联的对句写成"壮发上冲冠"。

从诗题来看,这是一首离别诗,但是从诗体来说,它又是一首咏史诗,貌似一首"跑题"之作。实质上,这首诗跟刘长卿的那首融"离别"与"山水"为一体的《送灵澈上人》类似,只不过骆宾王的这首是融"离别"与"咏史"为一体。这首诗中,骆宾王以更加奇特的视角,抒发了与友人的离别之情。同时,也借史实宣泄了自己内心的失意情绪。整首诗风格苍劲、笔调凄凉、含义深远。

一、人物品读:骆宾王

骆宾王(约638—约684)是初唐的一位诗人,是"初唐四杰"之中排名最后的那一位。由于他喜欢在吟诗作文之中使用数字来做工整的对仗句,如"一贵一贱交情见""一心一意无穷已""秦地重关一百二,汉家离宫三十六""千里风云契,一朝心赏同""一抔之土未干,六尺之孤何托"等,所以人称之为"算博士"。遗憾的是,这位"算博士"要是能掐会算到了能算出自己命运的地步的话,就不会落得个"时运不齐,命途多舛"(王勃《滕王阁序》)的下场了。结果,在武则天光宅元年(公元684年),骆宾王投奔在扬州起兵反武则天的徐敬业(亦称"李敬业"),并作《代李敬业传檄天下文》(亦作《代徐敬业传檄天下文》,或者《讨武曌檄》)。然而,徐敬业很快败北后,骆宾王就不知所踪:或者亡命天涯,或者投江自尽,或者出家为僧。由此,也衍生出种种关于他失踪后的传说。

骆宾王的生卒年份均无详细的记载,生于公元638年前后,死于公元684年以后,字观光,婺州义乌(今浙江义乌)人。七岁时,他就写出了脍炙人口的《咏鹅》,可谓神童:

鹅、鹅、鹅，曲项向天歌。
白毛浮绿水，红掌拨清波。

骆宾王早年的时候，父亲去世，家境变得穷困起来。高宗龙朔元年(公元661年)，做了道王李元庆府属吏。赴京应试后，拜为奉礼郎，成为东台详正学士。其间，约在咸亨元年(公元670年)，骆宾王因事被贬谪，从军至西域，很长时间戍守边疆。但是，这段边塞时光里，他写下了很多边塞诗篇，抒发了自己多次戍边的亲身感受，很具感染力。例如：

季月炎初尽，边亭草早枯。
层阴笼古木，穷色变寒芜。
海鹤声嘹唳，城乌尾毕逋。
葭繁秋色引，桂满夕轮虚。
行役风霜久，乡园梦想孤。

(骆宾王《久戍边城有怀京邑》，片段)

唐高宗仪凤三年(公元678年)，骆宾王归朝，担任侍御使，但却上书论天下之事，得罪了武则天，被人诬陷而入狱，第二年才得以释放。在狱中，有感于自己的身世，他写道：

西陆蝉声唱，南冠客思深。
那堪玄鬓影，来对白头吟。
露重飞难进，风多响易沉。
无人信高洁，谁为表予心。① (骆宾王《在狱咏蝉》)

骆宾王擅诗兼文，与当时的王勃、杨炯、卢照邻齐名，这四位一起被称为"初唐四杰"。据考证，四杰之中，骆宾王的作品最多，有《骆宾王文集》十卷行世，《全唐诗》编其诗三卷，清人陈熙晋编有《骆临海集笺注》十卷。

对于有骆宾王参与的"初唐四杰"，盛唐时期的杜甫是这样评

---

① 关于此诗版本的差异性，参见本书上卷第三章第一节"三、初唐四杰"以及第四章第二节"三、一韵到底"中为此诗所作的脚注。

价的:

> 王杨卢骆当时体,轻薄为文哂未休。
> 尔曹身与名俱灭,不废江河万古流。(杜甫《戏为六绝句》其二)

二、艺术品读:《于易水送人》

唐高宗仪凤三年(公元678年),骆宾王多次上疏讽谏,结果得罪了武则天,被人诬陷而入狱。幸运的是,第二年秋天,骆宾王遇赦而出狱,但同时也对武则天有了仇恨之心。对她要改朝换代的端倪,骆宾王早就看出了几分。于是,就在其五言排律《咏怀》中,表露了自己的心迹:"宝剑思存楚,金锤许报韩"——借用历史上的两个典故:项羽起兵反秦意欲恢复楚国,以及张良刺杀秦始皇意欲为韩王报仇,来表达自己对唐朝的忠心。接着,他就辞官而去了。

就在这一年的冬天,也就是仪凤四年(公元679年)的冬天,为保家卫国,他奔赴边塞戍边,这次去的是北方的幽燕一带。也就是在这一时期,他在易水河畔送别一位友人,离别情意,再加上自己的身世,令他感慨万千。于是,他借助史实,以独特的视角,写下了这首融合了边塞风情和离别之感的《于易水送人》。

易水是一条河流的名称,位于今天的河北省易县境内,也称为易河,分为三部分:南易水、中易水和北易水。这条河流之所以名气十足,就是因为历史上的一段往事——燕太子丹(战国末年燕王喜的太子燕丹)送荆轲去刺杀秦王时,燕丹送荆轲于易水河畔:分手离别之际,荆轲怒发冲冠,伴随着高渐离击筑的节奏,高歌一曲,慷慨激昂地唱着《易水歌》,场面甚为雄伟、壮观:

> 风萧萧兮易水寒,壮士一去兮不复还。
> 探虎穴兮入蛟宫,仰天呼气兮成白虹。

于是乎,骆宾王在这首《于易水送人》的诗中,首联就借这段史实起兴:"此地别燕丹,壮士发冲冠。"在抒发自己胸中的积郁的同时,也点出了送别友人、与友人离别的地点——易水河畔。为保家卫国、捍卫唐朝的江山社稷,诗人不也义无反顾地启程戍边了吗?虽然处在大唐王朝的盛世,但诗人有点儿生不逢时,因没有交上好运而怀才不遇,再加上武则天一手遮天,骆宾王深感郁郁不得志。易水河畔与友人离别之时,难免会联想到这样的史实。以史咏今,以史喻己,也为下文的过渡做了铺垫,埋下了伏笔。

骆宾王这种开篇的写法,可谓别开生面——没有依依惜别的泪水,没有孤独寂寞的情感,没有渲染离别情景的环境衬托,有的只是抽象而悲壮的史实。此种写法甚至超越了现今影视作品中的"蒙太奇"手法,恰如在没有任何预兆的情况下,天空突然一记"电闪雷鸣"。紧接着,"轰隆"一声,就见大雨倾盆。感情难以抑制之际,人不也会"哗啦"一下号啕大哭吗?这种凌空之笔,恰恰反映了诗人心中沉积太久、太多的愤懑之情——燕丹于易水送走荆轲之情景怎能不在诗人的脑海闪现?昔日,太子丹与荆轲生离死别;今日,诗人与友人离别——应该是挚友。不知不觉来到了易水河畔,这不是同样的地点吗?

诗人骆宾王"命途多舛"的一生大致如此:"临海少年落魄,薄宦沉沦,始以贡疏被愆,继因草檄亡命。"(清代陈熙晋《骆临海集笺注》)。怀才不遇、愤愤不平、徘徊彷徨之际,诗人还是有所期待的,要不他也不会一下子搬来这样的史实。他还是想要干出一番大事业的,哪怕不是那么轰轰烈烈,而只是添上一砖一瓦,也是可以的。这种思想,在离别的友人面前,诗人借助燕丹的易水送别典故,惟妙惟肖地表露了出来——"此地别燕丹,壮士发冲冠"。

但是,诗人深知,历史就是历史,不能重来。那时候的悲壮和无畏已经沉入了时间的长河,化作了不老的传说。"昔时人已没":是啊,诗人想,那时候的英雄如今到哪里去找寻?燕丹与荆轲都已成为过往,化为了历史的云烟。至此,诗人大发感慨,将首联超级"蒙太奇"式的镜头一下子拉到了现实,拉到了眼下,拉到了诗人与友人离别的现场。这里的"没",即"殁"(mò)字,"死亡"之意。正是:

　　心知去不归,且有后世名。
　　登车何时顾,飞盖入秦庭。
　　凌厉越万里,逶迤过千城。
　　图穷事自至,豪主正怔营。

惜哉剑术疏,奇功遂不成。
其人虽已没,千载有馀情。　　　　　　　　(陶渊明《咏荆轲》)

与友人离别之际,正值北方的冬季,水寒是真实的存在,但是诗人结句的"今日水犹寒",恐怕不仅仅是真实的写照,尤其一个"犹"字,更能衬托出诗人内心的寒凉。如果说结句中的"寒"字是全诗的"诗眼"的话,那么这个"犹"字则是浓妆重彩的一笔。今日的"寒",在"犹"字的烘托下,显得更加凄凉。这种凄凉,来自易水的温度,来自离别的感受,更是来自诗人内心的良久积郁。有了"犹"字的修饰,整个结句读来顿时给人带来一种沉重的荡气回肠之感,令人感到现实的无奈与残酷。对于诗人心中难以抑制的悲情来说,这个"犹"字无疑是"雪上加霜"之笔。

"寒"字更是直击要害,融千般滋味于一体。结句的一个"寒"字,乃神来之笔,乃全诗的"诗眼"所在。回顾历史,心觉"寒";纵观现实,心觉"寒";抱负未展,心觉"寒";挚友离别,心觉"寒"。面对易水,诗人无话可说,将所有的主观感受都融进了眼前的"寒",借助客观的存在间接表达心中的千头万绪。这种情感的迁移,比直抒胸臆式的呐喊更微妙、更含蓄,同时也不乏抒情的力度。诗人面对眼前的这条依然流淌不息的易水,心里的感慨油然而生,而表面的感觉却是"今日水犹寒"。一个"寒"字,可谓寓意深刻、发人深思。

此诗的重心可谓"水犹寒"这三个字,正可谓"此诗一气挥洒,而重在'水犹寒'三字。一见人虽没,而英风壮采,凛冽如生;一见易水寒声,至今日犹闻呜咽。怀古苍凉,劲气直达,高格也。"(俞陛云,2011:106)

跨越古今的易水,如同照亮古今的明月,可是,却换了时空。正是:

青天有月来几时?我今停杯一问之。
人攀明月不可得,月行却与人相随。
皎如飞镜临丹阙,绿烟灭尽清辉发。
但见宵从海上来,宁知晓向云间没。
白兔捣药秋复春,嫦娥孤栖与谁邻?

今人不见古时月,今月曾经照古人。
古人今人若流水,共看明月皆如此。
唯愿当歌对酒时,月光长照金樽里。

(李白《把酒问月》)

但是,在诗人骆宾王的眼里,易水犹在,易水犹寒。

三、个人品读:一别生死两茫茫

这一次,我很不幸,遭人诬陷,锒铛入狱,真是情何以堪啊!话说回来了,这事儿又能怪谁呢?谁让我得罪了武则天呢?我看出了她的野心,她要改朝换代,一个女人啊!

唉,没办法。她的势力太强大,如日中天。为立功德,改朝之日,大赦天下。想起来,我也很幸运,赶上了这次大赦的机会,借机出狱了。

狱中生活期间,我想了很多,甚至有些心灰意冷,但是好男儿要报效国家。这个决心已定,我就毅然辞官。在这个改朝换代后的时代,做这样一个官儿,情非我愿,还是远走边关吧。大丈夫嘛,能屈能伸,"不汲汲于荣名,不戚戚于卑位"嘛。于是,我又一次出征,这是我人生的第几次出征呢?我不记得了。好男儿志在四方,何必委屈自己,待在方寸大的职位上呢?我不愿意,也不甘心。

这次,我来到了北方,一个寒冷的地方。这里没有江南的小桥流水,没有烟雨蒙蒙的浪漫景象,有的只是粗犷和豪放。但是,比西北边塞要好多了,这里没有茫茫的沙漠。这里的人很豪爽,我结交了不少朋友。他们不拘小节,豪饮之余,高声谈论,生活悠哉,犹如桃源中人。跟他们在一起,我也就不那么拘谨了。边塞这地方,就是"铁打的营盘,流水的兵"。自我到来后,送走了一批又一批,迎来了一波又一波,有些司空见惯、习以为常了。

无论如何,戍边生活是艰苦的,边塞诗篇可不是那么容易一挥而就的。戍边之际,望长安,长安遥遥不可及;戍边之余,思亲人,亲人不知安康否?无奈,人生在世,牵挂太多,尽管有一肚子的不如意,又能与谁人说?

第八章　离别五绝

又一个特别要好的营中好友要离开，我们彼此无嫌猜，无话不谈。他要离开，我不觉内心一沉，但是见惯了离别的我，对朋友又怎么能够"儿女情长"呢？送别的路上，没有过多的言语。易水河畔，暂停下来。

望着滔滔的易水，我心潮澎湃，犹如那逝去的河水，蜿蜒翻滚。彼时，燕太子丹一行人是怎样的心情呢？耳畔仿佛想起荆轲那苍劲的歌声，仿佛看到荆轲那义无反顾的姿态，仿佛看到他那副怒发冲冠的样子。历史怎么能如此惊人地相似？昔日，燕丹送别荆轲；今日，我与挚友离别。竟然还是在当初的易水河畔！

眼前的易水没法言语，可是它又见证过多少这样的生离死别呢？它是一个老者，历经沧桑，却胸怀豁达；受尽苦难，却一言不发。易水啊，若时光能够倒流，倒流到荆轲高唱《易水歌》的时刻，你又能向我述说怎样一个故事呢？那个时候的你，又经历怎样一番波澜壮阔？我不知道，我真的不知道。不知怎么的，我没有跟友人道出一路珍重之类的话语，却一下子想到当初燕丹送荆轲的一幕，越想越激愤，不禁脱口而出："此地别燕丹，壮士发冲冠。"

我的这个举动有点自私的成分吧。但是，友人绝对不会怪罪的，我们彼此了解得很。友人起先是一副迷糊不解的样子，但是很快就领悟了我当时的心情。我们默默地望着远去的流水，默默地吟唱着当初的歌谣，默默地思考着生死未卜的前程。

人有时候也真的是很奇怪。小时候随口而出的《咏鹅》我记不太清楚了，但是对于学过的燕丹别荆轲的历史知识，我却记忆犹新、历历在目。也许，那一幕过于悲壮；也许，那一幕过于刻骨铭心；也许，那一幕就是"失路之人"心底永远的痛——痛彻心扉。当初，怒发冲冠的壮士荆轲，心里有的，恐怕除了义无反顾，就是勇往直前了。今日的我，心里有的，又是什么呢？

这次离别，我浮想联翩，我不是燕丹，却也在送行。我不是荆轲，也没有怒发冲冠。但是，与友人离别，我还是情由境生，触景生情。昔日的人，我现在都已经看不见，他们都已沉入历史的长河。昔日的事，犹在眼前，无法消散，在易水的河面浮现。

友人远去,渐渐远去。昔日易水的温度如何,我不得而知,只知道那时的易水很是寒冷。今日的易水依然那么寒冷,甚至在我看来,更加寒冷。

是的,今日水犹寒。

四、英译研究:典故之地名(1)——异化式音译并加注

古诗英译的一大难关,就是对典故的处理。在典故的英译处理中,涉及地名、人名的,尤为棘手。译者对此都有各自不同的处理方法,有"归化式"诠释,有"异化式"音译,有"模糊化"概括。可以想象,异化式处理,会最大限度地保全原诗的意义和意象,但是译诗的可读性和流畅性恐怕就要大打折扣;归化式处理,译诗的可读性大大增强,但是原诗的意象或意义——典故的内涵,也就是民族性、文化性的东西,恐怕难以保全。

对于一般古诗的英译,处理起来难度没有处理含有典故的古诗那么大。如骆宾王七岁时候所作的《咏鹅》:

咏鹅　骆宾王

鹅、鹅、鹅,曲项向天歌。

白毛浮绿水,红掌拨清波。

A Ditty about Geese

By *Luo Binwang*

Goose, goose and goose

Gaggle skywards from their bent necks.

White feathers float on green water,

Red feet paddle and leave ripples.①

注:1. ditty: *Noun* a short simple song 小曲;小调

2. gaggle: *Verb* (鹅等)嘎嘎地叫

3. paddle: *Verb* (of bird or other animal) swim with short fast strokes(鸟类或其

---

① 郭著章译,引自"郭著章,江安,鲁文忠,2010:2"。这里只将其题目中的"about"的首字母改成了小写字母。

他动物)游水

4. ripple: *Noun* a small wave or series of waves on the surface of water, especially as caused by a slight breeze or an object dropping into it(尤指由微风或投入水中之物而起的)涟漪;微波;细浪

但是,对于古诗中含有典故的地名,英译时还是要酌情考虑,谨慎处理。例如,对于其中地名的翻译,有人就提出,"应先给它'定位',具体地要先考虑地名的'三性'(即地域性、象征性及国俗性),再确定翻译的策略或方法。"(毛华奋,2007:148)译者不同,对地名的处理各不相同。因此,英译含有典故性地名的古诗之前,具体问题还需具体分析。其中一个比较折中的策略,就是将异化式音译与加注结合起来,但加注一定要合理,要充分体现出地名中所包含的历史及文化典故,以辅助译语读者更好地理解原诗的内涵。

骆宾王这首《于易水送人》五绝,开篇就引经据典,穿越时空,由远及近。加注的重点有两个,一是"易水",二是"燕丹"。这两个因素如果处理不好,就会影响译语读者对原诗意境的理解,从而消耗掉原诗特有的意象。下面以《于易水送人》几个英译本为例,对古诗英译特别是唐代五绝韵体英译中典故之地名的处理加以简单的探讨。

译本(1)

Sending off a Warrior by the Yishui River

By *Luo Binwang*

Taking leave of Prince Dan of Yan,

The warrior's hair stood on end.

Our hero ne'er did come back;

But Yishui has remained ice cold.

Notes: This poem is based on the historical tale of how Prince Dan of the State of Yan engaged a warrior to assassinate the ruler of Qin (who later unified China and became Qin Shi Huang Di, the First Emperor of China) during the Warring States period (475—221 B.C.). Here, the warrior was taking leave of the Prince and vowing that he would do his utmost to get rid of the despot. The attempt failed, but the warrior was remembered for his fidelity and fearlessness (he knew he was going to certain death).

Yishui: The River Yishui (in Hebei Province).

(龚景浩,2006:31)

注:1. warrior: *Noun* (especially in former times) a brave or experienced soldier or fighter(尤指旧时的)勇士;经验丰富的战士;武士;斗士

2. ne'er = never

3. despot: *Noun* a ruler or other person who holds absolute power, typically one who exercises it in a cruel or oppressive way 暴君;霸头;恶霸

  在"译本(1)"中,译者不惜笔墨,做了一番超过译文很长篇幅的加注处理,可见其翻译难度之大。首先,做了这样一番解释之后,译诗要是能够向韵体英诗靠拢的话,则会获得更好的翻译效果。可喜的是,这篇英译的二、四行押了辅音韵,而且每行的音步数量也做了适当的控制。其次,不管骆宾王如何引经据典,如何将送别的主题做"隐性"处理,送别、离别应是主旋律,应加以体现。毕竟是因为与友人离别而触景生情,所以题目的处理起码要体现出与友人离别的意思,友人就算是一位"勇士"(warrior),在诗人面前也应该是最亲密的"朋友"了。鉴于此,诗题的译文"Sending off a Warrior by the Yishui River",就显得不是那么合理了。

译本(2)

Seeing a Man off at the Yi River

By *Luo Binwang*

This is the place where Assassin Jing Ke

Bade farewell to Prince Yan Dan.

Bristling with anger by the river

Was the brave man.

The hero in former days

Has already passed away.

And water in the Yi River

Remains cold today.

Note & Commentary:

On the occasion of seeing his friend off at the Yi River, the poet aired his grievance impliedly against Empress Wu Zetian of the Tang Dynasty, who later on imprisoned and killed him. Jing Ke (荆轲) was a hero who was sent by Prince Dan of the Yan Kingdom to kill the First Emperor of Qin Dynasty, but he failed. (唐一鹤, 2005: 68-69)

注:1. assassin: *Noun* a murderer of an important person in a surprise attack for political or religious reasons 暗杀者;刺客

2. bristle: *Verb* [no obj.] (of hair or fur) stand upright away from the skin, typically as a sign of anger or fear(毛发或皮毛)竖立

3. grievance: *Noun* a real or imagined wrong or other cause for complaint or protest, especially unfair treatment 委屈;冤情

"译本(2)"在注释的基础上充分照顾了意义和形式的完整,采用"韵体英译"——本书研究的主题之一,基本上押连锁韵式。为了控制音步的数量,将行数翻倍,着实难能可贵。题目的处理也很达意,不过对于"易水"的交代稍显不足。另外,考虑到诗人骆宾王所站的立场,"assassin"一词的选用可再斟酌。

译本(3)

A Quatrain: Farewell by the Yi River

By *Luo Binwang*

The hero bade farewell to Prince Dan here,
The rage ruffled his hair and up to rear;
Though gone for long the brave gallant of yore,
Now the river remains cold as before.

Notes:

1) The first two lines in this poem refer to a story in the Qin Dynasty (221—207 A.D.). Prince Dan of Kingdom Yan was once held as hostage by the Qin and this incurred Dan's hatred to Emperor Qin. Before Jing Ke set off for his assassination mission to kill the Emperor Qin, Prince Dan bade farewell by the River Yi. At the

time Jing Ke's friend Gao Jianli struck a zither and sang aloud "The wild wind blows the Yi River is cold, never returns our hero once he goes." His song evoked the rage of everyone around. The enormous resentment was said to make their hair stand up to push off their hats.

2) rear: (intr.) to start with anger, resentment, etc. often followed by "up".

3) yore: time long past (now only in the phrase "of yore")

4) This poem tells a farewell to someone using the historical story to imply how sad and hard it is. ①

注:1. quatrain: *Noun* a stanza of four lines, especially one having alternate rhymes (尤指隔行押韵的)四行诗节;四行诗

2. ruffle: *Verb* (with obj.) disorder or disarrange (someone's hair), typically by running one's hands through it(常指用手梳过某人的头发)将其弄乱

3. rear up: (of a person) show anger or irritation; go on the attack(人)发火;暴跳;继续攻击

4. incur: *Verb* (with obj.) become subject to (something unwelcome or unpleasant) as a result of one's own behaviour or actions(因自身行为举止)遭受;招致;惹来(不受欢迎的东西,或令人不快之事)

5. gallant: *Noun* (archaic) a man who pays special attention to women (古旧用法)(对女子)殷勤的男子

6. yore: *Noun* (in phrase of yore) (poetic/literary) of long ago or former times (used in nostalgic or mock-nostalgic recollection) (诗/文用法)昔日;往昔(用于表示怀旧,或故作怀旧)

7. zither: *Noun* a musical instrument consisting of a flat wooden soundbox with numerous strings stretched across it, placed horizontally and played with the fingers and a plectrum. It is used especially in central European folk music 齐特琴(一种乐器,由一扁平的木制共鸣箱和众多弦线组成,用手指和拨子

---

① Rhapsodia_晚枫译,转引自"Rhapsodia 晚枫的 BLOG",网址:http://blog.sina.com.cn/rhapsodia,提取时间:2017 年 8 月 30 日。

拨奏,尤用于中欧民间音乐演奏中)

这首译诗追求的也是韵体英译,音步的控制和押韵的处理都力争做到了,难能可贵。原诗的内容和形式基本上得到了传达,"异化"和"归化"手段兼顾。在"Notes"中,第一个注释很有必要,将地名等含有浓厚文化因素的专有名词做了详尽的交代。但遗憾的是,秦帝国的年代应为"B. C.",而非"A. D."。

另外,古诗英译特别是唐代五绝的韵体英译,还可以通过对题目的调整来容纳或者提示诗体中容纳不下的信息,这算是一种变通的手段,对于用韵体英诗来翻译尤其重要。也就是说,在题目中译者应尽量体现出诗体中容纳不下或者无法表达的内容,当然也可将这样的内容放置到注释当中去,以保持诗题的整洁性。

综上所述,在古诗英译特别是唐代五绝韵体英译中,对于原诗中具有典故性的地名,要谨慎处理。除了将一部分典故内容"渗透"到译诗诗题外,异化式音译并加注应该是一种很好的应对策略。

五、韵译探索:于易水送人

于易水送人　骆宾王
此地别燕丹,壮士发冲冠。
昔时人已没,今日水犹寒。

A Feeling from Seeing off a Friend to Yishui River Bank
By *LUO Bin-wang*
When Dan to JingK' bid farewell here,
The latter bristles with no fear.
Alas! They are heroes age-old,
But now the River still runs cold.

N. B. In the ancient Chinese Warring States Period (475 B. C. — 221 B. C.), Prince *Dan* of the State of Yan finally chose *JingK'* (The complete spelling in Chinese *Pinyin* is "Jing Ke") and sent him as a hero to kill King *Ying Zheng* (who later became the first emperor in Chinese history, known as *Qin Shi-huang*) of the State of Qin, so as to protect his state from being conquered by the State of Qin. Before the action, Dan saw JingK' off to *Yishui River* (which is located in today's Hebei Province, a province in the northern part of China) bank, and JingK' showed his loyalty, devotion and fearlessness by singing "*Yishui Song*" before leaving for the killing, but failed in his action. Even so, this episode of Dan seeing JingK' off to Yishui River bank has become a historic legend, and hence the famous *Yishui River*, which has become a sad place in poetry for friends to part.

(Translated by *WANG Yong-sheng*)　　　　　　(王永胜译)

注:1. bristle: *Verb* [no obj.] (of hair or fur) stand upright away from the skin, typically as a sign of anger or fear(毛发或皮毛)竖立

2. age-old: *Adjective* having existed for a very long time 存在很久的;古老的

3. alas: *Exclamation* (chiefly poetic literary or humorous) an expression of grief, pity, or concern(主要用在诗性文学中,或者表示幽默)哎呀;唉(表示悲痛、遗憾或关心)

第九章 乡情五绝

游子离家,难免思乡,思乡欲归,人之常情。思乡生愁,愁来思乡。

乡情是一条线,真可谓"剪不断,理还乱"。现代诗人余光中的一首《乡愁》,抒发的可谓现代人的乡情之结:

小时候

乡愁是一枚小小的邮票

我在这头

母亲在那头

长大后

乡愁是一张窄窄的船票

我在这头

新娘在那头

后来啊

乡愁是一方矮矮的坟墓

我在外头

母亲在里头

那么,古代的先人呢?由于交通不便,游子离家,经年难返,乡情之结,愈加浓烈。在乡情之结的这一头,历历在目的是母亲的神态,

那神态无处不在,牵动着游子的思绪,令游子的乡情之结顿时凝结成"奉晨昏于万里"(王勃《滕王阁序》)的思归之念:

慈母手中线,游子身上衣。
临行密密缝,意恐迟迟归。
谁言寸草心,报得三春晖。　　　　　　(孟郊《游子吟》)

的确,乡情是人心中一个永远的结——"君不见吴中张翰称达生,秋风忽忆江东行。且乐生前一杯酒,何须身后千载名。"(李白《行路难三首》其三)李白诗中所言之张翰,字季鹰,吴江人。《晋书·张翰传》有这样的记载:"翰因见秋风起,乃思吴中菰菜、莼羹、鲈鱼脍,曰:'人生贵适意,何能羁宦数千里以要名爵乎?'遂命驾而归。"①后来,张翰的这个故事被传为佳话,"莼羹鲈脍"成了家乡美食的代名词,"莼鲈之思",也就成了思念故乡的代名词。秋风吹,乡情起,不做官,把家归。这里,排除政治上的因素,可以看出乡情对于一个人的重要意义。

在乡情之结的这一头,有"慈母手中线",有"莼羹鲈脍"。那么,在乡情之结的那一头呢? 那一头有的,就是游子乡情之结所化成的无数诗篇,其中不乏抒发乡情的五绝诗篇。

第一节　月夜乡情

五言绝句原诗:

chuáng qián míng yuè guāng, yí shì dì shàng shuāng
床　前　明　月　光,疑　是　地　上　霜。
jǔ tóu wàng míng yuè, dī tóu sī gù xiāng
举　头　望　明　月,低　头　思　故　乡。

九言白话译文:

不知何时床前铺月光,却疑地上覆盖冷寒霜。
出门仰头遥望皎洁月,低头沉思眼前浮故乡。

---

①　转引自"商务印书馆辞书研究中心,2002:132"。

这是唐代大诗人李白的一首五言诗,诗题多种,流行的诗题为《静夜思》,本书从之。

首先,有两点需要说明。其一,关于这首诗的内容,存在诸多版本,这里姑且以蘅塘退士的《唐诗三百首》为蓝本,这也几乎是人人耳熟能详的版本,只不过将题目改成目前流行的《静夜思》,而非《夜思》;其二,关于这首诗的"五绝""五古绝"之争。蘅塘退士《唐诗三百首》以及很多选本都将其作为五绝处理,但是也有众多人士提出了质疑。按照五绝的"正律"(参见本书上卷第五章),这首诗的平仄多处不合(还应注意古声中平仄两读的字,以及古平今仄,但却非入声字的字)。但是,如果将诗中多处不合"正律"的地方硬是作为"拗救"①来看待的话,李白的这首《静夜思》也就可以算作"五绝"了。鉴于此,再加上"从众心理",这里就将其作为"五绝"加以讨论(关于"五绝"和"五古绝",请参阅本书上卷第五章第一节)。

另外,李白擅古体,因古体更能淋漓尽致地表达他的才思,也可能是狂妄的李白故意摆脱"正律",而以"拗"示其"傲"吧。纵观李白的绝句,包括五绝和七绝,可以说"太白诸绝句,信口而成,所谓无意于工而无不工者"(胡应麟《诗薮·内编》卷六)。

在这首诗中,诗人用浅显、直白的语言揭示了内心的乡情之结,寥寥数笔便勾勒出一幅月夜里的乡情画面。全诗一气呵成,但上、下联的连接,颇具"蒙太奇"之功,犹如王维的《山中送别》之表现手法。

一、人物品读:李白

据记载,公元762年的一天,唐朝有一个人在当涂县(今安徽当涂)县令李阳冰家中病逝。另据记载,公元762年的一天夜晚,有人看见一个人纵身跃入水中捉月,结果溺水而亡。这个人就是唐代伟大的诗人李白。人们宁愿相信后一个记载,因为那符合李白狂妄的

---

① 可参阅余浩然《格律诗词写作》部分章节,岳麓书社2001年出版。

性格和其诗歌的浪漫主义特点。

李白(701—762),字太白,号青莲居士,绵州昌隆(今四川绵阳江油市青莲乡)人,素有"诗仙"之称,是中国古代伟大的浪漫主义诗人。少年时,李白博览诸子百家之书,还习武练剑。大约从二十岁起,他就游遍了蜀中的名胜古迹。后来,他在安陆(今湖北安陆)成婚安家,并居住多年。开元十八年(公元730年),曾赴长安谋求仕途发展,但无功而返。

天宝元年(公元742年),隐居多年的李白应诏入长安,他顿时感到自己时运已经好转,不觉兴高采烈起来,仰头高声吟唱:

白酒新熟山中归,黄鸡啄黍秋正肥。
呼童烹鸡酌白酒,儿女嬉笑牵人衣。
高歌取醉欲自慰,起舞落日争光辉。
游说万乘苦不早,著鞭跨马涉远道。
会稽愚妇轻买臣,余亦辞家西入秦。
仰天大笑出门去,我辈岂是蓬蒿人。(李白《南陵别儿童入京》)

但是,事与愿违,李白有些高兴得太早了。当时,他以翰林院供奉的身份被安置在翰林院供职,但诗人渐渐感到,这不是他自己想要的生活,这与自己的远大抱负相差甚远。于是,天宝三年(公元744年)春天,李白毅然辞去官职,走出长安,从此踏上了"诗仙"之路。现在看来,那是一件值得庆幸的事情。否则,李白的名字就有可能如夜空的流星,一闪而过,没有任何痕迹留下。

但是,天有不测风云。安史之乱爆发,李白从宣城(今安徽宣城)到庐山隐居,却被永王李璘召下山入幕。结果,永王兵败后李白受牵连入狱。后来,被流放夜郎(在今贵州桐梓一带)。彼时,李白已经年近六十。

李白的诗存世千余篇,代表作有《行路难》《蜀道难》《将进酒》《月下独酌四首》等,还有《李太白集》流传下来。

二、艺术品读:《静夜思》

这是一首中国人耳熟能详的思乡小诗,语言朴实,情感真挚,清新自然。乡情就在不经意的几个动作之间,凸显无遗。整首诗的首联和尾联对时间的概念交代得十分清楚——月亮升起的夜晚;从整体上点明了乡情燃起的地点——由远及近:身在他乡,月下思乡。

首联"床前明月光,疑是地上霜"写的是诗人在他乡的特定环境中的瞬时感受。这里,对于"床"这样一个意义颇有争议的字,暂且在本书中化复杂为简单,将其视作睡觉之用的"卧榻"吧,也就是现代意义的"床",至于这样的理解与实情是否相符,暂且放置一边。卧榻之上醒来之时,天还没有亮,也许离天亮还差得远呢。诗人在睡眼惺忪之际,产生了幻觉:卧榻之前怎么一片雪白,难道是夜晚霜降于卧榻前(这实际上是一种错觉,是不太可能发生的事情)?在旁观者的眼中看来,那实际上是透过窗户洒满卧榻之前的月光。但是,对于迷迷糊糊之中不知道出于什么原因中途醒来的诗人来说,恍恍惚惚之中那犹如地上的寒霜了。

在这样一个静谧的夜晚,诗人就在这一刹那间所产生的错觉或幻觉——"疑是地上霜",倒是为下文的思乡情结做了很好的铺垫。屋内卧榻前的地面上结霜,除非屋顶漏了一个大洞——很显然,这是不可能的事情。因此,"疑"字做到了逻辑上的圆满。这里,本书著者无意做玄学式的高深探讨,但是一个"疑"字,的确是在随意之中,映射了诗人的"迷茫":也许是仕途的迷茫,也许是人生的迷茫,但是对于醒来那一刻而言,这种迷茫是现实的,那是怎样一番孤独和寂寞啊:

众鸟高飞尽,孤云独去闲。
相看两不厌,只有敬亭山。　　　　　　(李白《独坐敬亭山》)

尤其值得一提的是,首联对句的最后一个"霜"字——不管是诗人的一种错觉也好,幻觉也好,这个字的的确确在无形之中增添了一种"寒凉"之感。这也许就是一个秋天的夜晚——人道天凉好个秋。秋天的寒凉,不同于其他时候的寒凉,就是因为落叶飘零的缘故。

"霜"尽管是诗人"疑"的结果,却也点明了月光的皎洁,也许这就是一个月圆之夜,而月圆之夜的一轮明月,又常常会勾起人心中无尽的思绪。另一方面,"霜"字也烘托出诗人心中孤单、寂寥的情绪。这一处理手法,也使尾联的转折不显得那么突兀了。

尾联"举头望明月,低头思故乡",颇具现代电影中的"蒙太奇"特色。首联与尾联之间,诗人也许做出了一系列的动作,如披衣下床等,却统统隐去不表。尾联一出,犹如云开雾散,又恰似"虹销雨霁,彩彻区明"(王勃《滕王阁序》)一般,站在月亮之下,抬头仰望,所望之处是"皎皎空中孤月轮"(张若虚《春江花月夜》);一低头,禁不住想起家乡。这种乡情,在如霜明月的映照下,油然而生,毫无遮掩。翘首凝望,俯首沉思——故乡历历在目,亲人如同就在自己的身边。尾联中,一"望",一"思",彼此照应,画面立刻鲜活,栩栩如生。

李白的这首清新自然、朴实无华的小诗,寓含的是游子难以排解的浓浓乡情,体现的是出门在外"尽是他乡之客"(王勃《滕王阁序》)的孤寂和惆怅,可谓乡情之结的典范之作。

三、个人品读:夜思如梦境

谁说"独在异乡为异客,每逢佳节倍思亲"来着?噢,那是跟我同岁的王维说的,也不知道是他什么时候说的。但是,不逢佳节,不也会思亲嘛。

白天的劳累,令我晚上睡得很早。要知道,一个人在他乡,很不容易;浪迹天涯的生活,也不轻松。这天晚上,我做了一个梦,梦里乱七八糟的,时空完全交错,不知道梦到什么地方,整个人一下子就醒来了。咦,床榻之前怎么那么白光光的呢?难道我宿营在露天野地?或者,我还是在梦中,没有醒来吗?都说"梦中梦"很奇怪,也很可怕,难以醒来。难道我做的是这种"梦中梦"吗?床榻之前那亮光光的是什么,我真地弄不清楚,因为我整个人还处在迷迷糊糊的状态之中。

秋天到来了,那可能就是地上的冷霜吧。且慢,屋里哪会有霜降呢?真是奇怪。

真是奇怪,这个夜晚除了乱梦,还是乱梦,睡得很不沉稳。我这是怎么了？人家刘秀当年放言："仕宦当作执金吾，娶妻当得阴丽华"，那是何等的志向！我李白不愿意受那个窝囊气，不愿意跻身仕途。但是，我也有我的抱负啊！可是，在这样一个夜晚，我就是难以安稳下来，哪怕是在睡梦中。对了，床榻之前是什么那么明亮呢？我得看仔细些。还是起来吧。

披衣下床，近前一瞧：啊！原来是透过窗户洒进来的月光。怪不得，如霜一般。原来屋外有月，月洒冷光如凝霜啊！我很喜欢月亮，每每看见月亮，我就不禁要吟诗。小时候我看月的情形，还记忆犹新，至今我还佩服自己怎么会有那么丰富的想象力：

小时不识月，呼作白玉盘。
又疑瑶台镜，飞在青云端。
仙人垂两足，桂树何团团。
白兔捣药成，问言与谁餐？
蟾蜍蚀圆影，大明夜已残。
羿昔落九乌，天人清且安。
阴精此沦惑，去去不足观。
忧来其如何，恻怆摧心肝。　　（李白《杂曲歌辞·古朗月行》）

长大后，我更喜欢月下独酌——举杯邀明月，那是多么惬意的事情啊！可是，这个夜晚，身在异乡的我，没有了往日的兴致，没有了浪漫的情怀，也没有了醉酒吟咏的冲动。

站在屋外皎洁的月光之下，于是我知道，我这是想家了，开始思念起远方的家乡，远方的亲人。他们还在睡梦中吗？抑或如我一般，也站在这一轮明亮的孤月之下仰望星空呢？家乡的月亮一定更加明亮。杜甫虽然比我小，但却说得好："露从今夜白，月是故乡明"（杜甫《月夜忆舍弟》）啊！不像我小时候，喜欢月亮却不懂其中的真谛，刚才我还说过："小时不识月，呼作白玉盘"呢。今天这个夜晚，我没有了丰富的想象，望着头顶的明月，再低下头一寻思——除了想家，还是想家啊！没有了酒兴，没有了诗兴，有的只是乡情。还是回屋吧。

但愿，家乡的人们安好，莫如我一般飘摇。但愿，月是故乡明，洒我思亲情。

四、英译研究：语法和逻辑

汉英翻译中，逻辑性至关重要，因为英语是一门高度逻辑化的语言，其逻辑的严密性取决于语法的严谨性。逻辑正确，译文才算正确。将"胸有成竹"译成"to have a grown-up bamboo in one's bosom"，语法正确了，但逻辑却不通。可以说，语法决定译文通不通，逻辑决定译文对不对；语法通了，译文不一定对，即不一定符合逻辑；只有语法通达、逻辑合理的译文，才算是基本合格的译文，因为还有其他方面的因素要考虑。

鉴于此，古诗英译包括唐代五绝韵体英译，首先要确保语法无误。也就是说，译诗要符合英语的语法，这是基本的要求（当然，有些译诗故意不讲究语法，则另当别论）。满足这个要求之后，再进一步考察，看看译诗是否符合逻辑，即翻译得对不对。最后再去照顾修辞方面——译得好不好的问题。具体来说，可以增词补译，也可以增加行数，并将直译与意译结合起来，综合加以处理，处理好译诗中语法与逻辑的关系。

对于李白的这首通俗易懂的《静夜思》而言，首联和尾联的跨度较大，要处理好其中的逻辑关系——是在屋内"举头望明月，低头思故乡"呢，还是在屋外？当然，英译时，这种逻辑关系也可以采取跟原诗一样的模糊化处理方法。再者，首联的"明月光"跟"地上霜"之间的逻辑关系的处理，也是值得考虑的。下面以《静夜思》的几个英译本为例，对古诗英译特别是唐代五绝韵体英译中语法与逻辑方面的问题加以简单的探讨。

译本（1）

Musings on a Quiet Night

By *Li Bai*

The bright moonlight near my cot

Seemed to me like white ground frost.

I looked up to gaze at the moon;

I looked down to think of home.　　　　　　（龚景浩，2006：3）

注：1. muse：*Verb*（no obj.）be absorbed in thought 沉思；默想；冥想
　　2. cot：*Noun* a type of bed, in particular（尤其指一种）床

这个译本在逻辑性的处理上，跟原诗一样，采取了模糊化的处理方式，没有做具体化的交代，译者追求的也许是逻辑上的"模糊"对等吧。在整体风格的处理上，此译本跟原诗一样简洁、明快，很是可取。其中，"musing"一词加上复数形式的"s"，似乎有点不合逻辑。另外，"cot"一词的选用，看来主要是为了跟第二行的末尾押辅音韵，但整体上押韵不完整，似乎有点得不偿失。

译本（2）

Thoughts on a Still Night

By *Li Bai*

The moonlight in front of my bed
Takes after the frost on earth shed.
I lift my eyes for the bright moon,
Head down, I long for home soon.　　　　　　（曹顺发，2007：009）

注：shed：*Verb* cast or give off（light）射出；发出（光）（e. g. The full moon shed a watery light on the scene. 圆圆的月亮给夜景披下一片如水的柔光。）

这个译本在"形式"方面做了不错的探索，采用韵体英诗来翻译，整体风格传达得不错。译者采取了模糊化的方法来处理原诗中首联跟尾联之间的逻辑关系。但是，对于诗歌整体而言，须知"明月光"首先是未知的，是隐性的。另外，对于英语这一"形合"式语言而言，译诗的第三、四行之间似乎缺乏应有的篇章纽带。当然，有时候为表达的需要，诗歌也许可以打破这样的语法形式上的限制。另外，出于押韵考虑，第二行的语序做了调整，末尾用了过去分词形式的"shed"，感觉不是很合适。

译本（3）

Homesickness in a Silent Night

By *Li Bai*

Before my bed the silver moonbeams spread—

I wonder if it is the frost upon the ground.
I see the moon so bright when raising my head,
Withdrawing my eyes my nostalgia comes around. ①

注:1. moonbeam: *Noun* a ray of moonlight 月光
  2. nostalgia: *Noun* (mass noun) a sentimental longing or wistful affection for the past, typically for a period or place with happy personal associations 怀旧;(尤指对某段快乐时光或某地的)思念;怀念

此译本对逻辑关系采取的也是模糊化的处理方式,采用了韵体英译。译诗在节奏上不是很讲究,但是押韵形式十分工整,整体上押"ABAB"式的连锁韵,四行又同时押辅音韵,着实难能可贵。这个英译在"形似"方面做了很好的尝试和探索。但是,"nostalgia"一词的选用,"思故乡"情意显得不浓,好在诗题的"homesickness"预先有所体现。

译本(4)
A Tranquil Night
By *Li Bai*
Before my bed a pool of light,
Is it hoarfrost upon the ground?
Eyes raised, I see the moon so bright;
Head bent, in homesickness I am drowned.

(许渊冲,陆佩弦,吴钧陶等,1988:125)

注:1. tranquil: *Adjective* free from disturbance; calm 平静的;镇静的
  2. hoarfrost: *Noun* a grayish-white crystalline deposit of frozen water vapor formed in clear still weather on vegetation, fences, etc. 白霜

此译本很好地处理了"明月光"与"地上霜"之间的关系,采用韵体英诗来翻译,押"ABAB"式的连锁韵,每行基本控制在四音步的范围内,"形似"度很好,基本传达出原诗的"神韵"。有些词的选用很贴切,如"hoarfrost"。略显不足的,是译诗的第一行跟第二行之间的

---

① 屠笛、屠岸译,引自"吴钧陶,1997:251"。

语法关系,稍显牵强。

译本(5)

Homesickness in a Quiet Moonlit Night

By *Li Bai*

What bright beams are beside my bed in room!
Could on the ground there be the frost so soon?
Lifting my head, I see a big, full moon,
Only to bend to think of my sweet home.　　（王大濂,1998:52）

此译本也力争做到了诗体形式的完整,采用韵体英译,押的是"ABBA"式的连锁韵。译诗将原诗首联两句的逻辑关系处理得很好。最后一行的处理,似乎不太符合英语的表达逻辑,尽管语法上没有什么问题。

译本(6)

In the Still of the Night

By *Li Bai*

I descry bright moonlight in front of my bed.
I suspect it to be hoary frost on the floor.
I watch the bright moon, as I tilt back my head.
I yearn, while stooping, for my homeland more.

（徐忠杰,1990:86）

注:1. descry: *Verb* (with obj.) (poetic/literary) catch sight of(诗/文用法)看到

2. hoary: *Adjective* greyish-white 灰白的

3. tilt: *Verb* move or cause to move into a sloping position(使)倾斜;(使)侧倾

4. yearn: *Verb* (no obj.) have an intense feeling of loss or lack and longing for something 怀念;思慕;渴望;期盼

此译本采用的韵式为"ABAB",基本做到了"形似",但是每行开始的"I"的重复,未免增添一丝单调的感觉。译诗第一行的"descry",跟第二行的"suspect",似乎存在着逻辑上的悖论。另外,"tilt"似乎稍欠"举头"的力度。

译本(7)
Meditation in a Quiet Night
By *Li Bai*
The moon shines brightly
In front of my bed.
It was frost on the ground
I thought and said.
I gaze at the bright moon,
Raising my head.
I miss my native place
When I bend my head.

Note and Commentary: This is a vivid picture of nostalgia in an autumn moon night when the moon shone brightly through the window on the ground before the poet's bed, which he mistook for frost on the ground. Raising his head to look at the moon, he came to know it was moon light. When he lowered his head, he became more nostalgic.

(唐一鹤,2005:183)

注:1. meditation: *Noun* (mass noun) the action or practice of meditating 沉思;冥想
   2. nostalgia: *Noun* (mass noun) a sentimental longing or wistful affection for the past, typically for a period or place with happy personal associations 怀旧;(尤指对某段快乐时光或某地的)思念;怀念

此译本的译者将原诗的四行化为八行来译(应该是出于达意的考虑吧,这是一种值得提倡的处理策略),采用了自由式英诗与韵式英诗相结合的译法,部分地方的增译处理确实很形象地传达出原诗一定的意境。但是,对于逻辑性很强的英语来说,个别处似乎稍欠严谨性。另外,汉语中,举"头"、低"头"很是形象、生动,不显得单调,但是英语中,一般来说,"raising my head"之后,隔一行又说"when I bend my head"就显得单调和累赘了,而且,押韵效果欠佳。

综上所述,古诗英译中由于汉英语言本身的差异,应处理好译诗的语法和逻辑。为达此目的,可以增词补译,也可以调整译诗行数,

并将直译和意译结合起来处理译诗,方能处理好译诗的语法和逻辑。

五、韵译探索:静夜思

静夜思　李白
床前明月光,疑是地上霜。
举头望明月,低头思故乡。

Random Musing on a Silent Moonlit Night
By *LI Bai*
Waking up finding pale rays 'head of bed,
As frost on th' ground was I misled.
Outdoors the Moon up there shed light so clear,
Which just made me homesick down here.

N. B. In both ancient and modern China, the moon, be it a bright one or a full one, will always provoke people into various thinking. The full moon in particular always arouses in persons a sense of reunion with their sweetheart, spouse or family.

(Translated by *WANG Yong-sheng*)　　　　　　(王永胜译)

注:1. random: *Adjective* made, done, happening, or chosen without method or conscious decision 胡乱的;无一定规则的;任意的;任意选取的
　　2. moonlit: *Adjective* lit by the moon 月光照耀下的
　　3. 'head = ahead
　　4. th' = the

第二节　渡江乡情

五言绝句原诗:

lǐng　wài　yīn　shū　duàn　jīng　dōng　fù　lì　chūn
岭　　外　　音　　书　　断,　经　　冬　　复　历　春。
jìn　xiāng　qíng　gèng　qiè　bù　gǎn　wèn　lái　rén
近　　乡　　情　　更　　怯,　不　　敢　　问　来　人。

九言白话译文：
贬谪蛮地书绝亦无音，季节更迭冬去又逢春。
汉江已过乡近心惧怕，家中情况岂敢问来人？

首先需要说明的是，关于这首五言小诗，存在着"作者"之争：一说其作者是初唐时期的宋之问，很多选本将这首诗署上了宋之问的名字，如上海辞书出版社的《唐诗鉴赏辞典》等；一说其作者是中、晚唐时期的李频，如蘅塘退士的《唐诗三百首》中，这首诗的作者就是李频。颇有意思的是，《全唐诗》的第53卷第35首收录的是这首诗，署名是宋之问，诗体如上所示；第589卷第55首收录的也是这首诗，署名则变成了李频，不过诗体稍有差别：

岭外音书绝，经年复历春。
近乡情更怯，不敢问来人。

之所以出现这种现象，除了人为的疏忽，记载出错之外，恐怕与宋之问所谓的"人品"有关而不愿署上宋之问的名字了。人们不喜欢宋之问的"低劣人品"，就将各种"解恨"的传说加到了他的身上。最著名的莫过有关其《灵隐寺》诗的传说，全诗如下：

鹫岭郁岧峣，龙宫锁寂寥。
楼观沧海日，门对浙江潮。
桂子月中落，天香云外飘。
扪萝登塔远，刳木取泉遥。
霜薄花更发，冰轻叶未凋。
夙龄尚遐异，搜对涤烦嚣。
待入天台路，看余度石桥。　　　　　　（宋之问《灵隐寺》）

这个传说跟这首诗的第三、四句"楼观沧海日，门对浙江潮"有关：当时，灵隐寺的一位和尚（据说是骆宾王），随随便便就对出了这两句，宋之问当时觉得好，就写进了诗中，但不知道此人就是骆宾王。由此，是否可以想象：人们为了"惩罚"宋之问，会不会将他的诗稍加更改，再安到另一个人的名下呢？当然，这样"一诗两作"的现象并非个例。如贾岛的《寻隐者不遇》的诗体,跟有的选本的《访羊尊师》[①]的诗体是一样的,只不过诗题和作者不同:前者是贾岛,后者是孙革。

尽管如此,人们已经普遍将这首诗视作宋之问的作品了,本书从之,也将其作为宋之问的作品加以讨论。

本节开头所示的,是宋之问的一首五言绝句《渡汉江》。宋之问不堪忍受左迁后的生活,从被贬谪之所溜走。与其说是"溜走",不如说是"逃走"。匆匆逃回自己的家乡。由此可见人的乡情之浓烈。得意之际思乡,失意之时亦思乡,可以说家乡是一个人挣不脱的"结",是一个人心灵永远的归宿。途经汉江时,宋之问写下了这首忐忑不安的乡情五绝。

欲渡汉江,有所顾忌和忧虑;不渡汉江,心有不甘和牵挂。渡与不渡,那是问题之所在。渡江引发的乡情,这首《渡汉江》给予了微妙而贴切的诠释。

一、人物品读:宋之问

宋之问的一生,着实不易。他左冲右突、攀附权贵,实属人之常情:人总要奋斗,总是要往高处走的。初唐时期的宋之问,可谓处在一个夹缝之中:前有虞世南、上官仪等宫廷诗人——诗风绮靡、辞藻华丽,后有"初唐四杰"的崛起——诗风清新、词语朴实。宋之问选择了前者,放弃了对自己毅力的磨练,但是他的摸爬滚打也造就了他的初唐时期著名诗人的称号,实属难得。

宋之问(约656—约712),字延清,汾州(今山西汾阳)人。唐高宗上元二年(公元675年),他进士及第,历任尚方监丞、左奉宸内供奉等职务,常扈从游宴,写过不少应制诗。例如:

年光竹里遍,春色杏间遥。
烟气笼青阁,流文荡画桥。
飞花随蝶舞,艳曲伴莺娇。

---

① 参见"刘永济,1998:221"。

今日陪欢豫,还疑陟紫霄。　　（宋之问《春日芙蓉园侍宴应制》）

宋之问受父亲影响颇深,开始喜欢诗文,后擅长诗文。其诗文与沈佺期齐名,被人并称"沈宋"。宋之问的创作使六朝以来的格律诗之法更加严谨,使五言律诗的体制更趋完善,并创造了七言律诗的新体,是律诗的奠基人之一。这一点,与他的"劣品"或"劣迹"对比起来,可谓鲜明之至。

宋之问作为一个文人,因其人品"低劣"而遭人唾弃,如其中的"因诗杀人"事件。传说有一天,宋之问见其外甥刘希夷的一句诗"年年岁岁花相似,岁岁年年人不同"很是奇妙,就想占为己有。刘希夷不愿意,宋之问就用装满土的袋子将其压死。如若属实,宋之问可谓残忍、低劣之极。但是,本书著者宁愿相信这只是一个传说。

宋之问作为一位仕途之人,趋炎附势,攀附权贵,如媚附于武则天的宠臣张易之等。再如,他在《奉敕从太平公主游九龙潭寻宴安平王别序》中说:"下官少怀微尚,早事灵丘,践畴昔之桃源,留不能去;攀君王之桂树,情可何之。"先天元年(公元712年)八月,唐玄宗李隆基即位,宋之问被赐死于徙所,结束了自己年过半百的人生旅程。

二、艺术品读:《渡汉江》

神龙元年(公元705年),因为所攀附的武则天的宠臣张易之被杀,宋之问被贬为泷州(今广东罗定市)参军。但是,他却从被贬谪之所出逃,意欲回家。经过汉江(襄阳附近汉水的一段)时,写下了这首五绝。据记载,宋之问最终没有回到家,而是躲到了一个名叫张仲之的朋友家中。当时,张仲之冒着极大的风险收留了他,但后来在利益面前,他还是出卖了这位好心的朋友,实不足取。

抛开这个"不光彩"的一面不谈,这首《渡汉江》不失为一首乡情佳作:流畅自然,情真意切,而且角度的选取尤为不俗。有的时候,从"文品"是看不出"人品"的,由"人品"也推测不出"文品"。因为这两个"品"都具有隐藏性。但是,人们还是期望"文品如人品"。无论怎样,宋之问的这首诗之所以能如此广泛地流传下来,还在乡情方面引起人们的共鸣,这其中也道出了人们欣赏品味的理智性。有时候,艺术是可以凌驾于"人品"之上的,"人品"也因艺术得到了升华,成了独特的"文品"。

首联中,诗人以自己被贬的处境起兴,自然贴切。身处荒蛮之地,仕途受阻,日子一天一天过去,怎能不心生苦闷呢?"岭外音书断",被贬谪到岭南这样的地方,收不到任何的讯息,但是"经冬复历春",日子还是一天天流淌,流淌过冬天,又流淌向春天,对某些人而言可谓煎熬。字里行间,真情流露,没有诗人以往的做宫廷应制诗那样华丽的辞藻和绮丽的风格,可谓贬谪赋"新生"啊!在赴岭南途中,经过大庾岭时,诗人所创作的另一首诗,又可见其诗风的转变:

度岭方辞国,停轺一望家。
魂随南翥鸟,泪尽北枝花。
山雨初含霁,江云欲变霞。
但令归有日,不敢恨长沙。 (宋之问《度大庾岭》)

这首《渡汉江》,也是如此。首联寥寥十个字,即勾勒出诗人的生存状态,透露出对家人的思念之情。"断"的是乡情,"复"的是时间。时间周而复始,音信戛然而止。笔调朴实,情感却历历在目,令人顿生恻隐之心。此次诗人被贬的是岭南之地的泷州(今广东罗定县),离诗人的家乡汾州(今山西汾阳附近)相距甚远,家乡离诗人欲渡的汉江也有很远的距离。但是诗歌是高于生活的,"汉江"只是诗人乡情表达的一种典型"物象"。这种物象,在诗题上有所体现,而诗体中则做了"隐性"处理,隐而不表,不过从诗中可以看出诗人最终还是渡过了汉江,走向了家乡,暂且不管当时真实的情况如何。

既然靠近了家乡,遇到了家乡的人,应该急忙打听家里人的情况才是,但是诗人在尾联却反"常道"而行之,采取了"反向"的视角,即不是以"急切"的心情去问自家乡出来的人,而是有点缩手缩脚,反而心生"恐惧"。诗人尽力控制着自己,不是"急于"问来人,而是"不敢"问来人。笔锋一转,这样"反向"着笔,比"正向"处理更能烘托出诗人那"脆弱"的乡情"情结"之下的那根更加"脆弱"的神经。这有点像猜谜——想知道谜底,猜不出来,却又不想让人告知谜底,只想由自己最终来揭开谜底。也许这个比方不很恰当,但是,诗人对亲人的情感——这种微妙而细腻的情感,却很能引起人们的共鸣,谁没有过这样的情感经历呢?

尾联"近乡情更怯,不敢问来人",看似与作者的急切归乡之情形成了悖论,但实质上却是神来之笔。诗人经历了失望的贬谪之痛,心里抑郁,但同时诗人因不想听到家人的任何不好的消息而加剧了自己苦闷的心情,只想亲眼目睹——哪怕亲人遭遇了不幸,也不想从"来人"嘴里获悉,只想亲自回家,亲眼目睹。这就反衬了诗人思乡情感之强烈。当然,这种矛盾的心理,也跟诗人的实际遭遇相关。诗人当时从被贬谪的地点逃回,心情自然是惴惴不安的,而这种忐忑的心境却造就了诗歌的永恒。当然,换句话说,正是因为抛开了这"不光彩"的一面,这首诗才得以永恒。

生活的现实有时候是残酷的,谁都不想遭遇这种残酷的现实,尤其不希望自己的亲人遭遇这样的残酷现实,宋之问也是如此。"近乡"之路越短,就越发感觉"情更怯",也就害怕甚至"不敢"去"问来人"了。

英语中有句话:"No news is good news",诗人宋之问又何尝不想如此呢?渡过汉江之后的宋之问,反而"情更怯",进而"不敢问来人"了。杜甫也有类似的经历:

寄书问三川,不知家在否。
比闻同雁祸,杀戮到鸡狗。
……
自寄一封书,今已十月后。
反畏消息来,寸心亦何有。 (杜甫《述怀》)

这种乡情,多么微妙!这种乡情,何等真切!

三、个人品读:惴惴不安思乡切

这么多年在仕途奔走,摸爬滚打,没想到还是落得个被贬谪的下场啊!

这一切只能怪我自己。可是,话又说回来,谁不想过好日子?反之,谁都不想"水往低处流"。我承认,我有些做法太过,甚至太阴险,

第九章 乡情五绝

所以这次被贬,我也是罪有应得。但是,我还是郁闷,一筹莫展。

这一生,难道就在这样一个环境中待下去吗?岭南这个地方,简直就是荒郊野地,闭塞得很,不通音信,没有了外界的消息。转眼冬天就要过去,春天就要到来。时间是不会停止的。到了这样的地步,叫我情何以堪呢?

我想起了在宫廷里那些日子,那是些多么逍遥的时光啊!那时候,我宋之问春风得意,与杨炯同入崇文馆做学士,何等威风!但是,世事无常,旦夕祸福,最后还是落得个这样的下场。这里天高地远,但是,我可没有陶公那两下子去"结庐在人境,而无车马喧。问君何能尔?心远地自偏"(晋宋陶渊明《饮酒二十首》其五)。这里的地,确实偏远,但是我的心,更是偏远。我忍受不了这样的境遇,我得走了。你能贬,我能走啊!这么长时间的官场打拼,没有见过家人,我要回家,去见家人。

一路走走停停,到了汉江。面对滔滔的汉江流水,我陷入了沉思,不知该何去何从。渡过汉江,家乡就更近了。家乡越近,我的心里越加害怕,害怕亲人出现什么状况,遭遇什么不幸。遇到了从家乡出来的人,我也只是打打招呼,不敢细问。其中有些人看到我跟他们打招呼,还直发愣,好像不认识我了。唉,毕竟这么多年已过,人是会变化的。这个时候,我心潮澎湃,想起了贺知章,想起了他的诗:

少小离家老大回,乡音无改鬓毛衰。
儿童相见不相识,笑问客从何处来。

(贺知章《回乡偶书二首》其一)

可问题是,我毕竟不老啊!这些人啊,怎么都不认识我了啊!这样一来,更不能向他们打听家里人的情况了。我的心啊,忐忑不安,七上八下的。越是靠近家乡,越是如此。看到了小时候熟悉的山,熟悉的水,尤其是那熟悉的湖水,真是令我倍感亲切啊!这时候,我又想起了贺知章,想起了他的诗:

离别家乡岁月多,近来人事半消磨。
惟有门前镜湖水,春风不改旧时波。

(贺知章《回乡偶书二首》其二)

这时候,我也来了兴致,也想写一首这样的诗,该怎么去写呢?望着日暮的远方,望着飘散的炊烟,我陷入了沉思。

不管我的遭遇如何,我希望家人平安。别人可能觉得我这个人为官不择手段。但是,我愿——我愿家人平安。

四、英译研究:增词补译(1)——诗题

汉英翻译中,由于两种语言本身的差异,增词补译算是一种较为常用的方法。汉语本身有些地方隐而不表,如背景知识和某些逻辑关系等,作为中国人或者以汉语为思维载体的人是能看明白的,但是翻译给以英语为母语的人看,他们恐怕就会感到费解,甚至产生疑问。古诗英译特别是唐代五绝的韵体英译尤其如此。

宋之问的这首五绝题为《渡汉江》,但是诗体只字未提"渡汉江"方面的事,也未提"汉江"半个字,见到的却是浓浓的乡情。可见,诗题是一种背景的交代,是乡情的引发因素。这个"渡汉江"的背景藏匿于诗行的起承转合之中,诗人对此做了"蒙太奇"化处理。因此,在这首诗的英译过程中,可以考虑以"增词"来"补译",特别是从韵体英译的角度来考虑可以对诗题进行增词补译处理,以使译文的逻辑性更强,同时也为诗体的韵体英译留下足够的操作空间。下面以《渡汉江》的几个译本为例,对古诗英译,特别是唐代五绝韵体英译中对诗题的增词补译处理加以简单的探讨。

译本(1)

Crossing the River Han

By *Song Zhiwen*

I longed for news while far away,
From year to year, from day to day.
Nearing homeland, timid I grow,

I dare not ask what I would know. ①

这篇英译的古诗中,"岭外"做了模糊化处理,考虑的是译文的可读性,是出于"归化"考虑的。无论如何,这算是一种变通的处理方法。这篇译文变通的地方还有几处,个中优劣,不可妄加评说。但是,末行的"what I would know"似乎稍微欠妥。毕竟,诗人的心态是忐忑不定的,家中的"吉凶"应该是"未卜"的。此译本中,韵式采用的是偶数韵格,很难得。另外,有人对于这个英译的标题提出了质疑②。再者,译诗的诗体跟诗题比较起来,显得突兀,逻辑方面的交代不足。如果对诗题进行增词补译处理的话,估计整体译诗效果会更佳。

译本(2)

Crossing the Han River

By *Song Zhiwen*

Away from home, I was longing for news,
Winter after winter, spring after spring.
Now, nearing my village, meeting people,
I dare not ask a single question. ③

这个译本是采用自由体英诗来翻译的,较好地传达出原诗的实质,这也是自由体译诗的一大好处。诗题的翻译较上译,在专有名词的处理方面可接受性更强一些。至于采用韵体英译,还是非韵体英译来翻译古诗,自然是当下讨论的焦点,也是本书探讨的主题,译者在实际操作中也各有不同的尝试和探索,这本身无可厚非。另外,由于没有采用增词补译的方法,特别是将诗题照译不误,此译本诗题跟诗体之间的逻辑关系似乎还是脱节的。

---

① 许渊冲译,转引自"郭著章,江安,鲁文忠,2010:7"。
② 参见"郭著章,江安,鲁文忠,2010:8"。
③ 威特·宾纳(Witter Bynner)译,转引自"郭著章,江安,鲁文忠,2010:7"。

译本(3)
Crossing the Han River
By *Song Zhiwen*
No news, no letters—all winter, all spring—
Beyond the mountains.
With every homeward step more timid still
I dare not even inquire of passerby.

Note:
Known as a thoroughly unsavoury character who pandered to the empress Wu Zhao's lover Zhang Yizhi, fell from power along with Zhang, and was eventually found guilty of accepting bribes and executed. Song Zhiwen had good reason to fear returning home from exile.

(张廷琛,魏博思,2007:7)

注:1. homeward: *Adjective* going or leading towards home 回家的;向家的
2. inquire: *Verb* another term for enquire 同"enquire"
   enquire: *Verb* (reporting verb) ask for information from someone 打听;询问
3. unsavoury: *Adjective* disagreeable and unpleasant because morally disreputable (品德)令人讨厌的;可憎恶的
4. pander: *Verb* (no obj.) (pander to) gratify or indulge (an immoral or distasteful desire, need, or habit or a person with such a desire, need, etc.) 迎合(或纵容)不道德(或可耻)的欲望(或需求、习惯);迎合(或纵容)不道德的人
5. exile: *Noun* (mass noun) the state of being barred from one's native country, typically for political or punitive reasons 流放;流亡;放逐

这个译本在诗意上做了很不错的传达,采用自由体英诗来翻译。但是,由于诗题部分没有采用增词补译的方式来处理,译语读者估计很难将诗题和诗体的含义有机联系起来。另外,既然韵式不用考虑,个别地方似乎还可以更好地表述一下,如"passerby"若采用复数形式"passersby"的话,效果是不是会更好一些呢?从英文的角度来考察的话,前两行的英文显得"破碎"(fragmentary)一点儿。还有,加注是必要的,但是从古诗译介的视角来看,再加上这首诗所引起的人们情

感上的共鸣,那么这篇译文的"Note"中有些关于诗人人品方面的内容就显得欠妥当了。

译本(4)

Crossing the Han River

By *Song Zhiwen*

To south of the Five Ridges came winter and then spring,
Yet ne'er a letter to me from kith and kin.
Now crossing the Han River, my old home nearing,
I'm too shy to inquire the townsman encountering.

(吴均陶,1997:697)

注:1. ridge: *Noun* a long narrow hilltop, mountain range, or watershed 山脊;山脉;岭;分水岭
2. ne'er = never
3. kith and kin (kith or kin): one's relations 亲戚
4. townsman: *Noun* a man living in a particular town or city (often used to contrast with a visitor or a person living in the country) (常与游客、乡下人对比的) 镇民;市民;城里人

这篇译文充分照顾到"内容""形式"和"逻辑"方面的关系,特别在逻辑关系的处理上很是独到,增词补译的效果很好。尽管译者没有在诗题上增词补译,但在译诗诗体的第三行做了增词补译处理,即增加了"Now crossing the Han River"这一表达。这样,诗题与诗体也就有机地连接了起来。某些韵式的采用,也很好地增加了诗意。只是,从"怯"和"不敢"的角度来说,英文的"shy"一词的意义显得有点儿力不从心了。

综上所述,在古诗英译特别是唐代五绝韵体英译过程中,增词补译应该是一个比较常用的翻译策略或技巧。在实际操作过程中,可以考虑将汉语这种"意合"语言中所缺省的成分,通过"增词"的方式,在译语中"补译"出来,以达到英语这门"形合"语言对语法和逻辑的要求,其核心目的就是达到译诗的要求。针对宋之问《渡汉江》这类诗,可以考虑将原诗中多数缺省的信息,通过增词补译到诗题当中,以便为诗体的韵体英译留出足够的操作空间。

五、韵译探索:渡汉江

渡汉江　宋之问
岭外音书断,经冬复历春。
近乡情更怯,不敢问来人。

Homesickness Prior to and after Crossing Hanjiang River
By *SONG Zhi-wen*
In distant south with no message I stay,
With spring coming since winter flies away.
Crossing the river homewards, off I set,
Feeling more upset as I get
Nearer to my birthplace but I dare not
Ask passing villagers a lot.

N. B. The *Hanjiang River* is a river running mostly through today's Hubei Province, China. It is the location where many historic events took place, hence the popular name mentioned in literature including poetry. Thus, facing Hanjiang River, people would feel emotional and sentimental.

(Translated by *WANG Yong-sheng*)　　　　　(王永胜译)

注:1. prior to: before a particular time or event 在……以前;先于;优先于(e. g. She visited me on the day prior to her death. 她去世的前一天还来看我。)

2. message: *Noun* a verbal, written, or recorded communication sent to or left for a recipient who cannot be contacted directly 口信;消息;信息

3. homewards: *Adverb* towards home 向家;朝家;往家

4. sentimental: *Adjective* of or prompted by feelings of tenderness, sadness, or nostalgia 情绪化的;感伤的

第三节　偶发乡情

五言绝句原诗:

jūn	zì	gù	xiāng	lái	yīng	zhī	gù	xiāng	shì
君	自	故	乡	来,	应	知	故	乡	事。

第九章 乡情五绝

lái rì qǐ chuāng qián，hán méi zhuó huā wèi
来 日 绮 窗 前，寒 梅 著 花 未？

九言白话译文：

你呀刚刚从家乡赶到，家乡所有事你应知晓。

离开时我家雕花窗前，寒梅是否已绽放不少？

这首五绝是唐代诗人王维的作品，诗题为《杂诗》，一作《杂诗三首(其二)》。

首先需要说明的是，这首五言四行诗，跟前面讨论过的某些诗一样，如李白的《静夜思》等，存在着诗的体式之争，即"五绝""五古绝"之争。蘅塘退士的《唐诗三百首》等将其列为"五言绝句"之列，即五绝，但也有的选本列其为"五古绝"，即古体诗的范畴。若论正律，这首《杂诗》从第二句起，就不合律，但是，若从"特定句式""拗句"等角度考察，这首诗跟李白的《静夜思》一样，也是属于"特殊体式"的典型"五绝"（关于"五绝"和"五古绝"，请参阅本书上卷第五章第一节）。这里，将其视作五绝加以讨论。

其实，王维在《杂诗》这个题目下，一共写了三首诗，算是现代诗里的"组诗"吧。《全唐诗》第128卷第60首收录的就是这组诗，题为《杂诗三首》，上面这首是其中的第二首。跟许多选本一样，这里为方便起见，也将其题目定为《杂诗》，算是化繁就简——虽然有失规范。

王维的这首五绝小诗，在乡情的抒发方面颇具情趣。这种情趣在尾联之中不加修饰地就显露出来了。本来还算是安生的王维，看到故乡的来人，偶然之间，自己的思乡之情就被燃起。看似信手拈来的诗句，看似不经意之间的问话，却在偶然之间，燃起了诗人的乡情——偶发之乡情。

一、人物品读：王维

王维①(701—761)是盛唐时期的一位诗人，可以说与同期的"李杜"不相上下，只不过后来的人们更熟知"李杜"罢了。王维的一生，先是经历了尘世的繁杂与浮华，然后逐渐沉淀、凝重，走上了自己更成熟的人生之路。这从人们给他的尊号"诗佛"，就可见一斑。的确，王维精通佛学，受禅宗影响也很大，其字"摩诘"，其实就是来自佛教的《维摩诘经》。按照今天的话来讲，王维可谓多才多艺，他的诗如画，他的画即诗，还不时流淌出音乐之美。

在诗歌方面，特别是在格律诗方面，王维是一个多面手，这或许得益于他多方面的才能。他的诗，无论是律诗还是绝句，皆可见边塞、山水、佛道和禅意。难怪宋代苏轼对王维赞不绝口："味摩诘之诗，诗中有画；观摩诘之画，画中有诗"（《东坡题跋·书摩诘蓝田烟雨图》)，可见王维的知名度之高。试看其诗两首：

寒山转苍翠，秋水日潺湲。
倚杖柴门外，临风听暮蝉。
渡头余落日，墟里上孤烟。
复值接舆醉，狂歌五柳前。　　（王维《辋川闲居赠裴秀才迪》）

送君尽惆怅，复送何人归。
几日同携手，一朝先拂衣。
东山有茅屋，幸为扫荆扉。
当亦谢官去，岂令心事违。　　（王维《送张五归山》）

少年王维英俊潇洒，意气风发，但第一次应试进士却以失败告终。二十岁那一年，却在一次宴会上，颇具传奇色彩般得到了举荐，后来不久成了状元。

经历了官场的风雨，王维有些失意，开始闲居，与孟浩然交往颇多，人称"王孟"。闲居期间，他也规劝孟浩然归隐：

---

① 关于王维其他方面情况，参见本书上卷第八章第一节第一部分。

杜门不复出,久与世情疏。　　　　　　(复,一作"欲")
以此为良策,劝君归旧庐。
醉歌田舍酒,笑读古人书。
好是一生事,无劳献**子虚**。　　　　(王维《送孟六归襄阳》)

但是,孟浩然可没有王维那么幸运,王维年纪轻轻就中了状元。唐开元十七年(公元729年),孟浩然离开长安,开始了自己的游历生涯。临走前,写了一首诗给王维,才依依不舍地离开:

寂寂竟何待,朝朝空自归。
欲寻芳草去,惜与故人违。
当路谁相假,知音世所稀。
只应守索寞,还掩故园扉。　　　　(孟浩然《留别王侍御维》)

尘世的繁华,最终在王维的人生里趋于静谧。据说,精通佛学的王维,似乎预料到自己的死期,含笑坐化,如同高僧圆寂一般。这种富于传奇色彩的静谧之中的坐化,如同一幅画,静得壮美,静得令人不忍惊扰,如同他的一首五绝:

人闲桂花落,夜静春山空。
月出惊山鸟,时鸣春涧中。
　　　　　　(王维《皇甫岳云溪杂题五首·鸟鸣涧》)

二、艺术品读:《杂诗(君自故乡来)》

所谓"杂诗",其实算是"无题"之诗,犹如李商隐的《锦瑟》,诗题虽为"锦瑟",其实"无题"。杂诗写的是偶发的感受,写的是偶然间产生的零星感想,写的也许算是繁杂的琐事。实质上,"杂诗"是一种不定题目的诗。

王维的这首五绝《杂诗》,写的是偶发的乡情,选取了一个奇特的视角来抒发自己对家中"寒梅"的挂牵,也就是对家人的挂牵,实质上是对自己妻子的挂牵。家在何方?家就在:

家住孟津河,门对孟津口。
常有江南船,寄书家中否。　　　　　　(王维《杂诗三首》其一)

首联"君自故乡来,应知故乡事",是诗人乡情引发的背景,也是

203

乡情偶发的实质。看到了自己老家的人,自然而然要问这问那的,这是人之常情。直白的口语入诗,不加修饰与雕琢,读来更感亲切。久在他乡为异客,偶然之间见到故乡的来人,乡情就不可避免地会在偶然间得到激发,儿童般天真的情感立即流淌而出,这是在所难免的。见了故乡人,谁还会摆出一副架子十足的样子呢? 真可谓:

　　一声何满子,双泪落君前。　　　　　　　　(张祜《何满子》)

"故乡"之"君"的到"来",着实给诗人平静的生活水面投下了一块乡情的石头,引静水起微澜,也许微澜的下面是更大的波澜,这阵波澜也许就会在水面上汹涌开来。但是,诗人及时收住:

　　来日绮窗前,寒梅著花未?

这一问,别说是读者,就连对面的老乡也许会意想不到。本来聊得不错,怎么突然就来了这么一句呢?

故乡的事情太多、太多,但是诗人却不经意间问了这样一个简单的问题。那岂不是"心不在焉"? 诗歌的魔力即在于此。一番唠家常式的谈话过后,笔锋一转——看似更加随意的一问,却在无形之中将诗歌的主题做了升华处理:你来的那天,雕刻花纹的窗户前,那朵顶风冒雪的"寒梅",开花了没有啊?"寒梅"一词,可谓意味深长。

正所谓"故乡久别,钓游之地,朋酒之欢,处处皆萦怀抱。而独忆窗外梅花,论襟期固雅逸绝尘,论诗句复清空一气,所谓妙手偶得也。"(俞陛云,2011:115)这首五绝,说白了,是写"游子怀念家中的妻子,妙在不说破,仅通过询问家中寒梅消息表达内心的思念,清空一气,意在言外"(李梦生,2007:13)。这就是王维角度选取的奇妙之处。赵殿成《王右丞集笺注》评论道:"一吟一咏,更有悠扬不尽之致,欲于此下复赘一语不得。"

要是拓展开来而不这么具体地说的话,这株"寒梅"就成了一种象征,象征着乡情的"情结",成了诗人思乡的一种寄托。换句话说,诗人将"寒梅"典型化、诗意化,将心中的乡情浓缩成顶风冒雪的寒梅——寒梅著花未? 即家乡的人还都好吧?

尽管"来日绮窗前,寒梅著花未?"问得唐突、突兀,故乡的来人,还是会如实回答的:

已见寒梅发,复闻啼鸟声。
心心视春草,畏向阶前生。　　　　（王维《杂诗三首》其三）
Cold plum blossoms are seen to bloom;
Birds are heard to twitter tuneful.
Green grasses greet the eyes, with gloom.
Don't climb onto the steps, withal.　　　　（张智中,2009:043）

注:1. bloom: *Verb* (no obj.) produce flowers; be in flower 开花;在开花;处于花期
2. twitter: *Verb* (no obj.) (of a bird) give a call consisting of repeated light tremulous sounds(鸟)吱吱叫;啁啾
3. tuneful: *Adjective* having a pleasing tune; melodious 音调优美的;旋律优美的
4. gloom: *Noun* (mass noun) partial or total darkness 阴暗;黑暗
5. withal: *Adverb* all the same; nevertheless (used when adding something that contrasts with a previous comment) 依然;仍然;然而(用于补充与以前评论相对比的事情)

也许,诗人见到"君自故乡来",感觉其"应知故乡事"的时候,诗人的心中思绪翻滚,情感如潮涌,乡情就在偶然之间如脱缰之野马。但是,却在这偶然的瞬间,一下子来了个"急刹车",不知不觉脱口而出:

来日绮窗前,寒梅著花未?

三、个人品读:乡情油然上心头

现在的我,虽然说是看破红尘,却向往着自由的生活;虽然没有饱经沧桑,却也历经仕途的艰辛。仕途的不顺,令我不悦。闲居的生活尤好,可以悠然自得,饮酒作赋,与朋友促膝长谈。

我喜欢这样的生活,虽然不算是奢华显贵,却也悠然自得。估计陶公要是活着的话,也会羡慕我这样的生活。我信奉佛教,却也不是四大皆空。每每思念家乡,我就写诗,已经写不少了。但是,这段时间的闲居生活,没有大起大落,算是安稳,可以一心修身养性,认真习文、赋诗。问题是,就算是这样平静的生活,也会被打破。一旦打破,我的情绪就又会波动起来——阿弥陀佛。

前不久发生的一件事,就是这样的,一下子打破了我平静的闲居生活,偶然间引发我的乡情之结。

当时,我陷入了沉思,也不知自己在沉思些什么,似乎预感到有什么事情会发生。虽说我不是什么神仙,但是预感特别强。一次,一些朋友开玩笑说,我应该去当算命先生。那个骆宾王先辈不就是"算博士"嘛。

正在沉思间,偶一抬头,发现前方走来一人,高高的个子,一身布衣打扮。咦?这不是家乡的人嘛,还是我家的邻居呢,彼此很熟悉的。迎上前去,一阵寒暄,但是千头万绪,又不知从何说起。

好在故乡的高个子十分健谈,口若悬河,谈起他这一路上的遭遇,对家乡的事情却只字未提。于是,我有些着急:

"你从老家过来,应该知道家里的一些事情吧。"

他一怔,应声说道:"知道,知道,怎能不知?"

他这么一说,我反而不知道该问什么了,也不知道自己想知道些什么了。虽有千头万绪,但不知从何说起。但是,还是顺口应承道:

"你来的那天,看到……"

还没等我说完,他就急忙插话:

"看到了,看到了。"

"我家雕刻花纹的窗户前,那株寒梅开花没有呢?"

他又是一怔,没想到我竟然问了这样一个问题。

唉,千头万绪,不知从何说起。

四、英译研究:意象的处理(1)——增强意识

古诗英译中,对于原诗"意象"的处理,译者首先要增强意识,因为意象的处理直接关系到译诗的效果甚至成败,以及给译语读者带来的感受。意象的处理,译者增强意识在先,其次可以考虑采取何种翻译策略,如再现、转换、借用等。当然,出于某种需要,有时还可以考虑隐去原诗中的一部分意象。意象再现属于直译,可能会造成译语读者理解上的困难,甚至误解,但同时会丰富译语的文化意象;意

象转换,则兼顾了源语和译语,是一种"双向"式处理方式;意象借用,则是充分考虑到译语的文化因素,属于意译的范畴。无论采用什么样的处理方式,古诗英译中多数情况下,"意象"的处理是避免不了的,需要译者首先增强意识,要意识到意象处理的重要性。例如:

春晓 孟浩然

春眠不觉晓,处处闻啼鸟。

夜来风雨声,花落知多少?

One Morning in Spring

By *Meng Haoran*

Late? This spring morning as I awake I know,

All around me the birds are crying, crying.

The storm last night, I sensed its fury.

How many, I wonder, are fallen, poor dear flowers?[①]

注:1. awake: *Verb* [no obj.] stop sleeping; wake from sleep 醒;睡醒(e.g. She awoke to find the streets covered in snow. 她醒来发现马路上盖满了雪。)

2. fury: *Noun* [mass noun] wild or violent anger 狂怒;暴怒

  意象的处理,与词语的选用不无关系,这属于修辞的范畴。上述译诗虽然做了分行书写(也许原译诗不是分行书写,而是写成一段),但其译者采取的是散文体英文形式来翻译的,倡导的是"所谓相符,其实只能是相似。至于措辞,是不能要求相符的"[②]。就这首译诗来说,原诗首联对句中的"闻啼鸟",选用了重复的"crying"来体现,细究起来还是有一定的偏差的。当然,诗无达诂,译者自然有自己的一番体会和诠释。无论如何,"意境"的处理还需多照顾一下原诗的上下文,即语境。

  王维的这首《杂诗(君自故乡来)》中,不太重要的意象是"绮窗",十分重要的意象是"寒梅"。"绮窗"就是雕画上花纹的窗户,或者说是绘饰得很精美的窗户。这样的窗户本身就颇具女性的特点,

---

① 翁显良译,转引自"赵晓茹,2010(4):91"。

② 翁显良语,转引自"丛滋杭,2007:95"。

极其有可能是闺房之窗。这是否也从一个侧面暗示了诗人乡情中所思之人的一点线索呢？当然，这也许只是本书著者片面的理解。如果不是的话，英译时可以考虑对这一意象加以传达。除了王维的《杂诗三首》之外，唐代也有不少诗人在诗作中用到"绮窗"这一意象。例如：

　　皓月流春城，华露积芳草。
　　坐念绮窗空，翻伤清景好。
　　清景终若斯，伤多人自老。　　　　　　　　（韦应物《月夜》）
　　不知何处玉楼前，乍入深闺玳瑁筵。
　　露浓香径和愁坐，风动罗帏照独眠。
　　初卷珠帘看不足。斜抱箜篌未成曲。
　　稍映妆台临绮窗，遥知不语泪双双。　　（权德舆《秋闺月》，片段）
　　是时别君不再见，三十三春长信殿。
　　长信重门昼掩关，清房晓帐幽且闲。
　　绮窗虫网氛尘色，文轩莺对桃李颜。　　（吴少微《怨歌行》，片段）
　　瑶池阿母绮窗开，黄竹歌声动地哀。
　　八骏日行三万里，穆王何事不重来。　　　　　（李商隐《瑶池》）

"寒梅"指的是梅花，通常在冬春之交开放。在中国文化中，梅与兰、竹、菊一起被列为"四君子"，也与松、竹一起被称为"岁寒三友"。因此，汉语中，春兰、夏荷、秋菊、冬梅分别具有了一定的文化意象，而梅花则凭借着迎风傲雪、耐寒性极强的坚忍之花，成为历代中国文学所歌颂的对象，特别是诗词歌赋中吟咏的对象。另外，据资料介绍，梅花的花语为"坚强、忠贞、高雅"。试读下面几首唐代诗人对梅花的吟咏诗篇：

　　定定住天涯，依依向物华。
　　寒梅最堪恨，常作去年花。　　　　　　　　（李商隐《忆梅》）
　　忽见寒梅树，开花汉水滨。
　　不知春色早，疑是弄珠人。　　　　　　　　（王适《江滨梅》）
　　白玉堂前一树梅，今朝忽见数花开。
　　儿家门户寻常闭，春色因何入得来。　　　　（蒋维翰《春女怨》）

第九章 乡情五绝

　　王维的这首五绝《杂诗》,尾联看似随意发问,却含义丰富。英译时,若能将"绮窗"和"寒梅"这两个意象体现好的话,无疑会更好地传达出原诗的意境。若诗体本身容纳不下,则可以考虑加注处理,也不失为上策。下面以王维《杂诗》的几个英译本为例,初步体会一下古诗英译特别是唐代五绝韵体英译中对意象的处理,旨在增强意识,在译诗中处理好原诗的意象。

译本(1)

A Random Poem About Home

By *Wang Wei*

You have come from my hometown,

You should know what happened there.

Before my home's gauze window,

Were those wintersweets blooming?

(郭著章,江安,鲁文忠,2010:43)

注:1. gauze: *Noun* (mass noun) a thin transparent fabric of silk, linen, or cotton (丝、麻或棉等制成的)薄纱;纱罗

2. wintersweet: *Noun* a deciduous Chinese shrub which produces heavily scented yellow flowers in winter before the leaves appear 腊梅(或"蜡梅")

　　这个译本的题目比较得体,诗体采用的是自由体英诗,但对音步控制得很好。可是,对于"绮窗"和"寒梅"这两个意象的处理,似乎失之偏颇。另外,从规范的角度考虑,题目的"About"的首字母应该小写。

　　"腊梅"本应写作"蜡梅"(wintersweet),也就是"蜡烛"的"蜡"。其拉丁语的学名为"chimonanthus praecox"。李时珍所著《本草纲目》是这样记载的:"蜡梅,释名黄梅花,此物非梅类,因其与梅同时,香又相近,色似蜜蜡,故得此名。花:辛,温,无毒。解暑生津。"可见,"蜡梅"之所以误写为"腊梅",而且成了习惯,主要是因为蜡梅大多会在寒冬腊月开。这种误解和误写逐渐被接受下来,变成了地道的"腊梅"。

　　由此可见,不管怎么写,"蜡梅"和"梅花"并不是一回事:蜡梅大

多是寒冬腊月开,而"梅花"或"寒梅",寒冬开放的有,冬、春之交、偏向春季开放的也有。另外,梅花的拉丁语学名为"prunus mume",英语名称为"plum blossom"。

译本(2)

Miscellaneous Poems (Second in a Series)

By *Wang Wei*

You said you had just come from my hometown,

You should know what's happening down there.

The winter-plums on my decked-out window-sill,

Were they in flower yet? A few … or nil? (龚景浩,2006:63)

注:1. miscellaneous: *Adjective* (of items or people gathered or considered together) of various types or from different sources(人或物)混杂的;各种各样的

   2. window sill:*Noun* a ledge or sill forming the bottom part of a window 窗沿;窗台

   3. deck sth out (with/in/like sth):to decorate sth., especially a room or a building, for a special occasion(用……)装点房间(或楼房等);把(房间等)布置成……

   4. nil:*Adjective* non-existent 没有的;不存在的

    这个英译的题目取的是《全唐诗》中所载的名字,即《杂诗三首》其二",采取的是直译的方法。既然如此,倒不如连数字也加上,译作"Three Miscellaneous Poems (Second of the Series)"或者"*Miscellaneous Poems (Second of Three Poems with the Same Title)*"。但是,即便如此译,"Miscellaneous"一词似乎也显得欠妥。"绮窗"的意象有所体现,"梅"选对了词,但是"寒"意却失去了踪影。再者,译诗的第三行"The winter-plums on my decked-out window-sill",其意境或者逻辑性,似乎不妥。但是,这个译文形象性不错,很具原诗的风格——情趣性。

译本(3)

Our Native Place

By *Wang Wei*

As you are just back down,
You know all in hometown:
Did any mume shoot show
Outside my gauge window?　　　　　　（曹顺发，2007：007）

注：1. shoot：*Noun* a young branch or sucker springing from the main stock of a tree or other plant 芽；苗；嫩枝

　　2. gauge：*Noun* a tool for checking whether something conforms to a desired dimension 标准尺

这个英译很是简洁,采用韵体英诗来翻译。"形美"是做到了,但是信息似乎有所流失,特别是原诗尾联的信息流失量较大。"gauge"疑为误用,"shoot"若是取名词词性的话,意象有所亏欠。感觉"Outside"一词,从原诗的上下文来看,逻辑上出现不当之处。也就是说,"角度"出现了偏差。具体来说,故乡来人是不会站在屋内看问题的。

译本(4)

A Random Poem

By *Wang Wei*

From our dear native place you do come here,
You surely have news of our country there,
By the lattice window there are plums growing
The day you left were they in cold air blowing?

　　　　　　　　　　　　　　（吴均陶，1997：169）

注：1. lattice：*Noun* an interlaced structure or pattern resembling structure consisting of strips of wood or metal crossed and fastened together with square or diamond-shaped spaces left between, used typically as a screen or fence or as a support for climbing plants 交错结构；花格图案

　　2. blow：*Verb* (no obj.) produce flowers or be in flower 开花；在开花

总体来说,这个译本采用的是韵体英诗来翻译的,但是前两行押韵不够严谨。尽管如此,在意象的传达方面还是比较到位的,虽然"lattice window"跟"绮窗"之间稍微有别。本译本的后两行之间,似乎缺乏"形合"手段。

译本(5)
A Rencontre
By *Wang Wei*
Here you are from my home town,
What news have you brought down?
The day you were to come—
Oh, did the winter-plum
By the window blossom some?[①]

注：rencontre = reencounter: *Noun* a chance meeting with someone 偶遇；邂逅

这个译本在"形似"方面十分考究，音步的控制和韵式的把握，都不错，就连题目的翻译也经过了一番思考，难能可贵。"寒梅"的意象基本体现出来了，但是可能出于韵律考虑，没有将"绮"描述出来。

译本(6)
Someone from Home Town
By *Wang Wei*
You have just come, my friend, from my home town,
You should have known what'd happened right there down.
By silk windows, when you were to come,
Had winter-plum there already bloomed some?

(王大濂，1998：33)

注：1. silk: *Noun* (mass noun) a fine, strong, soft lustrous fibre produced by silkworms in making cocoons and collected to make thread and fabric 蚕丝；丝
2. bloom: *Verb* (no obj.) produce flowers; be in flower 开花；在开花；处于花期

这个译本对原诗首联的传达很到位，整个英译采用的是偶数韵格，而且译诗的最后一行，对原诗的意境有很好的体现。但是，"silk window"似乎不够准确，意象欠佳。

综上所述，在古诗英译特别是唐代五绝韵体英译过程中，原诗的意象是一个无法避开的"关口"，需要译者有意识地去加以处理。具

---

① Lin Tongzhu 译，转引自"许渊冲，陆佩弦，吴钧陶等，1988：79"。

体说来,需要译者首先增强意识,意识到意象处理的重要性,并随之采用一定的翻译策略加以处理。

五、韵译探索:杂诗

杂诗 王维
君自故乡来,应知故乡事。
来日绮窗前,寒梅著花未?

A Poem about an Occasional Homesickness
By *WANG Wei*
Coming here from our native place,
You should know well its very case.
Before my floral-patterned window,
The day you left, did you behold
Whether the plum blossomed in cold?

N. B. *Plum blossom* (*Mei* or *Meihua* in Chinese language) is of symbolic meaning in Chinese cultural tradition. It symbolizes endurance, determination, fidelity, elegance, etc. In addition, parents in China are used to naming their daughters after "*Mei*", meaning "plum" or "plum blossom". Besides, a person of female sex usually lives in a house with a *floral-patterned window*—a window carved with floral patterns.

(Translated by *WANG Yong-sheng*) （王永胜译）

注:1. very: *Adjective* (archaic) real, genuine (古旧用法)真正的;真实的
 2. case: *Noun* an instance of a particular situation; an example of something occurring 情形;事例;实例
 3. floral: *Adjective* decorated with or depicting flowers 饰以花的;描绘花的 (e. g. a floral pattern 花卉图案)
 4. behold: *Verb* (with obj.) (often in imperative) (archaic or poetic/literary) see or observe (someone or something, especially of remarkable or impressive nature) (古旧用法或诗/文用法)看;观看(尤指看非凡的或感人的人或事物)(e. g. Behold your lord and prince! 看国王和王子!)

5. plum: *Noun* an oval fleshy fruit which is purple, reddish, or yellow when ripe and contains a flattish pointed stone 李子;梅子
6. blossom: *Verb* (no obj.) (of a tree or bush) produce flowers or masses of flowers(树)开花(e.g. a garden in which roses blossom 开着玫瑰花的花园)
7. blossom: *Noun* a flower or a mass of flowers, especially on a tree or bush(尤指树上的)花朵;花簇(e.g. The slopes were ablaze with almond blossom. 山坡上盛开着扁桃树花。)
8. fidelity: *Noun* [mass noun] faithfulness to a person, cause, or belief, demonstrated by continuing loyalty and support 忠诚;忠实;忠贞

第四节 雨夜乡情

五言绝句原诗：

zhì	yǔ	cháng	ān	yè	cán	dēng	dú	kè	chóu
滞	雨	长	安	夜，	残	灯	独	客	愁。
gù	xiāng	yún	shuǐ	dì	guī	mèng	bù	yí	qiū
故	乡	云	水	地，	归	梦	不	宜	秋。

九言白话译文：

连绵雨落长安夜尤长，孤灯将尽孤客愁满腔。
故乡逢秋云密雨不断，此刻梦中亦难归故乡。

这是唐代诗人李商隐的一首五绝作品，诗题为《滞雨》。彼时，诗人滞雨长安，雨夜独坐，偏逢瑟瑟秋。于是，心生乡情之结。

一、人物品读：李商隐

盛唐的天空逐渐暗淡之后，不可阻挡也无法逆转的历史车轮驶向了所谓的"晚唐"时期。晚唐的天空一片沉寂，诗歌也仿佛黯然失色。这时，一位诗人站了出来，驱散了晚唐天空沉闷的阴霾，犹如一道闪电划过天空，人们不禁为之眼前一亮。这个人就是李商隐，晚唐著名诗人，也就是被称为"小李杜"中的"小李"。

李商隐(约813—约858)，字义山，号玉溪生("溪"亦作"豁")，又号樊南生(一作"樊南子")，祖籍怀州河内(今河南省沁阳市博爱

县),生于河南荥阳(今郑州荥阳)。

文宗大和三年(公元829年),李商隐以布衣身份入天平节度使令狐楚幕,师从令狐楚学习骈文。李商隐很快出徒,成为骈文高手。开成二年(公元837年),李商隐进士及第。第二年,入泾原节度使王茂元幕。王茂元赏识其才华,将自己的小女儿嫁给了他。这也为李商隐以后的"夹缝"生存状态埋下了种子。李商隐的骈文师傅令狐楚属于"牛党"(领袖人物为牛增儒),而王茂元又与李德裕("李党"的领袖人物)交往甚密。所以,人们认为李商隐又是"李党"的人。结果,"牛党""李党"的人互相以为李商隐是对方的人。这样,李商隐就活在了"夹缝"之中,辗转于各藩镇之间当幕僚,郁郁不得志,潦倒终生,病逝时年约四十五六岁。

就算在仕途之上奔波,李商隐也有颇多的感慨和无奈:
昨夜星辰昨夜风,画楼西畔桂堂东。
身无彩凤双飞翼,心有灵犀一点通。
隔座送钩春酒暖,分曹射覆蜡灯红。
嗟余听鼓应官去,走马兰台类断蓬①。

古诗发展的初期,是没有题目的,后来为了区分,便加上了题目,这算是一大进步。而到了李商隐这里,便又复了古,自己的很多诗又都没有了题目,定为"无题"。上面这首首句为"昨夜星辰昨夜风"的诗,就是如此。诗歌从"无题"到"有题",李商隐再将"有题"扭转为"无题",可谓耐人寻味。也许,他的诗中含有太多的意义,定下一个题目,便限定了诗意。也许,定了题目,便很快被人们忘记,还是留之"无题"吧:

相见时难别亦难,东风无力百花残。
春蚕到死丝方尽,蜡炬成灰泪始干。
晓镜但愁云鬓改,夜吟应觉月光寒。

---

① 李商隐《无题二首》其一,转引自《全唐诗》第539卷第103首。但是,目前流行版本中,结句的"走马兰台类断蓬"常常写成"走马兰台类转蓬"。

蓬山此去无多路,青鸟殷勤为探看。　　　　　(李商隐《无题》)

二、艺术品读:《滞雨》

李商隐的很多诗颇具现代诗的朦胧感,如同雾里看花,怎么看都看不清,所以有人说他是唐代的"朦胧诗人"。他的很多诗正是迎合了"诗无达诂"之言,可以有各种诠释,每种诠释似乎都对,又似乎都不对。人们对其《锦瑟》的解读,便是其中的一例。

这首《滞雨》也带有这方面的色彩,特别是在转句之处。

首联"滞雨长安夜,残灯独客愁",蓄足了气势。连绵之雨,落个不停,长安的夜晚显得如此漫长,犹如那连绵的夜雨,无边无际。孤灯的弱光也即将熄灭,因为灯油就要燃烧殆尽,足见诗人在孤独之中,静思的时间之长。羁旅生涯,又逢雨夜,独自一人,独坐至灯残。此时,乡情会不自觉地从心底涌起,往日的情景会历历在目:

君问归期未有期,巴山夜雨涨秋池。
何当共剪西窗烛,却话巴山夜雨时。　　(李商隐《夜雨寄北》)

滞雨长安,雨夜独坐,偏逢瑟瑟秋。此时此地,尤其是待在帝国的首都,可谓千头万绪,再加上仕途的坎坷,诗人的情感就会迸发出来,这其中也不乏乡情的成分。长安的雨夜里,烦忧的岂止李商隐一个!且看:

落莫谁家子,来感长安秋。
壮年抱羁恨,梦泣生白头。
瘦马秣败草,雨沫飘寒沟。
南宫古帘暗,湿景传签筹。
家山远千里,云脚天东头。
忧眠枕剑匣,客帐梦封侯。　　　　　　(李贺《崇义里滞雨》)
半夜长安雨,灯前越客吟。
孤舟行一月,万水与千岑。　　　　(贾岛《忆吴处士》,片段)

在这样凄凉的雨夜,任灯再残,任光再弱,还是会令诗人感到一丝暖意的。这点暖意,支撑起诗人在长安的生活;这点暖意,令诗人感觉到些许的心灵慰藉;这点暖意,缓解了诗人客居他乡的愁绪。至此,尾联的递转得到很好的蓄势和铺垫。

如果说《滞雨》的首联"不过言独客长安,孤灯听雨耳"(俞陛云,2011:148),那么,尾联则"谓故乡为云水之地,归梦迢遥,易为水重云复所阻……况秋多雨,则归梦更迟。因听雨而忆故乡,因故乡多雨,而恐归梦之不宜,可谓诗心幽邈矣"(俞陛云,2011:148-149)。

尾联"故乡云水地,归梦不宜秋",则笔锋一转,抒发了诗人凝重的情感——乡情之结。当然,这其中也不排除诗人仕途的失意,以及对"夹缝"生存状态的映射。

故乡是云水之地。故乡的云,密集蔽日;故乡的水,不断流淌。原来,故乡的雨亦如长安的雨,连绵不断,更是归期难定了。况且,正值天凉好个秋,更是加重了归梦的"不宜"。

云水之地遥遥,长安之夜雨潇潇,归梦怎能不飘渺?诗人恐怕只能在这多雨之秋的长安之夜,做上一个归乡之梦了。但是,雨打窗棂,那梦会安稳吗?一梦到天亮,梦回故乡,如何?可谓:

生平少年日,分手易前期。
及尔同衰暮,非复别离时。
勿言一樽酒,明日难重持。
梦中不识路,何以慰相思? （南朝沈约《别范安成》）

就算故乡不是"云水地",就算长安夜朦胧、月朦胧,那么,"归梦"也不适宜发生在这落叶飘零的秋天。"归梦"逢秋,毕竟只能是空梦一场,正如清代诗人黄景仁(1749—1783)所言:"瓜步江空微有树,秣陵天远不宜秋",而近千年前的李商隐早就知道"归梦不宜秋"了。

李商隐有些诗,跳跃性很大,模糊、朦胧之感很强,甚至颇具现代文学的"意识流"之感,令读者思考的空间涨大,甚至会深奥得晦涩起来,如《锦瑟》等,但读起来却令人回味无穷,很具"此时无声胜有声"的架势。而有些诗,则似乎有所映射。例如:

云母屏风烛影深,长河渐落晓星沈。
常娥应悔偷灵药,碧海青天夜夜心。 （李商隐《常娥》）

"常娥",现多写作"嫦娥"。《淮南子》曰:"羿请不死之药于西王母,常娥窃而奔月。"不错,嫦娥得到了长生不老药,奔月而去,从此永不衰老,年轻的容颜夜夜俯瞰凡间的世界,她后悔了吗?

诗人李商隐滞雨长安之秋夜,独坐忧愁难入眠,更忆故乡旧日天,归梦可否得实现?

三、个人品读:雨夜逢秋更思乡

跟下雪比较起来,我更喜欢下雨的感觉。每每看到雨如细丝坠落,每每听到雨打地面的声音,我总会有很多的感慨,不觉诗兴大发。微微细雨,不顾人们的反对,飘洒而下,洒落身上,凉意无限。雨总是给我一种凄冷、寒凉的感觉:

初随林霭动,稍共夜凉分。
窗迥侵灯冷,庭虚近水闻。　　　　　　　　(李商隐《微雨》)
怅卧新春白袷衣,白门寥落意多违。
红楼隔雨相望冷,珠箔飘灯独自归。
远路应悲春晼晚,残宵犹得梦依稀。
玉珰缄札何由达,万里云罗一雁飞。　　　　(李商隐《春雨》)

可是,这一夜,我滞留在大唐的都城长安,尤其感到雨的凄凉,以及雨夜的孤寂。望着窗外,秋季的长安,夜色茫茫,雨打窗棂,"啪嗒"作响。这样的夜晚,总能令我的思绪凝重起来。孤枕难眠,心绪飞扬。随着飞扬的夜雨,伴着秋季的寒凉,我的思绪飞到了不知名的所在。迷蒙之中,感觉那地方就是我的故乡,就是我日夜思念的地方。可是,那里水天一体,水雾茫茫。那里真的是我的故乡吗? 那里真的是我魂牵梦绕的地方吗? 迷蒙之中,那个云水之地,如此遥远,遥远得如同海角天涯,可望而不可即,如同海中的蓬莱。我的家人呢? 在那云水之地,我的家人还好吧? 是否倚身窗前,望着窗外的连绵之雨若有所思呢?

我独坐灯前,灯将残,人无眠。于是,打开窗户吧,俯身窗外,伸手接住雨水。这雨水如此寒凉,犹如寒冬之冰水,我不觉打起了寒战。于是,我知道,无情的秋季已经来到。此时,我的脑海又浮现出那飘缈的云水之地,水天相接,那是我思念的故乡所在吗?在这个孤寂的长安雨夜,"谁悲失路之人"?王勃的悲叹,难道不是我的境遇吗?

无论什么样的辉煌,终究会化作历史的尘烟,还是李贺说得好:
茂陵刘郎秋风客,夜闻马嘶晓无迹。
画栏桂树悬秋香,三十六宫土花碧。
(李贺《金铜仙人辞汉歌》,片段)
物是人非。不如趁长安的秋雨之夜,做一个归乡之梦吧。

四、英译研究:专名之地名

名词是英语语法中对词类的一个划分类别。从泛指和特指的角度来看,名词可以分为"普通名词"(common noun)和"专有名词"(proper noun)两大类。其中,专有名词也简称为"专名",分为人名、地名、机构名等。汉英翻译实践中,对于此类名词,有各种各样的处理方式。

就古诗英译来说,古诗中的专有名词,有的采用音译等手段将其译成对等的英文,有的将其译成普通名词,有的另辟蹊径将其做了"归化"处理,还有的将其隐去不译,处理方式多样,不一而足。具体到专名里的地名的翻译,则要具体问题具体分析,从而采取不同的处理方法,如音译、直译、归化、省译、加注等(这样的地名专有名词含有典故性,可参阅本书上卷第八章第五节第四部分)。下面以唐代几首诗为例,对古诗英译特别是唐代五绝韵体英译中专名之地名加以简单的探讨。

译例(1)

登鹳雀楼　王之涣
白日依山尽,黄河入海流。
欲穷千里目,更上一层楼。

The Stork Tower

By *Wang Zhihuan*

Beyond the mountains the sun sets;

The Yellow River seaward flows.
You can command a grander view
By mounting one more storey, though.　　（张智中，2009：005）

注：1. stork：*Noun* a very tall long-legged wading bird with a long heavy bill and typically with white and black plumage 鹳

2. command：*Verb*（with obj.）dominate（a strategic position）from a superior height(从战略位置)俯视；俯瞰

在"译例(1)"中，这首五绝中的"鹳雀楼"是一个具有一定人文性和典故性的地名。这篇译文采用的不是音译的方法，而是解释性的直译，译成"Stork Tower"，但却没有加注，估计意义会有所流失。诗体中的另一个地名"黄河"，译成"Yellow River"，恐怕是"家喻户晓"的。这样译，也就未尝不可了。

译例(2)

洛阳道　　储光羲

大道直如发，春日佳气多。

五陵贵公子，双双鸣玉珂。

The Luoyang Highway

By *Chu Guangxi*

The High Road is as straight as an arrow.
On a spring day pleasant scenes abound.
Elegant young men from Kings' Tombs come out two and two,
Trotting their horses with tinkling jade bridles.

Note：Kings' Tombs：Upscale residential location in Luoyang.

（龚景浩，2006：117）

注：1. abound：*Verb*（no obj.）exist in large numbers or amounts 大量存在

2. trot：*Verb*（with obj.）cause（a horse）to move at a pace faster than a walk, lifting each diagonal pair of legs alternately 使（马）小跑

3. tinkle：*Verb* make or cause to make a light, clear ringing sound(使)发叮当声（或叮铃声）

4. bridle：*Noun* the headgear used to control a horse, consisting of buckled straps to which a bit and reins are attached 马勒；马笼头；辔头

5. upscale：*Adjective & Adverb*（N. Amer.）upmarket（北美用法）高端的（地）；高消费阶层的（地）

　　这首诗的诗题中，"洛阳道"是一个具有一定人文性的地名，译者采取音译加意译的方式，处理成"Luoyang Highway"，无可厚非。但是，若不加注解释一下，恐怕也难以"意尽"。在"译例（2）"中，诗体首句的前两个字"大道"，其实指的就是"洛阳道"，译者译成"High Road"，倒是达到了英语"形合"的要求，但是感觉跟题目的"洛阳道"似乎有点儿脱节了。对于诗体中另外一个专名"五陵"，译者则做了模糊化的处理，译成"Kings' Tombs"。这本身算是一种处理方式。但是，通读译诗的第三、四行，虽然译者加了注，还是给人一种别扭的感觉，如观恐怖之影片。

译例（3）

大林寺桃花　　白居易

人间四月芳菲尽，山寺桃花始盛开。

长恨春归无觅处，不知转入此中来。

Peach Blossoms in the Temple of Great Forest

By *Bai Juyi*

All flowers in late spring have fallen far and wide,

But peach blossoms are full-blown on the mountainside,

I oft regret spring's gone and I can't find its trace,

Without knowing it's come up to adorn this place. ①

注：1. oft：*Adverb* archaic or poetic/literary form of often 英文"often"的古旧用法，或者其文学、诗歌领域的用法

2. adorn：*Verb*（with obj.）make more beautiful or attractive 装饰

　　这首七绝的题目有一个专有名词"大林寺"，算是一个普通的地名，指的是一座寺庙，典故性不强，所以译者就采取了直译的形式，译成"Temple of Great Forest"，算是一个在意义上比较对等的处理方式吧。另外，"译例（3）"在"内容"和"形式"上也做了很好的权衡，不

————

① 许渊冲译，转引自"郭著章，江安，鲁文忠，2010：161"。

失为一个很好的英译探索。

"长安"是现在西安的古称。历史上,从西周到唐代先后有十三个王朝及政权在此建都。西安是中国历史上建都时间最早、历时最长、朝代最多的古都,是中国历史上影响力最大的都城。大唐王朝都城长安,历来为文人墨客所歌咏,特别是在唐代诗人的作品中,时不时就会寻到长安的影子。因此,长安也就承载了厚重的历史、文化方面的内涵。试看下面这首英译中对"长安"的处理。

译例(4)

长安晚秋　　赵嘏

云物凄凉拂曙流,汉家宫阙动高秋。
残星几点雁横塞,长笛一声人倚楼。
紫艳半开篱菊静,红衣落尽渚莲愁。
鲈鱼正美不归去,空戴南冠学楚囚。

Chang-an: An Autumn View

By *Zhao Gu*

Dawn cloud patterns, high palace towers
Waver in and out of desolate autumn skies.
By the scattered light of morning stars
Wild geese fly over the Great Wall.
——From the balustrade a leaning figure plays the flute.
By the fence, the quiet beauty of half open purple mums,
In the pond, the melancholy of lotus shedding scarlet gowns.
Although the fishing's good, I am far from ready to go home:
In vain have I mimicked the prisoner of Chu, still wearing my southern cap.

Note:

1. The fishing's good: Toward the end of Jin Dynasty (280-304[①]

---

① 原文如此,但此处要是标为"A. D. 280-304",则更为清楚。

Zhang Han, sensing a change in the political climate, resigned his post as advisor to the Prince of Qi under the pretext that he was homesick for the fishing of his native place. When the government fell, Zhang was able to return to power untainted by his old associations.

2. Southern cap: During the Warring States Period (475—221 B. C.) Zhong Yi, a prisoner from the southern kingdom of Chu, never removed his native cap after being captured by northern armies. Zhang Gu[①] thus by contrast comments upon his own insistent quest for officialdom: although he's as homesick as Zhang Han, the prisoner of Chu, he has not resigned from office. （张廷琛,魏博思,2007:271）

注:1. desolate: *Adjective* (of a place) uninhabited and giving an impression of bleak and dismal emptiness(地方)无人烟的;荒凉的;凄凉的
2. balustrade: *Noun* a railing supported by balusters, especially one forming an ornamental parapet to a balcony, bridge, or terrace(尤指阳台、桥梁或平台柱子支撑的)护栏;扶手
3. mimic: *Verb* (with obj.) imitate (someone or their actions or words), typically in order to entertain or ridicule(尤指逗笑或嘲弄)模仿(某人或其言行);学……的样子
4. pretext: *Noun* a reason given in justification of a course of action that is not the real reason 借口;托词
5. untainted: *Adjective* not contaminated, polluted, or tainted 未受玷污的;未被污染的;未腐坏的
6. officialdom: *Noun* a person holding public office or having official duties, especially as a representative of an organization or government department 官员

这首诗题目中的地名"长安",译者采用音译的方式,但是没有加注,恐怕也未能"尽意"。诗体中的"楚",也做了音译处理,但是也没有加注解释。这样,对于不懂中国历史的老外,恐怕是要好好琢磨一番:这个"Chu"是一个人呢,还是一个地方呢?再试看下面这首英译对"长安"的处理。

---

① 原文如此,但此处疑为"Zhao Gu"。

译例(5)

长安道　聂夷中

此地无驻马,夜中犹走轮。

所以路旁草,少于衣上尘。

Road of the Capital

By *Nie Yizhong*

Here no wagon to station;

Wheels are day and night running;

Therefore beside the road grass

Than dust on the robe is less. 　　　(张智中,2009:101)

注:station: *Verb* (with obj. and adverbial of place) put in or assign to a specified place for a particular purpose, especially a military one 安置;驻扎;派驻

这首诗诗题中的"长安",当然就是唐朝的首都,但是处理成"Capital",不能说不可以,只是"长安"这两个字本身的意象不见了,气势上顿时矮了几分。另外,译诗第一行英语的"形合"手段显得不足,其中的"wagon"要是恰当的话,若改成其复数形式"wagons",似乎更妙。

综上所述,对于古诗英译,特别是唐代五绝韵体英译中地名类专有名词,要具体问题具体分析,从而采取不同的处理方法,如音译、直译、归化、省译、加注等。但是,如果这样的地名还兼具典故性,则可参照本书上卷第八章第五节第四部分所探讨的策略加以处理。

针对李商隐的这首五绝《滞雨》,首联出句中的"长安"一词,属于地名。但是,它除了具有"专名性",还具有"典故性",如何处理,值得考虑。如果在西方世界里,"长安"是家喻户晓的,则可作为一般性的地名类专有名词来处理,否则音译并加注应为一种万全之策,也不失为一种明智之举。

五、韵译探索:滞雨

滞雨　李商隐
滞雨长安夜,残灯独客愁。
故乡云水地,归梦不宜秋。

A Raining Night in *Chang'an*
By *LI Shang-yin*
The autumn rain prolongs the Cap'tal's night,
With one lonely man sitting sad upright
By one single lamp that'll soon cease to light.
The rainy weather in his home far 'way
And th' wet autumn season in *Chang'an* sway
His dream home at night and during the day.

N. B. Chang'an: It is today's Xi'an City, the capital city of Shaanxi Province. As capitals of thirteen dynasties or kingdoms in the long Chinese history, it used to be a holy land for all men of letters. In particular, *Chang'an*, the capital of Tang Dynasty, has become a dream place of poets, who feel it a great honor to go to that place and often mention it in their poetry.

(Translated by *WANG Yong-sheng*)　　　　(王永胜译)

注:1. prolong: *Verb* (with obj.) extend the duration of 延长;拖长
2. Cap'tal = Capital
3. 'way = away
4. th' = the
5. sway: *Verb* move or cause to move slowly or rhythmically backwards and forwards or from side to side 摇摆;摆动
6. holy land: *Noun* (as noun a holy land) a place which attracts people of a particular group or with a particular interest 圣地 (e. g. Holland is a holy land for jazz enthusiasts. 荷兰是爵士乐狂热者的圣地。)

第五节 战时乡情

五言绝句原诗：

qiáng yù dēng gāo qù　wú rén sòng jiǔ lái
强　欲　登　高　去，无　人　送　酒　来。
yáo lián gù yuán jú　yīng bàng zhàn chǎng kāi
遥　怜　故　园　菊，应　傍　战　场　开。

九言白话译文：
重阳勉强登高心悲哀，战乱时节无人送酒来。
遥望长安尤怜那片菊，应在断壁残垣间盛开。

这是唐代诗人岑参的一首五言绝句，诗题为《行军九日思长安故园》，抒发的是战乱时期诗人的思乡之情。

一、人物品读：岑参

岑参(约715—770)，生年不甚详尽，约公元715年(也有人认为是公元717年)，卒年公元770年。原籍南阳(今河南新野)，后迁居江陵(今属湖北)。所以，岑参当属江陵(今湖北江陵)人。由于诗人有一大部分时间生活在当时的都城长安，长安也就成了诗人的第二故乡。所以，他诗中的乡情之结有不少体现在故园长安上面。例如：

逢入京使　　岑参
故园东望路漫漫，双袖龙钟泪不干。
马上相逢无纸笔，凭君传语报平安。

On Meeting a Messanger to the Capital

By *Cen Shen*

It's a long way home, a long way east,
I am old and my sleeve is wet with tears.
We meet on horseback. I have no means of writing.

Tell them three words: "He is safe."①

顺便说一下,虽然这首英译诗存在某些理解上的不妥之处,如对"龙钟"的理解和翻译,但是整体上还是很好地传达了原诗的意义,特别是比较形象化的第四行的译文。

虽然岑参把长安作为"故园",但由于仕途的不顺,长安在他的笔下,除了是魂牵梦绕的故园,也具有了复杂的情感。例如:

何处路最难,最难在长安。

长安多权贵,珂珮声珊珊。

儒生直如弦,权贵不须干。

斗酒取一醉,孤琴为君弹。

临岐欲有赠,持以握中兰。

(岑参《送张秘书充刘相公通汴河判官便赴江外觐省》,片段)

东望望长安,正值日初出。

长安不可见,喜见长安日。(岑参《忆长安曲二章寄庞漼》其一)

岑参的诗富有浪漫主义色彩,对事物有着细腻的观察和独特的审美视角。有的诗气势雄伟、想象丰富、热情奔放,有的诗则具有绮丽的想象和细腻的思考。例如:

云送关西雨,风传渭北秋。

孤灯燃客梦,寒杵捣乡愁。

滩上思严子,山中忆许由。

苍生今有望,飞诏下林丘。

(岑参《宿关西客舍寄东山严、许二山人时天宝初七月初三日在内学见有高道举徵》)

长安何处在,只在马蹄下。

明日归长安,为君急走马。(岑参《忆长安曲二章寄庞漼》其二)

岑参曾经戍边,并在边塞居住和任职。边塞的风光和生活给诗

---

① 威特·宾纳(Witter Bynner)等译,转引自"郭著章,江安,鲁文忠,2010:95"。

人的想象插上了腾飞的翅膀,所以岑参算得上是唐代"货真价实"的边塞诗人。天宝十三年(公元754年),岑参再度出塞戍边,任安西北庭节度使封常清的判官。到任之后,置酒为前任武判官钱行,因此而写下了情真意切、感人肺腑的不朽诗篇:

北风卷地白草折,胡天八月即飞雪。
忽如一夜春风来,千树万树梨花开。
散入珠帘湿罗幕,狐裘不暖锦衾薄。
将军角弓不得控,都护铁衣冷难著。
瀚海阑干百丈冰,愁云惨淡万里凝。
中军置酒饮归客,胡琴琵琶与羌笛。
纷纷暮雪下辕门,风掣红旗冻不翻。
轮台东门送君去,去时雪满天山路。
山回路转不见君,雪上空留马行处。

(岑参《白雪歌送武判官归京》)

岑参的诗,题材很广泛,除一般感叹身世、思念故园、边塞风情、酬答友人、忧国忧民的诗篇外,还写过不少山水诗篇。如:"山风吹空林,飒飒如有人。苍旻霁凉雨,石路无飞尘"(《暮秋山行》),以及"昨日梦故山,蕙草色已黄。平明辞铁丘,薄暮游大梁。仲秋萧条景,拔剌飞鹅鹘。四郊阴气闭,万里无晶光。长风吹白茅,野火烧枯桑"(《至大梁却寄匡城主人》),等等。

岑参在"安史之乱"之后回朝,由杜甫等人推荐担任右补阙,转起居舍人等职。唐代宗大历元年(公元766年),岑参官至嘉州刺史,世称岑嘉州,有《岑嘉州集》存世。

二、艺术品读:《行军九日思长安故园》

这首诗的原题后面附了一个括号,内标"时未收长安"。意思是说,当时的长安还在"安史之乱"的叛军手里。安禄山是在天宝十四年(公元755年)起兵叛乱的,到了至德二年(公元757年)旧历二月,唐肃宗由彭原行军至凤翔,岑参随行。行营之中恰逢重阳佳节,写下这首五绝《行军九日思长安故园》,寄托了复杂的思想——对故园的思念、对国事的担忧、对战乱的痛恨、对疾苦平民百姓的同情等。其中,乡情的表露,一览无遗。这首诗既是思乡之作,又是抒情之篇,亦是写景之诗。全篇构思简单而情意无限,语言直白而耐人寻味,勾画寻常而不落俗套。

　　诗的题目可谓一篇短短的"序言",交代了诗歌创作的过程、背景、地点以及诗歌的主题——思故园。其实,唐诗中很多诗题都具有这样的特点(可参阅本书上卷第四章第四节第一部分的内容)。所谓"行军",除了指"军队进行训练或执行任务时从一个地点走到另一个地点"(《现代汉语词典(第五版)》)这一动作性意义外(这往往是现代理解的意义),古代还泛指用兵。如《孙子兵法》的第九篇"行军篇",主要讲述在各种不同地形上处置军队和观察、判断敌情时应该注意的问题。再如,《管子·小问》里面有这样的记载:"桓公曰:'吾已知战胜之器,攻取之数矣,请问行军袭邑,举错而知先后,不失地利,若何?'"另外,"行军"一词在古代还有"行营""军营"之意,岑参的很多诗中所用到的"行军",基本都具有这方面的意义。例如:

吾窃悲此生,四十幸未老。
一朝逢世乱,终日不自保。
胡兵夺长安,宫殿生野草。
伤心五陵树,不见二京道。
我皇在行军,兵马日浩浩。

　　　　　　　(岑参《行军诗二首(时扈从在凤翔)》其一,片段)
程侯新出守,好日发行军。
拜命时人羡,能官圣主闻。
江楼黑寒雨,山郭冷秋云。
竹马诸童子,朝朝待使君。　(岑参《凤翔府行军送程使君赴成州》)

　　岑参的这首《行军九日思长安故园》(时未收长安)中的"行军"也应该是"行营""军营"之意。"九日"则指旧历的九月九日重阳佳节,也就是现在农历的九月九日"老人节"。行营之中逢九九重阳,这个重阳当然不同于以往的重阳:战乱离家,乡情突起,令人不禁"思"起"长安故园"。可以说,这个诗题对于诗体的理解,至关重要。

古人逢重阳,往往登高饮酒、赏菊,眺望远方,思念家乡。在中国文化中,"登高"几乎跟"重阳"密不可分了。重阳登高,寄托情思。可是,战地的这个重阳,对于诗人来说,非同一般——战火连连,灾难不断;遥望家园,心生不安。时未收长安,有家却不能回。诗的首联首句即点明此意——"强欲登高去",一个"强"字,表明了诗人的无奈,也暗示了战时的惨象。

无论如何,"行军九日"而"强欲登高",登高则赏菊、饮酒。欲饮酒,在这个战乱时节,"无人送酒来"——用典却不留痕迹。欲饮却"无人送酒来",很是简明、自然。战时登高,当然是"无人送酒来"了。须知,《南史·隐逸列传上》(卷七十五)有一段这样的记载:"尝九月九日无酒,出宅边菊丛中坐久之。逢弘送酒至,即便就酌,醉而后归"。意思是说:有一次过重阳节,陶渊明没有酒喝了,就独自坐在宅边的菊花丛中。坐了很久、很久。不知过了多久,时任江州刺史的王弘送酒来了,陶公这才开怀醉饮,尽兴而归。战乱时期的诗人,不像隐居期间的陶渊明那么幸运,有王弘这样的人送酒来。所以,这首诗首联的对句里,诗人"反向"用典,说"无人送酒来"。艺术效果凸显,引人思考,可谓用笔奇妙,视角奇巧。

至此,诗人的这个"行军九日"没有了其他诗人笔下的九日"风采"。例如:

帝里重阳节,香园万乘来。
却邪萸入佩,献寿菊传杯。
(上官昭容《九月九日上幸慈恩寺登浮图群臣上菊花寿酒》,片段)
九日重阳节,开门有菊花。
不知来送酒,若个是陶家? (王勃《九日》)
青山远近带皇州,霁景重阳上北楼。
雨歇亭皋仙菊润,霜飞天苑御梨秋。
茱萸插鬓花宜寿,翡翠横钗舞作愁。
谩说陶潜篱下醉,何曾得见此风流。 (王昌龄《九日登高》)
由此可见岑参的这个"行军九日"之惨状了。但是,这个时候,最令诗人忧心忡忡的是远方的家园——长安,那里会有一番什么样的情形呢？

于是，诗人笔锋一转，引出"遥怜故园菊"。行军登高处，无酒可饮，也许有菊可赏。但是，"故园菊"呢？"遥"字可见乡情之切，乡情之结归到故园之菊，可谓以点带面，大有"来日绮窗前，寒梅著花未"之功效。这一转，不见突兀，颇觉自然、流畅，因为九日登高、饮酒，然后自然赏菊——眼前之菊盛开，远方之菊呢？长安故园的菊花呢？

长安在远方，自然不知那里的菊花会怎样。于是，诗人展开想象的翅膀，一路翱翔，意欲飞回故园。无奈，故园遥远，战火正燃。长安未收，只得想象：长安故园之菊，"应傍战场开"吧。这个结句，颇为精彩，令画面顿时明朗、清晰起来：战乱中的长安故园，满目疮痍——断壁残垣，人们无家可归，叛军恣意横行，但是乱象之中，一丛丛黄得耀眼的菊花依然迎风绽放，开得寂寞，却无视战乱。若是家国平和，这番景象又会是多么的美丽和惬意！

在岑参的这首五绝中，故园之菊可谓开不逢时，这也衬托了诗人的乡情之结，以及忧国忧民之情，笔风苍凉，情意真切。古往今来，在历代文人墨客的吟咏之中，菊花成为一种不败之葩，并被赋予不同的称呼和意象。例如：

初服栖穷巷，重阳忆旧游。
门闲谢病日，心醉授衣秋。
酒尽寒花笑，庭空暝雀愁。
今朝落帽客，几处管弦留。　　　（钱起《九日闲居寄登高数子》）
去年登高郪县北，今日重在涪江滨。
苦遭白发不相放，羞见黄花无数新。
世乱郁郁久为客，路难悠悠常傍人。
酒阑却忆十年事，肠断骊山清路尘。　　　（杜甫《九日》）
霜降水痕收，浅碧鳞鳞露远洲。酒力渐消风力软，飕飕，破帽多情却恋头。　　佳节若为酬，但把清尊断送秋。万事到头都是梦，休休，明日黄花蝶也愁。（宋代苏轼《南乡子·重九涵辉楼呈徐君猷》）
人生易老天难老，岁岁重阳。今又重阳，战地黄花分外香。

一年一度秋风劲,不似春光。胜似春光,寥廓江天万里霜。

(毛泽东《采桑子·重阳》)

霜凝四野萧,草败万葩凋。
极目苍茫处,凄风逐菊摇①。

岑参的这首《行军九日思长安故园》,一气呵成、自然贴切、婉转流畅,恰如弹丸脱手,正如谢朓所言:"好诗圆美流转如弹丸。"杜甫写过一首将故园与菊花一起吟咏的诗,可谓乡情之浓:

玉露凋伤枫树林,巫山巫峡气萧森。
江间波浪兼天涌,塞上风云接地阴。
丛菊两开他日泪,孤舟一系故园心。
寒衣处处催刀尺,白帝城高急暮砧。　(杜甫《秋兴八首》其一)

与杜甫比较起来,岑参的这首五绝可谓有过之而无不及,尤其"复花发战场,感时溅浇泪,况未休兵,谁能堪此"(俞陛云,2011:122)。与此遥相呼应的,是岑参的另一首《西过渭州见渭水思秦川》,亦可谓乡情之结的佳作,情感至真,感人至深:

渭水东流去,何时到雍州。
凭添两行泪,寄向故园流。

三、个人品读:战时家书抵万金

我这个人很好奇。也许好奇是人之天性吧,我对什么都充满了新鲜感。我祖籍非长安,也没在长安出生,但是由于长期生活在长安——大唐的首都,我对长安的情感非同一般,甚至成为我的"故园",实则第二故乡。它总是令我挂牵,因为在我看来,它俨然祖国的化身。这里有我的快乐,也有我的悲伤;有我坎坷的人生,也有我多舛的仕途。对于它的情感,千言万语难以尽言。我写过不少关于故园长安的诗句,从中可以看出我对故园的情感:

---

① 王永胜《五绝·九月菊花》,引自"孤独行走的东北野狼",网址:http://wys3000a.lofter.com,提取时间:2013年9月8日。

第九章　乡情五绝

家在日出处,朝来起东风。
风从帝乡来,不异家信通。　　（岑参《安西馆中思长安》,片段）
长安城中足年少,独共韩侯开口笑。
桃花点地红斑斑,有酒留君且莫还。

（岑参《喜韩樽相过》,片段）

客舍梨叶赤,邻家闻捣衣。
夜来尝有梦,坠泪缘思归。
洛水行欲尽,缑山看渐微。
长安只千里,何事信音稀。　　　　　　（岑参《杨固店》）

长安雪后似春归,积素凝华连曙晖。
色借玉珂迷晓骑,光添银烛晃朝衣。

（岑参《和祠部王员外雪后早朝即事》,片段）

　　关于长安,我写的太多、太多。的确,长安令我魂牵梦绕,那里有我的梦想,有我爱的人,也有爱我的人。只恨那安禄山叛军,将战火燃至长安,使我不得开心颜,被迫随军离开故园,离开我久居的家园。

　　军营之中,我思念遥远的故园,牵挂那里的人们。转眼秋欲尽,渭水已远,不闻波声,又逢重阳。战地重阳节,完全失去了往常九日的欢快,但是还须登高,毕竟这是个节日,多年来一直欢庆的节日啊!登高远眺,遥想当年陶公的情致,不觉"兴尽悲来,识盈虚之有数"(王勃《滕王阁序》)了。人家陶公当年静静地坐在菊丛之中,硬是等到有人送酒而来。眼下的凄凉之景,有谁会送酒而来呢?长安啊,长安,那里的菊花是否遍地开放?要知道,那里正遭受苦难,满地荒凉,昔日的繁华不见,可否有黄菊盛开?此时的长安,若有菊花开放,那该是何等壮观与凄惨。

　　如果可以飞跃到未来,看到了黄巢所描述的场景成为现实,我的感受会比现在我所想象的长安故园的感受好吗?那么,我还是不妨穿越一下,飞向未来看一看吧:

待到秋来九月八,我花开后百花杀。
冲天香阵透长安,满城尽带黄金甲。　　（黄巢《不第后赋菊》）

　　我不清楚,未来的这一幕我是否喜欢看到。我还是回到现实吧,回到行军九日,回到我强欲登高的地方。这里有零星开放的菊花,但是没有酒——令陶公迷醉而返的酒,令我沉醉忘忧的酒。酒是好东西,李白不是斗酒诗百篇吗?此时,我多想如李白那般沉醉:

花间一壶酒,独酌无相亲。
举杯邀明月,对影成三人。
月既不解饮,影徒随我身。
暂伴月将影,行乐须及春。
我歌月徘徊,我舞影零乱。
醒时同交欢,醉后各分散。
永结无情游,相期邈云汉。　　　(李白《月下独酌四首》其一)

真是可悲又可叹:无人送酒来,又有谁会送酒来呢?站在高处,我的想象如脱缰之野马:

对酒当歌,人生几何?
譬如朝露,去日苦多。
慨当以慷,忧思难忘。
何以解忧?唯有杜康。　　　(曹操《短歌行》,片段)

眼下,我站在高处,没有杜康,却思绪飞扬,飞到了遥远的长安故园,那里仍有一丛丛菊花,迎风绽开了笑脸。

四、英译研究:节日名的处理

古诗英译中,经常会碰到某些具有中国特色的传统节日名称,如八月十五、清明、寒食等,当然包括岑参这首五绝中的"九日",即"重阳节"。这样的节日名称,应属专有名词之列,除了具有传统性之外,有的往往还兼具典故性。对于这样的节日,英译时,"异化"不失为一种好的处理方法。异化过程中,有的可以音译,有的可以解释性直译,有的则可以音译与直译结合起来,必要时还可加注。下面结合几个译例对节日名的翻译加以简单的探讨。

译例(1)

清明　　杜牧

清明时节雨纷纷,路上行人欲断魂。

借问酒家何处有？牧童遥指杏花村。

The Day of Clear and Bright

By *Du Mu*

'Round Clear and Bright showers are so frequent;
Wayfarers on the road feel despondent.
"Tell me, Buffalo Boy, is there a tavern somewhere?"
The lad pointed to a hamlet with blossoming apricot trees way down the road.

Note: Day of Clear and Bright: The first day of the fifth solar term according to the Chinese lunar calendar; a day devoted to visiting ancestor' grave. （龚景浩，2006：125）

注：1. 'Round = Around

2. wayfarer: *Noun* (poetic/literary) a person who travels on foot(诗/文用法)徒步旅行者

3. despondent: *Adjective* in low spirits from loss of hope or courage(因失去希望或勇气而感到)情绪低落的；沮丧的

4. tavern: *Noun* (chiefly archaic or N. Amer.) an inn or public house(主要为古旧用法，或者北美用法)酒馆；客栈

5. lad: *Noun* (informal) a boy or young man (often as a form of address)(非正式用法)少年；男青年

6. hamlet: *Noun* a small settlement, generally one smaller than a village, and strictly (in Britain) one without a church 小村庄；(英国的)没有教堂的小村子

虽是隔行书写，但是这个英译趋向于散文体英文形式。一问一答，不失形象性。原诗的题目"清明"，应是"清明节"之省称，故应视作名词，而英译的题目"*The Day of Clear and Bright*"，在这方面似乎欠妥。对于"清明"这样一个传统的节日名称，译者采用了直译加注的方式，是一种比较好的处理方法，但是还应该考虑到英文的词性问题。另外，译文中对于原诗某些细节的处理，似乎有所"亏欠"，如"雨""牧童"等。再者，译诗中英文时态的切换似乎稍欠合理性。再看另一篇《清明》的译例中对"清明"的处理。

译例(2)

Mourning Day

By *Du Mu*

A fine rain falls on the tomb-sweeping day,
All mourners are heart-broken on their way.
"A wine shop to rid my sorrow, but where?"
A cowherd points Apricot Cot "O'er there."(曹顺发, 2007: 052)

注:1. mourn: *Verb* (with obj.) feel or show deep sorrow or regret for (someone or their death), typically by following conventions such as the wearing of black clothes 哀悼;悼念(通常有穿黑衣等习俗)

2. cowherd: *Noun* a person who tends grazing cattle 牧牛者;养牛人;牛倌

3. cot: *Noun* (archaic) a small, simple cottage(古旧用法)(小而简单的)村舍;屋棚

4. o'er = over

这篇英译对于原诗题目"清明"的处理,采用的基本上是意译的形式,不失简洁性和对应性,但未加注,恐怕难以"尽意"。可取的是,译者采用韵体英诗来翻译,严格控制了音步的数量,并押偶数韵,韵式具体为"AABB"型。从吟咏的流畅性角度考虑,"Apricot Cot"还可调整。另外,译诗有三行都以"A"开始,未免显得有点单调,缺乏变化,但也许是出于追求某种韵式的考虑吧。请再看下面一篇《清明》的译例,以及对"清明"的处理:

译例(3)

The Pure Brightness Day

By *Du Mu*

It drizzles thick on the Pure Brightness Day;
I travel with my heart lost in dismay.
"Is there a public house somewhere, cowboy?"
He points at Apricot Bloom Village faraway.①

---

① 杜牧《清明》,吴钧陶译,转引自"郭著章,江安,鲁文忠,2010: 203"。

注：1. drizzle：*Verb*（no obj.）（it drizzles, it is drizzling, etc.）rain lightly 下毛毛雨
2. public house：*Noun* formal term for pub（正式用法）酒吧

这篇译文对"清明"的处理，采用的是直译加补译的方式，汉英的对应性很强，缺乏注释恐怕还有考虑不周之嫌。译诗采用韵体英文，韵式为"AABA"，以求与汉语的押韵方式"神似"，实属不错的英译探索。对于我国的传统节日"清明节"的翻译，在古诗英译中体现得较多。试看下面这篇译例中不同的处理方式。

译例（4）
All Souls' Day
By *Du Mu*
The rain falls thick and fast on All Souls' festival day.
The men and women sadly move along the way.
They ask where wineshops can be found or where to rest
And there the herdboy's fingers Almond-town suggest.[①]

这个译例中，对于"清明"的处理，则采用了"归化"的方法，但是却令人联想到西方的"万灵节"，而中国的清明节则是传统的二十四节气之一，也是中国传统的节日，是祭祖、扫墓的日子。所以，译成"All Souls' Day"，对应性出现了偏差，势必造成"忠实性"的不足。另外，既然题目译成"All Souls' Day"，那么，第一行最后出现"All Souls' festival day"，就不甚合理了，专有名词最好具有一致性。无论如何，对于"清明"的翻译，各位译者都做出了不懈的努力。

对于另外一个传统节日"八月十五"，或者"中秋节"，虽然已经形成了"Mid-autumn Day"或者"Mid-autumn Festival"这样的固定译文，但是在古诗英译中，仍然可以灵活地加以处理。例如：

译例（5）
十五夜望月[②] 王建
中庭地白树栖鸦，冷露无声湿桂花。

---

① Ts'ai Ting Kai 译，转引自"郭著章，江安，鲁文忠，2010：204"。
② 如下列所示，此诗诗题亦作《十五夜望月寄杜郎中》。

今夜月明人尽望,不知秋思落谁家?
Look Up at the Full Moon of the Eighth Lunar Month
By *Wang Jian*
White is the courtyard ground where crows perch on the tree,
Cold dew in silence wets the sweet osmanthus flowers.
All people look up at the bright full moon tonight,
Knowing not whom the autumn homesickness falls on.

(郭著章,江安,鲁文忠,2010:146)

注:1. perch: *Verb* (no ob.) (with adverbial of place) (of a bird) alight or rest on something(鸟)飞落;栖息

2. sweet osmanthus: *Noun* 桂花;木樨

这首诗题目里的"十五夜"就是指"中秋夜",译者对其做了实质性的调整,以使翻译的诗体在整体上符合英文要求。整首诗,译者采用的是自由体英诗来翻译的,力求达意,是一个不错的英译探索。关于"十五夜"的处理,再看下面的译例。

译例(6)

十五夜望月寄杜郎中　王建
中庭地白树栖鸦,冷露无声湿桂花。
今夜月明人尽望,不知秋思落谁家?

Viewing the Mid-Autumn Moon
By *Wang Jian*
In the moonlit courtyard crows are nesting in the trees;
Osmanthus flowers soundlessly are dampened by the dew.
Tonight's the night that all will view the brightness of the moon:
Upon whose homes will autumn sadness linger?

***Notes*:**

1. The autumn moon's fullness during the Mid-Autumn Festival symbolizes the unity of the family, and is the powerful reminders of domestic relationships.

2. The sadness here is that of a missed autumn reunion—too many

men are away at the front. Worth noting is that the character used in general for "sadness" 愁 is compounded of the characters for "autumn" 秋 and "heart" 心. ①

注:1. linger: *Verb* (no obj.) stay in a place longer than necessary, typically because of a reluctance to leave(不愿离开而)逗留;多停留

2. compound: *Verb* (often be compounded) make up (a composite whole); constitute 使复合;使混合;使合成;使化合;组成

这篇英译将"十五夜"做了简化处理,直接译成"Mid-Autumn Moon",令人联想到被人普遍接受的"中秋节"的译法"Mid-autumn Day",或者"Mid-autumn Festival"。但是,按照对原诗的一般性理解,结句的"谁家"就是"谁"的意思,"家"是语尾助词,并无实际意义(参见"郭著章,江安,鲁文忠,2010:145")。因此,这个译诗在这方面的处理上,存在着不足之处。

对于另一个传统性的"节日"——"寒食"或者"寒食节",则可以采取直译加补译的方式来处理。例如:

译例(7)

寒食 韩翃

春城无处不飞花,寒食东风御柳斜。
日暮汉宫传蜡烛,轻烟散入五侯家。

"Cold Food" Festival

By *Han Hong*

All over the capital catkins flew wantonly,
A scene of the spring so significant:
On "Cold Food" the east wind wilfully
Made the imperial willows slant.
Now as the dusk approached quietly,
Within the Han palace candles glowed;

---

① 王建《十五夜望月寄杜郎中》(一作"十五夜望月"),张廷琛等译,引自"张廷琛,魏博思,2007:147",但对"Note 1"稍作更改。

Towards the five mansions of nobility
The silvery smoke of the tapers flowed. ①

注:1. catkin: *Noun* a dense, cylindrical, often drooping cluster of unisexual apetalous flowers found especially in willows, birches, and oaks 杨花;柳絮

2. wanton: *Adjective* (poetic/literary) growing profusely; luxuriant(诗/文用法)茂盛的;丰富的

3. willful: *Adjective* (of an immoral or illegal act or omission) intentional; deliberate(不道德或非法行为或遗漏)故意的;有意的;存心的

4. mansion: *Noun* a large, impressive house 大厦;大楼

5. taper: *Noun* a slender candle 细支小蜡烛

这篇译文采取直译加补译的方式翻译原诗题目中的"寒食",是一个不错的翻译策略。但是,"寒食"作为一个"节日",其节日气氛不是那么"浓烈"。其实,寒食是一个节令名,是指清明节的前一天。据传说,晋文公为纪念介之推被火烧死而规定这一天全国上下不得烧火做饭,因此这一天被称作"寒食"或者"寒食节"。鉴于此,这首诗题中的"寒食",不妨译作"*Cold Food Day*",若能加注,则更达意。

岑参的这首五绝《行军九日思长安故园》也含有一个类似的节日名称"九日",也就是中国传统的节日——重阳节。在古诗中,对于这个节日,有着不同的表述,如"九日""九月九日""重阳"等。英译时,可以酌情考虑不同的处理方法。例如:

译例(8)

九月九日忆山东兄弟　　王维

独在异乡为异客,每逢佳节倍思亲。
遥知兄弟登高处,遍插茱萸少一人。

Missing My Brothers on Double Ninth Day

By *Wang Wei*

Alone in a strange town, I am the stranger here.
On festival days I miss doubly those near and dear.

---

① 胡壮麟译,转引自"郭著章,江安,鲁文忠,2010:109"。

From afar I know you're scaling a height,

All wearing dogwood 'cept one, who is not there.

Note: Double Ninth Day: September the Ninth (by the lunar calendar), a day to scale a height, i. e. to climb a hill and enjoy the limpid autumn air.　　　　　　　　　　　　　　　（龚景浩，2006：25）

注：1. afar：*Adverb* (chiefly poetic literary) at or to a distance(主要用在诗性文学中)在远方；向远方 (e. g. Our hero travelled afar. 我们的英雄一路远行。)

 2. scale：*Verb* (with obj.) climb up or over (something high and steep)攀登；翻越

 3. 'cept = except

 4. dogwood：*Noun* a shrub or small tree of north temperate regions, which yields hard timber and is grown for its decorative foliage, red stems, or colourful berries 梾木属植物梾木；山茱萸

 5. limpid：*Adjective* (of a liquid) free of anything that darkens；completely clear (液体)清澈的；明净的

  原诗题目里的"九月九日"，在这篇译诗里处理成"Double Ninth Day"，属于直译加变通的处理方式，后面又加注解释，很是完备，是一种值得推崇的处理方法。古诗英译中，特别是对于一些具有传统性和典故性的专有名词的英译，不管是音译、直译，还是意译，"加注"不失为一种避免信息流失的较好的方法，也是译者态度严谨性的体现。再看《九月九日忆山东兄弟》的另一篇译例。

译例(9)

Thinking of My Brothers on Mountain-climbing Day

By *Wang Wei*

Alone, a lonely stranger in a foreign land,

I doubly pine for kinsfolk on this holiday.

I am so aware of you all, cornels in hand,

Atop a hill now and missing me faraway.　　（曹顺发，2007：034）

注：1. pine for：miss and long for the return of 怀念；思念

 2. kinsfolk：*Plural Noun* (in anthropological or formal use) a person's blood relations, regarded collectively(人类学用法或正式用法)家人；亲属

3. cornel: *Noun* a dogwood, especially of a dwarf variety(尤指矮株的)梾木;山茱萸

4. atop: *Preposition* on the top of 在……顶上

在这个译例中,译者将"九月九日"做了意译处理,译成"Mountain-climbing Day",不失为一种折中的翻译策略。但是,"九月九日"的含义未免受到了一定的限制,好像就是为了"爬山"而设定了这样一个节日似的。话说回来,这首译诗在"意""形"的兼顾方面做得不错,采用韵体英译,押"ABAB"型互锁韵式,不失为一篇独到的英译探索。再看《九月九日忆山东兄弟》另一个译例:

译例(10)

On the Mountain Holiday Thinking of My Brothers in Shandong

By *Wang Wei*

All alone in a foreign land,

I am twice as homesick on this day

When brothers carry dogwood up the mountain,

Each of them a branch—and my branch missing.[①]

注:1. homesick: *Adjective* experiencing a longing for one's home during a period of absence from it 想家的;思乡的

2. dogwood: *Noun* a shrub or small tree of north temperate regions, which yields hard timber and is grown for its decorative foliage, red stems, or colourful berries 梾木属植物梾木;山茱萸

诗题的"九月九日"译成"Mountain Holiday",令人感觉不太好理解,与传统的"重阳节"也有些差异;"山东"实际上指的是"华山以东",译者对原诗的理解存在一定的偏差。但是,外国译者译文本身对译语"形合"的把握无可挑剔,只是最后一行的"and my branch

---

① 威特·宾纳(Witter Bynner)译,转引自"郭著章, 江安, 鲁文忠, 2010: 45"。

missing",感觉有点儿突兀,显得不是很合意。

针对岑参的这首《行军九日思长安故园》而言,里面除了含有上一节所讨论专有名词中的地名"长安"之外,还含有上述所讨论的传统的节日名——九日,英译时可采取多样化的手段,处理好这两方面的问题。具体而言,在总体上可采用异化策略。在异化过程中,有的可以音译,有的可以解释性直译,有的则可以将音译与直译结合起来,必要时还可加注。

五、韵译探索:行军九日思长安故园

行军九日思长安故园　岑参
强欲登高去,无人送酒来。
遥怜故园菊,应傍战场开。

Missing My Wartime Home Chang'an at Chongyang Festival
By *CEN Shen*

Forcing myself to mount the hill subdued,
To bring me wine I find none's in the mood.
Marching afar, I miss my wartime home,
Where I guess poor chrysanthemums abound
Among debris and fumes of th' battle ground.

N. B. *Chang'an*(Today's Xi'an City, Shaanxi Province), the capital city of Tang Dynasty, was then regarded by the poet as his home, for he had been living there for a long time. However, it was then occupied by the rebellious troops, and thus he was forced to march away from it together with the Emperor's troops. One day in the barracks, the poet began to miss his home *Chang'an*, for it was just *Chongyang Festival*, a traditional Chinese festival falling on September 9 of the lunar calendar, when Chinese people usually mount higher places to drink wine and to enjoy the beauty of chrysanthemums, while missing their families.

  (Translated by *WANG Yong-sheng*)   （王永胜译）

注：1. wartime：*Noun*（mass noun）a period during which a war is taking place 战时
2. mount：*Verb*（with obj.）climb up（stairs, a hill, or other rising surface）登（楼梯、山或其他上升面）
3. subdued：*Adjective*（of a person or their manner）quiet and rather reflective or depressed（人或举止）抑制的；克制的；低沉的；抑郁的
4. be in the mood for sth/doing sth；be in the mood to do sth：to have a strong desire to do sth；feel like doing sth 有心情做某事；想（或有意）做某事
5. afar：*Adverb*（chiefly poetic literary）at or to a distance（主要用在诗性文学中）在远方；向远方（e. g. Our hero travelled afar. 我们的英雄一路远行。）
6. abound：*Verb*（no obj.）exist in large numbers or amounts 大量存在
7. debris：*Noun*（mass noun）scattered pieces of rubbish or remains 碎片；残骸
8. fume：*Noun*（usu. fumes）gas, smoke, or vapour that smells strongly or is dangerous to inhale 刺鼻（或有害）的气；烟；汽
9. barracks：*Plural Noun*（often treated as sing.）a large building or group of buildings used to house soldiers 兵营；营房
10. th' = the

第十章 友情五绝

友情是人类一种情感,是指朋友之间的感情,友情与人的社会生活紧密相关。时至今日,友情成为很多文学作品的一个主题,包括小说、散文、诗歌等。友情将朋友牵连起来,成为一双双无形的手,时时抚慰彼此的心灵:

当你向我敞开了心扉
我的心　便含满了泪水
我那颗疲惫不堪的灵魂
更体验到了一股温暖　一缕欣慰
成熟的友情像浆果
陌生的呼唤如新蕊
当我遥想你
远方的橄榄树
我的胸膛顿时充溢着
天空般　莹澈的喜悦
和海洋般　深深的忏悔①

不管是古人还是今人,都离不开朋友。儒家思想的创始人孔子

---

① 汪国真《致陌生的朋友》,转引自"周彦文, 贺雄飞, 1991：152"。

曾经说过:"独学而无友,则孤陋而寡闻"(《礼记·学记》),可见朋友与友情的重要性。友情之花在从古至今的人生旅途上,随处开放。古人的友情,芳香四溢,历久弥新,恐怕与诗歌不无关系。

古诗中表达友情的诗句,当属友情的一个见证吧。如"桃花潭水深千尺,不及汪伦送我情"(李白《赠汪伦》)。是啊,友情潭水之深,深过千尺桃花潭水,友情之重,可见一斑了。再如"莫愁前路无知己,天下谁人不识君"(岑参《别董大》)。是啊,朋友之情,在于彼此的关怀和安慰,心中友情在,莫愁无知己。友人之间需要关切、爱护、理解和同情,诗人王维似乎领悟了这一点:

下马饮君酒,问君何所之。
君言不得意,归卧南山陲。
但去莫复问,白云无尽时。　　　　　　　　　　(王维《送别》)

当然,在唐代短小精悍的五绝诗中,友情之花亦见开放,构成了古今友情花园中一道道风景线。

第一节　秋夜友情

五言绝句原诗:

huái jun zhǔ qiū yè　sàn bù yǒng liáng tiān
怀　君　属　秋　夜,散　步　咏　凉　天。
shān kōng sōng zǐ luò　yōu rén yīng wèi mián
山　空　松　子　落,幽　人　应　未　眠。

九言白话译文:

正值秋夜念君在心间,徘徊踱步慨叹天已寒。
遥想空山松子纷纷落,丘丹应该仍未沉沉眠。

首先需要说明的是,这首五言诗不符"正律",且联间"失黏",实属"五古绝",但很多选本仍将之作"五绝"处理,如蘅塘退士的《唐诗三百首》等。还有名家将这首诗视作诗人韦应物的五绝代表作之一,本书从之,也将其作为"五绝"看待并加以研究(关于"五绝"和"五古绝",请参阅本书上卷第五章第一节)。

这是唐代诗人韦应物的一首五言诗,诗题为《秋夜寄丘员外》,其中的"丘员外",亦有的版本为"邱员外"。另外,《全唐诗》第188卷第55首载有此诗,标题为《秋夜寄丘二十二员外》。不管怎样,韦应物这首诗里所怀之人指的是当时正在临平山学道的丘丹或邱丹。他是苏州人,曾拜为尚书郎,后隐居临平山。由于其在家族中排行第二十二位,亦称其为"丘二十二员外"或"邱二十二员外"(与本书上卷第八章第三节提到的"崔九"相似)。最终,本书定此诗诗题为《秋夜寄丘员外》。

一、人物品读:韦应物

韦应物(737—约792),唐代诗人,京兆万年(今陕西西安)人。少年时,大约从天宝十年(公元751年)至天宝末年(公元755年),他在长安以三卫郎这一官职为玄宗近侍,出入宫闱,扈从游幸。可以说,这期间的韦应物应是有恃无恐,颇为霸道,可谓飞扬跋扈。这一点,从他的回忆长诗,可见一斑:

少事武皇帝,无赖恃恩私。
身作里中横,家藏亡命儿。
朝持樗蒲局,暮窃东邻姬。
司隶不敢捕,立在白玉墀。
骊山风雪夜,长杨羽猎时。
一字都不识,饮酒肆顽痴。
武皇升仙去,憔悴被人欺。
读书事已晚,把笔学题诗。
两府始收迹,南宫谬见推。
非才果不容,出守抚惸嫠。
忽逢杨开府,论旧涕俱垂。
坐客何由识,惟有故人知。

(韦应物《逢杨开府》)

从这首诗也看得出他晚年的转变。事实上,晚年时光里,他发奋图强起来,变得性情高洁,折节苦读,以至于"人比之陶潜,称陶韦云"(刘永济,1981:67)。

肃宗乾元二年(公元759年),韦应物曾攻读于太学。代宗广德元年(公元763年),为洛阳丞,后因惩办不法军士而被控告,弃官赋闲。大历九年(公元774年),任京兆府功曹,后授郡县(今陕西户县)令。一生之中,韦应物做过滁州刺史、江州刺史、左司郎中、苏州刺史,故世人亦称其为"韦江州""韦左司"或"韦苏州"。韦应物写过很多酬答、寄人、赠友之作,如本节的主题诗《秋夜寄丘员外》。再如:

乔木生夜凉,月华满前墀。
去君咫尺地,劳君千里思。
素秉栖遁志,况贻招隐诗。
坐见林木荣,愿赴沧洲期。
何能待岁晏,携手当此时。 (韦应物《酬卢嵩秋夜见寄五韵》)
少年游太学,负气蔑诸生。
蹉跎三十载,今日海隅行。 (韦应物《赠旧识》)
秋草生庭白露时,故园诸弟益相思。
尽日高斋无一事,芭蕉叶上独题诗。 (韦应物《闲居寄诸弟》)

但是,他的田园风光诗尤其受到人们的青睐和称道,语言简朴、清淡。例如:

独怜幽草涧边生,上有黄鹂深树鸣。
春潮带雨晚来急,野渡无人舟自横。 (韦应物《滁州西涧》)

韦应物与王维、孟浩然、柳宗元并称"王孟韦柳",其传世作品有影印明本《韦苏州集》等。韦应物的诗,特别是其五绝作品,颇受后代诗论家所推崇。如明代的胡应麟在《诗薮》中说:"中唐五言绝,苏州最古,可继王、孟";清代的沈德潜在《说诗晬语》中说:"五言绝句,右丞之自然、太白之高妙、苏州之古淡,并入化境",可见对其评价之高。兹举一例:

一为吴郡守,不觉菊花开。
始有故园思,且喜众宾来。 (韦应物《九日》)

二、艺术品读:《秋夜寄丘员外》

韦应物的这首《秋夜寄丘员外》,被后人视作其五绝的代表作,是一首在秋夜寄托自己对友人——丘员外思念之情的佳作,具有清幽、淡远的艺术境界。

题目中的"丘员外",是诗人韦应物的好友,特别是在苏州时,诗人与丘员外交往颇深。这里的丘员外,真名叫丘丹——诗人丘为的弟弟,丘为跟王维、刘长卿交往甚密。丘丹曾经担任仓部员外郎等职务,韦应物就称其为"丘员外"。丘丹是嘉兴(今浙江省)人,后来隐居在临平山中。在他隐居期间,诗人韦应物写了这首《秋夜寄丘员外》,寄托自己对丘丹深厚的友情。

整首诗读起来语言浅显,却富有意蕴,给人带来强烈的艺术享受,亦颇具感染力。难怪施补华在《岘佣说诗》中赞其为"清幽不减摩诘(王维),皆五绝之正法眼藏"①。写法上,诗人采用对照的手法,由此及彼,变换着角度来写,实属情感表达的需要。在友情的表达方面,诗人既直接抒发情感,又间接传递情谊,达到了一定的艺术高度。

整首诗犹如一幅影像"淡入淡出"的"叠加"画面,以静衬动,"移步换景"之间,视角自然而然发生了转换。这样的画面,现代影视作品中经常采用,主要通过"抠像"的技法,将不同空间的两个影像同时叠加到一幅画面中——其中的一幅是诗人秋夜散步怀友,另一幅是松子掉落的空山之中,"幽人"未眠,怀念秋夜里的诗人。这里的"幽人"实指丘丹,即丘员外。两幅画面处在不同的空间,却在同一时间,在诗人想象的妙笔下,聚拢到一起,加强了诗人对友人的怀念程度,令秋夜里的友情愈加浓烈。

诗人在开篇就直抒胸臆,开门见山——"怀君属秋夜",这里的"君"应指诗人的朋友——丘员外,即丘丹。开篇短短五个字,点明了"友情"的季节和时间——"秋夜",秋夜想起了朋友之情。这样的夜里,就连"散步"也颇具感慨之意,感慨"凉天"。不知不觉间,天已凉。所以,首联的对句自然托出:"散步咏凉天"。首联实属实写,诗人毫不隐晦自己的思友之情。

---

① 转引自"李梦生,2007:39"。

紧接着,诗人笔锋一转,角度变换,"移步"而"换景",转写"幽人"——幽居隐逸之人丘员外的感受。尾联的出句"山空松子落",颇具风范,很好地衬托、映照了诗人怀念对象的精神风貌,乃至性格特点,令人不禁想起了王维诗中那空灵的意境:

人闲桂花落,夜静春山空。
月出惊山鸟,时鸣春涧中。
(王维《皇甫岳云溪杂题五首·鸟鸣涧》)

王维《鸟鸣涧》诗中的意境,与韦应物《秋夜寄丘员外》中"山空松子落"颇具异曲同工之妙,只不过一个是"春山",一个是"秋山";一个是"鸟鸣",一个是"子落"。接下来的结句,亦颇为精彩——"幽人应未眠"。诗人揣想:朋友此时应该也没有入睡吧;心事满腹,恐怕也在怀念我吧。看似在不经意间猜测友人的"共时"感受,实则"反客为主",以友人的感受烘托诗人自身的感受,令诗人自身的感受凸显。此乃玄妙之笔,与跟他同时代、比他年长的王维的另一首诗也具有了"异曲同工"之妙:

独在异乡为异客,每逢佳节倍思亲。
遥知兄弟登高处,遍插茱萸少一人。
(王维《九月九日忆山东兄弟(时年十七)》)

诗人韦应物的这首抒发秋夜友情的五绝作品,尾联"山空松子落,幽人应未眠",借助想象之笔,反衬了诗人对友人深深的情意,可谓"深情"寓于"浅意"。如果说诗人对友人的情感表达,在首联里是"显性"的话,那么,到了尾联,则具有了"隐性"。另外,回想起丘员外归山前,诗人情感的抒发,这首《秋夜寄丘员外》诗中的情感就更加真实了:

郡阁始嘉宴,青山忆旧居。
为君量革履,且愿住蓝舆。(韦应物《送丘员外归山居》)

韦应物的这首《秋夜寄丘员外》所选取的角度富于变化,显示出诗人活跃的文思,其活跃性体现在对空间的跨越——由此及彼,颇为灵活。正如刘勰在《文心雕龙·神思篇》中所言:"文之思也,其神远矣。故寂然凝虑,思接千载;悄焉动容,视通万里。"

文思活跃者,不受时空限制,但这中间不受时间限制的居多——光阴荏苒,物是人非。例如:

去年今日此门中,人面桃花相映红。
人面不知何处去,桃花依旧笑春风。　　　(崔护《题都城南庄》)
三十年前此院游,木兰花发院新修。
如今再到经行处,树老无花僧白头。

(王播《题木兰院二首》其一)

韦应物的这首《秋夜寄丘员外》则体现在空间的活跃转移,这样的转移"使读者在一首诗中看到两个空间,既看到怀人之人,也看到被怀之人,既看到作者身边之景,也看到作者遥想之景,从而把异地相隔的人和景并列和相连在一起,说明千里神交,有如晤对,故人虽远在天涯,而相思却近在咫尺"(萧涤非,俞平伯,施蛰存等,2004:690)。

三、个人品读:秋夜秋山幽

苏州是个好地方,山美,水也美。在这里,我跟丘员外的交往更加密切了,彼此无话不说。丘员外在家族中排行二十二,所以,我们大家有时也称呼他"丘二十二"。

一段时间的相聚之后,丘员外就要去临平山隐居。隐居是一种很好的生活方式,韬光养晦之余也可以修身养性,我是比较赞成的。但是,与好友分离,难免不舍,依依惜别之情顿生。于是,饮酒送行,以诗相赠:

长栖白云表,暂访高斋宿。
还辞郡邑喧,归泛松江渌。
结茅隐苍岭,伐薪响深谷。
同是山中人,不知往来躅。
灵芝非庭草,辽鹤委池鹜。
终当罢里门,一表高阳族。　　　(韦应物《送丘员外还山》)

朋友之意难忘,友情之感深沉。也许是我思友深切,也许是友思我浓烈,不管怎么说,没过多久丘员外又回来了。一番推心置腹的交

谈,一次痛快的畅饮,然后友人还是要离开。我这个人很重情义,醉眼朦胧之中又一次以诗相赠:
  岁中始再觏,方来又解携。
  才留野艇语,已忆故山栖。
  幽涧人夜汲,深林鸟长啼。
  还持郡斋酒,慰子霜露凄。
        (韦应物《重送丘二十二还临平山居》)
  在这样的年代,对友人的思念和怀想,只能借酒赋诗。所以,友人走后,我多次写诗,以寄托对友人的情谊。其中有一次,我一口气写了两首:
  高词弃浮靡,贞行表乡闾。
  未真南宫拜,聊偃东山居。
  大藩本多事,日与文章疏。
  每一睹之子,高咏遂起予。
  宵昼方连燕,烦吝亦顿祛。
  格言雅诲阙,善谑矜数馀。 (韦应物《赠丘员外二首》其一)
  久蹈思游旷,穷惨遇阳舒。
  虎丘惬登眺,吴门怅踌躇。
  方此恋携手,岂云还旧墟。
  告诸吴子弟,文学为何如。
  迹与孤云远,心将野鹤俱。
  那同石氏子,每到府门趋。 (韦应物《赠丘员外二首》其二)
  我的一生中,友情难能可贵,它支撑起我悲凉的时光,温暖我孤寂的胸怀。它是寒夜里的灯火,它是漫漫旅途中的驿站。
  一年一度又逢秋。秋天总会给人带来一丝悲凉的气氛,令我不禁想起"万里悲秋常作客,百年多病独登台"(杜甫《登高》)这样的诗句。秋夜散步,独自叹息,叹韶华稍纵即逝。天凉好个秋啊!此时,我又想起幽居的友人——丘员外。我的大脑中浮现出一幅画面:远方幽深的山谷中,一片空幽的气氛。夜色朦胧,四周幽静,只听得松子刷刷掉落的声音;幽人倚身树下,听着松子掉落的声音,若有所思,难以入眠。他大概也在慨叹时光飞逝、天凉秋至吧。

在这样一个秋天的夜晚,我所能做的,除了怀念,恐怕还得提笔写下这首《秋夜寄丘员外》了。

四、英译研究:古代官职的处理

中国古代官职比较复杂,跟现在的官职的称呼大不相同。有些古代官职跟现代的某些官职相当,有些则找不到对应的。因此,古诗英译中,这样的官职处理起来十分棘手。可以解释性翻译或阐释性翻译(如使用同位语、加注处理等),可以与现在的官职对应起来再结合英文的表达来翻译;个别情况下,可以音译,也可以省略不译,做模糊化处理。但是,无论怎样处理,都要将"适度性"考虑进来。也就是说,古诗英译中,对古代官职的处理不可"失度"。要在仔细分析的基础上,用合适的英文表达出来。下面结合几个译例及《秋夜寄丘员外》的几个译本,对古诗英译特别是唐代五绝的韵体英译中所涉及的古代官职的处理加以简单的探讨。

译例(1)

送李侍郎赴常州　　贾至

雪晴云散北风寒,楚水吴山道路难。

今日送君须尽醉,明朝相忆路漫漫。

Seeing a Friend Off

By *Jia Zhi*

The snow clears up as cold north winds disperse clouds amain;

Mountains and rivers make the southward way hard to go.

Today we must drink till drunk since we'll part; tomorrow

A long way is between us: fond memories remain.

(张智中,2009:057)

注:1. disperse: *Verb* (with obj.) distribute or spread over a wide area 分散;散布

2. amain: *Adverb* (archaic or poetic) with great strength, speed, or haste; suddenly; hastily(古旧用法或诗歌用法)全力地;全速地;突然地;非常地

诗题中,"侍郎"乃古代一官职,译者将之省略不译,"常州"也省

去了,只将题目译成"Seeing a Friend Off"(送别朋友)。这样处理,倒也没有大碍,但是原诗的细节信息有所流失。从译介的角度来说,这种细节模糊化处理的翻译方式,令译文与原文比较起来,有所"亏欠"(参见本书上卷第八章第二节第五部分)。换句话说,"忠实度"不足。

其实,侍郎非"郎",是古代一个官名,是汉代郎官的一种,本来是宫廷的近侍。东汉以后,侍郎成为尚书的属官,其初任称"郎中",满一年称"尚书郎",第三年才称"侍郎"。唐代以后,中书省、门下省以及尚书省所属各部门均以侍郎为长官之副,官位渐高。这样看来,"侍郎"相当于现在的副部长级别。所以,上述诗题里的"侍郎"译成英语的"assistant minister"或者"vice-minister",较为合适。

译例(2)

十五夜望月寄杜郎中　王建

中庭地白树栖鸦,冷露无声湿桂花。
今夜月明人尽望,不知秋思落谁家?

Viewing the Mid-Autumn Moon

By *Wang Jian*

In the moonlit courtyard crows are nesting in the trees;
Osmanthus flowers soundlessly are dampened by the dew.
Tonight's the night that all will view the brightness of the moon;
Upon whose homes will autumn sadness linger?

Notes:

1. The autumn moon's fullness during the Mid-Autumn Festival symbolizes the unity of the family, and is the powerful reminders of domestic relationships.

2. The sadness here is that of a missed autumn reunion—too many men are away at the front. Worth noting is that the character used in general for "sadness" 愁 is compounded of the characters for "autumn" 秋

and "heart" 心。①

注:1. linger: *Verb* (no obj.) stay in a place longer than necessary, typically because of a reluctance to leave(不愿离开而)逗留;多停留

2. compound: *Verb* (often be compounded) make up (a composite whole); constitute 使复合;使混合;使合成;使化合;组成

在"译例(2)"中,诗题的"寄杜郎中"省去未译,细节有所流失。但是,要是能够做到"译例(1)"中的处理方法,即译出"寄朋友"字样,也不失为一种模糊化的处理方法。通过"译例(1)"的分析,"杜郎中"可以译成"Assistant Minister Du"或者"Vice-minister Du"。另外,原诗尾联对句中"谁家"里的"家"属于语尾助词(参见"郭著章,江安,鲁文忠,2010:145"),表示疑问,译诗里"whose homes"的表达就欠妥当了。

译例(3)

席上夜别张主簿　　裴夷直

红烛剪还明,绿尊添又满。

不愁前路长,只畏今宵短。

The Eve of Separation

By *Pei Yizhi*

The red candle's brighter after snuffing;

Refilled to the brim is the green goblet.

We worry not the road ahead is long,

But fear that, alas, tonight is so short.　　(张智中,2009:096)

注:1. snuff: *Verb* (dated) trim the charred wick from (a candle)(过时用法)剪烛花

2. goblet: *Noun* (archaic) a metal or glass bowl-shaped drinking cup, sometimes with a foot and a cover(古旧用法)(金属或玻璃的)碗状酒杯

本书上卷第四章第四节第一部分谈到诗歌题目的重要性。可以

---

① 王建《十五夜望月寄杜郎中》(一作《十五夜望月》),张廷琛等译,引自"张廷琛,魏博思,2007:147",但对"Note 1"稍加更改。

说,对于古诗而言,特别是对于格律诗而言,诗题往往与诗体形成互补性。具体来说,诗题有时候蕴含了诗体所容纳不下的内容。所以,古诗英译,诗题的翻译不容忽视,要尽量做到"忠实"和"对等"。诗题若是涉及中国特色的内容,如官职等,翻译时可以灵活加以处理,如省略不译、模糊处理等。

这首《席上夜别张主簿》中,"主簿"是古代一个官职名称,是各级主官属下掌管文书的佐吏。《文献通考》卷六十三有这样的记载:"盖古者官府皆有主簿一官,上自三公及御史府,下至九寺五监以至郡县皆有之。"简而言之,主簿主要是指古代掌管官府文书账簿的官员。译成"book-keeping official",庶几可通。这篇译诗中,题目只译出了"夜别",其他部分省略未译,信息的确有所流失。可以考虑将"主簿"作为同位语译出。

译例(4)

寄扬州韩绰判官　　杜牧
青山隐隐水迢迢,秋尽江南草未凋。
二十四桥明月夜,玉人何处教吹箫。

To Han Chuo, Magistrate of Yangzhou
By *Du Mu*
Green mountains dim, and waters wide:
Unwithered yet by autumn's end, the grasses in the south.
Along Bridge Twenty Four, bright moonlit nights,
Does jadelike beauty still provide instruction on the flute?[①]

注:1. magistrate: *Noun* a civil officer or lay judge who administers the law, especially one who conducts a court that deals with minor offences and holds preliminary hearings for more serious ones 地方行政官;执法官;治安官

2. unwithered: *Adjective* not withered 未枯萎的;未凋谢的

这首诗中,"判官"指的是唐代辅助地方长官处理公事的人,而不

---

① 张廷琛等译,引自"张廷琛,魏博思,2007:243"。原译附有注释,恕未照录于此。

是迷信传说中阎王手下管生死簿的官。这样,译成英语时,可以解释性译成"an assistant to the chief local official"。根据英文字典的解释,直接译成"magistrate"的话,似乎有些失当。在诗题的翻译方面,总体而言,"译例(4)"处理得很得体,只是"magistrate"一词的选用不是很准确。译诗标题后半部的同位语可以考虑处理成"an assistant to the chief official of Yangzhou"。

译例(5)

送杜少府之任蜀川　　王勃

城阙辅三秦,风烟望五津。
与君离别意,同是宦游人。
海内存知己,天涯若比邻。
无为在歧路,儿女共沾巾。

Sending off a Friend Who Has Been Appointed a County-level Official in Far-away Sichuan

By *Wang Bo*

Bidding me farewell in this great city of Qin,
You look, through mists, towards the crossings on River Min.
I admire your fine sentiments about friendship:
I, too, have been a rover in officialdom.
A friend akin in spirit, loyal and dear
Brings the remotest places on earth near.
So weep not like those with a puerile heart
When we come to the crossroads, where we must part. ①

注:1. rover: *Noun* a person who spends their time wandering 浪者;漫游者
　 2. akin: *Adjective* (predic.) of similar character 相似的
　 3. puerile: *Adjective* childishly silly and trivial 幼稚的;孩子气的;不成熟的;愚蠢的;无足轻重的

此译例对诗题的处理很细致,"少府"做了解释性翻译,若能将

---

① 龚景浩译,引自"龚景浩,2006:35"。原译附有注释,恕未照录于此。

"杜"一并译出,则更达意。在唐代,县令称明府,县尉为县令之佐,也称"少府"。鉴于此,"少府"可以考虑译作"assistant county chief"。

译例(6)

早春呈水部张十八员外　韩愈

天街小雨润如酥,草色遥看近却无。

最是一年春好处,绝胜烟柳满皇都。

To Watering Officer Squire Zhang, the Eighteenth Among His Brothers, on an Early Spring Day

By *Han Yu*

The drizzle, like milk, wets imperial Capital's streets;

Not yet there're leas, though tints of grass afar one sees.

The scene of early spring, the best time of the year,

Is much better than the day when willows here are green seas.①

注:1. squire: *Noun* a man of high social standing who owns and lives on an estate in a rural area, especially the chief landowner in such an area 乡绅;大地主

2. drizzle: *Noun* (mass noun) light rain falling in very fine drops 毛毛雨;细雨

3. lea: *Noun* (poetic/literary) an open area of grassy or arable land(诗/文用法)草地;耕地

4. afar: *Adverb* (chiefly poetic literary) at or to a distance(主要用在诗性文学中)在远方;向远方(e.g. Our hero travelled afar. 我们的英雄一路远行。)

此译例基本上采用直译的方法来翻译,力求达意,处理得相当不错。诗题的翻译很详尽,只不过对"员外"的处理稍显不足,因为在这首诗中,"员外"一词应该不具备"地主、豪绅"的意思,而应该指古代一种官职,应该是"员外郎"的省称。

由此可见,古诗英译中,古代官职名的处理是一个十分棘手的问题,具有强烈的中国特色。在本节的主题诗《秋夜寄丘员外》中,诗题里就有一个官职"员外"。如何处理,需要斟酌一番。下面再以《秋夜寄丘员外》几个英译本为例,进一步探讨一下古代官职在古诗英译

---

① 吴均陶译,转引自"郭著章,江安,鲁文忠,2010:148"。

特别是唐代五绝韵体英译中的翻译策略。

译本(1)

On an Autumn Night to Councillor Qiu

By *Wei Yingwu*

I think of you on this autumn night,

As I stroll along and take to poetise the cool weather.

I'd imagine that in the mountains it is time when pine cones fall,

And you're likely to be engrossed in thoughts too keeping you awake.①

注：1. councilor: *Noun* a member of a council(市、镇等的)政务会委员；顾问；议员

2. poetise: *Verb* [with obj.] represent in poetic form 用诗歌形式表现

3. pine cone: *Noun* the conical or rounded woody fruit of a pine tree, with scales which open to release the seeds 松果；松球

4. engross: *Verb* [with obj.] absorb all the attention or interest of 使全神贯注；使专心

对于"员外"这一官职，其内涵比较繁杂，并且随着时代的不同，其内涵也有所演变。它原指设于正额以外的郎官。晋以后有员外散骑侍郎，为皇帝近侍官之一，随时供皇帝差遣。所以，从这个意义上来说，这篇英译的标题将"丘员外"译作"Councillor Qiu"，似乎并不为过。整篇译文采用自由体英诗来处理，意境传达得不错，只是最后一行中"too"似乎应为"to"之误。

译本(2)

To Lord Qiu in an Autumn Night

By *Wei Yingwu*

Think of you, my friend, at autumn night,

I walk and chant beneath sky cold yet bright.

Pine nuts fall hard in mountains still and deep;

---

① 曾培慈译，引自互联网博客，地址：http://my.opera.com/transient/blog/tang320，提取时间：2013年10月8日。

The hermit there must not have got to sleep.

（王大濂，1998：105）

注：1. chant：*Verb* [with obj.] say or shout repeatedly in a sing-song tone 反复说；反复喊

2. pine nut：*Noun* the edible seed of various pine trees 松仁；松子

3. hermit：*Noun* any person living in solitude or seeking to do so 独居者；隐士；试图独居的人

此译本难能可贵的，是采用韵体英诗来翻译，韵式为"AABB"，实属难得，也颇达意。但是，题目中"丘员外"处理成"Lord Qiu"似乎有误解之嫌，还需斟酌。

译本(3)

An Autumn Night Message to Qiu

By *Wei Yingwu*

As I walk in the cool of the autumn night,

Thinking of you, singing my poem,

I hear a mountain pine-cone fall....

You also seem to be awake.①

此译本多数地方采用了"意译"来处理，语序也有所调整，特别是对首联的处理，更是如此。对于"山空松子落"一句，译者译作"I hear a mountain pine-cone fall..."。虽然这样译较原诗的意境有所差别，但是省略号的使用，多少弥补了这方面的不足。第四行"also"应属增词补译，很是传神。另外，对于题目中"员外"这一官职，译者做了模糊化处理，只译出"丘"姓，也算是可以接受的。

综上所述，古代官职在古诗英译特别是唐代五绝的韵体英译中，处理起来颇为棘手。可以阐释性翻译，可以做模糊化处理，可以音译，当然根据情况也可以省略不译。针对韦应物《秋夜寄丘员外》这首五绝，诗题中"员外"一职的处理尤其如此。"员外"即"员外郎"，

---

① 威特·宾纳(Witter Bynner)译，选自威特·宾纳所著"*The Chinese Translations: The Works of Witter Bynner*"。

是中国古代官职之一,原指设于正额以外的郎官。唐六部以郎中、员外郎为司官,以后历代沿置。再结合本部分一开始对"侍郎"的分析,"员外"或者"员外郎"似乎译作"extra vice-minister"更为达意。当然,也可以考虑其他译法,如"an associate counselor for the emperor"等。

五、韵译探索:秋夜寄丘员外

秋夜寄丘员外　韦应物
怀君属秋夜,散步咏凉天。
山空松子落,幽人应未眠。

An Autumn Night Poem to My Friend QIU Dan, an Extra Vice-minister

By *WEI Ying-wu*

I miss my friend just on this autumn night,
While walking under the sky cold.
Falling on still hill ground are pine nuts light,
And he'd not sleep with thoughts untold.

(Translated by *WANG Yong-sheng*)　　　　（王永胜译）

注:1. extra: *Adjective* added to an existing or usual amount or number 额外的;分外的;外加的

2. untold: *Adjective* (of a story or event) not narrated or recounted(故事或事件)未说过的;未被讲述的

第二节　赤诚友情

五言绝句原诗:

hóng	dòu	shēng	nán	guó	qiū	lái	fā	jǐ	zhī
红	豆	生	南	国,	秋	来	发	几	枝?
yuàn	jūn	duō	cǎi	xié	cǐ	wù	zuì	xiàng	sī
愿	君	多	采	撷,	此	物	最	相	思。

· 261 ·

九言白话译文：

红豆之树南国长久栖,秋来红豆发满多少枝？

唯愿你能多多摘红豆,只因红豆最懂友人思。

上面这首诗是唐代诗人王维的一首五言绝句,诗题为《相思》[①]。

首先,关于这首诗有两点需要说明一下：一是这首诗的异文性,二是这首诗的所抒发的情感问题。

一是关于这首诗的异文性。这首诗有许多不同的版本,某些地方的用字各不相同。例如,有"愿君多采撷"和"劝君多采撷"之分；有"劝君多采撷"和"劝君休采撷"之分；有"春来发几枝"和"秋来发几枝"之分；有"红豆生南国"和"红杏生南国"之分；有"秋来发几枝"和"秋来发故枝"之分；还有"愿君多采撷"和"赠君多采撷"之分,等等。

二是关于这首诗所抒发的情感问题。主要有两类看法：一类看法认为这是首爱情诗,抒发了两情相悦之思；另一类看法认为这是一首思念友人之诗,抒发的是对友人的怀念之情。本书从后一类。

这首诗中,诗人王维抒发的是对友人深深的情谊[②],实为友情五绝中典范之作。诗人借红豆寄托对友人的思念,抒发了诗人赤诚的友情。

这首诗目前最为流行的版本,是以蘅塘退士所编《唐诗三百首》里所收录的为代表。例如：

相思　王维

红豆生南国,春来发几枝？

愿君多采撷,此物最相思。

可问题是,很多选本都将其首联对句的"春来发几枝"写作"秋来发几枝",如中华书局出版的《王维集校注》,以及比较早的版本像《云溪友议》《唐诗纪事》《万首唐人绝句》《全唐诗》等。另外,据考证,红豆树秋天结子,可加采撷,而春天则是发芽萌生阶段,不是采撷

---

① 宋代洪迈编著的《万首唐人绝句》,载其题目为《相思子》。

② 王维的这首诗还有一个题目为《江上赠李龟年》,足以说明此诗是写给朋友的,是一首抒发友情的五绝。

果实的时候。因此,本书将流行版本中的"春"改为"秋"加以讨论,诗体为本节开头所示。

一、人物品读：王维

唐代大诗人王维①(701—761),字摩诘,原籍祁县(今属山西),后迁至蒲州(今山西永济),遂为河东人。他是盛唐诗人的代表人物之一,才思敏捷,多才多艺。因其长时间在京都为官,再加上与达官显贵交往颇多,所以他的文名盛极一时,被公认为是开元、天宝年间的文宗。《旧唐书·王维传》有这样的记载：

> 维以诗名盛于开元、天宝间,昆仲宦游两都,凡诸王驸马豪右贵势之门,无不拂席迎之,宁王、薛王待之如师友。维尤长五言诗。书画特臻其妙,笔踪措思,参于造化,而创意经图,即有所缺,如山水平远,云峰石色,绝迹天机,非绘者之所及也。人有得《奏乐图》,不知其名,维视之曰："《霓裳》第三叠第一拍也。"好事者集乐工按之,一无差,咸服其精思。

在长安期间,王维的声名极大。当时,李白还没有到长安,杜甫也没有什么太大的名气,但王维已成文坛霸主,名气很大,甚至有独孤求败之感。当时,王维的弟弟王缙为宰相,唐代宗在《批答王缙进集表手敕》中有这样的话语："卿之伯氏,天下文宗,位历先朝,名高希代……时论归美,诵于人口。"②由此可见王维名声之高,影响力之大。

在近体诗(即格律诗)的创作方面,王维成绩斐然。他的近体诗格律严整、诗意豪放、情景交融。唐文学家、诗选家殷璠将王维的十五首诗选入其《河岳英灵集》,并对王维做出了中肯、客观的评价：

> 维诗辞秀调雅,意新理惬,在泉为珠,着壁成绘,一字一句,皆出常境。

虽然王维写诗有着很高的技巧,但有些诗表达出消极遁世的思

---

① 关于王维其他方面的情况,参见本书上卷第八章第一节第一部分,以及第九章第三节的第一部分。

② 转引自"范文澜,2004：287"。

想,含有某些消极因素,如逃避现实等,有人因此将他归为"隐逸诗派"。这恐怕与他的人生经历有关。实际说来,王维早年有过积极的思想和远大的政治抱负,希望自己能做出一番大事业。但是,后来由于政局的变化,自己的失意之情陡增,令他逐渐、逐渐消沉下来,开始吃斋念佛,笃信佛教和禅宗。据史书记载,四十多岁的时候,他还在长安东南蓝田县辋川营造了别墅,过着半官半隐的生活。他的"隐逸"类的诗很多,其中一首诗这样写的:

宿昔朱颜成暮齿,须臾白发变垂髫。

一生几许伤心事,不向空门何处销。　　　　(王维《叹白发》)

范摅是唐僖宗时吴(今属江苏省)人,他在《云豁友议》(亦作《云溪友议》)中说:"李龟年曾于湘中采访使筵上唱'红豆生南国,秋来发几枝。劝君多采撷,此物最相思'。又唱'清风明月苦相思,荡子从戎十岁余。征人去日殷勤嘱,归雁来时数附书'。此辞皆王右丞所制,至今梨园唱焉。"①这也从一个侧面说明了王维知名度持续时间之长久。

二、艺术品读:《相思》

王维的这首《相思》(又名《江上赠李龟年》)是一首咏物诗,借南国之红豆来寄托自己对友人深深而赤诚的相思之情。

当然,唐诗中常常借"红豆"来表达相思之情,但是相思之情不仅仅局限于男女之间的爱情相思,朋友之间也有相思之情,特别是在古代的友人之间,相思之情常以诗歌加以表达。王维的这首诗还有另一个题目《江上赠李龟年》,可见这首诗是借物抒发思友之情无疑,而且诗人借"红豆"抒发了"赤诚"的思友之情。

关于这首诗中的"红豆",人们说法不一。《唐语林》是宋代王谠编撰的笔记体唐代文史资料集,共八卷,其中的第八卷有这样的描述:

豆有红而圆长、其首乌者,举世呼为相思子,非也,乃甘草子

---

① 转引自"范文澜,2004:289"。

也。相思子即红豆之异名也。其木斜斫之则有文,可为弹博局及琵琶槽。其树也,大株而白枝,叶似槐。其花与皂荚花无殊。其子若藊豆,处于甲中,通身皆红,李善云"其实赤如珊瑚"是也。又言,甘草非国老之药者,乃南方药名也。其丛似蔷薇而无刺,叶似夜合而黄细,其花浅紫而蕊黄,其实亦居甲中。以条叶俱甘,故谓之甘草藤,土人但呼为甘草而已。出在潮阳而南漳亦有。①

由此,可以明确的是,"唐代有两种'相思子',一种是真正的相思子,'即红豆之异名',它是一种乔木,种实'通身皆红';另一种是世俗讹称的相思子,其实是'甘草子',甘草为'藤名',种实'半截红色,半截黑色',并无红豆之异名"(张安祖,2007[1]:189)。王维这首诗中,"红豆"应该就是真正的相思子,就可以"进一步断定唐代所称的红豆亦即真正的相思子当为今之海红豆"(张安祖,2007[1]:189)。海红豆又名孔雀豆、红豆、相思树、红木等,为落叶乔木,高约8米,树木质坚而耐腐,中心纹理略粗。海红豆的花白色或淡黄色,种子鲜红色,光亮,阔卵形。分布在今广东、广西、云南等地。

王维的这首《相思》以"红豆"起兴,整篇不离红豆,将自己对友人的情谊融于粒粒相思的红豆之中。

首联出句"红豆生南国",既点明了红豆的生长之地,又暗示了友人所在地。首联对句的发问"秋来发几枝"也颇具意味。"红豆"秋天发枝结实对于南方植物来说应为常态,亦很常见。随着红豆发枝、结实,友人间的情意是否也随着增长呢?这种"王维式"的发问,颇具情谊,也具有试探之意。一别之后,不会"相忘于江湖"吧?王维的诗中,不止一次用到这样的问句,如"来日绮窗前,寒梅著花未?"②再如"春草明年绿,王孙归不归?"③这样一问,可谓是"化腐朽为神奇",诗意陡增,情谊凸显。

---

① 转引自"张安祖,2007(1):188"。
② 王维《杂诗(君自故乡来)》,参见本书上卷第九章第三节。
③ 王维《山中送别》,参见本书上卷第八章第一节。

接下来,诗人反向着笔,化自己对友人的怀念于友人对红豆的采撷之中。自己思念友人,却转向友人的视角,写友人采撷红豆,寄托对诗人自己的相思。这也颇具"王维式"视角特点。例如,他在《九月九日忆山东兄弟》中,就采用了这样的视角转换技法:

独在异乡为异客,每逢佳节倍思亲。
遥知兄弟登高处,遍插茱萸少一人。

尾联的出句"愿君多采撷"中,一个"多"字更是意味深长,与"发几枝"形成呼应,"发几枝"令思念"增几分";"多采撷"也蕴含"多思念"之意。这里的"君"当指诗人的思念之友——李龟年。据史书记载,天宝后期的安史之乱之后,李龟年流落到江南,每遇良辰美景或者心生感慨之际,他就弹唱几曲,常令听者泫然而泣。据说,当年他每次演唱第一首唱的就是王维的这首诗,也许这首诗是写给自己的缘故吧;第二首唱的还是王维的诗,也许这首诗更能引起共鸣吧:

清风明月苦相思,荡子从戎十载馀。
征人去日殷勤嘱,归雁来时数附书。　　　（王维《伊州歌》）

结句"此物最相思",表面上说红豆,实指对友人思念之浓烈。睹物如睹人,红豆里寄托了不在江南的"我"对君的一片赤诚之情谊,还是"愿君多采撷"吧,因为"此物最相思"。对于诗人王维来说,李龟年是个难得的好友,诗人对好友李龟年的怀念之情在这首《相思》中一览无遗。杜甫也很看重李龟年这位朋友,他对唐王朝的忠诚情怀,也打动了杜甫。相逢之际,情感触动而赋诗抒怀:

岐王宅里寻常见,崔九堂前几度闻。
正是江南好风景,落花时节又逢君。　　（杜甫《江南逢李龟年》）

"大历十才子"(参见本书上卷第三章第三节的第一部分)之一的李端,也很看重李龟年这位朋友,也曾赋诗一首:

青春事汉主,白首入秦城。
遍识才人字,多知旧曲名。
风流随故事,语笑合新声。
独有垂杨树,偏伤日暮情。　　　　　　　（李端《赠李龟年》）

用采撷植物来寄托怀念的思绪,是中国古典诗歌中常见表现手

法,如上面列出的《九月九日忆山东兄弟》中"遍插茱萸少一人"。再如汉代古诗:

> 涉江采芙蓉,兰泽多芳草。
> 采之欲遗谁,所思在远道。
> 还顾望旧乡,长路漫浩浩。
> 同心而离居,忧伤以终老。 (《古诗十九首·涉江采芙蓉》)

王维的这首《相思》为"寄友之作,托物寄情,借咏红豆(相思子)表现对友人的深深相思之情"(李淼,2007:171)。另外,"王维的《相思》虽然有情感寄托,但严格地说应是一首咏物诗,洪迈《万首唐人绝句》即题为《相思子》,它的巧妙之处在于不直接叙写相思子的形态,而是通过'此物最相思'一句来唤起读者关于其形状的联想。"(张安祖,2007[1]:189)真可谓:

> 好友情怀怎可更,南方红豆见赤诚。
> 秋来摘取相思子,此物更增相思情。①

三、个人品读:红豆红红寄友情

我是王维,生活在唐朝的鼎盛时期。

我生在北方,长在北方,见过红豆,却不知道红豆是怎么生长的。初见红豆,我印象深刻,扒开豆荚,看到里面那红红的豆子,感觉那红红的豆子特别像朋友间一颗颗赤诚的心。

在我生活的年代,关于红豆没有更多的传说,人们关注更多的是它可以寄托对朋友的相思之情。它那红彤彤的颜色,不正是朋友之间赤诚友情的完美诠释吗? 我所了解的是,西晋大文学家左思在《三都赋·吴都赋》中提到过"楠榴之木,相思之树"。我想,这"相思之树"所结下的果实就应该是我所看到的"红豆"吧。

令我感到欣慰的是,皇家乐工李龟年喜欢吟唱我的诗,我跟李龟

---

① 王永胜《七古·读王维〈相思〉》,参见王永胜的博客"孤独行走的东北野狼",http://wys3000a.lofter.com。

年也算是好朋友了。可惜的是,安禄山反贼闹完事后,李龟年就流落江南了。听说,红豆树生长在南方——离我遥远的云水之地。朋友的离去令我想到了红豆,想到朋友间的情谊。于是,我就想借"红豆"之形象写一首诗,以解自己对朋友的相思之意。这首诗再经过李龟年的演唱,说不定"红豆"会因此而"红火"起来呐!

南国的秋季也许跟我所在的秋季不一样,但毕竟都是秋季,都是伤感的季节。正可谓:秋风起,思念生。西晋吴郡人张翰不也是因为秋天的到来而起"莼鲈之思"的吗?李白说得好"君不见吴中张翰称达生,秋风忽忆江东行"。话说回来了,红豆这种植物,可能由于南北季节的差异,在秋天开花结果,令我这个北方人不太好理解。这正好可以发挥我的"特长"——发表疑问:"秋来发几枝?"

好友在南国,正好可以尽情采摘这种红红的豆子,那可是一片片赤诚的友情啊!那可最能象征朋友间的相思之情啊!

至于我的这首诗写完之后,"红豆"是否会"红火"起来,我就管不了那么多了。在喝酒这一点上,我得跟李白学学。此时,不妨举起酒杯:

且乐生前一杯酒,何须身后千载名? (李白《行路难三首》其三)

四、英译研究:诗意的把握(1)——取向/定位

尽管"诗无达诂,译无定数"[①],但是对一首诗基本意义的把握应该有一个整体的取向。进一步说,要尽最大可能根据诗题和诗体的表述对诗意有一个精确的定位,或者说正常的定位。具体到王维的这首《相思》,诗意应定位在抒发友人间赤诚的友情,而不应定位在男女间炽烈的相思之情。诚然,时代推移到今天,今人已经普遍将"红豆寄相思"这类说法理解成男女之间爱情的思念,这当然与红豆的种种浪漫的传说有关。更有可能的是,王维的这首诗的流行加强了关于红豆浪漫传说的浪漫性。在一定程度上,这也从相反的角度造成

---

① 参见本书上卷第八章第三节第四部分相关内容。

某些人对王维这首诗基本诗意的"浪漫性"理解的取向或定位。

对于这首诗诗意的定位,从其另一个题目《江上赠李龟年》可见一斑。另外,"这首诗托物寄意,借咏红豆以寄相思,含蓄蕴藉,回味无穷,是千古传诵的名篇。唐范摅《云溪友议》载,安史之乱时玄宗奔蜀,乐工李龟年逃往湘中,在采访使的酒宴上唱这首诗,座客无不惨然。"(艾克利,段宪文,王友怀,2005:307)

由于王维这首《相思》五绝的"异文性",每位译者所依原诗文本不尽相同,下面各个译本中某些地方的英文表述可能有差异,并非是译者的失误,还请读者注意辨别。

译本(1)

Love's Yearnings

By *Wang Wei*

The Red Beans grow in the South.

Each spring this tall shrub puts out some new twigs.

I hope you would pick a great deal:

They bring on th' most exquisite love's yearnings

One can feel.

Note: The Red Beans: *Abrus precatorias*, a woody plant.

(龚景浩,2006:11)

注:1. yearn: *Verb* (no obj.) have an intense feeling of loss or lack and longing for something 怀念;思慕;渴望;切盼

2. shrub: *Noun* a woody plant which is smaller than a tree and has several main stems arising at or near the ground 灌木

3. twig: *Noun* a slender woody shoot growing from a branch or stem of a tree or shrub 细枝;嫩枝

4. exquisite: *Adjective* extremely beautiful and, typically, delicate 优美的;高雅的;精致的

不管怎么说,此译本题目的处理就多少带点"浪漫性"取向问题。译诗中,取"红豆"之形象,译作"red beans"未尝不可。当然,如果这种"取向"可以的话,整首诗的翻译还算是达意的。

译本(2)

Love Seeds

By *Wang Wei*

In the southern land grow red beans,

Filling the spring trees by all means.

Gather them where'er you may find,

Each calls the beloved back to mind.　　（曹顺发,2007:008）

注:beloved: *Adjective* dearly loved 钟爱的;亲爱的

从这篇译文的题目"Love Seeds"来看,这首译诗的诗意取向就很明显。排除这个因素,这首译诗很是传神,采用韵体英诗来翻译,颇具形美,只是原诗尾联出句的首字"愿",意义没有得到很好的体现。

译本(3)

Red Beans

By *Wang Wei*

Red beans come from the Southern Land;

In Spring, the trees grow some new wands.

Please pluck more of these seeds with your hands,

To show your love to friends it's grand.　　（吴钧陶,1997:171）

注:1. wand: *Noun* a long, thin stick or rod, in particular(尤指)棍;棒;杖

2. pluck: *Verb* [with obj.] take hold of (something) and quickly remove it from its place 摘;采;拔;取

这个译本对原诗诗意的定位很是到位,采用韵体英诗来翻译,整体通畅、达意。最后一行属于意译的范畴,"your love"与"to friends"搭配,也不失为一种表达的方式。另外,最后一行的结尾可能出于押韵考虑,显得不很得当。还有就是,"Spring"一词可不必大写。

译本(4)

Love Seeds

By *Wang Wei*

Red berries grow in southern land,

In spring they overload the trees.

Gather them till full is your hand:
They would revive fond memories.

(许渊冲,陆佩弦,吴钧陶等,1988:81)

注:1. berry: *Noun* a small roundish juicy fruit without a stone 无核浆果
2. revive: *Verb* [with obj.] restore to life or consciousness 使复活;使苏醒

  这个译本对诗体意义的定位很到位,但对诗题的处理不是很恰当的,因为不管怎么说,"love seeds"还是具有一定倾向性的,这不得不说有点儿遗憾。"红豆"译作"red berries"比译作"red beans",感觉其形象性更佳。这篇译文采用韵体英诗来翻译,韵式为"ABAB"式,在达意的基础上,很好地观照了诗体的形美,实属难得。

译本(5)

Love Seeds

By *Wang Wei*

The red beans grow in southern land.

How many load the autumn trees!

Gather them till full is your hand!

They would revive fond memories.①

  在这个译本中,译者将中间两句处理成感叹句,有待商榷。而排除古人没有发明出标点符号这一因素,现代选本中诗人王维的原诗首联的对句结尾为问号(亦有标注句号的)。通过本节开始的分析,我们知道,问号当属正本,但是上面所列几篇译文都没有体现出问句的特点,恰当与否,不好妄加评说。本书著者认为,原诗的疑问语气还是体现出来为好,这不仅仅是出于"忠实"的需要。

译本(6)

Red Bean Seeds

By *Wang Wei*

In southern land red beans grow far and wide;

How many new vines twine in spring each side?

---

① 许渊冲译,转引自"曹顺发,2007:008"。

Please gather seeds as many as you can;
They'd most remind you of your love and fan. (王大濂,1998:37)

注:1. vine: *Noun* the slender stem of a trailing or climbing plant(蔓生植物或攀缘植物)藤;蔓

2. twine: *Verb* [with obj.] cause to wind or spiral round something 使盘绕;使缠绕

这个译本在诗意的定位上具有一定的模糊性,这倒是无可厚非,但是为了押韵,第二、四行尾字的处理,稍带"以韵害意"之嫌。译诗的第二行跟原诗保持一致,处理成问句形式,感觉比较得当。

译本(7)

Love Peas

By *Wang Wei*

Red beans are grown in a southern clime.

A few branches burgeon in spring time.

On your lap, try to gather as many as you can;

The best reminder of love between woman and man.

(徐忠杰,1990:77)

注:1. pea: *Noun* a spherical green seed which is widely eaten as a vegetable 豌豆

2. clime: *Noun* (usu. climes) (chiefly poetic/literary) a region considered with reference to its climate(主要为诗/文用法)气候;地域;地方;风土

3. burgeon: *Verb* [no obj.] [often as adj. burgeoning] begin to grow or increase rapidly; flourish 迅速增长;繁荣发展

这个译本很明显将诗意做了"浪漫性"的定位,因为译诗的最后一行通过"love between woman and man"这样加词的表达,将诗意明朗化了。除此之外,对于"红豆"意象的处理,题目和正文体现得不一致。译诗第三行的用词,倒是将原诗第三行的"劝"体现了出来,但是"on your lap"介词短语的增加,显得有点突兀。

译本(8)

Lovesickness

By *Wang Wei*

In southern land
Grows the red bean.
How many seedlings has it budded into
In the spring?
I wish you to pick a lot of it
For remembrance of me.
For it best provokes lovesickness
So that will never forget each other we.

Note & Commentary: The poem was given to famous musician Li Guinian in token of the poet's deep friendship with him. Li often sang this poem movingly to people. Legend has it that a woman was weeping under a tree over the death of her husband, who had died of fighting on the frontier. She was so grieved that she died under the tree and later on changed into a red bean, which was called so by people as a token of lovesickness. (唐一鹤,2005:114)

注:1. seedling: *Noun* a young plant, especially one raised from seed and not from a cutting(尤指种子繁殖而非嫁接的)幼苗
2. provoke: *Verb* [with obj.] stimulate or give rise to (a reaction or emotion, typically a strong or unwelcome one) in someone 刺激;导致(尤指强烈或令人不快的反应或情绪)

这个译本将原文的四行诗转化成八行诗加以处理,稍显拖沓,但增加诗行无疑是一种很好的译诗处理手段,值得提倡。这个译本的诗意定位到位,译者在评论的时候也点明这是一首赠送友人之诗:"此诗是赠给著名歌唱家李龟年的,李经常演唱此诗,听着无不动容。传说古代有一女子,因丈夫死在边疆,哭于树下而死,化为红豆。后人称为'相思豆',表示相思之情。"(唐一鹤,2005:114)再者,在"Note & Commentary"中,译者也将这层意思做了几乎同样的说明。尽管如此,对于王维的这首诗而言,本书著者认为"lovesickness"一词的选用还是有些不很得当。毕竟,用在男性朋友之间,涉及"love"的字眼还是具有一定的"敏感度"。另外,此译者译出了原诗的疑问语

气,比较可取。

译本(9)

Yearning

By *Wang Wei*

These red beans grow only in the south,

In spring they branch away and flourish;

Why don't you harvest plentiful to cherish,

For they are most symbolising of yearning.①

注:1. branch: *Verb* (of a tree or plant) bear or send out branches(树或植物)出枝

2. symbolize: *Verb* (also symbolise)(with obj.) be a symbol of 象征

这个译本对原诗诗意的把握很到位,译诗的标题和诗体都处理得比较得当。原诗的疑问,译者做了转化,将疑问转化到第三行,遗憾的是没有使用问号。另外,最后一行的"they are most symbolising of yearning",在英文语法方面有点不太合理。

译本(10)

ONE-HEARTED②

By *Wang Wei*

When those red berries come in springtime,

Flushing on your southland branches,

Take home an armful, for my sake,

As a symbol of our love.③

注:1. flush: *Verb* [no obj.] (of a person's skin or face) become red and hot, typically as the result of illness or strong emotion(人的皮肤或脸)发红;变红(尤指因病或激动)

---

① 曾培慈译,引自互联网博客,地址:http://my.opera.com/transient/blog/tang320,提取时间:2014年11月8日。

② 原译诗题均为大写,在此照录,未加变更。

③ 威特·宾纳(Witter Bynner)译,选自威特·宾纳所著"*The Chinese Translations: The Works of Witter Bynner*"。

2. armful: *Noun* the amount that an arm or arms can hold(双臂或单臂的)一抱(的量)

这个译本在整体上做了"意译"处理,角度的选取比较合理。在诗意的定位方面,既然没有处理成韵体英诗的形式,不妨将最后一行的最后一词"love"改作"friendship",庶几可通,甚至更通。

综上所述,在古诗英译特别是唐代五绝的韵体英译中,对原诗诗意的把握要有一个一般性的取向/定位,但最终的取向/定位要依据原诗文本,不可闭门造车,更不能胡编乱造。原诗诗意的取向/定位完成后,译诗也就水到渠成了。

五、韵译探索:相思

相思　王维

红豆生南国,秋来发几枝?
愿君多采撷,此物最相思。

Red Berries

By *WANG Wei*

The tree with berries red grows on south lands;
How many reds adorn the autumn view?
Wish that to th' full you'd pluck them with your hands,
For they best show a friend's thinking of you.

(Translated by *WANG Yong-sheng*)　　　　(王永胜译)

注:1. berry: *Noun* a small roundish juicy fruit without a stone 无核浆果
2. red: *Noun* a red thing or person, in particular (尤指)红色物(或人)
3. adorn: *Verb* (with obj.) make more beautiful or attractive 装饰 (e. g. Pictures and prints adorned his walls. 画和复制画装饰着他的墙面。)
4. view: *Count. Noun* a sight or prospect, typically of attractive natural scenery, that can be taken in by the eye from a particular place 景色;美景 (e. g. a fine view of the castle 城堡的美景)
5. th' = the
6. to the full: to the greatest possible extent 彻底地;充分地
7. pluck: *Verb* [with obj.] take hold of (something) and quickly remove it from

its place 摘;采;拔;取

第三节　寒夜友情

五言绝句原诗：

lǜ　yǐ　xīn　pēi　jiǔ，hóng　ní　xiǎo　huǒ　lú。
绿　蚁　新　醅　酒，红　泥　小　火　炉。
wǎn　lái　tiān　yù　xuě，néng　yǐn　yī　bēi　wú？
晚　来　天　欲　雪，能　饮　一　杯　无？

九言白话译文：

新酒表面如绿蚁漂浮,火苗燃烧在红泥小炉。
临近傍晚天空欲飘雪,朋友前来共饮一杯无？

这首诗是白居易的一首五言绝句,诗题为《问刘十九》。诗人白居易以通俗的语言,表达出对友人无限的情谊。

关于这首诗,有两种说法:一说此诗是白居易晚年隐居洛阳,"天晚欲雪,思念旧人"[①]时所作;二说此诗作于元和十二年(公元817年),诗人时任江州郡(今江西九江)司马,因为据说刘十九是白居易在江州任司马时结交的朋友[②]。本书著者认同前者的说法,因为在另一首有关刘十九的诗中,白居易这样写道：

红旗破贼非吾事,黄纸除书无我名。
唯共嵩阳刘处士,围棋赌酒到天明。

（白居易《刘十九同宿（时淮寇初破）》）

这里的"嵩阳刘处士"当指刘十九,而"嵩阳"指的应该是嵩山之南,而非白居易被贬谪之地——江州郡,即今天的江西九江。

无论写作背景如何,在《问刘十九》这首诗中,诗人在即将飘雪的

---

① 参见"习古堂国学网",网址:http://www.xigutang.com/tangshi300/wenliu19.html,提取时间:2017年9月5日。

② 此说法有待考证。这个说法可以参见"闫敬芳,2010(1):69",或者参阅"萧涤非,俞平伯,施蛰存等,2004"的相关部分。

寒夜,邀请朋友前来对饮,表达了对朋友暖暖的情意。据史料记载,白居易一生中结交了很多朋友,从其诗歌之中可以体会出他对友情的珍重。真可谓:真诚一问,友情凸显。欲雪之夜虽寒,对酌之意尤暖。此乃寒夜友情是也。

一、人物品读:白居易

白居易①考中进士时已经二十八岁了,之后的仕宦之途不算怎么坎坷,其诗作对世事的直言不讳及激烈抨击颇具豪气。但是,元和十年他大约四十四岁时被贬为"江州司马",个人生活和诗歌创作出现了一个很大转折。沉闷抑郁之下,白居易寄情山水,自得其乐,诗歌也不是那么锋芒毕露了。晚年时光里,他隐居洛阳,潜心侍佛、修行。他自酿美酒,邀友前来,畅快痛饮,好不自在。

白居易(772—846)是中唐时期的诗人,被称为"诗魔"。另外,由于"白居易一生著作诗文七十五卷,共计三千八百余篇,数量是李白、杜甫两人作品总和的两倍,有人把白居易称为'诗王'"(摩西,2008:192)。

其实,时人称白居易为"诗仙",而李白的"诗仙"称号则是后来赋予的,是清代文人对李白的称呼。时人对白居易"诗仙"之称,可以从唐宣宗李忱的《吊白居易》诗中有所体会:

缀玉联珠六十年,谁教冥路作**诗仙**。
浮云不系名**居易**,造化无为字**乐天**。
童子解吟**长恨曲**,胡儿能唱**琵琶**篇。
文章已满行人耳,一度思卿一怆然。　　(李忱《吊白居易》)

帝王为白居易赋诗,可见其影响力很不一般。白居易是中唐时期影响力非凡的一位诗人,他的很多诗以通俗易懂见长。据说,他写完一首诗,就念给目不识丁的老妇人听,直到老妇人能听明白为止。

---

① 关于白居易,还可参阅本书上卷第三章第三节的第三部分,以及第八章第四节第一部分。

由此可见他诗歌创作的实际性。他的这种通俗性、写实性的诗歌创作思想在中国诗歌史上占据重要地位,值得推崇。在著名的《与元九书》中,白居易明确地写道:

> 微之,古人云:"穷则独善其身,达则兼济天下。"仆虽不肖,常师此语。大丈夫所守者道,所待者时。时之来也,为云龙,为风鹏,勃然突然,陈力以出;时之不来也,为雾豹,为冥鸿,寂兮寥兮,奉身而退。进退出处,何往而不自得哉!故仆志在兼济,行在独善,奉而始终之则为道,言而发明之则为诗。谓之讽谕诗,兼济之志也;谓之闲适诗,独善之义也。故览仆诗者,知仆之道焉。其余杂律诗,或诱于一时一物,发于一笑一吟,率然成章,非平生所尚者,但以亲朋合散之际,取其释恨佐欢,今铨次之间,未能删去。他时有为我编集斯文者,略之可也。
>
> (白居易《与元九书》)

从这一段描述中可以看出,白居易把自己的诗划分为讽喻、闲适、感伤以及杂律四类,而前两类,即讽喻诗和闲适诗最受白居易的重视,原因是"谓之讽谕诗,兼济之志也;谓之闲适诗,独善之义也"。另外,他的文学主张也从《与元九书》得到了体现:

> 自登朝来,年齿渐长,阅事渐多。每与人言,多询时务;每读书史,多求理道。始知文章合为时而著,歌诗合为事而作。[①]
>
> (白居易《与元九书》)

由此可知,写文章、赋诗需要做到"文章合为时而著,歌诗合为事而作"。这种主张尤其造就了他诗歌上简明而通俗的特点。他的诗,有的通俗易懂,有的易懂却朦胧。例如:

一道残阳铺水中,半江瑟瑟半江红。
可怜九月初三夜,露似真珠月似弓。　　(白居易《暮江吟》)
花非花,雾非雾。夜半来,天明去。
来如春梦几多时?去似朝云无觅处。　　(白居易《花非花》)

[①] 可参阅本书上卷第八章第四节的第一部分。

第十章 友情五绝

  汉语中有两个类似的成语——长安居大不易和居大不易,都跟白居易有关。五代王定保《唐摭言·知己》有这样的记载:
    白乐天初举,名未振,以诗歌谒顾况,况谑之曰:"长安百物贵,居大不易。"①
  当然,顾况当时是拿白居易的名字开玩笑。白居易拜谒顾况时拿的诗是《赋得古原草送别》。顾况读到"野火烧不尽,春风吹又生"这两句时,连连拍手叫好:"好诗也,好诗也。有才如此,居亦何难?"有了伯乐的赏识和推举,白居易这颗诗坛凡星,从此在大唐的天空闪亮起来,发出耀眼的光辉,成为中国文坛一颗巨星。
  这是一颗落入凡间的巨星,其平易近人的诗风,在其篇篇散发出浓浓友情的诗句中展露无遗。尤其在欲雪的寒夜,这轻轻一问,令寒夜升温、友情变暖:
  能饮一杯无?

二、艺术品读:《问刘十九》

  《问刘十九》是唐代诗人白居易的一首五言绝句,蘅塘退士将之选入《唐诗三百首》,是一首脍炙人口、通俗易懂的小诗。这首诗描写的是一个即将飘雪的夜晚,诗人备好了酒菜,欲邀朋友前来共饮的场景。至于友人应邀赶来共饮沉醉、畅谈的场景,则处在诗意的画面之外。但是,从诗中不加雕琢的生活场景来看,那天晚上必定会有一番痛饮的场景出现,必定会有朋友间畅快的叙谈,必定会有诗兴大发的场面。
  整首诗语言质朴、意义含蓄、格调轻松、态度洒脱、脉络清晰。整首诗娓娓道来,朋友之间情谊凸显,毫无矫揉造作之感。整首诗首尾相连,呼应自然;对比强烈,友情跃然纸上。
  首联人对,以强烈的对比烘托出一幅温馨画面——绿蚁新醅酒,

---

① 转引自"商务印书馆辞书研究中心,2002:98,385"。另,宋人尤袤《全唐诗话》记载顾况的这句话为"长安米贵,居大不易"。

红泥小火炉：家中新酿的米酒可以喝了，只不过没有过滤，表面上泛起了一层"绿蚁"——绿颜色、细如蚁的酒渣，但芳香四溢，香气扑鼻，而且红泥做的小火炉烧起来了，旺旺的，屋子里已经暖意融融了。由于"绿蚁"的这种形象性特征，唐代的很多诗中，绿蚁俨然成为新鲜美酒的代名词了。例如：

淮沂泗水地，梁甫汶阳东。
别路青骊远，离尊绿蚁空。
柳寒凋密翠，棠晚落疏红。
别后相思曲，凄断入琴风。　　（骆宾王《在兖州饯宋五之问》）

白居易这首《问刘十九》的首联里，"绿蚁"与"红泥"相对，色彩反差强烈，给人一种耳目一新的感觉；"新醅酒"与"小火炉"相对，形象鲜明，给人一种饮酒的冲动。首联可谓对仗工整，引人遐思。绿酒与红炉虽然对比鲜明，但搭配和谐、融洽，令人内心顿生暖意。此时，酒之新与炉之红为下文的情之浓做了很好的铺垫和蓄势处理。

接下来，诗人笔锋自然一转，浓浓的友情顿时散发开来——晚来天欲雪，能饮一杯无？尾联一出，诗意上浮；轻轻一问，情意满屋。在这样一个即将飘雪的冬日寒夜，诗人浓浓的情谊在不经意的这一问中，凸显无遗。"雪"更加衬托了"晚"之寒，"能饮一杯无"则是打破寒夜凄凉和寂静的一声呼喊，想必刘十九会应"声"而来；"雪"也是"晚"的信使，"能饮一杯无"则是一封情谊浓浓的邀请函，想必刘十九会应"邀"而来。

短短的二十个字，足见诗人白居易在这样一个寒夜对朋友暖暖的情谊，可谓酒未入怀，心已温暖无比。白居易这种好客之情，这种对朋友的情谊，从其诗中到处可见。略举一例：

帐小青毡暖，杯香绿蚁新。
醉怜今夜月，欢忆去年人。
暗落灯花烬，闲生草座尘。
殷勤报弦管，明日有嘉宾。　　（白居易《雪夜对酒招客》）

类似《问刘十九》这样的诗中的情怀，是诗人白居易交友、好客的

典型体现。跟朋友开怀畅饮,畅谈心声,沉醉其中,可谓人生之乐事。邀友共醉,醉余赋诗,诗书友情:
鬓毛霜一色,光景水争流。
易过唯冬日,难销是老愁。
香开绿蚁酒,暖拥褐绫裘。
已共崔君约,尊前倒即休。

(白居易《六年冬暮赠崔常侍晦叔(时为河南尹)》)

通览白居易的这首《问刘十九》,可以发现诗人善用浅显之语抒发悠长之友情,令寒夜顿生暖意,令寂寥化作欢聚。诗人从点滴之中发现诗意,从平凡之中寻到了不朽,寓情于诗,令人感动。有酒有菜,痛快畅饮至淋漓尽致,甚至于不"思归":

柳影繁初合,莺声涩渐稀。
早梅迎夏结,残絮送春飞。
西日韶光尽,南风暑气微。
展张新小簟,熨帖旧生衣。
绿蚁杯香嫩,红丝脍缕肥。
故园无此味,何必苦思归。

(白居易《春末夏初闲游江郭二首》其二)

《问刘十九》生活情调浓郁,友情芳香四溢。诗人用朴实的语言抒发了寒夜里的友情,正可谓:"眼前景,口头语,不须雕琢,自能沁人心脾,耐人咀嚼。"[1]结句发问:"能饮一杯无"?有意为之,料定此邀,友人难拒。可以说,"末句之'无'字,妙作问语,千载下如闻声口也。"(俞陛云,2011:144)

至于刘十九到来之后,两人酣畅痛饮的寒夜友情画面,则隐于文字之外,令读者想象的翅膀去任意翱翔。

---

[1] 赵翼《瓯北诗话》,转引自"李梦生,2007:50"。

三、个人品读:寒夜酒绿映友情

  我白居易是一个好客之人,喜欢结交朋友,闲暇之际邀友共饮,叙谈人生,吟诗作对,尽享人生之美好。这段时间闲居以来,我跟刘十九交往甚密,动辄邀他前来小酌、叙谈。

  邀友前来共酌酒,还需有好酒才行。我喜欢自己酿米酒,这样喝起来方可直呼过瘾。另外,自己酿的酒新鲜无比,随酿随喝,不受局限,比市面上买来的酒不知道要强上多少倍呢。自己酿酒,款待好友,这也是我自得其乐的地方。

  时间过得真快,一晃秋天匆匆而过,寒冬来临。屋外刮着凛冽的风,一个人静坐,听着那风,感觉格外响亮,那风声呼呼在耳畔萦绕。即便这样,回想起做江州司马时候的遭遇,现在的寒冷也就算不上什么了。记得当时是"住近湓江地低湿,黄芦苦竹绕宅生",即使是在"春江花朝秋月夜"这样美好的景致下,自己"往往取酒还独倾",所以当时听了那个琵琶女的弹奏,感慨万千,真可谓"今夜闻君琵琶语,如听仙乐耳暂明"啊。现在好了,朋友很多,也不乏美酒佳肴,尤其是自酿的米酒,更是妙不可言。唯一不足的,就是屋外寒气逼人,但是一想到可以邀友前来共饮,不觉内心温暖无比了。

  一天傍晚,我忽然想起自己酿的那坛米酒应该差不多可以喝了,何不打开看看?我向来对自己的酿酒手艺信心十足。打开坛子一看,一坛好酒呈现眼前:新酒表面漂浮着一层绿绿的酒渣,犹如一只只绿蚁,十分悦目,而且酒的香气扑鼻而来。还没等喝上一口,那醉意就涌上心头,一种晕乎乎的感觉。屋外正寒,屋内我那用红泥巴做的小火炉烧得正旺,暖烘烘的,惬意无比。有了这坛飘香的美酒,再加上这红彤彤的小火炉,外面的严寒又能算得了什么呢。还是先辈李白说得好:"人生得意须尽欢,莫使金樽空对月"。虽然现在外面没有月亮,但是屋内有美酒啊!

  对了,刘十九这小子现在在干什么呢?不会自己在家独斟独饮吧?难道你不知道刘十九是谁吗?好吧,让我告诉你,刘十九名叫刘禹铜[①]。什么？刘禹铜你不认识，但听起来耳熟吗？这就对了，刘禹铜的堂弟是刘二十八，刘二十八也是我的好朋友。怎么刘二十八你也不认识？好吧，我一说他的名字，估计你就会觉得豁然开朗了。刘二十八名叫刘禹锡，字梦得。这下你不感到陌生了吧。当然，我跟刘二十八也是相当熟悉的。有一次我们一起喝酒，喝着喝着就喝多了，借着酒劲儿，硬是写诗一首赠予刘二十八：

为我引杯添酒饮，与君把箸击盘歌。

诗称国手徒为尔，命压人头不奈何。

举眼风光长寂寞，满朝官职独蹉跎。

亦知合被才名折，二十三年折太多。

（白居易《醉赠刘二十八使君》）

记得当初第一次见到刘十九堂弟的时候，我颇有感慨，随即赋诗一首，写出了当时的心情：

欲话毗陵君反袂，欲言夏口我沾衣。

谁知临老相逢日，悲叹声多语笑稀。

（白居易《初见刘二十八郎中有感》）

眼下，望着红彤彤的小火炉，看着新酿的表面如绿蚁漂浮的米酒，我想起了这段时间总是相聚而饮的刘十九。这家伙现在在干什么呢？非得我去大喊，他才能来喝酒吗？不行，这次我得换一种方式发出邀请。换什么方式呢？

记得当初我做了一个梦，梦见了刘十九的堂弟刘二十八——刘禹锡——刘梦得，随后我写了一首诗给梦得，询问相关情况。我记得那首诗是这样写的：

昨夜梦梦得，初觉思跚蹰。

忽忘来汝郡，犹疑在吴都。

吴都三千里，汝郡二百余。

[①] 关于刘十九究竟是谁，也有不同的说法。如有的说他是河南人刘珂，曾中过进士，后来隐居芦山，参见"摩西，2008：200"。

非梦亦不见,近与远何殊。
尚能齐近远,焉用论荣枯。
但问寝与食,近日两何如。
病后能吟否,春来曾醉无。
楼台与风景,汝又何如苏。
相思一相报,勿复慵为书。　　（白居易《梦刘二十八因诗问之》）

望着窗外,阴沉沉的。天色已晚,看样子要有一场大雪飘落。这样的天气,多么适合与友共饮啊！小火炉上烫上一壶新酿的米酒。要是望着窗外纷纷飘落的白雪,再跟朋友促膝畅谈,对坐共饮,那该是多么惬意啊！换一种什么方式把刘十九邀来喝酒呢？对了,如法炮制,也给他写上一首小诗,诗的结句写上:

能饮一杯无？

四、英译研究:诠释的适度性

从目前的古诗英译实践来看,英译中有的表达是对原诗诠释的结果。在这一过程中,译者之所以对原诗加以诠释,并用增译法对译文加以处理,恐怕是出于某些方面的考虑,如意义的连贯、逻辑的顺畅、韵律的需要等。但是不管出于何种考虑,对原诗的诠释要有一个度,诠释要适度,即诠释要具有一个适度性。诠释过程中,不可添油加醋、无中生有,也不可过于具体化而偏离了原诗模糊性。

对于白居易的这首《问刘十九》而言,首句不入韵,但首联入对,而诗歌的对仗本身翻译起来难度就很大,很难精确再现,所以在含有对仗的古诗英译中,往往对汉语源语(source language)加以诠释,然后再用译语(target language)加以表达。具体来说,这首诗中首联的对仗"绿蚁新醅酒,红泥小火炉"营造出一种温馨的气氛,诗人并没有说明"小火炉"的具体用途,但是根据诗中的场景,对它的适度诠释应该是对"温馨"环境的烘托,至于将之诠释成"烫酒""热菜""煮肉"之类,则稍有"诠释失度"之嫌,尽管有"诗无达诂"之说。下面以白居易的《问刘十九》几个英译本为例,对古诗英译特别是唐代五绝韵体英译中诠释的适度性加以简单的探讨。

译本(1)

Asking a Friend

By *Bai Juyi*

A tiny red clay stove,

For warming green wine on.

'Tis dusk and looks like snow.

Let's drink a coup-la, no?

Note: A coup-la: A couple　　　　　　　（龚景浩，2006：65）

注：1. clay：*Noun* [mass noun] a stiff, sticky fine-grained earth, typically yellow, red, or bluish-grey in colour and often forming an impermeable layer in the soil. It can be moulded when wet, and is dried and baked to make bricks, pottery, and ceramics 黏土；泥土；陶土

2. 'Tis = It is

3. coupla：*Adjective* (singular only, slang, used attributively only, always preceded by "a") two; a few; a small number 两个；几个；少量的

此译本对于原诗题目和首联的诠释都有一定的"失度"之嫌。诗题中，"刘十九"应该算作一个重要信息，相当于小说中的"主人公"，而译者将其淡化为"一个朋友"(a friend)，做了模糊化的处理，最好在"a friend"再跟上一个同位语"刘十九"加以补充；首联的翻译，经过译者的诠释后，"绿蚁新醅酒"形象流失，而对于"红泥小火炉"用途的诠释过于具体化。本书著者认为，这样的诠释有"失度"之嫌，不是很"适度"。另外，"coupla"一词的选用很是得体，只不过在拼写和用法上有些不妥，而最后的"no"的处理则有些过于拘泥于原诗的字面了。

译本(2)

An Invitation

By *Bai Juyi*

My new brew so green glows,

And red clay stove flames up.
At dusk there will be snows.
Please stay for one more cup.　　　　（曹顺发，2007：013）

注：1. brew：*Noun* a kind of beer 一种啤酒

2. flame：*Verb* [no obj.] burn and give off flames 熊熊燃烧

此译本力求形式上的完整,追求的是"韵译",力求"形美",难能可贵。可问题是,既然诗题译作"An Invitation",但结句却诠释成"Please *stay* for one more cup",则不是十分合乎逻辑关系,当属"诠释失当"。另外,为了押韵,"snow"加了"s",则在英语的用法上不很妥帖。但是,这篇译文对首联的诠释还是很得体的。

译本(3)

Requesting Mr. Liu, the Nineteenth

By *Bai Juyi*

The wine that is new,

ripples so green;

A red clay-stove so small

makes the wine warn and clean.

It is the time towards dark,

in such a frigid night, see

It will snow, would you like

Have a cup of wine with me?

Note：Mr. Liu：unknown. Only know he was the nineteenth of his family.[①]

注：1. ripple：*Verb* (no obj.) (of water) form or flow with small waves on the surface (水)起涟漪；起微波

2. frigid：*Adjective* very cold in temperature 寒冷的；极冷的

此译本"散"中见"韵",可能是为了押韵的缘故,断行显得过于

---

① 罗志野译,转引自"吴钧陶, 1997：595"。

"随意",大小写处理得也不是很恰当。题目的诠释和传达基本到位,倒不如将"刘十九"作为人名,直接翻译成专有名词的形式(参见本书上卷第八章第三节第四部分)。首联的对句"红泥小火炉"的诠释有些"失度",但是译者对于尾联的诠释还是十分恰当的,以问句译问句,再现了原诗的风格。

译本(4)

A Note to Liu Shijiu

By *Bai Juyi*

An honest rough new wine,

A-swim in it, green ants of vine;

A charcoal stove, of red clay—

Why not join me, this snow-grey day?[①]

注:1. rough: *Adjective* (of wine or another alcoholic drink) sharp or harsh in taste (酒)涩味的;烈性的

2. aswim: *Adjective* [predic.] swimming 在游泳的;浸在(液体)里的

3. charcoal: *Noun* [mass noun] a porous black solid, consisting of an amorphous form of carbon, obtained as a residue when wood, bone, or other organic matter is heated in the absence of air 炭;木炭

此译本对原诗首联"绿蚁新醅酒,红泥小火炉"的翻译是下了一番功夫的,做了比较详尽的诠释,而对尾联则做了压缩处理,并调整了语序,可谓"别具一格"。但是,对于"绿蚁"的翻译"A-swim in it, green ants of vine"稍显不当。这篇译文整体上采用韵体英诗来翻译,很难得。另外,对于诗题中"刘十九"的处理,本书著者认为比较得体,属于"异化"的处理手段,再现了汉民族的姓氏文化。

译本(5)

Asking Liu 19 to Come Over for a Drink

---

① Jin Di 和 Colin Crisp 译,转引自"许渊冲,陆佩弦,吴钧陶等,1988:299"。

By *Bai Juyi*
The newly brewed wine
With "green ants" on surface floating.
A small red-clay stove
For liquor up warming
It's threatening to snow
Late in the dusk.
Could you come along
With me bottoms up?

Note and Commentary: What a joyous time to invite a bosom friend over, drinking together the home-made liquor with such a set of drinking vessels at dusk when it threatens to be snowing! The warm feeling of the host is even warmer than the wine. （唐一鹤, 2005: 87）

注:1. threaten: *Verb* (with infinitive) (of a situation or weather conditions) seem likely to produce an unpleasant or unwelcome result(形势、天气状况)预示着;构成威胁

2. vessel: *Noun* a hollow container, especially one used to hold liquid, such as a bowl or cask 容器;器皿(尤指装液体的,如碗、桶)

此译本采用的是自由体英诗形式,诠释基本到位,只是"For liquor up warming"显得有些"失度"。另外,诗题中"刘十九"的处理,采用了类似"Gate 12""Room 205"等处理手法,别有一番"风味",无可厚非。这样的处理方式,跟上一个译本比较起来,显得有点"俏皮",但不失为一种处理方式。

译本(6)
Invitation to a drink
By *Bai Juyi*
A red earthen charcoal stove, already aglow,
To heat unskimmed home-brewed to the right degree.
The sky is o'ercast tonight, with probable snow.

Would you drink a cup or two for warmth and glee?

（徐忠杰,1990:306-307）

注:1. earthen: *Adjective* (of a pot) made of baked or fired clay(罐)用烧过的黏土制造的;陶制的

2. aglow: *Adjective* (predic.) glowing 炽热的;通红的

3. skim: *Verb* (with obj.) remove (a substance) from the surface of a liquid(从液体表面)撇去(浮物)

4. o'ercast = overcast: *Adjective* (of the sky or weather) marked by a covering of grey cloud; dull(天空或天气)多云的;阴的

5. glee: *Noun* [mass noun] great delight 欢快;欣喜

此译本整体采用韵体英诗来翻译,很不错。但是,对于"红泥小火炉"用途的诠释则有些过于具体化,属于"失当"的诠释。诗题采用模糊化的处理方法,没有点出诗中的主人,有点小小的遗憾。

译本(7)

A Suggestion to My Friend Liu

By *Bai Juyi*

There's a gleam of green in an old bottle,

There's a stir of red in the quiet stove,

There's a feeling of snow in the dusk outside—

What about a cup of wine inside?[①]

注:1. gleam: *Noun* (usu. in sing.) a faint or brief light, especially one reflected from something(尤指反射的)微光(或短暂的光)

2. stir: *Noun* [in sing.] a slight physical movement 微动;动静

通过加词表达,此译本对原诗的首联做出新的诠释。对于原诗的尾联,译者也做了同样的处理。这样的处理手法,虽然增加了原诗中没有的表达,同时去掉了原诗中部分表达,但是原诗的温馨气氛却得到了更好的渲染和烘托,这其实也是一种"创造式"的"改写"了。

---

① 威特·宾纳(Witter Bynner)译,选自威特·宾纳所著"*The Chinese Translations: The Works of Witter Bynner*"。

要是拿尤金·奈达的"动态对等"标准来衡量的话,这篇英译不失为一篇好的译文,是对原诗的一种独特的诠释,"失度"之处也算是"可取"的了。

译本(8)

An Invitation to My Friend Liu

By *Bai Juyi*

I have some recently fermented wine,

The small terracotta pot stove is warm and inviting.

There's a feeling of snow coming after dark,

Would you like to join me for a drink tonight?[①]

注:1. ferment: Verb [no obj.] (of a substance) undergo fermentation 发酵

  2. terracotta: Noun [mass noun] unglazed, typically brownish-red earthenware, used chiefly as an ornamental building material and in modeling 赤陶土

  3. inviting: Adjective offering the promise of an attractive or enjoyable experience 引人注目的;吸引人的;美好的;令人向往的

  此译本基本如实诠释了原诗的内容,采用自由体英诗来表达。对于首联的诠释,小火炉的"旺"劲儿十足。但是,新醅酒的"色"度稍欠。整体处理上,这篇译文还是不错的。

  综上所述,在古诗英译特别是在唐代五绝的韵体英译中,出于各种原因需要在翻译前对原诗加以诠释,然后再用译语加以表达,但是对于原诗的诠释要有一个度,诠释要适度,即诠释要具有一个适度性。诠释过程中,不可添油加醋、无中生有,也不可过于具体化而偏离了原诗模糊性。

五、韵译探索:问刘十九

问刘十九 白居易

绿蚁新醅酒,红泥小火炉。

---

① 曾培慈译,引自互联网博客,地址:http://my.opera.com/transient/blog/tang320,提取时间:2016年12月8日。

晚来天欲雪,能饮一杯无?

A Question to LIU Shi-jiu, a Friend of Mine
By *BAI Ju-yi*
"Green ants" o'er newly brewed rice wine abound,
While red clay stove burns bright above the ground.
With even being darker, it looks like snow—
"Would you come over for some drinks, my bro?"

N. B. In the first line, "green ants" refer to a layer of green substance, which looks like green ants floating on the surface of unskimmed newly-fermented rice wine, making it look so inviting and tasty.

(Translated by *WANG Yong-sheng*)　　　　　（王永胜译）

注:1. o'er = over
2. abound: *Verb* (no obj.) exist in large numbers or amounts 大量存在
3. even: *Noun* (archaic or poetic/literary) (古旧用法或诗/文用法) the end of the day; evening 黄昏;傍晚(e. g. Bring it to my house this even. 今晚把它带到我家里来。)
4. bro: *Noun* (informal) short for brother(非正式用法)brother 的简称

第四节　临别友情

五言绝句原诗:

zhī	yǒu	qián	qī	zài,	nán	fēn	cǐ	yè	zhōng
知	有	前	期	在,	难	分	此	夜	中。
wú	jiāng	gù	rén	jiǔ,	bù	jí	shí	yóu	fēng
无	将	故	人	酒,	不	及	石	尤	风。

九言白话译文:
尽管知道别后会重逢,难分难舍就在此夜中。
莫使这与友道别之酒,不及那阻船的石尤风。

这首在临别时分表达浓浓朋友之情的五绝《留卢秦卿》,为唐代诗人司空曙所作(一作郎士元诗),是送别诗,更是散发出友情芬芳的诗。关于诗题,有的版本亦作《送卢秦卿》(俞陛云,2011:135),不知何故。但是,本书著者认为还是《留卢秦卿》较为达意,这也应该是原始版本的诗题吧。

一、人物品读:卢秦卿与司空曙

　　唐代诗人司空曙的这首别具一格的五绝作品的诗题中提到了卢秦卿,诗体内容也是写给卢秦卿的。整首诗通过喝酒的方式来挽留卢秦卿,情谊凸显。

　　(一)卢秦卿

　　诗题中提到的卢秦卿应是诗人司空曙的好友,而且从诗体的内容来看,他们交往甚密。然而,翻开相关史料,却几乎寻不到这位卢秦卿的踪迹,很是令人遗憾。唯一令人感到欣慰的是司空曙的一首《过卢秦卿旧居》。本书著者估计,这首诗诗题中的卢秦卿就应该是《留卢秦卿》中的卢秦卿了:

　　五柳茅茨楚国贤,桔槔蔬圃水涓涓。
　　黄花寒后难逢蝶,红叶晴来忽有蝉。
　　韩康助采君臣药,支遁同看内外篇。
　　为问潜夫空著论,如何侍从赋甘泉。

司空曙的另一首《送卢使君赴夔州》中的"卢使君",指的是不是这里讨论的卢秦卿,就不甚清楚了:

　　铙管随旌旆,高秋远上巴。
　　白波连雾雨,青壁断蔦萝。
　　凭几双童静,登楼万井斜。
　　政成知变俗,当应画轮车。

　　(二)司空曙

　　司空曙(约720—约790~794),字文明(一作"文初",说法不一),洺州广平(今河北永年东南)人。司空曙为大历年间进士,为人光明磊落,胸怀奇才,性格耿直,是"大历十才子"之一。唐代宗大历年间,有十位诗人自然形成一派,代表一个诗歌流派。这个流派偏重诗歌形式,人称"大历十才子"。姚合在《极玄集》里这样写道:李端,字正己,赵郡人,大历五年进士,与卢纶、吉中孚、韩翃、钱起、司空曙、苗发、崔峒、耿湋、夏侯审唱和,号十才子。

司空曙在代宗大历前期,曾经担任洛阳主簿,后又为左拾遗。大约在代宗大历后期,被贬谪为长林(今湖北荆门西北)县丞。德宗贞元元年(公元785年)以后,在剑南西川节度使韦皋幕任职,领衔水部郎中。贞元四年以后,官终虞部郎中。

司空曙的诗朴素真挚、自然流畅、情感细腻,诗风娴雅、疏淡,诗的内容多为自然景色、送别、酬答、友情和乡思,尤其是送别题材的诗较多,显得有些单调。如:

钓罢归来不系船,江村月落正堪眠。
纵然一夜风吹去,只在芦花浅水边。　　(司空曙《江村即事》)
峡口花飞欲尽春,天涯去住泪沾巾。
来时万里同为客,今日翻成送故人。　　(司空曙《峡口送友人》)
世乱同南去,时清独北还。
他乡生白发,旧国见青山。
晓月过残垒,繁星宿故关。
寒禽与衰草,处处伴愁颜。　　(司空曙《贼平后送人北归》)

司空曙擅长写五言律诗和七言律诗,抒情气氛较浓,诗的内容多为送别、酬答、漂泊和怀古。例如:

绿槐垂穗乳乌飞,忽忆山中独未归。
青镜流年看发变,白云芳草与心违。
乍逢酒客春游惯,久别林僧夜坐稀。
昨日闻君到城市,莫将簪弁胜荷衣。

　　　　　　　　　　　　　(司空曙《酬李端校书见赠》)

司空曙的诗,现存七十余首,有《司空文明诗集》传世,《全唐诗》录有其诗两卷。

二、艺术品读:《留卢秦卿》

送别,是交通不发达的古代人生活中经常会出现的场景,也是古诗词特别是唐诗中最为常见的一个主题。离别不易,见面亦难,只能"劝君更尽一杯酒,西出阳关无故人"(王维《送元二使安西》,一作《渭城曲》)了;目送友人远去,转眼间"山回路转不见君"(岑参《白雪歌送武判官归京》),无奈地呆望"雪上空留马行处"(岑参《白雪歌送武判官归京》)。可谓:

凄凄去亲爱,泛泛入烟雾。
归棹洛阳人,残钟广陵树。
今朝此为别,何处还相遇。
世事波上舟,沿洄安得住。 (韦应物《初发扬子寄元大校书》)

送别诗中的"奇绝"者——表达出浓浓临别友情的,则为数不多,而这样的表达临别友情的五绝作品,则是少之又少了。司空曙的这首《留卢秦卿》便是其中之一。

首联出句"知有前期在",可以说是出手不凡,不同凡响。所谓"前期",就是"后会的日子""重逢的时候",也就是以后的事情了。按照一般的汉语行文逻辑,这以后的事情应该在最后的分别时分再提为佳,可是诗人司空曙硬是"反其道而行之",开场就直接唱出了"知有前期在",可想其心情之忐忑,对好友的此次离别是多么依依不舍。接着,诗人更是出人意料,对句中语出惊人:"难分此夜中",可想其心情是多么矛盾和复杂!既然后会有期,何不开怀畅饮,却感叹"难分此夜中"呢?

首联的这种"奇崛"的突兀式开篇,不折不扣折射出诗人对友人浓浓的情谊。"知有前期在,难分此夜中"大有咄咄逼人之势,可谓"来势凶猛",让对方没有喘息的余地,让对方着实感受到"朋友"二字的可贵。人生难得一知己,有了这样一个知己,哪怕前路再无知己,也是值得的。这样的起句给了要远行的人以极大安慰的同时,又给了要远行的人以浓浓的临别友情——好朋友怎能相忘?王维的一

首诗,开篇与此类似,具有异曲同工之妙:

山中相送罢,日暮掩柴扉。

春草明年绿,王孙归不归？ （王维《山中送别》）

分别在即,不忍离别;知有前期,依旧不舍。将后会之期前置描写,如同记叙文中的倒叙,给人突兀之感的同时,也把临别友情表现得淋漓尽致,可谓感人至深、动人心魄了。而按照自然顺序去描写,则未必能达到相同的效果。例如：

中军置酒饮归客,胡琴琵琶与羌笛。

纷纷暮雪下辕门,风掣红旗冻不翻。

轮台东门送君去,去时雪满天山路。

山回路转不见君,雪上空留马行处。

（岑参《白雪歌送武判官归京》）

接下来,诗人司空曙笔锋一转,将诗推向了尾联,将临别友情推向了极致:"无将故人酒,不及石尤风。"不要使老朋友的酒,抵不上那阻客而行的石尤风啊。换言之,一定得让老朋友这临行的酒,抵得上那阻客而行的石尤风。这收尾之笔,看似平淡,实则铿锵有力,借"故人酒"一番发挥,引出"石尤风"。"石尤风"者,古代主要有两种解释:

一种是从传说角度解释的,元代伊世珍辑《瑯嬛记》引《江湖纪闻》曰:"石尤风者,传闻为石氏女,嫁为尤郎妇,情好甚笃,为商远行,妻阻之,不从。尤出不归,妻忆之病亡,临亡长叹曰:'吾恨不能阻其行,以至于此。今凡有商旅远行,吾当作大风,为天下妇人阻之。'自后商旅发船,值打头逆风,则曰:'此石尤风也。'遂止不行。妇人以夫姓为名,故曰'石尤'。"[①]

另一种解释见于明代周婴《卮林补遗·石尤》:"《杨用修外集》:'石尤,江中水虫名,此虫出必有恶风,舟人目打头风曰石

---

① 伊世珍辑《瑯嬛记》卷中,《四库全书存目丛书》本,转引自"白建忠,2013(4):151"。

尤,犹岭南人曰飓母,黄河人曰孟婆也。'用修此解似得之,但亦未见所出,且以为水虫太么麽矣。"①

其中,第二种解释未免有牵强附会之感,但不失为一种说法。这两种说法都将"石尤风"诠释为"逆风、顶头风、打头风",这在唐人诗句中也屡见不鲜。例如:

故乡今日友,欢会坐应同。
宁知巴峡路,辛苦石尤风。(陈子昂《初入峡苦风寄故乡亲友》)
沅水连湘水,千波万浪中。
知郎未得去,惭愧石尤风。
　　　　　(戴叔伦《送裴明州(一本有郎中徵三字)效南朝体》)

当然,对"石尤风"的诠释,也有不同的声音。如有人认为"石尤风"乃"飓之类""巨飓狂飚之类"(白建忠,2013[4]:152)等。例如:

督护上征去,侬亦思闻许。
愿作石尤风,四面断行旅。②
俄惊四面云屏合,坐见千峰雪浪堆。
罔象睢盱频逞怪,石尤翻动忽成灾。　　　(元稹《遭风二十韵》)

司空曙的《留卢秦卿》尾联连用两个否定句式,对比强烈,言辞有力,咄咄逼人的同时,表达出浓烈的朋友情意。主人如此盛情,客人自然无法推脱,推杯换盏之间,只有一醉方休了,情意凸显。

纵观全诗二十个字,两联皆入对,着墨不多,却具有很强的渗透力;借酒发挥,以"石尤风"做对比,传达的是浓浓的临别友情,可谓"别酒殷勤,难留征棹,转不若石尤风急,勒住行舟。凡别友者,每祝其帆风相送,此独愿石尤阻客,正见其恋别情深也。"(俞陛云,2011:135)全诗"仅二十字,情致绵渺,意韵悠长,令人咀含不尽。似此等

---

① 周婴《卮林》,《丛书集成初编》本,转引自"白建忠,2013(4):151"。
② 出自《玉台新咏》卷十南朝宋孝武《丁督护歌二首》其一,摘自《汉典古籍》网络版,网址:http://gj.zdic.net/,提取时间:2017年10月8日。

诗,熟读数十百篇,又何患不能换骨。"①

三、个人品读:醉酒当歌见情谊

朋友之情在离别的时候,显得乏力,那时的感觉无以言表。这样的临别友情,我——司空曙,见识的太多、太多了。因此,这也成就了我,让我写出了那么多临别赠友的抒情诗作。我写过的这样的诗作不胜枚举,信手拈来:

> 故人江海别,几度隔山川。
> 乍见翻疑梦,相悲各问年。
> 孤灯寒照雨,湿竹暗浮烟。
> 更有明朝恨,离杯惜共传。 (司空曙《云阳馆与韩绅②宿别》)
> 伏波箫鼓水云中,长戟如霜大旆红。
> 油幕晓开飞鸟绝,翩翩上将独趋风。 (司空曙《送人归黔府》)

但是,这些诗当中令我记忆犹新的,就是那首《留卢秦卿》了。友人欲走,我欲将其留住,但我深深知道一个道理:任凭你怎么将手攥紧,手里的流沙终究会顺着手指的缝隙慢慢流下,到最后所剩无几了。朋友要远赴天涯,就像手里的沙,留不住而慢慢滑,但我只想让其滑落的速度放慢,越慢越好。推杯换盏之间,时光不知不觉逝去。

"文明啊,我喝得太多了,明天还要赶路呐。"卢秦卿这样说道。

"不,秦卿友,我们还得喝,喝到天亮正好启程。"我半醉半醒地回应。

"哎,我说,知道吗?我们以后有的是时间再会。你可以去看我,我也有可能再回来的。"

"是的,这个我知道。我知道,我们后会有期。但是,作为老朋友,我就是舍不得你走啊。"

这时,我的头脑中闪过一个想法,想到了石尤风阻客出海的事

---

① 清代方南堂《辍锻录》,转引自"李梦生,2007:38"。
② 一作"韩升卿",参见《全唐诗》第292卷第44首。

情。于是,我就想借此表达一下我的心迹。

"我说啊,出海的人一听说要刮石尤风,就停下了脚步。今晚你看看我这酒,难道抵不上那石尤风吗?"

闻听此言,卢秦卿默默不语,端起酒杯,一饮而尽……

四、英译研究:典故之事物名

邓炎昌和刘润清在其合著的《语言与文化——英汉语言文化对比》一书中写道:"几乎所有的人在说话和写作时都引用历史、传说、文学或宗教中的人物或事件。这些人物或事件就是典故。"(邓炎昌,刘润清,1989:210)可以说,凡在口头语和书面语中引用的古代故事、历史人物、历史事件和有历史出处的词语,包括某些具有专用名词性质的事物名称,都属于典故的范畴。如题所示的"事物名",指的是具有专有名词性质的事物名称,是表示物体名称的普通名词中的一种特殊类型,且含有典故,具有典故性。本节讨论的《留卢秦卿》中的"石尤风"则属此类型。

英译过程中,对于此类典故性事物名的处理,比较棘手,因其含有强烈的民族文化色彩。比较完备的处理策略,就是"异化",即直译或音译再加注。反之,则可以采取"归化"策略,即意译,也就是抛弃源语的语言形式,只译出其主要意思。下面以几首唐诗的英译本为例,对古诗英译特别是唐代五绝韵体英译中典故之事物名的处理加以简单的探讨。

译例(1)

洛阳道[①] 储光羲

大道直如发,春日佳气多。

五陵贵公子,双双鸣玉珂。

The Luoyang Highway

---

① 本诗其实为储光羲所作《洛阳道五首献吕四郎中(其三)》,参见《全唐诗》第139卷第42首。本诗转引自"都森、陈玉筠,2011:25"。

第十章 友情五绝

By *Chu Guangxi*(? 707-762?)
The High Road is as straight as an arrow;
Picturesque scenes in the spring abound.
Noble youth come out from Wuling,
[*Literally, the Five King's Tombs. An upscale residential area in Luoyang*]
Trotting their horses with bridles tinkling.

(都森,陈玉筠,2011:25)

注:1. picturesque: *Adjective* visually attractive, especially in a quaint or pretty style 秀丽的;别致的;别具一格的(e.g. ruined abbeys and picturesque villages 破败的修道院以及秀丽的乡村)
2. abound: *Verb* (no obj.) exist in large numbers or amounts 大量存在(e.g. Rumours of a further scandal abound. 流言满天飞,说的是另外一桩丑闻。)
3. upscale: *Adjective* (N. Amer.) upmarket(北美用法)高端的;高消费阶层的
4. trot: *Verb* (with obj.) cause (a horse) to move at such a pace 使(马)小跑 (e.g. He trotted his horse forward. 他骑着马向前小跑。)
5. bridle: *Noun* the headgear used to control a horse, consisting of buckled straps to which a bit and reins are attached 马勒;马笼头;辔头
6. tinkle: *Verb* make or cause to make a light, clear ringing sound(使)发叮当声 (或丁零声)

上例中,"五陵"是一个具有历史及文化典故的事物名,译者采用音译法,并用下划线标注,在诗行中给出注释。若采用直译法,译成"Five King's Tombs",则会给人一种"毛骨悚然"的感觉,不很恰当。另外,诗题中用了"highway",诗体中最好与之相呼应,保持一致。还有,加注的内容也应该符合英语的表达规范,包括英文标点符号的使用。

译例(2)

芙蓉楼送辛渐二首(其一)　王昌龄
寒雨连江夜入吴,平明送客楚山孤。
洛阳亲友如相问,一片冰心在玉壶。

Seeing Xin Jian off at Lotus Pavillion (The First of Two Poems)

By *Wang Changling*

Last night the cooling rains from off the River swept through all of Wu.
At break of day I see you off, for the lonely peaks of Chu.
Should Luoyang friends and loved ones ask you how I am:
My heart's a piece of ice in a chalice carved of jade.

Note

(1) Lotus Pavillion: Northwest of Zhengjiang, Jiangsu province, near Jiangning (present day Nanjing), where the poet was mayor. To see a friend off properly, one would accompany him for part of his journey. Here the two have spent the night in Lotus Pavillion listening to the rain as they chatted and drank wine.

(2) River: In Chinese poetry, always the Yangtze.

(3) *Wu* was in the east, in present-day Jiangsu.

(4) *Chu* was in the southwest f in present-day Hubei and Hunan.

(5) ice in a chalice carved of jade: An emblem of purity and integrity in "A Song of White Hair" by Bao Zhao (421 to 465?). Though demoted to a remote post, Wang Changling wants those he has left behind in the eastern capital of Luoyang to know how little he has repented.

(张廷琛, 魏博思, 2007: 30-31)

注:1. chalice: *Noun* (historical) a large cup or goblet, typically used for drinking wine(历史上的用法)大酒杯;高脚杯

 2. jade: *Noun* [mass noun] a hard, typically green stone used for ornaments and implements and consisting of the minerals jadeite or nephrite 玉;翡翠;硬玉;软玉

 3. demote: *Verb* [with obj.] (often be demoted) give (someone) a lower rank or less senior position, usually as a punishment 使(某人)降级;把(某人)降职;贬黜(e. g. The head of the army was demoted to deputy defence secretar-

y. 陆军司令被降职为副国防部长。)

4. repent: *Verb* [no obj.] feel or express sincere regret or remorse about one's wrongdoing or sin 悔恨;悔悟;表示后悔

在这首译诗中,"冰心"和"玉壶"颇具典故性质,具有强烈的文化内涵。中国南朝宋杰出的文学家、诗人鲍照在《代白头吟》中,就用"清如玉壶冰"来比喻高洁的情操和清白的品格。姚崇作《冰壶诫》之后,盛唐诗人不少以"冰壶"自励,推崇光明磊落、表里如一的品格。本诗中,诗人王昌龄也借用此类典故,来表达自己的心境:依然冰清玉洁,如"冰心"在"玉壶"。鉴于此,上述译者虽将其直译成"a piece of ice in a chalice carved of jade",但第五个注释对此含义做了很好的诠释和补充,不失为一种很好的处理方式。此外,"Pavillion"疑为拼写有误,注释的英文表述可再严谨一点儿。同样是王昌龄的《芙蓉楼送辛渐二首(其一)》这首诗,再试看另外两个译例。

译例(3)

Farewell to Xin Jian at Lotus Tower

By *Wang Changling*

A cold rain mingled with the Eastern Stream at night;
At dawn you leave the Southern hills lonely in haze.
If my friends in the North should ask if I'm all right,
My heart is free of stain as ice in crystal vase.

(曹顺发,2007:033)

译例(4)

Farewell to Xin Jian at Lotus Tower

By *Wang Changling*

A cold rain drops into the brook at night,
At dawn you leave the hill alone in haze.
Should my friend you ask if I am alright,
My heart is clean, as ice in a white vase. (曹顺发,2007:033)

上述两个译例,都采用了直译与意译相结合的翻译方法,都很好地诠释了原诗的诗意,均为韵体英译,实属难为。但本书著者认为,"as ice in crystal vase"较"as ice in a white vase"更为透彻、清晰,一览无余。

在王维的《九月九日忆山东兄弟》一诗中,"茱萸"有着特殊的文化含义,其喻义高于其作为一种植物的一般性意义。据说重阳节插戴茱萸可以避灾避邪。

九月九日忆山东兄弟　　王维

独在异乡为异客,每逢佳节倍思亲。

遥知兄弟登高处,遍插茱萸少一人。

《太平御览》卷三十二引《风土记》云:"俗于此日,以茱萸气烈成熟,尚此日,折萸房以插头,言辟热气而御初寒。"因此,对于"茱萸"这一典故性事物名的处理,若体现不出这层意思,多少会影响诗意的传达。试看下面三个《九月九日忆山东兄弟》的译例。这三个译例都采用直译法,没有加注,没有诠释,恐怕会令译语读者感到不解。

译例(5)

Missing My Brothers on Double Ninth Day

By *Wang Wei*

Alone in a strange town, I am the stranger here.

On festival days I miss doubly those near and dear.

From afar I know you're scaling a height,

All wearing dogwood 'cept one, who is not there.

Note: Double Ninth Day: September the Ninth (by the lunar calendar), a day to scale a height, i. e. to climb a hill and enjoy the limpid autumn air.　　　　　　　　　　　　　　　(龚景浩, 2006: 25)

注:1. afar: *Adverb* (chiefly poetic literary) at or to a distance (主要用在诗性文学中)在远方;向远方 (e.g. Our hero travelled afar. 我们的英雄一路远行。)

2. scale: *Verb* (with obj.) climb up or over (something high and steep) 攀登;翻越

3. 'cept = except
4. dogwood: *Noun* a shrub or small tree of north temperate regions, which yields hard timber and is grown for its decorative foliage, red stems, or colourful berries 梾木属植物梾木;山茱萸
5. limpid: *Adjective* (of a liquid) free of anything that darkens; completely clear (液体)清澈的;明净的

译例(6)

Thinking of My Brothers on Mountain-climbing Day

By *Wang Wei*

Alone, a lonely stranger in a foreign land,

I doubly pine for kinsfolk on this holiday.

I am so aware of you all, cornels in hand,

Atop a hill now and missing me faraway. (曹顺发,2007:034)

注:1. pine for: miss and long for the return of 怀念;思念
2. kinsfolk: *Plural Noun* (in anthropological or formal use) a person's blood relations, regarded collectively(人类学用法或正式用法)家人;亲属
3. cornel: *Noun* a dogwood, especially of a dwarf variety(尤指矮株的)梾木;山茱萸
4. atop: *Preposition* on the top of 在……顶上

译例(7)

On the Mountain Holiday Thinking of My Brothers in Shandong

By *Wang Wei*

All alone in a foreign land,

I am twice as homesick on this day

When brothers carry dogwood up the mountain,

Each of them a branch—and my branch missing.①

注:1. homesick: *Adjective* experiencing a longing for one's home during a period of absence from it 想家的;思乡的

2. dogwood: *Noun* a shrub or small tree of north temperate regions, which yields hard timber and is grown for its decorative foliage, red stems, or colourful berries 梾木属植物梾木;山茱萸

由此看来,对于某些具有典故性的事物名,直译恐怕难以达到翻译的目的。若意译或诠释性加以翻译,则会很好地克服直译的不足。例如,蓬蒿为蓬草和蒿草的合称,也泛指草丛、杂草之类,但在古诗词中常带有喻义,借以指代草野民间,如"蓬蒿人",指草野间人,即无仕之人,也指胸无大志的庸人。显然,直译的"蓬蒿"会令译语读者不解真谛,意译或诠释性的翻译,则会通达许多。有关"蓬蒿"的处理,试看下面《南陵别儿童入京》及《小松》的译例。

译例(8)

南陵别儿童入京   李白

白酒新熟山中归,黄鸡啄黍秋正肥。
呼童烹鸡酌白酒,儿女嬉笑牵人衣。
高歌取醉欲自慰,起舞落日争光辉。
游说万乘苦不早,著鞭跨马涉远道。
会稽愚妇轻买臣,余亦辞家西入秦。
仰天大笑出门去,我辈岂是蓬蒿人?

Parting from My Children at Nanling for the Capital
By *Li Bai*

I come to hillside home when wine is newly brewed,
And yellow chicken feed on grains which autumn's strewed.

---

① 威特·宾纳(Witter Bynner)译,转引自"郭著章,江安,鲁文忠,2010:45"。

I call my lad to boil the fowl and pour the wine,
My children tug me by the sleeve, their faces shine.
I sing away to show my joy when wine is drunk;
I dance to vie in splendor with the sun half sunk.
Though it is late to offer service to the crown,
Still I will spur my horse on my way to renown.
The silly wife despised the talent not yet blest,
I'll leave my family and journey to the west.
Looking up at the sky, I laugh aloud and go.
Am I a man to crawl amid the brambles low?

(许渊冲,2007:99)

注:1. brew: *Verb* (with obj.) make (beer) by soaking, boiling, and fermentation 酿造(啤酒)

2. strew: *Verb* (past participle strewn or strewed) (with obj.) (usu. be strewn) scatter or spread (things) untidily over a surface or area 撒;散播;散布(e.g. a small room with newspapers strewn all over the floor. 报纸扔得满地都是的小房间。)

3. vie: *Verb* (vying) (no obj.) compete eagerly with someone in order to do or achieve something 竞争;相争(e.g. The athletes were vying for a place in the British team. 运动员为了能成为英国队选手在展开竞争。)

4. spur: *Verb* (spurred, spurring) (with obj.) urge (a horse) forward by digging one's spurs into its sides 用踢马刺驱马前进(e.g. She spurred her horse towards the hedge. 她用踢马刺驱马冲向障碍物。)

5. despise: *Verb* (with obj.) feel contempt or a deep repugnance for 鄙视;厌恶 (e.g. He despised himself for being selfish. 他厌恶自己的自私。)

6. bramble: *Noun* a prickly shrub or bush 荆棘

译例(9)

小松 杜荀鹤

自小刺头深草里,而今渐觉出蓬蒿。

时人不识凌云志,直待凌云始道高。

A Young Pine Tree

By *Du Xunhe*

Buries its head among weeds and thickets, and now
Is erecting itself from underneath. People
Know not its high-aspiration aspiration, and
Exclaim at its height when it grows high and tall.

(张智中,2009:017)

注:1. thicket: *Noun* a dense group of bushes or trees 灌木丛;树丛

2. aspire: *Verb* (poetic/literary) rise high; tower(诗/文用法)升高;高耸

3. aspiration: (usu. aspirations) a hope or ambition of achieving something 愿望;抱负

4. exclaim: *Verb* (no obj.) [often with direct speech] cry out suddenly, especially in surprise, anger, or pain(尤指惊讶、气愤或痛苦地)叫喊;惊呼

本节重点讨论的《留卢秦卿》一诗中,"石尤风"就是一个具有典故性的事物名(详见本节第二部分),处理起来跟上述的"冰心"和"玉壶"有所不同,只有舍弃语言的表面形式,译出此风的实质,才能达意。这样做,虽然信息量有所损失——原诗的意象有所损耗,但出于韵体英译考虑,也只能取此下策了。

五、韵译探索:留卢秦卿

留卢秦卿　司空曙

知有前期在,难分此夜中。

无将故人酒,不及石尤风。

Stay, LU Qin-qing, My Old Friend

By *SIKONG Shu*

Knowing a chance to meet never fails,
Tonight I'm still sad to part with you.

Before your boat leaves, I hope in lieu
Of fierce adverse winds blocking your sails,
This very last cup of farewell wine will be
A hindrance to your leaving from me.

(Translated by *WANG Yong-sheng*) （王永胜译）

注:1. lieu：*Noun* (in phrase in lieu) instead 替代 (e. g. The company issued additional shares to shareholders in lieu of a cash dividend. 这家公司给股票持有者送股,而不是现金分红。)

2. adverse：*Adjective* preventing success or development; harmful; unfavourable 阻碍成功(或发展)的;有害的;不利的(e. g. adverse weather conditions 不利的天气条件)

3. hindrance：*Noun* a thing that provides resistance, delay, or obstruction to something or someone 阻碍(物);妨碍

第五节　质朴友情

五言绝句原诗：

sōng yè kān wéi jiǔ chūn lái niàng jǐ duō
松　叶　堪　为　酒，春　来　酿　几　多。
bù cí shān lù yuǎn tà xuě yě xiāng guò
不　辞　山　路　远，踏　雪　也　相　过。

九言白话译文：

酒可用清香松叶酿造,春来之际你酿出多少。
纵路远雪深我也登门,更何况春天已经来到。
这是唐代诗人张九龄的一首五绝诗,诗题为《答陆澧》。

一、人物品读:张九龄

首先需要说明的是,《答陆澧》中的"陆澧",应为张九龄的友人,但其生平不详。

张九龄(678—740),字子寿(一名博物),韶州曲江(今广东韶

关)人。长安二年,即公元702年,张九龄进士及第,为校书郎;开元二十二年(公元734年)任中书令;开元二十八年(公元740年)病逝,谥号"文献"。张九龄有《曲江集》二十卷传世,被誉为"岭南第一人"。

张九龄是唐开元年间名相,开元二十四年(公元736年)遭李林甫排挤,罢相,左迁荆州(在今湖北省)大都督府长史,万千感慨涌上心头:

我有异乡忆,宛在云溶溶。
凭此目不觏,要之心所钟。
但欲附高鸟,安敢攀飞龙。
至精无感遇,悲惋填心胸。
归来扣寂寞,人愿天岂从? （张九龄《感遇十二首》其十一)

远在他乡,忧愤不已,感叹世事变幻,无法安睡。于是,张九龄思念起远方的家乡,思念起家乡的亲人,唯有寄情于夜空中那圆缺交替的明月:

海上生明月,天涯共此时。
情人怨遥夜,竟夕起相思。
灭烛怜光满,披衣觉露滋。
不堪盈手赠,还寝梦佳期。 （张九龄《望月怀远》)

张九龄为人耿直,诗风质朴,是开元盛世的一位宰相,深受人们的尊重和爱戴。张九龄与很多诗人都有交往,对待朋友感情真挚,唱和、酬答的诗作颇多,"开元二十五年(737)暮春三月休浣日,张九龄与韩休……崔琳诸公游于骊山韦嗣立旧居,各有诗作,王维曾为之序。是年秋间,九龄被贬荆州后,王维有《寄荆州张丞相》诗云:'所思竟何在,怅望深荆门。举世无相识,终身思旧恩。方将与农圃,艺植老丘园。目尽南飞鸟(一作'南天雁'),何由寄一言。'深表怅望思恩之情。"(顾建国,2007:94)时隔两年,即"开元二十八年春,九龄南归展墓途经湘中时,曾有诗答王维。《丛书集成续编》所收《唐丞相曲江张文献公集》卷三有《答王维》诗一首云:'荆门怜野雁,湘水断飞鸿。知己如相忆,南湖一片风'"(顾建国,2007:94)。由此可见张九龄五言诗的非凡功力:语言质朴,情感凸显,诗风耿直,一扫唐初绮靡的诗风。

自君之出矣,不复理残机。
思君如满月,夜夜减清辉。　　　　　　(张九龄《赋得自君之出矣》)

张九龄是一位有胆识、有远见的政治家,也是一位有抱负、有才华的文人,但命途多舛,终究抵不过那似乎是命中注定的结局,那结局也似乎预示着大唐的命运:"开元二十八年春,张九龄告假南归,五月去世。此时的张九龄未必知道,他已经被选中,成为大唐盛世结束的标志吧。从他离开政坛的那一刻起,开元盛世已经走向没落,大唐的繁华也随着他的背影徐徐逝去。"(摩西,2008:122)

二、艺术品读:《答陆澧》

首先要提出,《全唐诗》第 49 卷第 62 首为《答陆澧》,作者是张九龄,但颇为有趣、无独有偶的是第 315 卷第 13 首诗题也是《答陆澧》,作者却变成了朱放。因此,这首诗的原作者是谁,存在着争议。另据考证,"《英华》(实为《文苑英华》,是张九龄诗文中华书局的影印本——本书著者注)二四四收《答陆澧》:'松叶堪为酒,春来酿几多。不辞山路远,踏雪也相过。'题下署:'朱放';《唐诗纪事》二六亦作朱放诗。但元徐硕撰《至元嘉禾志》卷三二'题咏·海盐县'收此诗,则署'张九龄'。此当为《全唐诗》九龄卷所本。岑仲勉《读全唐诗札记》、傅璇琮《唐代业考·张九龄》、佟培基《全唐诗重出误收考》均已辩其非九龄作。"(熊飞,2008:370)尽管如此,鉴于目前流行的提法以张九龄为主,本书从之,将《答陆澧》视为张九龄的作品。

张九龄的好友陆澧发出邀请,邀请张九龄到家中(也许是山居,即位于山里的居所)饮酒相聚。张九龄当然愿意前往,并以诗作答,故有诗题"答陆澧"。这不由地令人眼前突现香山居士白居易的盛情:

绿蚁新醅酒,红泥小火炉。
晚来天欲雪,能饮一杯无?　　　　　　(白居易《问刘十九》)
好友相聚,酒是必不可少的。但是,喝什么酒呢?诗的首联说得很清楚:松叶堪为酒。松叶可以酿成酒,那就喝清香怡人的松叶酒吧。喝酒须尽兴,可"春来酿几多"呢？显而易见,当时已是春天,或许积雪尚未融化,可春天毕竟已经到来,令人眼前豁然开朗。这一问,并非简单地问友人酿出了多少松叶酒,而是从诙谐幽默的问句中,让人看出朋友之间真挚的情感:不见外,不受拘束,自由奔放。全诗以酒作引,以问见情,朋友之间质朴的友情凸显,自然之中见真情;质朴之语,更好地沟通了友人间的情感。

无论在古代还是在现代,酒是待人接物的平常之物,很好地搭起人与人之间情感的桥梁,同时特别是在古代,酒与诗又有着不可割舍的联系,因"在中国,从远古以来,诗与酒就交织在一起,结下了不解之缘,从而形成独具中国特色的'中国诗酒文化'"(顾正阳,2007:241)。诗仙李白,更是将酒与诗发挥到了极致:

花间一壶酒,独酌无相亲。

举杯邀明月,对影成三人。 (李白《月下独酌四首》其一,片段)

因此,为了酒可以"不辞山路远",哪怕"踏雪也相过"。质朴的语言,显露出多么浓厚的朋友之情啊！首联的"松叶"预示着尾联出句中"山路"之遥远,但山路再遥远、再崎岖、再坎坷,又怎么能够阻挡去好友居处饮酒欢聚的脚步？质朴的话语,透出的是友人间的真情,甚至"踏雪也相过"。要知道,时值春季,春暖花开,即使有积雪,不会"散入珠帘湿罗幕,狐裘不暖锦衾薄"(岑参《白雪歌送武判官归京》),也不会"轮台东门送君去,去时雪满天山路"(岑参《白雪歌送武判官归京》),更不会"山回路转不见君,雪上空留马行处"(岑参《白雪歌送武判官归京》)了。由此可见,诗人张九龄在此做了一个虚设(相当于英文中的"虚拟语气"),实际情况并非如此,也许正好相反,或许是"明月松间照,清泉石上流"(王维《山居秋暝》)呢。山路远,是实情,可即便路上铺满厚厚的积雪,也要前去,与好友饮酒相聚,共叙友情,畅谈人生。结句朴实而平淡,但内涵丰富,实则在向自己、向友人、向读者叙说友情的珍贵。

整首五绝短短二十个字,虽字字质朴,但却可以说字字珠玑。亲切、自然、流畅的语言,道出的却是朋友间那言之不尽的情谊。质朴的语言道出质朴的情谊,而质朴的语言又蕴含着深厚的友情;友情深厚,却没有借助深厚的语言来传达,唯借助质朴之语寄质朴之深情。

这首《答陆澧》诗风清新自然,具有"陶渊明田园诗的影子,这种风格又被后来的王维、孟浩然等发扬光大,形成山水田园一派,张九龄不愧为开启盛唐诗风的诗坛领袖"(《唐诗鉴赏大全集》编委会,2010:39)。就这样,"在盛唐前期的诗坛上,来自岭南的张九龄,以其传统的'文儒'气质,自觉地传承与弘扬了以复古为革新的文学思想,并以自成一格的创作实绩和执秉文衡的特殊地位,开启了盛唐一代醇正诗风,也由此确立了他在唐代诗歌发展史上的地位与影响。"(顾建国,2007:198)

三、个人品读:会友岂能无酒

据说,"后宰执每荐引公卿,上必问:'风度得如九龄否?'"(《旧唐书·张九龄传》)但是,那是后来的事儿了,我不得而知。又据说,"唐宪宗有一次与臣下议论前朝治乱得失时,大臣崔群说:'世人都认为安禄山造反是我朝治乱的分界线,我以为,玄宗罢免张九龄,任命李林甫当宰相的时候,就已经走上衰败之路了。'"(摩西,2008:120)但是,那是我死之后的事儿了,我不得而知。

管不了那么多了,不是有人说过类似"我死之后,哪管洪水滔天"这样的话语吗?就算想去管,又怎么能管得了呢?人死不能复生嘛。不管怎样,那两个"据说",于九泉之下的我,着实是莫大的安慰。

还是回到我生前时光,读读我生前的一段小故事吧。

好友陆澧邀请我去他家酌酒小聚。说实在话,尽管我跟陆澧颇有交往,接触也比较多,但很少问及其身世。他的家族可能是江南的名门望族,我猜测他的老爹是不是陆齐望呢。要知道,陆齐望是唐开元十一年进士,武德间官秘书少监,进太师,封润国公。陆老爹生了八个儿子:泌、瀍、涧、淮、灞、浐、渭、澧,在唐天宝至大历年间都考中进士,世称"八貂",苏州立有"八貂坊"①。那只是我的猜测啊,不足为证。

好友相邀,怎能爽约?更何况,松叶酿成的美酒,清香扑鼻,味道诱人。不能辜负好友的盛情,不能错过甘醇的松叶酒。再说,春天已经到来,经过漫长而沉闷的冬天,也该跟朋友聚聚,庆祝一下春天的到来了,也就此看望一下老朋友,叙谈一下各自的生活。且慢,他家的酒不会不够喝吧,待我一探究竟,顺手幽他一默,调侃调侃,活跃活跃饮前的气氛:

松叶堪为酒,春来酿几多?

我对朋友是诚实的、真心的,为人耿直。有再多的公务、私事需要处理,我也要事先做好安排,不能轻易拒绝好友的邀请,不能让好友失望,这是我为人的准则。应邀去陆澧家饮酒小聚,路途不近,还要走崎岖的山路,但我不会觉得辛苦,也不嫌远。在我内心甚至有了这样的设想:大雪纷飞,隐没了山路——千山鸟飞绝,万径人踪灭(这是我穿越式的想象,我肯定读不到柳宗元的诗了),我也要踏着雪前往朋友陆澧的居处,只是为了赴好友之约。我的这种赴约之情,胜过"五花马,千金裘,呼儿将出换美酒,与尔同销万古愁"(后生可畏啊,当然,我有生之年也读不到李白的诗了)。那我就跟陆澧表示一下我坚定不移的想法吧:

不辞山路远,踏雪也相过。

四、英译研究:诗题与诗体(1)——互补性

近体诗(格律诗)中,有相当一部分,其诗题与诗体存在着互为补充的关系,即具有互补性。可以说,这些诗的题目为诗的主体部分提供了理解的依据。符合这一要求的诗题,或者过长,或者过短,但对于中文读者来说,理解起来问题不大。然而,这样的诗要是直译成英文,不加任何处理,没有观照好诗题与诗体的这种互补关系,则会令

---

① 参见《崇祯嘉兴县志》卷十二。

译语读者——英语读者感到茫然而无从索解。

具体来说,对于过长的诗题,如杜甫的《至德二载,甫自京金光门出,间道归凤翔。乾元初,从左拾遗移华州掾,与亲故别,因出此门,有悲往事》(李淼,2007:104),虽对诗体的创作背景有一定的交代,对诗体的理解起到了补充的作用,但在英译时则不宜亦步亦趋地照译不误,而应该采取"减词省译"的原则,译出一个概括性的诗题,然后将省出的信息做"加注"处理。特殊情况下,才可考虑照直翻译。当然,这种省略处理并不是随意的,而是以"忠实性"为基础对语言和文化差异做出的调整;对于跟诗体具有互补性的较短的诗题,在英译时可以采用"增词补译"的原则,将中文读者心照不宣的"隐性"信息以恰当的方式予以增补,以期译语读者有个完整的理解,如唐代五绝《渡汉江》——这个诗题其实是个过渡性的交代,对诗体的理解起到了一定的补充交代的作用,英译时宜做适当的增词处理。当然,这种增词的处理也不是随意的,而是增加了原诗读者不言自明、译语读者不言则惑的信息,也是以"忠实性"为基础对语言和文化差异做出的调整。较短的诗题与诗体的互补性在古诗英译中的具体体现,将是这里讨论的重点。

当然,对于古典诗歌中近体诗英译特别是对唐代五绝英译时,要是能够在适当解读和鉴赏的基础上,做到"韵体英译"则更为奇妙,基本可以达到"以诗译诗"的对等效果,从而打破诗的"不可译性"(untranslatability)的藩篱,并"从一定的程度上化'不可译性'为'可译性'"(单畅,王永胜,2013:97)。也就是说,在英译过程中,把英诗的"扬、抑"和"韵"纳入考量的范畴,特别是对英诗的"音步"和"韵"要加以考量,这算是英译时对唐代五绝的"平仄"和"韵"在翻译风格上的一种"观照"。

(一)诗题与诗体

关于近体诗或格律诗的题目(这里简称为"诗题"),人们持有不同的观点。一些人认为,诗歌的主体部分(这里简称为"诗体")是关键,是表情达意的,不需什么题目,因而这类诗歌可归为"无题"类诗歌,其题目要么是"绝句""五绝""五律""七绝""七律",要么就是

"五绝·无题""五律·无题""七绝·无题""七律·无题";另一些人认为,诗歌需要题目,因为诗歌写出来是给别人看的,没有题目无以辨别,就像人需要名字一样。这时,诗歌的题目,一方面让人称呼作品,方便交流;另一方面具有提纲挈领的作用,抑或交代创作的背景,便于读者解读作品的内涵。后者的观点值得肯定,也值得提倡,而前者对诗歌题目的处理未免有点儿偏颇,很显然不便于交流和阅读。另外,什么题目也不加,也许是担心题目"冲淡"了诗意,也许就是诗人"不负责任"的表现,把对诗体的理解完全推给了读者。

无论如何,对于"无题"类的诗歌,或者是一组只冠以一个标题的诗歌,后人为了加以区别、方便交流,引用时往往加上括号,括号内附上原诗的首句。唐代诗人李商隐写过很多"无题"诗,若要指明是哪一首,就只能将诗中第一句拿出来,放入"无题"后的括号中,如《无题(昨夜星辰昨夜风)》等;杜甫写了一系列冠以"复愁"的诗,共有十二首,若引用其中的一首,也只能这么做,如《复愁(人烟生处僻)》等;或者,按照组诗的排序加以引用,如杜甫的"复愁"系列诗共十二首,而首句为"人烟生处僻"那一首排在第一位,则可以这样引用:《复愁十二首(其一)》。同时,对于诗题只有"五绝""七律"等字样的诗,也只得如法炮制,将首句拎出,加在隔点或隔号之后,或者放到"五绝""七律"后面的括号中。诗人对诗题的这种处理,给后人带来了极大的不便。

诗体则是整部诗的主体部分,是诗歌精髓的体现,一般是要讲究"起""承""转""合"这类章法的:"起"是开端,"承"是承接上文、托出下文,"转"是转折,转入主旨,"合"是结尾,是"诗眼"之所在。对于格律诗而言,这种章法尤其适用。正所谓"万事开头难",古人创作诗歌非常重视"起",有明起、暗起、陪起、反起、逆起、单起、对起等;"承"就是承接上文,引出下文,上下关联,前后呼应;"转"就是转折,笔锋一转,或者由情转到景,或者由景转到情,转得好就会出神入化;"合"就是结尾——是作者抒发情感、表达志向的重要环节。

诗体的起承转合在绝句中体现得最为明显。一般来说,短短四句之中,起、承、转、合各占一句,如李白的《越中览古》:越王勾践破吴归(起),战士还家尽锦衣(承)。宫女如花满春殿(转),只今惟有鹧鸪飞(合)。作为格律诗的一个章法,起承转合有时候使用的比较明显,有时候不很明显,有时候严格加以使用,有时候灵活予以处理,具体要视诗歌所表达的思想内容而定。

综上所述,诗题作为诗歌的一个组成部分,是具有一定的作用的,而且有相当一部分诗题与诗体形成互补关系,因而最好给诗歌加一个题目。当然,"无题"诗的存在,有其合理的一面,因为有的作者认为,加上题目会妨碍读者对诗歌意境的理解,会限制读者的想象力,从而有悖于诗歌的本质。

(二)诗题与诗体的互补性

考虑到上述一个观点,即诗题具有提纲挈领的作用,抑或交代创作背景的作用,则诗题的存在就大有必要了。这时,诗题往往对诗体有一定的提示作用,便于读者理解诗体的内涵,同时也使整首诗有了一个良好的开端,诗题的添加也就开创了一个"双赢"的局面,何乐而不为?更为重要的是,此类诗题跟诗体之间形成了互补关系,诗题与诗体也就具有了互补性,有利于诗歌在读者心中"完整再现"。

反过来说,要是认为诗题会妨碍读者对诗体意境的理解、会限制读者想象力的话,那么,诗题可以不必起到概括诗体主旨的作用,而只是作为一种背景的铺垫和附加信息的提供。格律诗中,这类题目的诗歌不少,既避开了人们理解上的限制,也赋予诗歌一个章法上的完整性——虽然题目过长,难以记忆,如白居易《自河南经乱,关内阻饥,兄弟离散,各在一处。因望月有感,聊书所怀,寄上浮梁大兄、于潜七兄、乌江十五兄,兼示符离及下邽弟妹》(李淼,2007:159)。但最为重要的是,这样的诗题与诗体具有一定的互补性。例如李白《与史郎中钦听黄鹤楼上吹笛》:一为迁客去长沙,西望长安不见家。黄鹤楼中吹玉笛,江城五月落梅花。

况且,古诗作品中,不少诗题并不具备概括诗体主旨的功能,而只是作为一种背景的铺垫和附加信息的提供。这类诗题既避开了人们理解上的限制,让人们更好地理解诗体内容,又赋予诗歌章法上的完整性。虽然这方面的诗题,有的过长,但也有不少短小精悍的诗题,与诗体形成互补,《答陆澧》就是其中之一。"答陆澧"只是交代了诗题创作的背景,与诗体互补,形成一个整体。

对于唐代的五言绝句,即五绝,情况尤其如此。因为五绝的诗体只有短短的二十个字,无法容纳那么多的信息,只有靠带有交代背景作用的、具有提纲挈领性质的诗题来弥补诗体内容的不足,诗题的存在往往与诗体构成互补关系。由此看来,诗题是必不可少的,其作用不可小觑,但也有一定的副作用——束缚了诗人的手脚、限制了读者的想象空间。但是,对于诗题和诗体互补型的唐代五绝,在英译时特别是韵体英译时,由于语言和文化间的差异,这种互补性在英译过程中就要予以观照、加以体现。

(三)英译中诗题的处理

跟一些诗体与较长的诗题形成互补关系的格律诗不同的是,张九龄的这首《答陆澧》诗题虽短小精悍,却也与诗体形成了一定的互补关系,补充交代了些许背景信息,如收到好友的邀请予以回复,好友姓陆名澧等。

这样的诗题,如果照直英译的话,即直译,由于文化的差异,英文化的读者恐怕会产生不少疑问,势必会让英语思维的人感到诗题与诗体的脱节。另外,就算将"答陆澧"这个诗题直译成英文会对英文化读者带来"陌生化"审美体验的话,因为 "'异化'过度,会造成译文的'效度'丢失,那么,陌生审美'失效'就变得不可避免了。最好的办法就是要做出'调和'(coordination),创造出'杂交'的翻译文本"(单畅,王永胜,2013[6]:126)。具体来说,在这首诗的英译过程中,可以考虑用"增词法"来补译诗题中隐含的背景信息。例如:

译例(1)

送元二使安西[①]　王维

渭城朝雨浥轻尘,客舍青青柳色新。

劝君更尽一杯酒,西出阳关无故人。

---

① 此诗诗题亦作《渭城曲》,如下例所示。

The Tune of Wei City [Xianyang City]—Sending Off Mr. Yuan on His Convoy Mission to Anxi

By *Wang Wei*

The morning rain does clear the air of Xianyang City;
Near the guesthouse, willows grow fresh and green.
My friend, please one more cup of wine to empty;
West of the Yangguan Pass, no old friend can be seen.

Notes:

1. This piece deals with the feeling of farewell, which is so real, touching and sincere. It was compiled into a song and often sung at farewell banquets.

  2. Yangguan Pass: To the southwest of Dunhuang, Gansu

(都森,陈玉筠,2011:19)

注:1. convoy: *Noun* a group of ships or vehicles travelling together, typically one accompanied by armed troops, warships, or other vehicles for protection 受护船队;受护车队

  2. pass: *Noun* a route over or through mountains(山坳)通道;山口(e.g. The pass over the mountain was open again after the snows. 山的通道在下雪后又重新开放了。)

  王维的《送元二使安西》,一作《渭城曲》,是一首送别题材的经典诗篇,后被广泛传诵,成为饯别的名曲,故又名《阳关曲》或《阳关三叠》。上述译者在诗题的翻译中,做了增词处理并加注诠释,补足了信息,提高了译语读者的接受度。再体会一下这首诗以《渭城曲》为题的英译。

译例(2)

渭城曲 王维

渭城朝雨浥轻尘,客舍青青柳色新。
劝君更尽一杯酒,西出阳关无故人。

A Song at Weicheng (Written to Music)

By *Wang Wei*

A morning-rain has settled the dust in Weicheng;
Willows are green again in the tavern dooryard...
Wait till we empty one more cup—
West of Yang Gate there'll be no old friends. [①]

注:1. settle: *Verb* become or make calmer or quieter(使)平静;(使)缓和
  2. tavern: *Noun* (chiefly archaic or N. Amer.) an inn or public house(主要为古旧用法或北美用法)酒馆;客栈
  3. dooryard: *Noun* (N. Amer.) a yard or garden by the door of a house(北美用法)庭院;天井

上译中,诗题虽然做了一定的增词处理,补充了一小部分"隐含"信息,但不够充分,恐怕多少会令译语读者摸不着头脑。

汉英翻译中,由于两种语言本身的差异,"增词补译"和"加注"算是较为常用的方法。汉语本身有些地方隐而不表,如背景知识和某些逻辑关系等,作为中国人是能看明白的,但是翻译给以英语为母语的人看,恐怕就会令这些人感到费解,甚至产生疑问。古诗英译尤其如此。

在汉语中,诗题与诗体的互补性具有"隐性"特征。对于汉语读者来说,这种互补性有助于诗体的理解。但是,由于汉英语言和文化的差异,翻译成英文,就要考虑将这种"隐性"互补特征"显性"地加以呈现。具体做法就是,针对过长的诗题,减词省译,再做加注处理;针对过短的诗题,增词补译,并适当地加注。后者则是讨论和研究的重点。从译介的角度来考量,这种诗题和诗体互补性在古诗英译中,特别是唐代五绝的韵体英译中,要适当加以体现。这样做很有必要,有助于中国古典文化的国际化推广。

五、韵译探索:答陆澧

答陆澧 张九龄
松叶堪为酒,春来酿几多。

[①] 威特·宾纳(Witter Bynner)译,转引自"郭著章,江安,鲁文忠,2010:49"。

不辞山路远,踏雪也相过。

Reply to My Friend Lu Li's Invitation to a Gathering
By *ZHANG Jiu-ling*
Since wine be made with needles of pine,
In this spring how much've you done such wine?
Then, 'ven far far away, your home'll be
Reach'd by taking mountain road bumpy,
And were it cover'd with heavy snow,
I'll go drink to my heart's content, though.
(Translated by *WANG Yong-sheng*)　　　(王永胜译)

注:1. gathering: *Noun* an assembly or meeting, especially a social or festive one or one held for a specific purpose(尤指为社交、过节或特定目的举办的)聚会;集会
2. much've = much have
3. 'ven = even
4. Reach'd = Reached
5. bumpy: *Adjective* (bumpier, bumpiest) (of a surface) uneven, with many patches raised above the rest 颠簸的;崎岖不平的
6. cover'd = covered
7. to one's heart's content: to the full extent of one's desires 心满意足地;尽情地 (e.g. The children could run and play to their heart's content. 孩子们能尽情奔跑玩耍。)

第十一章 闲适五绝

闲适,清闲安逸、悠然自在之意。白居易在《闲适》一诗中说:"禄俸优饶官不卑,就中闲适是分司。"白居易时任太子宾客分司东都,就是作为太子宾客,被派往洛阳工作。这是一个高等级的闲官,自然闲适无比。虽"微躬所要今皆得",却落得个"只是蹉跎得校迟"的慨叹。闲适否?

闲适的意境是"采菊东篱下,悠然见南山"(陶渊明《饮酒》(其五));闲适的心境是"寒山转苍翠,秋水日潺湲。倚杖柴门外,临风听暮蝉"(王维《辋川闲居赠裴秀才迪》);闲适的情趣是"花里棋盘憎鸟污,枕边书卷讶风开"(韦应物《假中枉卢二十二书亦称卧疾兼讶李二久不访问以诗答书因亦戏李二》)(陶敏,王友胜,2005:12)。不少唐人诗中可见闲适之态。例如:
山中尽日无人到,竹外交加百鸟鸣。
昨日小楼微雨过,樱桃花落晚风晴。
(殷尧藩《游山南寺二首》(其一))
追根溯源,闲,没有事情,有空;适,往,归向,如"无所适从"。所谓"闲适",就是人有所闲,却也有所归也。白居易在《与元九书》中说道:
至于"讽谕"者,意激而言质;"闲适"者,思澹而词迂:以质合迂,宜人之不爱也。"今所爱者,并世而生,独足下耳。然千百年后,安知复无如足下者出而知爱我诗哉?

上述引文大致是说,至于那些具有讽喻作用的诗,意思过激而言语质直。闲适类型的诗,思虑恬静而文辞迂缓。由于质直且迂缓,人们不喜爱也是应该的了。现在爱我诗之人,还与我同时活在世上的,就只有你了。但是,千百年后,又怎么能知道再也没有像你这样的人出现,来理解、喜爱我的诗呢?由此看来,闲适者,并非无为,并非真正闲来无事,而是心有所归,心有所往。如此这般,闲适之诗,看似悠闲,实乃有所适也。这不由得令人想起这样的诗句:

千山鸟飞绝,万径人踪灭。

孤舟蓑笠翁,独钓寒江雪。

第一节 雪中闲适

五言绝句原诗:

qiān shān niǎo fēi jué　wàn jìng rén zōng miè
千　山　鸟　飞　绝,　万　径　人　踪　灭。
gū zhōu suō lì wēng　dú diào hán jiāng xuě
孤　舟　蓑　笠　翁,　独　钓　寒　江　雪。

九言白话译文:

一座座高山鸟雀无踪,一条条小路人迹成空。

寒江一叶扁舟一老者,披蓑戴笠独钓于雪中。

这是唐代诗人柳宗元的一首五言诗,诗题为《江雪》。

首先需要说明的是,这首五言四行仄韵诗,跟前面讨论过的某些诗一样,如李白的《静夜思》等,存在着诗的体式之疑,即"五绝""五古绝"之疑。蘅塘退士的《唐诗三百首》等将其列为"五言绝句"之列,即五绝,本书从之,将其视作五绝加以讨论。但是,有学者视其为"古体"或"五古绝",即古体诗的范畴。若论正律,这首《江雪》不很合律,还有"失黏"之嫌(一说仄韵诗允许失黏)。但是,若从"特定句式""拗救"等角度考察,这首诗跟李白的《静夜思》一样,也是属于

"特殊体式"的典型"五绝"(关于"五绝"和"五古绝",请参阅本书上卷第五章第一节)。

一、人物品读：柳宗元

柳宗元高中进士时,年仅 20 岁。可以说,他的前途无限光明,仕途金光灿烂。然而,事与愿违,刚刚迈入人生第 32 个年头的柳宗元,政治生涯刚刚起步,就要大展宏图之际,未曾想天有不测风云,先是被贬为邵州刺史,后被贬为永州司马。从此之后,柳宗元离开了风高浪急的政坛,进入了另一个世界,一个焕发出他文学生命力的世界。这是一个属于柳宗元的世界,甚至是一个成就了柳宗元的世界：

渔翁夜傍西岩宿,晓汲清湘燃楚竹。
烟销日出不见人,欸乃一声山水绿。
回看天际下中流,岩上无心云相逐。　　（柳宗元《渔翁》）

柳宗元(773—819),字子厚,河东(今山西永济)人,世人称其"柳河东"。又因其官至柳州刺史,人称"柳柳州"。柳宗元不仅是唐代诗人,更是唐代文学家、哲学家和散文家,与韩愈、欧阳修、苏洵、苏轼、苏辙、王安石、曾巩并称为"唐宋八大家"。柳宗元与韩愈共同倡导唐代古文运动,并称"韩柳";与刘禹锡并称"刘柳";与王维、孟浩然、韦应物并称"王孟韦柳"。宪宗元和十四年,柳宗元卒于柳州任所。当时,宪宗大赦天下,在裴度的说合之下,宪宗最终答应召柳宗元回京,可还没等诏书传到柳州,柳宗元就带着难以言说的遗憾撒手人寰。直到死时,柳宗元也未能回到自己日思夜想的故乡,也未能见到与自己"同是天涯沦落人"的四位友人(漳州刺史韩泰、汀州刺史韩晔、封州刺史陈谏、连州刺史刘禹锡)：

城上高楼接大荒,海天愁思正茫茫。
惊风乱飐芙蓉水,密雨斜侵薜荔墙。
岭树重遮千里目,江流曲似九回肠。
共来百越文身地,犹自音书滞一乡。

（柳宗元《登柳州城楼寄漳汀封连四州》）

二、艺术品读:《江雪》

柳宗元的这首《江雪》,在结构安排上颇为奇特,直到最后诗人才点破诗题——江雪,这倒有点儿英文"掉尾句"(periodic sentence)的味道:将主要意思放在整句末尾,而将次要意思放在句子前部,读者只有读完整个句子才能了解该句的完整意义。英语中,掉尾句也叫圆周句,是从修辞的角度提出来的。例如:

It is universally acknowledged that a single man in possession of a good fortune must be in want of a wife.

大家普遍认可的是,一个单身汉,拥有了大笔财富,缺的一定是老婆了。

回顾这首《江雪》,诗题为"江雪",可读完首联,不见"江",也不见"雪";读到尾联的出句,也寻不到"江""雪"之痕;一直读到尾联的对句"独钓寒江雪",眼前才豁然一亮:怪不得"千山鸟飞绝",怪不得"万径人踪灭"。原来如此!柳宗元这首五绝的意境,与"遥知郡斋夜,冻雪封松竹。时有山僧来,悬灯独自宿"(韦应物《宿永阳寄璨律师》)这首诗先入为主式的手法有些差异,但所营造的氛围大体相似:境界清冷。

在艺术表现手法上,柳宗元的这首诗虚实相生、动静相合:千山,万径,孤舟;无鸟飞,无人行,独一翁乘舟垂钓。《诗境浅说》如此评说:"空江风雪中,远望则鸟飞不到,近观则四无人踪。而独有扁舟渔父,一竿在手,悠然于严风盛雪间。其天怀之淡定,风趣之静峭,子厚以短歌为之写照。"(俞陛云,2011:114)明代胡应麟《诗薮》云:"'千山鸟飞绝'二十字,骨力豪上,句格天成",可见其艺术表现手法之奇绝。

这首诗还有一个特点,那就是用仄韵,但非纯粹的仄声韵,准确说是"入声韵"。对于仄韵诗,向来说法不一,包括其是否应为格律诗之争。还有人认为用仄韵难以写出神韵,因仄声字(包括入声字)容易让人产生压抑的心理反应,不利于诗境的铺陈。但是,柳宗元的这首诗用的是仄韵,却取得了理想的效果:意境清冷,却并不令人产生多少压抑的心理反应,雪中的闲适之情也就跃然纸上了。

三、个人品读:静待中的闲适

　　就这样,我一个人,静静的,静静的……看,云消云长;听,风弱风强;想,潮起潮落——尽管不是面朝大海,尽管没有春暖花开。

　　到了永州之后,我情绪低落,萎靡不振,好在有山水我可以去写,有景色我可以去咏。看呐,千山无鸟飞;听啊,千山无鸟鸣。看呐,万径不见人;听啊,万径无足音。感觉到丝丝寒意了? 也许至此,你感觉不到前辈诗中的意境吧:人闲桂花落,夜静春山空(王维《鸟鸣涧》);也没有轻松自在的感觉吧:明月松间照,清泉石上流(王维《山居秋暝》)。还是直面惨淡的人生,做一个闲来垂钓的渔翁。姜太公钓过鱼,屈子跟渔夫打过交道,我也做一名渔夫吧。

　　可问题是,我有李白那"闲来垂钓碧溪上,忽复乘舟梦日边"(李白《行路难》其一)的劲头吗? 我有"垂钓绿湾春,春深杏花乱"(储光羲《杂咏五首·钓鱼湾》)的兴致吗? 我能完全放松到"垂钓坐磐石,水清心亦闲"(孟浩然《万山潭作》)这样的好心态吗? 我还是要弄一叶扁舟,我还是要穿上蓑衣,戴上斗笠,到雪中的寒江上垂钓。我要不顾天寒,不管地冻,无视雪飘,远离尘嚣,自己一个人垂钓。我要忘掉一切,专心垂钓,哪怕天空风起云涌,哪怕大海汹涌澎湃,我也毫不在意:

　　孤舟蓑笠翁,独钓寒江雪。

四、英译研究:意境的渲染

　　"意"和"境"的有机结合便形成了"意境"。在古典诗歌中,诗人的主观思想情感与真实的生活图景无缝衔接,形成一种耐人寻味的艺术境界,这就是意境,是诗人强烈的思想情感和形象的客观事物的交融。更进一步说,意境是文学艺术作品通过形象化描写表现出来的思想情感和客观境界的统一体,正如王国维先生所言:"境非独谓景物也。喜怒哀乐,亦人心中之一境界。故能写真景物、真感情者,谓之有境界。否则谓之无境界。"①

柳宗元在短短二十个字的《江雪》中，渲染出一个清冷、脱俗、寂静、孤独的意境：

千山鸟飞绝，万径人踪灭。

孤舟蓑笠翁，独钓寒江雪。

类似这样意境的渲染，在译诗中应该尽力予以复现，即通过英语的语法和修辞等手段尽力加以体现，以做到诗意的对等，达到译诗的目的。可问题是，诗的文字如斯，摆在那里，不同的人所体会出来的意境可能各不相同，甚至相差很大。孰是孰非，定论很难给出，所谓"诗无达诂"。同时，对于译诗而言，可以说"译无达诂"，实则"译无定数"。

在此，试着从意境的角度出发，对十则《江雪》的英译本中意境的渲染做一简单的分析和探讨。

译本（1）

River-Snow

By *Liu Zongyuan*

A hundred mountains and no bird,

A thousand paths without a footprint：

A little boat, a bamboo cloak,

An old man fishing in the cold river-snow. ②

注：1. bamboo：*Noun*［mass noun］a giant woody grass which grows chiefly in the tropics, where it is widely cultivated 竹；竹子

2. cloak：*Noun* an outdoor overgarment, typically sleeveless, that hangs loosely from the shoulders 斗篷；大氅

在"译本（1）"中，译者宾纳打破了英语"形合"语言的特点，仿

---

① 语出王国维的《人间词话》，转引自"施议对，2008：018"。

② 威特•宾纳（Witter Bynner）译，转引自"郭著章，江安，鲁文忠，2010：169"，只是诗题据宾纳本人著的"*The Chinese Translations*"一书稍作修改，即在诗题的"River"和"Snow"之间加了个连字符。

照汉语的行文特点,多用名词或名词性表达来罗列意象,以求最大限度忠实于原诗的意境。可以说,除了诗题"江雪"罗列不当以及"蓑笠翁"表达不充分之外,整首译诗的意境渲染得很好,静谧、孤寂的画面感颇强。每一行都以不定冠词开始,加强了这样的意境和气氛。

译本(2)

snow on the river

—liu zongyuan

no singing of birds in the mountain ranges

no footprints of men on a thousand trails

there is only one boat on the water

with an old man in a straw rain cape

who stands on deck and fishes by himself

where the snow falls on the cold river

(王守义,约翰·诺弗尔,1989:45)

注:1. range: *Noun* a line or series of mountains or hills 山脉

2. trail: *Noun* beaten path through rough country such as a wood or moor(荒野) 小路;(树林、沼泽中踩出来的)小道;小径

3. cape: *Noun* a sleeveless cloak, typically a short one(尤指短)无袖斗篷

4. deck: *Noun* a floor of a ship, especially the upper, open level extending for the full length of the vessel 甲板(e.g. He stood on the deck of his flagship. 他站在旗舰的甲板上。)

不要以为你看错了,抑或本书著者引用出错,"译本(2)"的原本,的确如此:除了将原诗翻译成完全自由式现代英诗外,还完全忽略了英文大写的存在。不知道此译本的两位译者是不是在有意模仿某些英语现代诗人的诗风,如美国诗人卡明斯(e e cummings)。没错,这位美国诗人经常把自己的名字写成这个样子,完全视大写为空气,全部是小写字母,而且还省略了字母"e"右下角作为省略性标志的句点。卡明斯的诗歌包括题目也一律小写,根本没有大写字母,如其中一首诗的标题:"somewhere i have never traveled"。类似这样的奇特之处,也许是诗人个性的张扬,也许是想标新立异,但本书著者

认为,这不应该是外语习得者效仿的榜样。

书归正传,在"译本(2)"中,译者化原诗的四行为译诗的六行,采用自由体英诗形式,且略去了标点符号,忠实度自不必说,诗意也得到较好的体现,意境的渲染比较到位。遗憾的是,译者全部采用小写的形式,应该大写的地方没有体现出来(如人名、诗行开头等),显得随意,与原诗的风格多少有些不相适宜。另外,第五行开头的"who stands on deck",交代得有些"事无巨细"的感觉,审美的空间似乎被填满,显得张力不足了。

译本(3)

Fishing in Snow

By *Liu Zongyuan*

From hill to hill no bird in flight;
From path to path no man in sight.
A straw-cloak'd man afloat, behold!
Is fishing snow on river cold. （许渊冲,1992:287）

注:1. cloak: *Noun* an outdoor overgarment, typically sleeveless, that hangs loosely from the shoulders 斗篷;大氅

2. afloat: *Adverb & Adjective* on board a ship or boat 在船(或艇)上的(地)

3. behold: *Verb* [with obj.] [often in imperative] (archaic or poetic/literary) see or observe (someone or something, especially of remarkable or impressive nature)(古旧用法或诗/文用法)看;观看(尤指看非凡的或感人的人或事物)(e.g. Behold your lord and prince! 看国王和王子!)

在"译本(3)"中,译者对译诗格律有着高度的追求,每行四音步抑扬格,韵式为"AABB"。做到这一点,的确难能可贵,若再兼顾诗意的表达的话,就达到了译诗的最高境界。问题是,在不增加译诗诗行的情况下进行韵体英译,如果不下一番功夫,对原诗意境的渲染势必很难完全到位。此译本的译者在诗的意境的处理上,将虚指的"千山""万径"化成了英语的"from...to..."结构,"no bird""no man"结构很好地传达了孤寂的氛围。但是,为了押韵的需要,译者做了增词处理,加了个动词"behold",多出一个视角,整体上就显得不是那么

"纯净",不那么"干净"了。另外,诗题为"Fishing in Snow",无可挑剔,可译诗的第四行却变成了"fishing snow",着实让人有种"丈二和尚摸不着头脑"的感觉了。

译本(4)

River Snow

By *Liu Zongyuan*

From a thousand hills, bird flights have vanished;

On ten thousand paths, human traces wiped out;

Lone boat, an old man in straw cape and hat,

Fishing alone in the cold river snow.①

注:1. vanish: *Verb* (no obj.) disappear suddenly and completely 突然不见;消失(e.g. Moira vanished without trace. 莫伊拉消失得无影无踪。)

2. wipe something out: eliminate something completely 彻底消灭某物(e.g. Their life savings were wiped out. 他们一生的积蓄全用光了。)

3. cape: *Noun* a sleeveless cloak, typically a short one(尤指短)无袖斗篷

上述"译本(4)"的译者,其本族语应该是英语,其译诗语言本身应该是很地道的,但有些语言点的处理还是令学英语的人感到不解,如"human traces wiped out"(英语语态问题)和"Lone boat"(英语不定冠词问题)。但是,由于上述译诗基本上采用了直译的方法,忠实度比较高,较好地复现了原诗的意境,有些表达相对于其他译本更为准确,如"蓑笠翁"(an old man in straw cape and hat)等。

译本(5)

River Snowfall

By *Liu Zongyuan*

Amidst all mountains, birds no longer fly;

On all roads, no more travelers pass by.

Straw hat and cloak, old man's in boat, head low,

Fishing alone on river cold with snow.　　　　(王大濂,1998:126)

①　伯顿·沃森(Burton Watson)译,转引自"文殊,1989:162-163"。

注:1. snowfall: *Noun* a fall of snow 降雪(e. g. Heavy snowfalls made travel absolutely impossible. 因为下大雪,根本不可能去旅行。)

2. amidst: *Preposition* (poetic/literary) variant of amid(诗/文用法)同"amid"(在……中)

3. cloak: *Noun* an outdoor overgarment, typically sleeveless, that hangs loosely from the shoulders 斗篷;大氅

在"译本(5)"中,译诗为英语格律诗,译者将音步控制在五音步,韵式为"AABB",基本上做到了"以诗译诗",虽然简洁性方面不如"译本(3)",但诗意得到更充分的传达。在意境的处理上,译诗的前两行没有原诗那么"清冷"。译诗的第三行为了押韵的需要,"head low"这一处的增词补译处理还算是比较得体的。

译本(6)

The Snowbound River

By *Liu Zongyuan*

O'er mountains and mountains no bird is on the wing;
On thousand lines of the pathways there's no footprint.
In a lone boat on the snowbound river, an old man,
In palm-bark cape and straw hat, drops his angle string.

(吴钧陶,1997:607)

注:1. snowbound: *Adjective* covered in snow or inaccessible because of it 被雪覆盖的;被雪封住的(e. g. a snowbound Alpine village 阿尔卑斯山中一座被雪封住的小村庄)

2. O'er = Over

3. on the wing: (literary) (of a bird) flying; in flight(鸟儿)飞行中的;飞翔(e. g. It was a lovely photograph of a bird on the wing. 这张照片很漂亮,是一张飞翔鸟的照片。)

4. palm: *Noun* (also palm tree) an unbranched evergreen tree with a crown of very long feathered or fan-shaped leaves, and typically having old leaf scars forming a regular pattern on the trunk. Palms grow in tropical and warm regions 棕榈树

5. bark: *Noun* [mass noun] the tough protective outer sheath of the trunk, bran-

ches, and twigs of a tree or woody shrub 树皮;茎皮

6. cape: *Noun* a sleeveless cloak, typically a short one(尤指短)无袖斗篷

在"译本(6)"中,译者将音步基本控制在六音步,但押韵不是很严格,基本上算是韵体英译诗。译诗第一行所营造的意境,与原诗的意境比照起来,有所逊色。其余各行基本营造出原诗的意境,但最后一行交代得过于详细,再加上"drops his angle string"动态性比较强,反而削弱了艺术表现上的张力,这样处理的同时也或多或少背离了原诗的诗意。另外,诗题"The Snowbound River",其合理性,值得商榷。

译本(7)

Snowing on the river

By *Liu Zongyuan* (773—819)

From a thousand hills no bird in flight,
On ten thousands paths no man in sight.
An old man in straw cape and reed hat,
Angles in a lonely boat, cold snow white.

(都森,陈玉筠,2011:65)

注:1. cape: *Noun* a sleeveless cloak, typically a short one(尤指短)无袖斗篷

2. reed: *Noun* a tall, slender-leaved plant of the grass family, which grows in water or on marshy ground 芦苇

3. angle: *Verb* (no obj.) fish with a rod and line 钓鱼;垂钓

在"译本(7)"中,诗题译成"Snowing on the river",或多或少冲淡了原诗的主题。也可以说,这样的译诗诗题缩窄了原诗的主题。译诗的前两行,意境得到了一定程度的渲染,遗憾之处在于英文句子非完整句,而是破碎句(fragmentary sentence),且"thousands"用法有误。另外,"蓑笠翁"中的"笠"译成"reed hat",有待商榷。整首译诗讲究格律,韵式为"AABA",比较符合汉语格律诗的韵式,这是可圈可点的,实属难得,亦难为之。

译本(8)

Snow on the River

By *Liu Zongyuan*

第十一章 闲适五绝

For miles and miles round no bird is on the wing;
On rambling footpaths no wayfarers are trudging.
An old man in raincape in a small boat
Is alone on a freezing river—fishing in whirling snow.

(龚景浩,2006:21)

注:1. on the wing: (literary) (of a bird) flying; in flight(鸟儿)飞行中的;飞翔(e.g. It was a lovely photograph of a bird on the wing. 这张照片很漂亮,是一张飞翔鸟的照片。)

2. rambling: *Adjective* (of a building or path) spreading or winding irregularly in various directions(建筑物、小径)布局零乱的

3. wayfarer: *Noun* (poetic/literary) a person who travels on foot(诗/文用法)徒步旅行者

4. trudge: *Verb* (no obj., with adverbial of direction) walk slowly and with heavy steps, typically because of exhaustion or harsh conditions(尤指在疲劳状态或恶劣环境中)步履艰难地走(e.g. She trudged through blinding snow. 她在令人目眩的雪地中跋涉。)

5. whirl: *Verb* move or cause to move rapidly round and round 急转;飞转;回旋;打转(e.g. Leaves whirled in eddies of wind. 树叶在风的旋涡中飞转。)

"译本(8)"的首行跟"译本(6)"的首行类似,意境的渲染稍显不足。但是,次行的增词补译处理,渲染出了超出原诗的意境。就英文而言,三四行对主次信息的处理似乎有些失当,而且"whirling"一词的使用,动感十足,反而打破了原诗所具有的静谧气氛。

翻译中(包括译诗中),由于英汉两种语言的差异,加词处理是一种必然的翻译手段和技巧。但是,根据上下文的情境所加之词,应该具备一定的合理性,不能随意发挥,胡乱添加。当然,上述译本译者的加词处理来自译者自身对意境的理解,合理与否,自难定论。正如前所述:诗无达诂,译无达诂乃至译无定数。

译本(9)

River in the Snow

By *Liu Zongyuan*

Over a thousand mountains the winging birds have disappeared.

Throughout ten thousand paths, no trace of humankind.
In a solitary boat,
straw hat and cape,
an old man fishes alone—
Cold river in the snow.　　　　　（张廷琛，魏博思，2007：201）

注：1. trace：*Noun* a mark, object, or other indication of the existence or passing of something 痕迹；踪迹

  2. solitary：*Adjective*（attrib.）[often with negative] single; only 单个的；惟一的（e. g. We have not a solitary shred of evidence to go on. 我们没有任何证据可以继续下去。）

  3. cape：*Noun* a sleeveless cloak, typically a short one（尤指短）无袖斗篷

译本（10）

Snow

By *Liu Zongyuan*

No sign of birds in the mountain; nor of men along the trails; nor any craft on the river but a little boat, with an old man in rustic hat and cape dangling a line in the frigid waters—a solitary figure veiled in silent snow.①

注：1. trail：*Noun* beaten path through rough country such as a wood or moor（荒野）小路；（树林、沼泽中踩出来的）小道；小径

  2. craft：*Noun*（pl. same）a boat or ship 船；艇；舰

  3. rustic：*Adjective* having a simplicity and charm that is considered typical of the countryside 淳朴的；朴素的；质朴的；乡下风格的

  4. cape：*Noun* a sleeveless cloak, typically a short one（尤指短）无袖斗篷

  5. frigid：*Adjective* very cold in temperature 寒冷的；极冷的

  6. veil：*Verb* [usu. as adj. veiled] partially conceal, disguise, or obscure 掩饰；隐蔽

上述两个译本，即"译本（9）"和"译本（10）"，都属于改写式的译诗，基本上译成散文体英文形式。"译本（9）"打破了原诗的四行

---

① 翁显良译，转引自"张保红，2014(4)：90"。

体形式,根据原诗意境做了形式上的改写;"译本(10)"既做了形式上的改写(散文体形式的译诗),又做了内容上的改写(添加了部分内容),所渲染出的意境更加清晰、逼真。在意境的渲染方面,这两个译本可谓用心良苦、别出心裁,个中优劣,还有待广大读者去品评。

通过上述《江雪》十个英译本可以看出,古诗英译包括格律诗英译,特别是唐代五绝的韵体英译,若"因韵害意",只是追求形式的完美,不足取;"舍韵求意",一味追求意境的渲染,则有失妥当。"韵意"兼顾可谓上策,却难为。对译者来说,这是一个巨大的挑战。译者应在韵体英译中通过各种手段和策略的运用,最大程度渲染出原诗的意境。

五、韵译探索:江雪

江雪　柳宗元
千山鸟飞绝,万径人踪灭。
孤舟蓑笠翁,独钓寒江雪。

An Angler in Snow

By *LIU Zong-yuan*

'Mong mountains birds no more be found;
'Long lines of path footprints are drown'd.
One lonely boat bears one man old
With straw cape and bamboo hat cold,
Angling alone o'er one river
Encircled by snow, with no shiver.

（Translated by *WANG Yong-sheng*）　　　　（王永胜译）

注:1. angler:*Noun* a person who fishes with a rod and line 钓鱼人;垂钓者
2. 'Mong = Among
3. 'Long = Along
4. drown'd = drowned
5. bear:*verb*(of a vehide or boat) convey(passengers or cargo)(车或船)运输;运送(e.g. steamboats bear the traveler of kerrerra. keme 汽船把游客送出凯勒

拉海峡。)
6. cape：*Noun* a sleeveless cloak, typically a short one(尤指短)无袖斗篷
7. bamboo：*Noun* (mass noun) a giant woody grass which grows chiefly in the tropics, where it is widely cultivated 竹；竹子
8. angle：*Verb* (no obj.) fish with a rod and line 钓鱼；垂钓
9. o'er = over
10. shiver：*Noun* a momentary trembling movement 颤抖；发抖(e.g. She gave a little shiver as the wind flicked at her bare arms. 当风拂过她裸露的手臂时,她颤抖了一下。)

第二节　隐居闲适

五言绝句原诗：

<pre>
sōng xià wèn tóng zǐ   yán shī cǎi yào qù
松   下   问   童   子, 言   师   采   药   去。
zhǐ zài cǐ   shān zhōng yún shēn bù   zhī chù
只   在   此   山   中,   云   深   不   知   处。
</pre>

九言白话译文：
松下问童子其师所在,答曰其师离开把药采。
去处未超出此座大山,身处云深处找寻无奈。

首先需要说明的是,跟本书上卷"第九章 乡情五绝"中的"第二节 渡江乡情"中提到的《渡汉江》一样,这首小诗也存在着"作者"之争：诗题不同,作者不同,但诗体完全相同。一说其作者是诗僧贾岛,诗题为《寻隐者不遇》,很多选本将这首诗署上了贾岛的名字,如李淼(2007)注释的《唐诗三百首》等；一说其作者是宪宗朝官监察御史孙革,诗题为《访羊尊师》。如刘永济(1981)选释的《唐人绝句精华》中,这首诗的作者就是孙革。对于这一"烫手的山芋",有些选本干脆做了兼顾处理：说作者是贾岛时,诗题写作《寻隐者不遇(一作孙革访羊尊师诗)》；说作者是孙革时,诗题写作《访羊尊师(一作贾岛诗)》,或做类似的处理。颇有意思的是,《全唐诗》第473卷第24首收录的是这首诗,署名是孙革,而第574卷第100首收录的也是这首诗,署

名则变成了贾岛。不管实情如何,本书将这首诗的作者定位到贾岛身上,即贾岛所作《寻隐者不遇》。

一、人物品读:贾岛

贾岛(779—843),字阆仙,一作浪仙。贾岛是唐代诗人,人称"诗奴",还有"苦吟诗人"之称。贾岛出生的年代是唐代宗大历十四年,是唐朝时河北道幽州范阳县(今河北涿市)人。贾岛出身寒微,地位低下,初落拓为僧,法号无本,后在韩愈劝说下还俗。韩愈还鼓励他参加科考,却屡举进士不第。多次下第的痛苦经历,让贾岛深感沮丧和失望,也更受折磨:

下第只空囊,如何住帝乡。
杏园啼百舌,谁醉在花傍。
泪落故山远,病来春草长。
知音逢岂易,孤棹负三湘。　　　　　　　(贾岛《下第》)

据说,锲而不舍的贾岛最终还是如愿中了进士,但何时中的进士,已经无据可考。贾岛曾任长江(今四川蓬溪)主簿,人称"贾长江",著有《长江集》10卷。至于贾岛在长江主簿任上建树如何,亦无史书记载。但是,可以肯定贾岛是一位孜孜不倦的书生,写诗认真、刻苦,"苦吟"不止:"二句三年得,一吟双泪流。知音如不赏,归卧故山秋。"[①]贾岛作诗,还字斟句酌,甚至反复"推敲":

闲居少邻并,草径入荒园。
鸟宿池边树,僧敲月下门。
过桥分野色,移石动云根。
暂去还来此,幽期不负言。　　　　　　(贾岛《题李凝幽居》)

据说,有一天贾岛去拜访一个叫李凝的朋友,找了老半天才找到李凝的家,却恰逢夜深人静、月光皎洁之际,但主人不在,就即兴发

[①] 这首算是"注诗",是贾岛在《送无可上人》诗中"独行潭底影,数息树边身"一联下所加的注。

挥,留下此诗。可是回去一琢磨,觉得"推"用得不妥帖,不如用"敲"好,但用"敲"也不怎么妥帖,还是用"推"好……就这样,据说贾岛当时骑着毛驴,在毛驴背上反复做着"推"和"敲"的动作,完全忘却自己已行走在长安城的大街之上,竟闯入当时在长安做官的韩愈的人马车驾队列之中,最终引得韩愈跟他一起"推敲"起来。贾岛也"因祸得福":跟韩愈成为挚交,拜师韩愈门下,最终成为韩孟诗派中一位重要的代表人物。

尽管贾岛命途多舛,但一颗壮志未酬的心仍不减当年。苦苦追寻中,仍胸怀远大的理想和抱负,可谓:

十年磨一剑,霜刃未曾试。
今日把示君,谁有不平事? （贾岛《剑客》）

贾岛写诗,多有荒枯之境,颇见寒苦之辞,并以五律见长。贾岛与孟郊齐名,有"郊寒岛瘦"之称:估计孟郊和贾岛各自的日子过得都很清苦,赋起诗来皆搜肠刮肚,因此诗作也都日渐"寒"和"瘦"了。但是,韩愈对孟郊和贾岛寄予了很高的评价:

孟郊死葬北邙山,从此风云得暂闲。
天恐文章浑断绝,更生贾岛著人间。 （韩愈《赠贾岛》）

二、艺术品读:《寻隐者不遇》

诗人贾岛的这首《寻隐者不遇》属于仄韵诗,排除联间失黏这一因素(一说仄韵诗联间允许失黏),在此为研究方便将之作为五言绝句加以研究。

诗人采用问答的形式写就此诗,一句问,三句答。整首诗语言质朴、通俗,风格清丽、自然,将隐者的高洁和对隐者的仰慕和盘托出,可谓水到渠成,毫无矫揉造作之感。

全诗在"问"的内容上,做了极其简化的处理,可见"苦吟"诗人贾岛的"推敲"功夫:以首联出句"松下问童子"替代了所有的问句,可谓一"问"代百问,一"问"值千金。诗题中的"隐者",乃隐士也,即隐居在山林中的人。在古代,隐士常指不肯做官而退隐山野的人,或者官场失意而退隐的人。当然,也有人为了官职,退隐山林,等待机会复出。后两者非"真"隐者,而第一种隐者算是"大隐"之人,是真正的仁人贤士。诗僧贾岛在此诗中塑造的应该就是这样一位高洁的仁人贤士。虽说"小隐隐陵薮,大隐隐朝市"(东晋王康琚《反招隐诗》),抑或"大隐住朝市,小隐入丘樊"(白居易《中隐》),但贾岛塑造的这位隐者却与之不同,是一位完全脱离世俗的大隐之人。贾岛虽寻访不遇,不遇中却有"遇":"松"与"云"俨然隐者,贾岛间接地见到了隐者。不遇而归,并非扫兴而归,而是"满载"而归——虽然有些茫然,因"云深不知处"。

夫寻隐者不遇,则不遇而已矣,却把一童子来作波折,妙极!有心寻隐者,何意遇童子,而此童子又恰是所寻隐者之弟子,则隐者可以遇矣。问之,"言师采药去",则又可以遇矣。童子既回他不在家便了,如何复有下二句?要知问不是一问,却是两问。岛既知其师去采药,即应随口又问曰:"可归来未?倘不即归,烦汝去寻一次。"童子即答"云深不知处"便了。偏不肯先说,乃曰"只在此山中"。"此山中"见甚近,"只在"见不往别处,则又可以遇矣。岛方喜形于色,童子却又云:"是便是,但此山中云深,卒不知其所在,却往何处去寻?"是隐者终不可遇矣。此诗一遇一不遇,可遇而终不遇,作多少层折!今人每每趁笔直下。古人有云:"笔扫千军,词流三峡",误尽后贤,此唐以后所以无诗也。①

贾岛《寻隐者不遇》的精妙之处,正如明代唐汝询在《唐诗解》中所言:设为童子之言,以状山居之幽。真可谓"设为童子之言,以答寻问之意,不必实有此事。不露题字,而意已见"(清代吴烶《唐诗选胜直解》)。

---

① 明末清初徐增《而庵说唐诗》卷之九:五言绝句之十七,九诰堂刻本,选自齐鲁书社 1997 年 7 月出版发行的《四库全书存目丛书·集部三九六》第 660-661 页。

三、个人品读:遇与不遇

遇与不遇,都是人生的境遇,而且都是真境遇。遇到了,未必惊喜满怀,未必刻骨铭心;没有遇到,即不遇,未必遗憾无比,未必空手而归。人生境遇如斯,永恒的只有时间。遇与不遇,一切终将逝去,正如孔老夫子所言:逝者如斯夫,不舍昼夜。

书圣王羲之的大儿子王徽之(字子猷),也有过这样一段人生经历:

> 王子猷居山阴。夜大雪,眠觉,开室,命酌酒。四望皎然,因起彷徨,咏左思《招隐》诗。忽忆戴安道;时戴在剡,即便夜乘小船就之。经宿方至,造门不前而返。人问其故,王曰:"吾本乘兴而行,兴尽而返,何必见戴?"
>
> (南朝宋刘义庆《世说新语·任诞》)

这属于有意不遇,不管对方在不在,尽显潇洒之风度,这是人生另一种境遇。夜降大雪,当时住在山阴的子猷从睡梦中醒来,打开窗户,命人斟酒。望窗外一片洁白,起身徘徊,吟咏起左思的《招隐》诗。一时兴起,忽然间想起住在剡县的戴逵(字安道),马上乘船夜访。船行一夜才到戴逵家,至门前未入即返,让人百思不得其解。子猷却说:"我本来乘兴而访,兴尽就返回,何必非要见到安道呢?"

上述揭示的是访者的潇洒,而《寻隐者不遇》所揭示的是被访者的"潇洒",那是一种洒脱,尽显大师风范,真大师也;凸显的是隐者的风采,大隐之人的风采,尽管不是"大隐隐朝市"(东晋王康琚《反招隐诗》)。

从语义层面上来看,《寻隐者不遇》是访者与被访者家"童子"的对话。访者怀着敬畏之情而来,但被访者不在,于是访者有些失望,即问童子被访者所在,童子说家师采药去了。采药是好事儿啊,是拯救苍生、造福一方的好事,隐者的风采初现,访者对被访者的敬仰之情上升。这样的隐者大师,寻访不到着实遗憾,那么,采药的地点离"松下"这里远不远呢?"只在此山中",童子的这一回答又令访者燃起希望之火,一扫听闻"采药去"的失望之感。就在眼前这座山上:不远嘛,估计很快能回来吧。"只在此山中"也应该有个方位吧,什么方位呢?"云深不知处"。这一回答,令刚刚燃起的希望之火顿时随风飘摇,摇曳不定,就要熄灭……还是回去吧!

访者寻隐者不遇而归,是否就是空手而归、一无所获了呢?从艺术的层面来看,未必如此。访者虽与大师失之交臂,却从"童子"的口中捕获到大师的风骨,大师的风范。"云深不知处"不正是"高山仰止,景行行止"(《诗经·小雅·甫田之什·车辖》)的一种意境吗?一"深",一"高",皆莫测也。隐者居所,郁郁苍松;进山采药,拯救众生;云深之处,可见行踪。无意着色,却胜似浓妆艳抹;不见隐者,隐者已跃然纸上。不遇的收获,岂能抵不过相遇的促膝?可谓:

寻隐者不遇,收获颇丰际。

寻而遇隐者,难料何结局。

四、英译研究:直接引语和间接引语

不管是英诗还是汉诗,都存在两种体式:对话体和非对话体。对于对话体诗歌来说,分两种类型:直接引语型和间接引语型。对于英诗而言,对话体直接引语型的经典诗歌比汉语中的更为常见。例如:

"Ah, are you digging on my grave,

My loved one? —planting rue?"

—"No: yesterday he went to wed

One of the brightest wealth has bred.

'It cannot hurt her now,' he said,

'That I should not be true.'"[①]

"呀,是你吗,在我的坟墓上挖掘?

是我爱的人吗?要种芸香?"

——"不是。他昨天去迎娶

---

① 选自托马斯·哈代(Thomas Hardy)的诗《呀,是你吗,在我的坟墓上挖掘?》(*Ah, Are You Digging on My Grave*?)。这首诗共六节,所引用的是第一节,其汉译诗为本书著者所译。

其中一名最聪颖的富家姑娘。

'忠诚,我未能做到,'他说,

'这事儿现在不会令她心痛失望。'"

注:1. ah: *Exclamation* used to express a range of emotions including surprise, pleasure, sympathy, and realization 啊;呀(用于表示惊讶、喜悦、同情和意识到等一系列情绪)

    2. rue: *Noun* a perennial evergreen shrub with bitter strong-scented lobed leaves which are used in herbal medicine 芸香

    3. wed: *Verb* [with obj.] (chiefly formal or archaic) get married to(主要为正式用法或古旧用法)与……结婚;娶;嫁(e. g. He was to wed the king's daughter. 他将娶国王的女儿。)

因此,在汉诗英译时若涉及对话体汉诗,就要考虑这两种译诗形式——直接引语型和间接引语型。但是,对于汉语古诗而言,真正的对话体的几乎没有,即便是对话体,基本都是间接引语型的,如贾岛的这首《寻隐者不遇》。对于这样的对话体间接引语型的唐代五绝,在翻译之前就要斟酌一番,衡量一下:用直接引语译诗好呢,还是用间接引语译诗好呢? 当然,也可以考虑走中间道路,如混合引语——直接引语与间接引语相结合等,以体现出翻译的灵活性原则,更好地为译诗服务。下面结合几例《寻隐者不遇》译本中对对话体的处理,简单探讨一下古诗英译特别是唐代五绝韵体英译中对直接引语和间接引语的处理。

译本(1)

Looking for a Recluse but Failing to Find Him

By *Jia Dao*

Under the pines I questioned the boy.

"My master's off gathering herbs.

All I know is he's here on the mountain—

Clouds are so deep, I don't know where..."①

注:1. recluse: *Noun* a person who lives a solitary life and tends to avoid other people 隐士;遁世者
2. pine: *Noun* (also pine tree) an evergreen coniferous tree which has clusters of long needle-shaped leaves. Many kinds are grown for the soft timber, which is widely used for furniture and pulp, or for tar and turpentine 松树
3. herb: *Noun* any plant with leaves, seeds, or flowers used for flavouring, food, medicine, or perfume 芳草植物;药用植物

上述"译本(1)"将贾岛的这首《寻隐者不遇》译成了对话体直接引语型英诗,是对原诗形式的一种改写译本,译诗诗体采用直译法,对原诗内容做了准确传达,忠实度极高。另外,原诗第一行省略了问话的具体内容,译诗也如实处理,算是具有高度概括性的间接引语。值得一提的是,译者将"童子"直接译成"the boy",并没有诠释性、解释性地译成其他词,具有跟原诗一样的模糊性表达效果,因为中国学者对"童子"的解释并不统一,有的将其解释为隐者的"弟子"(葛杰、仓阳卿,1980:70)或学生,有的将其解释为隐者的"家僮"(李梦生,2007:54)或"僮仆"(刘首顺,1986:464),有的将其解释为隐者的书童,有的将其解释为"年轻的孩子"②。尽管诠释不同,但"童子"肯定是指没有成年的人,即小孩,而且在古代以男性居多,所以直译成"the boy"反倒具有跟原诗一样的艺术效果了,可圈可点。

译本(2)

A Note left for an Absent Recluse

By *Jia Dao*

When I questioned your pupil, under a pine,
"My master," he answered, "went for herbs,
But toward which corner of the mountain,

---

① 伯顿·沃森(Burton Watson)译,转引自"郭著章,江安,鲁文忠,2010:180"。

② 参见蘅塘退士选、朱麟注《作注法释〈唐诗三百首〉》第122页。

How can I tell, through all these clouds?"①

注:1. recluse: *Noun* a person who lives a solitary life and tends to avoid other people 隐士;遁世者

2. pupil: *Noun* a person who is taught by another, especially a schoolchild or student in relation to a teacher(相对于老师的)学童;学生

3. pine: *Noun* (also pine tree) an evergreen coniferous tree which has clusters of long needle-shaped leaves. Many kinds are grown for the soft timber, which is widely used for furniture and pulp, or for tar and turpentine 松树

4. herb: *Noun* any plant with leaves, seeds, or flowers used for flavouring, food, medicine, or perfume 芳草植物;药用植物

在"译本(2)"中,宾纳的译诗跟"译本(1)"一样,都采用了直接引语来译诗,但宾纳更好地控制了对话的节奏,将"he answered"插在了对话之间,且后两行用逗号适当做了分隔处理,显得从容不迫,不紧不慢,令"童子"也颇具"大师"风范,可谓用心良苦。另外,由于此译本题目的处理与众不同,因而译诗的第一行也变换了视角,采用了第二人称来转述,算是合情合理的处理方式。

译本(3)

Visiting a Recluse but Finding Him Out

By *Jia Dao*

I asked the boy under a pine tree.

Said his master was gone herbs-gath'ring.

"He's somewhere in this mountain, I am sure.

But the clouds are thick; there's no way to locate him."

(龚景浩,2006:19)

注:1. recluse: *Noun* a person who lives a solitary life and tends to avoid other people 隐士;遁世者

2. pine: *Noun* (also pine tree) an evergreen coniferous tree which has clusters of long needle-shaped leaves. Many kinds are grown for the soft timber, which is

---

① 威特·宾纳(Witter bynner)译,转引自"郭著章,江安,鲁文忠,2010:180"。

widely used for furniture and pulp, or for tar and turpentine 松树

3. herb: *Noun* any plant with leaves, seeds, or flowers used for flavouring, food, medicine, or perfume 芳草植物；药用植物

4. gath'ring = gathering

5. locate: *Verb* (with obj.) discover the exact place or position of 定位；找到(e. g. Engineers were working to locate the fault. 工程师们正努力寻找问题所在。)

在"译本(3)中",译者将直接引语和间接引语结合起来使用,第二行属于间接引语,但缺省主语,显得有些突兀;第三、第四行则是直接引语,直接引语的内容在忠实原诗的基础上,做了变通处理,读起来生动、形象,基本上能达到跟原诗一样的理解效果。以上三个译本皆为自由体英译诗,下面再看一个韵体英译的版本。

译本(4)

Looking for a Hermit Without Finding Him

By *Jia Dao*

I ask your lad'neath a pine-tree.

"My master's gone for herbs," says he,

"Amid the hills I know not where,

For clouds have veiled them here and there."

(许渊冲,陆佩弦,吴钧陶等,1988：308)

注:1. hermit: *Noun* any person living in solitude or seeking to do so 独居者；隐士；试图独居的人

2. lad: *Noun* (informal) a boy or young man (often as a form of address) (非正式用法)少年；男青年

3. 'neath = beneath

4. pine: *Noun* (also pine tree) an evergreen coniferous tree which has clusters of long needle-shaped leaves. Many kinds are grown for the soft timber, which is widely used for furniture and pulp, or for tar and turpentine 松树

5. herb: *Noun* any plant with leaves, seeds, or flowers used for flavouring, food, medicine, or perfume 芳草植物；药用植物

6. veil: *Verb* [usu. as adj. veiled] partially conceal, disguise, or obscure 掩饰；

隐蔽

7. here and there: in various places 在各处(e. g. Small bushes scattered here and there. 四处都有零落稀疏的小灌木。)

"译本(4)"以直接引语为主体,译成韵体英诗——五音步抑扬格韵诗,韵式为"AABB",基本上做到了形式上的对等,这实属难能可贵,也难为。但是,由于选词偏重于格律,致使诗意的表达不是很充分,如"hills"一词的选用,除了单复数问题外,在气势上也显得不足;"here and there"这一短语的选用,感觉离"云深不知处"的"覆盖面"还是有那么一点儿差距的。

综上所述,对于对话体间接引语型的汉语古诗,一般采用对话体直接引语型英译诗来处理,或者将直接引语和间接引语结合起来处理,见本书上卷第九章第五节第四部分前半部对杜牧《清明》一诗中"借问酒家何处有"一句的英译。这样处理,简练、生动、形象,基本上达到了跟原诗类似的审美体验,而采用间接引语去处理,则会烦琐许多,在有限的字数之内,不一定能达到预期的效果。

五、韵译探索:寻隐者不遇

寻隐者不遇　贾岛

松下问童子,言师采药去。

只在此山中,云深不知处。

A Visit of the Recluse Only to Find HE Is Absent

By *JIA Dao*

Beneath a pine 'bout HIM I ask the boy,

Who says HE is away to gather herbs.

"HE's just on this mountain," he adds with joy,

"But on finding HIS tracks dense clouds form curbs."

(Translated by *WANG Yong-sheng*)　　　　　(王永胜译)

注:1. recluse: *Noun* a person who lives a solitary life and tends to avoid other people 隐士;遁世者

2. absent: *Adjective* not present in a place or at an occasion 不在(场)的;缺席的

3. beneath: *Preposition* extending directly underneath, typically with close contact（尤指紧挨）在……下方
4. pine: *Noun* (also pine tree) an evergreen coniferous tree which has clusters of long needle-shaped leaves. Many kinds are grown for the soft timber, which is widely used for furniture and pulp, or for tar and turpentine 松树
5. 'bout = about
6. herb: *Noun* any plant with leaves, seeds, or flowers used for flavouring, food, medicine, or perfume 芳草植物；药用植物
7. track: *Noun* (usu. tracks) a mark or line of marks left by a person, animal, or vehicle in passing 足迹；踪迹；车辙(e.g. He followed the tracks made by the police cars in the snow. 他跟随着警车在雪上留下的痕迹。)
8. form: *Verb* go to make up or constitute 构成；组成(e.g. the precepts which form the basis of the book 构成本书基础的规则)
9. curb: *Noun* a check or restraint on something 控制；约束；抑制(e.g. plans to introduce tougher curbs on insider dealing 对内部交易引入更严格控制的方案)

第三节 春日闲适

五言绝句原诗：

chūn mián bù jué xiǎo chù chù wén tí niǎo
春 眠 不 觉 晓， 处 处 闻 啼 鸟。
yè lái fēng yǔ shēng huā luò zhī duō shǎo
夜 来 风 雨 声， 花 落 知 多 少。

九言白话译文：

春夜睡沉沉不知天亮，到处皆可闻鸟儿鸣唱。
昨夜风伴雨飘摇不停，多少花落到田野街巷。

　　孟浩然所作的这首《春晓》诗，诗题不止这一个。根据李景白(1988)和徐鹏(1989)等人的校注，此诗宋本题作《春晚绝句》，而《唐百家诗》则作《春晚》。若排除联间失黏这一因素(一说仄韵诗联间允许失黏)及仄韵诗是否为格律诗之争，这也是一首五言绝句，押仄韵，为唐代诗人孟浩然所作。在此，为研究方便将其作为五绝加以探

讨。尾联出句"夜来风雨声",一作"欲知昨夜风";尾联对句"花落知多少",一作"花落无多少"。

一、人物品读：孟浩然

孟浩然(689—740),其名不详,有人视之为浩,字浩然。孟浩然是襄州襄阳(今湖北襄樊)人,世称"孟襄阳"。早年(四十岁以前)一直住在家乡襄阳苦读经书,算是处于隐居状态。四十岁时,孟浩然开始走出家乡,赴长安应举不第,萌生了不想做官的念头。纵观其一生,几乎未曾入仕,所以又被称为"孟山人"。孟浩然曾几度远游,入蜀中,抵吴越,到蓟门,再归乡,最后病逝于家乡襄阳。

唐开元十六年(公元728年)孟浩然应举不第,苦闷无比。当年初春,在长安作《长安早春》诗,抒发了自己的心情,表达了自己的理想和抱负,透露出自己积极进取的人生态度:

关戍惟东井,城池起北辰。
咸歌太平日,共乐建寅春。
雪尽青山树,冰开黑水滨。
草迎金埒马,花伴玉楼人。
鸿渐看无数,莺歌听欲频。
何当遂荣擢,归及柳条新。①

(孟浩然《长安早春(一作张子容诗)》)

在长安应举期间,孟浩然与王维结为好友,王维亲自为孟浩然画像,两人成了忘年之交。由于孟浩然的诗在艺术上有独特的造诣,后人把孟浩然与王维并称为"王孟"。但是,孟浩然可没有王维那么幸运,王维年纪轻轻就中了状元。唐开元十七年(公元729年),孟浩然离开长安,开始了自己的游历生涯。临走前,写了一首诗给王维,才依依不舍地离开:

---

① 此诗的另一版本:开国维东井,城池起北辰。咸歌太平日,共乐建寅春。雪尽黄山树,冰开黑水津。草迎金埒马,花伴玉楼人。鸿渐看无数,莺歌听欲频。何当桂枝擢,还及柳条新。

第十一章 闲适五绝

寂寂竟何待,朝朝空自归。
欲寻芳草去,惜与故人违。
当路谁相假,知音世所稀。
只应守寂寞,还掩故园扉。　　　　（孟浩然《留别王侍御维》）

唐开元二十五年（公元737年），张九龄被贬为荆州长史，孟浩然应邀为幕府僚属，却在不久后辞别。但在这之前，诗人孟浩然很是希望张丞相能够予以援引，并因此成就了史上一首山水诗杰作：

八月湖水平,涵虚混太清。
气蒸云梦泽,波撼岳阳城。
欲济无舟楫,端居耻圣明。
坐观垂钓者,空有羡鱼情。①
　　　　（孟浩然《望洞庭湖赠张丞相》）

孟浩然一生的经历相对于多数唐代诗人来说，比较简单，因此其创作题材也相对单一：绝大部分为五言短诗，且多数写秀美山水、田园风光、隐居闲适、羁旅之苦以及旅途见闻。例如：

故人具鸡黍,邀我至田家。
绿树村边合,青山郭外斜。
开筵面场圃,把酒话桑麻。
待到重阳日,还来就菊花。　　　　（孟浩然《过故人庄》）

移舟泊烟渚,日暮客愁新。
野旷天低树,江清月近人。　　　　（孟浩然《宿建德江》）

也许，诗人只有远离了政治的喧嚣和官场的争斗，其作品方能在平淡中见神奇，方能做到返璞归真。也许，诗人只有远离了政治的喧嚣和官场的争斗，平淡的人生才有沉淀的根基，作品才能"接地气"，如同杯中的茶叶，一经浸泡便沉入杯底，透析出茶叶特有的芬芳。孟浩然基本上属于这样的诗人，诗的内容以"自我表现"为主，如同现代

---

① 颔联对句中"撼"，一作"动"。尾联中，"者"，一作"叟"。尾联"空有羡鱼情"，一作"徒有羡鱼情"。"羡鱼"语出《淮南子·说林训》："临河而羡鱼，不如归家织网。"

诗人徐志摩。虽如此,孟浩然在艺术上还是有着自己独特的造诣,并有诗集存世,如唐代王士源所编《孟浩然集》三卷等。

二、艺术品读:《春晓》

孟浩然的一首《春晓》,平淡无奇,却家喻户晓,千古传唱。诗人从春天的一个平常之举——"春眠"着笔,一路铺陈,顺畅自然地引出诗人的情感——"花落知多少"。喜春、惜春、伤春之情掺杂,溢于言表。

首联勾勒出诗人的闲适之情,尾联在闲适之中透露出一丝感伤的情愫,闲适之中多了点"沉重"的味道:闲听昨夜风雨声,多少花落风雨中?读者仿佛听到了昨夜风吹雨打之声,仿佛看到花儿在风雨中飘摇,被风吹落,被雨打湿随即坠落,可谓"闻风雨而惜落花,不但可见诗人清致,且有屈子'哀众芳之零落'之感也"(刘永济,1981:53)。如此转笔,难道是诗人孟浩然对自己命运的感伤吗?

春暖花开,万物复苏,但也有其残忍的一面:春天的风,春天的雨,从寒冬走来,柔中带刚,无意中摧残了春日绽放的花朵,令诗人担忧起来,产生了疑问:"花落知多少?"是啊,花落知多少! 知多少? 不知多少矣。但与此同时,"全诗罩住一个'晓'字写,全用听觉,虽有惜花之思,但自然流转,无迹可寻,情调清新,洋溢着欢快的生活情趣。"(李梦生,2007:7)诗人笔下的春天时段,恐怕要晚于下面的"早春"了:

献岁春犹浅,园林未尽开。
雪和新雨落,风带旧寒来。
听鸟闻归雁,看花识早梅。
生涯知几日,更被一年催。 (畅诸《早春》)

不管诗人处于春天里的哪个时段,这天早晨诗人半梦半醒、迷迷糊糊中,"闻啼鸟而喜春,又忆及夜间风雨,担心吹落春花,处处表现了作者爱春惜春之情。意境深远。"(李森,2007:173)可以说,《春晓》的艺术魅力在于其意韵的完美结合:起承转合,语言自然,朗朗上口,韵味无穷。清代黄叔灿在《唐诗笺注》中有这样的评论:"诗到自然,无迹可寻。'花落'句含几许惜春意。"这首诗自然中有韵致,平淡中见起伏：

> 春气着人，睡最难醒，不知不觉而便至晓矣，那时阳气方开，鸟属阳，故群鸟皆鸣。此时尚未起身，何得下"处处"二字？此应从枕上闻出来的。无处不是鸟声，枕上一一闻着。此句装得妙。做此二句便煞住笔，复停，想到昨夜去，又到花上来。看他用笔不定，瞻之在前，忽然在后矣。或问余曰：何不写"夜来"在前？余曰：汝何看题中"晓"字？"处处闻啼鸟"下若再连一笔，则便不算"晓"矣，故特转到"晓"之前，下"夜来"二字。"风雨声"紧跟"闻"字，花不耐风雨，"闻"过风雨声，故一心"闻"花上，花落多少。顷间起身看便知，何须忖量，而不知天一晓，则鸟便啼。一闻鸟啼即想花落，此在一刹那中，稍一迟，则日出天大亮矣，于"晓"字便隔寻丈。其作"晓"字精微有若此。①

三、个人品读：梦与现实的交界处

四季始于春，都说春天是一个美好的季节，也是一个关键性季节，正所谓"一年之计在于春"。同时，春天也是一个多变的季节，俗话说"春天孩儿面，一日三变脸"；也有人说"春无三日晴""春天后母面"等，这说明春日里阴晴、冷暖无常。春日捉摸不定的天气，着实令人烦恼无限。

"立春"，就是春季开始的意思。这时，人们明显感觉到白昼长了，太阳暖了，万物复苏，朝气蓬勃。但是，人的状态未必如此。人一进入春天的梦中，就难以醒来，所谓"春困秋乏"可能就是这个意思吧。因此，《春晓》的开篇一句"春眠不觉晓"就体现于此。或者换个角度来看，昨夜听风又听雨，忧心忡忡。也许很晚才入睡吧，所以才"春眠不觉晓"。

春，令人嗜睡，睡到天已放亮，竟全然不知，竟全然不觉；睡到鸟

---

① 明末清初徐增《而庵说唐诗》卷之七：五言绝句之十七，九诰堂刻本，选自齐鲁书社1997年7月出版发行的《四库全书存目丛书·集部三九六》第637-638页。

啼阵阵不绝于耳,还犹如梦中。春天里,这段时光恐怕就是梦和现实的交界处了:如果是在梦中,远近已有百鸟鸣唱,春天早晨的气息扑面而来;如果是在现实中,感觉自己还未醒来,虽鸟啼处处却令人产生犹在梦中的虚幻之感。无论如何,还是挣扎着爬起来吧,毕竟春天已经来到,毕竟天已破晓。听啊,啾啾之声不绝于耳,四处传来,多么真切!那是鸟儿在春日的早晨彼此交流,传递着春的信息。望着窗外的晨景,听着无所不在的鸟啼,感觉身处现实,梦已醒。可是……可是……耳畔怎么响起了昨夜的风雨之声,那声音那么真切,那么生动,仿佛就在眼前,难道还是在梦中?

有道是"不知细叶谁裁出,二月春风似剪刀"(贺知章《咏柳》,一作《柳枝词》),"杨柳阴阴细雨晴,残花落尽见流莺"(武元衡《春兴》)。不管是梦幻还是现实,这怎能不让人心生忧虑?春日的花朵怎能经得住这样一番风吹雨打?在这复苏且飘摇的春日,风雨来袭,不可避免地会让人生忧:花残几多?花落几多?此时,还远远未到"东风无力百花残"(李商隐《无题》)的暮春时节,"似剪刀"的风和寒意犹存的雨更能勾起人之常情,不禁要问:

花落知多少?

四、英译研究:意象的处理(2)——再现、转换和借用

正如本书上卷第九章第三节第四部分提到的那样,对于古诗英译中意象的处理,译者首先要增强意识,然后再具体考虑用什么样的策略加以处理。具体来说,对于原诗中的意象可以再现,可以转换,也可以借用,在此展开讨论一下。在译诗中,对原诗的意象加以再现,是直译法的体现,属于异化式的翻译策略,而转换和借用则是意译法的体现,属于归化式的翻译策略。转换和借用的处理方法有重叠之处。可以说,"转换"包含了"借用",而"借用"则是一种特殊形式的"转换"。如果"借用"不得当,则难以达到译诗的目的。下面结合《春晓》不同的译诗版本对古诗英译特别是唐代五绝韵体英译中意象的处加以进一步的探讨。

第十一章 闲适五绝

译本(1)

Spring Dawn

By *Meng Hao-ran*

Sleeping in spring, unaware of the dawn,
Then everywhere I hear birds singing.
Last night, the sound of wind and the rain—
Flowers have fallen, I wonder how many.①

注:1. dawn: *Noun* the first appearance of light in the sky before sunrise 黎明;拂晓;晨曦(e.g. He set off at dawn. 他黎明时分出发。)
  2. unaware: *Adjective* [predic.] having no knowledge of a situation or fact 未认识到的;未觉察到的(e.g. They were unaware of his absence. 他们没有觉察到他不在场。)

  上述"译本(1)"基本上采用了直译法,牺牲了原诗的韵律,在没有增词补译的情况下,基本上将原诗的意思翻译了出来,但译诗在修辞上有所调整,如最后一行将"I wonder how many flowers have fallen"做了分割处理并做了语序上的调整。这样的译诗处理,保留了原诗的意象,即对原诗意象加以再现,毫无损耗。但是,就英语语言而言,再加上译者对原诗的理解,这样处理多少有点儿"断续"之感,如译诗的第三行"Last night, the sound of wind and the rain—"。这样的处理结果,估计是译者受原诗汉语句式所限,导致译诗文本有些僵化。虽保留了原诗的意象,但诗意的传达不很充分。

译本(2)

A Spring Morning

By *Meng Haoran*

I awake light-hearted this morning of spring,
Everywhere round me the singing of birds—
But now I remember the night, the storm,

---

① 宇文所安(Stephen Owen)译,参见"Owen, 1981: 86"。

And I wonder how many blossoms were broken.①

注：1. awake：*Verb*（no obj.）stop sleeping；wake from sleep 醒；睡醒（e.g. She awoke to find the streets covered in snow. 她醒来发现马路上盖满了雪。）

2. light-hearted：*Adjective*（of a person）cheerful or carefree（人）愉快的；无忧无虑的

3. storm：*Noun* a violent disturbance of the atmosphere with strong winds and usually rain, thunder, lightning, or snow 风暴；暴（风）雨；暴（风）雪

4. blossom：*Noun* a flower or a mass of flowers, especially on a tree or bush（尤指树上的）花朵；花簇（e.g. The slopes were ablaze with almond blossom. 山坡上盛开着扁桃树花。）

"译本（2）"在整体上采用了自由体英诗来翻译原诗，聚焦在第一人称的视角，注重音步的控制，但并不刻意去押韵，这对诗意的传达不无好处。在此译本中，首行打破了原诗语言形式限制，将意象做了转换，译诗的意象并没有直接对应汉诗的"春眠不觉晓"，且增加了"light-hearted"这一合成词，闲适心态凸显。在另外一个意象——"风雨声"的处理方面，此译本可谓匠心独具，借用了英文的"storm"一词，"风"和"雨"兼具，而且耳畔仿佛响起了"春雷"：春雷乍动惊蛰，惊醒了蛰伏在土中冬眠的动物，人若闻之，自然会担心起春日乍开之花了，疑问也就随之自然而然产生。可以说，借用"storm"来传达"风雨声"这一意象应该算是比较成功的。正是由于有了归化式处理的"storm"这一意象，最后一行"I wonder how many blossoms were broken"中，译者用"broken"一词转换了原诗"花落"这一意象，也就顺理成章了。译诗的后两行在意象的处理上，通过借用和转换，创造出一种"追赶"原诗的意境，这无疑是一种"创造"，却在忠实度方面有所背离。

译本（3）

A Spring Morning

By *Meng Haoran*

---

① 威特·宾纳（Witter Bynner）与江亢虎（Kiang Kang-hu）合译，转引自"郭著章，江安，鲁文忠，2010：23"。

This morn of spring in bed I'm lying.
Not woke up till I hear birds crying.
After a night of wind and showers,
How many are the fallen flowers?

（许渊冲，陆佩弦，吴钧陶等，1988：28）

注：1. morn：*Noun* poetic/literary term for morning(诗/文用法) 同 "morning"

2. wake：*Verb* (past woke or waked; past participle woken or waked) emerge or cause to emerge from a state of sleep; stop sleeping 醒；醒来；唤醒（e.g. She woke up feeling better. 她醒来之后，觉得好些了。)

3. shower：*Noun* a brief and usually light fall of rain, hail, sleet, or snow 阵雨；冰雹（或雨夹雪等）的一阵；阵雪

上述"译本(3)"将《春晓》译成英文格律诗，这在形式上跟原诗有了很好的对应性，这其实是忠实度的一种体现：形式对应也算是对原文的忠实，隶属于"信"的范畴。汉语原诗的首联在逻辑上、内容上具有一定的联系，起码应该是一个整体，但译诗的前两行却以句号分隔，彼此孤立，有一种脱节之感。在意象的处理上，此译诗对"处处"体现得不充分。另外，第二行的"woke"在时态上也未能与整体时态保持一致，且其语法结构也可再推敲一番。

译本(4)

Dawn in Spring

By *Meng Haoran*

How suddenly the morning comes in Spring!
On every side you can hear the sweet birds sing.
Last night amidst the storm—Ah, who can tell?
With wind and rain, how many blossoms fell. ①

注：1. dawn：*Noun* the first appearance of light in the sky before sunrise 黎明；拂晓；

---

① 唐安石神父（Rev. John A. Turner）译，可参见香港中文大学翻译中心出版的《英译中诗金库》(*A Golden Treasury of Chinese Poetry*)。信息来源："《中国翻译》编辑部，1987：143"。

晨曦(e.g. He set off at dawn. 他黎明时分出发。)
2. amidst: *Preposition* (poetic/literary) variant of amid(诗/文用法)同"amid"(在……中)
3. storm: *Noun* a violent disturbance of the atmosphere with strong winds and usually rain, thunder, lightning, or snow 风暴;暴(风)雨;暴(风)雪
4. ah: *Exclamation* used to express a range of emotions including surprise, pleasure, sympathy, and realization 啊;呀(用于表示惊讶、喜悦、同情和意识到等一系列情绪)
5. blossom: *Noun* a flower or a mass of flowers, especially on a tree or bush(尤指树上的)花朵;花簇(e.g. The slopes were ablaze with almond blossom. 山坡上盛开着扁桃树花。)

在"译本(4)"中,译诗为英文格律体诗。译者将原诗首行的意象做了转换处理。首先,将陈述句转换成感叹句。其次,去掉"春眠",将"不觉晓"转换成"春晓怎么就突然而至了"(How suddenly the morning comes in Spring),转换了角度,可谓"异曲同工",处理手法别具一格。对原诗首联对句的意象,译者基本上做了再现处理,只是将视角做了切换,这样的处理也无可厚非。对于原诗尾联意象的处理,译者着实费了一番功夫:先借用"storm"来传达"风雨声",又将其再现为"wind and rain",还增词补译并调整语序,原诗的诗意得到了最大程度的还原。对于英语语法及汉语原诗的意境而言,问号落在最后一行的尾部是否更好一些呢?

译本(5)

Spring Dawn

By *Meng Haoran*

Sound asleep, I am unconscious of spring dawn,
When birds outside are twittering on and on.
I recall last night the sound of winds and showers:
Fallen down to the ground, O, how many flowers?

(张智中,2009:004)

注:1. dawn: *Noun* the first appearance of light in the sky before sunrise 黎明;拂晓;晨曦(e.g. He set off at dawn. 他黎明时分出发。)

2. sound: *Adjective* (of sleep) deep and undisturbed(睡觉)很熟的;很沉的
3. unconscious: *Adjective* (predic.) (unconscious of) unaware of 无意识的(e. g. "What is it?" he said again, unconscious of the repetition. "那是什么?"他又问道,全然没有意识到自己在重复提问。)
4. twitter: *Verb* (no obj.) (of a bird) give a call consisting of repeated light tremulous sounds(鸟)吱吱叫;啁啾
5. shower: *Noun* a brief and usually light fall of rain, hail, sleet, or snow 阵雨;冰雹(或雨夹雪等)的一阵;阵雪
6. o: *Interjection* used to express surprise or strong emotion 哦;哟;啊;唉;哎呀(表示惊讶或强烈的情感)

在诗歌的意象方面,"译本(5)"基本上将原诗的意象做了再现处理,且为了照顾译语读者对诗意的理解,译诗在多处做了增词补译处理,如"Sound asleep""recall""O"等。如此处理,英译诗本身也通畅了许多,也避免了译诗中英文"翻译腔"的出现。

综上所述,在古诗英译特别是唐代五绝的韵体英译过程中,对于短短二十个字(不包括题目的字数)所凝练出的诗歌意象,可以再现、转换、借用,前者涉及异化式翻译策略,后两者涉及归化式翻译策略。当然,为了很好地达到译诗目的,这三者若是结合起来使用,灵活加以处理,则为上策。

五、韵译探索:春晓

春晓　孟浩然
春眠不觉晓,处处闻啼鸟。
夜来风雨声,花落知多少。

At Dawn of a Spring Day

By *MENG Hao-ran*

While dreams last longer than day-break,
Birds twitter all 'round for th' sun's sake.
How many flowers fall in pain
Because of last night's wind and rain?

(Translated by *WANG Yong-sheng*) （王永胜译）

注：1. dawn: *Noun* the first appearance of light in the sky before sunrise 黎明；拂晓；晨曦（e. g. He set off at dawn. 他黎明时分出发。）

2. daybreak: *Noun* the time in the morning when daylight first appears; dawn 黎明；破晓

3. twitter: *Verb* [no obj.] (of a bird) give a call consisting of repeated light tremulous sounds（鸟）吱吱叫；啁啾

4. 'round = around

5. th' = the

6. sake: *Noun* (for the sake of something or for something's sake) for the purpose of; in the interest of; in order to achieve or preserve 为了……目的；为了……的利益；为了（e. g. The couple moved to the coast for the sake of her health. 那对夫妇为了她的健康搬到沿海地区居住。）

7. because of: on account of; by reason of; owing to; 由于；因为 This phrase typically precedes the reason that something else has happened. 本短语典型的用法，就是位于引起另一件事情发生的原因前。(e. g. I just found out that the event has been canceled because of the snow. 我刚刚得知，由于下雪，赛事取消了。)

第四节　游览闲适

五言绝句原诗：

bái　rì　yī　shān　jìn　huáng　hé　rù　hǎi　liú
白　日　依　山　尽，黄　河　入　海　流。
yù　qióng　qiān　lǐ　mù　gèng　shàng　yī　céng　lóu
欲　穷　千　里　目，更　上　一　层　楼。

九言白话译文：

远方山依赤日日渐落，近前入海黄河河水流。
要想眼界开阔至极处，还须跨步再登一层楼。

这首《登鹳雀楼》也存在着作者之疑，《全唐诗》第253卷第1首诗题是这样写的:"登鹳雀楼(一作朱斌诗)"。也就是说,有人把这首诗当成朱斌的作品。此外,还有人认为此诗为朱佐日所作。但是,这样的作者之疑,可以"拨乱反正",这与本书研究中提到的《渡汉江》《寻隐者不遇》性质上不太一样。李裕民经过一番论证,认为"此诗真正作者乃一介布衣朱斌,原诗名为《登楼》。自《文苑英华》后诸名家大作多从王之涣说,朱斌之名几乎湮灭不闻。如今真相大白,应当还《登鹳雀楼》本来面目,以使原作者诗史留名,尊重其著作权"(李裕民,2015[1]:67)。也许是宋代李昉、徐铉等人在编撰《文苑英华》时犯的错误,将此诗署为王之涣,广泛流传至今。本书著者只好"将错就错",采取流行的说法,视《登鹳雀楼》为王之涣的作品并加以探讨。

一、人物品读:王之涣

王之涣(688—742),是盛唐时期的著名诗人,字季凌,绛州(今山西新绛县)人,一说晋阳(今山西太原)人,一说蓟门人,身世之谜,说法不一。王之涣常常与崔国辅、王昌龄等人相互唱和,与高适等也有交往。曾任冀州衡水(今河北衡水)主簿,后遭人诽谤而愤然辞官归乡,后复出任文安郡文安(今河北文安)县尉,在任内去世。

王之涣擅长五言诗,如本节研究的主题诗《登鹳雀楼》,可惜存诗极少,《全唐诗》编存其诗仅有六首。仅从存诗来看,王之涣还是善写边塞风光的。例如:

黄河远上白云间,一片孤城万仞山。
羌笛何须怨杨柳,春风不度玉门关。
(王之涣《凉州词二首》其一)

单于北望拂云堆,杀马登坛祭几回。
汉家天子今神武,不肯和亲归去来。
(王之涣《凉州词二首》其二)

据记载,王之涣性格豪放,常击剑悲歌,诗多被当时乐工制曲歌唱,名噪一时,拥有一定的知名度。如"旗亭画壁"的故事:

开元中诗人王昌龄、高适、王之涣齐名,时风尘未偶,而游处略同。一日，天寒微雪，三诗人共诣旗亭，贳酒小饮。忽有梨园伶官十数人，登楼会宴。三诗人因避席偎映，拥炉火以观焉。俄有妙妓四辈，寻续而至，奢华艳曳，都冶颇极。旋则奏乐，皆当时之名部也。昌龄等私相约曰："我辈各擅诗名，不自定其甲乙，今者可以密观诸伶所讴，若诗入歌词之多者，则为优矣。"俄而一伶，拊节而唱曰："寒雨连江夜入吴，平明送客楚山孤。洛阳亲友如相问，一片冰心在玉壶。"昌龄则引手画壁曰："一绝句。"寻又一伶讴之曰："开箧泪沾臆，见君前日书。夜台何寂寞，犹是子云居。"适则引手画壁曰："一绝句。"寻又一伶讴曰："奉帚平明金殿开，强将团扇共徘徊。玉颜不及寒鸦色，犹带昭阳日影来。"昌龄则又引手画壁曰："二绝句。"之涣自以得名已久，因谓诸人曰："此辈皆潦倒乐官，所唱皆巴人下里之词耳，岂阳春白雪之曲，俗物敢近哉？"因指诸妓之中最佳者曰："待此子所唱，如非我诗，吾即终身不敢与子争衡矣。脱是吾诗，子等当须拜床下，奉我为师。"因欢笑而俟之。须臾次至双鬟发声，则曰："黄河远上白云间，一片孤城万仞山。羌笛何须怨杨柳，春风不度玉门关。"之涣即揶揄二子曰："田舍奴，我岂妄哉！"因大谐笑。诸伶不喻其故，皆起诣曰："不知诸郎君何此欢噱？"昌龄等因话其事。诸伶竟拜曰："俗眼不识神仙，乞降清重，俯就筵席。"三子从之，饮醉竟日。

（薛用弱《集异记》）

王之涣虽然存诗仅为六首，但几乎皆为传世之作，代表作有《登鹳雀楼》《凉州词》等，而其《登鹳雀楼》如张若虚的《春江花月夜》，成为千古绝唱。

二、艺术品读：《登鹳雀楼》

盛唐，一个充满朝气、积极向上的时代，具有恢宏的气势和博大的胸襟。在这样一个时代，类似王之涣《登鹳雀楼》这样的诗篇轮番登场，就不足为奇了。

鹳雀楼，一名"鹳鹊楼"，传说常有鹳雀（鹊）在此停留，栖息其上，故名。《蒲州府志》记载："（鹳雀楼）旧在郡城西南黄河中高阜处,时有鹳雀栖其上,遂名。"其旧址在山西永济境内蒲州古城外西南的黄河岸边,楼高三层,正面可望中条山,下可俯瞰黄河。北宋沈括《梦溪笔谈》卷十五载:"河中府鹳雀楼,三层,前瞻中条,下瞰大河。唐人留诗者甚多,唯李益、王之涣、畅诸三篇能状其景。"(张永刚,杨克宇,郎少俊等, 2012:288;张富祥, 2009:168;侯真平, 2002:114)

此诗以短短二十个字写出了游览中的闲适,但闲适中见壮阔,闲适中透真知。在创作手法上,诗人在并不要求对仗的绝句中采用了对仗的手法,且不"对"则已,一"对"成"双":全诗共两联,两联皆对仗。首联属工对,尾联属流水对。虽如此,却并不显得呆板、僵化,而是自然流畅,毫无人工雕琢之痕,难怪沈德潜在《唐诗别裁》中对这首诗做了高度评价:"四语皆对,读来不嫌其排,骨高故也。"清代朱之荆增订、清代黄白山选评的《增订唐诗摘钞》中也有类似的评价:"两对工整,却又流动,五言绝,允推此为第一首。"

以现代话语来考量,这首《登鹳雀楼》如同一个电影镜头:由远至近,由近至远,再拉近,深入人的思想深处,将短暂和永恒定格,表达出一个深刻的主题——只有站得高,才能看得远。一登上鹳雀楼(未必登到最顶层,但也许已经登到了最顶层。即便如此,也可以插上想象的翅膀而"更上一层楼"——尽管鹳雀楼只有三层),眼前便一亮,瞬间眼界开阔起来,心情舒适之感陡升:多么奇妙的景色!远处,一轮白日在山峦的衬托下,正缓缓沉下(但未必是西沉,即夕阳西下),太阳行将落于这些山峦之后。饱览远景,再收回目光,见近前之景,波澜壮阔:那滔滔的黄河之水,一路流淌至脚下,并不停歇,继续奔流(未必东流)最终归入大海(目光尽处未必是大海)。至于为什么要在上面的括号里做上标注,读者可参见本节下一部分的"个人品读"。此时,目光也许还随着大河流向远方,再收回。情由景生,见景生情,情即感受:落日以远,会是怎样一番景致?大河的尽头,又会是怎样一番景致?学无涯,而人生有限。在有限的人生里,探求是无限制、无止境的。这也就激发了诗人无限的想象,无限的渴求,无限的愿望。"千里目"之外还有"千里目","欲穷"却无法穷尽,唯有"更上一层楼"方为切合实际的做法。只要不受楼层所限,诗人永远都可以在思维的王国里"更上一层楼",以穷"欲穷"不尽的"千里目"。

　　凡登高能赋者,贵有包举切之概。前二句写山河胜概,雄伟阔远,兼而有之,已如题之量。后二句复余劲穿札。二十字中,有尺幅千里之势。同时畅当亦有《登鹳雀楼》五言诗云:迥临飞鸟上,高上世尘间。天势围平野,河流入断山。二诗工力悉敌。但王诗赋实景在前二句,虚写在后二句。畅诗先虚写而后实赋。诗格异而诗意则同。以赋景论,畅之平野断山二句,较王诗为工细。论虚写,则同咏楼之高迥,而王诗更上一层,尤有余味。

(俞陞云,2011:122-123)

　　据沈括《梦溪笔谈》卷十五记载(参见本节第二段),上述"畅当"当为"畅诸"之误,且上引"迥临飞鸟上,高上世尘间。天势围平野,河流入断山"(注:"高上",一作"高出")也仅是畅诸《登鹳雀楼》诗中间的两联。复旦大学中文系陈尚君教授辑校的《全唐诗补编》第一编"补全唐诗"中补录了畅诸的《登鹳雀楼》全诗,只是"鹳雀楼"的写法不太一样:

城楼多峻极,列酌恣登攀。
迥临飞鸟上,高出尘世间。
天势围平野,河流入断山。
今年菊花事,并是送君还。① 　　(畅诸《登观鹳楼》)

沈括在《梦溪笔谈》卷十五中提到的李益也有鹳雀楼诗存诗,不过诗题不同,内容不同:

鹳雀楼西百尺樯,汀洲云树共茫茫。
汉家萧鼓空流水,魏国山河半夕阳。
事去千年犹恨速,愁来一日即为长。
风烟并起思归望,远目非春亦自伤。 (李益《同崔邠登鹳雀楼》)

---

① 未能查到陈尚君教授辑校原本,转引自《语文网》,网址:https://yuwen.chazidian.com/yuedu73877,并根据可依照的版本将领联做了修正。提取时间:2017年12月26日。

在结构安排上,李益的鹳雀楼诗跟王之涣的类似,都是前半部写景,属实写,后半部写感想,属虚写。在实写方面,李益、王之涣、畅诸三人各有所长,正如沈括所言,都"能状其景"。但是,在虚写方面,王之涣就脱颖而出,可以说"更上一层楼",而成为千古绝唱了。

三、个人品读:实写和虚写

鹳雀楼是当时的辉煌,令人向往,引文人墨客题诗,为之吟咏。除沈存中(沈括,字存中)在《梦溪笔谈》提到的李益、王之涣、畅诸三位文人墨客外,还有不少以"登鹳雀楼"为题的诗及其和诗,从不同的角度吟咏鹳雀楼,各具特色。例如:

久客心常醉,高楼日渐低。
黄河经海内,华岳镇关西。
去远千帆小,来迟独鸟迷。
终年不得意,空觉负东溪。　　　　　　　(耿湋《登鹳雀楼》)
鸟在林梢脚底看,夕阳无际戍烟残。
冻开河水奔浑急,雪洗条山错落寒。
始为一名抛故国,近因多难怕长安。
祖鞭掉折徒为尔,赢得云溪负钓竿。　　　　(吴融《登鹳雀楼》)

当然,唐代还有不少以鹳雀楼为主题的诗,也从各种不同的角度,在吟咏鹳雀楼的同时表达出一定的情感和主题。例如:

尧女楼西望,人怀太古时。
海波通禹凿,山木闭虞祠。
鸟道残虹挂,龙潭返照移。
行云如可驭,万里赴心期。　　　　　　　(马戴《鹳雀楼晴望》)
楼中见千里,楼影入通津。
烟树遥分陕,山河曲向秦。
兴亡留白日,今古共红尘。
鹳雀飞何处,城隅草自春。　　　　　　(司马扎《登河中鹳雀楼》)

其中,评价最高的恐怕非王之涣的《登鹳雀楼》莫属了。今天的人们如何知晓鹳雀楼?恐怕十有八九是通过这首诗。盛唐万里河山的壮阔,盛唐人的胸襟和气度,从《登鹳雀楼》这扇小小的窗户可以窥见一斑。写落日,尽管不一定是"夕阳西下",却并无"夕阳无限好,只是近黄昏"的慨叹;写"黄河入海流",尽管不一定是大河东去入海流,却也并无"逝者如斯夫,不舍昼夜"的叹息。读罢首联,给人留下的是"一种豪迈壮阔、气象雄浑的豪情"(刘首顺,1986:446)。那么,为什么要加上"尽管不一定是'夕阳西下'"以及"尽管不一定是大河东去"这样的表述呢? 因为有的学者考证:

> 黄鹤楼(疑为"鹳雀楼"之误)的正南方向,是中条山的余脉。这一段山势虽属余脉,却依然雄奇瑰丽、群山连绵。可是中条山的余脉,山势只延伸到黄河岸边,而黄河在这一段,在鹳雀楼边,它其实是自北向南流淌的。大概流到中条山的背后才变成一个"L"形,自西向东流淌而去。所以,因为中条山山脉的阻隔,其实在鹳雀楼上是看不到自西向东流淌的黄河,只能看到自北向南滚滚流淌的黄河。因为黄河就在鹳雀楼边,自北向南流淌,而中条山余脉就到黄河岸边,所以站立鹳雀楼上,其实你只能看到正南方向与东南方向的中条山,群山连绵,而黄河以西,则是大片的平原……所以也就是说,在鹳雀楼上极目远眺,就其鹳雀楼周围的山川地理实貌而言,应该既看不到自西向东流淌的黄河,也同样看不到西沉的落日与群山呼应的场景。而站在鹳雀楼上,极目远眺所能看到的"白日依山",只能是它东南或正南方向的中条山。①

鹳雀楼,顾名思义是以鹳雀栖息其上而得名,但以上列举的几首鹳雀楼诗,大多提及鹳雀这种飞鸟,王之涣和李益除外(李益在诗体中提及"鹳雀楼",基本上与飞鸟无关)。按理说,以鹳雀命名的鹳雀楼,最吸引诗人眼球的应该就是黄河滩里常见的这种水鸟,但诗人王之涣却另辟蹊径,"并没有直接写到鹳雀。与奔腾的大河、辉煌的落

---

① 这段考证性文字引自《简书》网,作者是"流星雨儿下",网址:https://www.jianshu.com/p/37b99c564b79,提取时间:2018年1月5日。

日相比,在河面翻飞的鹳雀不过是黄河的点缀,引不起王之涣的注意不足为怪。"①

我们可以将鹳雀楼视为盛唐的一个标志。在王之涣的《登鹳雀楼》诗中,鹳雀楼之高,尽在不言中。诗人开篇并没有说鹳雀楼有多么高大和挺拔,而是用登楼所见作为间接证据。看呐,白日在大山的怀抱中渐渐隐没,这应是站在高处所见到的景致。如果首联出句"白日依山尽"衬托不出鹳雀楼之高的话,那么首联对句则足见其高了:黄河入海流,我们可以将想象的目光放远,跟随诗人一同目送着黄河流入大海(但未必能看到,实际上估计也看不到大海),消失在地平线(这虽属实写,但据上述考证性文字,也算是插上了想象的翅膀)。此时,诗人可能刚刚登上鹳雀楼,也许还没有登到了鹳雀楼的顶层(这里也只能说"也许",就算是登上了鹳雀楼的第三层,即顶层,也可以扇动想象的翅膀而"更上一层楼"的)。如果此时"黄河入海流"还是衬托不出鹳雀楼之高的话,那就"更上一层楼",方可"穷千里目"也。鹳雀楼之高,可谓盛唐之气势也。

黄叔灿在《唐诗笺注》中评价道:"通直写其地势之高,分作两层,虚实互见。沈存中曰:'鹳雀楼前瞻中条山,下瞰大河。'上十字大境界已尽,下十字以虚笔托之。"另外,"这首诗最突出的地方在于做到了'景人理势',即在生动的景物描写中,寓含着站得高看得远这样一个生活的哲理,是哲理诗中的典范作品。"(福建师范大学中文系古典文学教研室,1986:19)但是,有人认为诗忌说理,即诗歌不要去讲道理,但诗歌可以揭示哲理。王之涣的这首游览闲适型哲理诗将理与景有机融合起来,读罢令人感觉有理在其中,这也是这首诗的神奇之处。

四、英译研究:译诗视角的选取

所谓诗歌视角,就是指诗人在诗体中采用何种角度来叙述,即叙

---

① 引自《人民日报》(海外版)2004年12月07日第八版的一篇名为《鹳雀》的文章,文章作者是韩振远。

述视角,主要包括四种形式:第一人称视角、第二人称视角、第三人称视角以及变换型人称视角。就唐代五绝而言,其诗歌视角主要有这两种:第一人称视角和第三人称视角,其次是变换型人称视角,鲜有第二人称视角。例如,李白《月下独酌四首》,主要采用了第一人称的视角;贾岛《寻隐者不遇》,可以说采取的是变换型人称视角。英诗的视角比较灵活,可以说各种视角都有,但是由于英语语言自身的特点,英诗的视角都比较明确。例如:

The tree has entered my hands,
The sap has ascended my arms,
The tree has grown in my breast—
Downward,
The branches grow out of me, like arms.

Tree you are,
Moss you are,
You are violets with wind above them.
A child—so high—you are,
And all this is folly to the world. ①

注:1. sap: *Noun* [mass noun] the fluid, chiefly water with dissolved sugars and mineral salts, which circulates in the vascular system of a plant (植物的)汁;液

2. ascend: *Verb* (no obj.) rise or move up through the air(在空中)升起;上升 (e.g. The lift ascended from his sight. 电梯在他的目光中上升。)

3. moss: *Noun* (mass noun) a small flowerless green plant which lacks true roots, growing in low carpets or rounded cushions in damp habitats and reproducing by means of spores released from stalked capsules 苔藓;苔类植物

4. violet: *Noun* a herbaceous plant of temperate regions, typically having purple,

---

① 这首诗的作者是美国诗人埃兹拉·庞德(Ezra Pound),诗题为"A Girl",王永胜译。

blue, or white five-petalled flowers, one petal of which forms a landing pad for pollinating insects 堇菜;紫罗兰
5. folly：*Noun*（count noun）a foolish act, idea, or practice 蠢行;傻念头;蠢事（e.g. the follies of youth 青年人的傻事）

汉语译诗：
女孩儿变形记
树植入我的双手，
汁液升到我的双臂。
这棵树从我的胸膛
向下延伸，
枝条从身体里伸出，就像手臂。

你是树，
你是苔藓，
你是紫罗兰，上方有风吹过。
你是一个女孩儿——如此高大。
对世人来说，这一切都很荒唐。

相比较而言，很多汉语古体诗，包括唐代五绝，其诗歌视角模糊，可以对其视角做不同的诠释，这就给英译带来一定的障碍。这样，古体诗英译时，译诗视角的选取就变得十分重要了，特别是在有多重视角可以选取的情况下，译诗视角的选取会影响原诗意境的传达。

一般来说，在第一人称视角下，"第一人称"可以参与整个事件过程，还可以向读者陈述，这一视角给人一种亲切自然的感觉，令读者身临其境，真实感颇强，既形象又生动。第二人称视角很少见，主要以"你"的身份出现，就好像强行将读者或观众拉进诗或故事当中，但其好处是亲切感倍增，似乎与人面对面侃侃而谈，瞬间拉近了人与人之间的距离。第三人称视角则是一种客观、公正的视角，是一种"上帝"的视角，叙述者是冷静的旁观者，无所不在，无所不知，不受时空限制，叙述自由，故有人称之为"无焦点叙述"视角。变换型人称视角，就是在某些情况下变换视角。如由第一人称视角变换到第三人

称视角,以使叙述方式更加灵活,充分发挥不同视角的作用。另外,很多古体诗视角模糊,恐怕与视角的变换有一定的关系。

王之涣所作《登鹳雀楼》,其视角具有模糊性,模糊性主要体现在尾联,但这种模糊性视角对于母语为汉语的人来说几乎构不成什么障碍,因为我们的思维就适合理解这样模糊性的视角所传达出来的文字信息。但是,若将尾联译成英语,由于语言的差异,就必须为尾联找到一个视角,这个视角不应该是变换型的,应该是明确的第一人称、第二人称或第三人称的视角。因为视角的选取不同,译诗的效果也会有所区别。孰对孰错,无以肯否;没有最好,只有更好。下面从译诗视角方面考察几个《登鹳雀楼》不同的译诗版本,简单讨论一下在古诗英译特别是唐代五绝韵体英译中译诗视角选取方面的问题。

译本(1)

Ascending the Heron Tower

By *Wang Zhihuan*

The sun behind the western hills glows,

And toward the sea the Yellow River flows.

Wish you an endless view to cheer your eyes?

Then one more storey mount and higher rise. [1]

注:1. ascend: *Verb*(with obj.) go up or climb 登上;攀登(e.g. She ascended the stairs. 她上了楼。)

2. heron: *Noun* a large fish-eating wading bird with long legs, a long S-shaped neck, and a long pointed bill 鹭

3. glow: *Verb* (no obj.) give out steady light without flame(没有火焰地)发光(e.g. The tips of their cigarettes glowed in the dark. 他们的烟头在黑暗中闪光。)

4. storey or story: *Noun* a part of a building comprising all the rooms that are on the same level 楼层;层

---

[1] 蔡廷干(T'sai Ting Kan)译,转引自"郭著章,江安,鲁文忠,2010:17"。

5. mount: *Verb* (with obj.) climb up (stairs, a hill, or other rising surface) 登(楼梯、山或其他上升面)

在"译本(1)"中,译者采用变换型人称视角来处理译诗,首联是第三人称视角,尾联是第二人称视角,且将原诗的陈述句转换成译诗的疑问句"Wish you an endless view to cheer your eyes?",但需要注意的是,"Wish you"与"I wish you success(祝你成功)不是同一句型,而是一个较古老的问句形式:Wish you = Do you wish。英译用词形式多少可增加一点古色古香的韵味"(郭著章,江安,鲁文忠,2010:17-18)。可以肯定的是,尾联第二人称视角的采用,拉近了与读者之间的距离,增强了说理性。另外,"译本(1)"采用韵体英译形式,韵式为"AABB",难能可贵。但是,"白日"并非"红日"——日暮西山时候的太阳,再加上本节"个人品读"部分的分析,所以译诗首行里的"behind the western hills"就有点儿失之偏颇了。更何况,诗人并没有说"落日依山尽"或"红日依山尽"。

译本(2)

Hooded Crane Tower

By *Wang Chih-huan*

The bright sun rests on the mountain, is gone.

The Yellow River flows into the sea.

If you want to see a full thousand miles,

Climb one more storey of this tower.　　(Owen, 1981:247)

注:1. hooded: *Adjective* Covered with or having a hood 带罩盖的
　2. crane: *Noun* a tall, long-legged, long-necked bird, typically with white or grey plumage and often with tail plumes and patches of bare red skin on the head. Cranes are noted for their elaborate courtship dances 鹤

跟"译本(1)"一样,"译本(2)"也采用了变换型人称视角,尾联也是第二人称的视角,且最后一行用了祈使句,跟原诗很是对应。这样的视角所产生的效果跟原诗几乎是一样的。此译诗的尾联中,虽然"a full thousand miles"跟原诗的"千里目"在形式上不对等,但考虑到双方都是虚指,那么这种归化式的翻译还算是不错的。遗憾的是,

译诗第一行在语法上不是很顺畅。

译本(3)

Climbing the Crane Bird Tower

By *Wang Zhihuan*

The sun is setting

Behind the mountain;

Yellow River flows on

Into the sea;

Desiring to envision

The remote distance,

I climb another storey

Of the tower.①

注:1. crane: *Noun* a tall, long-legged, long-necked bird, typically with white or grey plumage and often with tail plumes and patches of bare red skin on the head. Cranes are noted for their elaborate courtship dances 鹤

2. envision: *Verb* (with obj.) imagine as a future possibility; visualize 想象;展望(e.g. She envisioned the admiring glances of guests seeing her home. 她想象着客人们看到她家时的那种羡慕的目光。)

3. storey or story: *Noun* a part of a building comprising all the rooms that are on the same level 楼层;层

"译本(3)"也采用了变换型人称视角,但跟前两个译本所不同的是,此译本转换后的视角是第一人称视角,颇为奇特,同时也不无道理。但是,这样的视角转换,多少限制了原诗的意境,令译诗跟原诗相比不怎么具备广泛意义上的普遍性了。此译诗版本,在对原诗首联的处理上显得干净利落,也很达意。

译本(4)

On Stork Tower

By *Wang Zhihuan*

---

① 黄伯飞(Parker Po-Fei Hun)译,转引自"郭著章,江安,鲁文忠,2010:267"。

第十一章 闲适五绝

The sun behind the mountains goes;
The Yellow River seaward flows.
To feast the eye with boundless sight,
Let's mount one storey more in height.①

注:1. stork: *Noun* a very tall long-legged wading bird with a long heavy bill and typically with white and black plumage 鹳
2. seaward: *Adverb* (also seawards) towards the sea 朝海;面向海(e. g. After about a mile they turned seaward. 约一海里之后,他们调头驶向大海。)
3. feast (one's) eyes on: to be delighted or gratified by the sight of 尽情欣赏;饱览
4. boundless: *Adjective* unlimited; immense 无限的;无边无际的;巨大的 (e. g. Enthusiasts who devote boundless energy to their hobby. 那些狂热的人在他们的爱好上投入了无限的精力。)
5. mount: *Verb* [with obj.] climb up (stairs, a hill, or other rising surface) 登(楼梯、山或其他上升面)
6. storey or story: *Noun* a part of a building comprising all the rooms that are on the same level 楼层;层

在视角的采用方面,"译本(4)"跟"译本(3)"类似,只不过"译本(4)"转换成了更为奇特第一人称视角——"我们",其效果更是与众不同,但跟"译本(3)"一样,这样的视角转换限制了原诗的意境。可贵的是,此译诗版本属韵体英译,虽个别处处理得不很理想,但基本上具有跟原诗相似的简洁性。

译本(5)

Upward!

By *Wang Zhihuan*

Westward the sun, ending the day's journey in a slow descent behind the mountains. Eastward the Yellow River, emptying into the sea. To look beyond, unto the farthest horizon, upward! Upward another storey.②

注:1. upward: *Adverb* (also upwards) towards a higher place, point, or level 向上

① 赵甄陶译,转引自"郭著章,江安,鲁文忠,2010:268"。
② 翁显良译,转引自"冯庆华,2008:421-422"。

地(e.g. She peered upward at the sky. 她仰视天空。)

2. descent：*Noun* (usu. in sing.) an action of moving downwards, dropping, or falling 下降；下落

3. storey or story：*Noun* a part of a building comprising all the rooms that are on the same level 楼层；层

"译本(5)"完全打破了原诗的诗歌形式,转而采用散文体英文来翻译五绝原诗。这样的散文体英文,如果不存在理解上的偏差,就能在最大限度上再现原诗的诗意和意境,但此译诗版本在原诗首行的处理上还是存在一点偏差的。再者,由于采用了副词"upward",令视角的采用出现了"未知性",似乎介于第二人称和第三人称视角之间,但偏重于第三人称视角。正是由于采用了"upward"一词,英语的语法显得似通非通了。

综上所述,在古诗英译特别是唐代五绝韵体英译中,由于多数古诗视角的模糊性,或者说变换性,译者就要在译诗中对视角加以选取,选取适当的视角来恰当地再现原诗的意境。当然,这也没有定规可言,关键在于译者的把握:对原诗意境的把握,对诗歌视角的把握。

五、韵译探索：登鹳雀楼

登鹳雀楼 王之涣
白日依山尽,黄河入海流。
欲穷千里目,更上一层楼。

Upon Mounting the Stork Tower

By *WANG Zhi-huan*

The scorching sun behind ranges descends,
While th' Yellow River is surging seaward.
In case one more set of steps one ascends,
There will be further view to be captured.

(Translated by *WANG Yong-sheng*) （王永胜译）

注：1. upon：*Preposition* on the occasion of, at the time of, or immediately after 在……时；紧接着……(e.g. She was joyful upon seeing her child take his

first steps. 看到自己的孩子开始迈步走路,她很开心。)
2. mount:*Verb*［with obj.］climb up (stairs, a hill, or other rising surface)登（楼梯、山或其他上升面）
3. stork:*Noun* a very tall long-legged wading bird with a long heavy bill and typically with white and black plumage 鹳
4. scorching:*Adjective* very hot 炎热的
5. range:*Noun* a line or series of mountains or hills 山脉
6. descend:*Verb* to move from a higher to a lower place; come or go down 下降;下落
7. th' = the
8. surge *Verb* (no obj., usu. with adverbial) (of a crowd or a natural force) move suddenly and powerfully forward or upward(人群或自然力)汹涌;奔腾 (e. g. The journalists surged forward. 记者们蜂拥向前。)
9. seaward:*Adverb* (also seawards) towards the sea 朝海;面向海(e. g. After about a mile they turned seaward. 约一海里之后,他们调头驶向大海。)
10. in case:If it happens that; if 倘若;如果(e. g. The meeting will be put off in case it should rain. 倘若下雨,会议延期举行。)
11. ascend:*Verb* (with obj.) go up or climb 登上;攀登(e. g. She ascended the stairs. 她上了楼。)
12. further:*Adjective* (also farther) more distant in space than another item of the same kind(距离上)更远的;较远的

第五节　洒脱闲适

五言绝句原诗:

ǒu　lái　sōng　shù　xià　gāo　zhěn　shí　tóu　mián
偶　来　松　树　下, 高　枕　石　头　眠。
shān zhōng wú　lì　rì　hán　jìn　bù　zhī　nián
山　中　无　历　日, 寒　尽　不　知　年。

九言白话译文:

偶尔来到松树下游逛,高高枕着石头入梦乡。
大山中日历无从查找,寒冬过不知何年时光。

这首《答人》五言诗,其作者真名实姓无从考证,一般标注为"太上隐者"。

《唐诗三百首》中没有收录这首诗,《全唐诗》第 784 卷第 14 首收录了这首诗。尽管这首五言诗联间失黏,但不少选本将其归为五绝,这里为研究方便从之,也将其纳入五绝范畴加以探讨。

一、人物品读:太上隐者

所谓"太上隐者"为唐代一隐士,隐居于终南山,并非真名实姓。其生平不详,"太上隐者"应是自称。《古今诗话》记载:"太上隐者,人莫知其本末,好事者从问其姓名,不答,留诗一绝云。"① 大意是,这位太上隐者的来历,不为人所知,于是有好事者当面打听他的姓名,他没有回答,只是写下这首诗,以作答。

春秋时期的老子,尊号"太上老君"。在此,"太上"有"至高无上""最高""最上"之意。"太上"很适合老子的清高,于是道教的创始人张道陵将"太上"戴在老子头上,尊其"太上老君",一般简称"老君",并尊为教主。《答人》一诗的作者则以"太上隐者"自居,可谓洒脱之极,估计这位隐者是一个皈依道教之人。

二、艺术品读:《答人》

诗题为"答人",实则诗人"太上隐者"的个人小传:读诗体见其人,品格融其中,即洒脱的闲适之中。读罢二十个字,一位朴素的世外高人跃然而出,活灵活现。

高枕者,无忧也。松树、石头是山中常见之物,松树下枕石眠,随遇而安,不是受世俗限制的一般人所为,就连太上隐者也"偶"尔为之,可见朴素行为的境界之高。《南史·关康之传》有这样的记载:"特进颜延之等当时名士十许人入山候之(指关康之),见其散发披黄布,席松叶,枕一块白石而卧,了不相丐。"②

---

① 转引自"刘永济,1981:385"。
② 转引自"霍松林,1991:353"。

尾联出句"山中无历日","无历日"即"无日历",正如《唐子西文录》中收录的唐代一位佚名诗人的残篇所言:山僧不解数甲子,一叶落知天下秋。超然、脱俗之感顿生,自然就过渡到对句"寒尽不知年"了。"寒尽"应是春夏秋冬的省称,"寒尽"代表四季已过,即四季成岁,一个轮回结束了,然而却"不知年",不知今夕是何年何月。正是:

岁月者,以之纪万端人事也。太上隐者,不知何许人,削迹荒崖,自甘沦灭。修短听诸造物,富贵等于浮云,家室视同逆旅,将欲掷世界于陶轮而外,则岁月往来,与我何预。不知有汉,无论晋魏。偶在松阴深处,枕石高眠,若枯木残僧,悠然入定。无日亦无时,去来今不计也。刘后村诗:村叟无台历,梅开认小春。可称高致。今观隐者之诗,觉着意梅开,尚有迹象也。

(俞陛云,2011:158)

李白写问却不答,不答胜似答,诗境已经足够高逸:

问余何意栖碧山,笑而不答心自闲。
桃花流水窅然去,别有天地非人间。

(李白《山中问答》,一作《山中答俗人》,一作《答俗人问》,一作《答问》)

然而,太上隐者的这首《答人》,诗体既无问亦无答,全诗似白描,旁若无人,见洒脱之闲适,与太白《山中问答》有异曲同工之妙。正如吴烶在《唐诗直题》中所言:"题曰答人,是隐者自述其意以对人者。人问、答人,俱是设言。枕流所以洗耳,漱石所以砺齿,山中寒尽,尚不知年,无机之人,得自然之趣如此。"①此类诗"言有尽而意无穷"的意境,正如宋代严羽在《沧浪诗话·诗辨》中所说:"诗者,吟咏情性也。盛唐诸人,惟在兴趣,羚羊挂角,无迹可求。故其妙处,透彻玲珑,不可凑泊。"

三、个人品读:孤寂的隐者

其实,隐居山中也不轻松,要做的事情不比在山外的世界少到哪

---

① 转引自"霍松林,1991:353"。

里去。所以嘛,来到松阴下,卧石而眠、高枕无忧的日子也不是很多。人生嘛,毕竟有很多事情要做,耽误不得更多时光,但留给外人的印象,应该是隐居时的这种洒脱闲适——偶来松树下,高枕石头眠。当然,也许在山中还有比"松下卧石眠"更加洒脱的闲适,所以"松下卧石眠"这样的事情也只能偶尔为之了。洒脱归洒脱,但人为尘世扰,能做到这一点的,又能有几人? 真可谓:

泠泠七弦上,静听松风寒。

古调虽自爱,今人多不弹。　　　　　　(刘长卿《听弹琴》)

山中的日子如"古调","虽自爱",但"今人多不弹"了。所以,洒脱闲适中,还有那么一点涩涩滋味:四季轮回际,不知今夕是何年。也可以说,这是更高一层的洒脱——任凭寒来暑往,花开花落,我自全然不知晓;任凭风吹雨打,云卷云舒,我自松下卧石眠。"山中无历日"有何妨?"寒尽不知年"又怎样? 洒脱闲适中,"虽无纪历志"(陶渊明《桃花源诗》),貌似碌碌无为,却"四时自成岁"(陶渊明《桃花源诗》)。

相对于七言诗而言,"五言无闲字易,有余味难。"([清]刘熙载,1978:70)太上隐者的《答人》属五言诗中的绝句诗,更要做到无闲字。也就是说,不能有一个字是虚设的。事实上,太上隐者做到了这一点,留给我们的是一个跃然纸上的隐者形象,且余味深远。

四、英译研究:诗题的翻译(1)——直译、意译和阐释性翻译

诗题是一首诗的关键部分,基本上可以反映出诗的主题,对诗歌内容的理解起到一定的作用,特别是引导性作用。汉语中古诗的诗题尤其如此。而英语诗歌的诗题往往具有提纲挈领的作用,基本上能反映出一首诗的主题。看来,英汉诗歌标题——诗题的功能定位并不相同,古诗英译中就要处理好诗题的翻译。

具体来说,古诗英译特别是唐代五绝英译,不管是韵体英译还是非韵体英译,首先要处理好诗题。诗题的翻译中,应根据诗题与诗体之间的关联,采取直译、意译或阐释性翻译法,必要时可以将这三种方法与加注结合起来,增强译诗的可读性。

第十一章 闲适五绝

静夜思 李白
床前明月光,疑是地上霜。
举头望明月,低头思故乡。

译例(1)
Still Night Thoughts
By *Li Bai*
Moonlight in front of my bed —
I took it for frost on the ground!
I lift my eyes to watch the mountain moon,
Lower them and dream of home. ①

注:1. still: *Adjective* not moving or making a sound 静止的;不动的;寂静的
  2. lower: *Verb* direct (one's eyes) downwards 降低(视线)

译例(2)
Night Thoughts
By *Li Bai*
I wake, and moonbeams play around my bed,
Glittering like hoar-frost to my wandering eyes;
Up towards the glorious moon I raise my head,
Then lay me down—and thoughts of home arise. ②

注:1. moonbeam: *Noun* a ray of moonlight 月光
  2. glitter: *Verb* (no obj.) shine with a bright, shimmering, reflected light(因反射而)闪闪发光(e.g. Trees and grass glittered with dew. 树木和青草因晨露而闪闪发光。)
  3. hoar-frost or hoar frost: *Noun* [mass noun] a greyish-white crystalline deposit of frozen water vapour formed in clear still weather on vegetation, fences, etc. 白霜(晴朗无风的天气水蒸气在植被、围墙等上面凝结的灰白色水晶沉积)

---

① 伯顿·沃森(Burton Watson)译,转引自"郭著章,江安,鲁文忠, 2010: 51"。
② 翟理斯(Herbert A. Giles)译,转引自"吕叔湘, 2002: 136"。

4. glorious: *Adjective* having a striking beauty or splendour that evokes feelings of delighted admiration 漂亮的;绚丽的;壮观的;令人愉快的;令人赞羡的

5. arise: *Verb* (past arose; past participle arisen) [no obj.] (of a problem, opportunity, or situation) emerge; become apparent (问题、机会、情况)浮现;呈现;出现 (e.g. New difficulties had arisen. 新的困难产生了。)

李白的《静夜思》,一作《夜思》,可谓家喻户晓,妇孺皆知。从原诗的题目来看,"译例(1)"和"译例(2)"都采取了直译的方法来处理译诗题目,这也是翻译中的首选方法,即能直译就尽量直译,因为排除文化方面的因素,直译最能忠实地传达原文的意义。特别是诗题的翻译,若不含文化因素,直译应是最佳的翻译方法。除了诗题外,"译例(1)"的诗体也基本上是直译的产物。虽为自由体英译诗,但很好传达了原诗的含义。译者将尾联出句的"明月"译成了"the mountain moon"(山月),估计是受宋代版本的影响,这是因为译者所依原本的不同而出现的,译诗本身还是比较达意的。在"译例(2)"中,译者对诗体采用了直译、意译相结合的翻译方法,有些地方做了变通处理,因而在忠实度方面有所折扣,但跟原诗的诗意比较接近了。试看李白的《怨情》及其两个英译本。

怨情 李白
美人卷珠帘,深坐颦蛾眉。
但见泪痕湿,不知心恨谁。

译例(3)

The Night of Sorrow
By *Li Bai*

A lovely woman rolls up
The delicate blind.
She sits deep within,
Twitching her moth eyebrows.
Who may it be
That grieves her heart?
On her face one sees

Only the wet traces of tears.①

注:1. delicate: *Noun* very fine in texture or structure; of intricate workmanship or quality 细腻的;精巧的;精美的;精致的

2. blind: *Noun* a screen for a window, especially one on a roller or made of slats 窗帘(尤指卷帘或百叶窗)(e.g. She pulled down the blinds. 她拉下窗帘。)

3. twitch: *Verb* give or cause to give a short, sudden jerking or convulsive movement 抽动;使抽动(e.g. The dog twitched his ears. 那狗抽动着耳朵。)

4. moth: *Noun* an insect with two pairs of broad wings covered in microscopic scales, typically drably coloured and held flat when at rest. Moths are chiefly nocturnal, and lack the clubbed antennae of butterflies 蛾;飞蛾

5. eyebrow: *Noun* the strip of hair growing on the ridge above a person's eye socket 眉;眉毛

6. trace: *Noun* a mark, object, or other indication of the existence or passing of something 痕迹;踪迹

译例(4)

A Bitter Love

By *Li Bai*

How beautiful she looks, opening the pearly casement,
And how quiet she leans, and how troubled her brow is!
You may see the tears now, bright on her cheek,
But not the man she so bitterly loves.②

注:1. pearly: *Adjective* resembling a pearl in lustre or colour 有珍珠光泽的;珍珠色的(e.g. the pearly light of a clear, still dawn 晴朗、静谧清晨的珠灰色天光)

2. casement: *Noun* (chiefly poetic/literary) a window (主要为诗/文用法) 窗户

---

① 日本留美学者小畑薰良(Shigeyoshi Obata)译,转引自"吕叔湘,2002:135"。

② 威特·宾纳(Witter Bynner)译,转引自"吕叔湘,2002:135-136"。

3. lean: *Verb* (lean against/on) incline from the perpendicular and rest for support on or against (something) 斜倚着;靠着
4. brow: *Noun* (usu. brows) an eyebrow 眉毛(e. g. His brows lifted in surprise. 他惊讶地扬起眉毛。)

怨情,乃悲怨之情,但在"译例(3)"和"译例(4)"中,两位译者都将其做了意译处理,即抛开了诗题字面含义而根据诗体含义来翻译诗题。前者译成"悲伤之夜"(The Night of Sorrow),感觉有"过载翻译"(over-representation)之嫌;后者将其处理成"苦涩之爱"(A Bitter Love),还算是比较达意的。在"译例(3)"中,译者抛开了原诗的格律形式,转而采用自由体英诗来翻译原诗,基本上属于直译。原诗意义得到了最大程度的传达,诗意十足,但对"蛾眉"的处理有些过于直白,不一定能达到翻译目的。在"译例(4)"中,译者对诗体基本上采用了直译的方法来处理,保留了原诗四行体的形式,但舍弃了格律形式,并对原诗尾联做了变通性处理,也很好地传达了原诗的意义。美中不足的是,原诗的"卷珠帘"变成了译诗中的"启珠窗"(opening the pearly casement)。意译也是一种翻译手段,是一种"自由式"翻译手段,但不可离题即原诗而随意发挥,应根据原诗内容而合理、合情地加以发挥。试看李商隐的《夜雨寄北》及其三个英译本。

夜雨寄北 李商隐

君问归期未有期,巴山夜雨涨秋池。
何当共剪西窗烛,却话巴山夜雨时。

译例(5)

Written on a Rainy Night to My Wife in the North
By *Li Shangyin*
You ask me when I can come back but I don't know,
The pools in western hills with autumn rain o'erflow.
When by our window can we trim the wicks again
And talk about this endless, dreary night of rain?

(许渊冲,陆佩弦,吴钧陶等,1988:344)

注:1. o'erflow = overflow

2. trim: *Verb* [with obj. and adverbial] cut off (irregular or unwanted parts) 切除(不规则或不需要的部分)(e. g. He was trimming the fat off some pork chops. 他正把肥肉从猪排骨上切下来。)

3. wick: *Noun* a strip of porous material up which liquid fuel is drawn by capillary action to the flame in a candle, lamp, or lighter 灯芯;烛芯;(打火机的)油绳

4. dreary: *Adjective* dull, bleak, and lifeless; depressing 沉闷的;枯燥无味的;阴郁的;无生气的;令人沮丧的(e. g. the dreary round of working, eating, and trying to sleep. 工作、吃饭、想办法睡觉这样单调无味的循环)

译例(6)

A Note on a Rainy Night to a Friend in the North

By *Li Shangyin*

You ask me when I am coming. I do not know.

I dream of your mountains and autumn pools brimming all night with the rain.

Oh, when shall we be trimming wicks again, together in your western window!

When shall I be hearing your voice again, all night in the rain?[①]

注:1. note: *Noun* a short informal letter or written message 便条

2. brim: *Verb* (no obj.) [often as adj. brimming] be full to the point of overflowing 充溢;充满;充盈

3. trim: *Verb* (with obj. and adverbial) cut off (irregular or unwanted parts) 切除(不规则或不需要的部分)(e. g. He was trimming the fat off some pork chops. 他正把肥肉从猪排骨上切下来。)

4. wick: *Noun* a strip of porous material up which liquid fuel is drawn by capillary action to the flame in a candle, lamp, or lighter 灯芯;烛芯;(打火机的)油绳

译例(7)

Lines Sent to the North Written during Night Rains

---

① 威特·宾纳(Witter Bynner)译,转引自"吕叔湘,2002:278"。

By *Li Shangyin*

Being asked for my home-coming date,
I tell thee I'm not sure when that'll be,
As night rains on the mounts of Ba fall
And autumn pools are brimmed from the lea.
Then we shall by the west window sit,
Clipping the candle wick in some night,
And talk of the night rains on th' Ba mounts,
When I think of thee with mute delight. ①

注:1. line: *Noun* a part of a poem forming one such row 诗行(e.g. Each stanza has eight lines. 每一诗节有八行。)

2. thee: *Pronoun* (second person singular) archaic or dialect form of you, as the singular object of a verb or preposition(古英语"thou"的宾格,同"you")你;汝

3. mount: *Noun* a mountain or hill (archaic except in place names)(除用于地名外均为古义)山;丘

4. brim: *Verb* (no obj.)[often as adj. brimming] be full to the point of overflowing 充溢;充满;充盈

5. lea: *Noun* (poetic/literary) an open area of grassy or arable land(诗/文用法)草地;耕地(e.g. The lowing herd winds slowly o'er the lea. 发出低沉叫声的牛群在草地上蜿蜒慢行。)

6. clip: *Verb* (with obj.) cut short or trim (hair, wool, nails, or vegetation) with shears or scissors 剪;剪短;修剪(头发、羊毛、指甲、草木)(e.g. I was clipping the hedge. 我在修剪树篱。)

7. wick: *Noun* a strip of porous material up which liquid fuel is drawn by capillary action to the flame in a candle, lamp, or lighter 灯芯;烛芯;(打火机的)油绳

8. th' = the

9. mute: *Adjective* characterized by an absence of sound; quiet 无声的;宁静的

对于李商隐的这首七绝《夜雨寄北》,上述三位译者都采用了阐

---

① 孙大雨译,转引自"王文斌,2001(2):53"

释性翻译方法来处理诗题,但译者不同,理解不同,所阐释出来译文也各不相同。在"译例(5)"中,译者将"寄北"阐释成"寄内"(to My Wife in the North),无可厚非,因据有些文献记载,此诗题目一作"夜雨寄内"。这个"内"是"内人""妻子"的意思。在"译例(6)"中,译者将"寄北"阐释成"寄北方之友"(to a Friend in the North),也是对诗题的一种译法,因据考证,写这首诗的时候,李商隐的妻子已经去世了。在"译例(7)"中,译者采用了折中的处理方法,将"寄北"做了字面阐释,不管寄给谁,都是在北方,因而直接阐释成"寄给北方"(Sent to the North),也比较照应原诗诗题的字面含义,本书著者认为比较可取。阐释性翻译方法,其实是一种直译与意译相结合的翻译方法,最终的译文融进了译者对原文的理解。

综上所述,古诗英译特别是唐代五绝韵体英译中首先要处理好原诗的诗题。如果诗题不含浓郁的文化因素,应以直译为主,也可意译,但意译不能随意发挥而偏离原诗甚远;如果诗题含有一定的文化因素,则可以直译加注,或意译。诗题的翻译没有定规而言,译者可以根据原诗形式与内容灵活处理,以达译诗目的,但无论处理多么灵活,要把忠实度摆在第一位,因译诗不同于诗歌写作。当然,译者也可以根据原诗文本内涵和历史背景对诗题加以阐释,形成自己的理解,再采取阐释性翻译方法来处理诗题。

五、韵译探索:答人

答人 太上隐者
偶来松树下,高枕石头眠。
山中无历日,寒尽不知年。

Answer to Question "Who Are You?"
By *Supreme Recluse*
Beneath a pine, at times I'll lie
'Sleep with my head on a stone high.
'Mong mountains no calendar sold,
I know not years though it's not cold.

(Translated by *WANG Yong-sheng*)　　　　　　　　（王永胜译）

注:1. beneath: *Preposition* extending directly underneath, typically with close contact (尤指紧挨)在……下方

2. pine: *Noun* (also pine tree) an evergreen coniferous tree which has clusters of long needle-shaped leaves. Many kinds are grown for the soft timber, which is widely used for furniture and pulp, or for tar and turpentine 松树

3. 'Sleep = Asleep

4. 'Mong = Among

唐代五绝品读与英译研究系列

教育部人文社会科学研究一般项目"唐代五绝及其韵体英译研究"
（项目编号：14YJA740039）资助出版

唐代五绝品读与英译研究
及韵体英译探索
下卷

An Appreciation of Tang Dynasty's Quatrains with Five ChineseCharacters to Each Line, a Research on Their English Translations, and an Exploration of Translating Them into English Verse

Volume 2 of 2

王永胜　李　艳　著
WANG Yong-sheng, LI Yan

哈尔滨工业大学出版社

目 录

第十二章 怨情五绝 …… 383
第一节 美人怨情 …… 384
第二节 征妇怨情 …… 398
第三节 商妇怨情 …… 410
第四节 宫女怨情 …… 424
第五节 思妇怨情 …… 438

第十三章 思恋五绝 …… 450
第一节 织女思恋 …… 451
第二节 湘女思恋 …… 459
第三节 浪漫思恋 …… 470
第四节 筝女思恋 …… 481
第五节 春日思恋 …… 492

第十四章 景色五绝 …… 508
第一节 空幽景色 …… 509
第二节 月下景色 …… 520
第三节 雪后景色 …… 532
第四节 寥落景色 …… 542

第五节 黄昏景色 …………………………………………… 554

第十五章 物象五绝 …………………………………… 566
第一节 池荷物象 …………………………………………… 567
第二节 陌上物象 …………………………………………… 577
第三节 春雪物象 …………………………………………… 586
第四节 落叶物象 …………………………………………… 594
第五节 风之物象 …………………………………………… 605

第十六章 饮酒五绝 …………………………………… 615
第一节 酒徒饮酒 …………………………………………… 616
第二节 慷慨饮酒 …………………………………………… 626
第三节 闲居饮酒 …………………………………………… 635
第四节 独自饮酒 …………………………………………… 642
第五节 劝人饮酒 …………………………………………… 653

第十七章 月夜五绝 …………………………………… 661
第一节 中秋月夜 …………………………………………… 662
第二节 新月月夜 …………………………………………… 671
第三节 露寒月夜 …………………………………………… 683
第四节 月明月夜 …………………………………………… 691
第五节 别友月夜 …………………………………………… 700

参考文献 ……………………………………………………… 712

后　记 ………………………………………………………… 723

第十二章 怨情五绝

怨情,乃悲怨之情、幽怨之情也。其发出者,以女子居多,即便有男子发怨,也多站在女子的立场上,也就是更换性别以发怨,属"男扮女装"之列。

唐代是中国历史上的一个具有里程碑意义的时代,其繁华程度为世人所知,成了中国的代名词,但唐代也是一个怨情诗比较集中的时代:男子出门在外打拼,或赶考,或游历,或欲入仕途等,以实现人生理想;女子则"待"字闺中,一待就是数年、数十年时光,自然心生怨情,再加上唐代是一个诗歌繁盛的时代,怨情诗也就有了极大的生存空间了。开篇提到,除了女子自己写怨情诗之外,诸多男子也站在女子的角度,以女子的口吻写怨情诗,这样的诗歌还不在少数。所以,怨情诗也称作"闺怨诗"。另外,怨情诗中有为数不少的篇章写的是宫中女子的幽怨之情,因而怨情诗有时还称作"宫怨诗",诸如此类,叫法不同,实质基本相同。不管是怨情诗、闺怨诗,还是宫怨诗,都是抒写古代女子的忧伤情怀。这些女子中有的是征人妇,有的是商人妇,有的是游子妇……当然,有的还是弃妇。她们中有的是少女怀春,有的是思念情人,有的是盼夫早归,不一而足。试举几例:

叶下洞庭初,思君万里馀。

露浓香被冷,月落锦屏虚。

欲奏江南曲,贪封蓟北书。
书中无别意,惟怅久离居。　　　　　　(上官昭容《彩书怨》)
朝云暮雨镇相随,去雁来人有返期。
玉枕只知长下泪,银灯空照不眠时。
仰看明月翻含意,俯眄流波欲寄词。
却忆初闻凤楼曲,教人寂寞复相思。　　　　(李冶《感兴》)
柳色参差掩画楼,晓莺啼送满宫愁。
年年花落无人见,空逐春泉出御沟。　　(司马扎《闺怨》)
闺中少妇不知愁,春日凝妆上翠楼。
忽见陌头杨柳色,悔教夫婿觅封侯。　　(王昌龄《闺怨》)

另外,有的以女子口吻写的闺情类的"怨情诗"表达的内容可能超出了"怨情"的范畴,转而表达其他更为复杂的情感了。例如:

洞房昨夜停红烛,待晓堂前拜舅姑。
妆罢低声问夫婿,画眉深浅入时无?
　　　　　　(朱庆馀《闺意》,一作《近试上张水部》等)

唐代怨情诗中,最短小精悍的莫过于五言绝句了。短短二十个字,抒发的却是长长的怨情。正是:

美人卷珠帘,深坐颦蛾眉。
但见泪痕湿,不知心恨谁。　　　　　　(李白《怨情》)

第一节　美人怨情

五言绝句原诗:

měi	rén	juǎn	zhū	lián	shēn	zuò	pín	é	méi
美	人	卷	珠	帘,	深	坐	颦	蛾	眉。
dàn	jiàn	lèi	hén	shī	bù	zhī	xīn	hèn	shuí
但	见	泪	痕	湿,	不	知	心	恨	谁。

九言白话译文

漂亮女子卷起了珠帘,皱眉久坐内心颇不安。
只见泪流面庞留湿迹,不知她恨谁在心里边。

第十二章 怨情五绝

这是唐代大诗人李白的一首五言绝句,诗题为《怨情》。首联对句中"颦蛾眉"的"颦",一作"蹙",皱眉之意。"珠帘"应为珠串的帷帘。"蛾眉"原指弯而细长的蚕蛾触须,后多用于指代女子弯眉。

一、人物品读:李白

李白①(701—762),字太白;号青莲居士,绵州昌隆(今四川绵阳江油市青莲乡)人,素有"诗仙"之称,是中国古代伟大的浪漫主义诗人。太白爱喝酒是出了名的。有人做过统计,太白现有的诗歌中与酒有关的就占了四分之一,所以李太白又有"酒仙"之称,这方面杜甫深有体会:

李白一斗诗百篇,长安市上酒家眠。
天子呼来不上船,自称臣是酒中仙。　　(杜甫《饮中八仙歌》)

这《饮中八仙歌》中的一仙就是人称酒仙的李白。李白爱喝酒,什么时候都喝,也不分场合。其中,《新唐书》中有这样的记载:

> 天宝初,南入会稽,与吴筠善,筠被召,故白亦至长安。往见贺知章,知章见其文,叹曰:"子,谪仙人也!"言于玄宗,召见金銮殿,论当世事,奏颂一篇。帝赐食,亲为调羹,有诏供奉翰林。白犹与饮徒醉于市。帝坐沈香亭子,意有所感,欲得白为乐章;召入,而白已醉,左右以水颒面,稍解,援笔成文,婉丽精切无留思。帝爱其才,数宴见。白尝侍帝,醉,使高力士脱靴。力士素贵,耻之,擿其诗以激杨贵妃,帝欲官白,妃辄沮止。白自知不为亲近所容,益骜放不自修,与知章、李适之、汝阳王(李)琎、崔宗之、苏晋、张旭、焦遂为"酒八仙人"。

杜甫的《饮中八仙歌》吟咏的正是上述"酒八仙人",当然包括李白。本书著者感觉,太白一端起酒杯,就诗兴大发,如长江之水滚滚而来,尤其是在他寂寞的时候,喝起酒来更是热闹非凡:

---

① 关于李白其他方面情况,参见本书上卷第三章第二节第四部分以及第九章第一节第一部分。

花间一壶酒,独酌无相亲。
举杯邀明月,对影成三人。
月既不解饮,影徒随我身。
暂伴月将影,行乐须及春。
我歌月徘徊,我舞影零乱。
醒时相交欢,醉后各分散。
永结无情游,相期邈云汉。 （李白《月下独酌四首》其一）

诗仙李白是酒仙,以酒入诗,诗中对酒可谓"酒酒是道":天若不爱酒,酒星不在天。地若不爱酒,地应无酒泉。天地既爱酒,爱酒不愧天。(李白《月下独酌四首》其一)这样一个嗜酒之人,不是"举杯销愁愁更愁"(李白《宣州谢朓楼饯别校书叔云》,一作《倍侍御叔华登楼歌》),就是"五花马,千金裘,呼儿将出换美酒"(李白《将进酒》),或者"但使主人能醉客,不知何处是他乡"(李白《客中行》),或者干脆"我醉欲眠卿且去,明朝有意抱琴来"(李白《山中与幽人对酌》)。

嗜酒的李白在清醒时,除了有诗人的豪迈,还有幽默的情怀,就连其赠内之作,也不忘借"酒"发挥：

三百六十日,日日醉如泥。
虽为李白妇,何异太常妻。 （李白《赠内》）

这首《赠内》是李白赠予其妻的戏谑之作,调侃之下,不乏幽默。因"李白嗜酒,常常醉酒酣卧,故有此戏语,如家常话"(葛景春,2005：353),正如黄周星所评云："此解学士所云'分明是说话,又道我吟诗。'一团天趣,谁人能及！"(《唐诗快》)①太常,乃掌管礼乐祭祀等事务之官。周泽,字穉都,北海安丘人氏。关于此人,《后汉书·儒林列传下·周泽传》有这样的记载："中元元年,迁黾池令。……十年,拜太常……永平十一年,拜光禄勋……十二年,以泽行司徒事,如真。泽性简,忽威仪,颇失宰相人望。数月,复为太常。清洁循行,尽

---

① 转引自"葛景春,2005：353"。

敬宗庙。常卧疾斋宫,其妻哀泽老病,窥问所苦。泽大怒,以妻干犯斋禁,遂收送诏狱谢罪。当世疑其诡激。时人为之语曰:'生世不谐,作太常妻,一岁三百六十日,三百五十九日斋,一日不斋醉如泥。'"

多么伟大的诗人,多么喜饮的酒仙,都抵不过时间的永恒,终将"尘归尘,土归土",这是谁都逃不过的"宿命",这是谁都不愿忍受的"残酷":

采石江边李白坟,绕田无限草连云。
可怜荒垄穷泉骨,曾有惊天动地文。
但是诗人多薄命,就中沦落不过君。　　　　　(白居易《李白墓》)
夜郎归未老,醉死此江边。
葬阙官家礼,诗残乐府篇。
游魂应到蜀,小碣岂旌贤。
身没犹何罪,遗坟野火燃。　　　　　(项斯《经李白墓》)

当然,清醒的时候,李白也将目光投向了民间疾苦、世态炎凉,还有个体的悲喜,如本节的主题诗《怨情》:

美人卷珠帘,深坐颦蛾眉。
但见泪痕湿,不知心恨谁。

二、艺术品读:《怨情》

五绝,贵在言简意赅,干净利落。李白的这首五绝《怨情》,语言直白,笔调凄苦,刻画的是一幅怨情十足的画面:房中女子面容姣好,也许还品学兼优。但是,因怨久坐,因怨皱眉,因怨泪流,因怨生恨。此女子恨的是何许人也,不得而知,但可知的是,爱到极致则生恨——"恨"的对象既清晰又模糊,既远又近,可知而犹不可知也。在此,诗人给读者留下了无限的想象空间。

在这首诗中,李白用了几个简单的动态、静态意象,以"写独居深闺的美人的相思之情。用'卷珠帘''颦蛾眉''泪痕湿'等形态稍加勾勒,一个活生生的思妇的形象便出现在我们面前。语言简练[sic]而蕴含无穷"(詹福瑞,刘崇德,葛景春等,1997:974-975)。通过这样的勾勒,一个幽怨女子跃然纸上,诗人在纸上"描摹了一个美人的幽怨情态,而不说出所怨恨的对象,益引人冥想。章燮云:'不闻怨语,但见怨情。首句写望,次句继之以愁,然后写出泪痕,深浅有序,信手拈来,无非妙笔。'(《唐诗三百首注疏》)"(葛景春,2005:352)

与此诗相比,诗人李白的另一首七言同题诗,道出的恐怕是另一番情形了:

新人如花虽可宠,故人似玉由来重。
花性飘扬不自持,玉心皎洁终不移。
故人昔新今尚故,还见新人有故时。
请看陈后黄金屋,寂寂珠帘生网丝。　　　　　(李白《怨情》)

同是《怨情》,但"怨情"不同,还是"美人卷珠帘"的怨情比较单纯,比较感人,引来同情无数,惹起猜测几许。正如一位学者所评论的那样:"这诗使用白描,只是将一位深坐颦眉的泪人儿再现在人们眼前。'不知心恨谁',唯其不知谁,方可想象如此这般,这般如此,加倍地引动人们去关爱这位楚楚可怜人。如明言怨谁,便没有想象余地了。诗人是很懂得朦胧其辞的魅力的。"(赵昌平,2002:234)

三、个人品读:爱恨交织的女子

也许是在春日的一个清晨,大唐的天空下有一户人家,一个美人卷起珠帘,伫立窗前,难道是"晓日临窗久,春风引梦长"(杨巨源《美人春怨》)?毋庸置疑,"美人颜色娇如花"(卢仝《乐府杂曲·鼓吹曲辞·有所思》)了。正是:

艳色本倾城,分香更有情。
鬟鬟垂欲解,眉黛拂能轻。
舞学平阳态,歌翻子夜声。
春风狭斜道,含笑待逢迎。　　　　　(孟浩然《美人分香》)

这位女子不应徒有其表,还应是饱学之女,大家闺秀,可谓品学兼优,通情达理,才貌双全。她在屋子里坐了很长、很长时间了,也许是盼望离人归来,用情至深吧。只见她眉头紧皱,若有所思。美人为何皱眉,莫非有什么忧愁之事上心头?既在春天里,那就让春风吹来吧。于是,想象之中便出现了这样的场景:

澹荡春风满眼来,落花飞蝶共裴回。
偏能飘散同心蒂,无那愁眉吹不开。　　（雍陶《美人春风怨》）

也许,澹荡春风如斯,能吹开她"颦"着的"蛾眉",但却吹不开她心头的结,因在这之前,她哭了许久、许久,也许是在不知不觉间泪如雨下,却不得而知,估计当时应是"心中念故人,泪堕不能止"(曹植《怨诗行》)了。只看见泪湿娇颜留下的痕迹,那泪水已蒸发殆尽。爱至深,则恨亦切,爱恨的界限至此已模糊,但诗人宁愿说:不知心恨谁。美人啊,你到底恨谁呢?答案正如2016年诺贝尔文学奖得主鲍勃·迪伦(Bob Dylan)的一首歌"*Blowin' in the Wind*"所唱的那样:

The answer, my friend, is blowin' in the wind.
朋友啊,答案在风中飘。
The answer is blowin' in the wind.
答案在这风中飘。

四、英译研究:意象的处理(3)——归化和异化

本书上卷第九章第三节第四部分以及第十一章第三节第四部分,都谈到了古诗英译中意象的处理。在意象的处理过程中,首先译者要增强意识,然后再对原诗的意象加以处理:可以再现,可以转换,也可以借用。意象的再现是直译法的体现,属于异化式的翻译策略,而意象的转换和借用则是意译法的体现,属于归化式的翻译策略。由此可见,在古诗英译特别是唐代五绝的韵体英译中,还可运用归化和异化这两种翻译策略来处理原诗中的意象。

"异化"原是哲学术语,指我方的素质和力量向对方转化,而"归化",一作"同化",正好相反,指对方的素质和力量向我方转化。学者周志培(2003:487-488)指出:异化就是接受外来文化(adoption)或是外国化(foreignization);"归化"或"同化"就是改造外来文化(adaptation),就是本民族化(nativization or naturalization)、本国化(domestication)。"归化"这个词至今未进入一般的汉语词典,其实在这里干脆都借用哲学上的一对词"异化——同化"更为明确。

通常说来,异化派的代表人物是韦努蒂(Lawrence Venuti),归化

派代表人物是尤金·奈达(Eugene A. Nida)。尽管如此,异化和归化并不是截然分开、互相对立的,而是要"因地制宜",区别对待。就拿异化派代表人物韦努蒂来说吧。令人意想不到的是,他也提出了归化的翻译原则(Domestication):

> ... to adopt the transparent fluent style to minimize the strangeness of SL for the TL readers. For that the original image or flavor is most likely to be retained when the transparent fluent style is adopted and to make the version easy to be understood... within the cognition and cultural circle of the TL readers.

归化翻译是指采用流畅的行文风格来为目的语读者减少出发语中的异域化色彩的翻译方式。因为如果采用流畅的行文风格来翻译最有可能保留出发语中的形象和风味,在目的语读者的文化和认知范围内使译文更容易理解。①

上述"目的语"(TL-Target Language),本书中统一称作"译语";"出发语"(SL-Source Language),本书中称作"源语"。

再看看异化派代表人物韦努蒂对异化的定义,原文如下:

> ... to a certain extent, maintaining the foreignness of the source text and break the linguistic norm of the target language.②

(异化翻译)……在一定程度上保留源语文本的外来性,从而打破译语的语言规范。　　　　　　　　　　　　　(王永胜译)

韦努蒂的思想看似自相矛盾,但进一步阅读后就会发现,韦努蒂实则是将异化和归化用于不同的翻译目的,可谓"到哪山唱哪歌",要区别对待。古诗英译中,异化和归化的翻译原则或策略要运用好的话,也要区别对待,灵活运用,以达到译诗目的。

在李白的《怨情》一诗中,主要的静态意象有"美人""珠帘""蛾眉"等,主要的动态意象有"深坐""颦""恨"等。归化也好,异化也

---

① 转引自"李建军,2010:105"。
② 转引自"李建军,2010:105"。

罢,对主要意象的处理要格外小心。当然,译者不同,对于意象的重视程度也不尽相同。下面以《怨情》的几个英译本为例,对古诗英译特别是唐代五绝韵体英译中意象的归化和异化问题加以简单的探讨。

译本(1)

Waiting in Vain

By *Li Bai*

A lady fair uprolls the screen,

With eyebrows knit she waits in vain.

Wet stains of tears can still be seen.

Who, heartless, has caused her the pain? (许渊冲,2007:71)

注:1. in vain: without success or a result 徒劳地(e. g. They waited in vain for a response. 他们白等回音。)

2. fair: *Adjective* (archaic) beautiful; attractive(古旧用法)美丽的;动人的;有魅力的(e. g. the fairest of her daughters 她女儿中最漂亮的一位)

3. roll: *Verb* (roll something up/down) make a car window or a window blind move up or down by turning a handle 把车窗(或百叶窗)摇上/摇下

4. screen: *Noun* a fixed or movable upright partition used to divide a room, give shelter from draughts, heat, or light, or to provide concealment or privacy 幕;屏;幔;帐

5. eyebrow: *Noun* the strip of hair growing on the ridge above a person's eye socket 眉;眉毛

6. knit: *Verb* (with obj.) tighten (one's eyebrows) in a frown of concentration, disapproval, or anxiety 皱紧;皱(眉)

7. stain: *Noun* a coloured patch or dirty mark that is difficult to remove 污点;污迹(e. g. There were mud stains on my shoes. 我的鞋上有泥渍。)

译者在"译本(1)"中追求的是"韵体英译",也就是本书所讨论的核心内容之一。译诗对原诗首联的意象,做了一定的调整,将归化与异化融合在一起处理原诗首联的意象,但归化倾向较为明显,导致原诗一部分意象踪迹难寻,如"珠帘"等。这样做的是非功过,难以定论。在汉语中,这样的意象也有不同的说法,通常认为"珠帘"为"珠串的帷帘"。本书著者认为,这里的"珠"不一定是珍珠,珠状物的可

能性较大。但是,也有人认为"'珠'字在汉语成语中常指光泽如珠,并非珠制"(李贻荫,1984[12]:25)。可谓仁者见仁,智者见智了。

译本(2)

Tears

By *Li Bai*

A fair girl draws the blind aside,

And sadly sits with drooping head;

I see her burning tear-drops glide

But know not why those tears are shed.[①]

注:1. fair: *Adjective* (archaic) beautiful; attractive(古旧用法)美丽的;动人的;有魅力的(e.g. the fairest of her daughters 她女儿中最漂亮的一位)

2. blind: *Noun* a screen for a window, especially one on a roller or made of slats 窗帘(尤指卷帘或百叶窗)(e.g. She pulled down the blinds. 她拉下窗帘。)

3. drooping: *Adjective* hanging down (as from exhaustion or weakness)下垂的;垂下的(处于疲乏或虚弱)

4. burning: *Adjective* very hot or bright 炙热的;明亮的

5. shed tears: weep; cry 流泪;哭

跟"译本(1)"一样,"译本(2)"追求的也是韵体英译,较好地再现了原诗的形式美。在此译本中,译者所采取的归化、异化策略跟"译本(1)"相似,同样导致某些重要意象的丧失。另外,译者将"美人"归化为"fair girl",意象变得更为清晰,但恐怕与原诗中的"美人"存在一定的差距。在对原诗尾联动态、静态意象的处理方面,此译本显然有些失当,因"但见泪痕湿"更侧重的是静态的表达。

译本(3)

Grief

By *Li Bai*

My lady has rolled up the curtains of pearl,

And sits with a frown on her eyebrows apart.

---

① 翟理斯(Herbert A. Giles)译,转引自"吕叔湘,2002:134"。

Wet traces of tears can be seen as they curl.
But who knows for whom is the grief in her heart?①

注:1. roll: *Verb* (roll something up/down) make a car window or a window blind move up or down by turning a handle 把车窗(或百叶窗)摇上/摇下
2. pearl: *Noun* a hard, lustrous spherical mass, typically white or bluish-grey, formed within the shell of a pearl oyster or other bivalve mollusc and highly prized as a gem 珍珠
3. frown: *Noun* a facial expression or look characterized by such a furrowing of one's brows 皱眉;蹙额(e.g. a frown of disapproval 表示不赞同的皱眉)
4. eyebrow: *Noun* the strip of hair growing on the ridge above a person's eye socket 眉;眉毛
5. trace: *Noun* a mark, object, or other indication of the existence or passing of something 痕迹;踪迹
6. curl: *Verb* move or cause to move in a spiral or curved course (使)螺旋运动;(使)弯曲运动

与前两个译本一样,"译本(3)"也采用了"韵体英译"的译诗形式,但异化策略更为明显一些,因而原诗主要意象的"保真度"相对较高。至于"蛾眉"这一意象(原指蚕蛾触须),若是异化且不增词补译的话,估计很难达到目的。这是因为中英文化中对这一意象的理解存在一定的偏差,故此译本只将"蛾眉"译成"眉"(eyebrows)。

译本(4)

Passionate Grief

By *Li Bai*

Beautiful is this woman who rolls up the pearl-reed blind,
She sits in an inner chamber,
And her eyebrows, delicate as a moth's antennae,
Are drawn with grief,
One sees only the wet lines of tears.

---

① 佛来遮(W. J. B. Fletcher)译,转引自"吕叔湘,2002:134"。佛来遮是英国外交官,曾来华任领事,还在中山大学执过教。

For whom does she suffer this misery?
We do not know. ①

注:1. passionate: *Adjective* showing or caused by strong feelings or a strong belief 热情的;感情强烈的

2. roll: *Verb* (roll something up/down) make a car window or a window blind move up or down by turning a handle 把车窗(或百叶窗)摇上/摇下

3. pearl: *Noun* a hard, lustrous spherical mass, typically white or bluish-grey, formed within the shell of a pearl oyster or other bivalve mollusc and highly prized as a gem 珍珠

4. reed: *Noun* a tall, slender-leaved plant of the grass family, which grows in water or on marshy ground 芦苇

5. blind: *Noun* a screen for a window, especially one on a roller or made of slats 窗帘(尤指卷帘或百叶窗)(e.g. She pulled down the blinds. 她拉下窗帘。)

6. chamber: *Noun* (poetic/literary or archaic) a private room, especially a bedroom(诗/文用法或古旧用法)私室(尤指卧室)

7. eyebrow: *Noun* the strip of hair growing on the ridge above a person's eye socket 眉;眉毛

8. delicate: *Noun* very fine in texture or structure; of intricate workmanship or quality 细腻的;精巧的;精美的;精致的

9. moth: *Noun* an insect with two pairs of broad wings covered in microscopic scales, typically drably coloured and held flat when at rest. Moths are chiefly nocturnal, and lack the clubbed antennae of butterflies 蛾;飞蛾

10. antenna: *Noun* antenna (pl. antennae) (Zoology) either of a pair of long, thin sensory appendages on the heads of insects, crustaceans, and some other arthropods(动物学)(昆虫、甲壳纲动物、节肢动物等的)触须;触角

在"译本(4)"中,擅写自由体诗的美国女诗人打破了原诗形式上的限制,采用现代英诗来翻译原诗。原诗四行,译诗七行,原诗的意义得到了充分体现。译者主要采取了异化式翻译策略,对主要意

---

① 美国女诗人埃米·洛厄尔(1874-1925)译,转引自"吕叔湘,2002:135"。

象都有所体现,但个别意象的异化,有些失当,如"珠帘"(pearl-reed blind),无形中多了个"芦苇"(reed),不知是否属实。再如"蛾眉"(moth's antennae)这一意象,其中"moth 是指飞蛾,它的触角纤细,但并不美,飞蛾也非人所喜爱的昆虫。中国古诗'蛾眉'应指蚕蛾,因为中国是蚕丝的故乡,蚕蛾的触角(形象如'眉')粗黑美丽而成弧形,比飞蛾的触角好看得多、美丽得多"(李贻荫,1984[12]:25)。

译本(5)

Sitting Disappointed

By *Li Bai*

A beauty rolls up gorgeous bead-stringed screen.
Brows knitted, sitting deep alone she's seen.
There on her cheeks shows but her tears' wet trace;
Who breaks her heart won't be read from her face.

(王大濂,1998:69)

注:1. roll:*Verb* (roll something up/down) make a car window or a window blind move up or down by turning a handle 把车窗(或百叶窗)摇上/摇下

2. gorgeous:*Adjective* beautiful; very attractive 美丽的;非常吸引人的(e. g. gorgeous colours and exquisite decoration 迷人的色彩和精美的装饰。)

3. bead:*Noun* a small piece of glass, stone, or similar material, typically rounded and perforated for threading with others to make a necklace or rosary or for sewing on to fabric 有孔小珠

4. string:*Verb* thread (a series of small objects) on a string 用线穿;串起(e. g. He collected stones with holes in them and strung them on a strong cord. 他收集有孔的石头并用一根牢固的绳子把它们串起来。)

5. screen:*Noun* a fixed or movable upright partition used to divide a room, give shelter from draughts, heat, or light, or to provide concealment or privacy 幕;屏;幔;帐

6. brow:*Noun* (usu. brows) an eyebrow 眉毛(e. g. His brows lifted in surprise. 他惊讶地扬起眉毛。)

7. knit:*Verb* (with obj.) tighten (one's eyebrows) in a frown of concentration, disapproval, or anxiety 皱紧;皱(眉)

8. trace: *Noun* a mark, object, or other indication of the existence or passing of something 痕迹;踪迹

在"译本(5)"中,译者主要采用了异化式翻译策略,很好地体现出原诗的主要意象,且为韵体英译,难能可贵。但是,"深坐"(sitting deep)的异化结果显得僵直,忠实度就有所折扣了。

译本(6)

Forlornness

By *Li Bai*

A beauty rolls the beady screen,

And turns to sit, knitting her brows.

Her tear-stain is what's only seen,

But who she resents no one knows.①

注:1. forlorn: *Adjective* pitifully sad and abandoned or lonely 被遗弃的;孤苦伶仃的;可怜的(e.g. forlorn figures at bus stops 汽车站旁孤零零的人)

2. roll: *Verb* (roll something up/down) make a car window or a window blind move up or down by turning a handle 把车窗(或百叶窗)摇上/摇下

3. beady: *Adjective* (of a person's eyes) small, round, and gleaming (人的眼睛)晶亮如小珠的

4. knit: *Verb* (with obj.) tighten (one's eyebrows) in a frown of concentration, disapproval, or anxiety 皱紧;皱(眉)

5. brow: *Noun* (usu. brows) an eyebrow 眉毛(e.g. His brows lifted in surprise. 他惊讶地扬起眉毛。)

6. stain: *Noun* a coloured patch or dirty mark that is difficult to remove 污点;污迹(e.g. There were mud stains on my shoes. 我的鞋上有泥渍。)

7. resent: *Verb* [with obj.] feel bitterness or indignation at (a circumstance, action, or person) 对……怀恨;怨恨(e.g. She resented the fact that I had children. 她因为我有孩子而心存怨恨。)

在"译本(6)"中,译者将异化与归化相结合,很好地体现出原诗的主要意象,且为韵体英译。译诗第二行对原诗的两个主要意象"深

---

① 杨虚译,引自"吴钧陶,1997:253"。

坐"和"蛾眉"没有体现完全,特别是"深坐"这一意象没有体现好。

综上所述,古诗英译特别是唐代五绝韵体英译,要体现好原诗的主要意象。因主要意象为原诗的主干,是原诗的框架,起到支撑整首诗的作用。译者可以采用归化、异化策略来处理这样的意象,至于归化、异化各占多大比例,就看译者自身的把握了。

五、韵译探索:怨情

怨情 李白
美人卷珠帘,深坐颦蛾眉。
但见泪痕湿,不知心恨谁。

A Feeling of Resentment

By *LI Bai*

A lady fair rolls up a bead blind,

And sits there long, her cute brows knitted.

Her face showing but tear stains nitid,

None knows whom she resents in her mind.

(Translated by *WANG Yong-sheng*) （王永胜译）

注:1. resentment:*Noun* (mass noun) bitter indignation at having been treated unfairly 愤恨;怨恨

2. fair:*Adjective* (archaic) beautiful; attractive(古旧用法)美丽的;动人的;有魅力的(e.g. the fairest of her daughters 她女儿中最漂亮的一位)

3. roll:*Verb* (roll something up/down) make a car window or a window blind move up or down by turning a handle 把车窗(或百叶窗)摇上/摇下

4. bead:*Noun* a small piece of glass, stone, or similar material, typically rounded and perforated for threading with others to make a necklace or rosary or for sewing on to fabric 有孔小珠

5. blind:*Noun* a screen for a window, especially one on a roller or made of slats 窗帘(尤指卷帘或百叶窗)(e.g. She pulled down the blinds. 她拉下窗帘。)

6. cute:*Adjective* attractive in a pretty or endearing way 漂亮的;可爱的

7. brow:*Noun* (usu. brows) an eyebrow 眉毛(e.g. His brows lifted in sur-

prise. 他惊讶地扬起眉毛。)
8. knit：Verb (with obj.) tighten (one's eyebrows) in a frown of concentration, disapproval, or anxiety 皱紧；皱(眉)
9. show：Verb to make evident or reveal (an emotion or condition) 使……明显；显露(情感或状态)(e.g. a carpet that shows wear 一条显露出磨损痕迹的地毯)
10. stain：Noun a coloured patch or dirty mark that is difficult to remove 污点；污迹(e.g. There were mud stains on my shoes. 我的鞋上有泥渍。)
11. nitid：Adjective (poetic) bright；glistening (诗歌用法)明亮的；反光的
12. resent：Verb (with obj.) feel bitterness or indignation at (a circumstance, action, or person) 对……怀恨；怨恨(e.g. She resented the fact that I had children. 她因为我有孩子而心存怨恨。)

第二节　征妇怨情

五言绝句原诗：

dǎ　qǐ　huáng　yīng　ér　　mò　jiāo　zhī　shàng　tí
打　起　　黄　　莺　儿，莫　教　枝　　上　　啼。

tí　　shí　jīng　qiè　mèng　bù　dé　dào　liáo　xī
啼　时　惊　　妾　　梦，　不　得　到　辽　西。

九言白话译文：
拍打树木赶走黄莺鸟，不让枝头再有鸟啼叫。
啼叫之时惊扰我美梦，梦中不达辽西多烦恼。

本书中，将诗体为"打起黄莺儿，莫教枝上啼。啼时惊妾梦，不得到辽西"的这首诗视作金昌绪的作品，诗题为《春怨》。值得注意的是，此诗尾联出句"啼时惊妾梦"中"啼时"一作"几回"(霍松林，1991：203)。

一、人物品读：金昌绪与盖嘉运

《春怨》一诗的作者金昌绪，跟本书上卷第十一章第五节第一部分所讨论的"太上隐者"一样，其生平也不详——尽管其有名有姓。

但是,有记载认为他是余杭(今浙江杭县)人。有人推测金昌绪"可能生于唐开元年间"(陈邦炎,1988:72),还有人认为他"大中以前在世"(顾青,2009:302)。"开元"是唐玄宗李隆基的年号,始于公元713年十二月,止于公元741年十二月;"大中"主要为唐宣宗李忱的年号,始于公元847年。《全唐诗》存金昌绪的诗仅一首,即本节所研究的主题诗《春怨》。

这首五绝在《全唐诗》中题为《春怨》,作者是金昌绪。但在《全唐诗》此诗诗题后又标注了括号,括号内文字为"一作伊州歌",这说明此诗题目又叫"伊州歌"。"伊州"是曲调名。据《新唐书·礼乐志十二》记载:"天宝乐曲,皆以边地名,若《凉州》《伊州》《甘州》之类。"另外,《乐府诗集·近代曲辞一·伊州》引《乐苑》云:"《伊州》,商调曲,西京节度盖嘉运所进也。"由此可推断,此诗应是金昌绪为西域地区所进的地方乐曲《伊州》所配的歌词,故名"伊州歌"。据考证,后来五代人顾陶将此诗选入其所编《唐诗类选》中,并据诗意并将题目改为《春怨》。颇为可惜的是,《唐诗类选》现已佚失。

问题是,一提到《伊州歌》,署名便是盖嘉运,而一提到《春怨》,署名则为金昌绪,但不管是《伊州歌》还是《春怨》,诗体都是一样的,且只字不差:

打起黄莺儿,莫教枝上啼。
啼时惊妾梦,不得到辽西。

本章的主题为"怨情",本节的主题是"征妇怨情",因而取"春怨"为这首五绝的诗题,其作者就"物归原主",视之为金昌绪了。

二、艺术品读:《春怨》

金昌绪的这首《春怨》五绝,妙就妙在语言质朴,一气呵成,自然流畅,且诗意环环相扣:为何要"打起黄莺儿"?因为"莫教枝上啼"。为何"莫教枝上啼"?因为"啼时惊妾梦"。为何不让"啼时惊妾梦"?因为那样妾"不得到辽西"。正如张端义在《贵耳集》中所云:"作诗有句法,意连句圆。'打起黄莺儿'云云,一句一接,未尝间断,作诗当参此意,便有神圣工巧。"①

通读全诗可以看出,金昌绪是反着写的:梦中不得到辽西,是因为外面鸟啼惊扰了美梦。怎么办? 不让鸟啼,让其停止鸣叫,那就"打起黄莺儿"吧! 此乃所谓"倒叙"之手法也。

诗中妇人的丈夫戍边辽西未归,思夫心切的妻子做了一个梦。梦中,妇人欲达辽西与夫君会面,但这一点,诗人没有明说,即没有点破。辽西,古郡名,正是诗中妇人的丈夫应征戍边之地,应为辽河以西的地区,"包有近河北省旧时永平、承德、朝阳及辽宁省旧时锦州、新民等地。"②边关重地,自然战事不断。例如:

燕郊芳岁晚,残雪冻边城。
四月青草合,辽阳春水生。
胡人正牧马,汉将日征兵。
露重宝刀湿,沙虚金鼓鸣。
寒衣著已尽,春服与谁成。
寄语洛阳使,为传边塞情。　　(崔颢《辽西作》,一作《关西行》)

亲人远赴边陲,戍守疆土,怎能不牵动人心? 在此诗中,妇人梦中辽西不至,"罪魁祸首"正是全诗开篇妇欲"打起"的"黄莺儿"! 语气轻松欢快,尽显诗人诙谐幽默之笔调。

对于此诗,黄叔灿在《唐诗笺注》中有这样的评说:

忆辽西而怨思无那,闻莺语而迁怒相惊,天然白描文笔,无可移易一字。不是必于要梦,亦不避真个要打莺,可说不可说。此诗前辈以为一气团结,增减不得一字,与"三日入厨下"俱为五绝之最。是则是矣,然教人作绝句必要学如此,恐亦非定论。古人作诗忽感忽发,多天成情至之语,后人或过于作意中失之,此事正如中道而立,非难非易,能者从之,固不容以口舌争也。

---

① 转引自"霍松林,1991:203"。
② 摘自蘅塘退士选、朱麟注《作注法释〈唐诗三百首〉》第122页。

三、个人品读：遗憾的梦境

黄莺儿，"鸟名，鸣声宛转。"①鸣叫声如此动听的鸟儿，金昌绪笔下的妇人怎么舍得"打起"而不让它在枝头鸣叫呢？就算鸟儿惊扰了妇人的梦，令妇人梦中无以至辽西，至于那样大动干戈吗？

> 这里，还留下了一连串问号，例如：一位闺中少女为什么做到辽西的梦？她有什么亲人在辽西？此人为什么离乡背井，远去辽西？这首诗的题目是《春怨》，诗中人到底怨的是什么？难道怨的只是黄莺，只怨莺啼惊破了她的晓梦吗？
>
> （萧涤非，俞平伯，施蛰存等. 2004：1372）

辽西？

原来，辽西是妇人丈夫从军戍边之地，是"当时东北边防重地"（霍松林，1991：203），且"唐时为东北边区重地"（李梦生，2007：24）。上述"闺中少女"，未必如此，但也许金昌绪笔下的妇人做的是晓梦，天已破晓，但妇人的梦还在进行中。那时，也许是"春眠不觉晓，处处闻啼鸟"了，但此诗中的啼鸟不是别的，而是"鸣声宛转"的黄莺儿。要知道，"闺中思妇只有在梦中才能见到戍守辽西的丈夫，而这短暂的春梦偏又被黄莺的啼声惊破，难怪她要满怀怨愤地去打黄莺了。"（艾克利，段宪文，王友怀等，2005：325）再者，妇人的丈夫也许"前年过代北，今岁往辽西"（薛道衡《昔昔盐》），但却"一去无消息，那能惜马蹄"（薛道衡《昔昔盐》）？也许等到"万里飞书至，闻君已渡辽"（赵嘏《杂曲歌辞·昔昔盐·今岁往辽西》）了。难怪妇人梦中辽西不达，便怪罪起黄莺儿而欲将之"打起"了。

不过，金昌绪笔下这位妇人未成之梦，倒是在另一位诗人笔下影影绰绰地显现了：

君行登陇上，妾梦在闺中。
玉箸千行落，银床一半空。

---

① 参见蘅塘退士选、朱麟注《作注法释〈唐诗三百首〉》第122页。

绮席春眠觉,纱窗晓望迷。
朦胧残梦里,犹自在辽西。 (令狐楚《闺人赠远二首》)

四、英译研究:典故之地名(2)——归化式诠释和模糊化概括

本书上卷第八章第五节第四部分提到,在典故的英译处理中,涉及地名、人名的,尤为棘手。译者对此都有各自不同的处理方法,有"归化式"诠释,有"异化式"音译,有"模糊化"概括。可以想象,异化式处理,会最大限度地保全原诗的意义和意象,但是译诗的可读性和流畅性恐怕就要大打折扣;归化式处理,译诗的可读性大大增强,但是原诗的意象——典故的内涵,也就是民族性、文化性的东西,恐怕难以保全。因而其中一个比较折中的策略,就是将异化式音译与加注结合起来,但加注一定要合理,要充分体现出地名中所包含的历史及文化因素,以辅助译语读者更好地理解原诗的内涵。

除了异化式音译与加注结合这种折中的处理方法之外,对于原诗中含有典故的地名还可以加以阐释,再做归化式诠释或模糊化概括处理,基本上属于意译的范畴。这样的处理虽然丢掉了原诗中特有的文化意象——地名及地名反映出的文化内涵,但增强了译语读者对原诗的理解力,译诗的可读性更强一些。

金昌绪的《春怨》一诗中,需要处理的典故主要是地名"辽西"——尽管"辽西"并非一个确切的地名,应指辽河以西的地区。在诗中,辽西是妇人丈夫从军戍边之地,是大唐时代东北边区重地。下面以《春怨》的几个英译本为例,对其中涉及典故之地名的翻译处理加以简单的探讨。

译本(1)

At Dawn

By *Jin Changxu*

Drive the young orioles
Nor let them on the branches play;
Their chirping breaks my slumber through

And keep me from my dreams of you.①

注:1. dawn: *Noun* the first appearance of light in the sky before sunrise 黎明;拂晓; 晨曦(e.g. He set off at dawn. 他黎明时分出发。)
2. oriole: *Noun* an Old World bird which is related to the starlings and feeds on fruit and insects, the male typically having bright yellow and black plumage 金黄鹂
3. chirp: *Verb* (no obj.) (typically of a small bird or an insect) utter a short, sharp, high-pitched sound(尤指小鸟或昆虫)吱吱叫;唧唧叫
4. break through: make or force a way through (a barrier) 突破(障碍);冲破 (e.g. Demonstrators attempted to break through the police lines. 示威者试图冲破警方设置的警戒线。)
5. slumber: *Noun* (often slumbers) a sleep 睡眠 (e.g. Scare folk from their slumbers. 把人们从睡梦中惊醒。)

在"译本(1)"中,译者彻底冲破了原诗中地名的局限,如同译诗中"鸟儿的鸣叫冲破我的睡梦"(Their chirping breaks my slumber through)。具体而言,译者将"辽西"做了模糊化概括,变成了"你"(you)。这样的处理,无疑令译诗的可读性增强,却因此在无形中赋予了原诗以"新生"。另外,此译本诗题的处理也是阐释的结果,并不是原诗诗题直译的产物,这也算是一种翻译处理方式。

译本(2)

A Lover's Dream

By *Jin Changxu*

Oh, drive the golden orioles

From off our garden tree!

Their warbling broke the dream wherein

My lover smiled to me.②

注:1. lover: *Noun* a person having a sexual or romantic relationship with someone, especially outside marriage 情人

---

① 翟理斯(Herbert A. Giles)译,转引自"吕叔湘,2002:281"。
② 佛来遮(W. J. B. Fletcher)译,转引自"吕叔湘,2002:281"。佛来遮是英国外交官,曾来华任领事,还在中山大学执过教。

2. oh: *Exclamation* used to express a range of emotions including surprise, anger, disappointment, or joy, or when reacting to something that has just been said(表示惊讶、愤怒、失望、高兴等感情)噢;啊;哦;唉;哎呀
3. oriole: *Noun* an Old World bird which is related to the starlings and feeds on fruit and insects, the male typically having bright yellow and black plumage 金黄鹂
4. warble: *Verb* (no obj.) (of a bird) sing softly and with a succession of constantly changing notes (鸟)啼啭 (e.g. Larks were warbling in the trees. 云雀在树上啼啭。)
5. wherein: *Adverb* (relative adverb) in which 在那里;在那方面;在那时;在那种情况下 (e.g. the situation wherein the information will eventually be used 最终会用到该信息的情况)

与"译本(1)"一样,"译本(2)"对"辽西"也做了模糊化概括,没有体现出"辽西"所包含的任何文化因素,但此译本却得到不少中国学者的称赞。不同之处在于此译本具有跟汉语古诗一样的押韵方式,即偶数行押韵。当然,也有人发出不同的声音,特别是对"lover"一词的选用:"疑问首先在于诗题'春怨'的英译上。Fletcher 将其处理为 A Lover's Dream,即'情人之梦'不但早已有人提出 lover 一词对已婚的'妾'来说是用之失当,'差之毫厘,失之千里',宜改为 husband,而且,从上文我们对原诗的分析理解看,'春怨'二字语含双关,纲举目张,是全诗的'诗眼'和根本所在;然而,Fletcher 却以'梦'(dream)代'怨'(还有类似的'改换说法'也是该译备受赞扬的主要组成部分),将来自生活底层的封建中国妇女的愤怒心声的这样一首怨诗轻描淡写,换说成是'情人'幽会的梦诗,使读者误以为全诗只是在吟唱梦境,这岂不与原作内容大相径庭!"(汪敬钦,2000[01]: 62)跟"译本(1)"的译者一样,"译本(2)"的译者也在无形中赋予了原诗以"新生"。

译本(3)

A Spring Sigh

By *Jin Changxu*

Drive the orioles away,

第十二章 怨情五绝

All their music from the trees...
When she dreamed that she went to Liao-hsi
To join him there, they wakened her.①

注:1. sigh: *Noun* a long, deep, audible exhalation expressing sadness, relief, tiredness, or similar 叹气;叹息;叹息声(e.g. She let out a long sigh of despair. 她失望地长叹一口气。)

2. oriole: *Noun* an Old World bird which is related to the starlings and feeds on fruit and insects, the male typically having bright yellow and black plumage 金黄鹂

3. awaken: *Verb* (with obj.) rouse from sleep; cause to stop sleeping 睡醒;唤醒 (e.g. Anna was awakened by the telephone. 安娜被电话铃声吵醒。)

在"译本(3)"中,译者对"辽西"先是做了异化处理(Liao-hsi),但遗憾的是,没有按照现行的标准汉语拼音方案来拼写。再对其做归化式诠释(To join him there),对原诗中的文化因素做了一定程度的"观照",很是可取,令译诗的忠实度得到了很大程度的提升,但流畅度和可接受度可能不如前两个译本。

译本(4)

A Complaint in Spring

By *Jin Changxu*

Drive orioles off the tree,
For their songs awake me
From dreaming of my dear
Far off on the frontier. (许渊冲,陆佩弦,吴钧陶等,1988:371)

注:1. complaint: *Noun* a statement that a situation is unsatisfactory or unacceptable or that someone has done something wrong 怨言;牢骚;抗议;控告;控诉(e.g. There were complaints that the building was an eyesore. 有人抱怨那幢建筑物难看。)

2. oriole: *Noun* an Old World bird which is related to the starlings and feeds on fruit and insects, the male typically having bright yellow and black plumage 金黄鹂

---

① 威特·宾纳(Witter Bynner)译,转引自"吕叔湘,2002:282"。

3. awake: *Verb* (past awoke; past participle awoken) [with obj.] cause (someone) to wake from sleep 唤醒(某人)

4. frontier: *Noun* a line or border separating two countries 边境；边界

在"译本(4)"中,译者将"辽西"做了归化式诠释,尽管没有再现"辽西"这一地名意象,但在很大程度上将其所包含的历史、文化因素进行了观照。此译本也颇受好评,如有人认为此"译文一气呵成,这种跨行处理,在语气、时空上都给人以不愿佳梦早醒的延宕感觉。形式字数上都与原诗基本一致。原诗四句,每行五个字,译诗四句,每行五个单词可谓'形美';原诗二、四句押韵,译诗韵式为英语中常见的aabb韵式。另外诗文四个韵脚(rhyme)都含有[i:]和[i]与原诗'啼''西'的韵母相近,读起来琅琅[sic]上口,富于乐感,可谓'音美'。"(樊养才, 2000[3]: 8)

上述引文说原诗和译诗每行都有五个字/单词,倒是有些牵强了,显得"矫情"了些,毕竟英汉是不同的语言,这样的做法和要求本身过于苛刻,且没有多大必要。对于译诗而言,若采用"韵体英译"——本书主题之一,除了押韵外,控制好音步和节奏(即扬、抑)而不是非要字数保持一致,应是译诗追求的最高境界了。

译本(5)

A Spring Vexation

By *Jin Changxu*

I hit an oriole with a piece of stone

To stop its crying on a bough alone,

For its cries will awake me from my dream

That I can't travel to north frontier stream.　　(王大濂, 1998: 193)

注:1. vexation: *Noun* (count noun) something that causes annoyance, frustration, or worry 引起苦恼的事情；令人沮丧的事情；使人焦虑的事情(e.g. The new VAT rules have brought vexations in their wake. 新的增值税条例引起人们恼火。)

2. bough: *Noun* a main branch of a tree 树枝；大树枝(e.g. apple boughs laden with blossom 开满了花的苹果树枝)

3. awake: *Verb* (past awoke; past participle awoken) [with obj.] cause (someone) to wake from sleep 唤醒(某人)

4. frontier: *Noun* a line or border separating two countries 边境;边界

5. stream: *Noun* a small, narrow river 小河;小溪

在"译本(5)"中,译者将"辽西"做了归化式诠释,诠释成"北疆小河",这对于整个大唐帝国来说,"北疆",其方向性倒是可以,但对于滋养今日辽宁的一条大河——辽河来说,"小河",却显得微不足道,过于微乎其微了。另外,译者将原诗中的"黄莺儿"处理成"一只黄鹂鸟",无可厚非,毕竟汉语中没有明显的单复数形式,全靠读者自身来理解汉语这种模糊性思维。此译本的起始两行中,"一只黄鹂鸟"(an oriole)、"一块石头"(a piece of stone)、"独栖一个树枝鸣叫"(its crying on a bough alone),倒是为译诗增加了另外一番值得思考的"情趣"。

译本(6)

Spring Grievance

By *Jin Changxu*

Shoo the orioles, drive them away,

Don't let them sing in the branches!

When they sing they scare off my dreams,

And I will never get to Liaoxi!①

注:1. grievance: *Noun* a real or imagined wrong or other cause for complaint or protest, especially unfair treatment 委屈;冤情

2. shoo: *Verb* (shoos, shooed) [with obj. and adverbial of direction] make (a person or animal) go away by waving one's arms at them, saying "shoo", or otherwise acting in a discouraging manner 用嘘声赶 (e.g. I went to comfort her but she shooed me away. 我过去安慰她,她却把我嘘走。)

3. oriole: *Noun* an Old World bird which is related to the starlings and feeds on fruit

---

① 伯顿·沃森(Burton Watson)译,转引自"郭著章,江安,鲁文忠等,2010:238",但大小写稍有改动。

and insects, the male typically having bright yellow and black plumage 金黄鹂

4. scare: Verb [with obj. and adverbial] drive or keep (someone) away by frightening them 吓走;吓跑 (e. g. The ugly scenes scared the holiday crowds away. 可怕的场面吓跑了度假人群。)

在"译本(6)"中,对于"辽西"这一地名,译者既没做归化式诠释,也没做模糊化概括,只是将其做了异化式音译处理。因为没有查到译者伯顿·沃森的原始译本,不知其原始译本是否做了加注处理。若原始译本也未做加注处理的话,这样的译诗恐怕难以达到翻译的目的了。如果原始译本做了加注处理,那就另当别论了。另外,此译本起始两行,两个祈使句(一个是肯定,一个是否定),再加上代词宾格(them)的采用,感觉译者有将妇人置于局外之嫌,好像妇人没有参与"打起黄莺儿"的行动,是否有悖于原诗呢?

译本(7)

Complaint Against Spring

By *Jin Changxu*

Please shoo away that oriole for me.

Don't let her sing in that tree.

She is disturbing my dreams,

And I won't be able to get to Liaoxi!

N. B. Liaoxi: The western part of Liaoning—now Liaoning Province; then a large piece of uncultivated land where battles were fought between the Han people and ethnic tribal peoples. (龚景浩, 2006: 77)

注:1. complaint: *Noun* a statement that a situation is unsatisfactory or unacceptable or that someone has done something wrong 怨言;牢骚;抗议;控告;控诉 (e. g. There were complaints that the building was an eyesore. 有人抱怨那幢建筑物难看。)

2. shoo: *Verb* (shoos, shooed) (with obj. and adverbial of direction) make (a person or animal) go away by waving one's arms at them, saying "shoo", or otherwise acting in a discouraging manner 用嘘声赶 (e. g. I went to comfort her but she shooed me away. 我过去安慰她,她却把我嘘走。)

3. oriole: *Noun* an Old World bird which is related to the starlings and feeds on fruit

and insects, the male typically having bright yellow and black plumage 金黄鹂

4. **uncultivated**: *Adjective* (of land) not used for growing crops(土地)未开垦的; 未经耕作的
5. **ethnic**: *Adjective* of or relating to a population subgroup (within a larger or dominant national or cultural group) with a common national or cultural tradition (与)种族(有关)的;(与)民族(有关)的
6. **tribal**: *Adjective* of or characteristic of a tribe or tribes 部族的;部落的

  "译本(7)"跟"译本(6)"的处理极为相似,但"译本(7)"在"辽西"的处理上略胜一筹,采用的是异化式音译与加注相结合的处理手段。另外,译诗首行的"for me",更是"明目张胆"地将妇人置于局外了。同样的疑问依然存在:这样处理,是否有悖于原诗呢?

  综上所述,在古诗英译特别是唐代五绝的韵体英译中,除了异化式音译与加注结合这种折中的处理方法之外,对于原诗中含有典故的地名还可以采用阐释法,最终做归化式诠释或模糊化概括,基本上属于意译的范畴。这样的处理舍弃了原诗地名中特有的文化意象,但可读性得到了加强,这是另一种可供选择翻译原则,优劣与否,有待讨论,有待批评。

五、韵译探索:春怨

春怨 金昌绪

打起黄莺儿,莫教枝上啼。

啼时惊妾梦,不得到辽西。

A Springtime Feeling of Resentment

By *JIN Chang-xu*

I drive the little yellow warblers 'way

From boughs so that they'll warble not today

Becuse their warbles bother my dream feast,

Wherein I should've met him in far northeast.

N. B. In this translation of the poem, the "far northeast" is approximately equal to "Liaoxi"（辽西）in the original Chinese poem, which is the frontier far from Chang'an（Today's Xi'an City, Shaanxi Province）, the capital city of Tang Dynasty.

　　　（Translated by *WANG Yong-sheng*）　　　　　　（王永胜译）

注:1. resentment: *Noun* [mass noun] bitter indignation at having been treated unfairly 愤恨;怨恨

2. warbler: *Noun* any of a number of small insectivorous songbirds that typically have a warbling song 莺

3. 'way = away

4. bough: *Noun* a main branch of a tree 树枝;大树枝（e.g. apple boughs laden with blossom 开满了花的苹果树枝）

5. warble: *Verb* [no obj.]（of a bird）sing softly and with a succession of constantly changing notes（鸟）啼啭（e.g. Larks were warbling in the trees. 云雀在树上啼啭。）

6. warble: *Noun* a warbling sound or utterance 鸟啭;颤声

7. bother: *Verb* cuase trouble or annoyance to（someone）by interrupting or othenwise inconveniencing them 打扰;烦扰;给（某人）添麻烦（e.g. I'm sorry to bother you at this time of night. 很抱歉,这么晚了打扰你。）

8. feast: *Noun* something giving great pleasure or satisfaction 欢乐;赏心快事

9. wherein: *Adverb* [relative adverb] in which 在那里;在那方面;在那时;在那种情况下（e.g. the situation wherein the information will eventually be used 最终会用到该信息的情况）

10. should've = should have

第三节　商妇怨情

五言绝句原诗:

　　jià　dé　qú　táng　gǔ　zhāo　zhāo　wù　qiè　qī
　　嫁　得　瞿　塘　贾，　朝　朝　误　妾　期。

zǎo　zhī　cháo　yǒu　xìn，jià　yǔ　nòng cháo ér/ní
早　知　潮　有　信，嫁　与　弄　潮　儿。

九言白话译文：

嫁给瞿塘商人做妻子，一天一天没有相遇日。

早知潮涨潮落守时间，不如嫁弄潮儿做伴侣。

尽管蘅塘退士编《唐诗三百首》将李益的这首《江南曲》归为"乐府"诗范畴（参见蘅塘退士编、李淼注释《唐诗三百首》，吉林文史出版社2007年版），但由于此诗符合五言绝句格律，故本书将其视作五绝加以讨论和研究。另外，有很多唐诗选本也将其编入五绝之列，如俞陛云《诗境浅说》、刘永济《唐人绝句精华》等。

一、人物品读：李益

李益（748—829），字君虞，凉州姑臧（今甘肃武威市凉州区）人，后迁至河南郑州。李益于代宗大历四年（公元769年）进士及第，授郑县尉。大约在德宗建中二年（公元781年），李益入朔方节度使李怀光幕府任职，并从军出塞，后又历任数职。文宗太和元年（公元827年）以礼部尚书致仕。

因仕途失意，李益曾弃官到燕赵一带漫游。李益擅长绝句，以边塞诗闻名，是中唐边塞诗的代表性诗人。例如：

回乐峰前沙似雪，受降城外月如霜。

不知何处吹芦管，一夜征人尽望乡。（李益《夜上受降城闻笛》）

李益的一生中曾留有负面因素。据唐人蒋防所著传奇小说《霍小玉传》描述，李益算是一个负心郎，辜负了霍小玉的一片芳心。蒋防是唐宪宗时期的人，当时李益尚在世，故《霍小玉传》中故事的真实性较大。霍小玉原是霍王府上婢女之女，霍小玉十五岁时，和母亲一起被赶出霍王府，霍小玉从此沦为娼妓。十六岁时，霍小玉遇到了当时二十多岁的李益。随后两人相恋，如胶似漆，但李益当官得志后，

另娶他人,断绝了与霍小玉的关系,完全忘却了颇具自知之明的霍小玉与他立下的、最起码的约定:

> 妾始年十八,君才二十二,迨君壮室之秋,犹有八岁,一生欢爱,愿毕此期。八年之后,我自为尼,君当自娶名门。

(蒋防《霍小玉传》)

据说,李益因为这一负心行为受到了当时舆论的谴责,内心留下了不小阴影,对自己的妻子非常不放心,出门要把妻子绑起来,甚至脱光了用浴盆盖起来才放心。

抛开这一负面因素,李益是一位了不起的诗人,诗风奔放,边塞诗多感伤。离世之时已有八十多岁,是唐代最长寿诗人之一。存世作品有《李益集》一卷(一说两卷)和《李君虞诗集》两卷。

二、艺术品读:《江南曲》

《江南曲》原为古代曲名,实则乐府《相和歌》之旧题,是《江南弄》七曲之一,而《江南弄》"多写江南水乡风俗及男女爱情"(李梦生,2007:40)。另外,据蘅塘退士选、朱麟注《作注法释〈唐诗三百首〉》第124页所注,《江南弄》七曲:一曰"江南弄",二曰"龙笛曲",三曰"采莲曲",四曰"凤笛曲",五曰"采菱曲",六曰"游女曲",七曰"朝云曲"。诗题《江南曲》是李益创作的一首五言绝句,也是一首颇具民歌风格的拟乐府诗作。

唐代商业发达,从事商品买卖的人增多。所谓"商人重利轻别离"(白居易《琵琶行》),这些商人长年在外,妻子难免要独守空房,过着孤寂的生活,这就构成了一大社会问题,如同今日的"空巢老人""留守儿童"之类。这样,或由男性诗人代言(这应占绝大多数),或由女子自己书写,大量的怨情诗就应运而生了。譬如本节的主题诗,即李益的《江南曲》。

既然是拟乐府诗作,这首诗当然吸取了乐府诗的优点:民歌风格,语言浅白,口语入诗,但不失耐人寻味性,平淡中出奇效。

在李益的这首《江南曲》中,一名女子嫁给了一个商人,这位商人往返于长江的瞿塘峡一带做生意。天天忙于生意,年年忙于生意,长年累月如此,自然没有时间哪怕跟妻子见上一面。首联用朴素的语言,自然而然道出了实情:嫁得瞿塘贾,朝朝误妾期——"此写商人妇之怨情也。商人好利,久客不归,其妇怨之也。人情当怨深时,有此想法,诗人为之道出。"(刘永济,1981:133)

接着,诗人笔锋一转,进入了"虚拟"境界,犹如英文语法中的虚拟语气:早知潮有信,嫁与弄潮儿。据《元和郡县志》卷二十五记载,每年八月十八日人们观江潮时,总有渔家子弟溯涛触浪,称之为弄潮①。潮水定期涨落,弄潮儿也随着潮水涨落而"弄潮",嫁给这样的弄潮儿,就不会"朝朝误妾期"了。要知道,"潮来有信,而郎去不归,喻巧而怨深。古乐府之借物见意者甚多……皆喻曲而有致,此诗其嗣响也。"(俞陛云,2011:131)转笔奇崛,却运笔自然,不留凿痕。结语看似妇人在那儿想入非非,实则情感自然流露,算是自嘲式宣泄一下心里长期的积怨而已吧。那积怨并不一定是发自心底的真怨恨:

> 本诗以嗔怨表达挚爱,朴茂有真趣。"误妾期"是枢纽,忽尔[sic]见潮来,想到"潮有信",以"有信"与"误期"对照,更由"潮信"联想到弄潮儿,结为末句。想像[sic]一下:这女子如将此诗托人捎给远行的丈夫,则末句更是催夫归来的娇嗔。她是寂寞的,却又是多么活泼、热情、娇美,读诗如见其人。
>
> (赵昌平,2006:286)

当然,也有人认为,"失望使人痛苦。在诗中女主人公看来,潮倒是最能守信的。因为潮能守信,弄潮儿的行踪,就能随潮信而如期归

---

① 转引自"顾青,2009:308"

来。因此,这首诗也写出了古代妇女候夫不归的怨望。"(金性尧,1993:333)

三、个人品读:后悔或娇嗔皆因爱而生

嫁作商人妇,后悔吗?

此诗中,商人为"瞿塘贾",即"在长江上游一带作[sic]买卖的商人"(李淼,2007:183)。这里的"瞿塘"指的是"瞿塘峡",长江三峡之一,也是长江险滩之一。因此,"古代商旅过此,常有覆舟之患。"(人民文学出版社编辑部,2000:100)后悔与否,结果是"朝朝误妾期":日子一天一天过,却一天一天见不到夫君。嫁给商人误妾期,若"嫁得瞿塘贾",那么"朝朝误妾期"就自不在话下,更是暗含风险:行走瞿塘险滩的瞿塘贾,怎不叫人提心吊胆?怪不得唐代女诗人刘采春有这样的慨叹:

莫作商人妇,金钗当卜钱。

朝朝江口望,错认几人船。　　　　(刘采春《啰唝曲六首》其三)

后悔吗?语不惊人死不休。

经由诗人李益代言,商人妇算是"为人性僻耽佳句,语不惊人死不休"(杜甫《江上值水如海势聊短述》)了——"早知潮有信,嫁与弄潮儿",语势急转直下,犹如瞿塘之水,令人猝不及防。弄潮儿潮涨即来,潮落即去,有"信用",如潮之"有信"也。据说,"弄潮是从前江南水乡一种水上游戏。潮水来时,勇敢而又熟谙水性的少年,驾舟触浪,随潮进退,表现勇敢冒险的精神,所以称为弄潮儿。"(人民文学出版社编辑部,2000:100)另据《现代汉语词典》第五版相关词条,弄潮儿指在潮水中搏击、嬉戏的年轻人,也指驾驶船只的人。如若嫁给这样的弄潮儿,那该有多好!朝朝暮暮,分分秒秒,都不会"误妾期"了。

后悔吗?娇嗔之意亦显露。

结句"早知潮有信,嫁与弄潮儿",是否可以从中嗅出一股"悔不

该当初"的味道？妇人看似后悔了,也许真的后悔了。但是,这也许只是娇嗔之语,以清理一下心底长期淤积的"怨气",也可算是给对方打下一剂"预防针",正如黄叔灿在《唐诗笺注》中所说:"不知如何落想,得此急切情至语。乃知《郑风》'子不我思,岂无他人',是怨怅之极词也。"

联想到诗人李益当时官卑位低,戍守边陲,郁郁而不得志,那么这首诗是否另有其意呢？要知道,在中国的帝王时代,以天子为尊,有悖天子之言,发表是有忌讳的。于是乎,文人包括诗人便"顾左右而言其他"来抒发内心抑郁之结。李益是否借商妇之口抒发内心的积怨呢？这个空间,只能留给读诗的人自己去想象了。

四、英译研究:诗意的把握(2)——整体导向

本书上卷第十章第二节第四部分谈到,古诗英译特别是唐代五绝韵体英译中,对一首诗基本意义的把握应该有一个整体的取向/定位。进一步说,要尽最大可能根据诗题和诗体的表述对诗意有一个精确的定位,或者说正常的定位——尽管"诗无达诂,译无定数"[①]。除此之外,还要对一首诗诗意的整体导向有一个整体的把握。进一步说,要尽最大可能根据诗题和诗体的表述来正确或正常地把握一首诗的诗意导向。若最终的导向离原诗诗意甚远,甚至跟原诗诗意正好相反,那么这种整体导向的把握就出现偏差了,译诗也势必会随之出现偏差。

具体拿李益的这首《江南曲》来说吧。此诗诗意的整体导向,或者是妇人对所嫁之人所持的娇嗔式的怨情(这似乎是大多数人对此诗诗意所确立的一个整体导向),或者是对所嫁之人表现出的真正怨情,即没有虚假的成分(也有为数不少的人偏于这个导向)。但是,如

---

① 参见本书上卷第八章第三节第四部分相关内容。

果真的认为诗中妇人抱着"子不我思,岂无他人"的态度而有了"婚外恋",或者"移情别恋",这似乎是一个离谱的导向,不足取。另外,对于原诗意象的理解出现错误,或对原诗的逻辑在理解上出现了错误,那么对原诗诗意整体导向的把握则会出现这样或那样的偏差,但不一定太离谱。

从译诗这一层面上看,整体导向是否离谱,是否会出现偏差,除了对原诗诗意整体的把握外,还与对原诗主要意象的理解和表达有很大的关系。具体到李益的《江南曲》,就是要把握好首联跟尾联的逻辑关系,还有对"瞿塘贾""弄潮儿"等主要意象的把握。下面以《江南曲》几个译本为例,对古诗英译特别是唐代五绝韵体英译中对原诗诗意的整体导向的把握予以简单的探讨。

译本(1)

A Southern Song

By *Li Yi*

Since I became a merchant's wife,

I've in his absence passed my life.

A sailor's faithful as the tide,

Would I have been a sailor's bride.

(许渊冲,陆佩弦,吴钧陶等,1988:254)

注:1. merchant: *Noun* a person or company involved in wholesale trade, especially one dealing with foreign countries or supplying merchandise to a particular trade 商人;(尤指外贸)批发商;供应商

2. sailor: *Noun* a person whose job it is to work as a member of the crew of a commercial or naval ship or boat, especially one who is below the rank of officer (尤指级别低于三副的)水手;海员;水兵

3. faithful: *Adjective* loyal, constant, and steadfast 忠实的;忠诚的;诚信的;恒定的;一贯如一的;坚定的

4. tide: *Noun* the alternate rising and falling of the sea, usually twice in each lunar

day at a particular place, due to the attraction of the moon and sun 潮(汐)(e. g. They were driven on by wind and tide. 他们被风和潮水越冲越远。)

5. bride: *Noun* a woman on her wedding day or just before and after the event 新娘

对于"译本(1)",郭著章等(2010:128)认为"十分忠实地传达了原诗内容"。但是,"sailor"一词的选用,令诗意的整体导向有些离谱,偏差大了些,导致译诗第三行逻辑上似乎出了问题:一名"sailor"怎么能跟"潮"一样"守信"呢(A sailor's faithful as the tide)? 这一行译诗,起码令本书著者颇感费解。同时,也令译诗前两行和后两行的逻辑关系也产生了问题,如同两条铁轨,永远平行,没有交点:瞿塘贾一出门就是很长时间,定好了归期,结果妻子苦苦等待也等不到其归来;"sailor"一出海也是很长时间,甚至比瞿塘贾出门做生意时间还要长许多。试想想,女子怎么会"舍近求远"嫁给这样的人呢? 这样的人,恐怕还不及瞿塘贾吧。原诗的逻辑似乎是这样的:潮涨潮落很有规律,而弄潮儿也会随着潮涨潮落前来弄潮,也很有规律,嫁给这样的弄潮儿远远胜于嫁给一个一去就归期不定甚至没有归期的瞿塘贾。是这个道理吧?!

译本(2)

A Song of the Southern River

(Written to Music)

By *Li Yi*

Since I married the merchant of Ch'ü-t'ang

He has failed each day to keep his word...

Had I thought how regular the tide is,

I might rather have chosen a river-boy.[①]

注:1. merchant: *Noun* a person or company involved in wholesale trade, especially

---

① 威特·宾纳(Witter Bynner)译,选自威特·宾纳所著"*The Chinese Translations: The Works of Witter Bynner*"。

one dealing with foreign countries or supplying merchandise to a particular trade 商人;(尤指外贸)批发商;供应商

2. regular: *Adjective* arranged in or constituting a constant or definite pattern, especially with the same space between individual instances 正常的;规则的;按规定间隔的 (e. g. Plant the flags at regular intervals. 按规定间隔竖旗。)

3. tide: *Noun* the alternate rising and falling of the sea, usually twice in each lunar day at a particular place, due to the attraction of the moon and sun 潮(汐)(e. g. They were driven on by wind and tide. 他们被风和潮水越冲越远。)

在"译本(2)"中,诗意的整体导向也存在着偏差,但本书著者感觉比"译本(1)"的偏差要小一点儿,主要集中在译诗的后两行。第三行逻辑正常,也忠实于"早知潮有信",诗意导向的把握很好;第四行一开始,逻辑顺畅,诗意导向尚可,但到了最后出现"river-boy"时,逻辑关系似乎断了条:"river"跟"tide"又有什么关系?潮起潮落,事关大海,无关江河。若将"river-boy"换成"tide-boy",庶几可通。否则,最好交待清楚"river"和"tide"两者之间的关系。另外,对于诗题的翻译,此译本中的"the Southern River"似乎不太合适,但加上括注的"Written to Music",则更为详尽,有所弥补,而"译本(1)"中的"Southern"似乎宽泛了些,没有体现出"江南"中"江"字的含义。就诗题的翻译而言,本书著者认为下面要讨论的"译本(3)"和"译本(4)",可谓的略胜一筹吧。

译本(3)

A Song of the South of the River

By *Li Yi*

Since married to a merchant at the river-side,

Each day I have been home alone, all joys denied.

Should I have known at fixed time comes the tide before,

I'd have been married to a boatman by the shore.

(王大濂,1998:109)

注:1. merchant: *Noun* a person or company involved in wholesale trade, especially one dealing with foreign countries or supplying merchandise to a particular trade 商人;(尤指外贸)批发商;供应商

2. tide: *Noun* the alternate rising and falling of the sea, usually twice in each lunar day at a particular place, due to the attraction of the moon and sun 潮(汐)(e.g. They were driven on by wind and tide. 他们被风和潮水越冲越远。)

3. boatman: *Noun* a person who hires out boats or provides transport by boat (出租船只或承运货物的)船老板

在"译本(3)"中,诗意整体导向的偏差小了许多,逻辑关系也较为明朗。但是,此译本的第三行和第四行之间,"潮有信"和"弄潮儿"的"有信"之间,似乎还是没有有机地联系起来,致使诗意的导向多少还是存在着一定的偏差。

译本(4)

south of the yangtze river song

By Li Yi

I got myself married to a merchant

who lives beside qutang lake

he goes off in the morning

and works for his money all night long

the tide rises and the tide falls

I should have thought about that

and married myself a good lake sailor

whose boat goes out—and comes in—on the tide

(王守义,约翰·诺弗尔,1989:36)

注:1. Yangtze: *Noun* the principal river of China, which rises as the Jinsha in the Tibetan highlands and flows 6,380 km (3,964 miles) southwards then generally eastwards through central China, entering the East China Sea at Shanghai

扬子江;长江(中国主要河流,发源于青藏高原的金沙江,全长6,380公里,即3,964英里,先向南流,后大致向东流,穿过中国中部,在上海流入中国东海)

2. merchant: *Noun* a person or company involved in wholesale trade, especially one dealing with foreign countries or supplying merchandise to a particular trade 商人;(尤指外贸)批发商;供应商

3. tide: *Noun* the alternate rising and falling of the sea, usually twice in each lunar day at a particular place, due to the attraction of the moon and sun 潮(汐)(e. g. They were driven on by wind and tide. 他们被风和潮水越冲越远。)

4. sailor: *Noun* a person whose job it is to work as a member of the crew of a commercial or naval ship or boat, especially one who is below the rank of officer (尤指级别低于三副的)水手;海员;水兵

关于这种全部为小写字母的译诗风格,参见本书上卷第十一章第一节第四部分"译本(2)"中的相关内容。在"译本(4)"中,由于将"瞿塘"处理成"qutang lake",诗意的整体导向出现了明显的偏差,错不错暂且不论,起码没有了"弄潮儿"的气势,因"lake"毕竟没有大海的胸襟。另外,此译本诗意导向的偏差,还体现在译诗后两行的逻辑关系的脱节上。

译本(5)

A Southern Tune

By *Li Yi*

To a merchant of Qutang I am married,

Only to find his homecoming tarried.

Had I known the tide returns never late,

I'd have chosen to be a sailor's mate.①

注:1. tune: *Noun* a melody, especially one which characterizes a certain piece of

---

① 阮江平译,辜正坤校订,引自"吴钧陶,1997:495"。

music 曲调;曲子;旋律(e.g. She left the theatre humming a cheerful tune. 她哼着欢快的曲子离开了剧院。)

2. merchant: *Noun* a person or company involved in wholesale trade, especially one dealing with foreign countries or supplying merchandise to a particular trade 商人;(尤指外贸)批发商;供应商

3. tarry: *Verb* (no obj.) (dated) stay longer than intended; delay leaving a place (古旧用法)拖延;逗留(e.g. She could tarry a bit and not get home until four. 她可以再逗留一会直到四点再回家。)

4. tide: *Noun* the alternate rising and falling of the sea, usually twice in each lunar day at a particular place, due to the attraction of the moon and sun 潮(汐)(e.g. They were driven on by wind and tide. 他们被风和潮水越冲越远。)

5. sailor: *Noun* a person whose job it is to work as a member of the crew of a commercial or naval ship or boat, especially one who is below the rank of officer(尤指级别低于三副的)水手;海员;水兵

6. mate: *Noun* (informal) a person's husband, wife, or other sexual partner (非正式用法)配偶;丈夫;妻子;性伙伴

在"译本(5)"中,前两行诗意的导向很明确,但后两行由于"sailor"一词的选用,诗意导向便出现了偏差:"潮有信",即潮起潮落很准时(the tide returns never late),并不意味着海上的"sailor"也随着潮起潮落而回家或离家。后两行的偏差,导致诗意的导向在整体上跟"译本(1)"一样,也出现了偏差。

译本(6)

Mismarriage

By *Li Yi*

I am married to a merchant of Qutang

My choice of a spouse has been entirely wrong.

Not a day has he come home at the time set.

Broken promises are what I often get.

Had I early learnt: time and tide wait for no man,
A tide-waiter would have been for me the right man.

（徐忠杰，1990：238）

注：1. merchant：*Noun* a person or company involved in wholesale trade, especially one dealing with foreign countries or supplying merchandise to a particular trade 商人；(尤指外贸)批发商；供应商

2. spouse：*Noun* a husband or wife, considered in relation to their partner 配偶（指丈夫或妻子）

3. tide：*Noun* the alternate rising and falling of the sea, usually twice in each lunar day at a particular place, due to the attraction of the moon and sun 潮（汐）(e.g. They were driven on by wind and tide. 他们被风和潮水越冲越远。)

按照通常的分析，"译本(6)"从诗题起就有偏离诗意的正确或正常导向之嫌。也可以说，诗题本身就把《江南曲》的诗意限制住了，逼着诗意"一条道走到黑"，没有了延展的空间。另外，此译本后两行，译者试图将直译和意译结合起来处理原诗的尾联，但似乎离原诗的诗意远了些。

综上所述，古诗英译特别是唐代五绝韵体英译中，译者要尽力把握好原诗的诗意，并借此掌握好原诗诗意的整体导向，以使译诗的诗意朝着正确的或者正常的方向发展，尽量避免译诗的诗意导向出现偏差，更不能让译诗的诗意导向太离谱。

五、韵译探索：江南曲

江南曲　李益

嫁得瞿塘贾，朝朝误妾期。
早知潮有信，嫁与弄潮儿。

A Folk Song of Southern Yangtze River
By *LI Yi*

第十二章　怨情五绝

Since to a trader I'm married,

In his journey he is buried

Via one treacherous Yangtze gorge,

With no reunion-ship to forge.

Ah, seeing one wave-rider go

And come with th' tide's each ebb and flow,

How I wish instead of th' trader

I could've then married the rider.

(Translated by *WANG Yong-sheng*)　　　　（王永胜译）

注:1. Yangtze: *Noun* the principal river of China, which rises as the Jinsha in the Tibetan highlands and flows 6,380 km (3,964 miles) southwards then generally eastwards through central China, entering the East China Sea at Shanghai 扬子江;长江(中国主要河流,发源于青藏高原的金沙江,全长6,380公里,即3,964英里,先向南流,后大致向东流,穿过中国中部,在上海流入中国东海)

2. trader: *Noun* a person who buys and sells goods, currency, or shares 商人;(货币或股票)交易人

3. via: *Preposition* travelling through (a place) en route to a destination 经由(某地);过;取道

4. treacherous: *Adjective* (of ground, water, conditions, etc.) hazardous because of presenting hidden or unpredictable dangers (地面、水流、情况等)危险的;变化莫测的 (e.g. A holidaymaker was swept away by treacherous currents. 一个度假者被诡秘的水流卷走了。)

5. gorge: *Noun* a narrow valley between hills or mountains, typically with steep rocky walls and a stream running through it (山)峡;峡谷(尤指有陡峭的崖壁和穿流其间的溪涧)

6. reunion: *Noun* an instance of two or more people coming together again after a period of separation 团聚;团圆 (e.g. She had a tearful reunion with her parents. 她和她的父母团聚时泪流满面。)

7. ah: *Exclamation* used to express a range of emotions including surprise, pleasure, sympathy, and realization 啊;呀(用于表示惊讶、喜悦、同情和意识到等一系列情绪)
8. forge: *Verb* (figurative) create (a relationship or new conditions) (比喻用法)创造;缔造(关系或形势)(e.g. The two women forged a close bond. 两位女士形成紧密同盟。)
9. th' = the
10: ebb and flow: a recurrent or rhythmical pattern of coming and going or decline and regrowth 涨落;兴衰;消长
11. tide: *Noun* the alternate rising and falling of the sea, usually twice in each lunar day at a particular place, due to the attraction of the moon and sun 潮(汐)(e.g. They were driven on by wind and tide. 他们被风和潮水越冲越远。)

第四节　宫女怨情

五言绝句原诗：

gù guó sān qiān lǐ　shēn gōng èr shí nián
故　国　三　千　里，深　宫　二　十　年。
yī shēng hé mǎn zǐ　shuāng lèi luò jūn qián
一　声　何　满　子，双　泪　落　君　前。

九言白话译文：

离此三千里地是故乡，身处深宫二十年时光。

听到人唱一声何满子，顿在君前热泪垂两行。

"故国三千里,深宫二十年。一声何满子,双泪落君前。"这首诗在《全唐诗》中冠以诗题《宫词二首》(其一)。此诗诗题另有选本作《宫词》或《何满子》。本书取《何满子》为其诗题,作者张祜。

一、人物品读:张祜

张祜一生中得一人器重和举荐,虽结果不尽如人意,也算是遇上了贵人,此人便是令狐楚。令狐楚任节度使时,亲草奏章向当朝皇帝力荐张祜,并把张祜的三百首诗献给朝廷。诗献朝廷后,张祜便遇上了一生中排挤自己的人,此人便是元稹。元稹应皇帝召见,这样品评张祜的诗:"张祜雕虫小巧,壮夫不为,若奖激大过,恐变陛下风教。"(《唐才子传》卷六)于是,乘兴而来的张祜,败兴而归,退居淮南,终未复出。

人生得一知己足矣,但张祜一生中却结交了不少朋友,也得了不少知己,其中不乏名流显贵,杜牧就是其中的一个。杜牧待张祜十分友好和优厚,并以诗相赠:

百感中来不自由,角声孤起夕阳楼。
碧山终日思无尽,芳草何年恨即休。
睫在眼前长不见,道非身外更何求。
谁人得似张公子,千首诗轻万户侯。

(杜牧《登池州九峰楼寄张祜》)

张祜(约785—约849),字承吉,南阳(今河南邓州市)人,一说清河(今邢台市清河县)人。据说张祜家世显赫,人称"张公子",以"处士"自称,还有"海内名士"之美誉,但举进士不第。张祜四处奔走,以诗会友,以酒会友,结交显贵,但终未能为自己谋得实际意义上的一官半职。这反而成就了张祜,使得他有时间游走山水间,遍访名寺,题诗作赋。正如《韵语阳秋》所载:"张祜喜游山而多苦吟,凡历僧寺,往往题咏……信知僧房佛寺赖其诗以标榜者多矣",以致题诗迭出。例如:

一宿金山寺,超然离世群。
僧归夜船月,龙出晓堂云。
树色中流见,钟声两岸闻。
翻思在朝市,终日醉醺醺。 (张祜《题润州金山寺》)

张祜穷其一生,"故国三千里,深宫二十年",在诗歌创作上成绩

斐然,有《张处士诗集》《张承吉文集》等存世,《全唐诗》收其诗两卷,共计349首。纵观张祜一生,杜牧一诗可评之:

七子论诗谁似公,曹刘须在指挥中。

荐衡昔日知文举,乞火无人作蒯通。

北极楼台长挂梦,西江波浪远吞空。

可怜故国三千里,虚唱歌词满六宫。

(杜牧《酬张祜处士见寄长句四韵》)

二、艺术品读:《何满子》

成熟后的词牌名"何满子",双调共计74个字,也有单调《何满子》,正格为36个字,变格为37个字,代表作是《何满子·秋怨》:

怅望浮生急景,凄凉宝瑟馀音。楚客多情偏怨别,碧山远水登临。目送连天衰草,夜阑几处疏砧。　黄叶无风自落,秋云不雨长阴。天若有情天亦老,摇摇幽恨难禁。惆怅旧欢如梦,觉来无处追寻。　　(宋代孙洙《何满子·秋怨》)

但是追根溯源,"何满子"原为人名。在唐代,"何满子",一作"河满子",为教坊歌曲名,一作舞曲名①。歌曲名也好,舞曲名也罢,《何满子》或《河满子》源于一个叫"何满子"的人——"白居易《听歌六绝句》之五《何满子》自注:'开元中,沧州有歌者何满子,临刑,进此曲以赎死,上竟不免。'"(李森,2007:178)正是:

世传满子是人名,临就刑时曲始成。

一曲四调歌八叠,从头便是断肠声。

(白居易《听歌六绝句·何满子》)

尽管"上竟不免",但"从头便是断肠声"的《何满子》打动了当时很多知名诗人,这些诗人纷纷为之赋诗,包括上述白居易的《听歌六

---

① 《乐府诗集》引《杜阳杂编》曰:"'文宗时,宫人沈阿翘为帝舞《何满子》,调辞风态,率皆宛畅。'然则亦舞曲也。"

绝句·何满子》。其中,最为感人的当属张祜的宫词《何满子》了:
　　故国三千里,深宫二十年。
　　一声何满子,双泪落君前。

　　据说唐武宗时,有一孟姓才人善歌,深得武宗宠信,武宗病重之际,孟才人侍其左右。武宗当时"目孟才人曰:'吾即不讳,尔何为哉?'指笙囊泣曰:'请以此就缢。'上悯然。复曰:'妾尝艺歌,请对上歌一曲,以泄其愤。'上许。乃歌一声《河满子》,气亟立殒。上令医候之,曰:'脉尚温而肠已绝。'帝崩,柩重不可举。或曰:'非俟才人乎?'爰命其榇,榇至乃举。祜为《孟才人叹》,序曰:才人以诚死,上以诚命,虽古之义激,无以过也。歌曰:偶因歌态咏娇嚬,传唱宫中十二春。却为一声河满子,下泉须吊旧才人。"([宋]计有功,1987:792)

　　姑且不论"殉情"抑或"殉葬"之"残忍"抑或"野蛮",上述孟才人殉情之事着实令张祜感触深刻,并为此写了三首诗。其中一首就是上述的《孟才人叹》,另二首为一组,《全唐诗》诗题为"宫词二首",本节的主题诗《何满子》便是其中的第一首。

　　张祜的这首《何满子》跟其他许多宫怨诗一样,也写深宫女子的痛苦和怨恨,只不过没有直白挑明其痛苦和怨恨,而是寓其痛苦和怨恨于虚指的数字之中——"故国三千里,深宫二十年。"这比直接书写痛苦和怨恨更具说服力,更具控诉性。另外,通常意义上的宫怨诗大多写宫中女子因见不到帝王而饱受失宠之苦,但张祜一反此传统,转而写在君王面前(不能说总能见到君王,起码不会因为失宠而总见不到君王吧)落下"双泪",挥洒怨恨,无任何遮掩,直抒胸臆。这应该说是张祜写这首诗的独到之处,与通常的宫怨诗大不相同。例如:
　　玉阶生白露,夜久侵罗袜。
　　却下水精帘,玲珑望秋月。　　　　(李白《相和歌辞·玉阶怨》)
　　长门寒水流,高殿晓风秋。

昨夜鸳鸯梦，还陪豹尾游。
前鱼不解泣，共辇岂关羞。
那及轻身燕，双飞上玉楼。　　　　　　　　（郑锡《玉阶怨》）
昔日同飞燕，今朝似伯劳。
情深争掷果，宠罢怨残桃。
别殿春心断，长门夜树高。
虽能不自悔，谁见旧衣襃。　　　　　　　　（郑鏦《玉阶怨》）

三、个人品读："大胆"的伤心曲

　　张祜的五绝《何满子》是宫女怨情诗。首联的"三千里""二十年"应为虚指，言离家距离之远、时间之久，同时也将深深的怨情寓含于数字之中，隐含在白描式的笔触之下。尾联出句大有"箭在弦上，蓄势待发"之势，触发的"导火索"便是那悲伤得令人肠断的"一声何满子"。于是乎，在弦之箭就"不得不发"了——双泪落君前，就在君王眼皮子底下，积怨瞬时爆发。可谓挥泪洒积怨，哭出来的是眼泪，可洒下的却是长久的怨情，这也算是出声的抗议了。长久的怨情，那就是沉在心底的"沉默"——"沉默呵，沉默呵！不在沉默中爆发，就在沉默中灭亡。"（鲁迅《记念刘和珍君》）宫女的怨情就在沉默中爆发了，就在君王的面前爆发了。白居易笔下《长恨歌》中的那位"回眸一笑百媚生"、令"六宫粉黛无颜色"、又集"三千宠爱在一身"的杨贵妃，虽"一朝选在君王侧""从此君王不早朝"，但难道她就没有怨情了吗？可她没有以"双泪落君前"来抗议。张祜《何满子》一诗中这位女子虽不能说是集"三千宠爱在一身"，但却做到了，如同"压死骆驼的最后一根稻草"，"一声何满子"足以引燃火药，引发爆炸——"砰"的一声，随即"双泪落君前"。帝王在或不在，管不了那么多了。这是宫女人性的回归，这是情感的自然流露，这是渴望真正的幸福和自由的宣泄。当然，这也是宫女"大胆"述说内心悲伤之举，这也是宫怨诗中首屈一指的"大胆"之举。

张祜的这首宫词还有一个"大胆"之举,那就是在短短的四行之中,竟有三行是静态的罗列,即名词性句子的罗列:"故国三千里""深宫二十年""一声何满子",此乃蓄势也。这倒让人想起后人马致远的《天净沙·秋思》:枯藤老树昏鸦,小桥流水人家,古道西风瘦马。也是三行的蓄势,最后的落笔是"夕阳西下,断肠人在天涯",恰如"双泪落君前"了。

据传说,大约在公元849年的一天,诗人张祜已经病入膏肓、奄奄一息了,只听得他悲愤地吟唱一曲《何满子》,便撒手人寰,离开了人世。看来,《何满子》真是一首伤感无比的断肠之曲,也成了张祜名副其实的"绝唱"。

四、英译研究:数字的处理(1)——直译和意译

数字是符号,用以表示数量,但数字不为科学领域特别是数学领域所独有,而是在生活的各个方面都有体现。不管是在汉语还是在英语中,阿拉伯数字或罗马数字基本上都是表示单纯而精确的数量,并不具有其他衍生意义。但是,一旦数字变成这两种语言中的书写字符(在汉语中指的是"一、二、三……百、千、万"等的汉字数字,英语中指的是"one,two,three..."等用英文字母书写的英文数字),并进入人类文化领域,特别是文学领域,那么,这样的数字就不一定表达精确的数量了,而是在一定程度上得以"泛化",变成了虚数,为抒发情感、表达思想等服务。另外,由于"世界各民族都有自己的数字文化,由于受民族心理、宗教信仰、语言崇拜和审美观念等文化差异的影响,汉英语数字泛化的内涵和外延,虽有共同的规律,但也存在着明显的差异"(包惠南,包昂,2000:239),这就构成了翻译中的障碍。

汉语的古诗词作品中,这样的数字往往具有泛化意义。在汉语古诗英译中,要处理好这类泛化后的数字。泛化后的数字,往往不是实指,而是虚指,语义模糊性也就自然而然地产生了。不妨先从英译汉的角度来体会一下这种泛化数字的处理方法。英语中有这样两条谚语,这两条谚语中都用到了英文数字"seven":

1) Seven hours' sleep will make a clown forget his design.
2) Keep a thing seven years and you will find a use for it.

注:1. clown: *Noun* a comic entertainer, especially one in a circus, wearing a traditional costume and exaggerated make-up(尤指马戏团的)小丑;丑角
2. design: *Noun* an arrangement of lines or shapes created to form a pattern or decoration(装饰)图案(e.g. pottery with a lovely blue and white design 带有美丽蓝白图案的陶器)

粗略一读,很可能会轻易将这两个谚语分别译为:
1) 七小时睡眠会使小丑忘记其滑稽模样。
2) 东西存放七年时间,总会派上用场。

如对上述译文细加推敲,就会发现某些不合情理之处。"七小时睡眠"不算多,夜晚睡上七个小时基本上能够缓解白天所带来的人体疲劳。若偷懒而睡上七个小时,那就显得时间过长了;东西一定要存放七年才能派上用场吗? 实际上,上述两个谚语中"seven"在英文中都不是实指性的数词,而是表示一个不确定的、含义模糊的概念,偏向于说明时间之长。因此,这两句可再分别译为:

1) 丑角贪睡,会忘记自己的滑稽模样。
2) 东西放着,总会派上用场。(包惠南,包昂,2000:244)或
东西保存时间长,终会派上好用场。(胡小礼,2008[22]:236-237)

由此可见,对于常规性数字,直译为佳;对于泛化后的数字,可直译,也可意译。直译后的译文,只有靠译语读者用心体会了,如果语言间存在着文化差异,那么直译就会产生问题了。意译后的译文,基本上克服了文化差异,便于译语读者理解。对于数字,到底是直译还

是意译,还需译者在翻译的时候,具体问题具体分析,避免"一刀切"。

就张祜的这首《何满子》而言,整首诗共四行,每一行都用到了数字,且首联里的"三千里"指离家之远,"二十年"指离家之久,基本上属虚指。在这首诗的英译过程中,还需从实指、虚指、泛化、非泛化,以及泛化后数量大小等方面来确定是直译,还是意译。下面以《何满子》的几个英译本为例,简单探讨一下古诗英译特别是唐代五绝韵体英译中对数字的处理。

译本(1)

The Swan Song

By *Zhang Hu*

Homesick a thousand miles away,

Shut in deep palace twenty years.

Singing the dying swan's sweet lay,

Oh! how can she hold back her tears!

(许渊冲,陆佩弦,吴钧陶等,1988:323)

注:1. swan song: a farewell or final appearance, action, or work; the beautiful legendary song sung only once by a swan in its lifetime, as it is dying 永别;最后的露面(行为或作品);天鹅临死时的叫声

2. homesick: *Adjective* experiencing a longing for one's home during a period of absence from it 想家的;思乡的

3. mile: *Noun* (also statute mile) a unit of linear measure equal to 1,760 yards (approximately 1.609 kilometres) 英里(长度单位,等于1,760码,约合1.609公里)

4. lay: *Noun* (poetic/literary) a song (诗/文用法)歌 (e.g. On his lips there died the cheery lay. 那曲欢快的歌在他口唇上消逝。)

5. oh: *Exclamation* used to express a range of emotions including surprise, anger, disappointment, or joy, or when reacting to something that has just been said(表示惊讶、愤怒、失望、高兴等感情)噢;啊;哦;唉;哎呀

6. hold someone/thing back: prevent or restrict the advance, progress, or devel-

opment of someone or something 阻碍；阻止；抑制（e. g. Jane struggled to hold back the tears. 竭力忍住眼泪。）

在"译本（1）"中，译者将首联里两个泛化的数字做了直译处理，且有所归化，将"三千里"归化成"一千英里"。由于原诗中所用数字本身数量较大，数字经过直译处理后，基本上不会给译语读者在理解上构成多大的障碍，所以这样的直译处理未尝不可，无可厚非。但是，将诗题"何满子"译成"The Swan Song"，倒是值得商榷的。

译本（2）

She Sings an Old Song

By *Zhang Hu*

A lady of the palace these twenty years,

She has lived here a thousand miles from her home—

Yet ask her for this song and, with the first few words of it,

See how she tries to hold back her tears.

Note to the Poem

She Sings an Old Song. （The Chinese title is *Ho-man-tzu*, the name of the old Song.）According to Po Chü-yi, there was a singer of Ts'ang-chou in the K'ai-yuan period who, condemned to die, asked at the last moment to be allowed to sing this song, vainly hoping that it might win him clemency. His name became attached to the song. And it is known that later, in the Emperor Wen-tsung's time, Shen A-ch'iao, a palace-girl, was famous for singing it and dancing to it.[①]

注：1. mile：*Noun*（also statute mile）a unit of linear measure equal to 1,760 yards （approximately 1.609 kilometres）英里（长度单位，等于 1,760 码，约合 1.609 公里）

---

① 威特·宾纳（Witter Bynner）译，选自威特·宾纳所著"*The Chinese Translations*：*The Works of Witter Bynner*"。

2. hold someone/thing back: prevent or restrict the advance, progress, or development of someone or something 阻碍;阻止;抑制（e. g. Jane struggled to hold back the tears. 简竭力忍住眼泪。)

3. clemency: *Noun* [mass noun] mercy; lenience 仁慈;宽恕;宽厚

在原诗首联两个数字的处理方面,"译本(2)"跟"译本(1)"一样,都做了直译处理,且有所归化。但"译本(2)"对尾联的处理,弱化了不少,不怎么达意——虽然此译本跟"译本(1)"一样,都将尾联的数字做了意译处理。难能可贵的是,此译本不惜笔墨,对诗题做了加注处理,这对译语读者理解原诗,无疑会起到辅助性的作用,更能达到译诗的目的。

译本(3)

Palace Grievances

By *Zhang Hu*

A thousand long miles from her native land;
Full twenty years' life at deep-locked Court's hand.
Once did the plaintive air Hemanzi sound,
Before the Crown two tear streams flowed to ground.

Annotation

Hemanzi: It was the name of a dance music in the Tang Dynasty. It was said that a singer prisoner of the same name had composed it just before his execution. He'd hoped to offer it to help to spare his life but it didn't work out. The whole tune was said to be very heartbreaking.

（王大濂,1998:155）

注:1. grievance: *Noun* a real or imagined wrong or other cause for complaint or protest, especially unfair treatment 委屈;冤情

2. mile: *Noun* (also statute mile) a unit of linear measure equal to 1,760 yards (approximately 1.609 kilometres) 英里（长度单位,等于1,760 码,约合 1.609公里）

3. plaintive: *Adjective* sounding sad and mournful 伤心的;哀伤的(e.g. a plaintive cry 悲号)

4. crown: *Noun* (the Crown) the reigning monarch, representing a country's government 王国政府;君主;国王 (e.g. Their loyalty to the Church came before their loyalty to the Crown. 他们对教会的忠诚甚于他们对国王的效忠。)

5. annotation: *Noun* a note by way of explanation or comment added to a text or diagram (文本或图表的)注解;注释

6. execution: *Noun* the carrying out of a sentence of death on a condemned person 死刑的执行

在"译本(3)"中,译者基本上采用直译的方法来处理数字,只是对原诗尾联出句中的数字做了意译处理,且对"何满子"也做了加注处理,译诗的整体效果较好。遗憾的是,可能是译者为了押韵的需要,译诗第三行的"did"显得有些突兀。

译本(4)

He Manzi

By *Zhang Hu*

My home is far from here,

Three thousand *li* away;

And twenty years

In the court I delay.

In front of you my lord

I shall sing a *He Manzi* today,

I can't but shed my tears

For it is a sad and grieved lay.[①]

注:1. court: *Noun* a sovereign's residence 王宫;宫廷;宫殿

2. delay: *Verb* (no obj.) be late or slow; loiter 耽搁;迟滞;拖延 (e.g. Ttime be-

---

① 罗志野译,转引自"吴钧陶,1997: 625"。

ing of the essence, they delayed no longer. 时间至关重要,他们不再耽搁。)

3. shed: *Verb* to produce and release (a tear or tears) 流出;流下(泪水)(e.g. He shed his blood for his country. 他为国家流血牺牲了。)

4. lay: *Noun* (poetic/literary) a song (诗/文用法)歌 (e.g. On his lips there died the cheery lay. 那曲欢快的歌在他口唇上消逝。)

为了尽量展现原诗的诗意,有时打破原诗的语言形式来处理译诗,也不失为一种不错的翻译方法。但是,这样处理的前提,是要尽可能正确把握原诗的诗意,否则打破了原诗的形式,如"译本(4)"变四行为八行,就有点得不偿失了。在"译本(4)"中,译者首先将译诗处理成八行英诗,且遵循汉语古体诗的押韵模式,即偶数行押韵。其次,译者将原诗首联中的数字直译,且有所异化,即保留了汉语中距离的计量单位"里",这多少会影响译语读者对诗意的理解。如果不做加注处理,这样不是很可取的。最后,译者将原诗尾联中的数字做了意译处理,但译诗的诗意似乎偏离了原诗的诗意。

译本(5)

A court lady[①]

By *Zhang Hu*

Vast is our country with its millions of square li,

But closely confined is she at Court for twenty years.

At the first notes of the song, entitled'Hemanzi',

Before His Majesty flows a double stream of tears.

(徐忠杰,1990:319)

注:1. court: *Noun* a sovereign's residence 王宫;宫廷;宫殿

2. sqaure: *Noun* the product of a number multiplied by itself 平方;二次幂 (e.g. A circle's area is proportional to the square of its radius. 圆的面积与它半径的平方成正比。)

---

① 原英译诗的"court lady"为小写。

3. confine：*Verb* (confine someone to/in) restrain or forbid someone from leaving (a place) 禁止离开；关押；监禁；禁闭（e. g. The troops were confined to their barracks. 军队被关在营房。）

4. note：*Noun* a single tone of definite pitch made by a musical instrument or the human voice 音（e. g. The last notes of the symphony died away. 交响曲最后的几个音渐渐消失。）

5. majesty：*Noun* (His, Your, etc., Majesty) a title given to a sovereign or a sovereign's wife or widow 陛下（用于称呼君主或其妻或遗孀）（e. g. Her Majesty the Queen 女王陛下）

在"译本(5)"中,译者将原诗四行中的数字都做了直译处理,但首行的处理有点复杂,着实让人摸不着头脑。译者首先可能根据原诗的意思将表示距离之远的数字换算成表示面积的数字,似乎强调了"故国"幅员之辽阔。其次,译者将"里"做了异化式处理,跟"译本(4)"一样,会构成译语读者理解上的障碍。经过这样一番处理,本书著者感觉"译本(5)"首行未能表达出原诗首行的意义。

综上所述,在古诗英译特别是唐代五绝韵体英译过程中,对于原诗中包含的数字,要在翻译前具体问题具体分析。若数字具有实指性,则可直译;若数字具有虚指性,即经过泛化而具有模糊性语义,则可直译,也可意译,但直译的前提应是直译后的译文不会构成译语读者理解上的障碍。

五、韵译探索:何满子

何满子　张祜

故国三千里,深宫二十年。

一声何满子,双泪落君前。

He Man-zi

By *ZHANG Hu*

Away for miles 'pon miles

第十二章　怨情五绝

From her home sweet, with trials
She's been restricted years
After years in the court.
She sheds two streams of tears
Before Her Majesty
'Pon hearing *He Man-zi*,
A song of plaintive sort.

N. B.

He Man-zi is a touching but heartbreaking imperial song named after HE Man-zi, who created it and before his execution dedicated it to the emperor of Tang Dynasty for clemency but in vain.

(Translated by *WANG Yong-sheng*)　　　　（王永胜译）

注:1. mile: *Noun* (also statute mile) a unit of linear measure equal to 1,760 yards (approximately 1.609 kilometres) 英里（长度单位,等于 1,760 码,约合 1.609 公里）

2. 'pon = upon

3. trial: *Noun* a person, thing, or situation that tests a person's endurance or forbearance（对人的忍耐、自制力的）考验；磨炼 (e.g. the trials and tribulations of married life 婚姻生活的磨难)

4. restrict: *Verb* deprive (someone or something) of freedom of movement or action 限制……的行动自由；约束 (e.g. Cities can restrict groups of protesters from gathering on a residential street. 城市可以禁止抗议者们在住宅区街道上集会。)

5. court: *Noun* a sovereign's residence 王宫；宫廷；宫殿

6. majesty: *Noun* (His, Your, etc., Majesty) a title given to a sovereign or a sovereign's wife or widow 陛下（用于称呼君主或其妻或遗孀）(e.g. Her Majesty the Queen 女王陛下)

7. 'Pon = Upon

8. plaintive: *Adjective* sounding sad and mournful 伤心的；哀伤的(e.g. a plain-

tive cry 悲号)
9. execution: *Noun* the carrying out of a sentence of death on a condemned person 死刑的执行
10. clemency: *Noun* [mass noun] mercy; lenience 仁慈;宽恕;宽厚

第五节 思妇怨情

五言绝句原诗：

shì qiè yǔ jūn lèi, liǎng chù dī chí shuǐ
试 妾 与 君 泪， 两 处 滴 池 水。
kàn qǔ fú róng huā, jīn nián wèi shuí sǐ
看 取 芙 蓉 花， 今 年 为 谁 死。

九言白话译文：

用我你眼泪做一尝试，分别滴入两处水池子。

验看一下池里芙蓉花，今年因谁泪多而衰逝。

诗体为"试妾与君泪，两处滴池水。看取芙蓉花，今年为谁死"的这首诗，《乐府诗集》诗题为《古怨》，《全唐诗》诗题为《怨诗》，本书从后者，作者皆为孟郊。这首诗，有的选本列为乐府诗，有的选本列为五绝诗，但由于此诗为"东野所作拟古乐府辞"（韩泉欣，1995：15），且基本合律，故本书视其为五绝加以探讨。

一、人物品读：孟郊

孟郊(751—814)，字东野，湖州武康（今浙江德清）人。孟郊家境贫寒，生活清苦，屡试不第。一次次失败，也不知道失败了多少次，不见希望之光。一次次落魄长安，孟郊无比失落和感慨：

一夕九起嗟，梦短不到家。

两度长安陌，空将泪见花。　　　　　　　（孟郊《再下第》）

不知是命运之神的眷顾，还是功夫不负有心人，孟郊终于在贞元十二年（公元796年）进士及第，一扫往日的阴霾，露出了心酸的微笑：

昔日龌龊不足夸，今朝放荡思无涯。

春风得意马蹄疾，一日看尽长安花。　　　　（孟郊《登科后》）

近半百之年的孟郊，终于踏上仕途，能走马上任了，任溧阳尉。溧阳即今江苏溧阳。"尉"是一个低等级的小官，主要管理治安。但任上的孟郊却未能很好地进入角色，整天吟咏不绝，甚至忘记自己有职责在身，结果被罚半俸。即便这样，孟郊依然十分高兴，毕竟有了条件，可以接母亲前来安享天年，实现自己的夙愿。这对于孟郊来说，比什么都重要：

慈母手中线，游子身上衣。

临行密密缝，意恐迟迟归。

谁言寸草心，报得三春晖。　　　　（孟郊《游子吟》①）

元和九年（公元814年），孟郊"随郑馀庆赴镇为兴元军参谋，途中暴病去世"（人民文学出版社编辑部，2000：169）。孟郊被友人张籍私谥为"贞曜先生"，现存诗500多首，以五言短诗居多。本书上卷第十一章第二节第一部分提到的贾岛，写诗多有荒枯之境，颇见寒苦之辞，孟郊也是如此。孟郊与贾岛有"郊寒岛瘦"之称：估计孟郊和贾岛各自的日子过得都很清苦，赋起诗来皆搜肠刮肚，因此诗作也都日渐"寒"和"瘦"了。但是，韩愈对孟郊和贾岛寄予了很高的评价：

孟郊死葬北邙山，从此风云得暂闲。

天恐文章浑断绝，更生贾岛著人间。　　　　（韩愈《赠贾岛》）

二、艺术品读：《怨诗》

孟郊有些诗语言平白自然，但诗意并不平庸浅易。这样的结果就是诗风奇崛，思深意远，构思奇巧。这首《怨诗》当属其中的佼佼

---

① 《全唐诗》在诗题后附括注为"迎母溧上作"。

者,是诗人孟郊站在女性的立场上以女子的视角写的一首五绝作品。

从本节第一部分最后韩愈《赠贾岛》诗可以得知,除了贾岛外,韩愈也比较看重孟郊,对其诗风,可谓概括精辟:

及其为诗,刿目鉥心,刃迎缕解。钩章棘句,掐擢胃肾。神施鬼设,间见层出。惟其大玩于词,而与世抹摋,人皆劫劫,我独有余。　　　　　　　　　　　　　　（韩愈《贞曜先生墓志铭》）

在五绝《怨诗》中,"妾"乃古代女子自称,是谦辞;"君"应是其出门远行的丈夫,即"夫君"。首联出句"试妾与君泪",看来已婚古代女子要做一尝试,拿自己和夫君的泪水做一番尝试。做何尝试?原来要"两处滴池水",将两个人的泪水滴进两处的池中。缘何?尾联给出了尝试欲达之目的:"看取芙蓉花,今年为谁死。"芙蓉花是"荷花的别称,以谐音'夫容'"(韩泉欣,1995:15)。苦涩的泪水越多,水中芙蓉花就越发难以适应,难以生存。最终会衰败而亡。尾联"看取芙蓉花,今年为谁死"承接首联二句,究其诗意,理解上存在着细微的差异。韩泉欣(1995:15)认为"泪水多则池水深,芙蓉花被淹而死,言外谓己所流之泪更多。"也就是说,"花死由泪浅深,下一'试'便有分别。"(明代周珽《唐诗选脉会通评林》)究其实质,"言我有情,君无情,花但为我死也。"(清代吴昌祺《删订唐诗解》)但是,不管芙蓉花是怎么死的,杀手应是泪水。泪水多,则思念多,久思不见君归,则心生怨情。

三、个人品读:浮夸的怨情

思念出游丈夫的已婚女子,谓"思妇"也。《宋书·乐志》援引曹丕《燕歌行》曰:"慊慊思妇恋故乡,君何淹留寄他方。"

思妇思君,不见君归,故积怨情。怨情越积越深,对于善于赋诗的古代女子来说,可以提笔抒怀,但对于不善赋诗的女子来说,只能藏于心底。男性诗人洞察这一切,代女子言,抒发女子怨情,当然也是借此抒发个人的苦闷,可谓一举两得,开创今日所言"双赢"局面。如果遇上孟郊这样的"奇崛"诗人,就算是千古奇"怨",他也不会直接喊"怨",而是尽其"奇崛"之本事,大行浮夸之手法,含而不露地代思妇道出饱含浮夸之意的怨情。对此,就连清代黄叔灿也有点迷惑:"不知其如何落想,得此四句,前无可装头,后不得添足,而怨恨之情已极。此天地间奇文至文。"(黄叔灿《唐诗笺注》)可谓浮夸之中见怨情,这不由得使人想起青莲居士的"飞流直下三千尺""白发三千丈"等诗句来,都是用同样的手法达到一定的目的。

记得奥地利著名物理学家薛定谔提出的一个著名的思想实验,名为"薛定谔之猫"(Erwin Schrödinger's Cat)。它是薛定谔于1935年提出的,实验的内容是有关猫的生死叠加问题:一个盒子里装着一只猫和少量放射性物质。放射性物质会衰变并释放出毒气杀死这只猫,这种概率占50%。同时,放射性物质不会衰变,猫将活下来,这种概率也占50%。也就是说,在同一时间里,盒子里的猫既活着又死去。不管我们明不明白这个道理,薛定谔提出的是一个大胆的思想实验,而《怨诗》一诗中的思妇提出的也是一个大胆的思想实验。实验的条件是"试妾与君泪,两处滴池水",实验的结果是"看取芙蓉花,今年为谁死"。跟薛定谔的思想实验不同的是,诗中思妇的实验结果很明确:芙蓉花肯定会死去,谁"滴"的泪水多,谁的池子里的芙蓉花就会死去。妇人的言外之意似乎是:"我的泪水比你的多,我的池子里的芙蓉花会死去。"

泪水之多,竟然要了芙蓉花的命,那得多少苦涩的泪水啊。可以说,这种浮夸不亚于青莲居士等诗人笔下诸多的夸张名句。思妇的这种"妙在不露"(明代周珽《唐诗选脉会通评林》)的浮夸手法,其实是一个大胆的预设,犹如薛定谔的思想实验,所得到的是一个"惊天地泣鬼神"的效果:"此诗设想甚奇,池中有泪,花亦为之死。怨深如此,真可以泣鬼神矣。"(刘永济,1981:184)相比之下,还是武则天

大胆了许多,也更为直抒胸臆:

看朱成碧思纷纷,憔悴支离为忆君。
不信比来长下泪,开箱验取石榴裙。 （武则天《如意娘》）

四、英译研究:诗题与诗体(2)——承接性

本书上卷第十章第五节第四部分讨论了汉语古体诗特别是近体诗中诗题与诗体的互补性问题以及译诗中对这种互补性的体现。译诗中,译者对这种互补性有所体现,会更有利于译语读者对原诗诗意的理解和把握。

除此之外,古诗英译包括唐代五绝的韵体英译中,由于有些原诗诗题相对"孤立"(无题诗除外),直译(包括音译)成相应的英诗诗题,对译语读者理解原诗诗意帮助不大,或者没有什么帮助,更有甚者会令译语读者产生疑问,令其感觉译诗诗题与诗体似乎没有什么关系,甚至脱节。之所以出现这种情况,是因为通常情况下,英诗的诗题对理解英诗的诗体起到一个提纲挈领式的概括作用,对诗意的理解具有很大的辅助性。鉴于此,对于汉语古体诗中类似《江南曲》《杂诗》这样的诗题,最好在英译过程中加以阐释,将直译和意译结合起来,扩充译诗诗题的信息量,令译诗诗题跟译诗诗体间具有很好的承接性(当然,这种承接性其实与本书上卷第十章第五节第四部分讨论的互补性有重叠之处,这里只是换个角度加以探讨),有利于译语读者对原诗诗意的理解。另外,这样的处理也可节省译诗诗体的笔墨,特别是为汉语古体诗,如唐代五绝的"韵体英译"打下一个坚实的基础。下面以几首唐代五绝的英译诗为例,简单探讨一下古诗英译特别是唐代五绝韵体英译中,诗题与诗体的承接性方面问题。

译例(1)

行宫 元稹

寥落古行宫,宫花寂寞红。

白头宫女在,闲坐说玄宗。

Temporary Palace

By *Yuan Zhen*

Palace of a few day's visit, long years crumbling,
The gardens blossom red into the silence.
And here a palace maiden, white-haired now,
Takes her ease and tells her tales of the emperor.①

注:1. crumble: *Verb* (no obj.) break or fall apart into small fragments, especially over a period of time as part of a process of deterioration 崩溃;瓦解

2. blossom: *Noun* a flower or a mass of flowers, especially on a tree or bush(尤指树上的)花朵;花簇(e.g. The slopes were ablaze with almond blossom. 山坡上盛开着扁桃树花。)

3. maiden: *Noun* (archaic or poetic/literary) a girl or young woman, especially an unmarried one(古旧用法或诗/文用法)少女;(尤指未婚的)年轻妇女

元稹的五绝以"行宫"为题,与诗体之间具有一定的承接性,这样的诗题不算"孤立"。但是,这个"行宫"翻译起来很棘手,译成"译例(1)"中的"Temporary Palace",信息量明显不足,很难让译语读者顺畅地理解好译诗诗体内容。由于译诗诗题信息量不足,整首译诗让人感觉诗题与诗体分立开来。也就是说,译诗诗题与诗体间承接性欠佳,没有很好传达出原诗的诗意。按照常规性解释,"行宫"为皇帝在京城之外的宫殿。有人认为,诗中的"行宫"指的是唐朝当时东都洛阳的皇帝行宫,即上阳宫。如果译者对原诗诗题加以阐释,将直译与意译结合起来处理,给足信息,诗体的翻译也就可以顺利进行,可以将更多的注意力放到"韵体英译"上面,最起码在译诗诗体中可以用"it""the palace"等表达加以照应。鉴于此,考虑到"行宫"本身的

---

① 美国汉学家白之(Cryil Birch)译,转引自"郭著章,江安,鲁文忠等,2010:175"。

含义,有学者认为"标题《行宫》可有多种英译。要传达其真正含义,任何一种英译中当不可缺少 imperial 或 emperor 之类的词,如 Imperial Palace for Short Stays Away from the Capital 或 Temporary Dwelling Palace of an Emperor When Away from the Capital, 或简译为 Imperial Temporary Palace 或 An Emperor's Temporary Palace, 等等。"(郭著章,江安,鲁文忠等,2010:175)

译例(2)

拜新月 李端

开帘见新月,便即下阶拜。

细语人不闻,北风吹裙带。

Prostrate Herself before the New Moon

By *Li Duan*

Seeing the new moon, on opening curtain brown,

Walking down the door steps and kneeling down.

Praying in low murmurs for avoiding being heard,

While north breeze touches lightly her belted gown.

N. B. This poem has fewer words than affections, subtle and implicit with high artistic attainments. Even in this informal worship, she must have many things to tell, but as she has no one to tell she can only turn to the moon. (都森,陈玉筠,2011:49)

注:1. prostrate: Verb [with obj.] (prostrate oneself) throw oneself flat on the ground so as to be lying face downwards, especially in reverence or submission (尤指尊敬或屈从)使(自己)俯伏;使拜倒 (e. g. She prostrated herself on the bare floor of the church. 她匍匐在教堂光秃秃的地板上。)

2. gown: *Noun* a long dress, typically having a close-fitting bodice and a flared or flowing skirt, worn on formal occasions (尤指正式场合穿着的有紧身胸衣和舒展长裙的)长礼服;裙服 (e. g. a silk ball gown 一件丝绸的舞会袍)

在"译例(2)"中,译者并没有局限于原诗标题的三个字"拜新月",而是对其加以阐释,补充了一部分信息量,再辅助以注释,就使译诗诗题与诗体之间具备了很好的承接性,方便了译语读者对原诗诗意的理解。要是考虑到古代妇女拜新月是为了祈求夫妻团圆或幸福长寿这层含义的话,译者可以对译诗诗题做进一步阐释。另外,要弄清"新月"是否为"满月",因英文中"new moon"跟"full moon"是有本质区别的。

译例(3)

鹿柴 王维

空山不见人,但闻人语响。

返景入深林,复照青苔上。

The Deer Enclosure

By *Wang Wei*

Remote the mountains, where no one is seen,

Though human voices resound.

At dusk, reflected sunlight enters the forest deep,

Once again setting the green moss aglow.

(张廷琛,魏博思,2007:43)

注:1. enclosure: *Noun* an area that is sealed off with an artificial or natural barrier (被人工或天然屏障)围住的地区;围场

2. moss: *Noun* (mass noun) a small flowerless green plant which lacks true roots, growing in low carpets or rounded cushions in damp habitats and reproducing by means of spores released from stalked capsules 苔藓;苔类植物

3. aglow: *Adjective* [predic.] glowing 发亮的;发光的

王维的这首《鹿柴》(一作《鹿砦》或《鹿寨》),诗题相对"孤立",从字面上看诗题与诗体"脱节",但考虑到这是王维五绝组诗《辋川集》二十首中的第四首,且《鹿柴》是辋川的一处地名,那么汉语读者理解起来就没有多大问题了。但是,在"译例(3)"中,译者将诗题"鹿柴"直译成"The Deer Enclosure"(圈鹿之所),而译诗诗体与"鹿"

或"鹿柴"也联系不上,这就令译诗诗题跟诗体之间明显缺乏承接性了。对于这样的诗题,译者可在音译的基础上再加以阐释,补足信息量,以便译诗诗题与诗体有所承接,达到译诗的目的。

译例(4)

剑客 贾岛

十年磨一剑,霜刃未曾试。

今日把示君,谁有不平事。

Jianke

By *Jia Dao*

I spent ten years sharpening one single sword.

Its edges, cold and frosty, are as yet untried.

I am showing it to you and to you alone:

Tell me of the wrongs under which good folks moan.

Note

Jianke: A highly skilled sword fighter who set out help the downtrodden and redress the wrongs in society—a Chinese Robin Hood or Zorro, if you will, though less flippant.　　　　　　(龚景浩,006:73)

注:1. wrong: *Noun* an unjust, dishonest, or immoral action 不公正;不公平;不道德

2. moan: *Verb* (poetic/literary) lament(诗/文用法)悲叹;哀悼

3. redress: *Verb* [with obj.] remedy or set right (an undesirable or unfair situation) (对冤屈、不公平等)矫正;补救;平反;洗雪 (e.g. the power to redress the grievances of our citizens 为公民洗雪冤屈的权力)

4. flippant: *Adjective* not showing a serious or respectful attitude 轻率的;无礼的;轻浮的

在"译例(4)"中,译者采用音译并加注的方式(注释的语法不很通畅),令译诗诗题与诗体间具有承接性,这不失为一种折中的处理方式,值得提倡,但略显烦琐。除了这种对诗题进行异化式处理外,

译者还可以考虑对诗题加以阐释,并添加一部分信息,令译诗诗题与诗体有机承接起来。

译例(5)

感事　武瓘

花开蝶满枝,花谢蝶还稀。

惟有旧巢燕,主人贫亦归。

Butterflies and Swallows

By *Wu Guan*

When flowers are abloom butterflies

Throng; when flowers wither they depart.

Only of the old nest swallows

Return although poor is the host.　　　　（张智中,2009:100）

注:1. abloom: *Adjective* (predic.) covered in flowers 开满花的

2. throng: *Verb* (no obj., with adverbial of direction) flock or be present in great numbers 蜂拥;群集 (e.g. Tourists thronged to the picturesque village. 游客们蜂拥到这风景秀丽的村庄。)

3. wither: *Verb* (no obj.) (of a plant) become dry and shriveled (植物)干枯;枯萎;凋零;凋谢 (e.g. The grass had withered to an unappealing brown. 草枯黄了,变得不吸引人。)

在"译本(5)"中,译者对原诗的主题做了阐释,以意译法译出诗题,令译诗诗题与诗体间具有了承接性,不失为一种不错的处理策略,但"Butterflies and Swallows"这一译诗诗题,"白描性"强了些。若译者能将原诗诗题"感事"也一起加以阐释,再将阐释后的信息融入已经译出的诗题中,则令承接性得以加强,译语读者也能更好地理解原诗的诗意了。

综合上述,在古诗英译特别是唐代五绝韵体英译中,要将译诗诗题与诗体间的承接性考虑进来,对译诗诗题进行阐释性"再加工",补充一定的信息量,以令译语读者更好地理解原诗中带有奇崛性的诗体内涵。同时,针对孟郊的这首《怨诗》,可以根据诗意,在译诗诗题中补足信息量,这样做的结果虽会导致译诗诗题过长,但却为诗体的韵体英译打下了一个坚实的基础,而且也便于译语读者从整体上把握原诗的诗意。

五、韵译探索:怨诗

怨诗 孟郊

试妾与君泪,两处滴池水。

看取芙蓉花,今年为谁死。

Song of a Lady's Lovesickness-based Resentment toward Her Long-time-no-see Husband

By *Meng Jiao*

Suppose we shed our longing tears

Into two lotus ponds apart.

Whose bitter drops will cause this year's

Pond lotus this life to depart?

(Translated by *WANG Yong-sheng*)　　　　　(王永胜译)

注:1. lovesickness: *Noun* a pining for a loved one 苦死;相思

2. resentment: *Noun* [mass noun] bitter indignation at having been treated unfairly 愤恨;怨恨

3. suppose: *Verb* used to introduce a hypothesis and trace or ask about what follows from it 假定 (e.g. Suppose he had been murdered—what then? 假定他已经被谋杀了——又怎样呢?)

4. shed: *Verb* to produce and release (a tear or tears) 流出;流下(泪水)(e.g. He shed his blood for his country. 他为国家流血牺牲了。)

5. lotus: *Noun* either of two large water lilies 大型莲;睡莲;荷

6. pond: *Noun* a fairly small body of still water formed naturally or by artificial means 池塘

7. apart: *Adverb* (of two or more people or things) separated by a distance; at a specified distance from each other in time or space (两个或更多的人或事物)相距;相隔

8. drop: *Noun* a small round or pear-shaped portion of liquid that hangs or falls or adheres to a surface(液体的)滴 (e.g. The first drops of rain splashed on the ground. 雨滴开始溅到地上。)

9. depart this life: (archaic) die (古旧用法)死去

第十三章 思恋五绝

在爱情与婚姻中,思念与爱恋是两个永恒的主题,亘古不变。

古代女子亦思念,古代男子亦爱恋,这就构成了古代作品特别是诗词作品中的"思恋"主题——多少才子写下诗篇,思念佳人:"去年今日此门中,人面桃花相映红。人面不知何处去,桃花依旧笑春风"(崔护《题都城南庄》);多少女子含情脉脉,只为心仪之君:"那堪花满枝,翻作两相思。玉箸垂朝镜,春风知不知。"(薛涛《春望词四首》其四)但是在古代,女子的思恋常常由男子代言:"玉阶生白露,夜久侵罗袜。却下水晶帘,玲珑望秋月。"(李白《玉阶怨》)当然,也有女子自己写下思恋之曲。例如:

看朱成碧思纷纷,憔悴支离为忆君。
不信比来长下泪,开箱验取石榴裙。
(武则天《杂曲歌辞·如意娘》)

人道海水深,不抵相思半。
海水尚有涯,相思渺无畔。
携琴上高楼,楼虚月华满。
弹著相思曲,弦肠一时断。
(李冶《相思》,一作《相思怨》)

不喜秦淮水,生憎江上船。
载儿夫婿去,经岁又经年。
(刘采春《啰唝曲六首》其一)

第十三章　思恋五绝

在古代的婚姻关系里,男子出门经商、赶考、做官等,由于交通不便等缘由,一去经年。留守的女子怀有的不仅是怨情,还有思念与爱恋——思恋之情:

自君之出矣,不复理残机。

思君如满月,夜夜减清辉。

第一节　织女思恋

五言绝句原诗:

zì jūn zhī chū yǐ bù fù lǐ cán jī
自　君　之　出　矣, 不　复　理　残　机。
sī jūn rú mǎn yuè yè yè jiǎn qīng huī
思　君　如　满　月, 夜　夜　减　清　辉。

九言白话译文:

自从夫君你离家而去,我没再动那织布残机。

念夫君的我如那满月,清辉一夜一夜不明晰。

此诗为张九龄所作《赋得自君之出矣》(一作《自君之出矣》)。以五绝的格律严格衡量,此诗联间失黏,但诸多选本视其为五绝,本书从之,也视其为五绝加以探讨。

一、人物品读:张九龄

张九龄①(678—740),字子寿(一名博物),韶州曲江(今广东韶关)人。张九龄是位宰相诗人,对于盛唐诗歌的形成,起到很大的作用,其诗以简约、清淡著称,诗风婉约,以寄兴为主。张九龄的诗歌成就很高,为后世留下了不少佳作,个别诗作成为千古名篇。对于一位宰相诗人来说,这样的成就实属难得,也难能可贵,令人称奇:

遥夜人何在,澄潭月里行。

---

① 关于张九龄,还可参阅本书上卷第三章第二节第一部分以及第十章第五节第一部分。

悠悠天宇旷,切切故乡情。
外物寂无扰,中流澹自清。
念归林叶换,愁坐露华生。
犹有汀洲鹤,宵分乍一鸣。　　　　　　　　（张九龄《西江夜行》）

张九龄可谓一代名相,一双慧眼明察秋毫,断定安禄山乃"乱幽州者",奏请玄宗说"禄山不宜免死"。但是,玄宗未予恩准,最终对安禄山网开一面。据记载,开元二十八年(公元740年)春,张九龄请求回乡拜祭先人之墓,其间因病而逝,皇上赠封其为荆州大都督,谥号文献。张九龄死后不久,他对安禄山的断言成真,"安史之乱"爆发,唐代走到了历史的拐点,由盛转衰。劫后余生的玄宗皇帝在对张九龄的追思中悔恨交加,追赠张九龄为司徒。

二、艺术品读:《赋得自君之出矣》

"自君之出矣"为古乐府曲名,属于杂曲歌辞范畴,全诗以"自君之出矣"为首联出句,再以不同的意象来抒发一定的情感,多为离别之情、相思之苦等情感。例如:

自君之出矣,弦吹绝无声。
思君如百草,撩乱逐春生。　　　　　　　　（李康成《自君之出矣》）
自君之出矣,宝镜为谁明。
思君如陇水,长闻呜咽声。　　　　　　　　（雍裕之《自君之出矣》）
自君之出矣,鸾镜空尘生。
思君如明月,明月逐君行。　　　　　　　　（李咸用《自君之出矣》）
自君之出矣,明镜罢红妆。
思君如夜烛,煎泪几千行。　　　　　　　　（陈叔达《自君之出矣》）
自君之出矣,梁尘静不飞。
思君如满月,夜夜减容辉。　　　　　　　　（辛弘智《自君之出矣》）

由此可见,以"自君之出矣"为题,诗体发端为"自君之出矣"的诗,实则拟前人之作。据统计,自六朝起至唐代,不乏拟作,既是演练,又是同类情感的进一步抒发。另外,摘取古人成句诗为诗题,有时还在题前加上"赋得"二字,因此就有了本节所研究的主题诗这样的诗题,即张九龄的《赋得自君之出矣》,可见"赋得"是一种诗体形式。张九龄的这首诗就是一首赋得体诗,借月抒情——月一盈满,则夜夜亏损,清辉渐减,以此表达妇人的相思之情。

首联"自君之出矣,不复理残机"中的"残机",存在着不同的理解。有的理解为织布机"因其失于调理,故贬曰'残机'"(罗韬,1994:21),有的理解为"织机残破,久不修理"(萧涤非,俞平伯,施蛰存等,2004:73),还有的认为残机指"布未织完而残留在织机之上"(熊飞,2008:315),恰如一幅静止的、曾为动态的画面。本书著者认为,最后一种理解更为符合诗中的"现实"。

张九龄的这首赋得体诗歌,可谓"设譬精警,醇厚朴茂。喻体月亮有双重价值:在观感方面,它的孤光清幽使一幅思妇怀远图更显深邃凄冷;在情感方面,它是思妇的离情和刻骨相思的写照,同具一种日甚于一日的苦颜悲色"(罗韬,1994:21)。这一点与上一章第五节研究的主题诗,即孟郊的《怨诗》颇具异曲同工之妙:"试妾与君泪,两处滴池水。看取芙蓉花,今年为谁死。"

三、个人品读:委婉的思恋之情

"自从你离开以后,我也懒得去操作织布机了,织布机上还残留着没有织完的布,任其被尘埃覆盖,甚至还有蜘蛛在上面结了网。"织女暗自思忖。

丈夫走后,家中的景象多么凄凉!男耕女织的时代,做妻子的甚至连织布机也懒得碰一下了。人去屋空,人心不定,惶惶不可终日间,时光一天天溜走。也许在前一段时间里,这位做妻子的还在织布机旁,今天织一点,明天织一点。六神无主的状态下,始终未能织完一匹完整的布。也许女主人"昨夜闲潭梦落花",但牵挂之人终究是"可怜春半不还家"。盼夫归,夫不归,哪还有心思"理残机"?

"日出日落,我对你的思念始终不落,我整个人日渐憔悴,如同一轮圆月,每过一晚都有所亏损,每过一晚辉光都有所减弱。"织女又暗自思忖。

由此可见,女主人对夫君的思念表达得何等委婉。她并未直截了当地说:"不信比来长下泪,开箱验取石榴裙。"(武则天《如意娘》),而是将思念之情转嫁到夜空中那一轮明月上。月盈满则亏,自然就"夜夜减清辉"了。而妇人对夫君的思念,恰如天上的月亮这一盈满则亏的过程:人因思念日渐憔悴,月则因盈满而夜夜亏损。再则,"千里共婵娟",不管妇人的丈夫身处何处,总会感到圆月夜夜减清辉这一过程。每当出门在外的夫君举头望明月之际,说不定家中的妻子在想"此时相望不相闻,愿逐月华流照君"呐!

当然,除了字面所表达出的委婉思念之情外,张九龄的这首诗也许别有用意:

> 曲江乃唐时贤相,元宗若用其言,安有渔阳之变。此诗殆为李林甫所谮罢相后时作,借闺怨以寓忠爱之思。已过三五良宵,此后清辉夜夜,有缺无盈。见明良遇合,更无余望,"衣带日以缓,思君令人老"等句,语婉而意尤悲。迨元宗遣官祠祭,已悔莫追矣。
> (俞陛云,2011:108)

四、英译研究:诗体行数的处理

一般情况下,古诗英译特别是格律诗(如唐代五绝)的韵体英译中,译者要尽最大可能复制原诗诗体的行数,以求译诗与原诗形式上的对等。但在为数不少的情况下,汉语原诗包含的信息量较大,很难用相等的译诗诗行来传达原诗的含义。这时,为最大限度再现原诗的诗意和意境,译诗一般都要打破原诗诗行的限制,采用多于原诗诗行的方式来处理译诗的行数。但是,出于韵体英译考虑,将最终译诗的诗体行数控制在偶数上为佳。下面以张九龄《赋得自君之出矣》的几个英译本为例,对古诗英译特别是唐代五绝韵体英译中译诗诗体行数的处理加以简单的探讨。

译本(1)

An Absent Husband

By *Zhang Jiuling*

Since my lord left—ah me, unhappy hour! —
The half-spun web hangs idly in my bower;

My heart is like the full moon, full of pains,
Save that 'tis always full and never wanes.①

注：1. ah: *Exclamation* used to express a range of emotions including surprise, pleasure, sympathy, and realization 啊；呀（用于表示惊讶、喜悦、同情和意识到等一系列情绪）
2. spin: *Verb*（with obj.）draw out（wool, cotton, or other material）and convert it into threads, either by hand or with machinery 纺
3. web: *Noun* a piece of woven fabric 织物
4. bower: *Noun*（poetic/literary）a lady's private room or bedroom（诗/文用法）卧室；闺房
5. save: *Preposition & Conjunction*（formal or poetic/literary）except; other than（正式用法或诗/文用法）除……以外；除了（e.g. No one needed to know save herself. 除她自己外，没人需要知道。）
6. 'tis = it is
7. wane: *Verb*（no obj.）（of the moon）have a progressively smaller part of its visible surface illuminated, so that it appears to decrease in size（月亮）亏缺

在"译本（1）"中，译者在没有增加诗行的情况下采用韵体英诗的形式来翻译，着实难能可贵。但是，对于原诗首联对句"不复理残机"的英译处理，可能是为了追求尾韵，对其中"残机"的处理显得失当。再者，译诗对原诗尾联的体现不够充分，这恐怕也是追求尾韵所致。的确，在诗行对等的情况下，古诗的韵体英译无疑会发挥原诗和译诗各自的优势，最大限度做到"信"，但若"以韵害意"则不可取。

译本（2）
Longing

By *Zhang Jiuling*

Since, ah! you went away,
What grief my mind can sway?
I yearn like the moon at full:

---

① 翟理斯（Herbert A. Giles）译，转引自"吕叔湘, 2002: 187"。

Am duller day by day!①

注:
1. longing: *Noun* a yearning desire 渴望
2. ah: *Exclamation* used to express a range of emotions including surprise, pleasure, sympathy, and realization 啊;呀(用于表示惊讶、喜悦、同情和意识到等一系列情绪)
3. sway: *Verb* (poetic/literary) rule; govern (诗/文用法)统治;管理(e.g. Now let the Lord forever reign and sway us as he will. 现在让上帝永远统治我们,任意摆布我们吧。)
4. yearn: *Verb* (no obj.) have an intense feeling of loss or lack and longing for something 怀念;思慕;渴望;切盼
5. dull: *Adjective* (archaic) (of a person) feeling bored and dispirited(古旧用法)(人)感觉无聊的;无生气的;沮丧的(e.g. She said she wouldn't be dull and lonely. 她说她不会觉得孤独无聊。)

   dull: *Adjective* lacking brightness, vividness, or sheen 不鲜明的;晦暗的;无光泽的(e.g. His face glowed in the dull lamplight. 在幽暗的灯光下他的脸在发亮。)

跟"译本(1)"一样,"译本(2)"的译者追求的,同样是韵体英译的效果,同样有所失"信"。在这方面,此译本走的甚至更远些。首先,"不复理残机"根本没有体现出来。当然,省译未尝不可,但若省译对原诗意象损耗太大,则不可取。其次,尾联中"yearn"的对象没有原诗那样明确,"Am"的采用则抛开了月亮(满月)"夜夜减清辉"这一层面。因而此译诗在行数对等情况下,未能很好传达原诗的含义,增加诗行应是一个不错的选择。

译本(3)

ABSENCE

By *Zhang Jiuling*

Ever since the day

You went,

---

① 佛来遮(W. J. B. Fletcher)译,转引自"吕叔湘,2002:187"。佛来遮是英国外交官,曾来华任领事,还在中山大学执过教。

第十三章 思恋五绝

And left me here alone,
My lord,
The world is changed!

Upon the loom
The web, half woven, hangs
Untouched.

My thoughts
Are all of you.
And I am like yon silver moon,
Whose glory wanes
And grows more pale
Each night![1]

注:1. absence: *Noun* [mass noun] the state of being away from a place or person 外出;不在
2. lord: *Noun* a master or ruler 主人;统治者
3. loom: *Noun* an apparatus for making fabric by weaving yarn or thread 织机
4. web: *Noun* a piece of woven fabric 织物
5. yon: *Determiner & Adverb* yonder; that 彼处;那边(e.g. There're some big ranches yon side of the Sierra. 内华达山的另一侧有一些大牧场。)
6. glory: *Noun* the splendor; bliss of heaven 光辉;光彩;天堂的荣耀(或福祉)(e.g. with the saints in glory 和沐浴在天堂荣耀中的圣人在一起)
7. wane: *Verb* (no obj.) (of the moon) have a progressively smaller part of its visible surface illuminated, so that it appears to decrease in size (月亮)亏缺

在"译本(3)"中,译者没有采用韵体英诗的形式,而是运用自由体英诗来翻译原诗,也打破了原诗行数的限制,将原诗译成十四行,

---

[1] 亨利·H·哈特(Henry H. Hart)译,转引自"吕叔湘, 2002: 188"。

共三节(stanza)。经过这样一番处理,原诗的诗意和意境得到了充分的表达,只不过"满月"的意义没有传达出来。

译本(4)

Since You Left Me

By *Zhang Jiuling*

Since you left me, my lord,

No shuttlework is made.

A full moon is my heart,

Which wanes from night to night.　　　　（张智中,2009:031）

注:1. lord: *Noun* a master or ruler 主人;统治者

2. shuttle: *Noun* a bobbin with two pointed ends used for carrying the weft thread across between the warp threads in weaving（织机的）梭,梭子

3. wane: *Verb*（no obj.）(of the moon) have a progressively smaller part of its visible surface illuminated, so that it appears to decrease in size（月亮）亏缺

"译文(4)"应该算是不很严格的韵体英译诗,押的是"辅音韵"(consonance),也有人称之为"谐韵"或者"半押韵"。由于此译本的译者采用对等诗行形式加以翻译,原诗中某些意义未能得到充分的传达。再者,译者在整体上采用了意译的手法,原诗重要意象有所亏损,如同那"夜夜减清辉"的月亮。

在古诗英译特别是唐代五绝的韵体英译中,由于古汉语所具有的高度浓缩性,原诗所含信息也得到一定程度的浓缩。在有些情况下,译诗跟原诗行数对等则不一定行得通,增加译诗诗行不失为一种可行的翻译策略。同时,为韵体英译考虑,增加译诗行数后,译诗的总行数应以偶数为佳。

五、韵译探索:赋得自君之出矣

赋得自君之出矣　　张九龄

自君之出矣,不复理残机。

思君如满月,夜夜减清辉。

第十三章 思恋五绝

A Poem by Imitating Similar Poems with "*Since You Left Me for Your Career*" as Their First Line

By *ZHANG Jiu-ling*

Since you left me for your career,
I've left my loom untouch'd o'er there,
Its fabric hanging in the air.
I, day and night, miss you, my dear,
In accurately the same way
That wanes a full moon, night and day.

(Translated by *WANG Yong-sheng*) （王永胜译）

注:1. imitate: *Verb* [with obj.] (often be imitated) take or follow as a model 模仿;仿效;摹拟 (e.g. His style was imitated by many other writers. 他的风格为其他许多作家模仿。)

2. career: *Noun* an occupation undertaken for a significant period of a person's life and with opportunities for progress 职业;事业

3. loom: *Noun* an apparatus for making fabric by weaving yarn or thread 织机

4. untouch'd = untouched

5. o'er = over

6. fabric: *Noun* [mass noun] cloth, typically produced by weaving or knitting textile fibres 织物;织品

7. wane: *Verb* [no obj.] (of the moon) have a progressively smaller part of its visible surface illuminated, so that it appears to decrease in size (月亮)亏缺

第二节 湘女思恋

五言绝句原诗:

xiāng jiāng bān zhú zhī, jǐn yì zhè gū fēi
湘 江 斑 竹 枝, 锦 翼 鹧 鸪 飞。

<pre>
chù chù xiāng yīn hé   láng cóng hé   chù guī
处   处   湘   阴   合,   郎   从   何   处   归。
</pre>

九言白话译文:

湘江之地见斑竹之枝,鹧鸪披着锦翼展翅飞。

上空湘江阴云罩四野,郎君你从何处把家回?

李益的这首五绝作品《鹧鸪词》,一作《山鹧鸪词》,其中"词"一作"辞",属乐府诗中的"相和歌辞"。另外,首联对句中"翼",一作"翅";尾联出句中"阴",一作"云"。

一、人物品读:李益

李益[①](748—829),字君虞,凉州姑臧(今甘肃武威市凉州区)人,后迁至河南郑州。李益是唐代诗人,作品颇丰,擅绝句,工七绝。

抛开李益与霍小玉那段情感经历所产生的负面影响不谈,李益是一位成绩斐然的诗人,有不少名篇传世,诗风奔放,是中唐边塞诗的代表性诗人。其边塞诗少了盛唐时期边塞诗那种积极乐观的风格,多了一份感伤情怀,多写戍边士兵思乡、思归之情,亦见厌战情绪。例如:

寒山吹笛唤春归,迁客相看泪满衣。

洞庭一夜无穷雁,不待天明尽北飞。　　　　　　(李益《春夜闻笛》)

天山雪后海风寒,横笛偏吹行路难。

碛里征人三十万,一时回向月明看。　　　　　　(李益《从军北征》)

黄河东流流九折,沙场埋恨何时绝。

蔡琰没去造胡笳,苏武归来持汉节。　　(李益《塞下曲四首》其三)

除了边塞诗,李益还写了一定量的女子怨情诗,宫中女子、社会下层女子都成了他诗中的主角。如本书下卷第十二章第三节所讨论的主题诗《江南曲》。此外,李益还写了少量的借古迹抒今情的诗篇,

---

① 关于李益,还可参阅本书下卷第十二章第三节第一部分。

抒发自己的感慨和对现实的思考:

燕语如伤旧国春,宫花一落已成尘。
自从一闭风光后,几度飞来不见人。　　（李益《隋宫燕》）

值得一提的是,李益的送别诗独树一帜,也有名篇名句存世,如"问姓惊初见,称名忆旧容":

十年离乱后,长大一相逢。
问姓惊初见,称名忆旧容。
别来沧海事,语罢暮天钟。
明日巴陵道,秋山又几重。　　（李益《喜见外弟又言别》）

二、艺术品读:《鹧鸪词》

《鹧鸪词》里自然少不了鹧鸪,首联对句即破题,并以鹧鸪起兴,因何以鹧鸪起兴呢？鹧鸪是一种飞鸟,是一种"神似野鸡而体小的鸟,羽色黑白相杂,需息于江南山间灌丛。古人认为它的鸣声好似'行不得也哥哥'"(范之麟,1984:97)。

据说,鹧鸪这种鸟叫声嘶哑,听起来有戚戚然之感。于是,古人就赋予其哀愁之意象。唐人诗中,不少以"鹧鸪"为意象来抒情。如"宫女如花满春殿,只今唯有鹧鸪飞"(李白《越中览古》),"欲成西北望,又见鹧鸪飞"(李商隐《桂林路中作》)等。唐代诗人郑谷写了一首七绝《鹧鸪》,颇受赞誉,因此人称郑谷为"郑鹧鸪":

暖戏烟芜锦翼齐,品流应得近山鸡。
雨昏青草湖边过,花落黄陵庙里啼。
游子乍闻征袖湿,佳人才唱翠眉低。
相呼相应湘江阔,苦竹丛深春日西。　　（郑谷《鹧鸪》）

"湘江",即"湘水",水名,源自广西壮族自治区,流入湖南省,注入洞庭湖,是湖南省最大的河流。不少唐人诗中,湘江成了抒怀的依托。例如:

迟日园林悲昔游,今春花鸟作边愁。

独怜京国人南窜,不似湘江水北流。　　　（杜审言《渡湘江》）
好在湘江水,今朝又上来。
不知从此去,更遣几年回。　　　　　　　（柳宗元《再上湘江》）

李益的《鹧鸪词》首联用的是"兴"的手法,以"斑竹"和"鹧鸪"起兴。其中,"湘江斑竹枝"又含有典故。传说尧有二女,名曰娥皇和女英,为舜二妃。据其中一种传说,舜晚年到南方巡视,病故于苍梧。此二妃闻讯前往,失声痛哭,泪洒山竹之上,竹上泪痕斑斑,形成美丽而奇特的纹理,后人命之曰"斑竹"。哭罢,忠贞不渝的二妃投身湘江,壮烈地殉情而死,所以斑竹又称"湘妃竹"。这个美丽动人的故事代代相传,引得文人墨客竞相援引。鉴于此,湘江两岸的"斑竹枝"以及上空的"鹧鸪飞"自然而然会勾起诗中女主人的千愁万绪,又怎能不令其思恋远方的夫君?更有甚者,湘江一带到处都是阴云,阴云密布,围拢四野:郎啊,你从何处归? 正如俞陛云所言:

> 此词亦竹枝之类,以有鹧鸪句,遂以命题。前二句,兴体也。后二句,赋体也。皆美人香草之寓言。沈休文诗"梦中不识路",言梦去之无从。此云"处处湘云合",言郎归之莫辨。相思无际,寄怀于水重云复之乡,乐府遗音也。　　　（俞陛云,2011:131）

三、个人品读:悲凉的思恋画面

诗的开篇,一幅悲凉的画面呈现在眼前:湘江水滚滚向北流淌,两岸斑竹,枝枝挺立,个个布满泪痕。那是谁的眼泪曾经洒落其上?斑竹无言,上有泪痕,那泪痕背后的故事令人心碎。抬头仰望天空,披着锦翼的鹧鸪纷飞,且飞且鸣,鸣声入耳,断人肝肠。

此时,心事重重的诗中女主人念夫心切,此情此景怎能不令她心生伤感? 怎能不令她倍感凄凉? 怎能不令她触景生情?

却只见湘江的阴云密布,到处皆阴云,阴云铺天盖地而来,闭合了天地。顿时,阴云遮住了四野,看不到更远的地方。女主人心中不禁担心起来,这可怎么办? 郎君要是返回,会从何方返回? 恨只恨那以几首唐代绝句的英译本为例,对古诗英译特别是唐代五绝韵体英译中意象的阐释与加注处理予以简单的探讨。

译例(1)

寒食 韩翃

春城无处不飞花,寒食东风御柳斜。

日暮汉宫传蜡烛,轻烟散入五侯家。

The Cold Meal Day

By *Han Hong*

In vernal wind, o'er the Capital flew wild the catkin;

Cooking fire banned, willow branches leant aslant.

By evening, candles from the Court were only sent,

With curling smoke to the five homes of royal kin.

Notes:

1. The Cold Meal Day: The day before the Qingming Festival

2. The five homes of royal kin: The five royal families allude to the creation of five feudal lords by Emperor Cheng of the Han dynasty on one single day. (都森,陈玉筠,2011:39)

注:1. vernal: *Adjective* of, in, or appropriate to spring 春天的;春天发生的;与春天相应的(e.g. the vernal freshness of the land 土地的春天清新气息)

2. o'er = over

3. catkin: *Noun* a dense, cylindrical, often drooping cluster of unisexual apetalous flowers found especially in willows, birches, and oaks 杨花;柳絮

4. aslant: *Adverb* at an angle or in a sloping direction 呈角度地;倾斜地(e.g. Some of the paintings hung aslant. 有几幅画挂歪了。)

5. kin: *Noun* (in sing.)(treated as pl.) one's family and relations 亲戚(e.g. His kin are entrepreneurs. 他的亲戚是企业家。)

6. allude: *Verb* [no obj.] (allude to) suggest or call attention to indirectly; hint at 暗示;间接提到;暗指(e.g. She had a way of alluding to Jean but never saying her name. 她有办法影射琼而不提及她的名字。)

湘江的阴云遮蔽了四野,郎君该如何返回？郎从何处归？

　　李益的这首诗中,"湘江""斑竹""鹧鸪""湘阴"都是重要的意象,也是唐诗中使用频率比较高的意象。大凡悲凉的诗歌场景中,少不了这样的意象。例如：

二妃怨处云沉沉,二妃哭处湘水深。
商人酒滴庙前草,萧飒风生斑竹林。
　　　　　　　　　　　　　　　（陈羽《琴曲歌辞·湘妃怨》）
湘山木落洞庭波,湘水连云秋雁多。
寂寞舟中谁借问,月明只自听渔歌。　　（郎士元《夜泊湘江》）
湘江烟水深,沙岸隔枫林。
何处鹧鸪飞,日斜斑竹阴。
二女虚垂泪,三闾枉自沉。
惟有鹧鸪鸟,独伤行客心。　　　　　（李涉《鹧鸪词二首》其一）
湘江斑竹枝,枝立湘江畔。湘天鹧鸪飞,飞离湘女远。湘女驻江头,头上湘阴卷。湘阴罩四围,郎从何处归？

四、英译研究：意象的处理(4)——阐释与加注

　　本书上卷第九章第三节第四部分、第十一章第三节第四部分,以及本书下卷第十二章第一节第四部分,分别谈到了古诗英译中意象的处理。在意象的处理过程中,首先要增强意识,然后对原诗的意象可以再现,可以转换,也可以借用。意象的再现是直译法的体现,属于异化式的翻译策略,而意象的转换和借用则是意译法的体现,属于归化式的翻译策略。

　　除此之外,对于原诗中含有强烈中国历史与文化色彩的意象,还可以在译诗中加以合理的阐释并适当加注。所谓阐释,就是译者经过自己的一番理解、加工后,再用译语加以变通性处理,可以将直译（包括音译）和意译结合起来处理这样的文化意象；加注处理是一件费时费力的事情,但对译语读者理解诗意会起到关键性作用。下面

是比较高的,像"译例(2)"那样加注,稍微解释一下是很有必要的,但没有交代明白诗人为什么对这条"水"情有独钟,也是不可取的。这首诗中的一个重要意象就是"鹧鸪",因古诗词作品中以鹧鸪起兴并抒发情怀的,不在少数。上述译例中,译者在译诗诗体中对此做了直译处理,译诗后再附注,具有一定的点睛作用,很是可取。另外,译诗中对"送人发,送人归"的处理,貌似形式上对应,但内涵可能跟原诗不太一致,应该是阐释不到位的体现。

译例(3)

湖南曲　崔国辅

湖南送君去,湖北送君归。

湖里鸳鸯鸟,双双他自飞。

South of the Lake

By *Cui Guofu*

I see you off to the south of the lake;

I return alone from north of the lake.

Mandarin ducks in the lake are flying,

In pairs and pairs and joyfully playing.　　(张智中,2009:042)

注:mandarin duck: an Asian duck (*Aix galericulata*) having brightly colored plumage and a crested head 鸳鸯

在"译例(3)"中,译者只对"鸳鸯"这一重要意象做了直译处理,并未加以阐释,亦未加注,恐怕不利于译语读者对原诗的理解。由于鸳鸯的习性,在中国文学作品中经常出现,成了爱情的象征。但是,译语读者不一定理解这一意象的含义,所以最好在阐释性翻译的基础上,再适当加注予以体现。

译例(4)

听筝　李端

鸣筝金粟柱,素手玉房前。

欲得周郎顾,时时误拂弦。

"寒食(节)"和"五侯"是中国古典文学中比较典型的意象,寓含了丰富的文化与历史背景。若在译诗中只是一味地翻译而缺乏背景的交代,恐怕很难达到译诗的目的。在"译例(1)"中,译者将"寒食"做了直译和增词补译处理,但注释中又多了个"Qingming Festival"却未进一步解释,恐怕会弄巧成拙,更会令译语读者"一头露水"了。所以,加注需到位,最好不引出额外信息,才能令诗意和意象更加明确。在上述译例中,译者先将"五侯"加以阐释,以意译法译出,比较合理,便于译语读者理解。

译例(2)

湘江曲　张籍

湘水无潮秋水阔,湘中月落行人发。

送人发,送人归,白蘋茫茫鹧鸪飞。

Song of the Xiang River

By *Zhang Ji*

On the Xiang, wide and tideless in the fall,

The moon goes down, the traveller departs.

Seeing you off, seeing you off to journey home:

Partridge flying over boundless clover, white.

Notes:

1. Xiang River: Originating in Hunan province

2. Partridge: It was thought that the partridge's cry sounded like *xing bu de ye ge ge* (行不得也哥哥): "Brother, you cannot go away!"

(张廷琛,魏博思,2007:143)

注:1. partridge: *Noun* a short-tailed game bird with mainly brown plumage, found chiefly in Europe and Asia 鹧鸪;石鸡;灰山鹑

2. clover: *Noun* [mass noun] a herbaceous plant of the pea family, which has dense globular flower heads and leaves which are typically three-lobed. It is an important and widely grown fodder and rotational crop 三叶草;苜蓿

在古代文学作品特别是诗词作品中,"湘江""湘水"出现频率还

A Zitherist

By *Li Duan*

How clear the golden zither rings

When her fair fingers touch its strings!

To draw attention of her lord,

She strikes now and then a discord.①

注:1. zither: *Noun* a musical instrument consisting of a flat wooden soundbox with numerous strings stretched across it, placed horizontally and played with the fingers and a plectrum. It is used especially in central European folk music 齐特琴(一种乐器,由一扁平的木制共鸣箱和众多弦线组成,用手指和拨子拨奏,尤用于中欧民间音乐演奏中。)

2. lord: *Noun* a master or ruler 主人;统治者

3. discord: *Noun* [count noun] a single note dissonant with another 不协和音符

在李端的这首《听筝》中,"周郎"是一个很有意思的典故,所谓"曲有误,周郎顾"。此典故在诗中还有喻指之意,不太好处理。在对这一历史意象做出阐释的同时,可以采用意译的手法来翻译。当然,最好再辅以这一典故的历史背景介绍。从某种意义上来说,此诗中的"周郎"大有"如意郎君""情郎""意中人"等喻指含义,所以有学者提出这样的想法:"一位弹筝的女子想得到其知音者的眷顾,故意时时弹错音调。诗中的'周郎'不能直译,只能意译,因为诗中'周郎'的实际含义是'知音',根据的是'曲有误,周郎顾'这句老话……第三行的 lord 是个例外。因为 lord 绝无'知音'之义,若改为'Her bosom friend'或'The one who knows her well'之类,意思就对了。用 lord 纯粹是为了和第四行的 discord 押韵,这大概是因韵害义的一个典型例证吧。"(郭著章,江安,鲁文忠等,2010:115)

具体到李益的这首《鹧鸪词》的英译,"湘江""斑竹""鹧鸪"这三个意象需要处理好,可以在对原诗做好阐释的基础上,采取音译、

---

① 许渊冲译,转引自"郭著章,江安,鲁文忠等,2010:115"。

直译、意译的方法或者将这三者结合起来的方法来翻译,再做加注处理,交代好其所寓含的历史文化背景及内涵。加注处理虽然烦琐,却是一个关键性的环节,也是译者责任心和译德的体现。若在此基础上再做到韵体英译,则会充分体现出本书的最终目的了。

综上所述,在古诗英译中,意象的处理至关重要,但棘手的是具有较为浓厚历史和文化色彩的意象的处理。单纯的直译,令译语读者迷惑;单纯的意译,则失去原诗的意象,译诗的目的很难达到。在实践操作中,可以将阐释与加注相结合,在阐释性翻译的基础上,再适当加注处理,则令译诗在忠实性方面更进一步,译诗也就会"更上一层楼"了。若在此基础上,再做到韵体英译,译诗则会"锦上添花"了。

五、韵译探索:鹧鸪词

鹧鸪词 李益

湘江斑竹枝,锦翼鹧鸪飞。

处处湘阴合,郎从何处归。

A Poem Aroused by Sentimental Songs of Partridges

By *LI Yi*

Over the Xiangjiang River fly

Partridges with their pretty wings,

Singing their sentimental songs,

And on both of its vast sides lie

Tear-stain Bamboos, twigs in dismay.

Its dark clouds hanging low round me,

From which road how can I clear see

My husband'll be on his home way?

N. B. The Xiangjiang River is the biggest river in Hu'nan Province, China, which exerts a great influence upon Chinese men of letters, and as an important literary image, it is often mentioned in classical Chinese poetry. The Tear-stain Bamboo (*Banzhu* in Chinese language) is a kind of bamboo with its surface pattern looking like human tear stains, which are said to have been left by the tears of Ehuang and Nüying. Legend has it that in ancient China, Yao, a legendary monarch in ancient China, has two daughters, Ehuang and Nüying, who have later become two wives of Shun, another legendary monarch in ancient China. According to one of the legends, one day in his old age, Shun made an inspection tour to the south, but died of illness during his tour. Upon hearing his death, the two wives rushed to the scene, crying their eyes out, and their tears fell onto the bamboos, forming the pattern of tear stains. Hence comes the name of Tear-stain Bamboo. After their cries of sadness and despair, the two wives killed themselves by jumping into the Xiangjiang River to show their loyalties. So, in Chinese literature it has developed into a symbol of sadness. Similarly, partridge, especially the Chinese Partridge (*Zhegu* in Chinese language), is a kind of bird whose cry sounds melancholy, making people feel sad upon hearing its cry. Over time *Banzhu* and *Zhegu* have become two of the most important images in Chinese literature, especially in Chinese poetry, symbolizing sadness or similar feelings.

(Translated by *WANG Yong-sheng*) （王永胜译）

注：1. arouse: *Verb* excite or provoke (someone) to anger or strong emotions 燃起（某人的）怒气；煽起（某人的）强烈情感 (e.g. an ability to influence the audience and to arouse the masses 影响听众、煽动大众的能力)

2. sentimental: *Adjective* of or prompted by feelings of tenderness, sadness, or nostalgia 情绪化的；感伤的 (e.g. She felt a sentimental attachment to the place creep over her. 她感到一种对该地的依恋感遍布她的全身。)

3. partridge: *Noun* a short-tailed game bird with mainly brown plumage, found chiefly in Europe and Asia 鹧鸪；石鸡；灰山鹑

4. twig: *Noun* a slender woody shoot growing from a branch or stem of a tree or

shrub 细枝;嫩枝

5. dismay: *Noun* [mass noun] consternation and distress, typically that caused by something unexpected（尤指因预料之外的事而）惊愕;悲痛

第三节　浪漫思恋

五言绝句原诗：

rì　mù　cháng jiāng　lǐ　xiāng yāo　guī　dù　tóu
日　暮　长　江　里，相　邀　归　渡　头。
luò　huā　rú　yǒu　yì　lái　qù　zhú　qīng zhōu
落　花　如　有　意，来　去　逐　轻　舟。

九言白话译文：

夕阳西下没入长江中，相邀渡口回家乐融融。
水面落花好似有情意，追逐小船一刻不放松。

储光羲的《江南曲》共四首，上述"日暮长江里，相邀归渡头。落花如有意，来去逐轻舟"是其中的第三首，故诗题亦可写作《江南曲四首（其三）》。末句"来去逐轻舟"，一作"来去逐船流"。

一、人物品读：储光羲

储光羲（约702—766），润州延陵（今江苏金坛）人，祖籍兖州（今属山东省）。专家学者对其家乡、祖籍、生卒多有考辨，但仍无定论。开元十四年（公元726年），储光羲中进士，授冯翊县尉，后转汜水、安宜、下邽等地任县尉。储光羲曾因仕途失意，产生归隐念头，最终隐居终南山，却未能一直隐居下去。经年后储光羲复出，任太祝，世称"储太祝"，官至监察御史。"安史之乱"爆发，储光羲被迫接受伪职，乱平后入狱，后被贬岭南，最终卒于岭南。

储光羲的诗扬弃了六朝以来的绮丽之风，多内容丰富的五言古体诗。这一点，明末清初贺贻孙在《诗筏》里通过其与王维的一番比照得以体现：

储光羲五言古诗,虽与摩诘五言古同调,但储韵远而王韵隽,储气恬而王气洁,储于朴中藏秀,而王于秀中藏朴,储于厚中有细,而王于细中有厚,储于远中含澹,而王于澹中含远,与王着着敌手,而储似争得一先,观《偶然作》便知之。然王所以独称大家者,王之诸体悉妙,而储独以五言占胜场耳。

储光羲的诗田园风情浓厚,风格清新、自然,语言多朴实无华。例如:

种桑百馀树,种黍三十亩。
衣食既有馀,时时会亲友。
夏来菰米饭,秋至菊花酒。
孺人喜逢迎,稚子解趋走。
日暮闲园里,团团荫榆柳。
酩酊乘夜归,凉风吹户牖。
清浅望河汉,低昂看北斗。
数瓮犹未开,明朝能饮否。　　　(储光羲《田家杂兴八首》其八)

山中有流水,借问不知名。
映地为天色,飞空作雨声。
转来深涧满,分出小池平。
恬澹无人见,年年长自清。

　　　(储光羲《咏山泉》,一作《题山中流泉》)

东城别故人,腊月迟芳辰。
不惜孤舟去,其如两地春。
花明洛阳苑,水绿小平津。
是日不相见,莺声徒自新。　　　(储光羲《洛阳东门送别》)

二、艺术品读:《江南曲》

正如本书下卷第十二章第三节第二部分提到的那样,《江南曲》原为古代曲名,实则乐府《相和歌》之旧题,是《江南弄》七曲之一,

"多写江南水乡风俗及男女爱情"(李梦生,2007:40)。《江南曲》(四首其三)是储光羲创作的一首五言绝句,也是一首具有水乡风情的拟乐府诗作。值得一提的是,唐代不少诗人都学习过乐府民歌,并使用乐府旧题创作诗歌,推陈出新,创造出不少朗朗上口、清新活泼的唐代诗歌。储光羲就是其中的一位,其拟作《江南曲》(共四首),就属于此类旧题新作,写古代青年男女间那种微妙的思恋之情,特别是爱恋之情。由于诗人采用的非直抒胸臆式的章法,无形中给这样的思恋之情蒙上了一层浪漫的色彩。

日暮长江之时,男女相邀来到长江边的渡口处,要一起乘船回家。日出而作,日暮而归,一个晚归的场景呈现在人们的眼前。"渡头"即"渡口"之意,"头"为平声,便于押韵;"归渡头"应为"渡头归"的倒置,意为"自渡口回家"。"归渡头"之前的"相邀"则令首联具有了鲜活的意境,"渲染出热情欢悦的气氛。"(萧涤非,俞平伯,施蛰存等,2004:402)

另外,"此诗与崔国辅之《采莲曲》、崔颢之《长干曲》,皆有盈盈一水,伊人宛在之思。但二崔之诗,皆着迹象,此则托诸花逐船流,同赋闲情,语尤含蓄。古乐府言情之作,每借喻寓怀,不着色相,此诗颇似之。题曰'江南曲',亦乐府之遗也。"(俞陛云,2011:123)这种"不着色相"从诗的尾联得以充分展现:落花如有意,来去逐轻舟——"创造了一个很美的意境。在那些'既觅同心侣,复采同心莲'的寻求伴侣的青年男女之间,表现出各种微妙的、欲藏欲露、难以捉摸的感情,矜持和羞怯的心理又不允许坦[sic]露自己的心事,这两句诗就是要表现这种复杂的心理和美好的愿望。"(萧涤非,俞平伯,施蛰存等,2004:402)

值得注意的是,"落花如有意"中的"如",并非"如果"之意,而是"如同""好像""似乎"之意。徐彦伯的"归棹落花前"(《采莲曲》),在储光羲的笔下变成了"花落归棹前",然后就是落花"来去逐轻舟",寓男女之间的朦胧而微妙的爱恋情感于落花逐舟的实景之中,

委婉之极。明代唐汝询在《唐诗解》中有这样的评论:

> 凡唐人《江南》、《长干》、《采莲》等曲,皆以为男女相悦之词。夫日暮相邀,人既多情,花之逐船,亦觉有意。

三、个人品读:微妙的爱恋情感画面

诗的开篇运用的是素描的笔法,勾勒出一幅静态的画面:太阳已西斜,隐没在远处的长江里;那落日的余晖,染红了波光粼粼的江面,江水仿佛不再流淌,而是在等待着什么。突然间,画面灵动起来,青年男女有说有笑,迈着欢喜的步伐走入这幅静止的画面。不管他们在这之前做了什么,都相互约定日暮时分到渡口聚齐,坐船回家。他们一路嬉戏,一路行走;一会儿女子在前,一会儿男子在前。始终形影不离,走向渡口,坐上小船,向家的方向驶去……

自男女青年上船后,诗人如同导演,将画面做了切换处理,切换到了"空镜头":不见了欢笑的男女,只见花落水面无声息,追随着小船漂流。船行,落花亦行;船止,落花则止。莫非落花有情,与小船同行?莫非落花有意,执意要与小船嬉戏?

就这样,落花随小船飘远。

就这样,男女欢笑之声随着落花和小船消散。

就这样,一段微妙之情让人觉得浪漫。

就这样,站在岸边的储光羲,捕捉到这一系列画面。

于是,写就了这首不朽的诗篇。

四、英译研究:古代情歌意境的处理

本书上卷第九章第二节第四部分提到了"增词补译"法,即汉英翻译中,由于两种语言本身的差异,增词补译算是一种较为常用的方法。汉语本身有些地方隐而不表,如背景知识和某些逻辑关系等,作为中国人是能看明白的,但是翻译给以英语为母语的人看,他们恐怕就会感到费解,甚至产生疑问,因此增词补译就很有必要了。这样的

"增词补译"应该是"合情合理"的增词补译,而非"无中生有""闭门造车"般的"天马行空"。

在古诗英译特别是唐代五绝的韵体英译中,对于中国古代情歌类诗歌意境的处理,由于诗人常常采用"兴"的手法,如果不增词补译的话,译诗就会显得生涩难懂,令译语读者摸不着边际而感到费解,甚至不理解。因此,增词补译是诗意有机连接、意境合理再现的一种有效的处理策略。如果增词补译还达不到目的、译不出情歌意境的话,那么还可以"增行补意",即打破原诗行数的限制(参阅本章第一节第四部分),增添一定的行数,补足原诗的意境或诗意。下面以唐代几首情歌绝句为例,对古诗英译特别是唐代五绝韵体英译中古代情歌意境的处理加以简单的探讨。

译例(1)

采莲子 皇甫松

船动湖光滟滟秋,贪看年少信船流。

无端隔水抛莲子,遥被人知半日羞。

Picking Lotus Pots

By *Huang Fusong*

The boat moved on the sparkling autumn lake,

Off the course as she covetously gazed on a lad.

She threw a pod at him on the bank, Which led

Her face flushed hours as the act was seen.

(都森,陈玉筠,2011:75)

注:1. lotus: *Noun* either of two large water lilies 大型莲;睡莲;荷

2. pot: *Noun* a container, typically rounded or cylindrical and of ceramic ware or metal, used for storage or cooking 罐;壶;钵

3. covetous: *Adjective* having or showing a great desire to possess something, typically something belonging to someone else 贪婪的;垂涎的;妄求的 (e.g. She fingered the linen with covetous hands. 她很羡慕地抚摸着那块亚麻布。)

4. lad: *Noun* (informal) a boy or young man (often as a form of address)(非正式用法)少年;男青年(e.g. Come in, lad, and shut the door. 进来,年轻人,关上门。)
5. pod: *Noun* an elongated seed vessel of a leguminous plant such as the pea, splitting open on both sides when ripe 荚果
6. flush: *Verb* (no obj.) (of a person's skin or face) become red and hot, typically as the result of illness or strong emotion (人的皮肤或脸)发红;变红(尤指因病或激动)

首先,在"译例(1)"中"莲子"的表述有待商榷,就算译者对"莲子"的英译可以的话,那么在译诗的诗题和诗体中,这种表述也没有保持一致;即便理解成英文行文中的同义替代,也缺乏理据。其次,诗中少女"无端"抛莲子,译者也"无端"将"which"大写,令人费解。所以整体上来看,此译诗不是很严谨的。关键问题是,由于"The boat moved on the sparkling autumn lake"与"she covetously gazed on a lad"是一种什么样的关系而导致"船流"(Off the course),没有交代清楚。若在这基础上,再增词补译的话,估计这首情歌的意境能更好地体现出来。另外,如果译者能将"无端"加以阐释,并适当增词补译,会把南方女子那种大胆、奔放、热情的性格在译诗中很好体现出来。

译例(2)

春闺思 张仲素

袅袅城边柳,青青陌上桑。

提笼忘采叶,昨夜梦渔阳。

Spring Boudoir Reverie

By *Zhang Zhongsu*

By the city wall

Drooping willows are dancing.

On the path between fields

Verdant mulberries are growing.

Basket in hand,

She forgets picking leaves.
Last night she met with her husband
At Yuyang in dreams.

Note & Commentary: She has forgotten to pick mulberry leaves because she's so deep in thought of the scene in which she met with her husband in the dream last night. (唐一鹤, 2005: 94-95)

注:1. boudoir: *Noun*（chiefly historical or humorous）a woman's bedroom or small private room（主要为历史上的用法或幽默用法）闺房
2. reverie: *Noun* a state of being pleasantly lost in one's thoughts; a daydream 遐想;（快乐的）幻想;白日梦（e. g. A knock on the door broke her reverie. 一阵敲门声打破了她的想入非非。）
3. drooping: *Adjective* hanging down（as from exhaustion or weakness）下垂的;垂下的（处于疲乏或虚弱）
4. verdant: *Adjective* of the bright green colour of lush grass 青翠的;碧绿的
5. mulberry: *Noun*（also mulberry tree or bush）a small deciduous tree with broad leaves, native to the Far East and long cultivated elsewhere 桑树

为了再现原诗的意境,在"译本（2）"中,可以说译者使出了浑身解数。除了"增行补意"外,译者还做了加注处理,因而原诗的诗意和意境得到了很好的体现。但是,在"提笼忘采叶"（Basket in hand,／She forgets picking leaves）和"昨夜梦渔阳"（Last night she met with her husband／At Yuyang in dreams）之间所隐含的逻辑关系,译者没有交代得十分清楚,好在注释和评论（Note & Commentary）多少弥补了这方面的不足。对于含有一定历史背景的地名"渔阳",译者只是简单地采用异化的策略加以处理,多少影响了原诗意境的再现。另外,译诗的诗题过于字面化,有"死译""硬译""僵译"之嫌。当然,在增词补译的情况下,若能再做到韵体英译,译诗则能更好再现古代情歌的意境了。

译例（3）

小长干曲 崔国辅

月暗送湖风,相寻路不通。

菱歌唱不彻,知在此塘中。

Xiao-changgan Song

By *Cui Guofu*

In the dim light of the moon

Breeze is blowing from the lake.

To meet his girl friend

A young man finds no way to the lake.

Girls' singing of waternuts is heard

Uninterruptedly and prolonged.

And he then knows for sure

She's in the pond.

Note & Commentary:

This is a song with a tune filled in with words for people of Changgan near Nanijng City to sing. The poem, described a young man going to a waternut pond to meet his sweetheart in the dim light of the moon, first to his dismay he did not find the way to the pond, and then with great joy he heard the song of waternuts from the pond. (唐一鹤, 2005: 182-183)

注:1. uninterrupted: *Adjective* without a break in continuity 不间断的;连续不断的 (e.g. an uninterrupted flow of traffic 车水马龙)

2. prolonged: *Adjective* continuing for a long time or longer than usual;lengthy 拖延的;拖长的;冗长的 (e.g. The region suffered a prolonged drought. 该地区遭遇久旱。)

3. dismay: *Noun* [mass noun] consternation and distress, typically that caused by something unexpected (尤指因预料之外的事而)惊愕;悲痛

在"译例(3)"中,译者将"增词补译"与"增行补意"相结合,再辅以注释和评论,原诗的意境得到了很不错的再现。但未能做到韵体英译,而是译成了自由体英诗,有点遗憾却也无可厚非。注释与评论的第一部分应该解释一下"小长干",但却只字未提,只是把焦点放在"长干"上。对于"小长干",可以采取直译加音译的方式处理,再辅

以注释与评论的第一部分,译语读者就能更好地理解了。另外,"waternut"应是译者的一个自造词,菱角应该是"water chestnut"。

译例(4)

江南曲　于鹄

偶向江边采白蘋,还随女伴赛江神。

众中不敢分明语,暗掷金钱卜远人。

The Jiangnan Melody

By *Yu Hu*

Casually she went to the riverside

To pick white clover ferns with her mates

And also followed them

To take part in the river God race.

What she had in her mind

She was shy to speak out

But secretly threw coins on the ground

To foretell about her far-away husband.

Note & Commentary:

Instead of open description of boudoir repinings, the poem portrays the young woman's inmost activity of thoughts—yearning for her faraway lover by secretly throwing coins to tell about him.

(唐一鹤,2005:242)

注:1. melody: *Noun* [mass noun] sweet music; tunefulness 悦耳的音乐;悦耳;和谐

2. riverside: *Noun* [often as modifier] the ground along a riverbank 河边;河畔 (e.g. a riverside car park 一个河畔停车场)

3. clover: *Noun* [mass noun] a herbaceous plant of the pea family, which has dense globular flower heads and leaves which are typically three-lobed. It is an important and widely grown fodder and rotational crop 三叶草;苜蓿

4. fern: *Noun* a flowerless plant which has feathery or leafy fronds and reproduces by spores released from the undersides of the fronds. Ferns have a vascular

system for the transport of water and nutrients 蕨;蕨类植物;羊齿植物

5. repine：*Verb* [no obj.] (poetic/literary) feel or express discontent; fret（诗/文用法）不满;埋怨;发愁（e.g. You mustn't let yourself repine. 你决不能容许自己牢骚满腹。）

6. inmost：*Adjective* (poetic/literary) innermost（诗/文用法）最内的;最深的;内心深处的

在"译例(4)"中,译者采用了"增行补意"法将原诗译成自由体英诗,并辅以注释和评论,基本再现了古代情歌的意境。既然加注,则可费少许笔墨,解释一下"江南",而不应只是简单的异化式处理就了事。另外,"赛"是古代一种祭神行为,是一种酬报神恩的迷信活动,因而"赛"有"祭祀"之意,而非"比赛"的意思。在这一点上,此译者处理不当。

针对储光羲的这首《江南曲》,可在增词补译的基础上,再增行补意,双管齐下,基本上能还原原诗那种带有浪漫色彩的思恋意境。下面以《江南曲》一个译本为例加以简单的探讨。

译本

South of the River

By *Chu Guangxi*

By Long River in eventide,

We two have a tryst at the ford.

Falling flowers are full of feeling：

After the boat they are chasing. （张智中,2009：045）

注：1. eventide：*Noun* (archaic or poetic/literary) the end of the day; evening（古旧用法或诗/文用法）黄昏;薄暮(e.g. The moon flower opens its white, trumpet-like flowers at eventide. 月光花在黄昏时绽放出朵朵喇叭状的白花。)

2. tryst：*Noun* a private, romantic rendezvous between lovers（诗/文用法）（情人的）约会;幽会(e.g. a moonlight tryst 月下幽会)

3. ford：*Noun* a shallow place in a river or stream allowing one to walk or drive across 浅滩;可涉水而过的地方

在这个"译本"中,难能可贵的是,译者硬是采用了意译的方法在维持原诗行数的情况下,以韵体英译的形式译出了原诗,其中前两行采用的是"谐韵"或者"半押韵"形式的辅音韵。无论如何,在没有增加诗行的情况下,再现此类情歌的意境有些困难,很是难为。再者,译诗第二行的人称视角(关于诗歌视角的选取,请参阅本书上卷第十一章第四节第四部分)的选取有点儿差强人意,感觉跟原诗的意境稍微有点儿差距。另外,对诗题《江南曲》,译者只是译出了"江南",恐怕要失去原诗所要传达的"抽象性"和"浪漫性"了。

综上所述,中国古代情歌类诗篇,特别是短小精悍的唐代五绝,信息含量很大,"隐"而不"露"的层面很多,很难在不增加词语和诗行的情况下再现此类诗歌的意境。因此,"增词补译"和"增行补意"不失为两种可行的处理方法;再辅以注释,则古代情歌的意境会得到最大程度的再现。

五、韵译探索:江南曲

江南曲　储光羲
日暮长江里,相邀归渡头。
落花如有意,来去逐轻舟。

A Folk Song of Southern Yangtze River

By *CHU Guang-xi*

By th' time sets th' sun as if into

The Yangtze River, as is due,

Young boys and girls at th' ferry meet,

With talks and laughs, to go home sweet.

Chasing the joyful boat they board

Are drifting petals, to and fro,

Like what people in love will show,

as if to strike someone's deep chord.

(Translated by *WANG Yong-sheng*) （王永胜译）

注：1. Yangtze：*Noun* the principal river of China, which rises as the Jinsha in the Tibetan highlands and flows 6,380 km (3,964 miles) southwards then generally eastwards through central China, entering the East China Sea at Shanghai 扬子江；长江（中国主要河流，发源于青藏高原的金沙江，全长 6,380 公里，即 3,964 英里，先向南流，后大致向东流，穿过中国中部，在上海流入中国东海）

2. th' = the

3. due：*Adjective*（predic.）expected at or planned for at a certain time 预定应到的；预期的；预定的；约定的

4. ferry：*Noun* the place where service operates from for conveying passengers or goods, especially over a relatively short distance 摆渡口；渡口

5. board：*Verb*（with obj.）get on or into (a ship, aircraft, or other vehicle) 上（船、飞机等）

6. petal：*Noun* each of the segments of the corolla of a flower, which are modified leaves and are typically coloured 花瓣

7. to and fro：in a constant movement backwards and forwards or from side to side 来来往往地；往复地（e.g. She cradled him, rocking him to and fro. 她把他放在摇篮里，不停地摇着。）

8. chord：*Noun* an emotional feeling or response 心弦（e.g. Her speech struck a deep chord in my heart. 她的话深深地拨动了我的心弦。）

第四节　筝女思恋

五言绝句原诗：

míng	zhēng	jīn	sù	zhù	sù	shǒu	yù	fáng	qián
鸣	筝	金	粟	柱，	素	手	玉	房	前。
yù	dé	zhōu	láng	gù	shí	shí	wù	fú	xián
欲	得	周	郎	顾，	时	时	误	拂	弦。

九言白话译文：

金粟轴之筝乐音优美,纤白玉手弹奏琴枕前。
渴望似周郎之人一顾,少女时常故意错拨弦。

此诗诗题为《听筝》,一作《鸣筝》,是唐代诗人李端的一首五言绝句。

一、人物品读:李端

李端(约737—784),字正已,赵州(今河北赵县)人,生卒年均不详。李端为唐代诗人,"大历十才子"①中的一员,大历五年进士,曾任秘书省校书郎和杭州司马,晚年辞官隐居湖南衡山,自号"衡岳幽人"。李端的诗多为赠人、别人、酬人之作,以五言律诗居多。例如:

青春事汉主,白首入秦城。
遍识才人字,多知旧曲名。
风流随故事,语笑合新声。
独有垂杨树,偏伤日暮情。 (李端《赠李龟年》)
闻君帝城去,西望一沾巾。
落日见秋草,暮年逢故人。
非才长作客,有命懒谋身。
近更婴衰疾,空思老汉滨。 (李端《送友人关》)

李端才思敏捷,即兴赋诗,张口既成。为此,钱起表示怀疑,于是就在一次宴席上为难李端,让李端以自己的名为韵脚,当场赋诗一首。李端沉思片刻,随即道来:

方塘似镜草芊芊,初月如钩未上弦。
新开金埒看调马,旧赐铜山许铸钱。
杨柳入楼吹玉笛,芙蓉出水妒花钿。
今朝都尉如相顾,原脱长裾学少年。

(李端《赠郭驸马(郭令公子暧尚升平公主令于席上成此诗)》)

---

① 有关"大历十才子"的相关信息,读者可参阅本书上卷第三章第三节的第一部分。

此外,李端还站在一个客观的视角或者以女子的口吻,写就了一些闺情、思恋类诗歌。这样的诗篇清丽委婉,朗朗上口,不乏佳作:

开帘见新月,便即下阶拜。

细语人不闻,北风吹裙带。　　　(李端《拜新月(一作耿湋诗)》)

月落星稀天欲明,孤灯未灭梦难成。

披衣更向门前望,不忿朝来鹊喜声。　　　　　　(李端《闺情》)

这类诗的佼佼者,当属据说是李端即兴为一个名叫镜儿的弹筝婢女写的一首五绝,也就是本节研究的主题诗:

鸣筝金粟柱,素手玉房前。

欲得周郎顾,时时误拂弦。　　　(李端《听筝》,一作《鸣筝》)

二、艺术品读:《听筝》

诗的首联两句由于使用了专业术语——与筝有关的专有名词,显得晦涩些,但无非是赞美乐器的精美和筝女的优雅,为尾联做铺垫。"金粟柱"为筝上系弦用以调音的短轴或短柱,是"以粟米状的点金为饰的弦柱"(赵昌平,2002:274),还有人认为"金粟柱"是"用铜质做成的筝上的柱,所以紧弦"[1]。无论"金粟"为何,诗人旨在以"金粟"形容短轴之精美;"玉房"则指玉制的筝枕,在"筝上所设,所以安枕,因他用象牙或骨做成的,所以叫作玉房"[2],意指筝的豪华和高贵,其中的"房",指筝上架弦用的枕。还有一种解释,认为"玉房"指"居处的美称"(赵昌平,2002:274-275),具体说是"弹筝人居处的美称"(金性尧,1993:318),是"写弹筝美人坐在华美的房舍前,拨弄筝弦,优美的乐声从弦轴里传送出来"(萧涤非,俞平伯,施蛰存等,2004:661)之意。本书著者认为,后一种解释有些偏颇,不太符合诗中的实际情况。

---

[1]　参见蘅塘退士选、朱麟注《作注法释〈唐诗三百首〉》第119页。
[2]　参见蘅塘退士选、朱麟注《作注法释〈唐诗三百首〉》第119页。

诗的尾联则寓含典故,所谓"曲有误,周郎顾"①即是。据《三国志·吴志·周瑜传》记载,年仅二十四岁的周瑜,人称"周郎",英姿飒爽,文武双全,尤其精通音乐:听人弹琴,只要弹奏者出现一点小错误,哪怕周郎当时醉眼蒙眬,也能分辨出来,予以指正。此后,年轻女子弹琴,为博得"周郎"的关注,便"时时误拂弦"了,但前提是周郎得精通音律。

当然,"诗无达诂",对尾联的解读,也有人发出稍微不同声音:

> 妇人卖弄身份,巧于撩拨,往往以有心为无心。手在弦上,意属听者。在赏音人之前,不欲见长,偏欲见短。见长则人审其音,见短则人见其意。李君何故知得恁细。②

再如:

> 此诗能曲写女儿心事。银筝玉手,相映生辉,尚恐未当周郎之意,乃误拂冰弦,以期一顾。夫梅瓣偶飞,点额效寿阳之饰;柳腰争细,息肌服楚女之丸。希宠取怜,大率类此,不独因病致妍以贡媚也。
>
> (俞陛云,2011:152)

三、个人品读:用心良苦觅知音

鸣筝精美绝伦,高贵奢华:调音的是金粟柱,闪着金子般的光芒;筝枕似玉房,洁白如玉,似乎映衬出筝女那冰清玉洁的容颜。那一双纤白的玉手娴熟地拨弄着筝弦,筝枕发出清脆悦耳的音调,那音调似高山流水,寻觅知音;又似阳春白雪,和者寥寥。尽管此时诗人给我们描绘的是一幅静态的画面,但我们仿佛看到了流动的音符,听到了优美的乐音。我们仿佛看到了白居易笔下"转轴拨弦三两声,未成曲

---

① 关于这个典故,感兴趣的读者可再参阅本章第二节第四部分"译例(4)"中的相关部分。

② 明末清初徐增《而庵说唐诗》卷之九:五言绝句之十六,九诰堂刻本,选自齐鲁书社1997年7月出版发行的《四库全书存目丛书·集部三九六》第660页。

调先有情"的画面,尽管筝女不一定是"轻拢慢捻抹复挑",却也具有了"大珠小珠落玉盘"的气势。

所谓"女为悦己者容",本可以以优美的筝曲博得心上人的欢喜,但筝女一想到"悦己者"可能会听得如醉如痴,忘记去做出反应,怎么办?虽说人生得一知己足矣,但知己难求,如何求得知己?此时,筝女的脑海中浮现出"曲有误,周郎顾"的画面。何不隔段时间就误弹一下,以求周郎一样的知己一"顾"呢?这种一反常态的知音寻觅方式,着实令人拍案称奇。本来"不应令曲误,持此试周郎"(王绩《咏妓(一作王勣诗)》),但诗中女主人公却一时念起,偏偏"时时误拂弦",以便求得"周郎"一顾,此乃世间奇女子也。

人都以"高山流水"来遇"知音",即以高超的技巧和优美的乐音博得意中人的青睐,但李端诗中的女主人却以奇崛的想象反其道而行之,另辟蹊径觅知音。为寻觅意中人,诗中女主人可谓用心良苦。

四、英译研究:内容的传达(2)——音译加同位成分和增行补意

正如本书上卷第八章第二节第五部分提到的那样,翻译过程中,"内容"的传达不可避免地会有所亏欠,那么,就原文文本来说,译文文本在忠实度方面就属于"欠额表达"(under-representation),或者叫"欠额译文"(under-translation)。本书上卷第八章第二节第五部分还提到,在古诗英译中,为避免译诗内容较原诗有所亏欠,可以采用一个折中的办法——汉语拼音音译,再加注,即"音译并加注",以尽量减少译诗的"亏欠"。除此之外,还可以采取另外一种类似的处理方法,即"音译加同位语成分",再辅以"增行补意"(具体可参照本章第三节第四部分)处理法。这样的双管齐下,也可以在最大程度上避免译诗较原诗有所亏欠。下面就李端《听筝》不同的译本来做具体的探讨。

译本(1)
Enjoying the Zither
By *LI Duan*

In front of her bower
She stretches her fingers fair
and begins to play the strings,
noble and old, there.
She makes her strings discord
by intention in order to
let the one who is enjoying
turn his head to find how.①

注:1. *zither*: *Noun* a musical instrument consisting of a flat wooden soundbox with numerous strings stretched across it, placed horizontally and played with the fingers and a plectrum. It is used especially in central European folk music 齐特琴(一种乐器,由一扁平的木制共鸣箱和众多弦线组成,用手指和拨子拨奏,尤用于中欧民间音乐演奏中。)

2. *bower*: *Noun* (poetic/literary) a lady's private room or bedroom(诗/文用法)卧室;闺房

3. *discord*: *Verb* (of things) be different or in disharmony (事物)不同;不协调

"译本(1)"在诗题的翻译中将"筝"做了归化处理,恰当与否,很难一概而论。好在译者对译诗诗体做了"增行补意"处理,最大程度避免了译诗的"亏欠"。尽管如此,译诗还是有所亏欠,如"金粟柱""玉房""周郎"等意象的亏欠。

译本(2)

On Hearing Her Play the Harp

By *LI Tüan*

Her hands of white jade by a window of snow
Are glimmering on a golden-fretted harp—
And to draw the quick eye of Chou Yü,
She touches a wrong note now and then.

---

① 罗志野译,转引自"吴钧陶,1997:437"。

第十三章 思恋五绝

Notes on the poem

Chou Yü, a hero of the period of the Three Kingdoms, young, handsome, a statesman, a general, a scholar, a musician, was fond of listening to classical music and when a mistake would be made is said to have reminded the player with a glance. The listener here is of course not Chou Yü, but one whose eye the harpist likes to attract, and probably also a connoisseur of music.①

注:1. harp: *Noun* a musical instrument, roughly triangular in shape, consisting of a frame supporting a graduated series of parallel strings, played by plucking with the fingers. The modern orchestral harp has an upright frame, with pedals which enable the strings to be retuned to different keys 竖琴

2. jade: *Noun* [mass noun] a hard, typically green stone used for ornaments and implements and consisting of the minerals jadeite or nephrite 玉;翡翠;硬玉;软玉

3. glimmer: *Verb* (no obj.) shine faintly with a wavering light 发出闪烁的微光(e.g. pools of glimmering light 发出荧荧微光的池塘)

4. fret: *Verb* (fretted, fretting) [with obj.] [usu. as adj. fretted] decorate with fretwork 用回纹装饰(e.g. intricately carved and fretted balustrades 雕刻精致的有回纹装饰的栏杆)

5. note: *Noun* a key of a piano or similar instrument (钢琴等乐器的)音键

6. harpist: *Noun* a musician who plays a harp 演奏竖琴者

7. connoisseur: *Noun* an expert judge in matters of taste 鉴赏家;鉴定家;行家(e.g. a connoisseur of music 音乐鉴赏家)

在"译本(2)"中,诗题的处理类似于"译本(1)",皆为归化法,但诗体维持了与原诗数目相等的行数。好在此译者加了注,做了弥补式的阐释,难能可贵。值得一提的是,译者绞尽脑汁对原诗的首联做了阐释,并做了具有高度概括性的意译处理,但"玉房"处理成"a

---

① 威特·宾纳(Witter Bynner)译,选自威特·宾纳所著"*The Chinese Translations: The Works of Witter Bynner*"。

window of snow",着实离原诗的内容远了些。另外,对于诗人李端和诗中涉及的周瑜的音译,估计译者是在"威妥玛拼音"的基础上,做了"宾纳"式的处理吧。

上述两个译本若能够在增加诗行的情况下,做到韵体英译,则更能体现出原诗的精妙,达到译诗的目的。

译本(3)

A Zitherist

By *Li Duan*

How clear the golden zither rings

When her fair fingers touch its strings!

To draw attention of her lord,

She strikes now and then a discord.①

注:1. zither: *Noun* a musical instrument consisting of a flat wooden soundbox with numerous strings stretched across it, placed horizontally and played with the fingers and a plectrum. It is used especially in central European folk music 齐特琴(一种乐器,由一扁平的木制共鸣箱和众多弦线组成,用手指和拨子拨奏,尤用于中欧民间音乐演奏中。)

2. lord: *Noun* a master or ruler 主人;统治者

3. discord: *Noun* [count noun] a single note dissonant with another 不协和音符

在"译本(3)"中,译者将动态诗题"听筝"译成静态的"A Zitherist",无可厚非,毕竟诗人在诗中临摹的是一个定格的画面,定在弹筝美人及其面前的乐器——筝上面,而且弹筝美人为诗中女主人,是一位思恋并寻觅意中人的"筝女"。难能可贵的是,在没有增加诗行的情况下,译者对译诗做了韵体英译处理。但遗憾的是,较原诗而言,译诗在内容上"亏欠"较多。

---

① 许渊冲译,转引自"郭著章,江安,鲁文忠等,2010:115"。对此译本其他方面的评论,请参阅本章第二节第四部分"译例(4)"。

第十三章 思恋五绝

译本(4)

listening to zheng music

lu duan

the resonant strings tremble

on the golden pillar of zheng instrument

slender white fingers dance at the frets

there before the bed of general zhou

she touches a wrong note now and then

coaxing a glance from the general

(王守义,约翰·诺弗尔,1989:35)

注:1. resonant: *Adjective* (of a room, musical instrument, or hollow body) tending to reinforce or prolong sounds, especially by synchronous vibration (房间、乐器或中空物体)回音的;有共鸣性的

2. fret: *Noun* (Art & Architecture) a repeating ornamental design of vertical and horizontal lines, such as the Greek key pattern (艺术学及建筑学)回纹饰

3. note: *Noun* a key of a piano or similar instrument (钢琴等乐器的)音键

4. coax: *Verb* (coax something from/out of) use such persuasion to obtain something from 通过哄诱(或劝说)从……那里得到 (e.g. We coaxed our fare money out of my father. 我们花言巧语地说服我父亲给了我们车钱。)

关于"译本(4)"这种全部为小写字母的译诗风格,读者可先参阅本书上卷第十一章第一节第四部分。虽然在此译本中译者增加半倍的诗行数量,但译诗还是留下了不少遗憾。译诗中用了"筝"的音译,但只加译了一个"instrument",很难达意;"before the bed of general zhou"这种译法,着实令人"惊艳";结尾的"coaxing a glance from the general",有点令人迷惑不解。另外,诗人李端无端变成了"lu duan"。原诗中的"周郎"也好,译诗中的"周将军"也罢,都已经是历史上的人物,诗中提及的"周郎",应是指"周郎式的人物"。直译成"周郎"或"周瑜"而不做特殊标注,恐怕不很合适。

综上所述,类似李端《听筝》这样的五言绝句,汉语读者读起来朗

朗上口,理解起来也没有太大的障碍。但事实上,这样的诗包含了较大的信息量——各种有形、无形的信息大量堆积,形成了远远超过二十个字(还没有把诗题计算进去)本身所能表达出的历史和文化信息的厚重堆积。将这样的古诗译成英文,同时还要将文化传播因素考进来的话,若不采用"音译加同位语成分"法(必要时还可加注),再辅以"增行补意",那么,译诗就很难达到跟原诗一样或类似的艺术效果。具体来说,对于诗题的"筝",可先音译,再跟上同位语加以阐释;对于"周郎",可以考虑加注;原诗整个诗体的内容在译诗中可以考虑增加半倍或一倍的诗行数量来容纳。

五、韵译探索:听筝

听筝 李端
鸣筝金粟柱,素手玉房前。
欲得周郎顾,时时误拂弦。

Listening to Melody on Zheng, a Zither-like 12-to-21-string Traditional Chinese Instrument

By *LI Duan*

In front of th' jade sound box of *zheng*, whose pegs

Are dotted by millet-like gold,

Sits one girl fair, playing *zheng* to unfold

Her skills with slim fingers, but begs

Sharp eyes of Mr. Right who knows each thing

'Bout it by fingering th' wrong string

From time to time, which is contrary to

The normal way to send love's clue.

N. B. Mr. Right: In the Chinese poem, the poet uses ZHOU Yu to refer to the one whose attention the girl player of *zheng* wants to draw by striking the wrong chord, for ZHOU Yu, a talented and heroic man in the period of the Three Kingdoms (220—265), is keen on music, so that whenever a player touches a wrong chord, he will surely take a look at her/him to show his awareness. Hence comes the name of "Mr. Right" in the English version of the poem.

(Translated by *WANG Yong-sheng*) （王永胜译）

注:1. melody: *Noun* [mass noun] sweet music; tunefulness 悦耳的音乐;悦耳;和谐

2. zither: *Noun* a musical instrument consisting of a flat wooden soundbox with numerous strings stretched across it, placed horizontally and played with the fingers and a plectrum. It is used especially in central European folk music 齐特琴(一种乐器,由一扁平的木制共鸣箱和众多弦线组成,用手指和拨子拨奏,尤用于中欧民间音乐演奏中)

3. th' = the

4. soundbox or sound box: the hollow chamber forming the body of a stringed musical instrument and providing resonance (弦乐的)共鸣箱

5. peg: *Noun* (Music) one of the pins of a stringed instrument that are turned to tighten or slacken the strings so as to regulate their pitch (音乐学)轴柱;弦轴

6. millet: *Noun* (mass noun) a fast-growing cereal which is widely grown in warm countries and regions with poor soils. The numerous small seeds are widely used to make flour or alcoholic drinks 黍;稷;小米;粟

7. unfold: *Verb* (with obj.) reveal or disclose (thoughts or information) 透露;展现(思想或信息)(e.g. Miss Eva unfolded her secret exploits to Mattie. 埃娃小姐把自己的秘密收获透露给玛蒂。)

8. eye: *Noun* used to refer to someone's power of vision and in descriptions of the manner or direction of someone's gaze 目光;视线 (e.g. His sharp eyes had missed nothing. 任何东西都没逃过他锐利的目光。)

9. Mr. Right: (Slang) the man who would make an ideal mate (俚语表达)如意郎君

10. 'Bout = About

11. finger: *Verb* play (a musical instrument) with the fingers, especially in a ten-

tative or casual manner（尤指尝试着或随意地）用手指弹奏;拨弄（乐器）
12. string: *Noun* [count noun] a length of catgut or wire on a musical instrument, producing a note by vibration（乐器的）弦

第五节　春日思恋

五言绝句原诗：

niǎo niǎo chéng biān liǔ　qīng qīng mò shàng sāng
袅　袅　城　边　柳，青　青　陌　上　桑。
tí　lóng wàng cǎi yè　zuó yè mèng yú yáng
提　笼　忘　采　叶，昨　夜　梦　渔　阳。

九言白话译文：

城边翠柳依依挺细腰,路旁桑树葱葱随风摇。
妇人提笼却忘摘桑叶,昨晚梦中渔阳度良宵。

这首诗题为《春闺思》的五言绝句，是唐代诗人张仲素的作品。首句中"城边柳"，一作"边城柳"。

一、人物品读：张仲素

张仲素（约769—819），中唐诗人，生卒年皆不详，字绘之[①]，符离（今安徽宿州）人。张仲素为贞元十四年（公元798年）进士；元和年间任司勋员外郎；宪宗时为翰林学士，后迁中书舍人而终。据《升庵诗话》记载，"令狐楚与王涯、张仲素同时为中书省舍人，其诗长于绝句，号'三舍人诗'，同为一集。"也就是说，张仲素的诗歌风格与同时期的令狐楚、王涯接近，这样此三人被人合称为"元和三舍人"，还著有合集《三舍人集》。元代辛文房在《唐才子传》中赞其诗曰："多警句，尤精乐府往往和叶宫商。古人未有能虑者。"

唐代诗人张仲素的诗作以乐府诗居多，擅长以女性视角写怨情、

[①] 也有人将"绘"写成"缋"，可参阅白居易《燕子楼诗序》。

闺情,诗意委婉,语言朴实。例如:
家寄征河岸,征人几岁游。
不如潮水信,每日到沙头。　　　　(张仲素《春江曲二首》其一)
秋天一夜静无云,断续鸿声到晓闻。
欲寄征衣问消息,居延城外又移军。
　　　(张仲素《秋思二首》其二,一作《秋闺思二首》其二)
除了怨情诗、闺情诗,张仲素偶有吟咏戍边官兵的边塞诗问世,颇具气势:
三戍渔阳再渡辽,骍弓在臂剑横腰。
匈奴似若知名姓,休傍阴山更射雕。
　　　　　　　　　　　　　　　　(张仲素《塞下曲五首》其一)
另外,张仲素还创作了一些歌功颂德类型的诗篇。这些诗篇中,有的极尽华丽之辞藻来颂扬皇恩之浩荡或皇家场景之宏大,多有溢美过实之词。这也不能怪此类诗人,因诗人在朝中为官,身不由己。再说,国家兴衰,君主贤恶,无不牵动着诗人的心,歌功颂德在所难免。例如:
紫禁香如雾,青天月似霜。
云韶何处奏,只是在朝阳。　　　　　　(张仲素《思君恩》)
类似张仲素这样的诗人,无论是落难,还是安逸,还是生活暂时的好转,都会想到皇恩浩荡,都心系朝廷,想着有朝一日辅佐明君:
乱世归山谷,征鞶喜不闻。
诗书犹满架,弟侄未为军。
山犬眠红叶,樵童唱白云。
此心非此志,终拟致明君。　　　　　　(杜荀鹤《乱后归山》)
尽管张仲素在唐代诗坛上地位颇高,但留下的作品并不多。《全唐诗》第 367 卷为张仲素诗卷。据统计,此卷共录张仲素诗 39 首。另外,《新唐书·艺文志》收录张仲素《词圃》十卷,属类书性质,但已佚失,没有流传下来。

二、艺术品读:《春闺思》

尽管大唐盛世,但边境仍战事不断。尤其是"安史之乱"令大唐由盛转衰,边境战事更是趋于频繁。此时,春闺女子思念戍边亲人之诗也更为成熟,佳作颇多。以写怨情、闺情见长的中唐诗人张仲素如鱼得水,此类作品频出,《春闺思》便是其中的一首,可谓佼佼者。可以说,"五言绝句中,忆远之诗,此作最为入神。"(俞陛云,2011:142)

首联两个叠音词渲染出一幅醉人的春景图。"袅袅"为细长柔美、随风摆动的样子,而桑叶茂盛、嫩绿则为"青青"。柳挺城边,桑立陌上,"陌"为田间沿着东西方向延伸的道路,后泛指田间道路。春日里,这样一幅图景,多么令人陶醉啊!可以说,"袅袅""青青"互文见义,即"城边柳""陌上桑"皆"袅袅"和"青青"。白居易甚至在一首诗的一句中将这两个叠音词尽收入囊中:

依依袅袅复青青,勾引清风无限情。

白雪花繁空扑地,绿丝条弱不胜莺。

(白居易《杂曲歌辞·杨柳枝八首》其三)

尾联"提笼忘采叶":一位女子要采摘桑叶,可是手提着"笼"——"一种篮状竹器"(萧涤非,俞平伯,施蛰存等,2004:813),却忘记将桑叶采摘。这是怎么回事儿呢?原来,"昨夜梦渔阳":这位女子昨夜做了一个梦,梦见了渔阳。渔阳正是这位诗中女子的夫君戍边之地,诗中女子精神恍惚到"提笼忘采叶",正是思恋自己远在渔阳戍边的夫君的结果。诗中的"渔阳"为中国古代郡名,其治所位于今天津蓟县,一说其位于今北京密云县西南。《汉书·地理志》载:"渔阳郡,秦置,莽曰通路,属幽州。"就这样,自秦代以来,渔阳就成为边防重地,更是唐代征戍重镇。因此,渔阳后来就成为文学作品中边境征戍之地的一个代名词了。

张仲素这首《春闺思》中,类似桑叶采摘女这种神态,并非首次出现。譬如,《诗经·周南·卷耳》第一章云:"采采卷耳,不盈顷筐。嗟我怀人,寘彼周行。"其中,"寘"同"置"。大致意思是,卷耳这种野菜生长繁茂,容易采摘,可是女子所提之筐却总也采不满。啊,原来"我"一直怀思远方戍边的丈夫。那我干脆不采了,直接把筐放到大马路上得了。此情此景,跟"提笼忘采叶,昨夜梦渔阳"是何等相似!如果说张仲素的灵感来自《卷耳》的话,张仲素也算是推陈出新了。因为张仲素在《春闺思》中,将更多的悬念留给了读者,"昨夜梦渔阳"只是一个开始。而在《卷耳》篇中,思妇的怀远之情交代得更为具体翔实。

张仲素这首《春闺思》的精妙,正如清代李锳在《诗法易简录》中的评说:

> 前二句皆说眼前景物,而末句忽掉转说到昨夜之梦,便令当日无限深情,不着一字而已跃跃言下。笔法之妙,最耐寻味。

三、个人品读:舞台活人造型画

城边翠柳依依成行,婀娜多姿随风摇啊摇;田间道路上,桑树葱葱郁郁挺立,桑叶沙沙随风翻动,嫩绿鲜活。这是大唐诗人张仲素生活那个时代的场景吗?是,也不是。诗人张仲素以画家的敏锐视线,将这一场景提炼出来,形成了一幅画的背景,或者说是一个舞台的布景,就等人物出场了。人物一出场,这幅画就变得鲜活,恰似一幅舞台活人造型画(tableau):

一位女子,如翠柳婀娜,如桑树葱郁,就那么活生生站在桑树之下,一手提竹笼,一手停在半空中,欲采桑叶,实际却并未采到哪怕半片桑叶……这个造型,她摆出许久,翠柳仿佛凝固了,桑树仿佛凝固了,空气仿佛凝固了,时间也仿佛凝固了,甚至那女子也仿佛凝固了,但她还眨着眼,胸部一起一伏呼吸着……

此时,画外音响起:"昨夜梦渔阳。"一切皆因思念起,一切皆因爱恋生。为此,女子可以"打起黄莺儿,莫教枝上啼",可以"思君如满月,夜夜减清辉",可以"欲得周郎顾,时时误拂弦",甚至可以"看朱成碧思纷纷,憔悴支离为忆君",等等。

如此"舞台活人造型画"何等形象,何等栩栩如生!这不由得让人想起一些作家笔下类似的画面。如美国作家威廉·福克纳(William Faulkner)在短篇小说《玫瑰一枝敬埃米莉》(*A Rose for Emily*)第二部分里的一番描述①:

> We had long thought of them as a tableau, Miss Emily a slender figure in white in the background, her father a spraddled silhouette in the foreground, his back to her and clutching a horsewhip, the two of them framed by the back-flung front door.

> 对格里尔森一家,我们早就有了这样的构想:这一家人就是一幅舞台活人造型画,背景是身着白衣的埃米莉小姐,身材苗条;前景是她父亲的剪影,叉腿而立,手握马鞭,背对着她;正门向后推开,构成画框,将父女俩框进画中。

这样的"舞台活人造型画"在英国作家罗尔德·达尔(Roald Dahl)笔下则有更为形象的描述。如在他的短篇小说《大兵救"美"》(*Madame Rosette*)中几个英国大兵闯入一家妓院的某个房间时的场景片段:

> The girls didn't move or say anything. They stayed still in the middle of what they were doing and they were like a tableau because they stayed so still. One had been pulling on a stocking and she stayed like that, sitting on a chair with her leg out straight and the stocking up to her knee with her hands on the stocking.

(张跃伟,王永胜,2016:119)

> 女孩们谁也没有动地方,谁也没有说话。她们一动不动地待在原地,刚才说什么、做什么都停在半道儿,看起来就像一幅

---

① 小说标题及所引段落均为本书著者所译。

活人造型图,因为她们一动也不动地待在原地。其中一个女孩还是保持往上拉长筒袜的姿态:人坐在椅子上,一条腿笔直伸出,长筒袜套到了膝盖部位,双手握着长筒袜——她就保持着这个姿势。　　　　　　　　　　　　　　（张跃伟,王永胜,2016:153)

看来,不管是古人还是今人,中国人还是外国人,都具有"入木三分"式的刻画功力。在这一方面,中国古代诗人可谓略胜一筹。例如:

玉阶生白露,夜久侵罗袜。
却下水精帘,玲珑望秋月。　　　　（李白《相和歌辞·玉阶怨》)
行者见罗敷,下担捋髭须。
少年见罗敷,脱帽著帩头。
耕者忘其犁,锄者忘其锄。
来归相怨怒,但坐观罗敷。　　　（佚名《汉乐府·陌上桑》,片段)

回顾张仲素的这首《春闺思》,首联对句巧借本是汉乐府的相和曲名《陌上桑》,来映射"提笼忘采叶"的桑叶采摘女对丈夫的思恋和忠贞,因为晋代崔豹《古今注·音乐》中有如此描述:

《陌上桑》,出秦氏女子。秦氏,邯郸人,有女名罗敷,为邑人千乘王仁妻。王仁后为赵王家令。罗敷出,采桑于陌上。赵王登台,见而悦之。因置酒欲夺焉。罗敷巧弹筝,乃作《陌上桑》歌以自明焉。

四、英译研究:对仗联中叠音词的处理

汉语中的叠音,又称作重言、复字、叠字、复叠等,是汉语中特有的一种修辞形式。叠音词是由两个相同音节的字重叠而构成的词,也称为重语、重文、叠词等。在古诗词中特别是在古词中,叠音词使用较多,因叠音词"可以协调音调,增强语言的节奏感、音乐感、形象性、抒情性,营造意境,增加审美意蕴"(金琳,2003[10]:8)。

汉语中,叠音词的构成和划分比较复杂。本书著者在此无意做深入的研究和探讨,只是简单从古诗英译特别是唐代五绝韵体英译

的角度探讨一下格律诗对仗联中叠音词的处理问题。在格律诗中特别是唐代五绝中,字数有限,但字字珠玑,若用叠音词,则整体字数更是大打折扣,因此这类叠音词的意义不容忽视,在英译时也不能采取回避的态度,而是要认真对待,仔细推敲,力争在英译中传达出与原诗最为接近的诗意来。在对仗联中,此类叠音词一般具有形容词词性,具有强烈的修饰性,英译时很难找到对应的叠音词来表达,但可以增词补译,可以增行补意(参阅本章第一节第四部分及第三节第四部分),也可以做词性转换,还可以采用英文中同义词重复手段,即"同义重复"来弥补原诗中叠音词的含义,这样的同义词若押头韵或押尾韵则效果更佳。当然,如果简单重复英文中某个单词也能达到原诗叠音词的效果,则完全可以加以重复。下面先以几首对仗联中含有叠音词的唐诗为例,简单就对仗联中叠音词的英译处理加以分析和探讨。

译例(1)

秋夜曲 张仲素

丁丁漏水夜何长,漫漫轻云露月光。

秋逼暗虫通夕响,征衣未寄莫飞霜。

An Autumn Night

By *Zhang Zhongsu*

Drip-drip-drip sighs the water clock in the long night,

With the moon breaking the high drifting clouds light.

Insects endlessly cry in competing with the autumn late;

Till my husband gets the winter clothes I pray the early frosts wait.

(都森,陈玉筠,2011:61)

注:1. drip: *Noun* (in sing.) the action or sound of liquid falling steadily in small drops 滴下;滴水声;滴嗒声 (e.g. the drip, drip, drip of the leak in the roof 屋顶漏水的滴嗒声。)

2. sigh: *Verb* [no obj.] emit a long, deep, audible breath expressing sadness, relief, tiredness, or similar 叹气;叹息 (e.g. Harry sank into a chair and

sighed with relief. 哈里倒在椅子上,宽慰地松了一口气。)

3. insect: *Noun* an arthropod animal that is typically small, having six legs and generally one or two pairs of wings 昆虫

4. pray: *Verb* wish or hope strongly for a particular outcome or situation 祈望;祈求(e.g. I prayed that James wouldn't notice. 但愿詹姆斯不会注意。)

张仲素的这首《秋夜曲》首联为"韵对",即首联出句入"韵",且首联入"对"。首联不仅为韵对,还使用了叠音词,其中"丁丁"为拟声词,形容计时用的漏壶里的水慢慢滴漏下来发出的声音,"漫漫"用来形容白云轻轻、形状变幻的样子。在"译例(1)"中,译者总体上采用了韵体英译形式,也意识到原诗叠音词的使用,并在译诗中做了相应的处理,如增词补译,采用拟人的修辞手法等,基本达到了译诗目的。若尾联采用"not...(un)till..."这种结构,是否能更好地传达"征衣未寄莫飞霜"的含义呢?

译例(2)

微雨夜行 白居易

漠漠秋云起,稍稍夜寒生。

但觉衣裳湿,无点亦无声。

Night Walk in Drizzling Rain

By *Bai Juyi*

Murky and fuzzy arise autumnal

Clouds; a touch of coldness invades as night

Proceeds. The clothes are wet with moisture,

Without raindrops and without sound, withal.

(张智中,2009:021)

注:1. drizzle: *Verb* (no obj.) (it drizzles, it is drizzling etc.) rain lightly 下毛毛雨 (e.g. [as adj. drizzling] the drizzling rain 毛毛细雨)

2. murky: *Adjective* (murkier, murkiest) dark and gloomy, especially due to thick mist 阴暗的;昏暗的;漆黑的(e.g. The sky was murky and a thin drizzle was falling. 天色晦暗,细雨蒙蒙。)

3. fuzzy: *Adjective* difficult to perceive clearly or understand and explain precisely; indistinct or vague 模糊的;不清楚的;不明确的

4. autumnal: *Adjective* of, characteristic of, or occurring in autumn 秋季的;秋季出现(或发生)的 (e. g. rich autumnal colours 绚丽多彩的秋色)

5. touch: *Noun* a small amount; a trace 少许;一点 (e. g. He retired to bed with a touch of flu. 他染上轻度流感,上床休息了。)

6. invade: *Verb* enter (a place, situation, or sphere of activity) in large numbers, especially with intrusive effect 涌入;大批进入 (e. g. Demonstrators invaded the Presidential Palace. 大批示威者涌入了总统官邸。)

7. proceed: *Verb* (of an action) be carried on or continued (行动)进行;继续 (e. g. As the excavation proceeds the visible layers can be recorded and studied. 随着挖掘的进展,就可以对可见层做记录和研究。)

8. withal: *Preposition* all the same; nevertheless (used when adding something that contrasts with a previous comment) 依然;仍然;然而(用于补充与以前评论相对比的事情)(e. g. She gave him a grateful smile, but rueful withal. 她对他感激地一笑,但那仍然是苦笑。)

白居易的这首《微雨夜行》,首联入对,但首句不入韵,且含有叠音词,其中"漠漠"具有形容词词性,形容云烟密布的样子或广袤而沉寂的状态,"稍稍"则具有副词词性,有稍微或略微之意。在"译例(2)"中,译者对"漠漠"做了阐释性的增词补译处理,但感觉处理的结果跟"漠漠秋云起"在气势上有那么一点点差距,而在"稍稍"的处理上,"a touch of coldness"跟"invades"所表达的意义之间则存在一定的矛盾性。

译例(3)

黄鹤楼　崔颢

昔人已乘黄鹤去,此地空余黄鹤楼。
黄鹤一去不复返,白云千载空悠悠。
晴川历历汉阳树,芳草萋萋鹦鹉洲。
日暮乡关何处是?烟波江上使人愁。

The Yellow Crane Tower

By *Cui Hao*

People of a bygone age rode the yellow cranes and flew away.
Today, the Yellow Crane Tower here is only a name.
The yellow cranes, once gone, were gone forever.
A millennium of white clouds have drifted idly by.
The trees on Hanyang side stood out in the sun.
The grass on Parrot Shoal had grown abundant.
At dusk I asked myself which way was home.
The misty waves on the River made me groan.

Notes:

1. The Yellow Crane Tower: Is in Wuhan (Hubei Province) on the Yangtze River.

2. Hanyang: Hanyang, plus Hankou and Wuchang, form the tri-city of Wuhan. （龚景浩, 2006: 105）

注:1. crane: *Noun* a tall, long-legged, long-necked bird, typically with white or grey plumage and often with tail plumes and patches of bare red skin on the head. Cranes are noted for their elaborate courtship dances 鹤

2. millennium: *Noun* (pl. millennia or millenniums) a period of a thousand years, especially when calculated from the traditional date of the birth of Christ 一千年;千年期(尤指从基督传统出生日算起)

3. shoal: *Noun* a large number of fish swimming together 鱼群

4. misty: *Adjective* full of, covered with, or accompanied by mist 笼罩着雾的;雾气覆盖的;有雾的(e.g. The evening was cold and misty. 傍晚时天气寒冷,雾气迷蒙。)

5. groan: *Verb* (no obj.) make a deep inarticulate sound in response to pain or despair (因痛苦或失望而)呻吟;发哼哼声(e.g. Marty groaned and pulled the blanket over his head. 马蒂痛苦地呻吟了一声,拉起毯子蒙住了头。)

崔颢的这首《黄鹤楼》诗,可谓气势不凡,颈联对仗自不必说,主要是使用了两个叠音词,皆具形容词词性。其中,"历历"含清清楚楚

之意,清楚地可以一一数出来;"萋萋"则用来形容草木茂盛的样子。在"译例(3)"中,译者基本上没有采用增词补译的方法。对于前者,译者做了词性方面的转化,转化成动词短语"stood out",基本达到了原诗叠音词的使用效果;对于后者,译者直译成"abundant",这相对于"萋萋",显得"底气不足"。另外,为达到译诗目的,译诗中的一些用词可再加斟酌,如"Shoal""groan"等。

译例(4)

山下泉 皇甫曾

漾漾带山光,澄澄倒林影。

那知石上喧,却忆山中静。

Spring at the Foot of the Mountain

By *Huangfu Zeng*

Is rippling with mountainous glow, and limpid

With inverted reflection of riotous trees.

It does not like gurgles over the stone loud,

But cherishes mountainous quietude with ease.

(张智中,2009:055)

注:1. spring: *Noun* a place where water or oil wells up from an underground source, or the basin or flow formed in such a way 泉

2. ripple: *Verb* (no obj.) (of water) form or flow with small waves on the surface (水)起涟漪;起微波(e.g. The Mediterranean rippled and sparkled. 地中海波光粼粼。)

3. glow: *Noun* (in sing.) a steady radiance of light or heat 发出光(或热)(e.g. The setting sun cast a deep red glow over the city. 落日给城市上空投下一道深红色的霞光。)

4. limpid: *Adjective* (of a liquid) free of anything that darkens; completely clear (液体)清澈的;明净的

5. reflection: *Noun* (count noun) an image seen in a mirror or shiny surface (镜子或光洁面)映像(e.g. Marianne surveyed her reflection in the mirror. 玛

丽安审视着自己的镜中映像。)

6. riotous: *Adjective* having a vivid, varied appearance 丰富多彩的;繁茂的 (e. g. a riotous display of bright red, green, and yellow vegetables 鲜红色、绿色和黄色蔬菜的杂彩纷呈)

7. gurgle: *Noun* a gurgling sound 汩汩声;咯咯声 (e. g. Catherine gave a gurgle of laughter. 凯瑟琳发出咯咯的笑声。)

8. quietude: *Noun* (mass noun) a state of stillness, calmness, and quiet in a person or place 安静;平静;寂静;宁静

9. ease: *Noun* freedom from worries or problems, especially about one's material situation 安适;安逸;悠闲(尤指某人的物质环境)(e. g. life of wealth and ease 一种富有、安逸的生活)

黄甫曾这首《山下泉》押的是仄声韵,首联入对但首句不入韵,使用了两个叠音词。"漾漾"指水缓缓流动的样子或水面微微动荡之意,"澄澄"意为水静而清澈。在这两个叠音词的处理上,"译例(4)"的译者跟"译例(3)"的译者一样,采用了转换和直译的方法。另外,尽管译诗诗题"Spring at the Foot of the Mountain"提到了中心词"Spring",由于英语属于"形合"语言,译诗的第一行也不宜省去这一主语,可用代词"it"替代,若再将音步的控制考虑进来的话,建议写作"'Tis",庶几可通。

张仲素这首《春闺思》,是本节研究的主题诗,首联入对但首句不入韵,且所含叠音词意象丰富,描写形象,读后栩栩如生之感顿生。所以,这两个叠音词在翻译中不仅不能忽视甚至避开,而且还要认真对待,想方设法处理好,以达到跟原诗最为接近的效果。下面再以《春闺思》的两个英译本为例,有针对性地就对仗联中对叠音词的英译处理做一简单的探讨。

译本(1)

In Reverie

By *Zhang Zhongsu*

By city wall wave willows slender

And roadside mulberry leaves tender.

She gathers not, basket in hand,

Still dreaming of the far-off land.　　　（许渊冲，2000：377）

注：1. reverie: *Noun* a state of being pleasantly lost in one's thoughts; a daydream 遐想;(快乐的)幻想;白日梦(e. g. A knock on the door broke her reverie. 一阵敲门声打破了她的想入非非。)

2. slender: *Adjective* (of a person or part of the body) gracefully thin(人或身体部位)苗条的;修长的;纤细的(e. g. her slender neck 她修长的脖子)

3. mulberry: *Noun* (also mulberry tree or bush) a small deciduous tree with broad leaves, native to the Far East and long cultivated elsewhere 桑树

4. tender: *Adjective* (of a plant) easily injured by severe weather and therefore needing protection(植物)纤弱的;幼嫩的;易毁的

在"译本(1)"中,为跟原诗在形式上保持高度的一致性,译者主要采用归化策略,抛弃不少原诗中的重要意象,形美是具备了,但诗意和意境却有所损耗。对于原诗中两个叠音词,译者只是简单地加以直译,原诗叠音效果体现得不够充分。若在此译诗的基础上,译者再增行补意的话,估计效果会更好,毕竟原诗所含信息量较大,无法以四行来容纳。

译本(2)

Spring Boudoir Reverie

By *Zhang Zhongsu*

By the city wall

Drooping willows are dancing.

On the path between fields

Verdant mulberries are growing.

Basket in hand,

She forgets picking leaves.

Last night she met with her husband

At Yuyang in dreams.

Note & Commentary:

She has forgotten to pick mulberry leaves because she's so deep in thought of the scene in which she met with her husband in the dream last night. (唐一鹤,2005:94-95)

注:1. boudoir: *Noun* (chiefly historical or humorous) a woman's bedroom or small private room(主要为历史上的用法或幽默用法)闺房
2. reverie: *Noun* a state of being pleasantly lost in one's thoughts; a daydream 遐想;(快乐的)幻想;白日梦(e.g. A knock on the door broke her reverie. 一阵敲门声打破了她的想入非非。)
3. drooping: *Adjective* hanging down (as from exhaustion or weakness)下垂的;垂下的(处于疲乏或虚弱)
4. verdant: *Adjective* of the bright green colour of lush grass 青翠的;碧绿的
5. mulberry: *Noun* (also mulberry tree or bush) a small deciduous tree with broad leaves, native to the Far East and long cultivated elsewhere 桑树

对"译本(2)"的品评,读者可先参阅本章第三节第四部分中的"译例(2)"。在此译本中,译者采用增行补意法,以半自由体、半韵体的英诗来处理译诗,原诗的意境得以最大程度的还原。对于"袅袅",译者做了一定程度的阐释,但译诗的第一行说"垂柳舞动"(Drooping willows are dancing),似乎为过,毕竟给人的感觉是风大了些,"袅袅"的意境被冲淡了许多。但是,说"柳枝舞动"则更为准确。对于"青青",译者处理成"青翠"(verdant),基本达意。

综上所述,叠音词的使用令诗歌作品鲜活起来,叠音词似乎赋予诗歌以生命,所以在译诗中处理好叠音词至关重要。尤其在古诗作品特别是短小精悍的唐代五绝作品的对仗联中,更要处理好其中的叠音词。在译诗中,可以对叠音词进行增词补译、增行补意、词性转换,甚至不惜以英文的同义重复为代价,最大程度还原原诗中叠音词的表达效果。

五、韵译探索:春闺思

春闺思　张仲素
袅袅城边柳,青青陌上桑。

提笼忘采叶,昨夜梦渔阳。

A Madam's Fond Spring Memory of Her Husband Serving in Yuyang, the Frontier

By *ZHANG Zhong-su*

Encircling city's edge, the willows wave

Their slender, slim and swaying branches brave.

On paths amid fields grow in twos and threes

Luxuriant, leafy, tender mulb'rry trees.

An' under one of those she's standing still,

With one uplifted basket in one hand,

But with their leaves green she fails it to fill,

For last night she dreamed him in Yuyang's land.

(Translated by *WANG Yong-sheng*)　　　　（王永胜译）

注:1. madam: *Noun* used to address or refer to a woman in a polite or respectful way 夫人;太太;女士;小姐(对妇女的尊称)

2. serve: *Verb* [no obj.] be employed as a member of the armed forces 服兵役 (e.g. He had hoped to serve with the Medical Corps. 他曾希望跟着医疗队服役。)

3. frontier: *Noun* the district near a line or border separating two countries 边疆

4. encircle: *Verb* (with obj.) form a circle around; surround 环绕;围绕;包围 (e.g. The town is encircled by fortified walls. 整个城由设防的城墙围绕。)

5. willow: *Noun* (also willow tree) a tree or shrub of temperate climates which typically has narrow leaves, bears catkins, and grows near water. Its pliant branches yield osiers for basketry, and the timber has various uses 柳树

6. slender: *Adjective* (of a person or part of the body) gracefully thin(人或身体部位)苗条的;修长的;纤细的(e.g. her slender neck 她修长的脖子)

7. slim: *Adjective* (of a person or their build) gracefully thin; slenderly built (used approvingly) (人或身材)细长的;苗条的;纤细的

8. sway: *Verb* move or cause to move slowly or rhythmically backwards and forwards or from side to side 摇摆;摆动

9. **brave**: *Adjective* (poetic/literary) fine or splendid in appearance (诗/文用法)美好的;壮观的 (e.g. His medals made a brave show. 他那些奖章很是光彩夺目。)

10. **amid**: *Preposition* surrounded by; in the middle of 在……之中 (e.g. our dream home, set amid magnificent rolling countryside 我们的梦想之家——坐落在绵延起伏的壮丽乡野)

11. **luxuriant**: *Adjective* (of vegetation) rich and profuse in growth; lush (植物)茂盛的;郁郁葱葱的

12. **leafy**: *Adjective* (leafier, leafiest) (of a plant) having many leaves (植物)叶茂的;多叶的

13. **tender**: *Adjective* (of a plant) easily injured by severe weather and therefore needing protection(植物)纤弱的;幼嫩的;易毁的

14. **mulb'rry** = mulberry

15. **mulberry**: *Noun* (also mulberry tree or bush) a small deciduous tree with broad leaves, native to the Far East and long cultivated elsewhere 桑树

16. **An'** = And

17. **uplift**: *Verb* (with obj.) [usu. as adj. uplifted] lift (something) up; raise 抬起;举起 (e.g. her uplifted face 她仰起的脸)

18. **basket**: *Noun* a container used to hold or carry things, typically made from interwoven strips of cane or wire 篮;篓;筐

19. **dream**: *Verb* (with obj.) see, hear, or feel (something) in a dream 梦见;梦到 (e.g. Maybe you dreamed it. 你也许是做梦见到的。)

第十四章 景色五绝

优美的景色,总是那么吸引人,令人身心愉悦。难道不是这样吗?

优美的景色,常常让人流连忘返,沉醉其中不忍割舍。一旦美景不再,难免心生感叹:感好景不长,叹鲜花凋亡。于是乎,起感伤,添惆怅:

春眠不觉晓,处处闻啼鸟。

夜来风雨声,花落知多少。　　　　　　　　(孟浩然《春晓》)

景色的构成是方方面面的,有自然景色,有人造景色;有静态的,有动态的;有客观存在的,有主观想象的;有交代背景的,有渲染气氛的……万变不离其宗,借景抒情才是根本,寓情于景、情景交融应是文人墨客的最高追求。

就古诗词作品而言,诗人在作品中常常借景抒情,抒发自己心中的情感。表面上看,诗人以景色来"顾左右而言他",实则是"项庄舞剑意在沛公",即抒发情感,以达情景交融的最佳状态。例如:

去年今日此门中,人面桃花相映红。

人面不知何处去,桃花依旧笑春风。　　　(崔护《题都城南庄》)

就算是"纯粹"的景色,也并非那么"纯粹",最起码表达了诗人对大自然的热爱之情。例如:

日照香炉生紫烟,遥看瀑布挂前川。

飞流直下三千尺,疑是银河落九天。　　　(李白《望庐山瀑布》)

远上寒山石径斜,白云生处有人家。
停车坐爱枫林晚,霜叶红于二月花。　　　　(杜牧《山行》)

当然,绝大多数诗歌作品包括唐代五绝作品都寓情于景,表达了某些更为丰富甚至是更为微妙的情感。试举两例:

千里莺啼绿映红,水村山郭酒旗风。
南朝四百八十寺,多少楼台烟雨中。　　　(杜牧《江南春》绝句)
人闲桂花落,夜静春山空。
月出惊山鸟,时鸣春涧中。　　　　　　　　(王维《鸟鸣涧》)

第一节　空幽景色

五言绝句原诗:

kōng shān bù jiàn rén, dàn wén rén yǔ xiǎng
空　山　不　见　人,　但　闻　人　语　响。
fǎn yǐng rù shēn lín, fù zhào qīng tái shàng
返　景　入　深　林,　复　照　青　苔　上。

九言白话译文:

山空寂不见人来人往,只听见说话发出声响。
太阳将光反射进深林,又照到青翠的苔藓上。

这是唐代大诗人王维的一首五言仄韵诗《鹿柴》(柴,音"zhài"),诗题一作《鹿砦》,实为"古绝"而非"律绝",即本书的主题之一"五绝"。鉴于很多选本包括蘅塘退士的《唐诗三百首》都视其为五言绝句,本书从之,将其视作为五绝加以研究。尾联出句中,"返景",一作"返影",读音皆为"yǐng"。

一、人物品读:王维

唐代大诗人王维[①](701—761),字摩诘,原籍祁县(今属山西),

---

① 关于王维其他方面的情况,参见本书上卷第八章第一节第一部分,第九章第三节的第一部分,以及第十章第二节第一部分。

后迁至蒲州(今山西永济),遂为河东人。王维是盛唐时期一位代表性诗人。

晚年时光里,王维更加喜欢隐居生活,崇尚佛教和禅学,甚至专心侍佛,因此有了"诗佛"的雅号。的确,王维精通佛学,受禅宗影响也很大。其字"摩诘",其实就是来自佛教的《维摩诘经》。这样,他的诗中自然而然就可寻到禅思、禅意以及静看风云变幻、我自岿然不动之气势。例如:

中岁颇好道,晚家南山陲。
兴来每独往,胜事空自知。
行到水穷处,坐看云起时。
偶然值林叟,谈笑无还期。
(王维《终南别业》,一作《初至山中》,一作《入山寄城中故人》)
独坐幽篁里,弹琴复长啸。
深林人不知,明月来相照。　　　　　　　　　(王维《竹里馆》)
晚年唯①好静,万事不关心。
自顾无长策,空知返旧林。
松风吹解带,山月照弹琴。
君问穷通理,渔歌入浦深。　　　　　　　　　(王维《酬张少府》)

后人对王维好评如潮,足见其功力。如清代钱良择在《唐音审体》中有这样的评价:

味淡声希,言近指远,乍观不觉其奇,按之非复人间笔墨,唯有丞也。昔人谓读之可以启道心、淀尘虑。

王维的诗歌成就是多维的:边塞诗、山水诗、格律诗、古体诗、禅意诗……王维的诗,现存400多首,还著有《王右丞集》《画学秘诀》等。

二、艺术品读:《鹿柴》

唐天宝年间,诗人王维在终南山购置辋川别业,隐居辋川。"鹿

---

① "惟",一作"唯"。

柴"为辋川别业中一处胜景。辋川共有胜景二十处,于是,王维就和好友裴迪为这些胜景一一赋诗,编为《辋川集》组诗,收录王维诗二十首,裴迪诗二十首,共四十首。本节的主题诗《鹿柴》是《辋川集》中的第五首。裴迪对应的第五首是这样的:

日夕见寒山,便为独往客。

不知深林事,但有麕麚迹。(裴迪《辋川集二十首其五·鹿柴》)

王维的这首诗,诗题《鹿柴》,其中"柴"同"寨",原指篱笆或栅栏,一般由竹子或树木围成。诗中指王维所购置的辋川别业中一处景观。另据《陕西志》记载,"辋川在蓝田县南,去县八里。"(刘永济,1981:27)

山空旷而寂静,看不见人影,却能听见人说话的声音。那声音在空寂的山中,显得格外响亮。那也许是日暮时分吧:返景入深林,复照青苔上——"返景"同"返影",指"夕阳返照"(李梦生,2007:13)。再者,"深林中苔翠阴阴,日光所不及,惟夕阳自林间斜射而入,照此苔痕,深碧浅红,相映成采。此景无人道及,惟妙心得之,诗笔复能写出。"(俞陛云,2011:111—112)在《唐诗训解》中,则有更精辟的描述:

> 不见人,幽矣;闻人语,则非寂灭也。景照青苔,冷淡自在。摩诘出入渊明,独《辋川》诸作最近,探索其趣,不拟其词。如"结庐在人境,而无车马喧",喧中之幽也;"空山不见人,但闻人语响",幽中之喧也。如此变化,方入三昧法门。

三、个人品读:空寂的山,幽暗的林

整首诗给人一种空幽的感觉,特别是首联,令人恍若置身世外桃源:山空寂,林幽暗。"闻人语响"为动,以动衬静,则静愈静。人语响过,更是空幽一片。既然"空山不见人",还能听见"人语响",说明人不在眼前,或许不在千里之外,起码也在一个很远的距离之外。远处有人说话,就能听见,可见空山之幽静了。看似矛盾,实则反衬,王维禅道的高妙之处就在于此。在此,诗人也许是以山的空幽,来衬托自己淡泊名利、清澈可鉴的内心世界。但是,是否真的具有如诗中所反映的心

境,放下世俗的负累,只有诗人王维自己内心清楚了。在这一点上,《唐贤清雅集》说的有一定的思辨性:空而非空,宛而不宛,闲淡人妙。

这种空幽之感,在尾联中得以延伸。林深不知处,幽中见暗,暗无边际。可是,夕阳返照,触及林地上的青苔,青苔便感染了夕照的色彩,令人瞬间开朗起来,打破了幽暗的境界。可想而知,返照过后,林间则会愈加幽暗。这种光影的奇妙组合,只有深谙画技的王维能捕捉到,并付诸笔端,如同再现画纸之上。

首联与尾联完美的结合,令山空林幽,整个空幽的境界凸显了出来,唯有返照青苔的一丝光彩令人豁然开朗,一种顿悟的感觉油然而生。《唐诗直解》云:"无言而有画意,'复照'妙甚。"

四、英译研究:增词补译(2)——诗体

正如本书上卷第九章第二节第四部分提到的那样,汉英翻译中,由于两种语言本身的差异,增词补译算是一种较为常用的方法。在译诗的实际操作过程中,可以考虑将汉语这种"意合"式语言中所缺省的成分,通过"增词"的方式,在译语中"补译"出来,以达到英语这门"形合"语言对语法和逻辑的要求。就译诗而言,其核心目的就是达到译诗的要求。

在古诗英译特别是唐代五绝的韵体英译过程中,除了可以考虑将原诗中多数缺省的信息通过增词补译到译诗的诗题当中之外,还可以将少部分信息通过"增词"的方式"补译"到诗体当中,再辅以"增行补意"(参阅本书下卷第十三章第一节第四部分及第三节第四部分),以达到"韵体英译"的要求和目的。当然,这样的增词,还是要以合情合理为宗旨,为译诗的格律服务,万不可为达到译诗的格律要求而无中生有,即为了格律而强行补译。那样的话,"以韵害意"将在所难免。下面以王维《鹿柴》的几个英译本为例,对增词补译在诗体中的体现做进一步探讨。

译本(1)

A Bamboo Fenced Cottage

By *Wang Wei*

第十四章　景色五绝

　　A hollow mountain sees no soul,
　　But someone's peaking does reecho.
　　As the setting sun penetrates the deep woods,
　　The reflective tints dorn on the moss.　　（刘军平，2002：52）

注：1. cottage：*Noun* a small simple house, typically one in the country（尤指乡村的）小屋；村舍

2. hollow：*Adjective* having a hole or empty space inside 空的（e.g. Each fibre has a hollow core. 每一根纤维都是中空的。）

3. soul：*Noun* an individual person 人（e.g. I'll never tell a soul. 我绝不会告诉任何一个人。）

4. echo：*Verb*（no obj., with adverbial）(of a sound) be repeated or reverberate after the original sound has stopped(echoing)（声音）回响；回荡（e.g. Their footsteps echoed on the metal catwalks. 他们的脚步声在T型台的金属地面上回响。）

5. penetrate：*Verb*（with obj.）succeed in forcing a way into or through (a thing) 刺入；戳入；刺穿；穿透（e.g. The shrapnel had penetrated his head and chest. 那块弹片穿透了他的头和胸膛。）

6. reflective：*Adjective* produced by reflection 反射产生的（e.g. a colourful reflective glow 色彩绚丽的反射光）

7. tint：*Noun* a shade or variety of colour 色彩；色调（e.g. The sky was taking on an apricot tint. 天空呈现出一抹杏黄色。）

8. moss：*Noun*（mass noun）a small flowerless green plant which lacks true roots, growing in low carpets or rounded cushions in damp habitats and reproducing by means of spores released from stalked capsules 苔藓；苔类植物

　　在"译本（1）"中，译者对原诗诗题做了阐释，并适当增词来补译，但跟原诗中"鹿柴"这一地名的实际情况是否符合，就不得而知了。这样阐释性的增词补译，其结果就是表达太具体，反而限制了人们的想象。所以，对诗题采取增词法来补译，还需谨慎处理为好。由于此译本未采用韵体英诗来翻译，所以译诗诗体几乎没有增词补译的痕迹，这是可以理解的。但是，"hollow""the setting sun""reflective tints"等词语的采用，给人感觉译者没有完全吃透原诗的含义就仓促

译出,原诗的意韵也就很难散发出来了。另外,译诗最后一行的"dorn"疑为"adorn"之误。

译本(2)

The Deer Enclosure

By *Wang Wei*

On the lonely mountain I met no one,

I hear only the echo of human voices.

At an angle the sun's rays enter the depth of the wood,

And shine upon the green moss.①

注:1. enclosure:*Noun* an area that is sealed off with an artificial or natural barrier (被人工或天然屏障)围住的地区;围场

2. echo:*Noun* (pl. echoes) a sound or series of sounds caused by the reflection of sound waves from a surface back to the listener 回声;回音

3. depth:*Noun* (the depths) a point far below the surface 深处(e.g. He lifted the manhole cover and peered into the depths beneath. 他掀起窨井盖向下面深处望去。)

4. moss:*Noun* [mass noun] a small flowerless green plant which lacks true roots, growing in low carpets or rounded cushions in damp habitats and reproducing by means of spores released from stalked capsules 苔藓;苔类植物

先看"译本(2)"诗题的英译,读者可参阅本书下卷第十二章第五节第四部分"译例(3)"。有学者认为,"把标题译为'The Deer Enclosure'(圈鹿养鹿之处或鹿园)显然不妥。因为'鹿寨'或'鹿砦'纯为地名,在今陕西省蓝田县南终南山下,再看原诗的内容,也看不出来与鹿有什么关系。故应弃直译而采取音译:Luzhai。"(郭著章,江安,鲁文忠等,2010:36)的确如此,但诗题在音译的基础上,再有所补充即增词补译的话,则会增强译语读者的理解力和接受性。在此译本中,译者虽然没有采用韵体英译,但通过适当的增词来补译,如

---

① C. J. Chen 和 Michael Bullock 译,转引自"郭著章,江安,鲁文忠等,2010:36"。

增加了诗歌视角方面的表达(参阅本书上卷第十一章第四节第四部分),很好地传达了原诗的诗意。遗憾的是,要是在译诗的前两行间再增加一个连接性的表达词的话,则原诗那种"空幽"感会得到更好的体现,更何况这样做是英语这门形合式语言的要求,且原诗还含有"但"这样一个转折词呢。

译本(3)

Thick Mountains

By *Wang Wei*

No one is seen there in the mountains thick.

Resounding voice is, yet, heard in a tick.

Slanting sun shines into the forest deep;

Reflection rests on mosses green in sleep.　　(王大濂,1998:41)

注:1. tick: *Noun* (Brit. informal) a moment (used especially to reassure someone that one will return or be ready very soon)(英国非正式用法)滴答的一瞬间;一会儿(e.g. I'll be with you in a tick. 我很快就会和你在一起。)

2. slanting: *Adjective* having an oblique or slanted direction 倾斜的;歪斜的

3. reflection: *Noun* [count noun] an amount of light, heat, or sound that is thrown back in such a way 反射光;反射热;回声(e.g. The reflections from the street lamps gave them just enough light. 街灯的反射使他们有一点点光线。)

4. moss: *Noun* (mass noun) a small flowerless green plant which lacks true roots, growing in low carpets or rounded cushions in damp habitats and reproducing by means of spores released from stalked capsules 苔藓;苔类植物

"译本(3)"的译者对原诗诗题做了阐释,并做了意译处理,这不失为一种好的处理方法——虽然损失了"鹿柴"或"鹿砦"这一承载了一定历史及文化背景的意象。由于此译本的译者采用韵体英译的译诗形式,因而对诗体做了适当的增词补译处理,如"in a tick"等。另外,尽管"mosses"本身含有"青"之意,但译者出于格律的需要加了个"green",虽有重复之嫌,但对于诗歌而言并不为过,反而起到了加强语义的作用。

译本(4)

Deerpark Village

By *Wang Wei*

No man is seen in the lonely hills round here,
But whence is wafted the human voice I hear?
So deep in the forest the sunset glow can cross
That it seems to choose to linger on the moss. ①

注:1. whence: *Adverb* (also from whence) (interrogative adverb) from what place or source 从何处;从哪儿 (e.g. Whence does Parliament derive this power? 国会是从何处获得这一权力?)

2. waft: *Verb* pass or cause to pass easily or gently through or as if through the air 飘送;(使)飘荡;(使)飘浮

3. linger: *Verb* (no obj.) stay in a place longer than necessary, typically because of a reluctance to leave(不愿离开而)逗留;多停留

4. moss: *Noun* (mass noun) a small flowerless green plant which lacks true roots, growing in low carpets or rounded cushions in damp habitats and reproducing by means of spores released from stalked capsules 苔藓;苔类植物

在"译本(4)"中,诗题译成"Deerpark Village",着实"热闹"了不少,但不一定符合实际。在译诗诗体中,为了达到译诗格律的要求,译者下了不少功夫,多处做了增词补译处理,如诗歌视角方面的增词"I hear"(姑且不论合理与否)等,甚至不惜代价将第二行增词处理成疑问句。第三、四行通过增词补译处理,别具一番"意趣","再创造"的意味散发了出来,无可厚非。与庞德的"改写"式译诗相比,这种处理简直就是"小巫见大巫"了。

译本(5)

The Deer Enclosure

By *Wang Wei*

Remote the mountains, where no one is seen,

---

① 王宝童译,转引自"吴钧陶, 1997: 181"。

Though human voices resound.
At dusk, reflected sunlight enters the forest deep,
Once again setting the green moss aglow.

(张廷琛,魏博思,2007:43)

注:1. enclosure: *Noun* an area that is sealed off with an artificial or natural barrier (被人工或天然屏障)围住的地区;围场

2. moss: *Noun* (mass noun) a small flowerless green plant which lacks true roots, growing in low carpets or rounded cushions in damp habitats and reproducing by means of spores released from stalked capsules 苔藓;苔类植物

3. aglow: *Adjective* [predic.] glowing 发亮的;发光的

4. reflect: (with obj.) (of a surface or body) throw back (heat, light, or sound) without absorbing it (物体或表面)反射(热、光或声音)(e.g. His eyes gleamed in the reflected light. 他的双眼在反光中闪烁。)

对"译本(5)"的品评及诗题的处理,读者可先参阅本书下卷第十二章第五节第四部分中的"译例(3)"以及本节"译本(2)"。除了诗题的处理之外,诗体的处理基本达意。尽管不是韵体英译,某些地方也采用了增词补译来处理,如"At dusk""aglow"等。这在一定程度上弥补了汉英两种语言间的差异性。

译本(6)

The Deer Enclosure

By *Wang Wei*

I see no one in mountains deep
But hear a voice in the ravine.
Through the dense wood the sunbeams peep
And are reflected on mosses green.

(许渊冲,陆佩弦,吴钧陶等,1988:87)

注:1. enclosure: *Noun* an area that is sealed off with an artificial or natural barrier (被人工或天然屏障)围住的地区;围场

2. ravine: *Noun* a deep, narrow gorge with steep sides 沟壑;皱谷;冲沟

3. peep: *Verb* [no obj.] look quickly and furtively at something, especially through a narrow opening (尤指从缝隙中)偷看;窥探(e.g. His door was

ajar and she couldn't resist peeping in. 他的门半开着,因此她忍不住向里偷看。)

4. reflect:(with obj.)(of a surface or body) throw back (heat, light, or sound) without absorbing it (物体或表面)反射(热、光或声音)(e.g. When the sun's rays hit the Earth a lot of the heat is reflected back into space. 阳光照射地球时大量的热反射回太空。)

2. moss: Noun [mass noun] a small flowerless green plant which lacks true roots, growing in low carpets or rounded cushions in damp habitats and reproducing by means of spores released from stalked capsules 苔藓;苔类植物

　　同样,对"译本(6)"诗题的处理,读者可先参阅本书下卷第十二章第五节第四部分中的"译例(3)"以及本节"译本(2)"。在此译本诗体的处理上,可以说,译者过于注重韵脚的精确,且在没有增加诗行的情况下,硬是在甩掉原诗某些信息的基础上做了增词补译处理,导致原诗诗意的流失。例如,"in the ravine"的增加,限制了原诗给人留下的想象空间,而第三行中的改写式加词则没有充分体现出"入深林"的气势。

　　综上所述,在古诗英译特别是唐代五绝的韵体英译中,由于汉英两种语言本身的差异,更是由于古诗信息的高含量,在韵体英译的处理过程中,除了对诗题进行增词补译外,还要在观照译诗格律的基础上,对诗体做适当的增词补译处理,再辅以增行补意等手段,以期达到译诗的目的。

五、韵译探索:鹿柴

鹿柴 王维

空山不见人,但闻人语响。

返景入深林,复照青苔上。

In Luzhai, One of the Scenic Spots Where I Live as a Recluse
By *WANG Wei*

No sign of life in th' silent vast

Of mountains, human voice is passed.

Reflective glow, ere th' sun setest,

Ent'rest the depths of dense forest,

And once again on its way there

Repos'st on th' moss resembling hair.

(Translated by *WANG Yong-sheng*) （王永胜译）

注:1. recluse: *Noun* a person who lives a solitary life and tends to avoid other people 隐士；遁世者

2. th' = the

3. vast: *Noun* (usu. the/a vast) (chiefly poetic) immense or boundless space (主要为诗歌用法)茫茫；无边无际的空间

4. reflective: *Adjective* produced by reflection 反射产生的 (e.g. a colourful reflective glow 色彩绚丽的反射光)

5. glow: *Noun* (in sing.) a steady radiance of light or heat 发出光(或热)(e.g. The setting sun cast a deep red glow over the city. 落日给城市上空投下一道深红色的霞光。)

6. ere: *Preposition & Conjunction* (poetic/literary or archaic) before (in time) (诗/文用法或古旧用法)在……之前(在时间上)(e.g. We hope you will return ere long. 我们希望你很快回来。)

7. setest = sets

8. Ent'rest = Enterest = Enters

9. depth: *Noun* (the depths) a point far below the surface 深处 (e.g. He lifted the manhole cover and peered into the depths beneath. 他掀起窨井盖向下面深处望去。)

10. forest: *Noun* a large area covered chiefly with trees and undergrowth 森林

11. casually: *Adverb* not methodically or according to plan 无意地；未经考虑地；漫不经心地

12. Repos'st = Reposest = Reposes

13. repose: *Verb* lie down in rest 静卧；安息 (e.g. How sweetly he would repose in the four-poster bed. 他会多么甜美地安睡在四脚床上。)

14. moss: *Noun* [mass noun] a small flowerless green plant which lacks true roots, growing in low carpets or rounded cushions in damp habitats and reproducing by means of spores released from stalked capsules 苔藓；苔类植物

15. resemble: *Verb* [with obj.] have qualities or features, especially those of appearance, in common with (someone or something); look or seem like 长得像;像;与……相似 (e.g. Some people resemble their dogs. 有些人和他们养的狗有相似之处。)

第二节　月下景色

五言绝句原诗：

yí　zhōu　bó　yān　zhǔ　　rì　mù　kè　chóu　xīn
移　舟　泊　烟　渚，　日　暮　客　愁　新。
yě　kuàng　tiān　dī　shù　　jiāng　qīng　yuè　jìn　rén
野　旷　天　低　树，　江　清　月　近　人。

九言白话译文：

划船停靠雾蒙蒙小洲，日暮时分我又添新愁。
四野空旷天在树梢下，江清澈月近前人起忧。

这是孟浩然的一首五言诗，基本上属于五言绝句即五绝范畴，诗题为《宿建德江》。首联出句中，"烟"，一作"幽"。

一、人物品读：孟浩然

孟浩然[①](689—740)，其名不详，视之为"浩"者居多，字浩然。孟浩然是襄州襄阳（今湖北襄樊）人，世称"孟襄阳"。早年（四十岁以前）一直住在家乡襄阳苦读经书，算是处于隐居状态。四十岁时，孟浩然开始走出家乡，赴长安赶考，但应举不第，萌生了不想做官的念头。纵观其一生，几乎未曾入仕，所以又被称为"孟山人"，是唐代著名的"田园诗派"或"山水田园派"诗人。孟浩然曾几度远游，入蜀中，抵吴越，到蓟门，再归乡，最后病逝于家乡襄阳。

孟浩然，隐鹿门山，以诗自适。年四十，来游京师，应进士不

---

① 关于孟浩然，还可参阅本书上卷第三章第二节第二部分以及第十一章第三节第一部分。

第,还襄阳。　　　　　　　　　　　　(《旧唐书·文苑传》)

盛唐时期形成的山水田园诗流派,以王维、孟浩然为典型代表,人称"王孟诗派"。孟浩然的山水田园诗,诗风清新,语言自然,视角不拘一格,读罢美感油然而生,为盛唐诗坛注入了新鲜的氧气。兹举几例:

山寺钟鸣昼已昏,渔梁渡头争渡喧。
人随沙①路向江村,余亦乘舟归鹿门。
鹿门月照开烟树,忽到庞公栖隐处。
岩扉松径长寂寥,惟有幽人夜来去。　　(孟浩然《夜归鹿门山歌》)
落景馀清辉,轻桡弄溪渚。
澄明爱水物,临泛何容与。
白首垂钓翁,新妆浣纱女。
相看似相识,脉脉不得语。　　　　　　(孟浩然《耶溪泛舟》)

孟浩然的诗,"语淡而味终不薄"(沈德潜《唐诗别裁集》),其诗作"文采丰茸,经纬绵密,半遵雅调,全削凡体"(殷璠《河岳英灵集》)。孟浩然有《孟浩然集》三卷存世,为唐人王士源所编,共收录孟浩然诗二百一十八首。

二、艺术品读:《宿建德江》

据考证,《宿建德江》作于诗人孟浩然游历吴越之际,大约是在开元十六年(公元728年)之后,写的是"客旅中淡淡的愁思"(沙灵娜,1983:397),以排遣仕途不顺带来的不快。大约是在这一时期,孟浩然还写了类似的作品:

向夕问舟子,前程复几多。
湾头正堪泊,淮里足风波。　　　　　　　(孟浩然《问舟子》)

孟浩然《宿建德江》,诗题中的"建德江"指新安江流经建德(今属浙江)西部的一段水域,属钱塘江上游。首联景情交织,但"在构思

---

① 沙路,一作"沙岸"。

上很有特色,不写行人出发时的离愁别恨,不写船行途中的满怀愁绪,而是写日暮泊舟宿于江上的感受"(韩成武,张国伟,1995:473)。水中的陆地曰"洲",而"渚"则为水中的小块陆地,即小洲。"烟渚"者,乃指江中或水中烟雾缭绕的小洲,正如《尔雅·释水》载:"水中可居者曰洲,小洲曰渚。"首联对句中的"客愁新",有"为客心中又添愁绪"之意。"客"为诗人自称,因"客愁本来存在于诗人心中,当日落黄昏,江畔烟霭迷离时,思乡的感情更切,所以说'客愁新'"(沙灵娜,1983:397)。

尾联却一反常态,笔锋一转,不说何为"客愁新",却开始描写景色,实则以景色反衬客愁。四野空旷无遮掩,远处的天才显得比树还低;江水清澈如镜,月映其中,那水中的月才显得离人愈近,犹在眼前。此联所见景色,都是从诗人所乘之舟上观察到的。月惹乡思,令诗人思念起家乡的亲人或所爱之人,所以尾联虽未直接写"愁",但愁绪自景色中自然流露,不留痕迹。难怪清代黄叔灿在《唐诗笺注》中有如下评论:

"野旷"一联,人但赏其写景之妙,不知其即景而言旅情,有诗外味。

三、个人品读:朦胧的新愁

诗题为《宿建德江》,诗人孟浩然开篇即点题:移舟泊烟渚。诗人极有可能不是投宿建德江一带哪家旅店,而是将自己乘坐的小舟划向江中一处烟雾蒙蒙、雾气升腾、依稀可辨的小块陆地停靠,看来诗人在"江上投宿既非移船靠岸,更非抛锚江心,而是靠向江中一个烟雾蒙蒙的小洲"(韩成武,张国伟,1995:473)。而且,日暮时分,除了朦胧的小洲,无依无靠,自然会增添诗人心中愁绪少许。朦朦胧胧之中,这样新增的少许愁绪也许算不上什么大不了的事情,毕竟夜宿小船中,熬过夜晚时光,第二天再上路,新的一天又会开启。此时,孟浩然有所不知的是,经年后某一天,诗人张继也有类似的经历,只不过张继夜宿的船要大了许多:

月落乌啼霜满天,江枫渔火对愁眠。

姑苏城外寒山寺,夜半钟声到客船。

(张继《枫桥夜泊》,一作《夜泊枫江》)

也许,后来的张继受到孟浩然《宿建德江》的启发吧,不得而知。但是,《枫桥夜泊》的创作手法,跟《宿建德江》简直如出一辙,尾联都转而写景了。

在尾联中,孟浩然写道:"野旷天低树,江清月近人。"但说这景物本身,简直就是现代人拍照时长焦镜头中所见之景:"野旷""江清"恰如长焦镜头,将"天"拉得"低树",将"月"拉得"近人",正如诗人在烟渚旁的小舟上所见。"天低树"估计只是让诗人心头一惊:这般景色在朦胧的小洲旁着实难得一见,但待"月近人"这一景色一跃入眼帘,那先前的"新愁"可就彻底被"引燃"而"爆发"在朦胧的景色之中了。

当时,那轮明月倒映江中,也许到了"江月去人只数尺"(杜甫《漫成一绝》)的程度,怎能不引发诗人的愁绪?或许,诗人想到了家乡的亲人,毕竟"举头望明月,低头思故乡"(李白《静夜思》)啊,也毕竟"月是故乡明"(杜甫《月夜忆舍弟》)!这么一轮倒映江中的明月,怎能不令诗人思乡之情升温呢?或许,诗人想到了家乡那里自己所爱之人。在这烟雾迷蒙的小洲旁,在这孤零零的小舟上,在这朦胧的"新愁"里,诗人也许自然会想到张若虚的《春江花月夜》片段:

江天一色无纤尘,皎皎空中孤月轮。

江畔何人初见月?江月何年初照人?

此时,看似平淡的"野旷天低树,江清月近人"景色,却着实催发了诗人在首联中萌发的那缕淡淡而朦胧的新愁,令诗人的愁绪转而变得一发而不可收了。可以这么说,"诗家有情在景中之说,此诗是也。"(刘永济,1981:54)清代刘宏煦在《唐诗真趣编》中也说出了一定的道理:

"低"字从"旷"字生出,"近"字从"清"字生出。野惟旷,故见天低于树;江惟清,故觉月近于人。清旷极矣。烟际泊宿,恍置身海角天涯、寂寥无人之境,凄然四顾,弥觉家乡之远,故云"客愁新"也。下二句不是写景,有"愁"字在内。

四、英译研究：诗意的衔接

古诗英译特别是唐代五绝韵体英译中，在"诗意的把握"（参阅本书上卷第十章第二节第四部分及本书下卷第十二章第三节第四部分）基础之上，还要处理好诗意的衔接。诗意的衔接涉及多个层面，如指称性衔接、连接性衔接、词汇性衔接等。这里重点讨论一下指称性衔接。

所谓指称性衔接，就是在"诗歌视角的选取"（参阅本书上卷第十一章第四节第四部分）基础上，处理好原诗中的人称问题。有人将英语语篇指称性衔接关系分为三类："人称指称（personal reference），指示指称（demonstrative reference）和比较指称（comparative reference）。"（王建平，2003[1]：36）其中的第一类，这里暂且称之为"人称性指称"。本书著者认为，指称性衔接以人称性指称衔接为主。人称性指称衔接好了，诗意的衔接才有了保障。当然，诗意的衔接还涉及其他层面，人称性指称衔接只是其中的一个重要部分。人称性指称衔接涉及诗歌视角的选取，也有人称之为"叙述主体的处理"（张平，2008[2]：217），选取好了，处理得当了，诗意才能顺畅衔接。但是，由于汉英两种语言本身的差异，这样的选取和处理往往会遇到诸多困难，应该在对原诗做好充分阐释的基础上，采取"增词补译"（可参阅本书上卷第九章第二节第四部分及本章第一节第四部分），主要是增加人称方面的表达词来补译。因为汉语属于意合式语言，语言单位间没有明显的逻辑形式标记，即韩礼德（Halliday）所言"隐性语义纽带"[1]，对于汉语思维者来说构不成理解上的障碍，但如果照着这种形式直译成英语，由于英语属于形合式语言，各成分间必须有明显的形式标记，即韩礼德所言"显性语义纽带"[2]，就会给英语思维者造成理解上的障碍。汉语古诗中这种隐性语义纽带在人称性指称方面

---

[1] 转引自"王建平，2003[1]：36"。

[2] 转引自"王建平，2003[1]：36"。

第十四章 景色五绝

体现得尤为明显,尤其在唐代五绝这类短小精悍的诗歌作品中,"人称指称词的缺省现象极其普遍……本来应有的指称词被省略的语言现象就是胡壮麟指出的'零位指称',或者按许余龙所说,叫作'零代词'。"[①]不管是"零位指称"也好,"零代词"也罢,对汉语思维者基本构不成理解上的障碍,而译成英诗时,除非处理成被动语态,否则不可避免要涉及增词补译,即增加人称性指称方面的词来处理诗意的衔接。下面以孟浩然《宿建德江》的六个英译本为例,具体讨论一下诗意的衔接在人称性指称方面的体现。

译本(1)

A Night Mooring on Jiande River

By *Meng Haoran*

My boat is moved to moor by misty islet sands;
There comes again at dusk my gloom in foreign lands.
The sky drops down below treetops in wild expanse;
On lucid stream the shadow of moon kisses man's.

(王大濂,1998:13)

注:1. moor:*Verb* [no obj., with adverbial of place] (of a boat) be made fast somewhere by attaching it by cable or rope to the shore or to an anchor (船)停泊;系泊;系留;被系住(e.g. We moored alongside a jetty. 我们停泊在防波堤旁。)

2. misty:*Adjective* (mistier, mistiest) full of, covered with, or accompanied by mist 笼罩着雾的;雾气覆盖的;有雾的(e.g. the misty air above the frozen river 结冰河面上的雾霭)

3. sand:*Noun* (sands) an expanse of sand, typically along a shore 沙滩

4. islet:*Noun* a small island 小岛

5. gloom:*Noun* a state of melancholy or depression; despondency 忧郁;沮丧;失望(e.g. The news of defeat filled them all with gloom. 失败的消息使他们满怀郁闷。)

---

① 转引自"王建平,2003[1]:36"。

6. treetop：*Noun*（usu. treetops）the uppermost part of a tree 树梢
7. expanse：*Noun* an area of something, typically land or sea, presenting a wide continuous surface 广阔区域;大片地区;浩瀚（e.g. the green expanse of the forest 绿色的林海）
8. lucid：*Adjective*（poetic/literary）bright or luminous（诗/文用法）光辉的;明亮的（e.g. Birds dipped their wings in the lucid flow of air. 鸟儿羽翼轻灵,翱翔于明朗的空中。）

在"译本（1）"中,译者没有选取英文中的代词"I"来弥补原诗中的隐性语义纽带,而是采用其变化形式"my"来完成诗意的衔接,前两行译诗也很好地达到了译诗的目的。但是,可能是出于韵体英译考虑,译诗的最后一行"man's"选取,却令视角的切换太突兀,再加上这一行其他一些词的选用,诗意的衔接就没有那么自然顺畅了。韵体英译是本书所倡导的,也是本书的主题之一,但以韵害意则不可取。要想避免以韵害意,除了人称性指称衔接外,还要辅以其他手段,如"增行补意"等。

译本（2）

Passing the Night on a River in Jiande

By *Meng Haoran*

I guide my boat to mooring by a misty islet,
With the setting sun, a traveller's sorrows revive.
Wilds so vast, the sky stoops to the trees;
The river so clear, moon close to man.①

注:1. moor：*Verb*（with obj.）（often be moored）make fast（a boat）by attaching it by cable or rope to the shore or to an anchor 使（船）停泊;系泊;系留（e.g. Twenty or so fishing boats were moored to the pier side. 大约20艘渔船系泊在码头边。）
2. misty：*Adjective*（mistier, mistiest）full of, covered with, or accompanied by mist 笼罩着雾的;雾气覆盖的;有雾的（e.g. the misty air above the frozen

---

① 保罗·克罗尔（Paul Kroll）译,转引自"郭著章,江安,鲁文忠等,2010:25"。

river 结冰河面上的雾霭)

3. islet: *Noun* a small island 小岛

4. revive: *Verb* (no obj.) regain life, consciousness, or strength 复活;苏醒;复苏;恢复精力 (e.g. She was beginning to revive from her faint. 她开始从昏迷中苏醒。)

5. vast: *Adjective* of very great extent or quantity; immense 广阔的;广大的 (e.g. a vast plain full of orchards 到处是苹果园的大平原)

6. stoop: *Verb* (no obj.) bend one's head or body forwards and downwards 低头;俯身;弯腰

在"译本(2)"中,诗题未将"建德江"译成专有名词,而是译成"a River in Jiande",也未尝不可,无可厚非。译诗的第一行中,译者采用第一人称视角,将人称性指称衔接处理得很好,但第二行的"traveller"和最后一行的"man"却将诗意拉远,拉向了离叙述主体甚远的旁观者。这样做,诗意的衔接就会出现一定的偏差。

译本(3)

Spending the Night on the Jiande River

By *Meng Haoran*

Mooring the boat among the mists—

Day wanes

A wanderer's ache persists

In the vast wilds the sky descends to touch the trees

As brightening waters bear the moon to me

(张廷琛,魏博思,2007:27)

注:1. moor: *Verb* (with obj.) (often be moored) make fast (a boat) by attaching it by cable or rope to the shore or to an anchor 使(船)停泊;系泊;系留 (e.g. Twenty or so fishing boats were moored to the pier side. 大约20艘渔船系泊在码头边。)

2. mist: *Noun* (mass noun) a cloud of tiny water droplets suspended in the atmosphere at or near the earth's surface limiting visibility (to a lesser extent than fog; strictly, with visibility remaining above 1 km) (能见度大于1公里的)薄雾;轻雾;霭(e.g. The peaks were shrouded in mist. 山峰笼罩在雾霭

中。)

3. wane: *Verb* (especially of a condition or feeling) decrease in vigour, power, or extent; become weaker (尤指状况、感觉)衰落;减少;减弱(e.g. Confidence in the dollar waned. 对美元的信心减弱了。)

4. vast: *Adjective* of very great extent or quantity; immense 广阔的;广大的(e. g. a vast plain full of orchards 到处是苹果园的大平原)

5. bear: *Verb* (of a person) carry (人)携带;拿

跟前两个译本一样,"译本(3)"在人称性指称的处理方面也影响了诗意的衔接。原诗中,"客愁新"中的"客"应为诗人自称,译诗第三行中译成"wanderer",而最后一行又转换为"me",整体上就显得脱节,诗意的衔接不够紧密。可喜的是,译者采用增行来补意,从其他层面上又加强了诗意的衔接。

译本(4)

A Night-Mooring on the Jiande River

By *Meng Haoran*

While my little boat moves on its mooring of mist,

And daylight wanes, old memories begin...

How wide the world was, how close the trees to heaven,

And how clear in the water the nearest of the moon![1]

注:1. moor: *Verb* (no obj., with adverbial of place) (of a boat) be made fast somewhere by attaching it by cable or rope to the shore or to an anchor (船)停泊;系泊;系留;被系住(e.g. We moored alongside a jetty. 我们停泊在防波堤旁。)

2. mist: *Noun* (mass noun) a cloud of tiny water droplets suspended in the atmosphere at or near the earth's surface limiting visibility (to a lesser extent than fog; strictly, with visibility remaining above 1 km)(能见度大于1公里的)薄雾;轻雾;霭(e.g. The peaks were shrouded in mist. 山峰笼罩在雾霭中。)

---

[1] 威特·宾纳(Witter Bynner)译,选自威特·宾纳所著"*The Chinese Translations: The Works of Witter Bynner*"。

3. wane: *Verb* (especially of a condition or feeling) decrease in vigour, power, or extent; become weaker (尤指状况、感觉)衰落;减少;减弱(e.g. Confidence in the dollar waned. 对美元的信心减弱了。)

在"译本(4)"中,译者在首行的翻译中对诗歌的视角做了明确化处理,促使译诗的其余部分向着这一视角靠拢。可以说,在人称性指代的处理方面,诗意的衔接性比较好。但是,最后两行译诗对于原诗中"愁"这一诗意的延伸,则体现的不明显,或者说,根本没有体现出来。可以说,在"寓情于景"这一方面,汉英语言还是存在差异的。这样,排除人称性指代衔接方面的问题,译诗的后两行在诗意的衔接方面较原诗就显得有些薄弱了,还需从其他层面入手来加强诗意的衔接。

译本(5)

Mooring on the River at Jiande

By *Meng Haoran*

My boat is moored near an isle in mist gray,

I'm grieved anew to see the parting day.

On boundless plain trees seem to touch the sky,

In water clear the moon appears so nigh.

(许渊冲,陆佩弦,吴钧陶等,1988:19)

注:1. moor: *Verb* (with obj.) (often be moored) make fast (a boat) by attaching it by cable or rope to the shore or to an anchor 使(船)停泊;系泊;系留(e.g. Twenty or so fishing boats were moored to the pier side. 大约20艘渔船系泊在码头边。)

2. islet: *Noun* a small island 小岛

3. mist: *Noun* (mass noun) a cloud of tiny water droplets suspended in the atmosphere at or near the earth's surface limiting visibility (to a lesser extent than fog; strictly, with visibility remaining above 1 km) (能见度大于1公里的)薄雾;轻雾;霭(e.g. The peaks were shrouded in mist. 山峰笼罩在雾霭中。)

4. anew: *Adverb* once more; again 又;再(e.g. Tears filled her eyes anew. 她的双眼又一次噙满泪水。)

5. boundless: *Adjective* unlimited; immense 无限的;无边无际的;巨大的(e.g.

Enthusiasts who devote boundless energy to their hobby. 那些狂热的人在他们的爱好上投入了无限的精力。）

6. nigh：*Adverb*, *Preposition*& *Adjective* (archaic) near（古旧用法）近的（e. g. The Day of Judgement is nigh. 离最后审判日不远了。）

在"译本(5)"中,译者很好地处理了人称性指称方面的问题,令诗意在这一层面具有很不错的衔接性,再加上韵体英译的采用,此译诗与原诗的形式对等性大大增强。在没有增加译诗诗行的情况下,这种译诗难能可贵。正是由于对韵体英译的观照,译诗在某些重要意象的处理上有所损耗,如"日暮""天低树"等。不采用"增行补意"或加注阐释,此类问题恐怕很难避免。

译本(6)

Spending the Night in a Boat on the Jiande River

By *Meng Haoran*

The boat moves and at the misty islet we moor;

The dusk darkens and saddens my heart even more.

Over the vast wilds the sky seems lower than the trees;

In the clear river the moon near the board swims free.

（吴钧陶,1997：65）

注：1. misty：*Adjective* (mistier, mistiest) full of, covered with, or accompanied by mist 笼罩着雾的；雾气覆盖的；有雾的（e. g. the misty air above the frozen river 结冰河面上的雾霭）

2. islet：*Noun* a small island 小岛

3. moor：*Verb* (no obj., with adverbial of place) (of a boat) be made fast somewhere by attaching it by cable or rope to the shore or to an anchor（船）停泊；系泊；系留；被系住（e. g. We moored alongside a jetty. 我们停泊在防波堤旁。）

4. vast：*Adjective* of very great extent or quantity；immense 广阔的；广大的（e. g. a vast plain full of orchards 到处是苹果园的大平原）

5. swim：*Verb* float on or at the surface of a liquid 漂浮（e. g. Bubbles swam on the surface. 泡沫漂浮在表面上。）

在"译本(6)"中,人称性指称增词"we",合理与否很难评说,但总觉得有点"怪异"。除此之外,整首译诗在人称性指称的衔接方面还算可以,但某些词的选用可能是为了观照韵律,多少影响了诗意的衔接。尽管如此,略感遗憾的是,译诗的后两行没有完全押上韵。

综上所述,古诗英译特别是唐代五绝韵体英译中,诗意的衔接首先体现在人称性指称的衔接方面,要选好诗歌的视角,再增词补译,以弥补汉英两种语言之间的语言甚至是文化差异,必要时再辅以增行补意等手段,从其他层面来加强诗意的衔接。

五、韵译探索:宿建德江

宿建德江　孟浩然
移舟泊烟渚,日暮客愁新。
野旷天低树,江清月近人。

Staying Overnight in My Boat Floating on Jiande River
By *MENG Hao-ran*
While 'bove the river wide I moor
By one misty land small, I'm sure
The sunset glow ignites a sense
Of gloomy air 'round me from thence.
Th' surroundings are so vast a scene
That lower than treetops is th' sky,
An' th' water is so clear, so clean
That th' moon's image in it is nigh,
Reminding me of th' same one bright
In my home where it's moonlit night.
(Translated by *WANG Yong-sheng*)　　　　（王永胜译）

注:1. overnight: *Adverb* for the duration of a night 在整个夜间 (e. g. They refused to stay overnight. 他们拒绝留下过夜。)

2. 'bove = above

3. moor: *Verb* (no obj., with adverbial of place) (of a boat) be made fast somewhere by attaching it by cable or rope to the shore or to an anchor (船)停泊;系泊;系留;被系住 (e.g. We moored alongside a jetty. 我们停泊在防波堤旁。)

4. misty: *Adjective* (mistier, mistiest) full of, covered with, or accompanied by mist 笼罩着雾的;雾气覆盖的;有雾的 (e.g. the misty air above the frozen river 结冰河面上的雾霭)

5. glow: *Noun* (in sing.) a steady radiance of light or heat 发出光(或热)(e.g. The setting sun cast a deep red glow over the city. 落日给城市上空投下一道深红色的霞光。)

6. ignite: *Verb* (with obj.) (figurative) arouse (an emotion) (比喻用法)激发(感情)(e.g. The words ignited new fury in him. 那些话激起了他新的怒气。)

7. gloomy: *Adjective* (gloomier, gloomiest) causing distress or depression 使悲伤(或消沉)的 (e.g. a gloomy atmosphere 令人沮丧的气氛)

8. 'round = around

9. thence: *Adverb* (also from thence) (formal) from a place or source previously mentioned (正式用法)从那里 (e.g. They intended to cycle on into France and thence home via Belgium. 他们打算继续骑自行车进入法国,再从那里经比利时回国。)

10. Th' = The

11. vast: *Adjective* of very great extent or quantity; immense 广阔的;广大的 (e.g. a vast plain full of orchards 到处是苹果园的大平原)

12. treetop: *Noun* (usu. treetops) the uppermost part of a tree 树梢

13. An' = And

14. nigh: *Adverb, Preposition& Adjective* (archaic) near (古旧用法)近的 (e.g. The Day of Judgement is nigh. 离最后审判日不远了。)

15. moonlit: *Adjective* lit by the moon 月光照耀下的

第三节 雪后景色

五言绝句原诗:

zhōng nán yīn lǐng xiù jī xuě fú yún duān
终 南 阴 岭 秀, 积 雪 浮 云 端。
lín biǎo míng jì sè chéng zhōng zēng mù hán
林 表 明 霁 色, 城 中 增 暮 寒。

九言白话译文：

终南北坡现秀丽景观，白雪沉积似飘浮云端。

雪后晴林表辉光闪耀，日暮又增长安几分寒。

诗体为"终南阴岭秀，积雪浮云端。林表明霁色，城中增暮寒。"的这首诗为祖咏所作，应为一首五言绝句（但存在着争议），诗题为《终南望余雪》，一作《终南山望余雪》《望终南残雪》等，其中"余"，一作"馀"。

一、人物品读：祖咏

祖咏（约699—约746），洛阳（今河南洛阳）人，为唐代山水田园派诗人，其生卒年、字、号均不详。据闻一多先生《唐诗大系》所载，祖咏大约生于武则天圣历二年（公元699年），大约卒于唐玄宗天宝五年（公元746年），但均无从考证。开元十二年（公元724年），祖咏进士及第，但长期未授官。虽后入仕，却遭迁谪，一生仕途落拓，晚年归隐，隐居于汝濆（汝水的支流濆水，在今河南郾城[①]）一带。

祖咏文名鲜有记载，少时与王维友善，且是与之"结交二十载"的好友，《唐才子传》有这样的记载：

咏，洛阳人。开元十二年杜绾榜进士……少与王维为吟侣，维在济州，寓官舍，赠祖三诗，有云："结交二十载，不得一日展。贫病子既深，契阔余不浅。"盖亦流落不偶，极可伤也。后移家归汝坟间别业，以渔樵自终。

居于汝濆期间，祖咏与王翰往来唱和甚欢，王翰时任汝州长史。例如：

汝颍俱宿好，往来托层峦。

终日何寂寞，绕篱生蕙兰。　　　　　　（祖咏《寄王长史》）

祖咏的山水田园诗独具特色，不拘常规，内容涉及自然之美、羁旅之苦及归隐之情。祖咏有一首边塞诗存世，即大受赞誉的《望蓟门》：

[①] 参见"人民文学出版社编辑部，2000：161"。

燕台一望客心惊,箫鼓喧喧汉将营。
万里寒光生积雪,三边曙色动危旌。
沙场烽火连①胡月,海畔云山拥蓟城。
少小虽非投笔吏,论功还欲请长缨。

《唐贤三昧集笺注》评之曰:"亦是盛唐正声。气格雄浑,以为盛唐正声洵然。"

二、艺术品读:《终南望余雪》

祖咏的《终南望余雪》是一首咏雪的景色五绝,主要描写终南山顶的余雪景色。

关于这首诗,有一段神奇的传说,说这是一首应试诗。据《唐诗纪事》记载,祖咏年少之时去长安应试赶考,考试的题目是"终南山望余雪",要求须写出一首六韵十二句的五言排律,但祖咏当时看完后简单思考了一下,写出了这四句,随即搁笔不写了。考官不爽,问之缘由。咏曰:"言尽"。结果可想而知:落第不举。有学者对这首诗如此评论:"尽观此诗首二句写望终南山雪,三、四句形容馀雪,更无馀[sic]义,若勉凑几句,虽合程式,非好诗矣。"(刘永济,1981:35)

诗的首句中"终南",即"终南山",所谓"终南捷径"所在地。《长安志》记载:"万年县,终南山在县南五十里。"②背阳为阴,山岭背阳为阴岭。换句话说,山的北岭即为"阴岭"。从长安城远望,可望见终南山的北岭。终南山之巍峨挺拔,令堆积着皑皑白雪的北岭也风光秀丽,那积雪好似飘浮在云端。可以说,北岭之"秀",在于皑皑积雪,犹如"浮云端",壮丽之极。其中,"这个'浮'字极为传神,既写出山高,又写出雪厚,同时还使人对静物体产生了一种轻盈飘荡的感觉。"(刘首顺,1986:438)

诗的尾联中,"林表"应为树林上表层,即树梢以上与树梢紧挨着

---

① 连,一作侵
② 转引自"刘永济,1981:35"。

的那部分区域;"明霁色",雪后天晴,出现了太阳的光芒,犹如在林表镶上了一层金边。此时已是日暮时分,太阳即将落山,温度当然会因此而有所下降,再加上积雪带来的寒意,"城中"——长安城之中自然会"增暮寒"了。霁色,为雨、雪停止后出现的晴天光芒。在这首诗中,"后二句又从'色'、'寒'落墨,使山势虚化,'明'字、'暮'字明暗相映,使人似感到山头皓素一片浸淫散入城中的动势,便从高寒中见出秀伟境象来。这种营构又非心造。"(赵昌平,2002:268)正如俞陛云所言:

> 咏高山积雪,若从正面着笔,不过言山之高,雪之色,及空翠与皓素相映发耳。此诗从侧面着想,言遥望雪后南山,如开霁色,而长安万户,便觉生寒,则终南之高寒可想。用流水对句,弥见诗心灵活。且以霁色为喻,确是积雪,而非飞雪,取譬殊工。

(俞陛云,2011:118)

三、个人品读:寒意瑟瑟的秀丽风景画

祖咏的《终南望余雪》是一首景色五绝,主要描写终南山北岭之巅的余雪景色,是一幅寒意瑟瑟的秀丽风景画。

雪后初晴,终南山的阴岭依然景色秀美,这种秀美来自于阳光映衬下的山顶积雪。那积雪飘浮在云端,这种景象构成了这幅寒意瑟瑟的秀丽风景画的远景。近景则是阴岭上的那片林子,初晴的阳光从树梢的顶上发出光芒。那已是日暮时分的光芒,失去了太阳应有的热力,让人感到了寒意,而不是温暖。处于画面之外的唐朝都城长安,在这样一幅寒意瑟瑟的秀丽风景画陪衬下,日暮时分又增添了几分寒意:长安城中,有多少如祖咏一样的寒士,在"城中增暮寒"的情形之下,倍感寒冷呢?呜呼!"安得广厦千万间,大庇天下寒士俱欢颜,风雨不动安如山!"(杜甫《茅屋为秋风所破歌》)

这幅秀丽风景画的画面,寒意瑟瑟:"终南阴岭秀,积雪浮云端。"近景的"林表明霁色"则引人思考,将视线移到了画面之外,想到了长安城:城中人可能正驻足远眺,"望终南馀雪,寒光闪耀,就令人更增寒意。"(萧涤非,俞平伯,施蛰存等,2004:138)

清人王士禎在其所著《渔洋诗话》(卷上)中有语曰：

　　余论古今雪诗,惟羊孚一赞及陶渊明"倾耳无希声在目皓已洁"及祖咏"终南阴岭秀"一篇、右丞"洒空深巷静,积素广庭闲"、韦左司"门对寒流雪满山"句最佳。

祖咏的这首《终南望余雪》诗,恰似一幅寒意瑟瑟的秀丽雪景图画,画面细腻,精工细作："此首须看其安放题面次第,如月吐层云,光明渐现,闭目犹觉宛然也……此诗处处针线细密,真绣鸳鸯手也。"[①]

四、英译研究：典故性专名之地名的处理

对于"典故之地名"的处理,本书上卷第八章第五节第四部分和本书下卷第十二章第二节第四部分分别做了简单的探讨,即异化式音译与加注以及归化式诠释或模糊化概括。而对于"专名之地名",本书上卷第九章第四节第四部分做了专题讨论,可以具体问题具体分析,从而采取不同的处理方法,如音译、直译、归化、省译、加注等。

古诗英译中,还会遇到一类"专名之地名"属于"典故之地名"类型的,即两者的结合,暂且称作"典故性专名之地名",这类地名在诗中起到关键性的作用,甚至构成了原诗意象的一部分,英译时恐怕是绕不过、隐不去的。对于这样的地名采用音译并加注法来处理,应该是一种折中的翻译策略,也不失为一种明智之举。

在祖咏的这首《终南望余雪》五绝中,诗题和诗体首行提到的"终南"所代表的"终南山"和尾联"城中"所涉及的"长安",属于这类"典故性专名之地名"类型,英译时不可无视其存在,需要妥善、适当加以处理,以达到译诗的目的。下面结合《终南望余雪》的五个英译本加以简单的探讨。

译本(1)

On Seeing the Snow-Peak of Chung-nan

[①] 明末清初徐增《而庵说唐诗》卷之八：五言绝句之十二,九诰堂刻本,选自齐鲁书社1997年7月出版发行的《四库全书存目丛书·集部三九六》第646-647页。

第十四章 景色五绝

By *TSU YUNG*

See how Chung-nan Mountain soars
With its white top over floating clouds—
And a warm sky opening at the snow-line
While the town in the valley grows colder and colder.

Note to the Poem:

　　Li Po, as well as Wang Wêi, Mêng Hao-jan, Tsu Yung, and others of the T'ang poets, seems to have enjoyed the region around Chung-nan Mountain, fifteen miles south of the capital, Ch'ang-an, in Shen-si Province.①

注:1. peak:*Noun* the pointed top of a mountain 山峰;巅

2. soar:*Verb* [no obj.] fly or rise high in the air 高飞;高耸

3. snow-line or snowline:*Noun* the altitude above which there is snow on the ground in a particular place at a given time 雪线(在特定时间高山上有雪的最低界线)

　　在"译本(1)"中,译者显然意识到"终南"和"城中"所具有的典故性,简单做了加注处理,只不过译诗第四行没有将"城中"还原成"长安",令译诗意象呈"隐性"特征,多少会影响到译语读者的理解力。再者,此译本所加之注,其"点睛"效果还不够明显。

　　另外,整个译诗部分所涉及的几个音译如"Chung-nan"(终南)、"TSU YUNG"(祖咏)、"Li Po"(李白)、"Wang Wêi"(王维)、"Mêng Hao-jan"(孟浩然)、"T'ang"(唐)、"Ch'ang-an"(长安)、"Shen-si Province"(陕西省)等,估计是译者宾纳依托"威妥玛拼音"所做的音译,个别音译符号稍微特殊一点,估计是译者宾纳做了"宾纳式"处理的结果吧。

译本(2)

Looking at the Zhongnan Mountain After Snowfall

By *Zu Yong*

---

① 威特·宾纳(Witter Bynner)译,选自威特·宾纳所著"*The Chinese Translations: The Works of Witter Bynner*"。

How lovely is this northern slope of Zhongnan!
Piled with fresh snow, above the clouds it leaps;
The sun emerging, the trees regain their colour,
But to the city a colder evening creeps.

(许渊冲,陆佩弦,吴钧陶等,1988:53)

注:1. snowfall: *Noun* a fall of snow 降雪(e.g. Heavy snowfalls made travel absolutely impossible. 因为下大雪,根本不可能去旅行。)
   2. emerge: *Verb* (no obj.) move out of or away from something and come into view 浮现;显露
   3. creep: *Verb* (of a thing) move very slowly at an inexorably steady pace (事物)渐渐出现;缓缓发生(e.g. The fog was creeping up from the marsh. 雾慢慢从沼泽地升起。)

在"译本(2)"中,译者只是将"终南"做了音译处理,没有加注;"城中"做了直译处理,没有还原,也没有加注。这样的处理,恐怕会令译诗的接受度大打折扣了。可圈可点的是,译诗采用了跟原诗一样的押韵模式,即偶数行押韵。这样做固然很好,但也因此丢掉原诗中某些诗意和意象,主要集中在对原诗尾联的处理上。"The sun emerging"与"日暮"相悖,而"colder evening"除了不能代表"日暮"外,与"The sun emerging"也相悖;"the trees regain their colour"并不一定能表达出"林表明霁色"的含义,同时还令人感觉在"The sun emerging"前,树木失去了色彩似的。这样的处理,诗意的准确性欠佳,或者说忠实度不够好。

译本(3)

Looking at the Snow on Zhongnan Mountain

By *Zu Yong*

The shady side of Zhongnan is a charm;
Peak snows float over clouds like white long arm.
On mount woods after snow the sun shines bright;
In town the men'd feel colder still at night.

(王大濂,1998:29)

注:1. shady: *Adjective* (shadier, shadiest) situated in or full of shade 背阴的;多荫的 (e.g. shady woods 荫翳的树林)
2. charm: *Noun* (count noun) (usu. charms) an attractive or alluring characteristic or feature 诱人之处;迷人之处 (e.g. the hidden charms of the city 这座城市暗藏的迷人之处)
3. mount: *Noun* a mountain or hill (archaic except in place names) (除用于地名外均为古旧用法)山;丘 (e.g. Mount Etna 埃特纳火山)

与"译本(2)"相似,"译本(3)"对"终南""城中"做了类似的处理,但"译本(3)"完全是韵体英译,且为押韵而增译的"like white long arm"也比较贴切、形象,只是略显"瘦弱"。但是,译诗最后一行添加了"men"这一视角,多少"打破"了原诗中纯物象的氛围,令译诗的整体风格有所逊色。

译本(4)

Enjoying the Accumulated Snow at the Zhongnan Mountain
By *Zu Yong*
The scenery of northern side of Zhongnan is exquisite,
High in the white clouds the snow hangs afloat.
Tree tops glisten with sunshine after snowing,
A coolness to Chang'an after the evening. (刘军平,2002:47)

注:1. exquisite: *Adjective* extremely beautiful and, typically, delicate 优美的;高雅的;精致的
2. afloat: *Adjective & Adverb* floating in water; not sinking 漂浮在水上的(地);不沉的(地)(e.g. They trod water to keep afloat. 他们踩着水保持飘浮。)
3. glisten: *Verb* (no obj.)(of something wet or greasy) shine; glitter(潮湿或油腻的东西)闪闪发光;闪闪发亮 (e.g. His cheeks glistened with tears. 他的脸颊因流泪而闪闪发亮。)

除了上述提到的两个典故性专名之地名未加注外,本书著者感觉整个"译本(4)"还是相当成功的。译诗的前两句气势非凡,基本上传达出原诗的风格。译诗的结尾可以算是"半韵"中的"辅音韵"。有点遗憾的是,译诗的第四行没有体现出"日暮"时分给"城中"所"增"的"寒"。要知道,"夜晚之后"(after the evening)自然会有"一

丝凉意"(A coolness)的。

译本(5)

Snow atop the Mountain

By *Zu Yong*

Fair is the mountain's shady slope;

Remnant snow floats atop clouds white.

Forest turns bright after snow stops;

In town dusk gathers cold with might.　　　（张智中，2009：061）

注：1. atop：*Preposition* on the top of 在……顶上

2. shady：*Adjective* (shadier, shadiest) situated in or full of shade 背阴的；多荫的（e.g. shady woods 荫翳的树林）

3. remnant：*Adjective* (attrib.) remaining 残余的；剩余的（e.g. remnant strands of hair 仅剩的几缕头发）

4. might：*Noun* (mass noun) great and impressive power or strength, especially of a nation, large organization, or natural force（尤指国家、组织、自然力等）强大力量；威力；势力（e.g. a convincing display of military might 令人信服的军事力量的显示）

在"译本(5)"中，译者将"终南"这一意象以及"城中"所涉及的"长安"这一意象完全省去不译，虽如译者在译后"简评"中所言："'积雪浮云端'似乎应为'云浮积雪端'；'积雪'为静，'云'乃为动。如此倒置，才取得无理而妙之效果。虽一幅冰冷天地，却秀色无边"，但原诗中重要的"典故性专名之地名"所体现出的文化意象也消失殆尽，令译诗沦落成地道的"无头"诗了。

综上所述，古诗英译特别是唐代五绝的韵体英译中对于原诗中兼具"典故性"与"专名"色彩的地名，译者不可无视其存在，而应在译诗中充分加以体现。采用音译并加注法来处理不失为一种明智的翻译策略。

五、韵译探索：终南望余雪

终南望余雪　　祖咏

终南阴岭秀，积雪浮云端。

林表明霁色，城中增暮寒。

A Fine View of Lingering Snow on Top of Zhongnan Mountain
By *ZU Yong*

View of its shady side is fine,
For ling'ring snow floats 'bove cloud line.
As soon as th' ice-cold snowfall stops,
Sunshine at dusk runs 'cross treetops,
Which adds more cold to its nether
Chang'an City in such weather.

N. B.

1. Zhongnan Mountain: Located in the southern part of ancient Chang'an City (Today's Xi'an City, Shaanxi Province), the capital of Tang Dynasty, it is an important mountain in both ancient and modern China, well known for its rich content of traditional Chinese cultures such as Confucianism, Buddhism and Taoism. In addition, many poets in Tang Dynasty prefer it to any other ones as a location for their reclusive life.

2. Chang'an: It is today's Xi'an City, the capital city of Shaanxi Province. As capitals of thirteen dynasties or kingdoms in the long Chinese history, it used to be a holy land for all men of letters. In particular, *Chang'an*, the capital of Tang Dynasty, has become a dream place of poets, who feel it a great honor to go to that place and often mention it in their poetry.

(Translated by *WANG Yong-sheng*) （王永胜译）

注:1. view: *Count. Noun* a sight or prospect, typically of attractive natural scenery, that can be taken in by the eye from a particular place 景色;美景（e.g. a fine view of the castle 城堡的美景）

2. lingering: *Adjective* (attrib.) lasting for a long time or slow to end 犹存的;逗留的

3. on top of: on the highest point or uppermost surface of 在最高处;在顶端;在最上面（e.g. a town perched on top of a hill 一座山顶城市）

4. shady: *Adjective* (shadier, shadiest) situated in or full of shade 背阴的;多阴

的（e.g. shady woods 荫翳的树林）

5. ling'ring = lingering

6. float：*Verb*（with adverbial of direction）move or hover slowly and lightly in a liquid or the air; drift 在（液体或空气）中浮动；飘动；（e.g. Clouds floated across a brilliant blue sky. 云朵在灿烂的蓝天上飘动。）

7. 'bove = above

8. th' = the

9. snowfall：*Noun* a fall of snow 降雪（e.g. Heavy snowfalls made travel absolutely impossible. 因为下大雪，根本不可能去旅行。）

10. 'cross = across

11. treetop：*Noun*（usu. treetops）the uppermost part of a tree 树梢

12. nether：*Adjective* lower in position 下面的（e.g. The ballast is suspended from its nether end. 沙囊倒悬着）

13. holy land：*Noun*［as noun a holy land］a place which attracts people of a particular group or with a particular interest 圣地（e.g. Holland is a holy land for jazz enthusiasts. 荷兰是爵士乐狂热者的圣地。）

第四节　寥落景色

五言绝句原诗：

liáo luò gǔ xíng gōng gōng huā jì mò hóng
寥　落　古　行　宫，宫　花　寂　寞　红。
bái tóu gōng nǚ zài xián zuò shuō xuán zōng
白　头　宫　女　在，闲　坐　说　玄　宗。

九言白话译文：

冷落孤寂之旧日行宫，宫中之花自开自艳红。
白了头的宫女仍旧在，闲坐无事谈论着玄宗。

这首五绝为元稹所作（一作王建诗①），诗题为《行宫》，这首诗

---

① 《全唐诗》在此诗诗题后有此括注。另，"明胡应麟《诗薮·内编》卷六认为这首诗是王建所作，并说'语意绝妙，合（王）建七言《宫词》百首，不易此二十字也'"（转引自"萧涤非，俞平伯，施蛰存等，2004：953"）。

"描写了行宫的荒凉冷落,抒写对大唐盛世的怀恋以及对历史盛衰的感慨。寄寓深永"(李淼,2007:178)。

一、人物品读:元稹

元稹[①](779—831),唐朝诗人、文学家,字微之,别字威明,唐时河南府东都洛阳(今河南洛阳)人。

据记载,元稹聪明异常,少时就小有名声,与白居易同科及第,后与其共同倡导"新乐府运动",世称"元白"。人称元白互相酬唱之诗为"元和体"——情真意切,情谊凸显:

残灯无焰影幢幢,此夕闻君谪九江。
垂死病中惊坐起,暗风吹雨入寒窗。

(元稹《闻乐天授江州司马》)

元白之间的酬唱,体式多样,影响深远,可谓"绝唱",正如《唐音审体》卷一五载:"要之,元白绝唱,乐府歌行第一;长韵律诗次之;七言四韵又其次也。"元白之间的酬唱,也不拘一格,不以步韵为主,正如《沧浪诗话》所载:"和韵最害人诗,古人酬唱不次韵,此风始盛于元白皮陆,而本朝诸贤,乃以此斗工,遂至往复有八九和者。"

尽管如此,元稹在政治上并不怎么得意,虽曾一度官至宰相(长庆三年,为相三个月[②]),却因得罪宦官之类(后又亲和、仰仗宦官则另当别论),一度被贬江陵府士曹参军,后又被贬至通州、同州、武昌等地。大和五年(公元831年),元稹病逝于任所,死后追赠尚书右仆射。元稹的作品中,诗歌成就斐然,现存诗八百三十余首,且诗歌类型多样。但不管何种类型的诗歌,元稹都能够推陈出新,特别是其乐府诗,借旧题而出新意,佳作不少。元稹的作品存世有《元氏长庆集》等。

元稹在诗歌、散文和传奇文学面都有一定的成就。诗歌中,乐府诗占了很大的比重。元稹也创作了数量可观的近体诗,言浅调哀,打

---

① 关于元稹其他方面信息,读者还可参阅本书上卷第三章第三节第三部分。
② 参见"人民文学出版社编辑部,2000:172"。

动人心,令人不忍卒读。例如:

> 秋丛绕舍似陶家,遍绕篱边日渐斜。
> 不是花中偏爱菊,此花开尽更无花。　　　　　(元稹《菊花》)
> 曾经沧海难为水,除却巫山不是云。
> 取次花丛懒回顾,半缘修道半缘君。　　(元稹《离思五首》其四)

正如陈寅恪先生在《元白诗笺证稿》中所言:"微之以绝代之才华,抒写男女生死离别悲欢之感情,其哀艳缠绵,不仅在唐人诗中不多见而影响及于后来之文学者尤巨。"

二、艺术品读:《行宫》

元稹生活在中唐时期。那时候,经历了"安史之乱"洗劫的唐帝国,国力日渐衰落。元稹的这首《行宫》,从广义而言,写的就是这样一个衰败的进程:历史更迭,世事变迁,繁华不再。

虽说帝王不常光顾,却也曾经繁华显赫的行宫,如今已经变得空空如也,倍受冷落。行宫,原指古代帝王在京城之外的宫殿,供帝王外出或出游之时居住。具体到《行宫》一诗,有的学者认为,"行宫"指"连昌宫,在今河南宜阳"(顾青,2009:298);有的学者认为,"行宫"指"上阳宫,旧址在洛阳"(韩成武,张国伟,1995:494)。皆有可能,因唐玄宗李隆基"在位时常到洛阳的上阳宫和长安、洛阳之间的连昌宫巡幸"(艾克利,段宪文,王友怀,2005:320)。更有肯定之说:"白乐天《新乐府》有《上阳白发人》,此诗'白头宫女',当即上阳宫女也。上阳宫在洛阳为离宫,故曰行宫。"[①]但无论如何,"开元、天宝之际,由于升平日久,玄宗李隆基长期沉溺于声色之中,招致了'安史之乱',原来豪华的行宫也都凋敝不堪了。所以行宫的寥落,象征着大唐的国运在走下坡路,诗人这首《行宫》其深意就在这里。"(刘首顺,1986:457)

话再说回来,回到《行宫》的首联,尽管"古行宫"已经变得"寥落"不堪,但行宫中的花却在开放,寂寞地开放,孤自开得艳红。至

---

① 高步瀛《唐宋诗举要》卷八,转引自"赵昌平,2002:277"。

此,"寂寞红"的"宫花"与"寥落古行宫"形成了强烈的视觉反差,更加凸显出昔日行宫之寥落和衰败,可谓以美景反衬衰情,也就是"清人王夫之《薑斋诗话》中所谓'以乐景写哀',一倍增其哀"(萧涤非,俞平伯,施蛰存等,2004:953)。

与寂寞宫中红花同在的,还有白头宫女。她们来到宫中时,正值青春年华,如今已头发花白,却闲来无事,谈论着繁华时代的帝王——她们的前任皇帝——唐明皇李隆基,"玄宗"为其庙号。结句"闲坐说玄宗",说着玄宗哪些事儿呢?具体不得而知,也是元稹留给读者的想象空间。也许,她们说着"当年玄宗外出行幸时的故事"(葛杰,仓阳卿,1980:63),那只是也许了。但是,"'说'字下得冷峻之极,诗又不写说玄宗什么,让人自己品味,盛衰之伤、怀旧之情皆寓其中,令人惕然深省。"(李梦生,2007:53)但是,从历史的层面上解读,"说玄宗",可能就是说玄宗"开元、天宝间事,距作者生活的时代,还不到一百年。自开元至天宝,已经感到盛衰之烈,到了这时,面对寂寞红花,白头宫女,自更有沧桑之感"(金性尧,1993:322)。

三、个人品读:半景半情一画卷

元稹创作的五绝《行宫》以景色起兴,又以"白描"收尾,不做任何情感的直接抒发,但情感倾向明显。在静止的寥落景色的氛围中,诗人元稹又加入了动态的白头宫女说玄宗的白描线条,整体上构成了半景半情一画卷。

昔日帝王的行宫已经败落,但"宫花寂寞红"——宫中之花在开放,在寂寞地开放,开得姹紫嫣红,但已经没有欣赏它们的主人。主人已经消失在历史的尘烟里,成了白头宫女谈论的主题。那些"寂寞红"的"宫花",正如后代诗人陆游在一首词中所写:"寂寞开无主。已是黄昏独自愁,更著风和雨。"(南宋陆游《卜算子·咏梅》)。在《行宫》的首联中,诗人元稹以"红"衬"落",则"落"更甚矣。昔日的行宫,年年都在败落,而宫花则年年照常开放,照常艳红——尽管是"寂寞红"。这样的修辞,形成了多么大的反差啊!犹如王维在《鹿柴》诗中以"人语响"衬"空山不见人",人语响过,则空山更空(参阅本章第一节相关内容);宫花寂寞红过之后,古行宫则更加寥落了几分。两者大有"异曲同工"之妙也。

尾联"白头宫女在,闲坐说玄宗",则是"半情"画卷的体现,但诗人并没有直接抒情,而是以"白描"的手法,让所抒发的情感自然显现在字里行间。好在当年如花似玉的宫女还在,只是头发日渐花白,她们闲来无事,坐在那儿"说玄宗"。结句"闲坐说玄宗",是画面的留白之处,也是让读者发挥想象空间的地方。结句"闲坐说玄宗",但并"未言所说何事,而追抚惋伤之态弥切"(赵昌平,2002:277)。诗人尽管没有直抒胸臆,却"流露出深沉的兴亡盛衰之感,令人感慨不已"(艾克利,段宪文,王友怀,2005:320)。

这半景半情一画卷构成了《行宫》一诗的完整画面,但"全诗未发一句感慨,而读者自能体会出字里行间的感慨。诗句白描如画,而画中自有深沉的伤感"(刘首顺,1986:458)。明代瞿佑在《归田诗话》中,对这首诗概括的尤为精辟:

> 乐天《长恨歌》凡一百二十句,读者不厌其长;元微之《行宫》诗才四句,读者不觉其短,文章之妙也。

四、英译研究:语法与逻辑基础上的修辞

本书上卷第九章第一节第四部分提到,汉英翻译中,语法决定译文通不通,逻辑决定译文对不对;语法通了,译文不一定对,即不一定符合逻辑;只有语法通达、符合逻辑的译文,才算是基本合格的译文,因为还有其他方面的因素要考虑。因此,古诗英译尤其是唐代五绝韵体英译,首先要确保语法无误。也就是说,译诗要符合英语语法,这是基本的要求。满足这个要求之后,再进一步考察,看看译诗是否符合逻辑。也就是说,翻译得对不对。语法通、合逻辑这两点满足之后,才能进一步考虑对译诗修辞方面的要求,即译诗好不好的问题,这是翻译中的最高要求,更是古诗英译中的最高要求,是诗意得以体现的一个方面。需要注意的是,这里所说的修辞,是指一般意义上的修辞,是广义的修辞,并非专指某个修辞手法。

具体来说,可以在措辞、增词、减词以及词序和词的生动性等方面下功夫,来体现译诗对修辞的要求,同时将直译与意译结合起来,综合加以处理。必要时,可以增行补意。在元稹的《行宫》这首五绝中,汉语的修辞特征比较明显,如"诗中一连用了三个'宫'字,不仅不显得累赘,反而更加强了诗的感染力"(葛杰,仓阳卿,1980:63)。译成英语时,若亦步亦趋加以处理,估计很难达到译诗的目的。这样,对译诗进行修辞性调整就在所难免了。下面结合《行宫》的五个英译本,对译诗中基于语法与逻辑的修辞加以简单的探讨。

译本(1)

Temporary Palace

By *Yuan Zhen*

Palace of a few day's visit, long years crumbling,
The gardens blossom red into the silence.
And here a palace maiden, white-haired now,
Takes her ease and tells her tales of the emperor.[①]

注:1. crumble: *Verb* (no obj.) break or fall apart into small fragments, especially over a period of time as part of a process of deterioration 崩溃;瓦解

2. blossom: *Noun* a flower or a mass of flowers, especially on a tree or bush(尤指树上的)花朵;花簇(e.g. The slopes were ablaze with almond blossom. 山坡上盛开着扁桃树花。)

3. maiden: *Noun* (archaic or poetic/literary) a girl or young woman, especially an unmarried one(古旧用法或诗/文用法)少女;(尤指未婚的)年轻妇女

对"译本(1)"的品评,读者可先参阅本书下卷第十二章第五节第四部分中的"译例(1)"。就此译本的第一行和第二行来说,语法和逻辑的基础不是很牢靠。因此,尽管译诗第一行对"寥落古行宫"做了一定量的修辞方面的调整,如对"寥落"(long years crumbling)和"行宫"(Palace of a few day's visit)的阐释,却不一定能将诗意朝着一个正确的方向来引导。再者,译诗的最后两行由于对"宫女"(a pal-

---

① 美国汉学家白之(Cryil Birch)译,转引自"郭著章,江安,鲁文忠,2010:175"。

ace maiden)在措辞上将其描述成单数概念,致使其"说玄宗"变成了一种自言自语的行为,这恐怕离原诗的诗意有一定的差距。

译本(2)

At an Old Palace

By *Yuan Zhen*

Deserted now the Imperial bowers

Save by some few poor lonely flowers...

One white-haired dame,

An Emperor's flame,

Sits down and tells of bygone hours.①

注:1. desert:*Verb*(usu. as adj. deserted)(of a number of people)leave(a place), causing it to appear empty(一定数量的人)离弃(某地)(e.g. The lobby of the hotel was virtually deserted. 旅馆大厅里几乎没有什么人了。)

2. imperial:*Adjective* of or relating to an emperor(与)皇帝(有关)的(e.g. the imperial family 皇族)

3. bower:*Noun*(poetic/literary)a summer house or country cottage(诗/文用法)避暑别墅;凉棚

4. save:*Preposition & Conjunction*(formal or poetic/literary)except; other than(正式用法或诗/文用法)除……以外;除了(e.g. No one needed to know save herself. 除她自己外,没人需要知道。)

5. dame:*Noun*(archaic or humorous)an elderly or mature woman(古旧用法或幽默用法)老妇人;妇人

6. flame:*Noun*(informal)a lover or sweetheart(esp in the phrase an old flame)(非正式用法)情人;爱人

7. bygone:*Adjective* belonging to an earlier time 过去的;以往的;过时的(e.g. relics of a bygone society 古代社会的遗迹)

在"译本(2)"中,译者首先对译诗做了增行补意处理,增加了一行,这种调整未尝不可,能更好地再现诗意,但从具体的译诗内容来看,这样做并没有充分地再现诗意。此译本在修辞的处理上,跟"译

---

① 翟理斯(Herbert A. Giles)译,转引自"吕叔湘,2002:276-277"。

本(1)"颇为相似。譬如此译诗前两行的语法问题(译诗第一行令人费解的"Imperial"大写问题,第二行似通非通的语法问题),后三行的"自言自语"问题等。

译本(3)

The Ancient Palace

By *Yuan Zhen*

The ancient Palace lies in desolation spread.

The very garden flowers in solitude grow red.

Only some withered dames with whitened hair remain,

Who sit there idly talking of mystic monarchs dead.①

注:1. desolation: *Noun* [mass noun] a state of complete emptiness or destruction 满目荒凉;破败不堪 (e.g. the stony desolation of the desert 多石的荒漠满目凄凉)

2. spread: *Noun* the extent, width, or area covered by something 延展度;宽度;覆盖面;幅员 (e.g. The male's antlers can attain a spread of six feet. 雄鹿的双角可宽达六英尺。)

3. solitude: (mass noun) the state or situation of being alone 独处;孤独 (e.g. She savoured her few hours of freedom and solitude. 她品尝了几个小时自由与孤独的滋味。)

4. wither: *Verb* (of a person, limb, or the skin) become shrunken or wrinkled from age or disease (人的四肢、皮肤等)变枯槁;萎缩 (e.g. a girl with a withered arm 一位手臂萎缩的女孩)

5. dame: *Noun* (archaic or humorous) an elderly or mature woman (古旧用法或幽默用法)老妇人;妇人

6. mystic = mystical: *Adjective* inspiring a sense of spiritual mystery, awe, and fascination 使人敬畏的;使人迷恋的;使人感到玄秘的 (e.g. the mystical forces of nature. 使人敬畏的大自然力量。)

7. monarch: *Noun* a sovereign head of state, especially a king, queen, or emperor 君主;国王;皇帝;女王;女皇

在"译本(3)"中,译者采用了跟汉语古诗相同的押韵模式,且首

---

① 佛来遮(W. J. B. Fletcher)译,转引自"吕叔湘,2002:277"。佛来遮是英国外交官,曾来华任领事,还在中山大学执过教。

行入韵,这在形式上跟原诗具有很强的对等性,这一点值得提倡。此译本的前两行在语法和逻辑的基础上,做了一定量的修辞性处理,诗意得到了很好的体现,但两行之间以句号分隔,对比性就显得不那么强了。译诗的最后两行,可能出于押韵的考虑也做了一定的修辞性调整,固然不错,但对宫女谈论的主角"玄宗",译者除了做修辞性调整外,如增加"mystic"和"dead"这两个词,还做了意译式的借用处理法,即借用"monarch"一词来表述,但采用其复数形式"monarchs",则有悖于原诗的诗意。另外,译诗第一行"Palace"大写,也令人费解。

译本(4)

The Summer Palace

By YÜAN CHÊN

In the faded old imperial palace,

Peonies are red, but no one comes to see them . . .

The ladies-in-waiting have grown white-haired

Debating the pomps of Emperor Hsüan-tsung.

Notes to the Poem

Tu Fu, in *A Song of Sobbing by the River*, laments the passing of the Emperor and of Lady Yang. The end of Hsüan-tsung's reign came about in the following manner: An Lu-shan, son of a defeated Hun chieftain, had been captured in his youth, favoured by Hsüan-tsung, and adopted by Lady Yang; but, exiled later because of sedition, he aroused his people and led his bandit troops to the capture of the capital, Ch'ang-an. This was what caused the Emperor's unhappy flight, during which Lady Yang was killed. After An Lu-shan had reigned for a few months, he was murdered by his own adopted son, a Chinese; whereupon Ch'ang-an was recaptured by Chinese troops, and Su-tsung, son of Hsüan-tsung, was made Emperor. That this prince too had his troubles is told in Tu Fu's *A Song of a Prince Deposed*. Tu Fu, although loyal to the dynasty, tells in his poems *A Song of Sobbing* and *Taking Leave of Friends* how, during the troubles, he had fled the capital and was subsequently transferred in punishment to a provincial post.

Yüan Chên, in his poem *The Summer Palace*, speaks of court-ladies, long after Hsüan-tsung's downfall, remembering the brilliant and prosperous thirty years of his reign, before the final ten years of infatuation with Lady Yang, which brought about his ruin.①

注:1. imperial: *Adjective* of or relating to an emperor (与)皇帝(有关)的 (e.g. the imperial family 皇族)
2. peony: *Noun* (also paeony) a herbaceous or shrubby plant of north temperate regions, which has long been cultivated for its showy flowers 芍药属植物;芍药;牡丹
3. pomp: *Noun* (pomps) (archaic) ostentatious boastfulness or vanity (古旧用法)浮华、虚荣 (e.g. the pomps and vanities of this world 这个世界的浮华和虚荣)
4. reign: *Noun* the period during which a sovereign rules 统治期;(君主)在位期
5. Hun: *Adjective* a member of a warlike Asiatic nomadic people who invaded and ravaged Europe in the 4th – 5th centuries 匈奴人(亚洲好战的游牧民族,4世纪和5世纪期间侵略并劫掠了欧洲)
6. chieftain: *Noun* the leader of a people or clan 酋长;族长
7. exile: *Verb* (with obj.) (usu. be exiled) expel and bar (someone) from their native country, typically for political or punitive reasons 流放;放逐;使流亡
8. sedition: *Noun* (mass noun) conduct or speech inciting people to rebel against the authority of a state or monarch (反对国家或君主权威的)煽动性言行
9. bandit: *Noun* (pl. bandits or banditti) a robber or outlaw belonging to a gang or small group and typically operating in an isolated or lawless area (一般在偏僻或无法纪地区成团伙的)土匪;强盗
10. flight: *Noun* (mass noun) the action of fleeing or attempting to escape 逃跑;逃避;企图逃跑 (e.g. The enemy were now in flight. 敌军正在溃退。)
11. depose: *Verb* [with obj.] remove from office suddenly and forcefully (突然且强硬地)将……免职;罢免 (e.g. He had been deposed by a military coup. 他因军人政变而被突然免职。)

---

① 威特·宾纳(Witter Bynner)译,选自威特·宾纳所著"*The Chinese Translations: The Works of Witter Bynner*"。

12. infatuation: *Noun* a foolish and usually extravagant passion or love or admiration 热恋；迷恋

"译本(4)"在语法与逻辑的基础上做了大量的修辞性处理,令译诗颇具特色,特别是最后两行中对"白头"的修辞性调整："have grown white-haired"和对"说"的措辞："Debating the pomps of",沧桑感凸显,生动性加强,同时也加强了原诗中"说玄宗"所表现出来的诗意,而注释部分更令诗意得以明确。但是,译诗第二行"Peonies"(牡丹)一词的选用,则弱化了原诗的诗意。

另外,整个译诗部分特别是注释部分所涉及的几个音译如"YÜAN CHÊN"(元稹)、"Hsüan-tsung"(玄宗)、"Tu Fu"(杜甫)、"Ch'ang-an"(长安)、"Su-tsung"(肃宗)等,估计是译者依托"威妥玛拼音"所做的音译,个别音译符号稍微特殊一点,估计是译者宾纳做了"宾纳式"处理的结果吧。

译本(5)

An Imperial Palace Away from the Capital

By *Yuan Zhen*

The ancient palace for Emperors' short stays
Is as forlorn as the the neglected red blooms.
There still the palace maids, with grey hair-buns,
Sit and talk about Xuanzhong—their better days.

(吴钧陶,1997:617)

注:1. imperial: *Adjective* of or relating to an emperor (与)皇帝(有关)的 (e.g. the imperial family 皇族)

2. forlorn: *Adjective* pitifully sad and abandoned or lonely 被遗弃的；孤苦伶仃的；可怜的 (e.g. forlorn figures at bus stops 汽车站旁孤零零的人)

3. bloom: *Noun* a flower, especially one cultivated for its beauty (尤指供观赏的)花

4. maid: *Noun* a female domestic servant 女仆；女佣人

5. bun: *Noun* a hairstyle in which the hair is drawn back into a tight coil at the back of the head 圆髻

在"译本(5)"中,译者对译诗的前两行打下了坚实的语法和逻辑基础,修辞性调整主要集中在译诗的第二行,这在最大程度上体现

了原诗的诗意。译诗第三行增加"hair-buns"一词,也许不符合事实,但较为形象,可沧桑感却淡化了;第一行也许为了押韵,破折号前后逻辑性不强,诗意有些脱节。另外,译诗第二行两个定冠词的重复不知为何,最后一行"玄宗"的音译存在问题,不应是卷舌音或翘舌音,这些问题可能是译者译笔仓促的体现吧。

综上所述,为再现原诗诗意,在古诗英译特别是唐代五绝的韵体英译中修辞性调整很有必要,且经常为译者所采用,但修辞性调整要建立在译诗正确的语法和逻辑基础之上。否则,这样的调整只能令译诗变得更加混乱不堪。具体来说,古诗英译特别是唐代五绝的韵体英译中,修辞性调整主要体现在措辞、增词、减词以及词序和词的生动性等方面,同时还可以将这样的修辞性调整与直译与意译结合起来,综合加以处理。必要时,还可以增行补意。

五、韵译探索:行宫

行宫　元稹
寥落古行宫,宫花寂寞红。
白头宫女在,闲坐说玄宗。

The Imperial Palace for Emperor's Temporary Needs
By *YUAN Zhen*

Forlorn is th' palace of th' old days,

Its flowers turning red alone.

Grey-hair'd the maids-in-waiting've grown,

And there they sit in idle ways,

Talking about th' late Xuanzong, their

Ex-emperor whose past they share.

N. B. As one of the emperors in Tang Dynasty, Xuanzong, whose real name is LI Long-ji (685—762), reigns the longest over the Empire of Tang from 712 to 756. Under the reign of him, the most prosperous era emerges in Tang Dynasty, which unfortunately begins to fall into a gradual decline late in his reign due to his neglection of state affairs and his infatuation with YANG Yu-huan, a lady as fair as Helen, who becomes one of his wives.

(Translated by *WANG Yong-sheng*)　　　　　　（王永胜译）

注:1. imperial: *Adjective* of or relating to an emperor（与)皇帝(有关)的（e.g. the imperial family 皇族）

2. temporary: *Adjective* lasting for only a limited period of time; not permanent 暂时的;临时的

3. forlorn: *Adjective* wretched or pitiful in appearance or condition 被弃置的;荒凉的（e.g. The house stood forlorn and empty. 房子被弃置了,空无一物。）

4. th' = the

5. day: *Noun* (usu. days) a particular period of the past; an era 时期;时代（e.g. The laws were very strict in those days. 在那个时代法律是很严厉的。）

6. Grey-hair'd = Grey-haired

7. maid-in-waiting: an unmarried woman who serves as an attendant to a queen or princess 官女

8. maids-in-waiting've = maids-in-waiting have

9. idle: *Adjective* (idler, idlest) (of a person) avoiding work; lazy（人)怠工的;懒散的

10. late: *Adjective* (the/one's late) (of a specified person) no longer alive（人）已故的（e.g. her late husband's grave 她亡夫的坟墓）

11. reign: *Verb* (no obj.) hold royal office; rule as king or queen 为王;为君;统治

12. reign: *Noun* the period during which a sovereign rules 统治期;(君主)在位期

13. late: *Adverb* far on in time; towards the end of a period 后期;末期（e.g. It happened late in 1984. 这发生在1984年晚些时候。）

14. infatuation: *Noun* a foolish and usually extravagant passion or love or admiration 热恋;迷恋

第五节　黄昏景色

五言绝句原诗:

xiàng　wǎn　yì　bù　shì,　qū　chē　dēng　gǔ　yuán
向　　晚　　意　　不　　适，　驱　　车　　登　　古　　原。

xī	yáng	wú	xiàn	hǎo	zhǐ	shì	jìn	huáng	hūn
夕	阳	无	限	好,	只	是	近	黄	昏。

九言白话译文：

天近傍晚感到不欣欢，驾着车马登上乐游原。

夕阳西下风景无比美，只不过(正因为)黄昏就在眼前。

这首五绝(格律上带有拗救成分)为晚唐诗人李商隐所作，诗题为《乐游原》，一作《登乐游原》。

一、人物品读：李商隐

李商隐[①]（约813—约858），字义山，号玉溪生（"溪"亦作"谿"），又号樊南生（亦作"樊南子"），祖籍怀州河内（今河南省沁阳市博爱县），生于河南荥阳（今郑州荥阳）。有《李义山诗集》及清人冯浩撰《玉溪生诗集笺注》等留世。

李商隐诗名之大，以至于后人将其与多位唐代诗人放在一起合称。李商隐和杜牧合称"小李杜"，与温庭筠合称为"温李"，还与李贺、李白合称"三李"。李商隐的诗以咏史、咏物、酬唱为主，还有不少爱情诗和无题诗，颇具深远的诗意、婉约的意境、微妙的内涵以及淡淡的哀愁。例如：

来是空言去绝踪，月斜楼上五更钟。

梦为远别啼难唤，书被催成墨未浓。

蜡照半笼金翡翠，麝熏微度绣芙蓉。

刘郎已恨蓬山远，更隔蓬山一万重。（李商隐《无题四首》其一）

李商隐的这首七律是一首典型的爱情诗，笔调哀婉，情真意切，以一位女子视角来写离别之苦。既相见，何别离？既不得见，也许只有梦中相见。相见似梦又非梦，此苦绵绵不得终。可以说，李商隐的爱情诗在唐代众多诗人中独树一帜，但其中一部分则典故堆积，诗意

[①] 关于李商隐，读者还可参阅本书上卷第三章第四节第四部分以及第九章第四节第一部分。

生涩,隐晦难解。另外,李商隐在其爱情诗中还融入对自己身世的感叹,还融入了自己命运的多舛:

含情春晼晚,暂见夜阑干。
楼响将登怯,帘烘欲过难。
多羞钗上燕,真愧镜中鸾。
归去横塘晓,华星送宝鞍。 (李商隐《无题四首》其三)

李商隐的这首五律书写了爱情的失意,映射出诗人对自己身世的感叹:爱情失意,仕途不顺,遭遇不幸。那渐行渐远的爱情,虽有无限的美好存留记忆,但跟眼前大唐帝国的命运何等相似——夕阳无限好,只是近黄昏!

二、艺术品读:《乐游原》

乐游原为唐时的游览胜地,起码到诗人李商隐作这首《乐游原》的时候,乐游原还是京城长安人游玩的常去之地。乐游原位于长安(今西安)城南,是唐代长安城内地势最高的地方,登之可望见整座长安城。具体说来,乐游原"在陕西长安[sic]南八里,其地居京城最高处,汉唐时每当三月三日、九月九日,京城士女咸就此登赏祓禊"(喻守真,1957:279)。其历史久远,最初汉宣帝在此立乐游庙,又名"乐游苑"。据《汉书·宣帝纪》记载:"神爵三年,起乐游苑。"另据记载,汉宣帝的第一个皇后许氏,产后身亡即葬于此。《关中记》有这样的记载:"宣帝许后葬长安县乐游里,立庙于曲江池北,曰乐游庙,因苑为名。"据推测,可能因"苑"与"原"音同调不同而谐音致误,最终"乐游苑"被传成了"乐游原"。

由于乐游原地理位置高而便于览胜,文人墨客竞相光顾,吟诗作赋,抒发情怀。时至唐代,诗人在乐游原上留下了数不清的诗篇,为人所称道,但就李商隐一人而言,以"乐游原"为题的诗篇就不下三首。其中一首为七绝:

万树鸣蝉隔岸虹,乐游原上有西风。
羲和自趁虞泉宿,不放斜阳更向东。

一首为五律：
春梦乱不记，春原登已重。
青门弄烟柳，紫阁舞云松。
拂砚轻冰散，开尊绿酎浓。
无惊托诗遣，吟罢更无惊。

还有一首就是本节探讨的主题诗，即李商隐这首五绝《乐游原》，一作《登乐游原》。这是最知名的一首，几乎家喻户晓：
向晚意不适，驱车登古原。
夕阳无限好，只是近黄昏。

首联"向晚意不适，驱车登古原"，指明了登古原——乐游原的时间、缘由及所使用的交通工具。接近傍晚时分，诗人感觉不是很畅快，欲缓解一下，于是"驱车"登临古原游览一番，以放松身心。

自古以来，文人墨客登高望远，往往有感而发。据孟子所言，当年"孔子登东山而小鲁，登泰山而小天下"（《孟子·尽心上》），诗人李商隐更是如此了。李商隐登上了当时长安的览胜之地——乐游原，首联对句称之为"古原"，因"自汉宣帝起苑至此已九百余年"（赵昌平，2002：278）。登上古原，看到夕阳无限美好，"只是"近黄昏。在此，对于"只是"的通常性理解，基本趋于一致，都有转折之意。例如，有人认为"快要落山的太阳无限美好，可惜只是接近黄昏，即刻就消失了"（尚作恩，李孝堂，吴绍礼等，1987：70）；有人认为"'夕阳无限好'的赞叹中包含着对于生活、对于生命深沉的爱，但诗人无力挽留住美好的事物，于是他发出深长的慨叹'只是近黄昏'"（沙灵娜，1983：403）。清人施补华在《岘佣说诗》中说李商隐在《乐游原》诗中"叹老之意极矣，然只说夕阳，并不说自己，所以为妙。五绝、七绝，均须如此，此亦比兴也。"

但是，对于"只是"乃至整首诗诗意的理解，也有学者发出了不同的声音：

> 可惜，玉谿此诗却久被前人误解，他们把"只是"解成了后世的"只不过"、"但是"之义，以为玉谿是感伤哀叹，好景无多，是一种"没落消极的心境的反映"，云云。殊不知，古代"只是"，原

无此义,它本来写作"衹是",意即"止是"、"仅是",因而乃有"就是"、"正是"之意了。别家之例,且置不举,单是玉谿自己,就有好例,他在《锦瑟》篇中写道:"此情可待(义即何待)成追忆,只是当时已惘然!"其意正谓:就是(正是)在那当时之下,已然是怅惘难名了。有将这个"只是当时"解为"即使是在当时"的,此乃成为假设语词了,而"只是"是从无此义的,恐难相混。

(萧涤非,俞平伯,施蛰存等,2004:1154)

看来,将李商隐《乐游原》中的"只是"理解为"只不过""但是"等转折含义带有"以今律古"之嫌。若理解成古代的"就是""正是",此诗的诗意则完全不同了。孰是孰非,自难定论,却令诗意走向大不相同了。

三、个人品读:迟暮之际思绪纷

李商隐这首五绝《乐游原》中的"只是"若按照通常性理解,即"只不过""但是""可惜"之意,不同人也有不同的解读,正是迎合了"诗无达诂"这一说法,可谓"迟暮之际思绪纷"了。

若不做深层次的引申,一种思绪是"诗人赞叹夕阳晚照的无比壮美,又对它的即将消逝发出了深深的惋叹"(艾克利,段宪文,王友怀等,2005:322)。也可以这样说,"'夕阳无限好',正是诗人看到这种情景时由衷地发出的赞叹之辞。然而这无限好的美景,却要瞬间即逝了,于是诗人笔锋一转说:'只是近黄昏'。"(刘首顺,1986:462)

若再做深层次的引申,一种思绪是"登高远览,抒发迟暮之感、沉沦[sic]之痛"(顾青,2009:301),接着又产生了一种衍生的情绪,认为"李商隐所处的时代已是国运将尽的晚唐,正是'近黄昏',那近于格言式的慨叹不仅对自然景象而发,不仅是对自己不得志的平生而发,也是对时代而发,因此它的含义是十分深永的。我们不应只看到诗人哀伤的叹惋,还应看到他对生活、对美的执着的追求。"(沙灵娜,1983:403)

纪晓岚在《玉溪生诗说》中则将两种思绪糅合到了一起:"百感

茫茫,一时交集,谓之悲身世可,谓之忧时事亦可。"诗人以"意不适""登古原"起兴,转而抒发内心的某种情绪,情真意切,毫无做作之感。可以这样说:

> 盖诗家所称之兴,皆指作者内心所感由外景引发之作品而言。因此之所感初不定发而为诗,一旦遇外境有与内心所感相符时,一触便发,虽无心于言而自然流露,故往往不易的指其为何而含意神光。即如此诗,作者因晚登古原,见夕阳虽好而黄昏将至,遂有美景不常之感。此美景不常之感,久蕴积在诗人意中,今外境适与相合,故虽未明指所感,而所感之事即在其中。
>
> (刘永济,1981:263)

此时,不管是自然界中一天的迟暮之际,还是诗人一生中的迟暮之际,诗人李商隐都心生太多的感慨,可谓迟暮之际思绪纷纷。

四、英译研究:诗意的分歧及其处理

汉语的古诗作品由于年代久远,其中某些词语或说法可能跟当今的词语或说法有所不同,有时甚至会存在极大的不同,这在很大程度上会影响今人对古诗诗意的理解,再加上词义上人为的"以今律古",则更会令今人对某些古诗"误解"或者"曲解"的版本广为流传而抛却其"本意"。一个简单的例子就是李白的"床前明月光"中的"床",大家都理解成现代意义上的"床",而对有些学者考证后所谓"井栏"等意义就置若罔闻了。针对此类古诗,若译者意识到其分歧的存在,可为译语读者提供双重译本或者多重译本,以体现出差别。

本节研究的李商隐《乐游原》亦是如此,不管是"以今律古"也好,还是合理的理解也罢,对其中的"只是",绝大多数人已经认可并接受其转折含义,且形成了理解上的定势。但是,有的学者持反对意见,对"只是"的考证具有正本清源之功,推导出其具有"就是""正是"之意(参见本节第三部分最后),也是不无道理的。对此,负责任的译者可以提供双重译本或者多重译本,并在此基础上再能够做到韵体英译则更佳。下面就《乐游原》的五个英译本为例,对古诗英译特别是唐代五绝的韵体英译中诗意的分歧问题做一简单的探讨。

译本(1)

Lo You Yuan

By *Li Shangyin*

Towards evening my soul was disquieted,

And I urged my carriage up to this ancient plateau.

The setting sun has boundless beauty;

Only the yellow dusk is so near. ①

注:1. disquiet: *Verb* (with obj.) [usu. as adj. disquieted] make (someone) worried or anxious 使担心;使焦急(e.g. She felt disquieted at the lack of interest the girl had shown. 她为这个女孩表现出来的缺乏兴趣而着急。)

2. carriage: *Noun* a four-wheeled passenger vehicle pulled by two or more horses (由两匹或以上的马所拉的)四轮马车

3. plateau: *Noun* (pl. plateau or plateaus) an area of fairly level high ground 高原

4. boundless: *Adjective* unlimited; immense 无限的;无边无际的;巨大的(e.g. Enthusiasts who devote boundless energy to their hobby. 那些狂热的人在他们的爱好上投入了无限的精力。)

在"译本(1)"中,两位译者只是采用了对等度比较高的直译法,将流行的诗意传达了出来,并没有意识到"只是"可能会引出的诗意分歧,这无可厚非,大家都这么理解,也就这么去翻译了,正所谓"其实地上本没有路,走的人多了,也便成了路"(鲁迅《故乡》)。但在此译本中,译者将"古原"理解成"古代高原"似有不妥,将"黄昏"理解成"黄色的黄昏"则有累赘之嫌,是直译惹的祸,是直译得太"死"、太"僵"、太"硬"的结果。看来,直译并非是"一个萝卜一个坑",直译也要根据源语和译语各自语言和文化的差异,灵活做出相应的调整。

译本(2)

The Lo-yu Tombs

By *LI SHANG-YIN*

---

① R·科特韦尔(R. Kotewell)和N·史密斯(N. Smith)译,原载"*Penguin Book of Chinese Verse*",转引自"郭著章,江安,鲁文忠等,2010:216"。

With twilight shadows in my heart

I have driven up among the Lo-yu Tombs

To see the sun, for all his glory,

Buried by the coming night.①

注:1. twilight: *Noun* the period of the evening during which this takes place, between daylight and darkness 黄昏 (e. g. a pleasant walk in the woods at twilight 黄昏时美好的林中散步)

2. glory: *Noun* [mass noun] magnificence; great beauty 宏伟;壮丽 (e. g. The train has been restored to all its former glory. 火车恢复了它往日的壮美。)

也许跟"译本(1)"一样,"译本(2)"的译者没有意识到原诗诗意的分歧,但不一样的是,此译本的译者或许意识到了这样的分歧,所以并没有像"译本(1)"的译者那样,刻意将"只是"的意思表达出来,而是在译诗中做了"不露痕迹"的融合,还将"太阳"做了拟人化处理(his),这一点做得很独到。但令人不解的是,译诗的前两行在"意不适"的情况之下,为何要"驱车"前往带有"墓地"(Tombs)字样的地方呢? 那样能缓解内心的抑郁吗? 在这样的译诗版本中,译者不做加注处理,恐怕是一种失策的处理策略。

译本(3)

On the Merry-Making Height

By *Li Shangyin*

Depressed I feel when it's close to the night;

I drive my carriage to the ancient height.

The setting sun's magnificently dear;

Only the evening is now drawing near.

Notes:

1. The Merry-Making Height: It was situated to the south of Changan (today's Xi'an, Shanxi), the capital at that time and there five

---

① 威特·宾纳(Witter Bynner)译,选自威特·宾纳所著 *"The Chinese Translations: The Works of Witter Bynner"*。

emperors of the Han Dynasty were buried.

2. According to a different interpretation of the last line of the original poem, it wuld be translated differently as follows: *The evening is at present drawing near.*　　　　　　　　　　　（王大濂，1998：183）

注：1. height：*Noun* a high place or area 高地；高处（e.g. He's terrified of heights. 他有恐高症。）

  2. carriage：*Noun* a four-wheeled passenger vehicle pulled by two or more horses（由两匹或以上的马所拉的）四轮马车

  在"译本(3)"中，译者做得很周全，通过加注基本上做了双重译本处理，但这双重译本的差别只是在于"Only"一词的添加与否，对于转折之意的体现不是十分明显的。另外，译者对"乐游原"做了阐释性处理，翻译成"Merry-Making Height"，是一个值得探讨的翻译处理手段。比较可取的是，此译本的译者还对"乐游原"做了加注处理，尽管加注的内容得当与否，另当别论。

译本(4)

On the Merry-Making Plain

By *Li Shangyin*

At dusk my heart is filled with gloom,

I drive my cab to ancient Tomb.

The setting sun appears sublime,

But oh! 'tis near its dying time.

Note：The Merry-Making Plain, situated to the south of the capital (presem-day Xi'an), was the site of the tomb of five emperors of the Han Dynasty.

（许渊冲，陆佩弦，吴钧陶等，1988：361）

注：1. gloom：*Noun* a state of melancholy or depression; despondency 忧郁；沮丧；失望（e.g. The news of defeat filled them all with gloom. 失败的消息使他们满怀郁闷。）

  2. cab：*Noun* (historical) a horse-drawn vehicle for public hire（历史上的用法）出租马车

3. sublime：*Adjective* of such excellence, grandeur, or beauty as to inspire great admiration or awe 崇高的；高尚的；令人崇敬的；壮丽的；宏伟的；庄严的；超群的；出众的

4. oh：*Exclamation* used to express a range of emotions including surprise, anger, disappointment, or joy, or when reacting to something that has just been said(表示惊讶、愤怒、失望、高兴等感情)噢；啊；哦；唉；哎呀

5. 'its = it is

此译本充分体现了对原诗的流行性诗意的理解,且采用韵体英译,难能可贵。但是,译诗诗题中"Merry-Making Plain"跟诗体中"ancient Tomb"缺乏衔接性(可参阅本章第二节第四部分)。好在译者加注做了一定的弥补,庶几可通。另外,可能是为了韵体英译中音步的考虑,"cab"一词的选用不是很合适的,可再斟酌。

译本(5)

Climbing Pleasure Plateau

By *Li Shangyin*

Towards dusk I feel ill at ease;

I drive to the plateau hard by.

The twilight scene has great splendour,

Only, dark night is drawing nigh.①

注：1. plateau：*Noun* (pl. plateau or plateaus) an area of fairly level high ground 高原

2. twilight：*Noun* the period of the evening during which this takes place, between daylight and darkness 黄昏(e.g. a pleasant walk in the woods at twilight 黄昏时美好的林中散步)

3. splendor or splendor：*Noun* (mass noun) magnificent and splendid appearance; grandeur 壮丽；壮观

4. nigh：*Adverb, Preposition & Adjective* (archaic) near (古旧用法)近的 (e.g. The Day of Judgement is nigh. 离最后审判日不远了。)

在"译本(5)"中,此译者译出了原诗所流行的诗意,但处理手法跟"译本(3)"类似,没有将"只是"的转折含义充分体现出来。在"乐

---

① 曾炳衡译,转引自"吴钧陶,1997:693"。

游原"的处理上,此译本跟"译本(1)"类似,选用了"plateau"一词,并不是十分恰如其分的。

综上所述,对于古诗英译特别是唐代五绝韵体英译中某些含有诗意分歧的地方,译者除了提供流行的诗意译本,最好再通过一定的方式提供另外一种或多种"考证性"的诗意译本,形成双重或多重译本,以体现差异性,做到"求同存异",体现出译者的责任心和责任感。

五、韵译探索:乐游原

乐游原 李商隐
向晚意不适,驱车登古原。
夕阳无限好,只是近黄昏。

韵体英译(1)

A Tour in My Carriage to Leyouyuan

By *LI Shang-yin*

Dusk comes and I feel ill at ease,
So I tour th' spot myself to please.
There I find limitless beauties
Of th' sun in th' evening, for 'tis
Just prior to darkness when it shines
Most gloriously and then declines.

韵体英译(2)

A Tour in My Carriage to Leyouyuan

By *LI Shang-yin*

Dusk comes and I feel ill at ease,
So I tour th' spot myself to please.
There I find limitless beauties
Of th' sun in th' evening, but 'tis
Becoming darker till the sun

Has set and nothing can be done.

N. B. *Leyouyuan* is an area of highest elevation in Chang'an (Today's Xi'an City, Shaanxi Province), the capital city of Tang Dynasty, and it also serves as a famous scenic spot in Tang Dynasty attracting men of letters, who travel there and often mention it in their literary works.

(Translated by *WANG Yong-sheng*) （王永胜译）

注:1. tour: *Noun* a journey for pleasure in which several different places are visited 旅行;游历;观光（e.g. a motoring tour of Scotland 苏格兰驾车游）

2. carriage: *Noun* a four-wheeled passenger vehicle pulled by two or more horses （由两匹或以上的马所拉的）四轮马车

3. ill at ease: uncomfortable; uneasy 不舒适;心神不宁

4. tour: *Verb* (with obj.) make a tour of (an area) 旅行;游历;观光（e.g. He decided to tour France. 他决定游览法国。）

5. th' = the

6. beauty: *Noun* (the beauties of) the pleasing or attractive features of (something) 赏心悦目之处;引人之处;妙处（e.g. the beauties of the English countryside 英格兰乡村的引人之处）

7. 'tis = it is

8. prior to: before a particular time or event 在……以前;先于;优先于（e.g. She visited me on the day prior to her death. 她去世的前一天还来看我。）

9. glorious: *Adjective* having a striking beauty or splendour that evokes feelings of delighted admiration 漂亮的;绚丽的;壮观的;令人愉快的;令人赞羡的（e.g. a glorious autumn day 美丽宜人的秋日）

10. decline: *Verb* (no obj.) (especially of the sun) move downwards （尤指太阳）下沉

11. set: *Verb* (no obj.) (of the sun, moon, or another celestial body) appear to move towards and below the earth's horizon as the earth rotates （太阳、月亮等天体）落下;下沉（e.g. The sun was setting and a warm, red glow filled the sky. 太阳快要落下,天空一片温暖的红色霞光。）

第十五章 物象五绝

大千世界,气象万千,物象种种,你总能找到令你颇有感触的物象,而诗人也总能发现抒发情怀的物象。

所谓物象,应是一种客观存在,不以人的意志为转移,可以被人感知并寄予一定的情感,有时甚至被人格化。具体到文学作品中,物象就是作者使用的一个合理而恰当的对象,并加以合理的塑造,以符合要求,形成一定的意象,为作者抒发情感服务。古诗词作品中,诗人尤其擅长利用这样的物象来抒发情感,塑造意象。例如"月"就是其中一个典型的物象,诗人对其寄予了无尽的情感,有思乡之情,有念友之情,有怀远之情,有惆怅之情……诸如此类,不一而足。诗人李白对月更是情有独钟:

花间一壶酒,独酌无相亲。
举杯邀明月,对影成三人。
月既不解饮,影徒随我身。
暂伴月将影,行乐须及春。
我歌月徘徊,我舞影零乱。
醒时同交欢,醉后各分散。
永结无情游,相期邈云汉。

(李白《月下独酌四首》其一)

第十五章　物象五绝

小时不识月,呼作白玉盘。
又疑瑶台镜,飞在白云端。

(李白《杂曲歌辞·古朗月行》,片段)

今人不见古时月,今月曾经照古人。
古人今人若流水,共看明月皆如此。
唯愿当歌对酒时,月光长照金樽里。

(李白《把酒问月(故人贾淳令予问之)》,片断)

唐代五绝作品虽然短小,但不乏各种物象。可以说,物象是中国诗人永恒的寄托。缺之,情感的抒发变得赤裸裸,诗歌的艺术性大大减弱;有之,诗人托物言志,借物言情,如鱼得水而游刃有余。就连美国诗人埃兹拉·庞德(Ezra Pound, 1885—1972)也深受中国古典诗歌中物象所塑造出意象的影响,提出了"意象主义"(Imagism)这一概念。看来,包括五绝作品在内,物象不可或缺。理解好物象,并在译诗中处理好物象,也是译者面临的一大挑战。

第一节　池荷物象

五言绝句原诗:

fú xiāng rào qǔ àn, yuán yǐng fù huá chí
浮　香　绕　曲　岸,　圆　影　覆　华　池。
cháng kǒng qiū fēng zǎo, piāo líng jūn bù zhī
常　恐　秋　风　早,　飘　零　君　不　知。

九言白话译文:

弯曲池岸紫花香气息,圆润荷叶覆华丽水池。
常常担心秋风来得早,吹荷飘零你竟然不知。

这是唐代诗人卢照邻创作的一首五绝《曲池荷》,俞陛云(2011)《诗境浅说》中题目为《曲江花》,宋人洪迈辑《万首唐人绝句》五言卷八作《曲江池》[①]。另,首联对句中的"圆影",有的唐诗选本作"园

---

① 参见"徐明霞,1980:42"。

影",有人解释为"园林中的身影"(李云逸,1998:158)。但是,这与诗意不符。本书著者认为,此应为形似致误。有人认为"似作'圆'是"(任国绪,1989:208),这样认为比较符合诗意,也印证了本书著者的看法。

一、人物品读:卢照邻

卢照邻[①](约636—680),初唐诗人,字升之,自号幽忧子,幽州范阳(今河北涿州,一说北京原大兴县一带)人。在"初唐四杰"中,卢照邻排在第三,所谓"王杨卢骆"。为此,作为后辈的杜甫专门赋诗论及:

王杨卢骆当时体,轻薄为文哂未休。

尔曹身与名俱灭,不废江河万古流。(杜甫《戏为六绝句》其二)

处在"人生得意须尽欢"之际,卢照邻却不幸入狱,据说是因为其《长安古意》中"梁家画阁中天起,汉帝金茎云外直"一联。他出狱后更是不幸患上"风疾",从此人生走向了低谷而无法自拔。卢照邻曾因所患之病求医于"药王"孙思邈,但不得医治,病情加重。《新唐书》有如此记载:

疾甚,足挛,一手又废,乃去具茨山下,买园数十亩,疏颍水周舍,复豫为墓,偃卧其中。

最终,卢照邻大半身残疾,一事无成,进而轻生的念头愈来愈强,最后付诸实施,了结了短暂的一生。《旧唐书》有如此记载:

照邻既沉痼挛废,不堪其苦,尝与亲属执别,遂自投颍水而死,时年四十。

卢照邻在诗歌、骈文方面成绩突出,其诗主要抒发仕途不顺、贫病交替缠身等方面情感,也有揭露社会不公平的作品。诗歌代表作有《长安古意》等,其中"得成比目何辞死,愿作鸳鸯不羡仙"成为流

---

① 关于卢照邻相关信息,读者还可参阅本书上卷第三章第一节第三部分。

传千古的名句。卢照邻有不少作品存世,如七卷本的《幽忧子集》等。

二、艺术品读:《曲池荷》

五绝《曲池荷》,一作《曲江池》或《曲江花》,但"观全诗言荷,似题'曲池荷'为宜"(祝尚书[笺注],1994:171),本书从之。诗题中提及的"曲池",当指"曲江池,在长安……《雍录》卷六:唐曲江,本秦隑州,隋宇文恺营京城,凿之以为池,包黄渠水为芙蓉池,且为芙蓉园,'三月三日,九月九日,京都士女咸即此祓禊'"(祝尚书[笺注],1994:171),且有诗赞其盛况:

殷勤春在曲江头,全藉群仙占胜游。
何必三山待鸾鹤,年年此地是瀛洲。　　　(雍裕之《曲江池上》)

可见,曲江池在"唐时为都人游览胜地,尤以三月三日曲水宴为有名"(任国绪,1992:148)。例如:

风烟彭泽里,山水仲长园。
由来弃铜墨,本自重琴尊。
　　　　　　　　　　(卢照邻《三月曲水宴得尊字》,片段)
田园归旧国,诗酒间长筵。
列室窥丹洞,分楼瞰紫烟。　　　(王勃《三月曲水宴得烟字》,片段)

《曲池荷》诗体首联中,诗人卢照邻着重刻画了荷所处的环境及形象。荷花的香气随着弯曲的水岸飘浮,圆圆的荷叶,抑或荷叶投下的圆圆的影子,覆盖在漂亮池子的水面之上。一切都是那么静谧和美好!"浮香"是浮动或飘浮的香气,诗中指荷花的芳香;"曲岸"是弯弯曲曲的池岸,言之悦目;"圆影"可以理解为圆圆的影子,也可以理解为圆圆的形象,诗中指圆圆的荷叶,取其形;"华池"则为华丽、漂亮的池子,诗中指唐时长安的曲江池。

尾联笔锋一转,情势急转直下,令人猝不及防:常恐秋风早,飘零君不知。此二句可能化用了屈原《离骚》中"惟草木之零落兮,恐美人之迟暮"两句之意,委婉表达自己空怀壮志却英年早凋而无人赏识之凄楚;此二句也许还受到了汉乐府《长歌行》中间一联的启发:

青青园中葵,朝露待日晞。

阳春布德泽，万物生光辉。
常恐秋节至，焜黄华叶衰。
百川东到海，何时复西归？
少壮不努力，老大徒伤悲。

若再以现代诗韵解之，则可得如下拙作：

秋风若早起，吹得荷凋敝。
君未及观荷，岂知荷之丽？

诗人在尾联传达出一定的言外之意、弦外之音，可以说诗人在"言外有抱才不遇，早年零落之感"（沈德潜《唐诗别裁》）。具体而言，有人认为"照邻当武后时不见用，故以荷之芳洁，比己之才美，又恐早落而不为人知也"（吴昌祺《删订唐诗解》）。甚至还有人持有这样的观点：

> 借落花以书感，诗人所恒有。此独咏江花者，以曲江地邻禁苑，为冠盖荟萃之地，当有朝贵，恋青紫功名，不知早退者。此诗特讽喻之，勿待素秋肃杀，而始叹飘零，明哲保身之义，非泛咏落花也。
> （俞陛云，2011：105）

三、个人品读：香洁之荷欲得识

在卢照邻这首《曲池荷》中，一个总的物象是"池荷"，即池上之荷，其下附属各种或有形或无形的物象，如"浮香""曲岸""圆影""华池""秋风""飘零"等。这些附属的物象如"众星"捧"月"——池荷，凸显出池荷的"芳香"和"高洁"，即"香洁"。如此香洁的池荷，却常常感到恐惧，恐惧秋风过早吹起，令池荷提前飘零——就在"君"还"不知"池荷的"香洁"情况之下，提前飘零。池荷一旦飘零，就只剩残枝败叶零落风中，其香消失殆尽，其洁不复存在，这跟迎风斗雪的寒梅大不相同：

风雨送春归，飞雪迎春到。已是悬崖百丈冰，犹有花枝俏。
俏也不争春，只把春来报。待到山花烂漫时，她在丛中笑。

（毛泽东《卜算子·咏梅》）

驿外断桥边,寂寞开无主。已是黄昏独自愁,更著风和雨。无意苦争春,一任群芳妒。零落成泥碾作尘,只有香如故。

(宋代陆游《卜算子·咏梅》)

梅花熬过了寒冬,"待到山花烂漫时",还会在"丛中笑";哪怕是"零落成泥碾作尘",依旧会"香如故"。但是,卢照邻诗中的池荷却经不起这般折腾,且"常恐秋风早",就怕"飘零君不知",这其实写出了诗人自己的人生遭遇及自身状况。

在《曲池荷》中,诗人"首二句写池荷,三四句借荷抒怀,与虞世南《蝉》诗同一作法"(刘永济,1981:3)。首联中,读者先闻荷香,香乃浮香,久萦不散,绕岸飘浮,随岸弯曲,闻香同时仿佛见其优美外形;再见荷面,见其圆影,覆盖华池,华池衬圆影,其洁自现。至此,香洁之荷,跃然纸上,犹在眼前,诗人也完成了从无形到有形的物象切换。然"照邻才学足用而病废"(刘永济,1981:3),才能欲得施展,却不得施展;欲得识,却怕"君不知",则"常恐秋风早"而"飘零"殆尽。可以说,在物象的使用方面,诗人卢照邻达到了炉火纯青的程度,完美地借物抒情,寓情于物,物我融合,直达诗人自己要追求的"香洁之荷欲得识"的人生境界。可以说,"此诗亦《离骚》'恐美人之迟暮'之意,言为心声,发于不觉也。"(刘永济,1981:3)

四、英译研究:意象的处理(5)——补译和省译

本书上卷第九章第三节第四部分、第十一章第三节第四部分,本书下卷第十二章第一节第四部分以及第十三章第二节第四部分,分别谈到了古诗英译中意象的处理方面问题。在意象的处理过程中,译者首先要增强意识,然后针对原诗的意象可以再现,可以转换,也可以借用。意象的再现是直译法的体现,属于异化式的翻译策略,而意象的转换和借用则是意译法的体现,属于归化式的翻译策略。还可以对于原诗中含有强烈中国历史与文化色彩的意象,在译诗中加以合理的阐释并适当加注。

除上述之外,也可以将补译与省译这两种方法结合起来使用,进而处理好原诗中的意象,令其在译诗中得到最大限度的体现。针对原诗中缺省的文化因素或意象,可以适当做补译处理,以完善原诗意象;对于原诗中所具有的修饰性重复或者没有必要体现的地方,可适当在译诗中做出调整或者做省译处理,以保持原诗意象的完整性。下面以几首唐代绝句的英译本为例,对古诗英译特别是唐代五绝韵体英译中,通过补译和省译来进一步处理原诗意象方面问题加以简单的探讨。

译例(1)

咏鹅　骆宾王

鹅、鹅、鹅,曲项向天歌。

白毛浮绿水,红掌拨清波。

A Ditty about Geese

By *Luo Binwang*

Goose, goose and goose

Gaggle skywards from their bent necks.

White feathers float on green water,

Red feet paddle and leave ripples. ①

注:1. ditty: *Noun* a short simple song 小曲;小调

2. gaggle: *Verb* (of geese) to cackle(鹅等)嘎嘎地叫

3. paddle: *Verb* (of bird or other animal) swim with short fast strokes(鸟类或其他动物)游水

4. ripple: *Noun* a small wave or series of waves on the surface of water, especially as caused by a slight breeze or an object dropping into it(尤指由微风或投入水中之物而起的)涟漪;微波;细浪

在"译例(1)"中,对于诗题中"咏"这一动作性意象的处理,译者做了变通,省去了"咏"的直接意象,增添了"Ditty"(小曲;小调)一词,但整首译诗并没有"Ditty"的情调,倒不如直译诗题了。对于诗体,译者基本上采用了直译的方法,只是将原诗最后一行"红掌拨清

---

① 郭著章译,引自"郭著章,江安,鲁文忠,2010: 2"。这里只将其题目中的"about"的首字母改成了小写字母。

波"中的"清"做了省译处理。如果这个"清"为"青",这样的省译还算合理,因为译诗第三行译出了一个与"青"相关的形容词"green"。否则,译诗中省译这一意象,原诗中"红掌"和"清波"这一对意象就显得有点残缺不全了。

译例(2)

竹里馆 王维

独坐幽篁里,弹琴复长啸。

深林人不知,明月来相照。

Bamboo Mile Lodge

By *Wang Wei*

Alone I sit in dark bamboo,

strumming the lute, whistling away;

deep woods that no one knows,

where a bright moon comes to shine on me.①

注:1. bamboo: *Noun* [mass noun] a giant woody grass which grows chiefly in the tropics, where it is widely cultivated 竹;竹子

2. lodge: *Noun* (in names) a large house or hotel 宅;舍;旅馆

3. strum: *Verb* (strummed, strumming) [with obj.] play (a guitar or similar instrument) by sweeping the thumb or a plectrum up or down the strings (用大拇指或拨子在弦上快速上下滑动)弹(吉他或类似弦乐器)

4. lute: *Noun* a plucked stringed instrument with a long neck bearing frets and a rounded body with a flat front, rather like a halved egg in shape 诗琴;琉特琴

5. whistle: *Verb* [no obj.] emit a clear, high-pitched sound by forcing breath through a small hole between one's lips or teeth 吹口哨 (e. g. The audience cheered and whistled. 观众们又欢呼又吹口哨。)

在"译例(2)"中,译者对于诗题的处理过于死板,硬是将"里"翻译成了"英里"的"里",有点现代翻译软件的特点。若直译诗题,可

---

① 伯顿·沃森(Burton Watson)译,转引自"郭著章,江安,鲁文忠,2010:38"。

以省译"里",直接译成"Bamboo Lodge"也未尝不可,否则干脆对于这样的地名进行音译处理,因为毕竟"竹里馆"是王维在辋川别业的一处胜景,因房屋周围有竹林而得名。诗体中,"幽篁"这一意象具有"幽深暗淡的竹林"之意,所以省译成"dark bamboo"似有不妥。对于译语读者来说,这样省译后的译文也许会产生逻辑上的问题。

译例(3)

金缕衣　杜秋娘

劝君莫惜金缕衣,劝君须惜少年时。

有花堪折直须折,莫待无花空折枝。

WISE AGE TO YOUTH

By *Tu Qh'iu-niang*

Wear your gold and silken garments;

Store not one of them away:

Flaunt them in your years of beauty

Ere the world grows old and gray.

Pluck the blossoms in the springtime

When they open to the sun.

For you'll find but withered branches

When bright youth and love are done.[①]

注:1. silken: *Adjective* soft or lustrous like silk 丝一样的;柔软光滑的

2. flaunt: *Verb* [with obj.] display (something) ostentatiously, especially in order to provoke envy or admiration or to show defiance (为惹人羡慕、敬佩或表示蔑视而)炫耀;卖弄(e.g. newly rich consumers eager to flaunt their prosperity 急于摆阔的新富起来的消费者)

3. ere: *Preposition & Conjunction* (poetic/literary or archaic) before (in time) (诗/文用法或古旧用法)在……之前(在时间上)(e.g. We hope you will return ere long. 我们希望你很快回来。)

4. pluck: *Verb* [with obj.] take hold of (something) and quickly remove it from

---

① 亨利·H·哈特(Henry H. Hart)译,转引自"吕叔湘,2002:284"。

its place(后接宾语)摘;采;拔;取

5. blossom: *Noun* a flower or a mass of flowers, especially on a tree or bush(尤指树上的)花朵;花簇(e.g. The slopes were ablaze with almond blossom. 山坡上盛开着扁桃树花。)

6. withered: *Adjective* shriveled, shrunken, or faded from or as if from loss of moisture or sustenance 枯萎的;凋谢的;憔悴的

在"译例(3)"中,译者根据原诗的诗意和意象,做了大量的增译处理,结果就是诗行有所增加。这样的处理,即补译后增加诗行,对于古诗英译十分必要,特别是对于韵体英译,更加具有实效性。这样的处理方法也就是本书中所提到的"增行补意"(具体可参阅本书下卷第十三章第一节第四部分及第三节第四部分)。但需要注意的是,补译的前提是要忠实于原诗,要补译原诗隐而未表的部分,不能毫无根据地随意增添。所以,补译之前,要对原诗的诗意和意象有十足的把握,一旦弄错,可能会"失之毫厘"而"谬以千里"。例如在此译例中,译者对原诗尾联对句"莫待无花空折枝"的补译和省译处理,就损失了不少原诗中的意象。

针对卢照邻这首《曲池荷》,诗题可做补译处理,因"曲池"实指"曲江池",算是专有名词中的地名,泛指性不是很大,所以可以补译成"*Qujiang Pond*"。因为诗题中提到了"Lotus on Qujiang Pond"(曲江池上的荷),为迎合韵体英译的需要,诗体中就可以做省译处理,比如用"it""its"等替代"荷"及其所属格,而与"曲江池"有关的地方则可用"the pond"来替代。

五、韵译探索:曲池荷

曲池荷　卢照邻
浮香绕曲岸,圆影覆华池。
常恐秋风早,飘零君不知。

Lotus on Qujiang Pond
By *LU Zhao-lin*
Above th' pond, floating in the air,

Its scent circles 'round th' curved bank there,
And its green leaves cast shadows round
Onto the pretty pond renowned.
More often than not, its unease
Lies in th' fact that the earlier wind
In th' fall makes it fade to pieces
Before its value you can find.

N. B. As an imperial garden in Tang Dynasty, the Qujiang Pond is of a long history. Located in Chang'an (Today's Xi'an City, Shaanxi Province), the capital city of Tang Dynasty, it has become a wonderland especially for men of letters, who travel to that place and often mention it in their works.

(Translated by *WANG Yong-sheng*)　　　　　　（王永胜译）

注：1. lotus：*Noun* either of two large water lilies 大型莲；睡莲；荷

2. pond：*Noun* a fairly small body of still water formed naturally or by artificial means 池塘

3. th' = the

4. scent：*Noun* a distinctive smell, especially one that is pleasant 气味；香味 (e.g. the scent of freshly cut hay 新切的干草香味)

5. 'round = around

6. bank：*Noun* the land alongside or sloping down to a river or lake（河或湖的）堤岸

7. round：*Adjective* shaped like or approximately like a circle or cylinder 圆形的；圆柱形的；近似圆形的；近似圆柱形的

8. pretty：*Adjective* (of a thing) pleasing to the eye or the ear（事物）悦目的；悦耳的 (e.g. a pretty summer dress 好看的夏季连衣裙)

9. renowned：*Adjective* known or talked about by many people; famous 有名望的；著名的

10. unease：*Noun* (mass noun) anxiety or discontent 担心；忧虑 (e.g. public unease about defence policy 公众对国防政策的担忧)

11. fall：*Noun* (also Fall) (N. Amer.) autumn（北美用法）秋天

12. fade: *Verb* (of a flower) lose freshness and wither (鲜花)枯萎;凋零
13. imperial: *Adjective* of or relating to an emperor (与)皇帝(有关)的 (e.g. the imperial family 皇族)
14. wonderland: *Noun* a land or place full of wonderful things 仙境;美好的地方

第二节　陌上物象

五言绝句原诗：

mén qián gōng huái mò, shì xiàng qī hú dào.
门　前　宫　槐　陌，是　向　欹　湖　道。
qiū lái shān yǔ duō, luò yè wú rén sǎo.
秋　来　山　雨　多，落　叶　无　人　扫。

九言白话译文：

门前路两旁长满槐树，此为通向欹湖的道路。
秋天到来时山雨多多，叶子落下后没人扫除。

这首《宫槐陌》是唐代诗人裴迪的一首五绝作品，收录在王维《辋川集》中。除了王维的二十首诗作外，《辋川集》中还收有裴迪唱和的五绝诗二十首，所以诗题一作《辋川集二十首·宫槐陌》。其中，首联出句中的"前"，一作"南"；对句中的"是"，一作"堤"。尾联出句中的"山"，一作"风"。

一、人物品读：裴迪

裴迪[①]（约716—？），盛唐著名的山水田园诗人之一。裴迪是关中（今陕西）人，一说河东（今山西）人，一生以诗文见长。唐玄宗天宝年之后，即公元756年后，做过蜀州刺史和尚书省郎，与杜甫、李颀交往甚多。据查，《全唐诗》录存其诗作二十九首。

裴迪早年与"诗佛"王维交往甚密，晚年居辋川、终南山一带，两人来往更为频繁，与王维唱和应酬之作颇多。王维在《辋川集》序中

---

① 关于裴迪相关信息，读者还可参阅本书上卷第八章第三节第一部分。

这样说道：

> 余别业在辋川山谷，其游止有孟城坳、华子冈、文杏馆、斤竹岭、鹿柴、木兰柴、茱萸沜、宫槐陌、临湖亭、南垞、欹湖、柳浪、栾家濑、金屑泉、白石滩、北垞、竹里馆、辛夷坞、漆园、椒园等，与裴迪闲暇，各赋绝句云尔。

裴迪现存的诗较少，且主要是五言绝句和五言律诗，写得最好的莫过于五言绝句。内容多体现为空灵、幽寂的山水意境，颇具禅趣，估计主要是受佛教影响的结果。例如：

落日松风起，还家草露晞。
云光侵履迹，山翠拂人衣。　（裴迪《辋川集二十首·华子冈》）

裴迪在肃宗时任蜀州刺史，这段时间里他曾与诗人杜甫唱和。例如：

东阁官梅动诗兴，还如何逊在扬州。
此时对雪遥相忆，送客逢春可自由。
幸不折来伤岁暮，若为看去乱乡愁。
江边一树垂垂发，朝夕催人自白头。

（杜甫《和裴迪登蜀州东亭送客逢早梅相忆见寄》）

二、艺术品读：《宫槐陌》

门前有一条路，路旁长满了宫槐，谓之曰"宫槐陌"。宫槐，其实指的就是槐树，因根据《周礼》的记载，周代宫廷植三槐，三公位焉，故后世皇宫中多栽植，因称。首联对句中的"是"，在古诗词中多为代词，具有书面语性质，义为"这""此""这个"等。再如：

雨罢山翠鲜，泠泠东风好。
断崖云生处，是向峰顶道。（独孤及《早发若岘驿望庐山》，片段）

还是在首联对句中，"欹湖"则为辋川王维别业中一处胜景，因"欹"有"倾斜""歪"之意，所以"欹湖当因湖势倾斜而得名"（邓安生，刘畅，杨永明，1990：202）。

从首联来看，宫槐陌很美，因有宫槐挺立两旁，特别是在槐花盛开、花香四溢之时更为美丽；欹湖道也很美，因有欹湖的映衬。欹湖有怎样一番景致呢？我们不得而知，但从两位诗人的作品中可见一斑。例如：

吹箫凌极浦，日暮送夫君。
湖上一回首，青山卷白云。　　　　　　（王维《辋川集·欹湖》）

王维的这首诗基本上是抒情的，欹湖只是王维抒情的铺垫。如果说有提到"欹湖"的地方，那就是尾联出句中淡淡的一笔"湖上一回首"，至于"青山卷白云"已是湖外之景了。整首诗基本避开了欹湖应有的实景，转而抒发情怀了。所以，这首名为《欹湖》的诗对于我们了解欹湖之美帮助甚微。但是，从裴迪的同题诗中则可窥优美欹湖之一斑了：

空阔湖水广，青荧天色同。
舣舟一长啸，四面来清风。　　　　　（裴迪《辋川集二十首·欹湖》）

因此，裴迪在《宫槐陌》一诗中，将欹湖之美也写了进去，在首联中刻画出一幅优美、宁静的画面，并为顺利过渡到尾联的意境打下坚实的基础。

在裴迪《宫槐陌》的尾联中，诗人则着意营造一种氛围，意在说明幽居生活的舒适惬意和山中生活的无拘无束。夏去秋来，山中不断有雨降下，雨打叶落，再加之秋风萧瑟，致使落叶增多，层层堆积，却无人前来清扫。这一切都是在自然状态之下的存在，毫无人为因素的干预。这一切，多么令人释怀！这一切，多么令人感到自由自在！

三、个人品读：陌上物象丰，可惜意未尽

诗人裴迪在《辋川集二十首·宫槐陌》一诗中，尽其所能塑造出"宫槐陌""欹湖""山雨""落叶"等丰富的物象，竭力营造某种意境，但这种意境也只能止于"落叶无人扫"这一层面。诗人意在刻画一幅自然、纯真的画面，让画面的张力显于画面之外，引读者去思考，但充其量诗人只是极力写出了幽居之静谧，反映的是幽居那种物我融合的状态，尽力避开了人为干扰的因素。因此，裴迪这首《宫槐陌》尽管陌上物象颇丰，但在意犹未尽之中便戛然而止了。相比王维同期同题作品，我们更能体会出裴迪这种"意未尽"的情形：

仄径荫宫槐,幽阴多绿苔。

应门但迎扫,畏有山僧来。 （王维《辋川集·宫槐陌》）

王维在这首《宫槐陌》中,首先刻画的是同样一条小径,即"宫槐陌",跟裴迪的首联异曲同工,但本书著者感觉王维的"宫槐陌"则更为幽静一些:窄窄的小径因两旁宫槐茂盛而遍布荫凉、幽暗之处,小径的某些地方还因此长满了绿苔。与裴迪的结句"落叶无人扫"形成鲜明对照的是,王维的尾联则是"应门但迎扫,畏有山僧来":幽居山中,少有客来,诗中主人也喜好清净,但并没有清净到"落叶无人扫"的境界,而是交待人开门打扫,因"畏有山僧来"。这样,一种清高的意境就凸显出来,诗人那种闲情逸致也显露无遗,诗的意境较裴迪的"落叶无人扫"就进了一步。王维巧妙地化禅意为诗意,可谓空灵之至。

裴迪跟王维这种诗意上的差别,在另一首《辋川集》中的同题诗《欹湖》中也有所体现(诗体参阅本节上一部分):

> 王维的这首避开眼前实景,用《九歌》中《湘君》"思夫君兮未来",《河伯》"送美人兮南浦"、"惟极浦兮寤怀"等写法,想象吹洞箫,凌极浦,送美人,以神话境界写欹湖。结尾写"湖上一回首,山青卷白云",与钱起《省试湘灵鼓瑟》"曲终人不见,江上数峰青"意境相近,即女神已去,惟见留下青山与白云——全诗写得虚无缥缈,很有神韵。

（邓安生,刘畅,杨永明,1990:202-203）

相比于王维的《欹湖》,裴迪的《欹湖》则更为写实,极力写出了欹湖的优美和灵动,但止于此,跟《宫槐陌》一样,而未做进一步延伸。可谓:陌上物象丰,可惜意未尽。

四、英译研究:诗题的翻译(2)——归化和异化

在本书上卷第十一章第五节第四部分,初步探讨了诗题的翻译问题。具体来说,在古诗英译特别是唐代五绝英译中,不管是韵体英译还是非韵体英译,首先要处理好诗题。在诗题的翻译中,应根据诗题与诗体之间的关联,采取直译、意译或阐释性翻译法,必要时可以

将这三种方法与加注结合起来,增强译诗的可读性。

除此之外,在诗题的翻译中还可以采用异化与归化这两种策略。关于异化与归化,读者可先参阅本书下卷第十二章第一节第四部分相关内容。简单来说,异化就是接受外来文化,保留其异域性;归化就是改造外来文化,使其符合译语文化的要求。古诗英译特别是唐代五绝的韵体英译中,会涉及诸多文化因素的处理,诗题本身有时就是一个文化的浓缩体,控制好异化和归化这两种翻译策略的比例,才能处理好诗题。诗题在一首诗中具有举足轻重的地位(无题诗除外)。下面试以《辋川集》中王维的三首诗为例,对诗题翻译中异化和归化比例的控制和把握加以简单的探讨。

译例(1)

欹湖 王维

吹箫凌极浦,日暮送夫君。

湖上一回首,青山卷白云。

Lake Yi

By *Wang Wei*

Blowing flutes cross to the distant shore.

At day's dusk I bid farewell to you.

On the lake with one turn of the head:

Mountain green rolls into white clouds. (Yu, 1980:203)

注:1. flute: *Noun* a wind instrument made from a tube with holes along it that are stopped by the fingers or keys, held vertically or horizontally (transverse flute) so that the player's breath strikes a narrow edge 笛;横笛;竖笛

2. bid: *Verb* (bidding; past bid or bade; past participle bid) [with obj.] utter (a greeting or farewell) to 向……表示问候;向……告别 (e.g. a chance to bid farewell to their president and welcome the new man 告别旧总裁、欢迎新总裁的难得机会)

3. farewell: *Noun* an act of parting or of marking someone's departure 道别;告别;辞行;饯行 (e.g. The dinner had been arranged as a farewell. 安排这顿饭是为了饯行。)

在"译例(1)"中,诗题的异化式处理思路是对的,毕竟诗人王维写的是其辋川别业中的一处胜景名为"欹湖",是"专名"特点比较强的一个地名。汉英翻译中地名的处理,可先参阅本书上卷第八章第五节第四部分、第九章第四节第四部分,以及本书下卷第十二章第二节第四部分。

汉语地名英译时,应遵循地名的翻译原则,但汉语地名的英译是一个十分复杂的问题。尽管如此,地名的翻译应以异化策略为主,再结合归化策略加以综合处理。异化策略首先要涉及的问题就是按照标准的汉语拼音方案来音译,再按照地名的翻译原则来处理。具体到王维的《欹湖》这首诗,就要首先弄清"欹"的读音。"欹"在文言中有两个读音,分别是[qī]和[yī]。读[qī]时,古同"攲",义为"倾斜,歪向一边",如"吾闻宥坐之器者,虚则欹,中则正,满则覆"(《荀子·宥坐》)。读[yī]时,古同"猗",为文言叹词,表示赞美,如"欹欤休哉"等。因此,诗题中的"欹",读[qī]为宜。

在地名的翻译原则方面,通常情况下,"地名一般由专名和通名两个部分构成。如西安市、巴林岛、贝加尔湖。西安、巴林、贝加尔是专名,市、岛、湖是通名。专名特指某一地理实体并用以区分同类地物的专用语,起定位作用,通名则概括某种地物的共性,起定性作用。"(白靖宇,2000:157)汉语的地名英译过程中有一种特殊情况需要特殊处理,即"专名为单音字时(不含n,ng以外的辅音结尾的单音节),通名视作专名的组成部分,一并音译。例如,耀县(陕西)应译为Yaoxian County。"(白靖宇,2000:162)因此,诗题"欹湖",译成"Qihu Lake"为宜。

另外,在"译例(1)"诗体的英译处理中,还应注意英文的逻辑性,尽量避免违反英文的逻辑。此译诗的第一行、第三行和第四行恐怕都存在着英文逻辑方面的问题。诗体的整体处理上,还应以归化策略为主,需要体现汉语文化的地方则以异化策略来体现。

译例(2)

临湖亭 王维

轻舸迎上客,悠悠湖上来。

当轩对尊酒,四面芙蓉开。

Lake Pavilion

By *Wang Wei*

They have sent a boat to welcome you, my guest,

And lightly it moves across the lake.

Arrived at the pavilion, we shall now pledge each other

With the lotus flowers still in bloom all around us.

(Chang, 1977: 73)

注:1. pavilion: *Noun* a summer house or other decorative building used as a shelter in a park or large garden (公园或大花园中的)凉亭;亭子;阁

2. pledge: *Verb* [with obj.] (archaic) drink to the health of (古旧用法)祝酒

3. lotus: *Noun* either of two large water lilies 大型莲;睡莲;荷

4. bloom: *Noun* a flower, especially one cultivated for its beauty (尤指供观赏的)花

在"译例(2)"中,尽管原诗诗题也属于地名范畴,但由于其描述性较强,可用阐释性翻译方法加以归化式处理。遗憾的是,此译例的译者只译出了"湖亭"(Lake Pavilion),"临"的意思并没有译出来,这样的诗题处理恐怕会给译语读者带来一定的误导甚至不解或误解。相比之下,类似"The Lakeside Pavilion"(王宝童,2005:151)以及"Lakeside Pavilion"(Yu, 1980:202)这样的译文,还算是比较合理的采用归化策略而成的译诗诗题。

译例(3)

宫槐陌　王维

仄径荫宫槐,幽阴多绿苔。

应门但迎扫,畏有山僧来。

The Lane of Palace Ash Trees

By *Wang Wei*

A slanting path, shaded by palace ash.

In hidden shadows is much green moss.

The gatekeeper sweeps only for visitors,

Wary a mountain monk may come.①

注:1. lane: *Noun* a narrow road, especially in a rural area (尤指农村地区的)小路(e.g. She drove along the winding lane. 她沿着弯曲小路开车。)

2. ash: *Noun* (also ash tree) a tree with compound leaves, winged fruits, and hard pale timber. It is widely distributed throughout north temperate regions 梣;白蜡树

3. slanting: *Adjective* having an oblique or slanted direction 倾斜的;歪斜的

4. moss: *Noun* [mass noun] a small flowerless green plant which lacks true roots, growing in low carpets or rounded cushions in damp habitats and reproducing by means of spores released from stalked capsules 苔藓;苔类植物

5. wary: *Adjective* (warier, wariest) feeling or showing caution about possible dangers or problems 警戒的;警惕的;谨慎的(e.g. Dogs which have been mistreated often remain very wary of strangers. 受过虐待的狗对陌生人往往十分警惕。)

跟"译例(2)"一样,"译例(3)"的诗题也宜采用阐释性翻译方法加以归化式处理,但最终形成的归化式译文应具有合理性,要符合英语的逻辑。此译诗诗题在译者做出阐释的基础上基本采用直译法来翻译,但将"宫槐"译成"Palace Ash Trees"或省译成"palace ash"似乎在内容上欠妥,因"Ash Trees"或"ash"并无槐树之意。

针对裴迪的这首《宫槐陌》诗题的翻译,首先要将字面意思定位准确,再考虑译语的逻辑性,最后在阐释的基础上加以归化式处理。当然,鉴于"宫槐陌"这一地名在描述性方面弱于"临湖亭",又具有类似"欹湖"这样"专名"特性,也可考虑采用异化策略来翻译,如译成"Gonghuai Lane"等。另外,对于唐代五绝的韵体英译而言,在译诗过程中处理完诗题,如译成"The Acacia Tree-lined Lane",诗体的翻译中可采用各种英文的替代手段来处理原诗中出现的"宫槐陌",如采用"the lane""it"等来替代。这样做,除了符合英语这门形合语言本身特点外,还为韵体英译铺平了道路,便于控制音步和尾韵,若再辅

---

① 宇文所安(Stephen Owen)译,选自 Stephen Owen 所作"An Anthology of Chinese Literature: Beginnings To 1911"。

以"增行补意"则更能达到韵体英译的要求了。

五、韵译探索:宫槐陌

宫槐陌　裴迪

门前宫槐陌,是向欹湖道。

秋来山雨多,落叶无人扫。

The Acacia Tree-lined Lane

By *PEI Di*

Before th' door lies th' lane, found to lead

To Qihu Lake, well-shaped indeed.

The autumn comes with rainfall high

And with more fallen leaves that dry,

But none appears and then cleans it

By brushing them 'way bit by bit.

N. B. *Gonghuai-mo* or the Acacia Tree-lined Lane, and Qihu Lake, are two of the well-known scenic spots, located in the dwelling place of WANG Wei, a good friend of PEI Di and a great poet in Tang Dynasty.

(Translated by *WANG Yong-sheng*)　　　　(王永胜译)

注:1. acacia: *Noun* (also acacia tree) a tree or shrub of warm climates which bears spikes or clusters of yellow or white flowers and is typically thorny 金合欢属植物;刺槐

2. lane: *Noun* a narrow road, especially in a rural area (尤指农村地区的)小路(e.g. She drove along the winding lane. 她沿着弯曲小路开车。)

3. th' = the

4. indeed: *Adverb* used to emphasize a description, typically of a quality or condition (用于强调描述,尤指对品质或状况的描述)的确;真是(e.g. It was a very good buy indeed. 真是桩好买卖。)

5. rainfall: *Noun* the quantity of rain falling within a given area in a given time (降)雨量(e.g. low rainfall 低降雨量)

6. dry: *Verb* (no obj.) become dry 变干(e.g. He is waiting for the paint to dry. 他等着油漆变干。)

7. 'way = away
8. bit by bit: gradually 一点一点地;渐渐地（e.g. The school was built bit by bit over the years. 这所学校是多年来一点一点地建起来的。）

第三节　春雪物象

五言绝句原诗:

fēi xuě dài chūn fēng　péi huí luàn rào kōng
飞　雪　带　春　风，裴　回　乱　绕　空。
jūn kàn sì huā chù　piān zài luò yáng dōng
君　看　似　花　处，偏　在　洛　阳　东。

九言白话译文:

春雪飞舞在春风之中,飘来飘去间绕空久萦。
君见白雪似花之所在,都在富人居所洛城东。

这是唐代诗人刘方平的一首五言绝句《春雪》。诗体中,首联对句的"裴回",一作"徘徊";结句的"洛阳东",一作"洛城东"或"洛城中"。

一、人物品读:刘方平

刘方平(约710—?),唐代洛阳(今河南洛阳)人,盛唐与中唐转折时期的诗人,其生卒年、字、号均不详。据推测,刘方平约公元758年前后在世,闻一多先生在《唐诗大系》中认定刘方平的生年为710年。有的学者认为,刘方平大约生活在"唐开元、天宝年间"(葛杰,仓阳卿,1980:30),但傅璇琮先生在《唐代诗人丛考》一书的"刘方平的世系及交游考"篇中认为"刘方平主要恐怕生活在天宝到大历年间",说法不一。刘方平在天宝年开始时期曾应进士试,后打算参军,但都未成功。刘方平"一生没做过官,过着隐居生活。能诗,善写绝句"(葛杰,仓阳卿,1980:30)。

刘方平的诗以绝句为上乘,多为写各种物象之作,内容以闺情、乡情居多。刘方平的诗寓情于景,颇具意境,有较高的艺术性,代表作有《月夜》《春怨》《春雪》等。例如：
> 更深月色半人家,北斗阑干南斗斜。
> 今夜偏知春气暖,虫声新透绿窗纱。
>
> （刘方平《月夜》,一作《夜月》）

二、艺术品读:《春雪》

首联"飞雪带春风,裴回乱绕空"写的是景物,有"飞雪""春风"等静态物象,还有"裴回"等动态物象。"裴回"有"彷徨、徘徊"之意。例如：
> 初酝一缸开,新知万里来。
> 披云同落寞,步月共裴回。
>
> （辩才《设缸面酒款萧翼探得来字》,片段）
> 泣对铜钩障,愁看玉镜台。
> 行人断消息,春恨几裴回。　　　（杨炯《梅花落》,片段）

在《春雪》的首联中,在料峭春风吹动下,那飞雪似乎有所留恋,不愿离开,绕着某处的天空一个劲儿飞舞不停。多么生动形象的一幅动态画面。

第三句"君看似花处",转得有些突然,由景转情,令人猝不及防。结句一个"偏"字,是点睛之笔,是重心所在。"洛阳东"为唐时富贵人家居住之地,是当时典型的富人区,属于"日暮汉宫传蜡烛,轻烟散入五侯家"（韩翃《寒食》,一作《寒食日即事》）中的"五侯家"之类,抑或"五陵贵公子,双双鸣玉珂"（储光羲《洛阳道》）中"五陵"之类的地方。"君"为"你"的一种尊称,在诗中是一种泛指的称呼:你所看到的飞雪似花落下的地方,大都集中在洛阳城的东部,那里是富人集中居住的地方。他们衣食无忧,看到"飞雪带春风,裴回乱绕空"的景象,觉得分外美丽。于是,他们看呀看,越发感觉那飞雪似花儿一样飘落。也许他们当时走出屋门,身着保暖的外衣,仰头观望雪落的美景呢。那么,穷人呢？生活在水深火热之中的穷人呢？

诗人刘方平《春雪》五绝"通过对'春雪'这一自然景象的不同感受,得出了'君看似花处,偏在洛阳东'的结论"（黄皓峰,2005[2]：

76),可以说具有一定的讽刺性。但是,这种讽刺性,诗人并没有明说,而是通过尾联"君看似花处,偏在洛阳东"中对富人赏雪的描述中,间接传达了出来。这是一种对比,但被对比的对象并没有出现,而是通过尾联将其映衬了出来。试看两个评论:

天寒风雪,独宜富贵之家,却说来蕴藉。

([清]沈德潜,1979:620)

首点题,二申说,三四就"春"字渲染。写春字极有情,而藏过真花,转说雪之似花,是又其用笔之妙。

(杨逢春《唐诗偶评》[①])

三、个人品读:隐性的讽刺

诗人刘方平在唐代如众星闪烁般的诗人中算不上耀眼,但他的诗却独具特色。其中一点就是将自己要真正表达的意思隐藏起来,"顾左右而言其他",将"真意"通过"其他"加以映衬或衬托。刘方平具有这种特点的诗歌往往具有讽刺性,但讽刺性是含而不露的,属于"隐性的讽刺"。《春雪》则是其中一个典型的代表。

首联交代完铺垫性的物象之后,诗人转入了正题:君看似花处,偏在洛阳东。本来冬天行将结束,吃不饱、穿不暖的穷苦人寒冷的日子总算熬到了尽头,不用再受饥寒特别是寒冷的折磨了。但是,谁曾想突如其来的一场春雪令他们再度陷入危机之中……这一切,在诗人刘方平《春雪》一诗中看不到显性的踪迹。我们只是看到洛阳城东——富人居住区的雪分外妖娆,那里的人看雪,犹如看春天的花儿开放。"裴回乱绕空"的飞雪,在他们那里别具诗意,他们也许在仰望"飞雪带春风"的同时在大声吟咏:

资清以化,乘气以霏。

---

① 转引自"霍松林,1991:305"。

遇象能鲜,即洁成辉。　　　　　　　　（晋代羊孚《雪赞》）

在诗人隐性的对比中,两个世界,两种生存状态,慢慢地浮现,其所具有的隐性讽刺性也就慢慢地散发了出来。刘方平所作的类似《春雪》这样的诗,诗意含蓄,含而不露,往往具有一定的讽刺性,属于隐性的讽刺。再如:

新作蛾眉样,谁将月里同。
有来凡几日,相效满城中。（刘方平《京兆眉》）

可以说,《京兆眉》这首诗"表面上看来是写一种新的女子装扮——京兆眉在城中盛行的情况,但需注意的是,这一'蛾眉样'刚出现没几天就'相效满城中'了。那么,如果再出现一种新的装扮,其结果也就可想而知了。事实上,诗人在这里写出了人心善变与反复的一面,讽喻之意隐而不露,含蓄而深沉"(黄皓峰,2005[2]:76)。相比于唐代其他几首同题绝句诗,刘方平这种隐性的讽刺效果就更为突出了,也体现出不同的诗人对春雪截然不同的解读:

春雪满空来,触处似花开。
不知园里树,若个是真梅。　　　　　　（东方虬《春雪》）
新年都未有芳华,二月初惊见草芽。
白雪却嫌春色晚,故穿庭树作飞花。　　（韩愈《春雪》）
雪霁凝光入坐寒,天明犹自卧袁安。
貂裘穿后鹤氅敝,自此风流不足看。　　（吴仁璧《春雪》）

对于这种隐性的讽刺,刘永济先生也有一定的见解:

此诗三四两句意存讥讽。洛城东皆豪贵第宅所在,春雪至此等处,非但不寒而且似花,故用一"偏"字,以见他出之雪与此不同。然则此中人之不知人之寒可知矣。

（刘永济,1981:111）

四、英译研究:诗题的翻译(3)——增词补译和减词省译

在本书上卷第十一章第五节第四部分以及本章第二节第四部分,对诗题的翻译问题做了一定的探讨。具体来说,在古诗英译特别

是唐代五绝英译中,不管是韵体英译还是非韵体英译,诗题的翻译应根据诗题与诗体之间的关联,采取直译、意译或阐释性翻译法,必要时可以将这三种方法与加注结合起来,增强译诗的可读性。其次,在诗题的翻译中还可以采用异化与归化这两种策略,并控制好这两种策略的比例。

除上述诗题的翻译方法或策略外,可以采用"增词补译"和"减词省译"这两种方法或者这两种方法的结合来处理诗题。"增词补译"简称为"补译","减词省译"简称为"省译",关于补译和省译,读者可先参阅本书上卷第九章第二节第四部分、本书下卷第十四章第一节第四部分以及本章第一节第四部分。在古诗英译特别是唐代五绝的韵体英译中,增词补译值得提倡,特殊情况下可以对诗题进行减词省译处理。值得注意的是,增词补译和减词省译都不是凭空胡乱进行的,而是要根据原诗及其所基于的上下文(context)来进行,即补译或省译要具备合理性。下面以唐代诗人的三首五绝为例,对古诗英译特别是唐代五绝韵体英译中诗题的增词补译和减词省译加以简单的探讨。

译例(1)

题峰顶寺 李白

夜宿峰顶寺,举手扪星辰。

不敢高声语,恐惊天上人。①

Staying Overnight in a Mountain Temple

By *Li Bai*

Staying overnight in a mountain temple high,

I can pluck a star up in the sky.

We all attenuate our voices very low,

Lest we disturb folks who in heaven lie.

---

① 关于此诗,学界颇有争议。此为其中一个版本,出自所引之书,见译诗后括注。

（都森，陈玉筠，2011：20）

注：1. overnight：*Adverb* for the duration of a night 在整个夜间（e. g. They refused to stay overnight. 他们拒绝留下过夜。）

2. pluck：*Verb*（with obj.）take hold of（something）and quickly remove it from its place(后接宾语)摘；采；拔；取

3. attenuate：*Verb*（with obj.）（often be attenuated）reduce the force, effect, or value of 使减弱；使减少（力量、效果或价值）（e. g. Her intolerance was attenuated by an unexpected liberalism. 那种意想不到的自由放任行为使她难以忍耐。）

在"译例（1）"诗题的翻译中，译者省去了"题"并根据诗意增加了"夜宿"。这样的处理，即补译和省译相结合的处理方式，符合诗意的要求，算是合理的减词与增词。但是，"峰顶寺"直译不到位，"顶"的意思没有表达出来，多少会影响诗体的意义。没有译出"顶"，除了存在忠实度方面的问题外，还有一个"气势"方面的问题。尽管译诗首行增译了一个"high"，但这样的诗题省译恐怕还是要不得的。另外，对于尾联对句"天上人"（folks who in heaven lie）的翻译，还可以再斟酌。

译例（2）

拟江令于长安归扬州九日赋　许敬宗
本逐征鸿去，还随落叶来。
菊花应未满，请待诗人开。

On Returning Home from the Capital

By *Xu Jingzong*

Leaving with the migrant goose,
Returning with falling leaves;
Golden flowers aren't full-blown yet,
Till the coming of the poet.　　　　（张智中，2009：028）

注：1. migrant：*Adjective*（attrib.）tending to migrate or having migrated 有迁徙习性的；迁移的（e. g. migrant birds 候鸟）

2. blow：*Verb*（past blew; past participle blown）（no obj.）produce flowers or be in flower 开花；在开花（e. g. I know a bank where the wild thyme blows.

我知道一个堤岸,那里野生百里香正在开花。)

在"译例(2)"中,诗题的信息量很大,其实是一个背景和创作缘由的简单交代,如果省译量过大,恐怕也是不怎么可取的。《拟江令于长安归扬州九日赋》是唐代诗人许敬宗的一首仿拟之作,相当于步韵之作。仿拟的原诗是南朝陈文学家及大臣江总的诗《于长安归还扬州九月九日行薇山亭赋韵》,诗题本身就够复杂的。江总在陈后主时官至尚书令,故人称"江令"。江总晚年归乡路过薇山亭时,正值九九重阳,感触颇深,于是写下这首诗:

心逐南云逝,形随北雁来。
故乡篱下菊,今日几花开?

(南朝陈代江总《于长安归还扬州九月九日行薇山亭赋韵》)

唐代诗人许敬宗则有感于江总的这首归乡诗,仿拟其写就《拟江令于长安归扬州九日赋》。如此看来,这首诗的诗题处理起来就颇为棘手了。要是将诗题完全译出来,则相当于一篇短文了,不是不可以,就是显得过于烦琐;若减词省译,则较为可取,但需适当减词省译,否则得不偿失。此时,比较折中的办法就是在减词省译的基础上,再做加注处理。另外,加注处理在古诗英译中虽然费时费力,但却是一种稳妥而有效的翻译手段和策略。

此译例的译者从一个角度对原诗诗题做了减词省译处理,算是一种对诗题翻译的实践探索。当然,还可以从其他不同的角度做减词省译处理,但无论从何角度来处理,加注还是很有必要的。

译例(3)

昌谷读书示巴童　李贺

虫响灯光薄,宵寒药气浓。
君怜垂翅客,辛苦尚相从。

To My Page Boy

By *Li He*

Light dim, autumn insects're singing;
Nights chill, herb flavor's emitting.
On the defeated gamecock you've pity;

Hard as life is, you keep it company.　　（卢炳群，2013：46）

注：1. page: *Noun* a boy or young man, usually in uniform, employed in a hotel or club to run errands, open doors, etc. （旅馆、俱乐部的）穿制服的男小听差；男侍
2. chill: *Verb* (with obj.) (often be chilled) make (someone) cold 使寒冷（e. g. I'm chilled to the bone. 我感到刺骨寒冷。）
3. herb: *Noun* any plant with leaves, seeds, or flowers used for flavouring, food, medicine, or perfume 芳草植物；药用植物
4. emit: *Verb* (emitted, emitting) [with obj.] produce and discharge (something, especially gas or radiation) 排放；散发（尤指气体、辐射）
5. gamecock: *Noun* (also gamefowl) a cock bred and trained for cockfighting （经过专门饲养和训练的）斗鸡

跟"译例（2）"一样，"译例（3）"诗题也包含一定的信息量，但稍逊于上例，可以在忠实于原诗诗题的情况下照直译出，然后可再适当增词补译。李贺长期积郁成疾，于元和八年（公元813年）辞去奉礼郎一职回昌谷疗养。这首诗是诗人李贺在昌谷疗养读书时写给巴童的。巴童即四川籍的书童，长期跟随李贺，照顾李贺。所以，此诗诗题与诗体连接性非常好，诗题等于交代事由，包括地点和对象，像"译例（3）"译者那样处理，不是不可以，就是感觉不是很完整，但不失为一种省译的处理手段。

针对刘方平这首《春雪》所体现出来的隐性的讽刺，英译起来难度很大：将这种讽刺性通过译者的阐释翻译出来，有悖于原诗的意境；跟原诗一样隐而不表，则恐译语读者体会不出原诗的诗意，而达不到译诗的目的。鉴于此，可以通过对译诗诗题和诗体适当增词，从某个侧面补偿一下原诗中"隐性的讽刺"这一层面相关的表达，从而增译出这种"隐性的讽刺"的线索，则不失为一种不得已而为之的策略。

五、韵译探索：春雪

春雪　刘方平

飞雪带春风，裴回乱绕空。
君看似花处，偏在洛阳东。

An Ironical Thought on Snow in Spring

By *LIU Fang-ping*

In spring, wind cold blows flakes of snow,
In th' sky flying wild to and fro.
They wave like flowers blooming where
The very rich reside—the east
Of Luoyang City, and just there
For th' eyes th' rich take them as a feast.

N. B. Luoyang City: It is today's Luoyang City, Henan Province. As the eastern capital of Tang Dynasty and capitals of thirteen dynasties or kingdoms in the long Chinese history, it used to be a second holy land for all men of letters, the first one being Chang'an. Especially in Tang Dynasty, it has also become a dream place of poets, who feel it a great honor to go to that place and often mention it in their poetry.

(Translated by *WANG Yong-sheng*) （王永胜译）

注:1. ironical: *Adjective* happening in the opposite way to what is expected, and typically causing wry amusement because of this; poignantly contrary to what was expected or intended 具有讽刺意味的;令人啼笑皆非的;出乎意料的

2. th' = the

3. to and fro: in a constant movement backwards and forwards or from side to side 来来往往地;往复地（e.g. She cradled him, rocking him to and fro. 她把他放在摇篮里,不停地摇着。）

4. bloom: *Verb* (no obj.) produce flowers; be in flower(不接宾语)开花;在开花;处于花期

5. feast: *Noun* something giving great pleasure or satisfaction 欢乐;赏心快事

第四节　落叶物象

五言绝句原诗：

zǎo　qiū　jīng　luò　yè　piāo　líng　sì　kè　xīn

早　秋　惊　落　叶，飘　零　似　客　心。
fān　fēi　wèi　kěn　xià　yóu　yán　xī　gù　lín
翻　飞　未　肯　下，犹　言　惜　故　林。

九言白话译文：

叶子因秋来早而惊落，飘零而下如游子之心。

叶子翻飞不愿意落地，似说不忍离待过之林。

严格来说，此诗为五言"古绝"，而非五言"律绝"，但有不少选本视其为五绝，本书从之，视其为五绝加以研究。

此诗为初唐诗人孔绍安所作《落叶》，但《全唐诗》在此诗题后又加括注曰"一作孔德绍诗"。霍松林（1991）干脆将此诗视作孔德绍的作品，诗题为《咏叶》。由此可见，本诗作者的归属存在一定的争议。为方便起见，本书视其为孔绍安的作品《落叶》。

一、人物品读：孔绍安

孔绍安（约577—622），初唐诗人，但字、号均不详，越州山阴（今浙江绍兴）人。其父孔奂为陈朝吏部尚书。还在年少之时，孔绍安就与其兄孔邵新皆因文辞卓著而知名：

(年)十三，陈亡入隋，徙居京兆鄠县。闭门读书，诵古文集数十万言，外兄虞世南叹异之。绍新尝谓世南曰："本朝沦陷，分从湮灭，但见此弟，窃谓家族不亡矣！"时有词人孙万寿，与绍安笃忘年之好，时人称为孙、孔。绍安大业末为监察御史。时高祖为隋讨贼于河东，诏绍安监高祖之军，深见接遇。及高祖受禅，绍安自洛阳间行来奔。高祖见之甚悦，拜内史舍人，赐宅一区、良马两匹、钱米绢布等。　　　　　　　　（《旧唐书·文苑上》）

孔绍安曾经因侍宴而应诏咏诗，所咏之作颇为人所称道：

可惜庭中树，移根逐汉臣。

只为来时晚，花开不及春。　　　　　（孔绍安《侍宴咏石榴》）

虽说孔绍安为初唐诗人，但其人却经历了南朝陈、隋朝、唐朝等三个朝代，实属罕见，也颇具传奇色彩，以至于吕晴飞、李观鼎等

(1990)因其《落叶》将其归为隋代诗人,而王小如等(1992)则未将其列入。《全唐诗》存其诗七首,包括本节探讨的主题诗《落叶》。

二、艺术品读:《落叶》

孔绍安的这首《落叶》,物情交融,每一联都是先述物象,再以物象为基础转而抒发个人情感。

首联"早秋惊落叶,飘零似客心",秋在非正常节气提前到来,叶子惊于此而落。只见叶子随着瑟瑟早秋之风飘零而下,此情此景跟远游之人飘荡的心何等相似!对此,有人做这样的分析:

> 首句用落叶惊秋的形象,比喻诗人于家国破亡后的景况。孔绍安原是陈朝的达官子弟(其父孔奂为陈吏部尚书)。陈亡时,他才13岁。此诗开头用个"早"字,便给了读者以好景不长的暗示,随着封建王朝的更迭,他作为前朝的既得利益者,不可能不受到损害。孔绍安清醒地意识到这一点。
>
> (吕晴飞,李观鼎,刘方成,1990:962)

秋早催叶落,早零之叶怎不伤心?正常的秋来叶落,随风飘零,不也会勾起无数诗人的伤痛和感怀吗?"《淮南子·说山》:'以小明大,见一叶落,而知岁之将暮。'诗意本此"(霍松林,1991:19),更何况"早秋惊落叶",那样的飘零岂不更"似客心"!

尾联"翻飞未肯下,犹言惜故林",飘零的落叶似客心,虽飘零而下,却上下左右翻飞不停,就是不肯落下。那种情境之下落叶似乎在述说着什么,也许在述说着自己不肯离开自己曾经生长过的那片林子,也许在述说着自己不肯离开曾经栖居的那根枝条。尾联中,诗人先是呈现"翻飞"这样的动态物象,再转向结句的情感抒发。有学者扩展开来,认为"末两句叙诗人怀恋故国的感情。它仍然采用比兴手法,紧扣落叶着笔。'翻飞'二字,竭力形容诗人内心纷乱而又身不由己的神情状貌,可谓贴切。"(吕晴飞,李观鼎,刘方成,1990:962)还有学者认为,结句"借落叶惜故林,寓己思故乡之情"(霍松林,1991:19),也不无道理。

三、个人品读：一物一情总相宜

虽然本书将孔绍安的五绝《落叶》作为唐诗加以探讨，但是这首《落叶》"细考诗意……当是孔绍安于陈亡后不久'徙居京兆鄠县（今陕西户县）闭门读书'期间所作。因此……把它归人隋诗部分"（吕晴飞，李观鼎，刘方成，1990：962）。唐诗也好，隋诗也罢，诗的实质都是诗人托落叶这一物象而言自己的身世遭遇，所谓"托物言志"，只不过这里的"志"，内涵有所不同。

诗人孔绍安在整首诗中巧借早秋的落叶来抒发自己的身世和遭遇，首联、尾联分别以"一物一情"的方式展开，且结句中情感的抒发更为不着痕迹，将物象和情感完美地融合到一起，同时也把一定的想象空间留给了读者，可谓"一物一情总相宜"。

偏偏秋来早，惊叶，令其猝不及防而落。见此情境，诗人触景生情，触景伤情：那多像飘落在外游子的心境啊！因秋未正常到来而早零的叶子，裴回翻飞，未肯落下，那岂不是等于说：我舍不得离开那片曾经养育过我的林子，舍不得离开那根曾经给予我营养的枝条。

可见，全诗以拟人的手法，写出了诗人自身的状况，物我融合，相得益彰，自然流畅，毫无做作之感，一物一情总相宜。

孔绍安凭依己身情感之"惊"和"惜"，而极言落叶之"飘零"与"翻飞"，正是他的深情引起了深一层联想的结果。

（吕晴飞，李观鼎，刘方成，1990：963）

四、英译研究：修辞手法的处理

汉语古诗作品中，不乏一些修辞手法的运用，当以拟人、比喻、借代等居多，其次还可见夸张、重复、设问等修辞手法。这当中，对偶和用典更是成为古诗修辞手法中的常态了。只不过在古诗中，对偶有了另一种叫法，即"对仗"。

诗人借助各种物象来抒发感情时，往往采用拟人、比喻、借代等修辞手法。例如：

孩儿立志出乡关，学不成名誓不还。

埋骨何须桑梓地，人生无处不青山。
（毛泽东《七绝·改西乡隆盛诗赠父亲》）

　　古人常在自家房前屋后栽种桑树和梓树，再加上有人说家乡的桑树和梓树是父母种下的，要对桑树和梓树表示敬意，后逐渐演化，用桑树和梓树来指代家乡或故乡，简称"桑梓"，这是借代修辞手法的一种体现。毛泽东在这首诗中借用古人的说法，以桑梓地借指故土。

　　另外，在古诗作品中为表达情感的需要，诗人还会采用夸张、重复、设问等修辞手法。例如，唐代浪漫主义诗人李白等诗人的作品中，不时会见到夸张修辞手法：

白发三千丈，缘愁似个长。

不知明镜里，何处得秋霜。
（李白《秋浦歌》）

　　白发再长，也不可能长到三千丈的，所以夸大的成分较大，属于夸张中"扩大"的手法。夸张中还有一种"缩小"的手法，即故意把客观事物往"小"的方面夸张说的形式。例如：

千里莺啼绿映红，水村山郭酒旗风。

南朝四百八十寺，多少楼台烟雨中。
（杜牧《江南春绝句》）

　　尾联出句说"南朝四百八十寺"，实则是往"少"里说的一种夸张修辞手法，言南朝寺庙多之意。最起码据《南史·循吏·郭祖深传》里说，"都下佛寺五百余所。"另据清刘世琦所著《南朝寺考·序》记载，"梁世合寺二千八百四十六，而都下（南京）乃有七百余寺。"不管怎样，南朝实际佛寺数量都要远远超过杜牧诗中所述的数量，所以此应为缩小式的夸张手法。

　　不管古诗中采用什么样的修辞手法，在英译过程中都不能坐视不管，而是要适当加以处理，否则很难达到翻译的目的，更不用说译诗的目的了。对于古诗中的修辞手法，在英译时如果英文中有效果相同或类似的修辞手法可以对原诗的修辞手法加以复制，即修辞手法的移植；如果复制达不到目的则可对原诗的修辞手法加以转换，转换成译语中其他类型的修辞手法，即修辞手法的转换，但这样的处理方式比较少见；如果上述两种策略都行不通，可以忽视原诗的修辞手法，转而对原诗中的修辞手法加以阐释，以非修辞手法的形式加以体现,即修辞手法的阐释或化解,也就是修辞手法的"不体现"或"零体现"。当然,对于原诗中非修辞手法的表达,有时候也可根据需要译成译语中某种修辞手法。下面以唐代三首绝句为例,对古诗英译中修辞手法的处理加以简单的探讨。

译例(1)

望庐山瀑布　李白

日照香炉生紫烟,遥看瀑布挂前川。

飞流直下三千尺,疑是银河落九天。

Watching from Afar the Waterfall on Mount Lu

By *Li Bai*

The sunlit Censer peak exhales a wreath of cloud;

Like an upended stream the cataract sounds loud.

Its torrent dashes down three thousand feet from high;

As if the Silver River fell from azure sky.

N. B. Silver River: The Chinese name for the Milky Way.

(郭著章,江安,鲁文忠,2010:262)

注:1. afar: *Adverb* (chiefly poetic literary) at or to a distance(主要用在诗性文学中)在远方;向远方 (e.g. Our hero travelled afar. 我们的英雄一路远行。)

2. waterfall: *Noun* a cascade of water falling from a height, formed when a river or stream flows over a precipice or steep incline 瀑布

3. mount: *Noun* a mountain or hill (archaic except in place names)(除用于地名外均为古义)山;丘

4. censer: *Noun* a container in which incense is burnt, typically during a religious ceremony (尤指宗教仪式中的)香炉

5. exhale: *Verb* (with obj.) give off (vapour or fumes) 散发出(气体或烟雾) (e.g. The jungle exhaled mists of early morning. 丛林散发出阵阵晨雾。)

6. wreath: *Noun* a curl or ring of smoke or cloud (烟、云等的)环;圈 (e.g. Wreaths of mist swirled up into the cold air. 雾圈袅袅升起,渗进冷空气中。)

7. upend: *Verb* (with obj.) set or turn (something) on its end or upside down 颠倒 (e.g. an upended box 倒扣的盒子)

8. cataract：*Noun* a large waterfall 大瀑布
9. torrent：*Noun* a strong and fast-moving stream of water or other liquid（水等的）激流；急流；湍流（e.g. Rain poured down in torrents. 大雨如注。）
10. azure：*Adjective* bright blue in colour like a cloudless sky 天蓝色的；蔚蓝色的

在"译例（1）"中，原诗作者李白在尾联中采用极其夸张的手法来对庐山瀑布加以描述，所以"三千尺"并非实指，而是虚指，言其长。此译例译者直接处理成"three thousand feet"（因汉语的"尺"与英文的"foot"比较接近，这样处理基本可以），恐怕在诗意的传达方面会有所折扣，倒不如打破原诗的数字形式，模糊译成"thousands of feet"，这样也许能更好传达出原诗的诗意。这样的模糊性处理，可以视作英文中的夸张手法，算是修辞手法的移植。另外，译诗第三行尾部的"from high"这一表达不很规范，若换成"from on high"则译诗语言更加地道，其意思为"from a very high place"（从高处）。还有一点值得一提，即原诗首联对句"遥看瀑布挂前川"基本上没有用到修辞手法，但译诗做了调整，将其译成英文明喻的修辞手法，基本上也传达出原诗的那种形象性，这也算是对修辞手法的一种处理方式。

译例（2）

题都城南庄　崔护

去年今日此门中，人面桃花相映红。

人面不知何处去，桃花依旧笑春风。

By the City Gate

By *Cui Hu*

A year ago today by

This very gate your face and

The peach blossoms mirrored each

Other. I do not know where

Your beautiful face has gone.

There are only peach blossoms

Flying in the Spring wind.①

注:1. peach: *Noun* a round stone fruit with juicy yellow flesh and downy pinkish-yellow skin 桃子

2. blossom: *Noun* a flower or a mass of flowers, especially on a tree or bush(尤指树上的)花朵;花簇(e.g. The slopes were ablaze with almond blossom. 山坡上盛开着扁桃树花。)

3. mirror: *Verb* (with obj.) (of a reflective surface) show a reflection of 反射;映照(e.g. The clear water mirrored the sky. 天空倒映在清澈的水中。)

在"译例(2)"中,诗人崔护的原诗结句用了拟人的修辞手法,此译例的译者将其做了阐释和化解,对原诗拟人的修辞手法没有移植也没有转换。这样的处理,算是一种翻译策略,但对此例不太适用,因为这样处理后基本找不到原诗"桃花依旧笑春风"的形象性了。相比之下,"Only the pretty flowers simle in vernal breze"(许渊冲译)和"The peach blossoms smile as they smiled on that day"(翟理斯译)这样的译文则移植了原诗的修辞手法,更好了传达了原诗的意境。

译例(3)

小松 杜荀鹤

自小刺头深草里,而今渐觉出蓬蒿;

时人不识凌云志,直待凌云始道高。

Young Pines

By *Du Xunhe*

Hid by tall grass, pine saplings raise their heads ever from birth;
Day by day, they outgrow those wormwoods and bitter fleabanes.
People of little discernment know not they'll be great trees,
They don't praise the height until pines grow lofty and towering.

(郭著章,江安,鲁文忠,2010:244)

注:1. pine: *Noun* (also pine tree) an evergreen coniferous tree which has clusters of

---

① 肯尼思·雷克斯罗特(Kenneth Rexroth)译,转引自"郭著章,江安,鲁文忠,2010:136"。

long needle-shaped leaves. Many kinds are grown for the soft timber, which is widely used for furniture and pulp, or for tar and turpentine 松树

2. sapling: *Noun* a young tree, especially one with a slender trunk（尤指树干细长的）幼树
3. outgrow: *Verb* grow faster or taller than 长得比……快；长得比……高（e.g. The more vigorous plants outgrow their weaker neighbours. 生命力更旺盛的植物比邻近长势较弱的植物长得更快。）
4. wormwood: *Noun* a woody shrub with a bitter aromatic taste, used as an ingredient of vermouth and absinthe and in medicine 蒿尾植物；洋艾；苦艾
5. fleabane: *Noun* a herbaceous plant of the daisy family, reputed to drive away fleas 飞蓬
6. discernment: *Noun* [mass noun] the ability to judge well 洞察力；认识力；识别力；聪明；精明
7. lofty: *Adjective* (loftier, loftiest) of imposing height 高耸的；极高的
8. towering: *Adjective*（attrib.）extremely tall, especially in comparison with the surroundings（尤指与邻近物比较时）高耸的；屹立的（e.g. Hari looked up at the towering buildings. 哈里抬头看摩天大楼。）

在"译例（3）"中，译者基本上复制或移植了原诗首联中拟人的修辞手法，而对原诗尾联中拟人的修辞手法则做了一定程度的阐释和化解，修辞手法体现得不是那么明显，但也没有对修辞手法加以转换，算是对修辞手法一种折中的处理方式吧。下面是针对孔绍安《落叶》的一个英译本。

译本

Falling Leaves

By *Kong Shao'an*

Early fall is startled at leaves falling,

Which waft and tumble like my lonely heart.

In the air they are turning and keeling：

From their twigs, alas, they hate to depart.（张智中，2009：030）

注：1. fall: *Noun*（also Fall）（N. Amer.）autumn（北美用法）秋天
2. startle: *Verb* [with obj.] cause (a person or animal) to feel sudden shock or

alarm 使吃惊;使吓一跳;使惊奇（e.g. He was startled to see a column of smoke. 他看到烟柱吃了一惊。）

3. waft: *Verb* pass or cause to pass easily or gently through or as if through the air 飘送;(使)飘荡;(使)飘浮
4. tumble: *Verb* (no obj., with adverbial) (typically of a person) fall suddenly, clumsily, or headlong (尤指人)突然地(或笨拙地、头朝下地)跌倒（e.g. She pitched forward, tumbling down the remaining stairs. 她向前一倾,从剩下几级楼梯上滚了下来。）
5. keel: *Verb* (informal) (of a person or thing) fall over; collapse（非正式用法）(人或物)跌倒;倒塌;崩溃
6. twig: *Noun* a slender woody shoot growing from a branch or stem of a tree or shrub 细枝;嫩枝
7. alas: *Exclamation* (chiefly poetic literary or humorous) an expression of grief, pity, or concern(主要用在诗文中,或者表示幽默)哎呀;唉(表示悲痛、遗憾或关心)

在这个"译本"中,译者基本上复制了原诗中拟人、比喻等修辞手法,但译诗首行的处理似乎有悖于原诗的诗意。将"飘零似客心"直译成"Which waft and tumble like my lonely heart"似乎令读者找不到落叶的"waft and tumble"跟"my lonely heart"之间的相似性或关联性,诗意的衔接不是很顺畅的,可以适当增词来补足诗意。另外,为使原诗第二行的诗意在译诗中顺畅衔接,可以对"似客心"这样的比喻的修辞手法加以阐释,再化解成其他修辞手法或者不采用任何修辞手法来翻译。再者,结句"犹言惜故林"还涉及的一个问题:直接引语好,还是间接引语好？关于这一点,读者可先参阅本书上卷第十一章第二节第四部分。

综上所述,古诗英译特别是唐代五绝的韵体英译中,对于原诗中所涉及的修辞手法,要尽最大可能加以复制,即修辞手法的移植。其次,可以考虑转换修辞手法,甚至可以将原诗非修辞手法的表达转换成修辞手法。若上述策略行不通,则可考虑在译诗中对原诗的修辞手法加以阐释和化解,不采用任何修辞手法来处理译诗,即修辞手法的"不体现"或者"零体现"。

五、韵译探索：落叶

落叶　孔绍安

早秋惊落叶，飘零似客心。
翻飞未肯下，犹言惜故林。

The Falling of the Leaf

By *KONG Shao-an*

Startled to see th' earlier coming
Of autum, th' leaf starts its falling,
Reminding me of my mood
While trav'ling 'far in wind shrewd.
It floats aimlessly in the air,
Reluctant to land here or there
As if to say, "With my twig old
To part's what I hate to behold."

(Translated by *WANG Yong-sheng*)　　　　（王永胜译）

注：1. startle：*Verb*（with obj.）cause (a person or animal) to feel sudden shock or alarm 使吃惊；使吓一跳；使惊奇（e.g. He was startled to see a column of smoke. 他看到烟柱吃了一惊。）

2. th' = the

3. mood：*Noun* an angry, irritable, or sullen state of mind 心情不好；郁郁寡欢；生气

4. trav'ling = traveling

5. 'far = afar：*Adverb*（chiefly poetic literary）at or to a distance（主要用在诗性文学中）在远方；向远方（e.g. Our hero travelled afar. 我们的英雄一路远行。）

6. shrewd：*Adjective*（archaic）(especially of weather) piercingly cold（古旧用法）(尤指天气) 寒冷刺骨的；凛冽的（e.g. a shrewd east wind 凛冽的东风）

7. float：*Verb* [with adverbial of direction] move or hover slowly and lightly in a liquid or the air; drift 在（液体或空气）中浮动；飘动（e.g. Clouds floated

across a brilliant blue sky. 云朵在灿烂的蓝天上飘动。)
8. reluctant：*Adjective* unwilling and hesitant；disinclined 不情愿的；勉强的
9. land：*Verb* [no obj.] come down through the air and alight on the ground (从空中)降落；着陆
10. twig：*Noun* a slender woody shoot growing from a branch or stem of a tree or shrub 细枝；嫩枝
11. part's = part is
12. behold：*Verb* (with obj.) [often in imperative] (archaic or poetic/literary) see or observe (someone or something, especially of remarkable or impressive nature) (经常用于祈使语气) (古旧用法或诗/文用法) 看；观看(尤指看非凡的或感人的人或事物) (e.g. Behold your lord and prince! 看国王和王子!)

第五节　风之物象

五言绝句原诗：

jiě　luò　sān　qiū　yè，néng　kāi　èr　yuè　huā
解　落　三　秋　叶，能　开　二　月　花。
guò　jiāng　qiān　chǐ　làng，rù　zhú　wàn　gān　xiá
过　江　千　尺　浪，入　竹　万　竿　斜。

九言白话译文：

可吹三秋金黄叶飘落，能催二月春花开枝丫。
扫过江面掀起千尺浪，刮入竹林万竿纷纷斜。

这首五绝《风》是唐代宰相诗人李峤的作品。李峤一生虽曾三度拜相，却过着清贫的生活。

一、人物品读：李峤

李峤(约644—713，一说约645—714)，初唐诗人，字巨山，赵州赞皇(今河北省属地)人。李峤的一些以风、月、雨等单字物象为诗题的诗缺乏一定的积极社会意义，但对唐代律诗和歌行体的发展起到一定的作用，产生了一定的影响。例如：

落日生蘋末,摇扬遍远林。
带花疑凤舞,向竹似龙吟。
月动临秋扇,松清入夜琴。
若至兰台下,还拂楚王襟。　　　　　　　　　　(李峤《风》)
圆魄上寒空,皆言四海同。
安知千里外,不有雨兼风。　　　　　(李峤《中秋月二首》其二)

李峤虽"历仕高宗、武后、中宗等朝,官至中书令,封赵国公"(葛杰,仓阳卿,1980:1),一生中却以诗文著称,前与王勃、杨炯(别称"杨盈川")相接,后与苏味道并称"苏李",又与杜审言、崔融、苏味道并称"文章四友",但到了最后剩下他自己,被尊为"文章宿老":

> 峤富才思,有所属缀,人多传讽。其前与王勃、杨盈川接,中与崔融、苏味道齐名,晚诸人没,独为文章宿老。一时学者取法焉。　　　　　　　　　(施建中,隋淑芬,1989:68)

据统计,李峤著有文集五十卷,但多已散佚。《全唐诗》辑录其诗五卷(第57卷至第61卷),共录诗作二百零九首;《全唐文》辑录其文八卷(第242卷至第249卷),制诰、表文、奏疏、碑志等各类文章共计一百五十八篇。

二、艺术品读:《风》

首联出句"解落三秋叶"中,"解落"含有"解散""散落"之意,诗中可引申为"吹落",其中的"解"则为"打开""去除""除去"之意。如《淮南子·时则训》:"季夏行春令,则谷实解落";再如《吕氏春秋·决胜》谓:"义则敌孤独,敌孤独,则上下虚,民解落。"高诱注曰:"解,散"。"三秋"主要有两种说法,第一种说法认为"三秋"指"三年",用一个秋天来指代一年的时光。如"眼看帆去远,心逐江水流。只言期一载,谁谓历三秋"(李白《江夏行》片段);再如《诗经·王风·采葛》有"一日不见,如三秋兮"句。另一种说法认为"三秋"指秋季的第三个月,也就是"孟秋、仲秋、季秋"中的"季秋",即农历九月。如王勃《滕王阁序》有"时维九月,序属三秋"之说。在"解落三秋叶"中,"三秋"当为第二种说法,也就是晚秋之意。

首联对句"能开二月花"中,"二月"应为农历二月,当为"仲春"时节——正处在春季之中,所以"二月"有春天之意,但也偶见早春二月的说法。不管怎样,"二月"是一个趋于春季中最美好的时节,可谓"二月芳游始,开轩望晓池。绿兰日吐叶,红蕊向盈枝"(郭震《二月乐游诗》片段),也有"二月韶光好,春风香气多。园中花巧笑,林里鸟能歌"(袁晖《二月闺情》片段)的诗句,更有"二月春来半,宫中日渐长。柳垂金屋暖,花发玉楼香"的美好时刻(崔颢《岐王席观妓》片段)。在这个时节,各种花儿基本开放,此乃春风之功劳矣。

尾联"过江千尺浪,入竹万竿斜",意在说明:风所到之处,威力尽显。风掠过江面,千尺巨浪被掀起,夸张之中足见风的威力之强大。的确如此。风吹入竹林,那些挺拔的竹子平日里不肯歪斜,却在风的威力之下,一根根倒向一侧,即"万竿斜"。

李峤的这首《风》以夸张的手法来高度写实,写出了风的"形状",写出了风的威力,表达了诗人对自然力量的敬畏之情。

三、个人品读:穿越时空的百变大侠

风是无形的,我们看不到也摸不到,却能感受到。诗人李峤运用自己丰富想象,赋予风以"形状",让读者深切而形象地感受到了风的威力。风可穿越时空,如百变大侠般施展其自身的威力,改变着物象。

首先,风能穿越时间维度,施展其百变之魔法。风能抵达"三秋",吹散植物的叶子,顿时叶落纷纷,满地金黄;风还能潜入"二月",吹开春日各种花儿,令花儿竞相开放,迎来满园春色,生机无限。就这样,风从"二月"穿越至"三秋",令"霜叶红于二月花"(杜牧《山行》);穿越至寒冬,还能让人产生幻觉,感觉"忽如一夜春风来,千树万树梨花开"(岑参《白雪歌送武判官归京》)了。

其次,风能穿越空间维度,发挥其百变之功力。风抵达江面,顿时波涛汹涌,千尺巨浪此起彼伏,后浪推前浪拍打着岸边,冲击着岩石。风刮进竹林,万根竹竿随风倾斜,倒向一侧,无一可抗拒,无一不为之"倾倒",犹如男子被美色所征服,纷纷拜倒在石榴裙下,由此可

见这位穿越空间的百变大侠威力之所在。在这里,形成强烈反差的是,风完全没有了"能开二月花"的温柔情怀,转而变得冷酷无情,甚至能摧毁一切了。

在穿越时空的旅程中,风充分展现了其各个层面,百变之中喜怒无常,如同一个人展示自己的喜怒哀乐。在穿越时空的旅程中,无形的风被诗人赋予了一定的"形状",那形状并不固定,而是千变万化的。在穿越时空的旅程中,无常的风被诗人塑造成一位百变大侠,腾转挪移,施展着无法预料的威力。这不禁让人想起了大自然中其他具有类似特点的物象。例如,百变的雪被诗人所赋予了各式"形状":

资清以化,乘气以霏。

遇象能鲜,即洁成辉。　　　　　　　　　　（晋代羊孚《雪赞》）

四、英译研究:数字的处理(2)——模糊法和还原法

在本书下卷第十二章第四节第四部分,首先简单分析了英汉两种语言中的数字使用方面的问题,随后又对古诗英译中数字的处理做了简单的阐述。简而言之,古诗英译特别是唐代五绝韵体英译中,对于常规性数字,直译为佳;对于泛化后的数字,可直译,也可意译,但以意译为佳,因为意译后的译文基本上克服了文化差异,便于译语读者理解,也能达到译诗的目的。

除此之外,古诗英译特别是唐代五绝的韵体英译中,还可以根据原诗中数字所表达出的意义,采用模糊法和还原法来处理数字。如果原诗中的数字为泛化后的数字,即数字为虚指而非实指,则可采用模糊法来处理,不必精确翻译成与原诗数字相等的译诗数字。如"南朝四百八十寺"中的"四百八十"为虚指,可模糊处理成"hundreds of",就基本达到译诗的目的了。如果原诗中的数字代表某个具体的意义,或者换句话说,有所指代,那么在翻译中就可将其还原为其所指代的具体意义。此时,若直译则可能由于文化的差异而导致误译,令译语读者不解甚至产生误解,达不到翻译特别是译诗的目的。例如,"二月春风似剪刀"中含有数字成分的"二月",若直译为"February",因西方人不懂中国的农历而不理解二月为什么会刮春风。此

时，如果再增译出"农历"的字样又会显得过于烦琐却未必能让译语读者理解透彻，所以干脆将"二月"还原成其所表达的具体含义，即译成"春天"或"早春"为佳。

下面以唐代两首绝句的两个译例和李峤《风》的两个译本为例，对古诗英译特别是唐代五绝韵体英译中数字处理方面的模糊法和还原法加以简单的探讨。

译例(1)

山行 杜牧

远上寒山石径斜，白云深处有人家。

停车坐爱枫林晚，霜叶红于二月花。

Travelling in the Mountains

By *Du Mu*

A flag-stone path winds up into the chilly hills,

Where houses are just discernible amid the thick white cloud.

I stop my carriage for I love the maple trees in the twilight,

The leaves after early frost are as crimson as spring flowers.

(杨宪益，戴乃迭，2003：274)

注：1. flag-stone or flagstone: *Noun* a flat stone slab, typically rectangular or square, used for paving 铺路用的厚石板(多为矩形或正方形)

2. wind: *Verb* [no obj., with adverbial of direction] move in or take a twisting or spiral course 弯曲前进；蜿蜒而行(e.g. The path wound among olive trees. 这条小道在橄榄树丛中蜿蜒。)

3. chilly: *Adjective* (chillier, chilliest) uncomfortably or unpleasantly cold 寒冷的

4. discernible: *Adjective* perceptible, as by vision or the intellect 可识别的；可辨别的

5. amid: *Preposition* surrounded by; in the middle of 在……之中(e.g. our dream home, set amid magnificent rolling countryside 我们的梦想之家——坐落在绵延起伏的壮丽乡野)

6. carriage: *Noun* a four-wheeled passenger vehicle pulled by two or more horses (由两匹或以上的马所拉的)四轮马车

7. maple: *Noun* a tree or shrub with lobed leaves, winged fruits, and colourful autumn foliage, grown as an ornamental or for its timber or syrupy sap 槭树;枫树

8. twilight: *Noun* the period of the evening during which this takes place, between daylight and darkness 黄昏(e.g. a pleasant walk in the woods at twilight 黄昏时美好的林中散步)

9. crimson: *Adjective* of a rich deep red colour inclining to purple 深红色的;绯红色的(e.g. She blushed crimson with embarrassment. 她窘得满脸通红。)

首先需要说明的是,在"译例(1)"中原诗首联对句的"深处",一作"生处",虽存在争议,但各具意境。此译例译者将"二月"做了还原处理,还原成其所指代的"春天"含义,因此将"二月花"翻译成"春天花"(spring flowers)就克服了文化差异性,颇为得体,应为一次成功的数字处理实践。相比之下,若直译成英文的"February",则翻译的效果就有所偏差,误解或不解就难免了。除了这一处数字的处理外,原诗结句中是"红于",而非"红如",所以处理成"as crimson as"则有所偏差了。

译例(2)

绝句 杜甫

两个黄鹂鸣翠柳,一行白鹭上青天。
窗含西岭千秋雪,门泊东吴万里船。

An Impromptu Verse

By *Du Fu*

A pair of orioles sing amid the willows green.
And up the sky a flock of herons white now soar.
Westward the snow-capped peaks are through my windows seen,
While junks from far-off Dongwu lie beyond my door.[①]

注:1. impromptu: *Adjective & Adverb* done without being planned, organized, or re-

---

① 蔡廷干(T'sai Ting Kan)译,转引自"郭著章,江安,鲁文忠,2010:87"。

hearsed 临时的(地);即兴的(地);即席的(地)

2. oriole: *Noun* an Old World bird which is related to the starlings and feeds on fruit and insects, the male typically having bright yellow and black plumage 金黄鹂

3. amid: *Preposition* surrounded by; in the middle of 在……之中(e.g. our dream home, set amid magnificent rolling countryside 我们的梦想之家——坐落在绵延起伏的壮丽乡野)

4. willow: *Noun* (also willow tree) a tree or shrub of temperate climates which typically has narrow leaves, bears catkins, and grows near water. Its pliant branches yield osiers for basketry, and the timber has various uses 柳树

5. flock: *Noun* a number of birds of one kind feeding, resting, or travelling together 鸟群

6. heron: *Noun* a large fish-eating wading bird with long legs, a long S-shaped neck, and a long pointed bill 鹭

7. soar: *Verb* (no obj.) fly or rise high in the air 高飞;高耸

8. junk: *Noun* a flat-bottomed sailing vessel of a kind typical of China and the East Indies, with a prominent stem and lugsails 舢板船(一种在中国和东印度群岛常见的平底船,船头和斜桁四角帆向外伸出)

在"译本(2)"中,原诗为七绝,联联相对,且每句皆包含数字,可根据原诗实际意义,灵活处理其中的数字。首联中的两个含有数字的表达"两个""一行"为实指,可直译,但直译同时可灵活处理,如"两个"可以处理成"一对"等。尾联的两个含有数字的表达"千秋""万里",都含有夸张的成分,也要灵活加以处理。"千秋雪"实际上指的是终年不化的积雪,"万里船"则含有"从相隔万里的东吴那里驶来的船"之意,但实际不一定有万里之远,言距离之遥。对于尾联中这两个数字的处理,此译例译者分别用还原法和模糊法做了处理,颇为得当,达到了与原诗几乎相同的效果。但是,对"东吴"译者只是简单做了异化式处理,并没有添加任何注释或解释性文字,恐怕会令译语读者感到迷惑不解的。

李峤这首《风》跟上述杜甫的《绝句》在形式上颇为相似,每句都含有数字,处理起来也要具有灵活性。对于《风》首联中的两个含有

数字的表达,可以还原成其指代的本意加以翻译,以有效克服文化差异;尾联中含有数字的两个表达,可以采用模糊法来处理,也可以在阐释的基础上做变通式意译处理,但最好体现出浪之"高"以及竿之"众"这样的效果。下面具体以《风》的两个英译本为例,对数字处理中的模糊法和还原法做针对性的探讨。

译本(1)

Wind

By *Li Qiao*

It strips the trees of their gorgeous autumn leaves;

It ushers in the early blooming flowers of spring.

Crossing a river, it sends frolicking waves ahead;

Sweeping o'er bamboos, it makes them bow their head.

(龚景浩,2006:67)

注:1. gorgeous: *Adjective* beautiful; very attractive 美丽的;非常吸引人的(e. g. gorgeous colours and exquisite decoration 迷人的色彩和精美的装饰。)

2. usher: *Verb* (figurative) cause or mark the start of (something new)(比喻用法)预报……的到来;开创(e. g. The railways ushered in an era of cheap mass travel. 铁路开创了廉价的大众旅行时代。)

3. bloom: *Verb* (no obj.) produce flowers; be in flower 开花;在开花;处于花期

4. frolic: *Verb* (frolicked, frolicking) [no obj., with adverbial of place] (of an animal or person) play and move about cheerfully, excitedly, or energetically (动物或人)嬉戏;闹着玩(e. g. Edward frolicked on the sand. 爱德华在沙地上嬉戏。)

5. o'er = over

6. bamboo: *Noun* (mass noun) a giant woody grass which grows chiefly in the tropics, where it is widely cultivated 竹;竹子

在"译本(1)"中,对于"三秋"译者只还原其一半的所指含义——晚秋或深秋,即"秋",而"晚"或"深"的含义并没有还原出来,可谓美中不足;"二月"处理得基本可以,基本还原出其所指的本意,只是这句中的"能开"译成"ushers"显得译诗中风的威力没有原诗那么足了;"千尺浪"模糊处理成"frolicking waves ahead",方法没错,只

是没有突出浪之"高",有点遗憾;结句中"万竿"则处理得较为模糊,先用复数"bamboos",再用"them"替代,符合英语这门形合语言特点。对"万竿"这样的处理方式,效果偏于中性,"众"性虽不够凸显,但对于韵体英译而言,也是未尝不可的。

译本(2)

The Wind

By *Li Qiao*

In autumn it strips trees of their colorful leaves;

In spring it urges flowers to open an early bloom.

When crossing a river, to leap high it pushes waves;

Over a bamboo grove, it makes them all bow.

(都森,陈玉筠,2011:71)

注:1. bloom: *Noun* a flower, especially one cultivated for its beauty(尤指供观赏的)花

 2. grove: *Noun* a small wood, orchard, or group of trees 树丛;小树林;果园

"译本(2)"的译者在首联的处理上,跟"译本(1)"颇为相似,自不必多言。此译者对原诗第三句"千尺浪"的模糊性处理颇为到位,很是可取。但是,此译者对原诗结句的模糊性处理则有所失当。首先,"入竹"译成"Over a bamboo grove"动态性不强,基本是静态的;其次,也许译者是为了体现"万竿"之"众"而采用"them"来替代,但这个"them"却无从"索解",往前搜寻最靠近"them"的就是"waves"。这样的处理很显然存在着英文中语法和逻辑方面的问题,还需再加琢磨。

综上所述,在古诗英译特别是唐代五绝的韵体英译中,对于数字到底是直译还是意译,还原还是模糊,还需译者在译诗过程中具体问题具体分析,避免"一刀切"。简而言之,可以根据原诗中数字所表达出的意义,采用模糊法和还原法来处理数字。如果原诗中的数字为泛化后的数字,即数字为虚指而非实指,则可采用模糊法来处理,不必精确翻译成与原诗数字相等的译诗数字。如果原诗中的数字有所指代,则可在译诗中还原其指代的意义,此为还原法。

五、韵译探索:风

风　李峤
解落三秋叶,能开二月花。
过江千尺浪,入竹万竿斜。

The Wind

By *LI Qiao*

In late autumns, it blows leaves off the plant,
And causes all flowers to bloom in springs.
While crossing rivers, sky-high waves it flings,
And going through th' bamboos' grove, makes them slant.

(Translated by *WANG Yong-sheng*)　　　　　　(王永胜译)

注:1. bloom: *Verb* (no obj.) produce flowers; be in flower(不接宾语)开花;在开花;处于花期

2. fling: *Verb* (past and past participle flung) (with obj. and adverbial of direction) throw or hurl forcefully (用力)投(掷或抛)

3. th' = the

4. bamboo: *Noun* (mass noun) a giant woody grass which grows chiefly in the tropics, where it is widely cultivated 竹;竹子

5. grove: *Noun* a small wood, orchard, or group of trees 树丛;小树林;果园

6. slant: *Verb* (no obj., with adverbial of direction) slope or lean in a particular direction; diverge from a vertical or horizontal line 倾斜;歪斜 (e.g. A ploughed field slanted up to the skyline. 一块向地平线倾斜的犁田。)

第十六章 饮酒五绝

想当初,沛公刘邦因为郦食其自称为"高阳酒徒"而接见了郦食其,并得到其辅佐而成就了自己的千秋霸业:

初,沛公引兵过陈留,郦生踵军门上谒曰:"高阳贱民郦食其,窃闻沛公暴露,将兵助楚讨不义,敬劳从者,愿得望见,口画天下便事。"使者入通,沛公方洗,问使者曰:"何如人也?"使者对曰:"状貌类大儒,衣儒衣,冠侧注。"沛公曰:"为我谢之,言我方以天下为事,未暇见儒人也。"使者出谢曰:"沛公敬谢先生,方以天下为事,未暇见儒人也。"郦生瞋目案剑叱使者曰:"走!复入言沛公,吾高阳酒徒也,非儒人也。"使者惧而失谒,跪拾谒,还走,复入报曰:"客,天下壮士也,叱臣,臣恐,至失谒。曰'走!复入言,而公高阳酒徒也'。"沛公遽雪足杖矛曰:"延客入!"

(《史记·郦生陆贾列传》)

由此可见,酒的功力不一般,未入口则功力已显,令刘邦对郦食其另眼相看。其入口则令人醉,可壮英雄胆,可助儒生威。后者则成就了不朽的作品,包括诗歌作品。

与饮酒相关的古诗词作品在中国古典诗歌中占有一定的比例。这类作品散布于律诗、绝句及词等作品中,其中以陶渊明、李白、杜甫、王绩、苏轼等诗人为代表。例如:

李白一斗诗百篇,长安市上酒家眠。

天子呼来不上船,自称臣是酒中仙。　　(杜甫《饮中八仙歌》)

这类饮酒诗将饮酒与诗紧密结合起来,诗中有酒,酒表心迹,心迹随酒,醉吟其中,可谓"灯花何太喜,酒绿正相亲。醉里从为客,诗成觉有神"(杜甫《独酌成诗》),更见"一杯未尽诗已成,诵诗向天天亦惊。焉知万古一骸骨,酌酒更吞一团月"(南宋杨万里《重九后二月登万花川谷月下传觞》)之气势。也可以说,这类饮酒诗中诗意的获得,仰仗酒兴,无酒不成诗,可谓"俯仰各有志,得酒诗自成"(宋代苏轼《和饮酒二十首》)——俯仰之姿,各有其志,只要有酒,诗自到来。可以说,酒至则诗来,犹如水到渠成一般。

据有的学者研究,《全唐诗》中有五分之一的诗作与酒相关。其中不乏饮酒方面的五绝作品,对这样的作品加以探究,并做韵体英译处理,无疑会有效地传播中国古代的诗酒文化乃至中国传统文化。

第一节　酒徒饮酒

五言绝句原诗:

cǐ　rì　cháng　hūn　yǐn,　fēi　guān　yǎng　xìng　líng
此　日　长　昏　饮,　非　关　养　性　灵。
yǎn　kàn　rén　jìn　zuì,　hé　rěn　dú　wéi　xǐng
眼　看　人　尽　醉,　何　忍　独　为　醒。

九言白话译文:

今日长时饮酒人昏沉,这却无关养性与怡心。

眼看着众人无不沉醉,我自己怎能清醒万分。

这首五绝《过酒家五首(其二)》,一作《题酒店壁》,是唐代诗人王绩的作品。《过酒家五首》是一组五言绝句,应该是诗人王绩在酒店饮酒时,酒至酣处而成之作。

一、人物品读:王绩

王绩(约585—644),初唐诗人,字无功,自号东皋子,古绛州龙

门(今山西河津市)人。隋炀帝时,王绩举孝悌廉洁,授秘书省正字,复授六合县丞,但因嗜酒遭弹劾而还乡隐居:

> 大业中,举孝悌廉洁,授秘书省正字。不乐在朝,求为六合丞,以嗜酒不任事,时天下亦乱,因劾,遂解去。叹曰:"网罗在天,吾且安之!"乃还乡里。(《新唐书·列传》第一百二十一·隐逸)

唐高祖武德初,招王绩入朝,并以原官待诏门下省,且每天供应三升酒。当时,侍中陈叔达听说王绩嗜酒,特准每日供应他一斗酒,因而时称王绩为"斗酒学士"。但是,王绩却认为自己的酒量远非一斗,并自号为"五斗先生",以效前辈陶渊明的自号"五柳先生",且效其《五柳先生传》而自作《五斗先生传》。王绩著有《酒经》《酒谱》二书,还注有《老》《庄》二书。可以说,酒是王绩的精神寄托,说王绩嗜酒如命也不为过。诗人王绩因身处乱世,只能以酒解忧,借酒浇愁:

浮生知几日,无状逐空名。
不如多酿酒,时向竹林倾。　　　　　　　　(王绩《独酌》)
阮籍醒时少,陶潜醉日多。
百年何足度,乘兴且长歌。　　　　　　　　(王绩《醉后》)

王绩的诗朴素自然,却也超凡脱俗,多以田园、隐逸生活为题材。从诗体内容上来看,可以说王绩洗尽了六朝的铅华,为初唐诗坛带来了生机,也对五律的日臻成熟和完善有所贡献。例如:

东皋薄暮望,徙倚欲何依。
树树皆秋色,山山唯落晖。
牧人驱犊返,猎马带禽归。
相顾无相识,长歌怀采薇。　　　　　　　　(王绩《野望》)

贞观十八年(公元644年),王绩病重,预料到自己时日不多,效陶潜写《自祭文》,给自己写下墓志铭:

> 王绩者,有父母,无朋友,自为之字曰无功焉。人或问之,箕踞不对,盖以有道于己,无功于时也。不读书,自达理。不知荣辱,不计利害。起家以禄位,历数职而进一阶。才高位下,免责而已。天子不知,公卿不识。四十五十,而无闻焉。于是退归,

以酒德游于乡里。往往卖卜,时时著书。行若无所之,坐若无所据。乡人未有达其意也。尝耕东皋,号东皋子。身死之日,自为铭焉。曰:

有唐逸人,太原王绩。若顽若愚,似骄似激。院止三迳,堂唯四壁。不知节制,焉有亲戚。以生为附赘悬疣,以死为决疣溃痈。无思无虑,何去何从?垅头刻石,马鬣裁封。哀哀孝子,空对长空。

二、艺术品读:《过酒家五首(其二)》

王绩嗜酒是出了名的,声称自己求官入仕为的是有"良酝可恋"。有"斗酒学士""酒家南董"(南、董指的是春秋时期两个著名的史官南史氏和董狐)等雅号,还有"五斗先生"的自称。王绩以刘伶、阮籍、陶渊明等为榜样,醉梦一生,因酒而诗,因酒而仕,因酒被黜,因酒闻名。酒之功过,在王绩身上得以充分展现。其中,因酒而诗,诗作颇多,包括本节讨论的主题诗《过酒家五首(其二)》。王绩的《过酒家五首》由五首五绝组成,诗题一作《题酒店壁》。另外,《全唐诗》还收录了王绩的另一首同题五绝:

昨夜瓶始尽,今朝瓮即开。
梦中占梦罢,还向酒家来。　　　　　　(王绩《题酒店壁》)

由此可见王绩嗜酒的程度,那么,王绩嗜酒、迷酒原因何在?在《过酒家五首(其二)》的首联"此日长昏饮,非关养性灵"中,诗人王绩没有正面回答,而是从反面着笔,间接做了说明:今天这么长时间饮酒,喝得脑袋昏沉,长醉不醒,这跟修身养性、培养性情、精神追求等并无任何关系。那么,既然"非关养性灵","长昏饮"又是为何?

诗人在尾联道出了天机:"眼看人尽醉,何忍独为醒?"大家都喝得酩酊大醉,我怎么能忍心自己一个人保持那么清醒的头脑呢?尘世间的纷争,纷纷扰扰;社会变更之际,思想混乱,价值观失落;隋末动荡,秩序紊乱,诗人却无能为力。所有这些都令诗人愤慨,却无计可施,唯有"长昏饮",不让自己保持"独为醒"的状态:眼看人尽醉,何忍独为醒。

三、个人品读:正话反说之酒徒

王绩,字无功,这名和字的搭配颇具矛盾性:有"绩"怎能"无功"?但实则有"绩"又"有功",王绩在此应该是正话反说了。也许王绩本人深谙老子的道家精髓:"不出户,知天下;不窥牖,见天道。其出弥远,其知弥少。是以圣人不行而知,不见而名,不为而成。"(老子《道德经》第四十七章)王绩的这种"正话反说"的思想,貌似一个酒徒的胡言乱语,实为其虚怀和洒脱的体现。例如他在自撰的墓志铭中提到的"有父母,无朋友""不读书,自达理"等思想。这一点,在其诗歌作品中也有体现:

洛阳无大宅,长安乏主人。
黄金销未尽,只为酒家贫。　　　　(王绩《过酒家五首》(其一)

洛阳缺乏大宅吗?长安缺乏主人吗?答案当然是否定的。当然,这里的洛阳和长安应是互文见义的章法。大家都知道,唐时长安是繁华的京都,洛阳为东都,也照样繁华无比。这两个大都市富人无数居大宅,主人处处现踪影。所以,王绩这貌似酒徒醉酒胡言的"洛阳无大宅,长安乏主人"首联,实则是"正话反说",王绩那是"项庄舞剑意在沛公",即洛阳和长安这两座繁华的大都市没有他王绩容身之所,没有赏识他王绩的主人。

既然如此,还能说这两个地方酒家太少,金钱花都花不完吗?当然不能。由此可见,尾联"黄金销未尽,只为酒家贫"又是反语,又是王绩"正话反说"思想的体现。实际情况是,两地奢华酒楼遍地,不仅如此,许多胡人开办的酒楼还有许多迷人的胡姬沽酒、舞蹈、歌唱等。她们婀娜多姿,一颦一笑令人迷醉,以至于诸位看客都酒不醉人人自醉了。例如:

胡姬春酒店,弦管夜锵锵。
红氍铺新月,貂裘坐薄霜。
玉盘初鲙鲤,金鼎正烹羊。
上客无劳散,听歌乐世娘。　　　　(贺朝《赠酒店胡姬》)
五陵年少金市东,银鞍白马度春风。

落花踏尽游何处,笑入胡姬酒肆中。(李白《少年行二首》其二)

在这种情况之下,即便是腰身因"腰缠万贯"而臃肿,最终也会变成"楚腰纤细掌中轻"(杜牧《遣怀》)了,怎么会"黄金销未尽,只为酒家贫"呢?王绩这种酒徒式的正话反说,可以说是为自己怀才不遇开脱,为苦于遇不到赏识自己的主人而施展自己的才华开脱,是自己内心情感的一种宣泄方式。

王绩是一个酒徒,是一个会喝酒的酒徒,喝出了人生真境界,喝到貌似胡言乱语,实则"正话反说"的地步。这一点,在《过酒家五首(其二)》中更是得以淋漓尽致的体现。首联"此日长昏饮,非关养性灵"说明,酒徒迷酒,长醉不醒,其原因很多,但不是因为精神上的追求,这只是说明迷酒不是因为什么,属于间接原因吧。那么,迷酒究竟因为什么呢?尾联"眼看人尽醉,何忍独为醒"算是道出了直接原因:我醉酒,那属于随波逐流,眼看着大家都醉了,我怎么能忍心自己一个人清醒呢?不如"长昏饮"而跟大家一同醉去。诗人实则"正话反说",属反语,"眼看""何忍"等用词露出了端倪,反而加强了诗人的清醒感,大有"高情胜气,独步当时"(辛元房《唐才子传·王绩》)之架势,只不过这种"清醒感"被诗人用"长昏饮"的外表加以掩盖。这种"长昏饮"其实是一种更为清醒的状态,实则对屈原"举世皆浊我独清,举世皆醉我独醒"(屈原《楚辞·渔父》)的一种照应,只是"反其意而用之",犹如毛泽东当年创作《卜算子·咏梅》时在序言中所说"读陆游咏梅词,反其意而用之"那样,将屈原的"正话"——"清"和"醒"化为自己的"反话"——"昏"和"醉"罢了。

> 绩生当隋唐之际,低乱来安,故其诗有仿时之感。三四句用屈赋"众人皆醉我独醒"语而反言之,以见己之"昏饮",不忍见世之溷浊也。　　　　　　　　　　　　　(刘永济,1981:2)

"此日"比隋末衰乱之日也。"昏"于酒已不堪矣,何况"长"乎?正以其在此日也。人性最灵,酒能"昏"之,既不能"养性灵",又曷为醉之?其缘故在下二句。用"非关"二字收取。屈原曰"众人皆醉我独醒。"此却翻案。曰不忍"独(为)醒",非苟同于俗也,盖近于酒以避乱而得全其身耳。此玩世不恭之词也。
（清代王尧衢《古唐诗合解》）①
综上可见,王绩乃一正话反说之酒徒也。

四、英译研究:反语的处理

在此,可以将"反语"看成一种修辞方法,又称"倒反""反说""反辞"等,也就是上述"正话反说",即运用跟本意相反的词语来表达本意,实则含有否定、讽刺以及嘲弄等意味。反语本身带有某种强烈的感情色彩。反语能够产生讽刺性,有时比正说更有力量,而且运用好反语能够更好地抒发深刻的思想,表达激昂的情感,反语运用得当甚至可以增加风趣性和幽默感。

王绩的这首《过酒家五首（其二）》就是反语运用的一个绝佳典范（参见上一部分）,但这样的反语还需读诗的人的理解力和体会能力来消化吸收。经过一番阅读和思考,汉语读者一般都能体会出诗人的用意。但是,这样的五绝作品若译成英诗,处理起来就有了一定的难度。将诗人的本意提取出来,再译成英文,难以传达出原诗的反语色彩,也就失去了译诗的意义。在这种情况下,首先,最保险的办法就是采用直译法来翻译,完全靠译语读者对译诗的解读能力来理解了,但由于英汉语言和文化的差异,这样的处理在译语中的可接受性就会有所折扣。其次,可以在直译的基础上加注,将原诗作者的本意做一番解释,便于译语读者理解诗意。最后,可以采取"强调式阐释法"来处理反语。也就是说,将原诗中对反语效果起到决定作用的一些表达加以强调,经过一番阐释再用适当的译语表达加以呈现,如王绩这首诗中的"长昏饮""眼看"和"何忍"等表达。

诗人说"长昏饮"与"养性灵"无关,而是"眼看"着人人都沉醉不已,自己也得随大流,即随波逐流跟着一起沉醉,"何忍"自己一个人清醒着呢。表面上似乎是这样的,但实际上正好相反,用这样的诗句

---

① 转引自"霍松林,1991:27"。

表达了自己的苦闷和无奈以及不愿随波逐流的姿态,故"长昏饮"以求"避世"——正逢乱世,摆出一副"以天下为沈浊,不可与庄语"(《庄子·天下》)的架势。下面以王绩《过酒家五首(其二)》三个英译本为例,对古诗英译特别是唐代五绝韵体英译中反语的处理加以简单的探讨。

译本(1)

At the Wineshop

By *Wang Ji*

I drink and drink till I'm drunk,

Not to cultivate my mind.

Since all are drunken, why should

I myself remain awake? （张智中,2009:033）

注:1. wineshop: *Noun* a shop that specializes in selling wine (酒类)专卖店

2. drunk: *Adjective* (predic.) affected by alcohol to the extent of losing control of one's faculties or behaviour 醉的;喝醉的

3. cultivate: *Verb* try to acquire or develop (a quality, sentiment, or skill) 培养;养成(某种素质、情趣或技能) (e.g. He cultivated an air of indifference.

4. drunken: *Adjective* (attrib.) drunk or intoxicated 喝醉的;兴奋的

5. awake: *Adjective* completely conscious; not in a state of sleep 有意识的;醒着的

对于这样具有反语性质的诗歌语言,英译处理颇为棘手。在"译本(1)"中,译者采用直译法,比较"中性"地译出了原诗的语言形式,全靠译语读者来解读诗意。这样的处理手段,比较"稳妥",也比较"安全",但原诗的反语效果很难得以体现。在这种情况下,可以考虑加注予以弥补。加注工作虽然烦琐,却有助于译语读者理解原诗的反语效果,可谓事半功倍。

译本(2)

Scribbling on the Wall of a Wineshop

By *Wang Ji*

第十六章 饮酒五绝

　　Indulged a whole day in excessive drinking dazed,
　　My temperament for sooth this does not cultivate.
　　Drunk is everyone else on this giddy world,
　　And why shouldn't I still keep a sober state. （刘军平,2002:3）

注:1. scribble: *Verb* (with obj.) write or draw (something) carelessly or hurriedly 匆忙地写;草率地画;涂鸦

2. wineshop: *Noun* a shop that specializes in selling wine (酒类)专卖店

3. indulge: *Verb* (no obj.) (indulge in) allow oneself to enjoy the pleasure of 陶醉于;享受(e.g. We indulged in a cream tea. 我们享用奶油茶点。)

4. excessive: *Adjective* more than is necessary, normal, or desirable; immoderate 过多的;过分的(e.g. He was drinking excessive amounts of brandy. 他喝白兰地已过量了。)

5. dazed: *Adjective* in a state of stunned confusion or shock 眩晕的;头昏眼花的

6. temperament: *Noun* a person's or animal's nature, especially as it permanently affects their behaviour 气质;性情;性格;禀赋(e.g. He had an artistic temperament. 她有艺术气质。)

7. sooth: *Noun* (mass noun) (archaic) truth (古旧用法)真相;实情

8. cultivate: *Verb* try to acquire or develop (a quality, sentiment, or skill) 培养;养成(某种素质、情趣或技能)(e.g. He cultivated an air of indifference. 他养成了一副淡漠的神态。)

9. drunk: *Adjective* (predic.) affected by alcohol to the extent of losing control of one's faculties or behaviour 醉的;喝醉的

10. giddy: *Adjective* having a sensation of whirling and a tendency to fall or stagger; dizzy 头晕的;眩晕的

11. sober: *Adjective* (soberer, soberest) not affected by alcohol; not drunk 未醉的;清醒的

　　在"译本(2)"中,译者将"题酒店壁"作为诗题,未尝不可,但选用"wineshop"一词来译"酒店",不一定十分达意。此译本比较可取之处,就是在直译的基础上做了"强调式阐释",增补"on this giddy world"这一表达,效果不错。但是,译者将原诗尾联的反语手法直接转换成诗人的本意,并在译诗的尾联加以呈现,这样的处理不是不可以,只是从译诗整体上来看,尾联这样的处理与首联则产生了矛

盾——首联已经"长昏饮"至"dazed"状态,尾联还怎么"独为醒"呢?这样反而令译语读者费解了。可以在结句再次对"何忍"等做"强调式阐释",以突出诗人所用反语的效果。

译本(3)

Let Me Drink

By *Wang Ji*

Let me drink till I lose my senses. For my spiritual health? No, but to stay sober when all the world is drunk—how could I?[①]

注:1. stay: *Adjective* (no obj., with complement or adverbial) remain in a specified state or position 保持;继续是(e.g. her ability to stay calm 她保持冷静的能力)

2. sober: *Adjective* (soberer, soberest) not affected by alcohol; not drunk 未醉的;清醒的

3. drunk: *Adjective* (predic.) affected by alcohol to the extent of losing control of one's faculties or behaviour 醉的;喝醉的

在"译本(3)"中,译者不拘一格,在形式上做了较大的调整,以非诗体形式,即散文体英文译出原诗。译诗诗题依据的原诗诗题为"题酒店壁(五首录一)",但却以意译法译出。此译本整体上以直译为主,但局部调整较大。译者把原诗的两联做了合并处理,通过问答形式,将两联合为一体,并通过一个简短的问句将原诗尾联的反语效果很好地传达了出来。排除"以诗译诗"这样的形式上的问题,此译本的译者在诗意的处理上颇为独到,算是非韵体英译中比较成功的一个译例。

综上所述,在古诗英译特别是唐代五绝的韵体英译中,对于原诗中具有反语性质即正话反说的地方,若直译不能达意,则可在直译的基础上加注。再者,可以对具有反语效果的表达做"强调式阐释",再加以翻译,以突出原诗中的反语效果。另外,为韵体英译考虑,还可以在上述基础上对诗题做增译处理,这样的处理除了凸显反语效果

---

① 翁显良译,摘自"翁显良,1988(6):12"。

外,还为诗体音步和尾韵留出足够而合理的斟酌空间。

五、韵译探索:过酒家五首(其二)

过酒家五首(其二)　王绩
此日长昏饮,非关养性灵。
眼看人尽醉,何忍独为醒。

Ironical Thoughts while Drinking in a Pub (Second of Five Poems with the Same Title)

By *WANG Ji*

On th' very day I drink for long,
Intoxicated by th' white wine,
But nonetheless the drink daylong
Concerns no mind's culture of mine.
Observing that around me drunk
Are all who for the better try,
How cruel will I be if I
Stay sober there an' in though sunk!

(Translated by *WANG Yong-sheng*)　　　　(王永胜译)

注:1. ironical: *Adjective* happening in the opposite way to what is expected, and typically causing wry amusement because of this; poignantly contrary to what was expected or intended 具有讽刺意味的;令人啼笑皆非的;出乎意料的

2. pub: *Noun* an establishment for the sale of beer and other (alcoholic and non-alcoholic) drinks, sometimes also serving food, to be consumed on the premises 酒吧;酒店;酒馆

3. th' = the

4. intoxicated: *Adjective* drunk; excited; extremely stimulated 喝醉的;极其兴奋的

5. wine: *Noun* (with modifier) an alcoholic drink made from the fermented juice of specified other fruits or plants 果酒;酒

6. nonetheless: *Adverb* (also none the less) in spite of that; nevertheless 尽管如此;仍然

7. daylong: *Adjective* (also day long) lasting the entire day; all day 终日的;整

天的

8. culture：*Noun* mental refinement and sophisticated taste resulting from the appreciation of the arts and sciences 修养；情操
9. stay：*Adjective*（no obj., with complement or adverbial）remain in a specified state or position 保持；继续是（e.g. her ability to stay calm 她保持冷静的能力）
10. sober：*Adjective*（soberer, soberest）not affected by alcohol；not drunk 未醉的；清醒的
11. an' = and
12. be sunk in sth.：be in a state of unhappiness or deep thought 陷入不快（或沉思）中（e.g. She just sat there, sunk in thought. 她坐在那里,陷入了沉思。）

第二节　慷慨饮酒

五言绝句原诗：

zhǔ　rén　bù　xiàng　shí　ǒu　zuò　wéi　lín　quán
主　人　不　相　识，偶　坐　为　林　泉。

mò　màn　chóu　gū　jiǔ　náng　zhōng　zì　yǒu　qián
莫　谩　愁　沽　酒，囊　中　自　有　钱。

九言白话译文：

我与此处主人不相知,偶坐赏其园林和泉池。

莫为买酒徒然增愁绪,我的布囊无缺钱之时。

这首五绝作品是盛唐诗人贺知章的作品。此诗有两个诗题,斟酌再三,本书著者感觉《偶游主人园》稍微合理一些,《全唐诗》作《题袁氏别业》。考虑到诗体本身的内容,本书未取其流行度较高的《全唐诗》之诗题。无独有偶,清代吴吴山《唐诗选附注》中有类似的看法："一作《题袁氏别业》,按诗既云'主人不相识',若题袁氏则相识矣。"[1]

---

① 转引自"霍松林,1991：100"。

一、人物品读:贺知章

贺知章(约659—744),盛唐时期诗人,字季真,晚年自号为"四明狂客"("四明"指四明山,在今浙江鄞州区),越州永兴(今浙江杭州萧山区)人,一说会稽(今浙江绍兴)人。一生之中,贺知章历任数职,官至太子宾客、秘书监,故有"贺监"之称。天宝三年(公元744年),贺知章因病请求出家为道士,"唐玄宗答应了他的请求,并为他修建了一座道观,起名'千秋观'。"(摩西,2008:52)未曾想,贺知章还乡后不久便去世。当年告老还乡之际,贺知章已八十多岁的高龄,距离乡时已有五十多个年头了,感慨无限,却非悲伤无限:

离别家乡岁月多,近来人事半销磨。

惟有门前镜湖水,春风不改旧时波。

(贺知章《回乡偶书二首》其二)

贺知章与张若虚、张旭、包融并称"吴中四士";与陈子昂、卢藏用、宋之问、王适、毕构、李白、孟浩然、王维、司马承祯等称为"仙宗十友"。《新唐书》有这样的记载:(李)白自知不为亲近所容,益骛放不自脩,与知章、李适之、汝阳王(李)琎、崔宗之、苏晋、张旭、焦遂为"酒八仙人"。可见贺知章好酒善饮,为人慷慨豁达,比他小半百还有余的杜甫在《饮中八仙歌》中将他排在第一位:

知章骑马似乘船,眼花落井水底眠。

(杜甫《饮中八仙歌》,片段)

由此看来,贺知章的嗜酒程度不亚于上一节所讨论的王绩了。酒后的贺知章,骑起马来如行船,波涛浪里晃又颠,一不小心看花眼,落入井底水中眠。杜甫的手法虽说是夸张了些,却是贺知章醉态的一种生动写照,也表现出贺知章狂放、豪爽的性格特点。贺知章去世三年后某日,李白对酒忆故人,感慨万千,提笔赋诗,更是体现出贺知章这一性格特点:

四明有狂客,风流贺季真。

长安一相见,呼我谪仙人。

昔好杯中物,翻为松下尘。

金龟换酒处,却忆泪沾巾。（李白《对酒忆贺监二首并序》其一）

在《对酒忆贺监二首并序》的序言中,李白是这样写的:"太子宾客贺公,于长安紫极宫一见余,呼余为'谪仙人',因解金龟换酒为乐。殁后对酒,怅然有怀,而作是诗。"据传说,当时"他在长安紫极宫一见李白,惊呼其为'谪仙人',对其《蜀道难》赞不绝口,乃解金龟换酒,与白尽醉。可见其爱才及豪放"（张永刚,杨克宇,郎少俊等,2012：268）。

贺知章的诗作以绝句见长,情景交融,清新淡雅,其中有脍炙人口的《咏柳》《回乡偶书二首》等名篇。遗憾的是,贺知章的作品大多佚失,《全唐诗》收录其诗一卷,大约有19首。

二、艺术品读:《偶游主人园》

在《偶游主人园》首联,诗人贺知章写道:主人不相识,偶坐为林泉。

与一庭园的主人素不相识的贺知章,偶然间"闯入"这家庭园。从其中一个诗题《题袁氏别业》可知,此庭园应为袁氏别业。所谓"别业",就是主人在本宅之外另建的带有山水园林的休憩之所,即别墅、别馆。偶尔进入此园一坐,为的是欣赏其中的美景,对主人说喜欢那里的园林和清泉。多么有雅兴又不见外的贺大诗人啊!

但是到了尾联,画风一转,场面有些"失控",令人意想不到。在《偶游主人园》尾联,诗人贺知章转而写道:莫谩愁沽酒,囊中自有钱。

尾联出句中的"莫谩"在诗中应为"莫要""不要"之意,但看此词本身的意义,则"莫谩"有"休要谩言""不要徒然"之意;谩,徒、空之意。例如:

劝君莫谩栽荆棘,秦皇虚费驱山力。　　　　（庄南杰《伤歌行》）
还须黑头取方伯,莫谩白首为儒生。　　　　（李白《悲歌行》）

尾联一开始,看到主人家这番美景,贺知章有了兴致,酒瘾发作,欲一饮为快,但由于自己跟主人不相识,转而慷慨大度加以安慰:没有钱买酒,不要发愁,不用你买,因我"囊中自有钱"——我带着钱来的,早有准备,只需借你家这庭园美景及盛酒美器畅饮即可。调侃之中,真情显露,以突显主人林泉之美;尽显潇洒之情,而非戏弄主人之意。下

面是前辈研究者的一些看法:

> 唐汝询《唐诗解》:此有王子猷看竹意,囊中有钱,调其主人也。
>
> 徐增《说唐诗详解》:此诗纯写自己胸襟。动手便下"主人不相识"五个字者,非有闲口去说主人,只是要显林泉耳。
>
> 刘文蔚《唐诗合选详解》,囊中有钱,调其主人也。其一段胸襟潇洒处,非必抹倒主人。风流贺季真于此可见。[①]

三、个人品读:慷慨而率真的酒徒

盛唐诗人贺知章,为人豪放,诗风清新,诗中情感浓烈。尤其是他的绝句,写得轻松自然,字里行间流露出这位诗人的调皮之情和率真之意:

> 少小离家老大回,乡音无改鬓毛衰。
> 儿童相见不相识,笑问客从何处来。
>
> (贺知章《回乡偶书二首》其一)

贺知章是一位"可爱的老狂人""狂得可爱的诗人""可爱的狂诗人"(摩西,2008:48-50),酒一下肚,更是狂得令人意想不到,醉意十足:"落花真好些,一醉一回颠"(贺知章《句》)。这个《句》应该是一首不完整的诗,诗人酒足饭饱,乘兴而归,看着路边的落花,也不觉得有什么伤感的情怀,迈着不稳的脚步,醉意中一颠一颠地朝家走去。多么豁达和轻松啊!在《偶游主人园》这首五绝中,这样的豁达和轻松更是显露无遗,而且还多了几分慷慨和率真。

闲庭信步之中,贺知章瞥见一处陌生的别业,园中林茂草碧,小径通幽;清泉石上流淌,潺潺之声与鸟鸣相和。尽管与园中主人素不相识,贺知章还是大大方方走了进去,对主人说:你家庭园太美了,我只是想欣赏一下你家的园林和清泉……未曾想,欣赏之余,贺大诗人酒瘾发作,犹如见了飘香好菜欲饮为快。但是,见主人面露难色,贺知章一拍钱囊:愁没钱买酒吗?莫愁,莫愁,我有,我有。就算没钱,

---

① 转引自"霍松林,1991:99-100"。

我也会解金龟去换酒。更何况,我现在囊中有的是钱呢。

　　这种慷慨的举止,尽显一位酒徒的率真,更是一名诗人的"轻狂"。正如黄叔灿在《唐诗笺注》中所言:"闲适之情,可消俗虑;潇洒之致,可涤烦襟。"[1]

四、英译研究:形象性的体现

　　古诗中有不少形象化的诗句,这样的诗句读起来亲切自然、形象生动,画面感极强。针对这样形象化的诗句,英译时最好有所体现,以突出原诗的形象性,令译诗达到跟原诗近似甚至一样的形象化效果。这样形象化的诗句主要有两种体式:对话体(古诗中一般体现为间接引语形式,而非直接引语形式[2])和非对话体。为再现原诗的形象性,对于以"对话体"形式出现的形象化诗句,可用译诗的直接引语加以体现;对于以非对话体形式出现的形象化诗句,可在译诗的修辞上多下功夫,以体现出原诗的形象性。修辞方面,可注重选词的技巧、词序的摆放及形象化描述等方面。下面以三首唐代绝句及其英译本为例,简单探讨一下古诗英译特别是唐代五绝韵体英译中形象性的体现。

　　译例(1)

　　回乡偶书　　贺知章

　　少小离家老大回,乡音无改鬓毛衰。

　　儿童相见不相识,笑问客从何处来。

Coming Home

by *He Zhizhang*

I left home young. I return old.

Speaking as then, but with hair grown thin;

And my children, meeting me, do not know me.

---

[1]　转引自"霍松林,1991:99"。

[2]　有关译诗中直接引语和间接引语的处理,读者可参照本书上卷第十一章第二节第四部分。

They smile and say: "Stranger, where do you come from?"①

注:stranger: *Noun* a person who does not know, or is not known in, a particular place or community 外地人;异乡人;来客 (e.g. He must have been a stranger to the village. 他一定不是这个村子的人。)

对于译诗,大家各执己见,但出于文化交流和沟通的目的,译诗活动又无所不在:

> 优美的诗作(如唐诗)都是妙语天成、一字难易的。更换任何一处都会有损原诗完美。任何解释、改写、翻译都无法与原作比美。从这种意义上说,"诗是无法翻译的"(卞之琳:《诗词翻译的艺术》第138页),美国诗人 Frost 说,诗就是"在翻译中丧失掉的东西"(许渊冲:《翻译的艺术》第214页)。然而,从不同民族间的交往等方面讲,诗歌翻译又是必不可少的,而且在实践中,它又是一直在进行的。在同一民族中也需要翻译。比如在我国,为了帮助当今读者更容易学习中国古典文学,就已经出版了不少翻译作品,只是这些作品无法优于原著而已,因为"最好的翻译是最大限度地做到与原文近似的东西"(吴钧陶语,见1991年第2期《中国翻译》第6页)。

(郭著章,江安,鲁文忠,2010:15)

鉴于此,对于"译例(1)"中形象化的结句"笑问客从何处来",翻译起来势必会在形象性方面会有所亏损。对于这样的对话体——具有对话性质的表达,借助于译语的直接引语无疑会在形象性上略胜一筹。但是,此译例的译者将"客"处理成"Stranger",而且还处于呼语的位置,就交流实践来看,不是十分自然、得体的。

译例(2)

清明　杜牧

清明时节雨纷纷,路上行人欲断魂。

借问酒家何处有? 牧童遥指杏花村。

---

① 威特·宾纳(Witter Bynner)与江亢虎(Kiang Kang-hu)合译,转引自"郭著章,江安,鲁文忠,2010:14"。

The Pure Brightness Day

By *Du Mu*

It drizzles thick on the Pure Brightness Day;
I travel with my heart lost in dismay.
"Is there a public house somewhere, cowboy?"
He points at Apricot Bloom Village faraway.①

注:1. drizzle：*Verb*（no obj.）（it drizzles, it is drizzling, etc.）rain lightly(不接宾语)(用作"it drizzles""it is drizzling"等形式)下毛毛雨
2. public house：*Noun* formal term for pub "pub"(酒吧)的正式用法

在"译例(2)"中，尾联出句"借问酒家何处有"是一句形象化的表达，译者将其处理成直接引语，颇具形象性，最大程度再现了原诗的形象性，且整个译诗采用了汉语古诗的押韵体式，即偶数行押韵且首句入韵，这在形式上做了最大程度的再现。但是，对于本例中另一形象性的诗句"路上行人欲断魂"，译者则做了修辞上的调整，具有一定的形象性，可是将"路上行人"这一视角转换成第一人称"I"（我）的视角，则会令人感觉诗意受限，有"欠额表达"（under-representation）之嫌，忠实度也就有所偏差了。

译例(3)

江南逢李龟年　　杜甫

岐王宅里寻常见，崔九堂前几度闻。
正是江南好风景，落花时节又逢君。

Coming Across Li Guinian in the Southland

by *Du Fu*

I saw you now and then in Prince Qi's house,
And heard your songs in Courtier Cui's grand rooms.
When the scenery is fine in the Southland,
I meet you again in a shower of blooms.

---

① 吴钧陶译，转引自"郭著章等，2010：203"。

Note:

Li Guinian (李龟年), a famous musician and singer in Du Fu's time. He his two brothers were often invited by the Emperor and the noble men in his youth, but in 770, several months before Du Fu's last days, when Li Guinian and Du Fu met again, they were both roaming in the Southland, the vast territory south of the Yangtze River.

(吴钧陶, 1997: 381)

注:1. courtier: *Noun* a person who attends a royal court as a companion or adviser to the king or queen 侍臣;廷臣;朝臣

2. shower: *Noun* a mass of small things falling or moving at the same time 阵雨般的东西(e.g. A shower of dust sprinkled his face. 一阵灰尘散落在他的脸上。)

3. roam: *Verb* (no obj., with adverbial of direction) move about or travel aimlessly or unsystematically, especially over a wide area (尤指在宽广的地带) 随便走;漫步;漫游(e.g. Tigers once roamed over most of Asia. 老虎曾一度在亚洲大部分地区游荡。)

在"译例(3)"中,结句"落花时节又逢君"具有一定的形象性,且画面感极强,但属于非对话体,可以在修辞上做调整,以译出原诗的形象性。本例译者将"落花时节"处理成"in a shower of blooms",虽说做出了一定的修辞性调整,且比较形象、生动,但形象性的再现效果不很理想,起码"落"字的凄楚,体现的不是那么明显。相比较而言,"I find you alone under falling petals"[①],"Again I see you but flowers start to fall"(王大濂,1998:79)等译文在修辞的调整上更具某种意味。还有的译者干脆摒弃了"落花时节"的形象性,转而直抒胸臆地将其意译成"So we've come down in the world, here to meet again"(徐忠杰,1990:166),则显得不是那么可取了。另外,该译本加注部分(Note)个别地方的英文写作欠规范,这也许是没有严格审校导致的。

---

① 威特·宾纳(Witter Bynner)译,选自威特·宾纳所著"*The Chinese Translations: The Works of Witter Bynner*"。

针对贺知章的这首《偶游主人园》，尾联"莫谩愁沽酒，囊中自有钱"具有一定的形象性，显示出诗人率真、直爽、慷慨的性格特点，同时集幽默、诙谐于一体。为体现出这样的形象性，英译时可以考虑将此联处理成直接引语，同时做出适当的修辞性调整，如增词、减词以及增行补意等，再加上韵体英译方面的处理，则能更好达到译诗的目的。

五、韵译探索：偶游主人园

偶游主人园　　贺知章

主人不相识，偶坐为林泉。

莫谩愁沽酒，囊中自有钱。

Travels to the Garden at Times

By *HE Zhi-zhang*

Despite a stranger to the man

Who owns this garden land under the sun,

At times I travel there for fun,

Admiring its beauty without a ban.

Feeling like wine, to him I said,

"No worry for money to buy the drink,

And look into my bag instead—

Behold! How much've I got in it, you think?"

(Translated by *WANG Yong-sheng*)　　　　（王永胜译）

注：1. despite: *Preposition* without being affected by; in spite of 任凭；尽管（e.g. He remains a great leader despite age and infirmity. 尽管年老体衰，他仍不失为一位伟大的领导者。）

2. admire: *Verb* look at with pleasure 欣赏（e.g. We were just admiring your garden. 我们刚才在欣赏你的花园。

3. behold: *Interjection* look; see 瞧呀；看呀

4. How much've = How much have

第三节　闲居饮酒

五言绝句原诗：

　　liǔ　sè　jīng　xīn　shì　chūn　fēng　yàn　suǒ　jū
　　柳　色　惊　心　事，春　风　厌　索　居。
　　fāng　zhī　yī　bēi　jiǔ　yóu　shèng　bǎi　jiā　shū
　　方　知　一　杯　酒，犹　胜　百　家　书。

九言白话译文：

柳青惊人觉心事未了，春风乍起厌形影相吊。

此时才知饮一杯浊酒，似比读百家书更有效。

上述为唐代诗人高适的五绝《闲居》。诗人有感而发，遂成此诗。

一、人物品读：高适

高适（约700～704—765），字达夫，一字仲武，渤海蓨县（今河北景县）人。高适青年时期曾西游长安，后又北游蓟门（今北京市西及天津蓟县一带）。唐玄宗天宝八年（公元749年），高适为睢阳太守张九皋荐举，应有道科，中第，授封丘（今河南封丘）尉。经过一番官场打拼、波折、升迁，至代宗即位时，高适迁剑南西川节度使。广德二年（公元764年），高适返回长安，转左散骑常侍。转年（公元765年）病逝，谥号"忠"。世称"高常侍"，有《高常侍集》等存世。

高适是唐代著名边塞诗人，与岑参并称"高岑"，与岑参、王昌龄、王之涣合称"边塞四诗人"。高适的边塞诗笔力苍劲，气势雄浑，反映出盛唐时期特有的时代精神。边塞战争在高适的笔下具有现实主义的意义，无任何粉饰，有的只是战争的本真和惨烈：

少妇城南欲断肠，征人蓟北空回首。

边庭飘飖那可度，绝域苍茫更何有。

杀气三时作阵云，寒声一夜传刁斗。

相看白刃血纷纷，死节从来岂顾勋。

君不见沙场征战苦，至今犹忆李将军。　　（高适《燕歌行》，片段）

就诗人入仕而言，高适无疑是位幸运儿，以诗人身份登上了权力的高位直至封侯，这在唐代历史上是少有的。《旧唐书·高适传》中的说法"有唐以来，诗人之达者，唯适而已"虽然有些绝对，但也道出了部分实情。除此之外，高适为人仗义，好交游，互相唱和之余还写诗赠友，兄弟情义、朋友之情凸显：

千里黄云白日曛，北风吹雁雪纷纷。

莫愁前路无知己，天下谁人不识君。（高适《别董大二首》其一）

高适的创诗之路实属不易，是"大器晚成"的写实版："适喜功名，尚节义，年过五十始学为诗，以气质自高。"（刘永济，1981：81）

二、艺术品读:《闲居》

高适的这首《闲居》，"约作于客居梁宋前期"（孙钦善，1984：26），大约是在唐玄宗开元十一年（公元723年）前某段时间，时逢诗人失意之际恰睹春来之景，有感而发，遂成此诗。

首联"柳色惊心事，春风厌索居"，触景生情，略有伤春之意。索，孤单之意。诗人见柳生青色而生诧异之情，感心中之事多多，皆悬而未决；又感春风拂面而生厌恶之意，因自己离群索居、形影相吊而生厌恶之感。在此，估计诗人高适取的是《礼记·檀弓》里的意境："子夏曰：吾离群而索居久矣。"离群索居如此长久，而未能一展心中抱负，诗人怎能对自己的闲居生活不感到厌弃！

尾联"方知一杯酒，犹胜百家书"，觉悟之后的诗人想到了暂时的解脱，以一杯酒聊以自慰。此时，对于诗人而言，一杯酒价值远远胜于百家书的价值所在。尾联的杯酒之说，也许是取的是张翰之语的用意。据《晋书·文苑传·张翰传》记载："翰曰：'使我有身后名，不如即时一杯酒。'时人贵其旷达。"结句中的"百家书"，"谓诸子百家之书"（刘开扬，1981：83），言书之多，作者之众。

> 此诗谓柳色使人惊异者，心事徒然，独坐无聊，方知适意在一杯酒，犹胜读百家之书而不得见用也。　　（刘开扬，1981：83）

三、个人品读:一时的慰藉和短暂的逃避

积郁在诗人高适心中已久的心事,因春柳初绿而得以激活,令诗人想到心中的抱负远未得以实现。也许诗人想为国家效力,也许诗人心中有个远大的理想……但现实令人无奈,直至又一个春天到来,柳色放青,却壮志未酬。和煦的春风吹过,湖面荡起涟漪,却令离群索居的诗人对自己心生厌恶之情:人人都积极奋进,融入社会,自己却形影相吊,怎能不心生烦恼?如此闲居生活,难道是诗人要追求的吗?非也。

此时,诗人心潮澎湃,又苦于找不到现实的出口;内心的愁绪,找不到释放的路径。此时,闲居中的高适,也许耳畔响起了曹操"对酒当歌,人生几何!譬如朝露,去日苦多。慨当以慷,忧思难忘。何以解忧?唯有杜康"(曹操《短歌行》片段)的诗句,也许还深受前辈张翰思想的影响:"使我有身后名,不如即时一杯酒。"(《晋书·张翰传》)那就端起一杯酒,求得一时的慰藉,获得短暂的逃避吧:方知一杯酒,犹胜百家书——百家之书,不抵眼前浊酒一杯:

君不见吴中张翰称达生,秋风忽忆江东行。
且乐生前一杯酒,何须身后千载名。

(李白《行路难三首》其三,片段)

得之何荣失何辱,万物飘忽风中烟。
不如眼前一杯酒,凭高舒啸天地宽。

(宋代于石《薄薄酒》,片段)

既然前辈、同人和来者都有同感,那就干了眼前这杯酒,杯酒入怀,"方知一杯酒,犹胜百家书"。"且行且珍惜,一时的慰藉与短暂的逃避虽不是我所求,也只能暂且为之了。"这可能就是诗人高适当时内心的独白了。

四、英译研究:数字的处理(3)——"一对多"数字组合

在本书下卷第十二章第四节第四部分以及第十五章第五节第四部分,谈到了古诗英译中特别是唐代五绝韵体英译中数字的处理问

题。根据数字所表达的意义不同，可直译，也可意译；可采用模糊法来处理，也可采用还原法来处理。

除上述之外，原诗中会出现具有对照性质的"一对多"数字组合。如"春种一粒粟，秋成万颗子"（李绅《古风二首》其一），或者这种组合的变体形式"多对一"，如"千里江陵一日还"（李白《朝发白帝城》）。由于"一"的意义相对精确（个别情况下具有"泛化"意义，言其多），而"多"的意义相对模糊，往往具有泛指性，即数字"泛化"而虚指。这样，就可以对这样的"一对多"数字组合采用直译法与模糊法相结合的处理方式来翻译。具体来说，对于"一"可以直译（特殊情况除外），对于"多"可以进行模糊性处理，但要把握住"多"的泛化方向，予以恰当的"模糊"。下面以唐代三首绝句及其英译本为例，对古诗英译特别是唐代五绝的韵体英译中"一对多"数字组合的翻译加以简单的探讨。

译例（1）

凉州词　王之涣

黄河远上白云间，一片孤城万仞山。

羌笛何须怨杨柳，春风不度玉门关。

Liangzhou Song

By *Wang Zhihuan*

The Yellow River goes all the way up to the sky.

A lone fort sits amid numerous mountain tops.

The *Qiang* flute need not envy the willow tree.

The spring breeze never sweeps beyond Gate Yumen.

（龚景浩，2006：57）①

注：1. lone：*Adjective*（attrib.）having no companions；solitary or single 单独的；孤独的；独自的

2. fort：*Noun* a fortified building or strategic position 堡垒；城堡

3. amid：*Preposition* surrounded by；in the middle of 在……之中（e.g. our dream home, set amid magnificent rolling countryside 我们的梦想之家——

---

① 原译有四个页下脚注，恕未照录。

坐落在绵延起伏的壮丽乡野)

4. flute：*Noun* a wind instrument made from a tube with holes along it that are stopped by the fingers or keys, held vertically or horizontally (transverse flute) so that the player's breath strikes a narrow edge 笛；横笛；竖笛

5. willow：*Noun* (also willow tree) a tree or shrub of temperate climates which typically has narrow leaves, bears catkins, and grows near water. Its pliant branches yield osiers for basketry, and the timber has various uses 柳树

在"译例(1)"中，原诗的"一对多"数字组合属于句内数字组合，"一片孤城"应是实指，可直译；"万仞山"应为"泛化"，即虚指，应是言山之高与险。鉴于此，此译例的译者在"一对多"这一数字组合的处理效果上，似乎将这座孤城"悬空"架起而矗立在众山之巅了，这跟原诗的诗意似乎有了一定的距离。

译例(2)

偶书　刘叉

日出扶桑一丈高，人间万事细如毛。
野夫怒见不平处，磨损胸中万古刀。

Improvisation on Injustice

By *Liu Cha*

Just right above the east horizon rises the Sol;
Numerous things need attending with sensation.
Unable to help people defend against unjust accusation,
My chivalric energy wears as a blunt sword.

(都森，陈玉筠，2011：79)

注：1. improvisation：*Noun* a product of improvising; something improvised 即兴创作；即兴作品

2. injustice：*Noun* [mass noun] lack of fairness or justice 非正义；不公正；欠公平

3. Sol = Sun

4. chivalric：*Adjective* relating to or connected with chivalry; chivalrous 有武士气概的；有武士风范的

5. blunt：*Adjective* (of a cutting implement) not or no longer having a sharp edge

or point(刀具等)钝的,不快的

在"译例(2)"中,原诗的"一对多"数字组合属于联内数字组合。但是,原诗中的"一丈高"比较特殊,有"泛化"倾向,即虚指,而"万事"更是如此。此译例的译者将前者做了省译处理,也可以说是做了融合式的模糊处理,未尝不可。对于"万事",译者做了模糊性处理,比较得体,值得提倡。

译例(3)

剑客 贾岛

十年磨一剑,霜刃未曾试。

今日把示君,谁有不平事。

Jianke

By *Jia Dao*

I spent ten years sharpening one single sword.

Its edges, cold and frosty, are as yet untried.

I am showing it to you and to you alone:

Tell me of the wrongs under which good folks moan.

(龚景浩,006:73)①

注:1. wrong: *Noun* an unjust, dishonest, or immoral action 不公正;不公平;不道德

2. moan: *Verb* (poetic/literary) lament(诗/文用法)悲叹;哀悼

3. redress: *Verb* (with obj.) remedy or set right (an undesirable or unfair situation)(对冤屈、不公平等)矫正;补救;平反;洗雪(e.g. the power to redress the grievances of our citizens 为公民洗雪冤屈的权力)

4. flippant: *Adjective* not showing a serious or respectful attitude 轻率的;无礼的;轻浮的

在"译例(3)"中,原诗的"一对多"数字组合属于变体形式的"多对一"数字组合。其中,"十年"其实是言时间之久,但目前多数译

---

① 此诗原译本中有注释,读者可参阅本书下卷第十二章第五节第四部分的"译例(4)"。

诗,包括此译例,都做直译处理,恐怕会在某种程度上会误导译文读者,所以建议对此做模糊性处理;"一剑"则宜直译,以强调其单数概念,与"十年"形成对照。

针对高适的这首《闲居》,诗体涉及联内"一对多"数字组合,可采用直译法与模糊法相结合的处理方法来翻译。其中,"一杯酒"宜做直译处理,但"杯"字在英文中很难准确定位,只能退其次而取其中的一个英文表达了,如"cup"。"百家书"宜做模糊化处理,但需把握好其真实含义,对其意义要阐释到位。鉴于此,在这首五绝的韵体英译中,增词补译和增行补意就在所难免了。

五、韵译探索:闲居

闲居　高适
柳色惊心事,春风厌索居。
方知一杯酒,犹胜百家书。

While Living in a Carefree Way

By *GAO Shi*

The fresh green color of willow in spring

Finds me in awe of dreams to which I cling,

And soft warm winds blow my mind, making me

Dislike my living 'lone to a degree.

By then, I start to know to the letter

Drinking a cup of liquor seems better

Than reading hundreds of manifold books

By authors with the same number of looks.

(Translated by *WANG Yong-sheng*)　　　　(王永胜译)

注:1. carefree: *Adjective* free from anxiety or responsibility 无忧无虑的;快乐舒畅的;没有责任的

2. fresh: *Adjective* (of a colour or a person's complexion) bright or healthy in appearance (颜色)鲜艳的;鲜明的;(人的面色)气色好的;显得健康的

3. willow: *Noun* (also willow tree) a tree or shrub of temperate climates which

typically has narrow leaves, bears catkins, and grows near water. Its pliant branches yield osiers for basketry, and the timber has various uses 柳树

4. awe: *Noun* (mass noun) a feeling of reverential respect mixed with fear or wonder 敬畏;惊奇;惊叹

5. soft: *Adjective* (of rain, wind, or other natural force) not strong or violent (雨、风或其他自然力)轻微的;和缓的 (e.g. A soft breeze rustled the trees. 和风吹得树木沙沙作响。)

6. blow someone's mind: (informal) impress or otherwise affect someone very strongly (非正式用法)给某人留下深刻印象;使某人感到震撼

7. 'lone = alone

8. to a degree: (dated) to a considerable extent (过时用法)相当地 (e.g. The pressure you were put under must have been frustrating to a degree. 强加在你身上的压力一定相当地令人沮丧。)

9. to the letter: with attention to every detail; exactly 不折不扣;精确地;丝毫不差地 (e.g. I followed your instructions to the letter. 我是严格遵照你的指示办的。)

10. liquor: *Noun* (mass noun) alcoholic drink, especially distilled spirits 酒

11. manifold: *Adjective* (formal & poetic/literary) many and various (正式用法或诗/文用法)多种多样的;繁多的

第四节 独自饮酒

五言绝句原诗:

dú zhuó fāng chūn jiǔ dēng lóu yǐ bàn xūn
独   酌   芳   春   酒, 登   楼   已   半   醺。
shuí jīng yī háng yàn chōng duàn guò jiāng yún
谁   惊   一   行   雁,   冲   断   过   江   云。

九言白话译文:

芬芳春日里独饮独欣,登楼之际已半醒半醺。

是谁惊动了一行大雁,鸣叫飞起冲断过江云。

这首《江楼》是晚唐诗人杜牧的一首五绝作品,一说韦承庆作品,见《全唐诗》第46卷第10首,但与上述《江楼》有一字之差:杜牧的

《江楼》首联尾字为"醺",韦承庆的《江楼》首联尾字为"曛"。但这也未成定规。《唐诗别裁集》卷十九中收录的正是杜牧的这首《江楼》,但首联尾字却为"曛"([清]沈德潜,1979:631)。综合考察后,本书将诗体为"独酌芳春酒,登楼已半醺。谁惊一行雁,冲断过江云"的五绝作品《江楼》,视为杜牧的作品加以探讨。

一、人物品读:杜牧

杜牧(约803—852),字牧之,号樊川居士。杜牧在自己的家族中排行第十三,根据唐人习惯被称为"杜十三"。因杜牧晚年寓居长安南樊川别墅,故后世称其为"杜樊川",且有《樊川文集》二十卷存世。

杜牧为晚唐诗人,京兆万年(今陕西西安)人。本书著者称杜牧为"小杜",以别前辈杜甫,又因其诗歌成就,后世将杜牧与李商隐合称为"小李杜",以别于人们对李白和杜甫的合称"李杜",本书著者称之为"大李杜"。另外,"小李杜"中的李商隐还写了几首诗赠予杜牧。例如:

杜牧司勋字牧之,清秋一首杜秋诗。
前身应是梁江总,名总还曾字总持。
心铁已从干镆利,鬓丝休叹雪霜垂。
汉江远吊西江水,羊祜韦丹尽有碑。

(李商隐《赠司勋杜十三员外》)

李商隐的这首赠诗带有点儿调侃的性质,特别是"前身应是梁江总"这样的比拟,可能不怎么受杜牧的待见,却写出了杜牧的一部分实情。李商隐在诗中将杜牧比作江总,因"梁朝的著名诗人江总,字曰总持,李商隐诗用杜牧的名字来开玩笑,比之为江总。这首诗是杜牧官司勋员外郎时写赠的,故称之为杜司勋"(施蛰存,1987:612)。当时,杜牧无比荣幸地奉诏为已故功臣韦丹写《遗爱碑》。韦丹是唐代京兆万年(今陕西西安)人,元和五年(公元810年)卒于江西观察使任,"乙亥,诏史馆修撰杜牧撰丹遗爱碑以纪之"(《通鉴·大中三年》)。

杜牧擅七绝,多以历史抒情怀,在晚唐的气象之下成就颇高,佳

作亦颇多,脍炙人口。例如:

折戟沉沙铁未销,自将磨洗认前朝。
东风不与周郎便,铜雀春深锁二乔。　　　（杜牧《赤壁》）
繁华事散逐香尘,流水无情草自春。
日暮东风怨啼鸟,落花犹似坠楼人。　　　（杜牧《金谷园》）

虽身处晚唐,气象暗淡,杜牧却有着显赫的出身:远祖父杜预是西晋有名的政治家,祖父杜佑是中唐有名的政治家,父亲杜从郁官至驾部员外郎,杜牧算得上典型的"官后代"了。他自己也颇为自豪,觉得自己无人不知、无人不晓。据传说,有一次杜牧随友人游览曲江寺院,遇见一位打坐的僧人,攀谈之中僧人问杜牧姓名,杜牧以为自己报上大名,对方肯定面露惊色,会道声"久仰大名"而毕恭毕敬。未曾想,僧人平静如初,根本不知杜牧为何方神圣。杜牧失落、惆怅之余,也有所醒悟:

北阙南山是故乡,两枝仙桂一时芳。
休公都不知名姓,始觉禅门气味长。　　　（杜牧《赠终南兰若僧》）

杜牧似乎并没有躺在自己"官前辈"的基础上睡大觉,而是积极进取,是位进步青年。唐文宗大和二年（公元828年）,年仅26岁的杜牧凭借《阿房宫赋》和名流的举荐,进士及第,授弘文馆校书郎,当年年末又入江西观察使沈传师幕府做幕僚。大和七年（公元833年）,淮南节度使牛僧孺先辟杜牧为推官,后又让杜牧担当掌书记一职。牛僧孺的治所在唐代的扬州,就是那个"故人西辞黄鹤楼,烟花三月下扬州"（李白《黄鹤楼送孟浩然之广陵》）中提到的扬州。在扬州牛僧孺手下任职的那几年,是杜牧"风花雪月""灯红酒绿""春风得意""桃红柳绿"的人生阶段。杜牧后来写的一首七绝似乎是对那段人生所做的自我鉴定:

落魄江南载酒行,楚腰肠断掌中轻。①

---

① 此诗首联"落魄江南载酒行,楚腰肠断掌中轻",一作"落魄江湖载酒行,楚腰纤细掌中轻"。

十年一觉扬州梦,赢得青楼薄幸名。　　　　　　（杜牧《遣怀》）

二、艺术品读:《江楼》

杜牧的这首五绝《江楼》,首联对句即点题:登楼已半醺。春日芬芳时,诗人独斟独饮,半醉之中登楼览胜。"登楼已半醺",半醺乃半醉也。半醺之际,登的是什么楼?当然是诗题"江楼"——确切名称无从考证,但应是临江之楼无疑。想必此江楼应是唐代的一处名胜,至少在杜牧生活的唐代,是一些文人墨客经常登临览胜之所,要不然独饮未至烂醉的诗人杜牧怎么会想到在半醺之际登临此楼呢。诗人杜牧还不止一次登上江楼,还有一次是清醒状态登楼览胜:

湖山翠欲结蒙笼,汗漫谁游夕照中。
初语燕雏知社日,习飞鹰隼识秋风。
波摇珠树千寻拔,山凿金陵万仞空。
不欲登楼更怀古,斜阳江上正飞鸿。　　　　　（杜牧《江楼晚望》）

估计此江楼是诗人在《江楼》一诗中登临的江楼,离诗人居所应该不算太远,故不知不觉间诗人就会登楼远眺,寻找灵感,抒发情怀。这江楼应是地处异乡,诗人则为异乡独客,芳春独饮,不知不觉人已半醺,陡生登楼之意,遂起身前往。登上江楼之际,诗人已是半醺之态。半醺之下,诗人是继续独饮,还是与人攀谈,还是远眺河山,诗人并没有交代,而是笔锋一转,进入半写景、半清醒的融合状态:谁惊一行雁,冲断过江云。

江上的云悠闲横飘而过,谁料一行大雁冲天而起,截断了过江之云,疾速飞过。是谁惊飞这一行大雁,令其在秋未到来之时而南翔,冲断了过江之云?同时,这也许令半醺之中的诗人产生了幻觉,也许就此萌生了乡思:

以"独酌"二字开篇,知其后二句之惊寒断雁,乃喻独客之飘零。赵嘏《寒塘》诗云:晓发梳临水,寒塘坐见秋。乡心正无限,一雁过南楼。则明言见雁而动乡心。此二诗皆因雁写怀,有寥落之思也。　　　　　　　　　　（俞陛云,2011:147—148）

三、个人品读：独饮半醺见雁飞

春伊始，芳菲始。此时节非白居易笔下的"人间四月芳菲尽，山寺桃花始盛开"之际，而应是"柳滴圆波生细浪，梅含香艳吐轻风"（许浑《酬杜补阙初春雨中舟次横江喜裴郎中相迎见寄》）的初春时节。此时此刻的诗人杜牧，独饮一杯酒，半醺独登楼。即使独在异乡，身为孤独的异客，也不能误了这大好的春色。独饮之余，登楼览胜，莫误春光，心情可谓不错。

偏偏此时，"谁惊一行雁，冲断过江云"？

这个不知趣儿的家伙这一惊雁之举，也许无关紧要。独饮半醺中的诗人登楼后见到一行雁因受惊而飞起，飞过江，冲断了一片飘浮的过江云，会觉得这是一幅突如其来的美好画面，眼界大开：飘飘然之中，也许觉得自己如那行飞雁，自在翱翔，冲断流云，过江而去……人生在世，有什么比得上一杯酒，一幅画，以及半醺半醒的状态啊：独饮半醺见雁飞，妙哉！妙哉！

且慢！

这个不知趣儿的家伙这一惊雁之举，也许直击要害，令诗人伤怀。本来就一直独饮的诗人，在半醺中登上了江楼，结果迷迷糊糊之中见一行大雁飞起，飞去的方向也许是南岸，冲断了过江之云。诗人也许一下子触景伤怀：雁南飞，人仍未归，这也许就在无形之中勾起了诗人的乡愁。正因"登楼已半醺"，这样一幅"谁惊一行雁，冲断过江云"的人为画面，也许就会触动诗人的心弦。尽管"独酌芳春酒"，可"一雁南飞动客心，思归何待秋风起"（韩翃《和高平朱参军思归作》，一作《和高平米参军思归作》）呢？更何况，这个不知趣儿的家伙惊飞的是一行大雁呢？真可谓：

自斟满杯春芳菲，独饮半醺见雁飞。

不知何人不知趣，惊雁偏惹人思归。

四、英译研究：非对仗联内句间衔接

汉语是一门"意合"（parataxis）式语言，以表意为主。一些汉语

的句子结构成分呈并列式排列,外形上看不出有明显的主次之分,且只要意思没有表达完整,就一直排列下去,句子成分间没有明显的逻辑标记符号(logical marker),类似"竹节"或"板块",古诗词也是如此。但是,英文是一门典型的"形合"(hypotaxis)式语言,具有明显的"S + V"结构,即主谓结构。这样的结构作为句子的主干,类似大树的树干,其他成分则通过各种逻辑关系和连接性纽带(connectives)附加到主干上,类似大树的枝、杈、叶,因此英文属"树状结构"或"多枝共干结构"。针对汉英句子结构各自不同的特点,古诗英译中遇到具有此类特点的非对仗联内的句子时,应充分观照非对仗联内两个句子之间的内在逻辑关系,在译诗中通过增词补译、调整语序等方法衔接好非对仗联内两个句子之间的逻辑关系,以体现好英语这门形合语言的特点。下面以王维《竹里馆》及其三个版本的译诗为例,简单分析一下古诗英译特别是唐代五绝的韵体英译中非对仗联内句间的衔接问题。

原诗

竹里馆 王维

独坐幽篁里,弹琴复长啸。

深林人不知,明月来相照。

上述为唐代大诗人王维《辋川集》中第十七首《竹里馆》。"竹里馆"为王维辋川别业中的一处胜景,因房屋周围有竹林,故称之为"竹里馆"。此诗写隐居者的闲适之情:月下独坐幽篁(幽深的竹林,尾联出句中的"深林"与此同指)里,诗人弹琴又长啸("啸"为撮口而呼,类似于现代人吹口哨,在古代常引申为吟咏、歌唱等义,为古代仁人志士抒发情感的一种方式)。但是,竹林过于幽深,无人知道诗人独坐其中,只有明月当空,照亮诗人,与诗人为伴。

这首诗传达出诗人宁静而淡泊的心境,表达出一种清幽而宁静、超凡脱俗的境界。全诗首联、尾联共二十言,每联内两个句子均为非对仗句,均有某种衔接关系,但并没有像英文那样带有明显的交代逻辑关系的衔接性词语。首联出句交代背景,即人物和地点,为对句"弹琴复长啸"做铺垫;尾联两句具有转折关系,尽管竹林幽深,无人知道诗人的存在,但却有一轮明月升起,陪伴着诗人。这就是汉语意合式语言的特点,与英文形合式语言大不相同,英译时需明确这样的非对仗联内两句之间的衔接关系。

译例(1)

Hut Among the Bamboos

By *Wang Wei*

Sitting among bamboos alone,

I play my lute and croon carefree.

In the deep woods where I'm unknown,

Only the bright moon peeps at me.

(许渊冲,陆佩弦,吴钧陶等,1988:86)

注:1. bamboo: *Noun* (mass noun) a giant woody grass which grows chiefly in the tropics, where it is widely cultivated 竹;竹子

2. hut: *Noun* a small single-storey building of simple or crude construction, serving as a poor, rough, or temporary house or shelter (简陋的)小屋

3. lute: *Noun* a plucked stringed instrument with a long neck bearing frets and a rounded body with a flat front, rather like a halved egg in shape 诗琴;琉特琴

4. croon: *Verb* (no obj.) hum or sing in a soft, low voice, especially in a sentimental manner (尤指充满感情地)低吟;轻哼;轻唱

5. carefree: *Adjective* free from anxiety or responsibility 无忧无虑的;快乐舒畅的;没有责任的

6. peep: *Verb* (no obj.) look quickly and furtively at something, especially through a narrow opening (尤指从缝隙中)偷看;窥探(e.g. His door was ajar and she couldn't resist peeping in. 他的门半开着,因此她忍不住向里偷看。)

在"译例(1)"中,译者将"馆"译作"hut"不一定符合实情,但诗题的翻译在整体上还是跟原诗诗题比较契合的。在非对仗联内句间衔接的处理上,此译者做得比较到位,意识到了汉英语言的差异,充分体现出汉语与英文句式的不同,并做了相应的调整,且更难能可贵的是,此译者以韵体英译来处理译诗,采用的是互锁韵格(Interlocking Rhyming),只是结尾处的"peeps at me"较原诗的意境有所偏差,可再斟酌。

译例(2)

Bamboo Clump

By *Wang Wei*

A solitary person sits in the bamboo chump serene,

As he hums a song he plays the string.

The deep grove excludes any souls coming,

But the moon shines on the clump illuminating.

（刘军平，2002：51）

注：1. bamboo：*Noun*（mass noun）a giant woody grass which grows chiefly in the tropics, where it is widely cultivated 竹；竹子

2. clump：*Noun* a small group of trees or plants growing closely together 树丛；植物丛

3. solitary：*Adjective*（attrib.）[often with negative] single；only 单个的；唯一的（e.g. We have not a solitary shred of evidence to go on. 我们没有任何证据可以继续下去。）

4. serene：*Adjective* calm, peaceful, and untroubled；tranquil 安详的；宁静的（e.g. Her eyes were closed and she looked very serene. 她闭着眼看上去很平静。）

5. hum：*Verb* sing with closed lips 哼曲子（e.g. She was humming a cheerful tune. 她哼着一首快乐的曲子。）

6. string：*Noun*（count noun）a length of catgut or wire on a musical instrument, producing a note by vibration（乐器的）弦

7. grove：*Noun* a small wood, orchard, or group of trees 树丛；小树林；果园

8. exclude：*Verb* keep (something) out of a place 不让……进入（e.g. Apply flux to exclude oxygen. 进行焊剂处理以阻止氧气进入。）

在"译例(2)"中,译者没有将"馆"在译诗的诗题中体现出来,虽然在忠实性上有所偏差,但译诗在整体上更契合原诗诗体的意境,这样的处理自然无可厚非。在首联非对仗联内句间衔接的处理上,此译例的译者似乎颠倒了信息的主次关系,反而"化动为静"了,这着实有待商榷；译诗的尾联在整体上具有很好的衔接性,但结尾的"illuminating"似乎不怎么符合英语的语法规则,有累赘之嫌,还不怎么符

合英文的逻辑关系。

译例(3)

Amid the Bamboos

By *Wang Wei*

Alone I sit in the bamboo forest quiet

And play a zither and whistle loud and long

Remote from the rest of men. Who knows my riot

Except the Moon who lights me all along.

Note: Whistle loud and long: way in which ancient hermits liked ro express their feelings.[①]

注:1. bamboo: *Noun* [mass noun] a giant woody grass which grows chiefly in the tropics, where it is widely cultivated 竹;竹子

2. zither: *Noun* a musical instrument consisting of a flat wooden soundbox with numerous strings stretched across it, placed horizontally and played with the fingers and a plectrum. It is used especially in central European folk music 齐特琴(一种乐器,由一扁平的木制共鸣箱和众多弦线组成,用手指和拨子拨奏,尤用于中欧民间音乐演奏中)

3. riot: *Noun* (figurative) an outburst of uncontrolled feelings (比喻用法)(感情的)爆发;发泄;宣泄 (e.g. A riot of emotions raged through Fabia. 法比亚顿感心潮澎湃、思绪万千。)

4. hermit: *Noun* any person living in solitude or seeking to do so 独居者;隐士;试图独居的人

在"译例(3)"中,诗题虽没有体现出原诗诗题中的"馆",却在整体上很好照顾到原诗的意境,算是一种变通性的诗题处理方式。在非对仗联内句间衔接的处理上,此译者别具一格,做了较大的调整,充分体现出汉英语言的差异性。本书著者认为,译诗的第二行末尾完全可以用句号断开,第三行"men"后面的句号改成逗号,"Who"再变成小写;再者,第四行结尾的句号则可变为问号。经过这样一番改

---

① 王宝童译,转引自"吴钧陶,1997:181"。

动,也可以从另一方面更好地体现出原诗非对仗联内句间的衔接关系。

杜牧的这首《江楼》,首尾两联也均为非对仗联,且联内句间具有一定的衔接关系,英译时也需观照好这样的衔接关系,要在照顾到诗意的基础上,体现好这样的衔接关系。试看杜牧《江楼》英译一例。

译本

A Riverside Tower

By *Du Mu*

Alone of spring wine a drinker

Mounts the tower, tipsy. Who startles

A line of wild geese which break clouds

Floating at ease o'er the river?

(张智中,2009:097)

注:1. riverside: *Noun* [often as modifier] the ground along a riverbank 河边;河畔 (e.g. a riverside car park 一个河畔停车场)

2. mount: *Verb* (with obj.) climb up (stairs, a hill, or other rising surface) 登 (楼梯、山或其他上升面)

3. tipsy: *Adjective* (tipsier, tipsiest) slightly drunk 微醉的

4. startle: *Verb* [with obj.] cause (a person or animal) to feel sudden shock or alarm 使吃惊;使吓一跳;使惊奇 (e.g. A sudden sound in the doorway startled her. 门口的突然一声响动吓了她一跳。)

5. ease: *Noun* freedom from worries or problems, especially about one's material situation 安适;安逸;悠闲(尤指某人的物质环境)(e.g. life of wealth and ease 一种富有、安逸的生活)

6. o'er = over

在此"译本"中,译者将原诗首联做了融合式处理,将原诗首联分立的两个动作融合到一起,这样的处理方式不是不可以,只是原诗中"独酌芳春酒"的形象性有所损耗。原诗尾联的衔接性,在此译本中得到了比较得体的体现,很好地体现了原诗的意境,表达上也符合英语形合语言的特点。汉语句子一般以思维者的思维模式自然展开,首先考虑事物的环境和外部因素,然后再考虑具体的事物或中心事件。英语思维者的思维模式则正好相反,首先考虑具体的事物或中

心事件,然后再去考虑次要的因素。对于疑问的处理就是其中一例。汉语中,先列出相关的事物,最后跟上简短的疑问,但在英语中由于疑问属中心事件,所以先发问,再跟上对相关事物的描述。结果是,英文的疑问句可能很长。

综上所述,在处理杜牧《江楼》这首诗的英译过程中,要充分意识到汉英两种语言本身的不同,并加以合理的调整,如增词补译、调整语序等。

五、韵译探索:江楼

江楼 杜牧

独酌芳春酒,登楼已半醺。
谁惊一行雁,冲断过江云。

On the Riverside Tower

By *DU Mu*

In fragrant spring, I drink alone,
And then ascend, half-drunk, th' tower well-known.
Who scares a row of wild geese white
That cut through clouds scudding across the sky
To th' yon south bank and in their flight
Rush 'long th' same line of route as do clouds high?

N. B. In Chinese culture, those who are far away from home will surely miss their family whenever they see wild geese fly to the south in autumn. Here in this poem, the poet, half-drunk, saw wild geese fly to the "yon south bank", and most probably would miss his family, for he might mistake the scene as wild geese

(Translated by *WANG Yong-sheng*) (王永胜译)

注:1. riverside: *Noun* (often as modifier) the ground along a riverbank 河边;河畔
 (e.g. a riverside car park 一个河畔停车场)
 2. fragrant: *Adjective* having a pleasant or sweet smell 芬芳的;香的
 3. ascend: *Verb* (with obj.) go up or climb 登上;攀登(e.g. She ascended the

stairs. 她上了楼。)
4. th' = the
5. scare：*Verb*（with obj. and adverbial）drive or keep（someone）away by frightening them 吓走；吓跑（e.g. The ugly scenes scared the holiday crowds away. 可怕的场面吓跑了度假人群。)
6. scud：*Verb*（scudded, scudding）[no obj., with adverbial of direction] move fast in a straight line because or as if driven by the wind 飞奔；疾行；急驰（e.g. We lie watching the clouds scudding acrossthe sky. 我们躺着观看云飞掠天空。)
7. yon：*Determiner & Adverb* yonder；that 彼处；那边（e.g. There's some big ranches yon side of the Sierra. 内华达山的另一侧有一些大牧场。)
8. 'long = along

第五节　劝人饮酒

五言绝句原诗：

<pre>
quàn jūn jīn qū   zhī   mǎn zhuó bù   xū   cí
 劝   君   金   屈   卮，   满   酌   不   须   辞。
huā   fā   duō fēng yǔ   rén shēng zú   bié lí
 花   发   多   风   雨，   人   生   足   别   离。
</pre>

九言白话译文：

敬酒时举起弯柄金卮，请君饮尽满杯莫推辞。
花历诸多风雨方开放，人过一生经无数别离。

这首诗是中晚唐诗人于武陵创作的五绝作品《劝酒》。整首诗情真意切，以理服人，可谓劝酒诗中的佳作。

一、人物品读：于武陵

于武陵（约788—约852），中晚唐诗人，其生卒年均不详，经历亦不详，但据有的学者考证，其生平大致如下：

于武陵（本书著者加）京兆鄠县人。约生于贞元四年。元和年间应进士举，久不第。同时来往于长安、洛阳间，与贾岛、贾区

(无可)为诗友。元和十二年入戎幕,次年参与唐军收复原州萧关之役。太和初,由斜谷道经襄中、百牢关入蜀,直至南浦。后又顺流东下,过荆楚,游湖湘,远至江州、会稽。自入蜀后十年间,久客未归,皆为各地官员之幕僚。开成二年回到长安,与贾岛重逢赋诗。此后曾任京兆府三原县尉,大中六年卒,约六十五岁。其兄于延陵为撰墓志。于延陵大中末年曾任建州刺史,余不可考。于武陵诗,宋世尚存一卷凡百余首,今存仅六十余首。

(张固也,2008[5]:97)

上述贞元四年即公元788年,大中六年即公元852年。元代辛文房著《唐才子传》载于武陵"名邺,以字行",将于武陵与唐末五代的于邺混为一谈,因"从宋代以后,人们对于武陵的生平时代就已不甚了了,其不少诗篇被误署为于邺之作。元代以后,又直接将其与唐末五代的于邺混作一人"(张固也,2008[5]:97),这实属谬误,好在"陈尚君纠正了这些错误"(张固也,2008[5]:97),指出于武陵"与唐末五代的于邺非同一人"(张固也,2008[5]:91)。

在诗人辈出、大家林立的唐代,于武陵并不显赫,但不乏佳作。从题材上看,于武陵的诗以赠友、话别、游历为主,诗风淳朴,情感真挚。例如:

长安清渭东,游子迹重重。
此去红尘路,难寻君马踪。
昔时轻一别,渐老贵相逢。
应恋嵩阳住,嵩阳饶古松。 (于武陵《寄友人》)

于武陵比较有名的一首诗,是具有讽刺意义的《赠卖松人》:

入市虽求利,怜君意独真。
欲将寒涧树,卖与翠楼人。
瘦叶几经雪,淡花应少春。
长安重桃李,徒染六街尘。

诗中,将挺拔、耐寒的松树卖给当时视买花为一种时尚的长安人,很不合时宜。松树卖不出去暂且不说,还令其"徒染六街尘",甚是可惜。这首诗讽刺的是腐败无能的当权者对高格人士的不赏识、不重用,也暗含诗人自己品格如松却处于无人赏识、怀才不遇、仕途不顺的人生境地。

二、艺术品读:《劝酒》

于武陵的这首《劝酒》朴实、自然,寓情于物,借花发之不易及人生之多别离来抒发自己的情感,情真意切,以理服人。

首联开门见山,直击主题:"劝君金屈卮"——劝君饮酒,要用"金屈卮"来劝酒。这里的"金屈卮",是古代一种饮酒用的杯子,杯柄弯曲,杯身饰金或为金质,尽显高贵之气。用如此名贵的金尊劝君喝酒,尊重之余不失尊严;用如此名贵的金尊劝君饮酒,君自当"满酌不须辞"了:满满地喝下这一金樽美酒,千万别推辞不喝。有学者认为,"'不须辞'三字有情态,既显出诗人的豪爽放达,又透露友人心情不佳,似乎难以痛饮,于是诗人殷勤地劝酒,并引出后两句祝辞。"(萧涤非,俞平伯,施蛰存等,2004:1373)这样的分析,也不无道理。

尾联是劝君饮酒的说辞,也诠释了"满酌不须辞"的缘由:花发多风雨,人生足别离。春天到来,花儿盛开,这个过程可是来之不易的,经历了多少风风雨雨,才迎来花儿盛放的精彩。再说,人生不也是如此吗?人的一生要经历多少生离死别啊!真可谓"劝君更尽一杯酒,西出阳关无故人"(王维《送元二使安西》,一作《渭城曲》)呐!明末清初学者唐汝询在《唐诗解》中这样评论《劝酒》:

> 欲劝以饮,以下二语感动之,花发一联,在《三百篇》中为兴,"足",犹满也,满百年之中,皆别离也。①

三、个人品读:劝酒界的翘楚

自《劝酒》一诗可管窥于武陵本事之一斑:"是真能劝酒者"(明代周珽《唐诗选脉会通评林》)无疑。可以说,于武陵是劝酒界的

---

① 转引自"霍松林,1991:893"。

翘楚。

　　于武陵劝酒用的是"金屈卮",一作"金曲卮"。"劝君金屈卮",于武陵这一开篇之句,可以说基本上是从孟郊那里移植而来:"劝君金曲卮,勿谓朱颜酡。"(孟郊《劝酒》)当然,后辈也有人化用于武陵这首诗的首联:"劝君满酌金屈卮,明日无花空折枝。"(金末元初元好问《芳华怨》)大家都是互相学习,互相借鉴,推陈出新嘛,这很自然,无可厚非。话说回来,于武陵将这金屈卮一举,金尊盛美酒,对方推辞之意可以说是骤减。于是,于武陵推波助澜,步步紧逼:"满酌不须辞",这样一来,对方基本上会将满满的一杯喝下,即使推辞,也是谦让之举了。至此,劝酒界翘楚的功力初显,但这也许只是于武陵的冰山一角,不足以动人,类似李白的激将法:"地白风色寒,雪花大如手。笑杀陶渊明,不饮杯中酒"(李白《嘲王历阳不肯饮酒》片段),也类似戴叔伦的强硬法:"寒郊好天气,劝酒莫辞频"(戴叔伦《劝陆三饮酒》),不足以让人"心服口服",从而在心甘情愿中心悦诚服地去一饮而尽。且慢,精彩的部分在后头。

　　尾联"花发多风雨,人生足别离"露出了于武陵这位劝酒界翘楚的冰山全貌,让你"不服不行"了。花开艳艳之际,殊不知花儿经历了多少风吹雨打! 即使花儿盛开,不是也有人发出这样的喟叹:夜来风雨声,花落知多少？ (孟浩然《春晓》)人生嘛,由多少个生离死别组成,说也说不清楚。花开花落,人聚人散,花与人是多么相似:

　　　　阅尽天涯离别苦,不道归来,零落花如许。花底相看无一语,绿窗春与天俱莫。　　待把相思灯下诉,一缕新欢,旧恨千千缕。最是人间留不住,朱颜辞镜花辞树。

　　　　　　　　　　　　(王国维《蝶恋花·阅尽天涯离别苦》)
　　君知否:"白日无定影,清江无定波。人无百年寿,百年复如何"(孟郊《劝酒》),喝下这杯酒吧,就可以"淋漓满襟袖,更发楚狂歌"(韩偓《答友人见寄酒》),此时"方知一杯酒,犹胜百家书"(高适《闲居》),更何况"花发多风雨,人生足别离"呢。来吧,干了这一金樽美酒——"满酌不须辞",况且我"劝君金屈卮"呢! 至此,劝酒界翘楚的功力尽显无遗。

四、英译研究:诗行间逻辑关系的处理

汉语古诗词作品,尤其是短小精悍的五绝作品,相邻的两行之间都有一定的逻辑关系,通常在整体上体现为"起、承、转、合"的关系,但由于汉语这种"意合"语言本身的特点,这样的逻辑关系在字面上并没有明显的体现,需要译者细加理解,必要时再加以阐释,最终在译诗中体现出来。要是译诗的语言——英语跟着汉语的结构走的话,那就体现不出英语"形合"的特点,很难达到译诗的目的。鉴于此,在古诗英译包括唐代五绝韵体英译过程中,要处理好"板块式"汉语诗行之间的逻辑关系,要在译诗中通过增词、增行、标点变更、结构性调整等手段体现好原诗诗行间的逻辑关系。另外,最终的译诗要是能做到韵体英译的话,那就是锦上添花了。下面以唐代大诗人王维的《渭城曲》(一作《送元二使安西》)的三个英译本为例,简单讨论一下诗行间逻辑关系的处理问题。

渭城曲　王维

渭城朝雨浥轻尘,客舍青青柳色新。

劝君更尽一杯酒,西出阳关无故人。

译例(1)

A Farewell Song at Weicheng

By *Wang Wei*

Dusts are washed off in town by morning rain;

The inn is all green where fresh willows reign.

Would you please have more wine, another glass?

You'll find no more old friends west of the Pass.

(王大濂,1998:43)

注:1. farewell: *Noun* an act of parting or of marking someone's departure 道别;告别;辞行;饯行(e.g. The dinner had been arranged as a farewell. 安排这顿饭是为了饯行。)

2. inn: *Noun* (usu. in names) a public house, typically one in the country, in some cases providing accommodation (尤指乡村的)酒馆;客栈(e.g. The Swan Inn 天鹅酒馆)

3. willow: *Noun* (also willow tree) a tree or shrub of temperate climates which

typically has narrow leaves, bears catkins, and grows near water. Its pliant branches yield osiers for basketry, and the timber has various uses 柳树

4. reign: Verb (of a quality or condition) prevail; predominate 盛行;主宰(e. g. Confusion reigned. 混乱主宰着整个局面。)

正是因为渭城的朝雨浥(湿润、沾湿)轻尘,才令客舍显得青青,柳色也变新了,所以"译例(1)"的译者简单地将这两行以分号分隔,意义就被分立起来,上述的逻辑关系就不那么强烈了。尾联的两行处理成一问一答的形式,打破了原有的语言结构和标点规则,不失为一种变通的处理方式,是一种不错的尝试和探索。

译例(2)

A Song of Wei City

By *Wang Wei*

The morning rain bedews dust in Wei City down to rest;
The fresh green willows by the inn welcome the far-going guest.
I urge you to drink one more cup of wine, bottoms up;
Out of Yang Pass no old friend you'll meet in the vast west!

(吴钧陶,1997:83)

注:1. bedew: Verb (with obj.) (poetic/literary) cover or sprinkle with drops of water or other liquid (诗/文用法)洒水(或其他液体)于

2. willow: Noun (also willow tree) a tree or shrub of temperate climates which typically has narrow leaves, bears catkins, and grows near water. Its pliant branches yield osiers for basketry, and the timber has various uses 柳树

3. inn: Noun (usu. in names) a public house, typically one in the country, in some cases providing accommodation (尤指乡村的)酒馆;客栈(e. g. The Swan Inn 天鹅酒馆)

4. urge: Verb (with obj. and usu. infinitive) try earnestly or persistently to persuade (someone) to do something 力劝;恳求(e. g. He urged her to come and stay with us. 他劝她过来和我们同住。)

在"译例(2)"中,译者将首尾两联都以分号分隔,诗意分立,显得松散,没有体现好原诗的逻辑性。再者,译诗的第二行有阐释过度之嫌,与原诗的诗意存在一定的差距。原诗的前两行是背景的铺垫和气氛的渲染,为三、四行的"转、合"造势,同时也与离别的气氛形成一种对比的效果,所以译诗的诗意还是跟原诗的诗意保持一致为好,

即以直译为佳。

译例(3)

Farewell toast to a friend

By *Wang Wei*

Dust in Weicheng a morning shower lay.

At the hotel, willows look fresh today.

For friendship's sake, empty another glass.

You haven't an old friend, west of the Yang Pass.

(徐忠杰,1990:78)

注:1. farewell: *Noun* an act of parting or of marking someone's departure 道别;告别;辞行;饯行(e.g. The dinner had been arranged as a farewell. 安排这顿饭是为了饯行。)

2. toast: *Noun* a call to a gathering of people to raise their glasses and drink together in honour of a person or thing, or an instance of drinking in this way 干杯;敬酒;祝酒(e.g. He raised his glass in a toast to his son. 他举起酒杯向儿子祝酒。)

3. willow: *Noun* (also willow tree) a tree or shrub of temperate climates which typically has narrow leaves, bears catkins, and grows near water. Its pliant branches yield osiers for basketry, and the timber has various uses 柳树

在"译例(3)"中,译者通过标点的变更将译诗语言"板块化",基本上失去了英语"形合"的特点,逻辑关系自然也不那么明朗了。译诗也要将语言差异考虑进来,毕竟汉英是两种不同的语言。

针对于武陵的这首五绝《劝酒》,为体现出首联两行间以及尾联两行间的逻辑关系,可以通过增词、增行、调整结构等方式加以处理,体现出译诗"形合"的特征。这一特点有所体现,译诗的逻辑关系就自然变得明显。另外,第三、第四行之间的逻辑关系,可以通过对标点的调整来体现,比如化句号为英诗中常见的破折号等。

五、韵译探索:劝酒

劝酒 于武陵

劝君金屈卮,满酌不须辞。

花发多风雨,人生足别离。

Urging You to Drink

By *YU Wu-ling*

A golden mug of curv'd handle in hand,
I urge you to the full to drink
Without expecting you aside to stand,
Saying you can't without a blink—
Through th' elements in full blossom plants grow,
And countless partings to life flow.

(Translated by *WANG Yong-sheng*)　　　　　　(王永胜译)

注:1. urge: *Verb* [with obj. and usu. infinitive] try earnestly or persistently to persuade (someone) to do something 力劝;恳求 (e.g. He urged her to come and stay with us. 他劝她过来和我们同住。)

2. golden: *Adjective* made or consisting of gold 金制的;含金的 (e.g. a golden crown 金冠)

3. mug: *Noun* a large cup, typically cylindrical and with a handle and used without a saucer (圆筒形有柄)大杯

4. curv'd = curved

5. to the full: to the greatest possible extent 彻底地;充分地

6. stand aside: take no action to prevent, or not involve oneself in, something that is happening 站开;让开 (e.g. The army had stood aside as the monarchy fell. 军队在君主政体垮台的时候袖手旁观。)

7. blink: *Noun* (figurative) a moment's hesitation (比喻哟用法)片刻的犹豫;举棋不定 (e.g. Feargal would have given her all this without a blink. 费尔盖尔本会毫不犹豫把这一切都给她。)

8. th' = the

9. element: *Noun* (the elements) the weather, especially strong winds, heavy rain, and other kinds of bad weather (尤指强风、暴雨等恶劣)天气 (e.g. There was no barrier against the elements. 没有阻挡这些自然力的东西。)

10. blossom: *Noun* a flower or a mass of flowers, especially on a tree or bush(尤指树上的)花朵;花簇 (e.g. The slopes were ablaze with almond blossom. 山坡上盛开着扁桃树花。)

11. parting: *Noun* (count noun) a leave-taking or departure 分离;分开 (e.g. anguished partings at railway stations 在火车站的痛苦离别)

第十七章 月夜五绝

夜晚,一轮明月高悬,总能引人遐思,让人产生各种情感。于是,月夜里,一幕幕场景呈现,一个个故事发生。

自古以来,人们赋予月亮很多别称,比如"桂殿",用来指月宫:"桂殿且留修月斧,银河未许度星轺"(元代萨都剌《和马伯庸除南台中丞以诗赠别》);"低嚲冰绡,深藏桂殿,不放姮娥出"(清代陈维崧《百字令·己未长安中秋》)。桂殿之中有着中国传说中的人和物。吴刚是中国神话人物。根据传说,吴刚因学仙有过被谪,遂成月宫中的仙人,令其砍伐月宫中的桂树,但此树随砍随合,总是砍不倒,吴刚只得永远砍伐不止。后羿之妻嫦娥是另一位中国神话人物。根据传说,嫦娥偷吃后羿从西王母处求到的长生不死之药,遂成仙,撇下后裔不顾,独自飞入月宫,这就是嫦娥奔月的故事。从此,撇下丈夫的嫦娥一个人在月宫中过着孤单寂寞的日子。还好有玉兔相伴,有吴刚砍树。

玉兔寒宫苦,吴刚桂殿忙。
嫦娥思后羿,病酒断愁肠。

(王永胜《五绝·月下独酌十七首并序》其十一①)

---

① 参见沈阳市作家协会编写的《时光行板:盛京文学网.2016卷》(吉林人民出版社2018年1月出版)第221页。

月夜望月，暗自思忖：千余年之前同月之下，有着怎样一番情景？那位"独酌无相亲"的豪放"谪仙人"醉眼中的月，给予他怎样一番"对影成三人"的孤独和凄凉？那"花间一壶酒"，可否浇灭今夜同月之下饮者心中之忧？莫管，莫管。我且"举杯邀明月"，哪管酒烈与不烈。

花间一壶酒，独酌无相亲。
举杯邀明月，对影成三人。
月既不解饮，影徒随我身。
暂伴月将影，行乐须及春。
我歌月徘徊，我舞影零乱。
醒时同交欢，醉后各分散。
永结无情游，相期邈云汉。　　　（李白《月下独酌四首》其一）

千年之前，大唐天空之下，月盈月缺，周而复始，一个个不凡的故事在一个个或明亮或模糊的月夜里发生。同一片天空下，大唐的诗人把酒临风，对月吟咏，隔着空间与同行、亲人、朋友等同赏一个月，所谓"千里共婵娟"也。

第一节　中秋月夜

五言绝句原诗：

yuán pò shàng hán kōng　jiē yán sì hǎi tóng
圆　魄　上　寒　空，皆　言　四　海　同。
ān zhī qiān lǐ wài　bù yǒu yǔ jiān fēng
安　知　千　里　外，不　有　雨　兼　风。

九言白话译文：

圆月升上广寒的天空，都说四海之内皆相同。
怎知千里之外的某处，没有雨落同时刮着风？

颇有意思的是，跟《渡汉江》一样（参见本书上卷第九章第二节开头部分），这首诗在《全唐诗》中也存在着作者之争。《全唐诗》第61卷第24首为本诗，诗题为《中秋月二首》（其二），署名为李峤；无独有偶,《全唐诗》第639卷第23首收录的也是本诗,诗题则为《对月二首》(其一),署名为张乔。另外,其他唐诗选本中,诗题为《中秋月二首》的,署名一般为李峤,诗题为《对月二首》的,署名则一般为张乔。为方便起见,本书视诗体为"圆魄上寒空,皆言四海同。安知千里外,不有雨兼风"的这首诗为李峤的作品《中秋月二首(其二)》。其一为:

盈缺青冥外,东风万古吹。
何人种丹桂,不长出轮枝。

一、人物品读:李峤

李峤①(约644—713,一说约645—714),初唐诗人,字巨山,赵州赞皇(今河北省属地)人。据《新唐书·宰相世系表》记载,李峤出身于赵郡李氏东祖房,是战国名将李牧的后裔。《旧唐书》载李峤为"隋内史侍郎元操从曾孙也。代为著姓,父镇恶,襄城令。峤早孤,事母以孝闻。为儿童时,梦有神人遗之双笔,自是渐有学业"。后多以"双笔"颂人出任官职或喻文才出众之意。例如:

官骑连西向楚云,朱轩出饯昼纷纷。
百城兼领安南国,双笔遥挥王左君。

(韩翃《送中兄典邵州》,片段)

李峤在文学上的主要贡献应是其创作的一百二十首咏物诗。然而,对于如此数量众多的咏物诗,"历代诗论家几乎众口一辞[sic]地持否定态度。最具代表性的是王夫之,他评李咏物诗曰:'剪裁整齐而生意索然,亦匠笔耳'。近人马茂元亦曰:'以隶事状物为工,略无兴寄可言'"(徐定祥,1992[6]:96)。李峤的咏物诗虽然存在诸多弊端,多受贬斥,但"作为训蒙诗,大量用典用韵,既交代了历史的典故,又表现出了诗歌的韵律,通俗易懂,简短自然,读起来朗朗上口,

---

① 关于李峤的相关信息,读者还可参阅本书下卷第十五章第五节第一部分。

便于理解与识记。从功用上看,咏物为主的训蒙诗重在识物、传授知识,让学童增长见识。此外,训蒙诗对杂咏意象的积累,便于学童熟悉诗歌的写作程式,提高创作诗歌的技能。"(赵燕,栗洪武,2013[10]:82)这些咏物诗以五律的形式写成,题目除一例外皆为单字,成为上乘的蒙学读物。例如:

桂满三五夕,蓂开二八时
清辉飞鹊鉴,新影学蛾眉。
皎洁临疏牖,玲珑鉴薄帷。
愿言从爱客,清夜幸同嬉。　　　　　　　　(李峤《月》)

鉴于此,李峤的这一百二十首咏物诗具有了非同一般的意义,难怪这些诗"曾与白居易的新乐府和李瀚的'蒙求'一起,在日本被列为平安时代传入的中国三大幼学启蒙书"(葛晓音,1998:235)。再者,李峤的这些咏物诗"将阐释经典从童蒙时期一直贯穿于孩童成长的整个历程,它的特殊贡献不应被遗忘"(赵燕,栗洪武,2013[10]:83)。

二、艺术品读:《中秋月二首(其二)》

李峤的《中秋月二首》,如题所示,共有两首,本节所研究的主题诗为其中的第二首。

首联"圆魄上寒空,皆言四海同"即点题。农历八月十五为中秋,月儿圆圆,升上皎洁的夜空。此时的"圆魄",即月亮,正逢秋高气爽之际,犹如一只冰球,令整个夜空仿佛具有了一丝"寒"意。也就在此时,大家都认为四海之内无二致,即皆为"圆魄上寒空"。

对此,虽"皆言四海同",诗人李峤则有不同的看法。尾联"安知千里外,不有雨兼风",诗人以反问的形式提出问题,实为肯定,答案其实不言自明。"安"为疑问代词,有"哪里、怎么、谁、何、如何"之意;"千里"则有虚指之意,意指距离之遥;"不有"即"没有"。四海之内某个很远的地方,你怎么知道那里也是"圆魄上寒空",而不是正下着雨,正刮着风呢?这是诗人主观的想象,实则客观的存在。诗人在尾联以中秋月为引,发表议论:千里之外的中秋之夜,不一定是寒月凌空,也许在乌云的遮蔽下,风吹雨打,无月可赏。

　　这首诗借咏中秋节的月亮,来说明世上的事不是从来一成不变、全都如此的。正如八月中秋,并非到处都有明月高悬一样。　　　　　　　　　　　　　　　(葛杰,仓阳卿,1980:1)

另外,关于本诗黄生在《唐诗摘抄》中还发表过这样评论:"喻朝廷之上,不能毕照幽隐,则民之不得其所者多矣。此诗自见宰相胸次。"[①]这也不失为对本诗的一种解读,可谓"诗无达诂"。

三、个人品读:中秋月下的哲思

在李峤的这首《中秋月二首(其二)》中,首联"圆魄上寒空,皆言四海同"寓含的是普通的逻辑,也是古时候人们普遍认可的逻辑:我这里明月当空,你那里也应该是明月当空,可谓"海上生明月,天涯共此时",乃至"千里共婵娟",不应该有例外。古时候受技术和意识所限,持有这样的观点不足为奇:

魄依钩样小,扇逐汉机团。

细影将圆质,人间几处看。　　　　　　　　　　(薛涛《月》)

就算是现代人,也往往具有跟古人一样的主观性:眼前皓月当空,对月凝望,想当然认为千里之外那个思念的人儿,也站在同样一轮皓月下,同样对月凝望。人往往容易犯这样一个主观性推理错误,被眼前的景象所迷惑,以己推人,以此推彼,认为此处清辉普照,别处也是如此。

但是,诗人李峤视野开阔,偏偏是"众人皆醉我独醒",发出了不同的声音:"安知千里外,不有雨兼风"?这一语惊四座,大家纷纷惊现异样的神情:竟然还会如此?李峤的这种思考,是一种理性的思考,是一种不同于常人的哲思,是中秋月下的哲思。此处"圆魄上寒空",四海之内未必皆如此。你怎么知道千里之外不是风雨交加的夜晚呢?李峤的这种议论,在其《汾阴行》的结尾也有体现:

---

① 转引自"霍松林,1991:54"。

山川满目泪沾衣,富贵荣华能几时?

不见只今汾水上,唯有年年秋雁飞。　　（李峤《汾阴行》,片段）

这样的议论颇具李峤式特色,《汾阴行》这一结尾,甚至打动了唐玄宗李隆基:

> 明皇蜀道回,听人歌此辞,叹曰"李峤真才子也!"明皇封禅泰山,后亦祀后土于汾阴,宜乎闻此辞于播迁之余,几乎泣下也。尔时风格乍开,故句调未能全合。　　（[清]沈德潜,1979:153）

当然,李峤对自然气候的这种哲思不一定非要上升到一个理论的高度。诗,言志也;诗,亦抒情也。诗人的这种哲思固然是一种超常的思想意识,给人以启示,但更多的内涵也许在于用自然气候映射"政治气候",以抒发个人仕途不顺的情感。李峤虽三度拜相,却也多次被贬,使其深刻体会到:此处政治清明,他处也许政治黑暗。这与诗人在《中秋月二首(其二)》尾联揭示的是一样的:千里之外,也许有风有雨,风雨飘摇,不见月明。

唐代另一位诗人司空图,也拿中秋说事儿,表达了自己对明君的渴望,明月如明君,中秋夜无明月等于无明君,等于"一年虚过秋":

闲吟秋景外,万事觉悠悠。

此夜若无月,一年虚过秋。　　　　　　　（司空图《中秋》）

在《中秋月二首(其二)》中,李峤巧借中秋月这一意象,在中秋月夜表达自己非同凡响的哲思:

> 中秋的月亮只有一个,"四海同"是理想的境界,但并非一成不变,千里之外可能有风有雨,诗中月亮这一意象千变万化,有无穷的意味,李峤提出不同一般的见解,另辟蹊径。

（赵燕,栗洪武,2013[10]:80）

四、英译研究:数字的处理(4)——含有数字的专有名词或一般性表达

在本书下卷第十二章第四节第四部分、第十五章第五节第四部分以及第十六章第三节第四部分,分别谈到了古诗英译中特别是唐代五绝韵体英译中数字的处理问题。根据数字所表达的意义不同,可直译,也可意译;可采用模糊法来处理,也可采用还原法来处理;对

第十七章 月夜五绝

于具有对照性质的"一对多"数字组合,可以采用直译法与模糊法相结合的处理方式来翻译。

除上述情况外,原诗中还会出现包含数字的专有名词或一般性表达,甚至还人对,如"功盖三分国,名成八阵图",但"三分国"和"八阵图"都有特定的含义,经过长期的演变,变得与专有名词无异。这类包含数字的专有名词或一般性表达,其真正含义,也许与数字有关,如"八阵图",但也许与数字无关,如"皆言四海同"中的"四海"实质上指全国各地。因此,在英译过程中,采取的处理策略也不尽相同,如直译、意译、音译、加注等。下面以杜甫的五绝《八阵图》及其三个译本为例,简单探讨一下古诗英译特别是唐代五绝韵体英译中对包含数字的专有名词或一般性表达的处理。

原诗

八阵图 杜甫

功盖三分国,名成八阵图。

江流石不转,遗恨失吞吴。

杜甫的这首怀古诗在颂扬诸葛亮伟大功绩的同时,也为诸葛亮感到惋惜,说诸葛亮"遗恨失吞吴"——诸葛亮未能阻止刘备对东吴的进攻,且刘备吞吴失算,打破了诸葛亮联吴抗魏的战略大局。这不能不说是诸葛亮的遗恨了。首联"三分国"与"八阵图"相对,"三分国"指三国时期的魏、蜀、吴三国,"八阵图"是指三国时期蜀汉丞相诸葛亮推演、创设的一种阵法,据说是由八种阵势组成的图形,用来操练军队或指挥作战。

译例(1)

The Eight-Battle-Formations

By *Du Fu*

None of the Three Kingdoms had done greater deeds;
Your Eight-Battle-Formations are famous feats.
The running river couldn't make the stones roll;
To annex Wu had led to a regretful fall!

Note:

The Eight-Battle-Formations (八阵图), separately named Heaven, Earth, Wind, Cloud, Dragon, Tiger, Bird and Snake Formations, were designed by Zhuge Liang (诸葛亮, 181-234). So the story goes that he made the formations with huge stones, and these relics have remained in three or four places. In this poem Du Fu refers to the relics of the formations at Kuizhou (夔州). （吴钧陶，1997：353，355）

注：1. feat: *Noun* an achievement that requires great courage, skill, or strength 壮举；功绩

2. annex: *Verb* add (territory) to one's own territory by appropriation 吞并（领土）

3. relic: *Noun* an object surviving from an earlier time, especially one of historical or sentimental interest 文物；遗物；遗迹

在"译例（1）"中，译者将"三分国"和"八阵图"都做了直译处理，并加注对后者做了进一步解释，这样做比较周全，基本达到了译诗的目的，值得提倡。遗憾的是，译诗的首联意思较为模糊，离"功盖三分国"意义的明确性有一定的差距。

译例（2）

The Octagonal Movements

By *Du Fu*

Matchless are the exploits in giving Three Kingdoms the name,
Famous is the octagonal movements that won you the fame.
The surging waves splash the stone but diagram firm as the same,
A slip in attacking the Wu Kingdom causes you lasting shame.

（刘军平，2002：109）

注：1. octagonal: *Adjective* having eight sides and eight angles 八边形的；八角形的

2. exploit: *Noun* An act or deed, especially a brilliant or heroic one 业绩；功绩；功勋；事迹

3. diagram: *Noun* a simplified drawing showing the appearance, structure, or workings of something; a schematic representation 图解；简图；示意图

4. slip: *Noun* a minor or careless mistake 疏漏；差错

虽然"八阵图"由来已久,但今已失传,后人对其只能加以推测,其真实面貌已不可考。所以,"译例(2)"题目的处理,就不一定合适了。其实,为了韵体英译考虑,可以将"八阵图"做半音译、半直译的方式来处理,如"Bazhen Map""Bazhen Array"等,因为这里的"八阵图"已经具有了专有名词的性质了。

译例(3)

The Map of "Eight Battle Arrays"

By *Du Fu*

His political feat was the foundation of

Tripartite balance of power he had laid.

He was famed for having initiated

The military strategy of "Eight Battle Arrays".

His loyalty to Kingdom of Shu was like stones

In the arrays unmoved by the torrent.

Liu Bei's attempt to conquer Kingdom of Wu was

To his eternal regret, people say.

Note & Commentary:

The poem extolled the political and military feats of Zhuge Liang(诸葛亮) and also his absolute loyalty to the kingdom of Shu. But Liu Bei's attempt to conquer the Kingdom of Wu was to his eternal regret.

(唐一鹤,2005:148)

注:1. array: *Noun* an ordered arrangement, in particular (尤指)有序的安排

2. feat: *Noun* an achievement that requires great courage, skill, or strength 壮举;功绩

3. tripartite: *Adjective* consisting of three parts 由三部分组成的

4. torrent: *Noun* a strong and fast-moving stream of water or other liquid (水等的)激流;急流;湍流(e.g. Rain poured down in torrents. 大雨如注。)

5. extol: *Verb* (extolled, extolling) [with obj.] praise enthusiastically (热情洋溢地)颂扬;赞美

"译本(3)"处理得比较周全,译者对含有数字的两个专有名词

的处理比较独到,虽没有采用韵体英译,但基本达到了译诗目的。对于"三分国",译者在阐释的基础上做了意译处理;对于"八阵图",译者在阐释的基础上做了直译处理。在首联整体处理上,译者又做了"增行补意"处理。

针对李峤的这首《中秋月二首(其二)》,其中的"四海"算是一个包含数字的专有名词了,指全国各地或国家之内,其含义基本上与数字无关,因此不宜将数字译出,可采取意译法来处理。同样,"千里外",意指很远的地方,也可以采用意译法来处理。

综上所述,对于原诗中包含数字的专有名词,或者说具有专有名词性质的、含有数字的表达,即一般性表达,在英译中要谨慎处理,可直译、意译、音译、加注来处理。出于韵体英译的需要,可将音译和直译相结合,再做加注处理,这样便于音步和尾韵的控制。

五、韵译探索:中秋月二首(其二)

中秋月二首(其二) 　李峤
圆魄上寒空,皆言四海同。
安知千里外,不有雨兼风?

Full Moon of Mid-autumn Festival Night(Second of Two Poems with the Same Title)

By *LI Qiao*

As it hangs cold above th' night sky,
The full moon's thought to be seen by
All who're within the country's land,
Where'er in th' even they should stand.
But do they know some place far 'way
Where wind an' rain is under way?

(Translated by *WANG Yong-sheng*)　　　　　(王永胜译)

注:1. th' = the
　　2. moon's = moon is
　　3. where'er = wherever

4. even：*Noun*（archaic or poetic/literary）（古旧用法或诗/文用法）the end of the day; evening 黄昏；傍晚（e.g. Bring it to my house this even. 今晚把它带到我家里来。）
5. some：*Determiner* used to refer to someone or something that is unknown or unspecified 某个（e.g. She married some newspaper magnate twice her age. 她嫁给了某个年纪大她一倍的报界巨头。）
6. 'way = away
7. an' = and
8. be under way：have started and be now progressing or taking place 已着手；在进行中（e.g. A major search is under way to find the escaped prisoners. 大规模搜捕逃犯的行动已经开始。）

第二节　新月月夜

五言绝句原诗：

kāi lián jiàn xīn yuè, biàn jí xià jiē bài.
开　帘　见　新　月，便　即　下　阶　拜。
xì yǔ rén bù wén, běi fēng chuī qún dài.
细　语　人　不　闻，北　风　吹　裙　带。

九言白话译文：

卷起窗帘见一钩新月，就立即迈下台阶叩拜。
低声细语别人听不清，北风吹拂轻掀起裙带。

跟《渡汉江》（参见本书上卷第九章第二节开头部分）和本章第一节的主题诗一样，这首《拜新月》在《全唐诗》中也存在着作者之争。《全唐诗》第286卷第58首为本诗，诗题为《拜新月》（一作耿湋诗），署名为李端；无独有偶，《全唐诗》第269卷第55首收录的也是本诗，诗题为《拜新月》（一作李端诗），署名则为耿湋。

为方便起见，本书视诗体为"开帘见新月，便即下阶拜。细语人不闻，北风吹裙带"的这首诗为李端的作品《拜新月》。另外，首联对句"便即"，一作"即便"；尾联对句"裙带"，一作"罗带"。

一、人物品读:李端

李端①(约737—约784),字正已,赵州(今河北赵县)人,生卒年均不详。李端为唐代诗人,"大历十才子"②中的一员,大历五年进士,曾任秘书省校书郎和杭州司马,晚年辞官隐居湖南衡山,自号"衡岳幽人"。

李端是唐大历年间的一位诗人,位列"大历十才子",并在其中居于重要地位。元代文学家辛文房认为其"诗更高雅,于才子中名响铮铮"③(辛文房《唐才子传》),明代胡震亨则曰:"任胸多疏,七字俊语亮节,以捷成表长"④(胡震亨《唐音癸籖》),而且"李端的诗歌据《全唐诗》所载有三卷凡261首,在'十才子'中除少于钱起(425首)、卢纶(388首)外,存诗数量居第三位"(王定璋,1989[1]:43)。

李端的诗中,有一部分是写女性的:或者站在一个客观的角度,为女性代言,或者以一位女子的口吻,抒发内心的积怨或思恋,尤其以前者居多。以女性为题材而写就一定数量的诗篇,这在"大历十才子"中实属罕见。正因如此,这样的诗歌令李端在十才子中"鹤立鸡群",令李端"风景这边独好"。"大历十才子"之中,李端之所以在写女性题材的诗上一枝独秀,恐怕与其长期体弱多病而形成的多愁善感的性格有关。这样的诗表现细腻,刻画入微,形象生动。这样的诗,有的写思妇思君,有的写弃妇幽怨,也有的写少女思春。例如:

月落星稀天欲明,孤灯未灭梦难成。

披衣更向门前望,不忿朝来鹊喜声。　　　　　　(李端《闺情》)

---

① 关于李端的相关信息,读者还可参阅本书下卷第十三章第四节第一部分。

② 有关"大历十才子"的相关信息,读者可参阅本书上卷第三章第三节的第一部分。

③ 转引自"张国浩,2009[2]:115"。

④ 转引自"张国浩,2009[2]:115"。

金壶漏尽禁门开,飞燕昭阳侍寝回。
随分独眠秋殿里,遥闻语笑自天来。

(李端《长门怨(一作长信宫)》)

鸣筝金粟柱,素手玉房前。
欲得周郎顾,时时误拂弦。　　(李端《听筝》,一作《鸣筝》)[①]

李端在有限数量的诗篇中(据统计,李端现存的描写女性的诗约有15至18首),勾勒出诸多女子形象,涉及古代女子生活的方方面面,其中不乏千古名篇,如前面《听筝》以及本节探讨的主题诗《拜新月》。可以说,李端对女性题材诗歌的挖掘,丰富了唐诗中有关女性方面的题材,具有一定的历史意义和极高的文学艺术价值。

二、艺术品读:《拜新月》

中国古代妇女有拜月的传统,宫廷女子和民间女子皆不例外,特别是在农历七月初七拜月的传统最为盛行,所以女子拜月也叫拜新月。据说,拜新月时,女子都要在自家庭园摆上水果和面点,点香燃烛,虔诚祷告、叩拜,如同今人生日仪式上女子吹灭蜡烛时许心愿一般。古代女子叩拜时祷告,对月述说心事,祈求爱情如意、婚姻幸福、家人团圆等。这种拜新月的传统,到了唐朝极为盛行。例如:

东家阿母亦拜月,一拜一悲声断绝。
昔年拜月逞容[②]仪,如今拜月双泪垂。
回看众女拜新月,却忆红闺年少时。

(吉中孚妻《杂曲歌辞·拜新月》,片段)

农历七月初七,根据民间传说是天上牛郎与织女在银河相会的日子,可能因此这天晚上的拜新月仪式显得"隆重"了些。除了七月初七晚,其他有"新月"的夜晚,也有拜新月的。其实,严格说来,"新月"是指初一晚上的月相,那时月球的正面刚好全部朝着太阳,月球

---

① 此诗为本书下卷第十三章第四节所研究的主题诗。
② 容仪,一作"容辉"。

的黑暗一面对着地球,因此在地球上就看不见月球。但是,不严格说来,尤其在古代新月意味着第一次能看到的月相,时间大致为农历初二或初三至初七,故有"一弯新月"或"一钩新月"的说法。到了农历初八左右,从地球上看,月亮已移到太阳以东90°角,这时地球上的我们可以看到月亮西边明亮的半面,这时的月相叫"上弦"。上弦月相属于"半轮月",只能在前半夜看到,半夜时分便没入西方。

除了农历七月初七的夜晚,其他有新月的夜晚,也有拜新月的,但不限于每月初七夜。那时,也许是看到了一钩新月,就临时起兴,随即拜月了,也就演变出古代妇女用拜新月来寄托内心愿望这一风俗了。李端在《拜新月》中描写的就是这样一幕:夜晚卷起帘子,见一弯新月挂在夜空,联想到自己近一段时间以来积郁的心事,这名女子便急忙走下台阶,开始叩拜。首联"开帘见新月,便即下阶拜"意即如此。如此叩拜,没有什么仪式,也没摆任何水果和点心,"揣摩语气,开帘前似未有拜月之意,然开帘一见新月,即便于阶前随地而拜,如此不拘形式,可知其长期以来积有许多心事,许多言语,无可诉说之人,无奈而托之明月。以此无奈之情,正见其拜月之诚,因诚,固也无须兴师动众讲究什么拜月仪式"(萧涤非,俞平伯,施蛰存等,2004:660)。

只见这位女子轻声细语,发出的祈愿之声也许连她自己都听不见,别人就更别提了,更无法得知她祈愿的具体内容了。这位女子祈愿的具体内容也只能永远埋藏在其心里,成为永远的秘密了。至此,诗意基本已尽,却未曾想诗人以神来之笔收尾:北风吹裙带。也许,只有冷飕飕的北风可知这位女子的心意,将她的裙带吹起,在风中飘扬。如同诗人李端观察细腻,清人黄叔灿对此结句理解入微:

> 上三句写照,心事已是传神,但试思"细语人不闻"下如何下转语?工诗者于此用离脱法,"北风吹裙带"!此诗之魂,通首活现矣。 （清代黄叔灿《唐诗笺注》）[1]

---

[1] 转引自"霍松林,1991:414"。

三、个人品读：临时起意拜新月

站在女子角度书写的李端，深谙女子内心活动的细腻，这在《听筝》（具体可参见本书下卷第十三章第四节）一诗已初露端倪，且这在《拜新月》中得到了加强和巩固。

在《拜新月》中，李端以生动形象的笔触对唐代一位女子临时起意拜新月的场景娓娓道来，自然流畅，毫无做作之感。首联开门见山，直接点题：开帘见新月，便即下阶拜。这位女子也许觉得憋闷，拉开窗帘。窗帘一拉开，"一钩新月天如水"（宋代谢逸《千秋岁·咏夏景》），这怎能不勾起该女子心中长久以来堆积的、无人可述说的心事？于是，她立即下了台阶，对月叩拜起来。心事重重的女子可能在"开帘"之前就有所期待，期待外面的天空会悬挂着一弯新月；也许忙碌的生活让她忘记"今夕是何年"（宋代苏轼《水调歌头·明月几时有》），也令她有所期待，期待"开帘见新月"。果然，女子见到了期待中的新月，心为之一颤：何不就此拜新月？首联对句"便即下阶拜"就顺理成章了。

尾联出句对这位女子向月祷告情景的描述，更见诗人李端非凡的笔力：细语人不闻。当然，对月倾诉，旁人自然不得闻了，可谓"对月诉情，人自不闻语也"（［清］沈德潜，1979：622）。女子心事的隐秘，在此可见一斑。此时无声，却胜似有声，因"心有所怀，未开帘以前早已见月，不免触动情怀，即便下阶而拜，思欲以情诉之月也。拜月而诉衷情，喁喁然。细语人岂得闻，却亦不使闻之于人也"（清代王尧衢《古唐诗合解》）①。在此时，诗人笔锋一转而言"其他"——北风吹裙带，这一白描之笔，类似现代电影中的"空镜头"，与"东舟西舫悄无言，唯见江心秋月白"有着异曲同工之妙。正值冬季，也许是严冬之际，北风嗖嗖吹着，寒意逼人，但逼不走这位女子的虔诚之心。她站立风中，做着"细语人不闻"的祷告之姿，任凭北风吹起裙带，随

---

① 转引自"霍松林，1991：414"。

风飘动。这一"空镜头",可谓神来之笔,胜过千言万语——"三四颇具风致,用意少而含意多也。"(刘永济,1981:122)

> "北风"字老甚! 风吹裙带,有悄悄冥冥之意。此句要从旁人看出才有景,若直说出所语何事,便是钝根汉矣! 画家射虎,但作弯弓引满之状;洗砚图,但画清水满池,而弃一砚于中,与此同一关捩。　　　　　　　　　　　　　　（明代黄生《唐诗摘钞》）①

在诗人李端的笔下,女子这种临时起意式的拜月情怀,细腻之至,又别具一格。拜完新月、重拾台阶回到闺中的女子,又会有怎样的举止,李端在《拜新月》中并没有交代,诗意止于"北风吹裙带"。也许从另一位唐代诗人的诗中会有所管窥吧:

佳人惜颜色,恐逐芳菲歇。
日暮出画堂,下阶拜新月。
拜月如有词,傍人那得知。
归来投玉枕,始觉泪痕垂。　　　　　　　　　　　　（常浩《赠卢夫人》）

四、英译研究:自由体、改写体、散文体还是格律体?

本书上卷第七章第二节第二部分"古诗的可译性状态",提到了古诗的"可译性"与"不可译性"方面的问题。尽管专家学者各持己见,说法不一,且争论不休,但通过各种手段的运用,总能从一定的程度上化"不可译性"为"可译性",从而产生各种体式的译诗版本。如自由体、改写体、散文体、格律体等,正如本书上卷第七章第二节第三部分"古诗英译译品的生存状态"所述。不管各位专家学者持有什么样的理论观点,古诗英译包括唐诗英译甚至更为具体化的本书的主题——唐代五绝英译研究及韵体英译探索,上述四种体式各有利弊,各有存在的理由。因此可以说,任何偏执一方的译诗理论都是以偏概全的"一家之说"。下面以另外两首唐代绝句的两个体式的译诗和本节主题诗两个体式的译本为例,对古诗英译特别是唐代五绝英译

---

① 转引自"霍松林,1991:414"。

中体式的选择加以简单的探讨。

译例(1)

金缕衣　杜秋娘

劝君莫惜金缕衣,劝君须惜少年时。

有花堪折直须折,莫待无花空折枝。

The Gold-Threaded Robe

(Written to Music)

By *TU CH'IU NIANG*

Covet not a gold-threaded robe,

Cherish only your young days!

If a bud open, gather it—

Lest you but wait for an empty bough.

Note to the Poem

　　Tu Ch'iu-niang was a singing-girl, the only woman poet in this anthology.①

注:1. robe: *Noun* a long, loose outer garment reaching to the ankles 长袍;罩袍

　2. covet: *Verb* (coveted, coveting) (with obj.) yearn to possess or have (something) 渴望;觊觎;垂涎;贪求

　3. bough: *Noun* a main branch of a tree 树枝;大树枝(e.g. apple boughs laden with blossom 开满了花的苹果树枝)

　4. anthology: *Noun* a published collection of poems or other pieces of writing (诗、文等的)选集

　　上述"译例(1)"为"自由体"英译诗,在古诗英译中占很大的比例。有人也将"自由体"称作"散体",即以诗歌的形式书写,但不十分关注音步的控制,也不押韵的一种诗歌形式,也就是所谓的"现代诗"形式。因为有学者认为,用韵势必害意,而不用韵则可以很好地传达原诗的意义。此译例的译者基本上采用直译的方法,个别地方

---

　①　威特·宾纳(Witter Bynner)译,选自威特·宾纳所著"*The Chinese Translations: The Works of Witter Bynner*"。

做了调整,以自由体英诗译出了原诗。虽未完全传达出原诗的"神韵",但却在诗的"可译性"和"不可译性"之间开辟了一条出路。

译例(2)

黄鹤楼送孟浩然之广陵　李白

故人西辞黄鹤楼,烟花三月下扬州。

孤帆远影碧空尽,唯见长江天际流。

Separation on the River Kiang

By *Rihaku*

Ko-jin goes west from Ko-kaku-ro,

The smoke-flowers are blurred over the river.

His lone sail blots the far sky.

And now I see only the river,

The long Kiang, reaching heaven. [1]

注:1. Rihaku：*Noun* 李白(应该是根据日语发音拼读而来的词)

2. Kiang：*Noun* 江(河)(应该是根据日语发音拼读而来的词)

3. Ko-jin：*Noun* 故人(应该是根据日语发音拼读而来的词)

4. Ko-kaku-ro：*Noun* 黄鹤楼(应该是根据日语发音拼读而来的词)

5. blur：*Verb* (blurred, blurring) make or become unclear or less distinct (with obj.) (no obj.)(使)变得模糊不清(e.g. Tears blurred her vision. 泪水模糊了她的视线。)

6. blot：*Verb* obscure a view 使模糊;遮蔽(e.g. A dust shield blots out the sun. 灰尘形成的屏障挡住了太阳。)

在"译例(2)"中,译诗的体式属于典型的"改写体",因为译者埃兹拉·庞德做的是"再次翻译"。庞德阅读的原文是欧内斯特·费诺洛萨(Ernest Fenollosa)的听课笔记,当时"费氏不懂中文。他先是用日语标出每个汉字的读音,然后根据老师的讲解记下每个字的意思,最后再对每行做一个串译"(吴伏生,2012:345)。庞德在"再次翻

---

[1] 埃兹拉·庞德(Ezra Pound)译,选自埃兹拉·庞德所著《神州集》(*Cathay*)。

译"过程中进行了"改写",属于所谓的"改写体"译诗,就是因为当时"庞德所面对的,已经基本上是比较可靠、整齐的诗歌素材。他所要做的,便是利用他那诗人的想象与才华把这些素材改造成现代诗歌,让这些古老的异国诗篇死而复生"(吴伏生,2012:348)。

本书著者认为,这里所说的"改写体"本身是不稳定的,犹如山上的一块石头,最终要滚落到山下某个角落。同时,所谓的"改写体",有对内容的改写,有对形式的改写,也有双重的。所以,改写体最终的归宿,或者是自由体,或者是格律体,或者是散文体。可以看出,本译例中庞德的"改写体"译诗最终归于"自由体"英诗。

从本质上来看,在译者将原诗译成自由体、散文体、格律体等体式过程中,或多或少都带有译者"改写"的成分,此乃诗的"不可译性"使然,只不过改写的成分没有纯粹改写体那么明显罢了,且改写的程度不是那么"离谱"。这样,"改写体"就具有了普遍性的特点,但以庞德为真正的、正宗的改写体代表。回顾"译例(2)"中的译诗,诗题以及诗体的第一行至第三行都经过了很大程度的改写,属于原诗的"重生"版了,但与原诗还是有着千丝万缕的联系。

针对李端的《拜新月》,为了使译诗达意,有人甚至以"散文体"译出。当然,还是以自由体和格律体居多。试看下列两个译本。

译本(1)

拜新月　耿㳞[①]

开帘见新月,便即下阶拜。

细语人不闻,北风吹裙带。

Under a Crescent Moon

By *Geng Wei*

The curtains drawn aside, a crescent moon comes into view. Stepping down into the court-yard, she prostrates herself in adoration. Murmured prayers are not for mortal ears. And the north wind, which might

---

① 关于此诗作者之争,参见本节开始部分。

hear a word or two, just keeps blowing.[①]

注：1. crescent：*Noun* the curved sickle shape of the waxing or waning moon 月牙形；新月形；弦月形；(月亮)镰刀形。

2. prostrate：*Verb*（with obj.）（prostrate oneself）throw oneself flat on the ground so as to be lying face downwards, especially in reverence or submission（尤指尊敬或屈从）使(自己)俯伏；使拜倒（e.g. She prostrated herself on the bare floor of the church. 她匍匐在教堂光秃秃的地板上。）

3. mortal：*Adjective*（attrib.）（of a living human being, often in contrast to a divine being）subject to death（常指相对于神的人）总有一死的（e.g. All men are mortal. 人总有一死。）

在"译本(1)"中，译者以"散文体"英文译出了原诗，所谓"散文体"，就是译诗不是以诗的形式隔行书写，而是写成普通的英语文章形式。这种译诗体式是诗的"可译性"产物，虽然不符合一些专家学者的"以诗译诗"理论，但却也无可厚非，也是在诗的"可译性"和"不可译性"之间开辟出的一条通路，自有诗歌叙事不可替代的优势。但是，目前只有少数译者做这样的尝试，翁显良先生的《古诗英译》和《古诗英译二十八首》实质上都属于散文体译诗作品。

译本(2)

拜新月　李端

开帘见新月，便即下阶拜。

细语人不闻，北风吹裙带。

Prostrate Herself before the New Moon[②]

By *Li Duan*

Seeing the new moon, on opening curtain brown,
Walking down the door steps and kneeling down.
Praying in low murmurs for avoiding being heard,

---

① 翁显良译，摘自"翁显良, 1988(6): 14"。

② 对这首英译诗其他方面的探讨，感兴趣的读者可参阅本书下卷第十二章第五节第一部分"译例(2)"。

While north breeze touches lightly her belted gown.

N. B. This poem has fewer words than affections, subtle and implicit with high artistic attainments. Even in this informal worship, she must have many things to tell, but as she has no one to tell she can only turn to the moon. (都森,陈玉筠,2011:49)

注:1. prostrate:*Verb*(with obj.)(prostrate oneself) throw oneself flat on the ground so as to be lying face downwards, especially in reverence or submission (尤指尊敬或屈从)使(自己)俯伏;使拜倒(e.g. She prostrated herself on the bare floor of the church. 她匍匐在教堂光秃秃的地板上。)

2. gown:*Noun* a long dress, typically having a close-fitting bodice and a flared or flowing skirt, worn on formal occasions(尤指正式场合穿着的有紧身胸衣和舒展长裙的)长礼服;裙服(e.g. a silk ball gown 一件丝绸的舞会袍)

"译本(2)"属于典型的"格律体"译诗体式,符合一些理论家提出的"以诗译诗"理论,算是汉语格律诗与英语格律诗跨时空的对等形式,是很多译者追求的目标,也是本书研究的主题之一,只不过其"难为"的程度很高,动辄"以韵害意",处理不当便得不偿失。由于在译成"格律体"过程中,要考虑音步和押韵等因素,需要对原诗进行一定程度的"改写",但这又不等同于以庞德为代表的"改写体"一派的做法,这样的"改写"要尽力做到合情合理,要尽力杜绝添油加醋式的无中生有。在这样的"改写"过程中,语序调整、增词补译、增行补意等手段就不可避免地得以使用了。

综上所述,在古诗英译过程中,存在着自由体、改写体、散文体、格律体等体式之间的矛盾,应处理好这样的矛盾。本书著者认为,理想的古诗英译译品,应该是在传递原诗信息(内涵)的同时,最大限度地保持原诗的形式之美。这样看来,古诗英译形式固然重要,但不可过于固守形式,要在个别"害意"的形式处,打破形式的壁垒,以更好地传递信息。所以,理想的古诗英译作品应该是一个"杂交"(hybrid)译本,也可以说是"韵式自由体英诗",也就是本书倡导的"韵体英译",即控制音步,但扬、抑节奏宽松,且符合英诗押韵要求。

五、韵译探索:拜新月

拜新月　李端

开帘见新月,便即下阶拜。

细语人不闻,北风吹裙带。

Praying to the Crescent Moon

By *LI Duan*

Throughout the curtain rais'd to stay,

The moment she beholds a moon

Of crescent shape, th' young lady soon

Steps quickly down th' doorsteps to pray.

Her prayer is too low to hear;

However her skirt's laces fly

Trembling in th' north wind cold and dry,

Which can be heard and seen quite clear.

(Translated by *WANG Yong-sheng*)　　　　（王永胜译）

注:1. pray: *Verb* [no obj.] address a solemn request or expression of thanks to a deity or other object of worship 祈祷;做祷告;祈求

2. crescent: *Noun* the curved sickle shape of the waxing or waning moon 月牙形;新月形;弦月形;(月亮)镰刀形

3. rais'd = raised

4. behold: *Verb* (with obj.) (often in imperative) (archaic or poetic/literary) see or observe (someone or something, especially of remarkable or impressive nature) (古旧用法或诗/文用法)看;观看(尤指看非凡的或感人的人或事物) (e.g. Behold your lord and prince! 看国王和王子!)

5. th' = the

6. doorstep: *Noun* a step leading up to the outer door of a house 门阶

7. prayer: *Noun* a solemn request for help or expression of thanks addressed to God or an object of worship 祷告;祈祷;祷文;祷辞 (e.g. I'll say a prayer for him. 我将为他祷告。)

第三节 露寒月夜

五言绝句原诗：

<pre>
dú   zì   pī   yī   zuò   gēng shēn yuè   lù   hán
独   自   披   衣   坐， 更   深   月   露   寒。
gé   lián cháng yù   duàn zhēng gǎn xià   jiē kàn
隔   帘   肠   欲   断， 争   敢   下   阶   看。
</pre>

九言白话译文：

披衣独坐起甚感孤单，已是夜深月明露华寒。

隔着帘望月肠已欲断，怎还敢迈下台阶去看。

这首诗为中唐诗人权德舆的《玉台体》，此诗题下共有十二首，诗体为"独自披衣坐，更深月露寒。隔帘肠欲断，争敢下阶看"的这一首是其中的第十首。

一、人物品读：权德舆

权德舆(759—818)，权皋之子，唐代诗人，字载之，天水略阳(今甘肃秦安)人。权德舆仕宦显达，当过宰相，并以文章著称，为中唐台阁体重要作家。卒于元和十三年，追赠左仆射，谥号"文"。

权德舆幼时聪颖，领悟力很强，且少有才气。《新唐书》载："德舆生三岁，知变四声，四岁能赋诗，积思经术，无不贯综。自始学至老，未曾一日去书不观。"(《新唐书·卷第一百五十六·列传第九十·三郑高权崔》)据说，到了15岁那年，权德舆竟为文数百篇，见称于诸儒间。权德舆的诗以五言居多，其中的绝句占有很大的比例，且脍炙人口、通俗流畅、清新自然、情真意切。例如：

十年曾一别，征路此相逢。

马首向何处？夕阳千万峰。　　　(权德舆《岭上逢久别者又别》)

昨夜裙带解，今朝蟢子飞。

铅华不可弃，莫是藁砧归。　　　(权德舆《玉台体十二首》其十一)

家寄江东远，身对江西春。

空见相思树,不见相思人。　　　　　　　(权德舆《相思树》)

对权德舆的诗,严羽在其《沧浪诗话》中有这样的评论:"戎昱之诗,有绝似晚唐者;权德舆之诗,却有绝似盛唐者。权德舆,或有似韦苏州、刘长卿处……大历以后,吾所深取,李长吉、柳子厚、刘言史、权德舆、李涉、李益耳。"可见后人对权德舆评价之高。

二、艺术品读:《玉台体十二首(其十)》

自《玉台新咏》之后,后人多加以模仿,"玉台体"也就诞生了,只是后来界定不一,但以宋代严羽的论断最为突出,"其《沧浪诗话·诗体》云:'玉台体':《玉台集》乃徐陵所序,汉魏六朝之诗皆有之。或者但谓纤艳者为'玉台体',其实则不然。可见,'玉台体'的风格就是纤艳,至少在严羽之前,是一个普遍的认识,因此严氏才有此批评意见。"(雷磊,2004[3]:183)尽管如此,一般情况下人们通常视"玉台体"为艳情诗体或者言情诗体,多为男女情愫、闺情、闺怨之类内容。

首联"独自披衣坐,更深月露寒",揭示诗中主人,应是一位年轻的女子,孤枕难眠的情形。不成眠,便独自披上衣服坐了起来,见屋外明月高悬,也许是一轮满月。此时,夜已深,至少应是午夜时分了,因古时候一夜分五更,"更深"则应是在三更或者三更以后了。水汽凝露,估计是到了秋天时节,因"月露发光彩,此时方见秋"(刘禹锡《新秋对月寄乐天》)。月光下,凝露给人以寒意,何况已是午夜之后,故"更深月露寒"。

在这种情况之下,隔着一层朦胧的帘子看到外面月色明亮,就已经肝肠欲寸断,怎么还有胆量走下门前的台阶,到外面将月亮一览无余呢?尾联"隔帘肠欲断,争敢下阶看",意即在此。在古诗、词、曲中,"争"多为"怎么、如何"之意。例如:

曾愁香结破颜迟,今见妖红委地时。
若是有情争不哭,夜来风雨葬西施。　　　　　　　(韩偓《哭花》)

权德舆的这首"玉台体"五绝诗,"观察入微,描写细致。心有缺失怕见美满之景,它会衬得自己更加不完美。稍见月色已肠欲断,一

轮明月,情何能堪!"(文东,2015:204)

三、个人品读:何堪月明人孤独

权德舆的这首《玉台体十二首(其十)》述说的是一段隐隐的伤痛,是一名年轻女子情感的经历。如果说她隔帘看到的是一轮圆月的话,那么,说她"争敢下阶看",就是说她"怕见月圆人不圆"(文东,2015:204)。不管帘外是否圆月一轮,那肯定是个明亮的月夜,那个月夜在寒露的映衬下,更加明亮。这样,那位女子"争敢下阶看"? 又何堪月明人孤独呢?

首联对句中的"月露寒",很有可能说明,天已入秋,水汽凝结,化作露华即露水,令人觉得寒冷与孤单:

空山摇落三秋暮,萤过疏帘月露团。
寂寞银灯愁不寐,萧萧风竹夜窗寒。　　(武元衡《宿青阳驿》)

更何况,诗中的女主人夜不能寐而在更深之际"独自披衣坐",月下露华怎能不令她有寒凉之感!这样的感觉,令她隔帘朦胧见月色,都已经萌生"肠欲断"之感了,又怎么能走下台阶,仔细观瞻,甚至举头望明月呢?

隔帘见月色朦胧,就已经肝肠欲寸断,哪还有勇气走到明月之下,让明月照亮影只形单的自己——何堪月明人孤独? 此情此景,后代的柳永给出了一个颇为"应景"的写照:

多情自古伤离别,更那堪,冷落清秋节! 今宵酒醒何处? 杨柳岸,晓风残月。此去经年,应是良辰好景虚设。便纵有千种风情,更与何人说?　　(柳永《雨霖铃·寒蝉凄切》下片)

四、英译研究:词语中文化因素的处理

古诗词中的词语,往往寓含丰富的文化因素,这样的文化因素犹如凝结在琥珀中的动植物,跟词语本身融合到了一起,成为带有文化因素的词语。古诗词译成英文时,此类词语若照直翻译,里面寓含的文化因素很难释放出来,不容易为译语读者所理解和接受。此时,除了翻译中做"归化"处理外,还可以将此类词语中的文化因素释放出

来,即在翻译中做还原处理,如权德舆《玉台体十二首(其十一)》中的"铅华"可以还原成"化妆品"来处理,"藁砧"可以还原成"丈夫"来处理;还可以对此类文化因素做加注处理。例如,同样在权德舆《玉台体十二首(其十一)》中,对于"裙带解""蟢子飞"所具有的文化内涵,可以做加注处理。当然,有些情况下,可以将还原与加注结合起来,双管齐下,以达到译诗的目的,让译语读者理解和接受。下面以权德舆《玉台体十二首(其十一)》三个译本为例,对古诗英译特别是唐代五绝韵体英译中,词语中文化因素的处理加以简单的探讨。

原诗

玉台体　权德舆

昨夜裙带解,今朝蟢子飞。

铅华不可弃,莫是藁砧归。

在古代,"裙带解"和"蟢子飞"都是夫妇好合的吉祥预兆;"铅华"为古代女子化妆用的胭脂或脂粉,而"藁砧"则由于其读音等方面的关系,用来隐指丈夫。丈夫出门在外,长时间不回家,好不容易有了预兆,感觉丈夫要回来了,于是妻子打扮一番,涂脂抹粉——"铅华不可弃",迎接丈夫归来——莫是藁砧归?

译例(1)

The Forlorn Wife

By *Quan Deyu*

The girdle of my skirt got loose last night;

This morning happy spiders flew in sight.

I shan't put my cosmetics long away;

Would not my husband come home right today?

(王大濂,1998:115)

注:1. forlorn:*Adjective* pitifully sad and abandoned or lonely 被遗弃的;孤苦伶仃的;可怜的(e.g. forlorn figures at bus stops 汽车站旁孤零零的人)

2. girdle:*Noun* a belt or cord worn round the waist 腰带;腰绳

3. skirt:*Noun* a woman's outer garment fastened around the waist and hanging down around the legs 裙子

4. cosmetic: *Noun* (usu. cosmetics) a product applied to the body, especially the face, to improve its appearance 美容剂;化妆品(尤指面霜)

在"译例(1)"中,译者基本上采用直译法来翻译原诗的首联,但没有做加注处理,恐怕很难让译语读者领会诗意。译诗对原诗尾联词语中的文化因素做了还原处理,很不错,但是译诗的第三行和第四行之间的语义衔接似乎有些脱节,没有充分体现出"女为悦己者容"来迎接丈夫归来的那种喜悦之情。好在译者采用韵体英译,从形式上多少弥补了内容上的不足。

译例(2)

A Song After the Yutai Style

By *Quan Deyu*

Last night my skirt-bands came loose and untied;
This morning I see a larval spider fly.
l cannot give up my lead powder then—
Isn't that my worse half coming back? mine eye!

Notes:

1. Yutai Style (玉台体), a poetry style which owns the name by a book *A New Collection of Yutai* (Jadeite Terrace,《玉台新咏》), an anthology of love poems of ancient China, compiled by Xu Ling (徐陵) of the Southern Dynasties (南朝, 420-589).

2. In ancient China, people believed that there would be some happy events to occur when the skirt-band fell loose itself and a Xi Zi (蟢子), a kind of spider, was seen flying in the air.

3. Lead powder was used in cosmetics by Chinese women of old times.

(吴钧陶,1997:513)

注:1. larval: *Adjective* immature of its kind; especially being or characteristic of immature insects in the newly hatched wormlike feeding stage 幼虫的;幼虫状态的

2. the worse half: (Adult/Slang) a husband (成人用语或俚语表达)丈夫

3. mine: *Possessive Determiner* (archaic) (used before a vowel) my（古旧用法）（用于元音前）我的（e.g. Tears did fill mine eyes. 我热泪盈眶。）
4. jadeite: *Noun* (mass noun) a green, blue, or white mineral which is one of the forms of jade. It is a silicate of sodium, aluminum, and iron and belongs to the pyroxene group 硬玉；翡翠石
5. anthology: *Noun* a published collection of poems or other pieces of writing （诗、文等的）选集

"译例(2)"在内容和形式上都与原诗具有很大程度的契合。在此译例中,译者总体上采用直译法,对个别含有文化因素的词语做了还原处理,最后加注,完美收官。虽然加注处理对译者来说烦琐了些,但是能很好地达到译诗的目的。遗憾的是,为了求得偶数行押韵,此译例中译者将"eye"硬是做了单数处理,不太符合英文的行文逻辑。

译例(3)

The Forlorn Wife

By *Quan Deyu*

My girdle fell loose of itself last night,

Early this morning a luck-spider flew;

Let me not put away my box of rouge,

My husband's home again. But is it true?[①]

注：1. forlorn: *Adjective* pitifully sad and abandoned or lonely 被遗弃的；孤苦伶仃的；可怜的（e.g. forlorn figures at bus stops 汽车站旁孤零零的人）
2. girdle: *Noun* a belt or cord worn round the waist 腰带；腰绳
3. rouge: *Noun* [mass noun] a red powder or cream used as a cosmetic for colouring the cheeks or lips 胭脂；口红

在"译例(3)"中,尽管译者对原诗首联对句中的"蟢子"做了增词处理,加了一个辅助性的"luck"一词,但是估计译语读者照样难以把握诗意的实质,这就使得译诗的前两行跟后两行之间缺乏一定的

---

① Yang Zhouhan 译,引自"许渊冲、陆佩弦、吴钧陶等,1988：258"。

逻辑联系,显得有些脱节。此译者对原诗尾联的处理比较到位,除了对含有文化因素的词语做还原处理外,还从押韵的角度考虑合理增添了一个简短的问句,生动形象之余,也很好传达了原诗的诗意,可谓一举两得。

针对权德舆的这首《玉台体十二首(其十)》,除了"玉台体"本身的文化含义,不加注对诗意的理解无关大碍外,对于诗体中"月"的意象或文化含义,若不加注给予解释的话,恐怕很难让译语读者抓住诗意的实质。所以,在英译这首诗的过程中,若无法在诗体中通过还原处理来交代清楚"月",特别是明月和圆月或满月与"团圆"之间的关系的话,那么只好加注来体现了。

五、韵译探索:玉台体十二首(其十)

玉台体十二首(其十) 权德舆
独自披衣坐,更深月露寒。
隔帘肠欲断,争敢下阶看。

Yutai-style Love Poetry (Tenth of Twelve Poems with the Same Title)

By *QUAN De-yu*

'Lone, up she sits in bed, an' then

On slips her coat in th' small hours when

She senses th' bright moon shining where

Cold dew drops glistening in th' air.

Almost heart-broken seeing it

Through th' little chinks of th' blind, how dare

She step down th' doorsteps with true grit

To have a close look at th' moon fair?

N. B. "*Yutai* Style" is a kind of poetic style usually adopted by ancient Chinese poets to describe love affairs especially from the perspective of a lady. In both ancient and modern China, the moon, be it a bright one or a full one, will always provoke people into various thinking.

In particular, the full moon in particular always arouses in persons a sense of reunion with their spouse or family.

(Translated by *WANG Yong-sheng*) （王永胜译）

注:1. 'Lone = alone

2. sit up (sit someone up): move (or cause someone to move) from a lying or slouching to a sitting position 坐直；使坐起 (e.g. Amy sat up and rubbed her eyes. 艾米坐了起来，擦了擦眼睛。)

3. an' = and

4. slip sth on: to put clothes or shoes on quickly and easily 迅速轻易地穿上 (e.g. Hold on, I'll just slip my coat on, then I'll be ready. 等一下,我披上外衣就好了。)

5. th' = the

6. small hours: *Plural Noun* (the small hours) the early hours of the morning after midnight 凌晨时分 (e.g. She returned in the small hours. 她凌晨才回来。)

7. sense: *Verb* (with obj.) perceive by a sense or senses 感觉到；觉察到 (e.g. With the first frost, they could sense a change in the days. 随着第一场霜降，他们能感觉到气候的变化。)

8. dew: *Noun* (mass noun) tiny drops of water that form on cool surfaces at night, when atmospheric vapour condenses 露；露滴；露水

9. glisten: *Verb* (no obj.) (of something wet or greasy) shine; glitter (潮湿或油腻的东西)闪闪发光；闪闪发亮 (e.g. His cheeks glistened with tears. 他的脸颊因流泪而闪闪发亮。)

10. chink: *Noun* a narrow opening or crack, typically one that admits light (尤指透光的)裂口；裂缝

11. blind: *Noun* a screen for a window, especially one on a roller or made of slats 窗帘(尤指卷帘或百叶窗)(e.g. She pulled down the blinds. 她拉下窗帘。)

12. doorstep: *Noun* a step leading up to the outer door of a house 门前台阶

13. grit: *Noun* courage and resolve; strength of character 勇气；决心；坚毅；坚定 (e.g. He displayed the true grit of the navy pilot he used to be. 曾经当过海军领航员的他表现出了这一职业所特有的勇气和坚毅。)

14. fair: *Adjective* (archaic) beautiful; attractive (古旧用法)美丽的；动人的；

有魅力的(e.g. the fairest of her daughters 她女儿中最漂亮的一位)

第四节 月明月夜

五言绝句原诗：

jiá àn fù lián shā　zhī zhī yáo làng huā
夹　岸　复　连　沙，枝　枝　摇　浪　花。
yuè míng hún sì xuě　wú chù rèn yú jiā
月　明　浑　似　雪，无　处　认　渔　家。

九言白话译文：

芦花一片夹岸又连沙，枝枝随风摇摆翻浪花。

明月下芦花酷似白雪，无从辨别何处是渔家。

此诗为唐代诗人雍裕之的五言绝句《芦花》。全诗主题突出，生动而形象地展现了芦花的姿态和给人的感受。

一、人物品读：雍裕之

雍裕之约公元785年后出生，公元813年前后在世，为中晚唐时期的诗人，生卒年均不详，生平亦不详。有学者（郭莉，2006）认为，裕之是蜀人，于唐德宗贞元元年（公元785年）后出生，是中唐巴蜀田园诗人。此外，在《唐才子传校笺》中，傅璇琮"疑裕之约生于颜真卿、皎然之后，大致与权德舆、王建同时"[①]。关于权德舆，读者可参阅本章上一节（即第三节）第一部分。

雍裕之的诗，虽然体裁和题材稍杂，但内容极其富有情致和真挚的情感。例如：

无风才到地，有凤还满空。
缘渠偏似雪，莫近鬓毛生。　　　　　　（雍裕之《柳絮》）
自君之出矣，宝镜为谁明。
思君如陇水，长闻呜咽声。　　　　　（雍裕之《自君之出矣》）

---

① 转引自"袁楚林，2015[4]：79"。

另据考证,"雍裕之最早活动于唐代宗宝应年间,曾谒见李抱真。雍裕之现存诗歌共三十三首,其中《自君之出矣》和《春晦送客》两首在《全唐诗》重出的诗歌都应归属于雍裕之。"(袁楚林,2015[4]:82)

二、艺术品读:《芦花》

雍裕之的《芦花》,渲染的是白昼如画的动态景观,也是月夜洁白、静谧的画面:

> 在河流两岸又与沙洲相连处长满芦苇,一枝枝芦苇摇动着如同波浪起伏的花。月明之下芦花又像雪花漫天飞舞,令人认不清什么地方是渔人的家。　　　　(文东,2015:173)

这就是唐代诗人雍裕之笔下的芦花。当然,明月下芦花似雪,却不一定如上述"漫天飞舞"。从远处看,片片芦花"夹岸复连沙,枝枝摇浪花",水岸的两边芦苇茂盛,开满芦花,芦苇生长态势极旺,还与沙洲或水边的沙丘连到了一起。每一枝芦苇都顶着一簇毛茸茸的花,芦花随风上下起伏,犹如浪花滚滚向前涌动。此景之美,只可远观:大片茂盛的芦苇开花,芦花似海,波涛起伏,颇为壮观。这种"夹岸"之美,大诗人李白笔下也有描述,不过描述的是桃花:

水作青龙盘石堤,桃花夹岸鲁门西。
若教月下乘舟去,何啻风流到剡溪。

(李白《东鲁门泛舟二首》其二)

再回到雍裕之笔下的《芦花》,看看其尾联。时光推移,日落月出:"月明浑似雪,无处认渔家。"从高处看,明亮的月光之下,片片芦花"浑似雪"——完全(简直)像皑皑白雪,隐匿了渔家的所在,一切尽在虚无缥缈之中,也看不到在水面摇来晃去的渔家小船,让人无从辨别渔家到底在哪里。

这首五绝以实托虚,先从芦花所处的实景写起,进而展开想象的翅膀,逐渐飞向诗人想象中的目的地,展示了"芦苇之乡秋夜美"(文东,2015:173)。

三、个人品读：月明之夜花似雪

雍裕之的《芦花》，是一首写景五绝，向人们展现的是一幅由昼入夜过程中芦花的变换图景。正是：

芦苇花开，秋天到来。

风吹花动，如浪过海。

月照花静，如雪皑皑。

渔家何处，无以辨猜。

也许芦苇在夏日就已有花萌发，时至秋日更是毛茸茸、白茫茫的一片。花立苇顶，花随苇动，故芦花亦"夹岸复连沙，枝枝摇浪花"。芦花的这种美，屡见于唐代诗人的笔下。如"一帆程歇九秋时，漠漠芦花拂浪飞"（杜荀鹤《秋日泊浦江》），"洲白芦花吐，园红柿叶稀"（张籍《岳州晚景》）等。

本来就白花花一片的芦花，逢明月之夜，在明亮月色的映照和衬托之下，更是白上加白——"浑似雪"，简直跟雪没有什么分别了，其结果就是"无处认渔家"。水滨渔家本来就掩映在芦苇之间，点缀于芦花之中，不好辨认，再逢月明之夜，芦花浑似白雪，更是增加了辨认的难度：月明之夜花似雪，渔家之所更隐约。

月明之夜，芦花似雪。芦花逢月明之夜，总能勾起诗人的想象，这种意境的营造，在唐代诗人笔下屡见不鲜。如"愁君独向沙头宿，水绕芦花月满船"（白居易《赠江客》），"淅淅寒流涨浅沙，月明空渚遍芦花"（王贞白《宿新安村步》），"也知只在秋江上，明月芦花何处寻"（李归唐《失鹭鹚》），"红霞禅石上，明月钓船中。醉倒芦花白，吟缘蓼岸红"（齐己《寄江居耿处士》）等。

时值秋日，恰芦花逢月明之夜，月明芦花浑似雪，这样"一个洁白光明的世界，或许就是诗人向往的境界"（文东，2015：173）。在这样一个境界中，"无处认渔家"，当然也看不见渔人停泊水边的小船，也许诗人会陡生一番淡淡的忧愁滋味："连素穗，翻秋气，细节疏茎任长吹。共作月中声，孤舟发乡思。"（耿湋《芦花动》）

四、英译研究:意象的处理(6)——改造和再造

本书上卷第九章第三节第四部分、第十一章第三节第四部分,本书下卷第十二章第一节第四部分、第十三章第二节第四部分以及第十五章第一节第四部分,分别站在不同的视角探讨了古诗英译中意象的处理方面问题。在意象的处理过程中,译者首先要增强意识,高度重视意象翻译的重要性,其次再对原诗的意象加以再现、转换或借用。意象的再现是直译法的体现,属于异化式的翻译策略,而意象的转换和借用则是意译法的体现,属于归化式的翻译策略;可以对于原诗中含有强烈中国历史与文化色彩的意象,在译诗中加以合理的阐释并适当加注处理;也可以将补译与省译这两种方法结合起来使用,进而处理好原诗中的意象,令其在译诗中得到最大程度的体现。

除上述之外,在古诗英译特别是唐代五绝韵体英译中,还可以对原诗中的意象进行改造,必要时甚至可以再造原诗的意象,以便译诗具有更高的可读性,易于为译语读者所接受,这是出于归化式翻译策略所考虑的。有时,这样的"改造"甚至"再造"会达到一种非同寻常的效果。例如,美国女诗人埃米·洛厄尔(Amy Lowell)根据中国诗中的意象所创作的现代英诗:

From China

By *Amy Lowell*

I thought—

The moon,

Shining upon the many steps of the palace before me,

Shines also upon the chequered rice-fields

Of my native land.

And my tears fell

Like white rice grains

At my feet.

其实,这首诗属于变相的"译诗",其中对"tears"(泪水)这一意象的体现则带有"异化"色彩,但异化之中又加以改造甚至再造。埃

米并没有按照传统的中文表述将"泪水"描述成"泪如雨下"或者"如珠滚落",而是基于"稻田",将"泪水"改造成"如一粒粒白花花的大米,/滚落到脚下",这也就不亚于意象的"再造"了:

中国诗的灵感

埃米·洛厄尔

我曾以为,

明亮的月光——

照在我眼前宫殿那一级级台阶之上,

也会照在我家乡

那一块块纵横交错的稻田之上。

至此,我的泪水啊,

如一粒粒白花花的大米,

滚落到脚下。 (王永胜译)

其实,译诗中意象的改造或再造,具有一定的"改写"性质。尽管如此,这样的改造甚至再造要具有合理性,要跟原诗紧密相关,否则就会导致改写过度,背离译诗的本质。具体说来,意象的改造或再造可以通过合理性联想和借用以及一定的句式转换等手段来进行。下面以唐代三首绝句及其英译诗和雍裕之《芦花》的一个译本为例,对古诗英译特别是唐代五绝的韵体英译中意象的改造和再造加以简单的探讨。

译例(1)

江雪 柳宗元

千山鸟飞绝,万径人踪灭。

孤舟蓑笠翁,独钓寒江雪。

Snow

By *Liu Zongyuan*

No sign of birds in the mountain; nor of men along the trails; nor any craft on the river but a little boat, with an old man in rustic hat and cape dangling a line in the frigid waters—a solitary figure veiled in silent snow.①

注:1. trail: *Noun* beaten path through rough country such as a wood or moor(荒野)小路;(树林、沼泽中踩出来的)小道;小径

2. craft: *Noun* (pl. same) a boat or ship 船;艇;舰

3. rustic: *Adjective* having a simplicity and charm that is considered typical of the countryside 淳朴的;朴素的;质朴的;乡下风格的

4. cape: *Noun* a sleeveless cloak, typically a short one(尤指短)无袖斗篷

5. frigid: *Adjective* very cold in temperature 寒冷的;极冷的

6. veil: *Verb* (usu. as adj. veiled) partially conceal, disguise, or obscure 掩饰;隐蔽

在"译例(1)"中,译者别出心裁,采用散文体英文来翻译原诗,属于对译诗的一种探索。其中,译者将"蓑笠翁"中的"笠"处理成"rustic hat",对原诗的意象做了一定程度的改写,通过相关性联想,变"具体"为"模糊",从文化层面做了一定程度的转换,达到了一定的效果,恐怕更易于被译语读者所理解和接受吧。

译例(2)

暮江吟　白居易

一道残阳铺水中,半江瑟瑟半江红。

可怜九月初三夜,露似真珠月似弓。

Sunset over the River

By *Bai Juyi*

A beam of the setting sun turns

Half the river dark green and

The other half red; on the lovely

Third night of the ninth moon—

The pearly dew,

---

① 翁显良译,转引自"张保红,2014(4):90"。有关这首译诗的相关分析,读者可参阅本书上卷第十一章第一节第四部分"译本(10)"。

The bow-shaped moon.①

注:1. pearly：*Adjective* resembling a pearl in lustre or colour 有珍珠光泽的；珠色的
（e.g. the pearly light of a clear, still dawn 晴朗、静谧清晨的珠灰色天光）

2. dew：*Noun*（mass noun）tiny drops of water that form on cool surfaces at night, when atmospheric vapour condenses 露；露滴；露水

在"译例(2)"中，译者首先将诗题"暮江吟"这一意象以意译的方法做了转换式处理，译成"Sunset over the River"，更贴近英文诗题的行文要求，直截了当，一目了然。在结句"露似真珠月似弓"的处理上，此译者将原诗意象做了句式转换处理，译成"The pearly dew"和"The bow-shaped moon"这样两个名词性短语，化繁为简，言简意赅。另外，译诗的第四行"the ninth moon"有点令人费解，若理解成"the ninth lunar month"（郭著章，江安，鲁文忠等，2010：164），未免有点牵强。

译例(3)

嫦娥　李商隐

云母屏风烛影深，长河渐落晓星沈。

常娥应悔偷灵药，碧海青天夜夜心。

To the Moon Goddess

By *Li Shangyin*

Upon the marble screen the candlelight is winking,

The Milky Way is slanting and morning stars sinking.

You'd regret to have stolen the miraculous potion,

Night after night you brood o'er the celestial ocean!②

注:1. goddess：*Noun* a female deity 女神

2. marble：*Noun*（mass noun）a hard crystalline metamorphic form of limestone, typically white with mottlings or streaks of colour, which is capable of taking a polish and is used in sculpture and architecture 大理石

---

① 艾黎（Rewi Alley）译，转引自"郭著章，江安，鲁文忠，2010：164"。
② 许渊冲译，转引自"郭著章，江安，鲁文忠，2010：217-218"。

3. wink: *Verb* (of a bright object or a light) shine or flash intermittently (明亮物体、灯光)闪烁;明灭

4. potion: *Noun* a liquid with healing, magical, or poisonous properties 药液;神奇的液体;神水;带有毒性的饮剂 (e.g. a love potion 春药饮剂)

5. brood: *Verb* (no obj.) think deeply about something that makes one unhappy 沉思;念念不忘(尤指不愉快的事) (e.g. He brooded over his dead mother. 他念念不忘已故的母亲。)

6. o'er = over

7. celestial: *Adjective* [attrib.] positioned in or relating to the sky, or outer space as observed in astronomy 位于天上的;天的;天空的;外层空间的;太空的

在"译例(3)"中,译者将诗题"嫦娥"这一意象做了"再造"处理,借用了英文中的"Moon Goddess"来表达。这样的再造,本书著者认为不尽合理,倒不如直接音译,再做加注处理,这样能更好保留原诗的意象。另外,译诗的第三、第四行将视角切换成"you",也不尽合理,应以第三人称的"she"为宜。

针对雍裕之的这首《芦花》,为达译诗目的,某些意象也可以加以改造甚至再造,但要具有合理性。试看下面的译本。

译本

Reed Catkins

By *Yong Yuzhi*

From the bank to a stretch of sands,

White waves from waves atop the reeds.

Catkins in moonlight are like snow:

Fisherman's home is hard to know.

(张智中,2009:073)

注:1. reed: *Noun* a tall, slender-leaved plant of the grass family, which grows in water or on marshy ground 芦苇

2. catkin: *Noun* a flowering spike of trees such as willow and hazel. Catkins are typically downy, pendulous, composed of flowers of a single sex, and wind-pollinated 柔荑花序;杨花;柳絮

3. atop: *Preposition* on the top of 在……顶上

在上述"译本"中,译者对诗题做了改造,并没有将"芦花"译成"Reed Flowers",而是通过一定的联想,译成"Reed Catkins",因"catkins"与"芦花"形状相似,这样的改造算是合理的。原诗首句"复连沙"中的"沙"这一意象,此译者将之改造成"a stretch of sands",具有一定的合理性,但次句"枝枝摇浪花"改造成"White waves from waves atop the reeds",其合理性就有待商榷了,同时本书著者认为,也许"from"为"form"之误。

综上所述,对于雍裕之的五绝作品《芦花》,可以在合理性联想和借用以及一定的句式转换基础上,对其中的意象加以改造甚至再造。如将"芦花"更为贴切地改造成"Reed Spikes";将"枝枝摇浪花"改造成"Waving in th' wind like wavy bursts",其中通过"waving""wind""wavy"三个单词首字母"w"的重复,来达到叠音词"枝枝"的效果,将"摇浪花"译成"wavy bursts",即波浪的一次次爆发或来袭。通过这样的改造,本书著者认为能很好达到译诗的目的。同时,这样的处理,往往出于韵体英译的考虑,以使译诗达到音步和押韵方面的要求。如将"浑似雪"改造成"they're foam / Of snow"(雪一样的泡沫)以跟结句的"渔家"(fishermen's home)押韵。

五、韵译探索:芦花

芦花　雍裕之
夹岸复连沙,枝枝摇浪花。
月明浑似雪,无处认渔家。

Reed Spikes

By *YONG Yu-zhi*

With th' bank in between, they link th' hursts,

Waving in th' wind like wavy bursts.

But with th' bright moon shining, they're foam

Of snow, veiling fishermen's home.

(Translated by *WANG Yong-sheng*)　　　　(王永胜译)

注:1. reed: *Noun* a tall, slender-leaved plant of the grass family, which grows in wa-

ter or on marshy ground 芦苇
2. spike：*Noun*（Botany）a flower cluster formed of many flower heads attached directly to a long stem（植物学）穗；穗状花序
3. th' = the
4. between：*Adverb* in or along the space separating two objects or regions 夹在两物（或两个区域）之间的空间中（e.g. layers of paper with tar in between 两层之间有焦油的一叠纸）
5. hurst：*Noun* a sandbank in the sea or a river（海或河中）沙洲；沙岸
6. foam：*Noun*（mass noun）a mass of small bubbles formed on or in liquid, typically by agitation or fermentation 泡沫
7. veil：*Verb*（with obj.）cover with or as though with a veil（似）以面纱遮掩

第五节　别友月夜

五言绝句原诗：

yìng mén huái shuǐ lǜ　liú jì zhǔ rén xīn
映　门　淮　水　绿，留　骑　主　人　心。

míng yuè suí liáng yuàn chūn cháo yè yè shēn
明　月　随　良　掾，春　潮　夜　夜　深。

九言白话译文：

碧绿淮水映照着房门，映照出主人留客之心。
且让明月伴良官离去，忆君如春潮夜夜加深。

此诗为盛唐著名诗人王昌龄的一首五绝，诗题为《送郭司仓》。一个月明之夜，诗人送别好友，有感而发，情真意切。

王昌龄是盛唐一位边塞诗人。郭司仓，为诗人王昌龄一位郭姓朋友，官职为"司仓"。据《新唐书·百官志》记载："州参佐有司仓参军事一人，为从七、八品阶。"看来，在唐代司仓实为司仓参军事，为"唐代诸州佐治之官"（王洪，田军，1990：1253），应是一个不起眼的官职。

一、人物品读：王昌龄

王昌龄（约690～698—756），字少伯，河东晋阳（今山西太原）

人,一说京兆万年即唐代西京长安(今陕西西安)人。盛唐诗人王昌龄一生仕途不顺,屡遭贬谪。王昌龄的一生,结交了不少朋友,每每被贬,都有朋友写诗表达心境。被贬岭南,孟浩然以诗相送:"数年同笔砚,兹夕间衾裯。意气今何在,相思望斗牛。"(孟浩然《送王昌龄之岭南》片段)后又被贬龙标(今湖南黔阳)县尉,李白作诗赠之:

杨花落尽子规啼,闻道龙标过五溪。

我寄愁心与明月,随君直到夜郎西。①

(李白《闻王昌龄左迁龙标遥有此寄》)

因曾任江宁(今江苏南京)县丞,这可能是王昌龄做过的最大的官了,故人称"王江宁"。元代辛文房在《唐才子传》卷二中称王昌龄为"诗家夫子王江宁"。由此可知,"作为'诗家'而被称为'夫子',可见他在当时是如何受到人们的尊重"(穆克宏,1981[4]:85)。王昌龄在其所生活的时代,诗名就已经很盛了,"旗亭画壁"(参见本书上卷第十一章第四节第一部分)这一典故从一个侧面反映出王昌龄当时的盛名。

王昌龄的诗,"虽然并没有反映什么重大的社会问题和历史事件,但是,它所反映的社会生活仍是比较广泛的,有些诗篇不仅内容丰富,而且也是比较深刻的"(穆克宏,1981[4]:84),特别是他的边塞诗还是独树一帜、值得一提的。例如:

秦时明月汉时关,万里长征人未还。

但使龙城飞将在,不教胡马度阴山。(王昌龄《出塞二首》其一)

王昌龄的诗,以绝句居多,其中五绝作品占据很大的比例,尤其以七绝为盛,被后人誉为"七绝圣手"。七绝中,偶见表达其个人心迹的佳作:

寒雨连江夜入吴,平明送客楚山孤。

洛阳亲友如相问,一片冰心在玉壶。(王昌龄《芙蓉楼送辛渐》)

可惜的是,祸从天降,"安史之乱"起,王昌龄从龙标赶赴江宁,被

---

① 此诗首句"杨花落尽",一作"扬州花落";此句"随君",一作"随风"。

亳州刺史闾丘晓杀害。至于闾丘晓因何杀害王昌龄，是因嫉贤妒能，是因政治阴谋，还是因个人目的，就不得而知了。就这样，盛唐时代一位著名诗人死于非命，悄然陨落，令人扼腕叹息，同时也令人悲伤无比。

二、艺术品读：《送郭司仓》

王昌龄的这首《送郭司仓》，从诗题就可以看出，是一首送别诗，且从诗体可进一步断定，这是一首月夜送别诗。整体观之，这首诗"写来浑不用力，但却情意真挚，感人至深"（蒙万夫，阎琦，1991：237）。但是，这首诗的时间界限不明显，也许主客对饮，由昼转夜，主人于是萌生留客之心；也许就在一轮明月之下，主客对饮，不忍离别，遂生留客之心。但也无须深究，那皆为背景的陪衬，最终的焦点就是月下送客，与友话别，祝愿友人，思念友人。

首联出句"映门淮水绿"，交代了地点，模糊了时间。淮水自门前流过，也许因深而绿（这里的"绿"应含有"青绿""碧绿"之意，即融入了部分蓝天的颜色），也许两岸葱葱的植物映绿了河水。总之，碧绿的淮水映照着诗人的房门，抑或宴饮场所的门，抑或岸上普通居民家的房门。如此怡人的场景，客人何不留下开怀畅饮、叙谈？自然引出首联对句"留骑主人心"，"骑"(jì)，骑马的人；"留骑"，留住了骑马的人，就是留客之意。景色如此怡人，主人留客之心也如此真诚。正如李攀龙在《唐诗训解》中所说："贤主嘉宾，言外可想。映门水绿，足以娱宾。主人留客之情深矣。"①

至于客人有何回应，宾主之间如何交流，自然省略于短短五绝的首联和尾联之间而无法表示出来。

紧接着，诗人笔锋一转，进入尾联："明月随良掾，春潮夜夜深。"主人的留客之心虽深如碧绿的淮水，却最终未能留住客人，即主人的好友郭司仓，那就愿明月伴着他一路前行，他是一个良掾——"良掾，

---

① 转引自"霍松林，1991：316"。

指郭司仓。官署属员通称为'掾',司仓为州郡长官之属员,故称'良掾'。"(李云逸,1984:122)当然,这里的"良掾",还应该是好官、清官、廉官之意。"明月随良掾",而主人对客人的怀念之心,犹如"春潮夜夜深",因为据说春天的淮河水会夜夜涨高,水位一夜高过一夜,即诗中所谓的"深",寓含对友人思念之深。可谓"春潮夜至,居人之忆也"(李攀龙《唐诗训解》)[①]。

后二句说所以留骑。言今夜明月与淮水相映照,晴色可爱,不就此而留饮乎?别后唯此明月随君去,春潮与我俱在此地。每夜引吾恨愈深,谓己不及明月之追随郭也。《句解》曰:"此诗盖人在淮水上饮饯郭,昌龄在坐而送之,故称'主人'。"亦通。

(祝允明《笺注唐诗选》)[②]

三、个人品读:月夜送别景情融

王昌龄的五绝作品《送郭司仓》,可以说是一首以景衬情、情景交融的月夜送友离别诗。全诗以景起兴,借景抒情,言简意赅,情谊无穷。

诗的开篇犹如一幅画,一幅静谧而沁人心脾的风景画,画中的淮河水碧绿,映照在岸边的房门之上。此时的天空也许清澈蔚蓝,一切都是那么美好。景色如斯,主客对饮,主人怎能舍得客人离去。于是,主人"留骑"的心思随着"映门淮水绿"油然而生,情景交融,恰到好处。首联开合自如,以实景为衬,凸显了主人留客的真诚之心。诗的前半部,即首联,半景半情构成了完整的一联。

但是,友人远行已成定局,为官职位虽低却有利于克己奉公,要做个好官还需前往赴任,那就让"明月"随着"良掾",伴着友人前行吧。夜空中的明月也许是一轮满月,那是团圆的时刻,可友人却要离开。舍不得,却也留不住,那就托明月伴友人这位良掾而去吧。尾联

---

① 转引自"霍松林,1991:316"。
② 转引自"霍松林,1991:317"。

出句"明月随良掾"半景半情构成完整的一句,而尾联对句"春潮夜夜深",看似全部写景,实则景情完美的融合。春潮本是夜夜高,到了诗人王昌龄这里则由高转深,变成了"夜夜深",寓含主人念友之情随着春潮夜夜涨高而夜夜加深,可谓"春日潮水夜夜高,念友之情夜夜深"。由此看来,结句也算得上是半景半情构成的完整一句了。细读之下,似乎可见诗人的一丝无奈之情若隐若现:明月伴良掾去吧,此地只留下我自己,就让春潮伴着我"夜夜深"——似乎带有点儿崔颢的"昔人已乘黄鹤去,此地空余黄鹤楼"的架势。不同的是,友人骑着马前去赴任,此地空余的是我,还有那夜夜深的春潮。

王昌龄的这首五绝,"前半说留,后半说送,还让实境虚境、白昼夜晚、聚首分离互相映衬,别具情趣"(文东,2015:126),可谓:

友人骑马奔前程,此地春潮落又升。
淮水春潮与良掾,月夜送别景情融。

四、英译研究:韵体英译中修辞性调整

本书下卷第十四章第四节第四部分谈到了语法与逻辑基础上的修辞,第十五章第四节第四部分谈到了修辞手法的处理,第十六章第二节第四部分在形象性的体现方面谈到了修辞性调整。在此,以前面提到的几点为基础,拟从古诗韵体英译特别是唐代五绝韵体英译的角度,进一步探讨一下修辞性调整方面的问题。在韵体英译中,为达到译诗要求,特别是在抑、扬节奏和押韵等方面的要求,修辞性调整是必不可少的一步,但修辞性调整不能背离原诗文本,即在忠实度方面要达到要求,否则背离原诗文本太远,达不到译诗目的,译诗也就失去了意义,正迎合了一句俗话:"当官不为民做主,不如回家种红薯"。那样的话,倒不如去创作英诗了。韵体英译中的修辞性调整,就是要在基本上忠实于原诗的基础上,做一定量的、合乎情理的灵活性处理。

修辞,一言以蔽之,就是在语言运用过程中利用多种语言手段以收到尽可能理想的表达效果的一种语言活动。也就是说,修辞是提高语言表达效果的一种手段。具体来说,"修辞就是在运用语言的时候,根据特定的目的精心选择语言的过程,力求把话和文章说得更正确、更明白、更生动、更精彩。"(陈安定,2004:1)这里的关键词是"选择",修辞的核心其实就是选择。有学者干脆以此界定修辞:"修辞就是选择。"①选择好了,也就达到了预设的目的,正如吕叔湘先生所言:"修辞学,照我们的看法,应该是在各种可供选择的语言手段之间,各个(多是同义的)词语之间,各种句式之间,各种篇章结构之间,各种风格之间进行选择,选择那些最适合最需要的,用于当前特定的目的。"②同时,修辞还是一个调整的过程,调整到适合表达目的的状态,如对词性、语序、句式等做调整,有时候调整是为了达到某种特殊的目的。

修辞大体上可分为广义修辞和狭义修辞两大类。"广义,以为修当作调整或适用解,辞当作语辞解,修辞就是调整或适用语辞"(陈望道,1997:1),而"狭义,以为修当作修饰解,辞当作文辞解,修辞就是修饰文辞"(陈望道,1997:1)。换个角度来看,修辞可分为特殊性修辞和一般性修辞。所谓特殊性修辞,就是对一些修辞格的运用。如比喻、拟人、借代等;所谓一般性修辞就是对字、词、句、篇章等的选择和调整,涉及用词是否妥帖、造句是否合理、谋篇布局是否严谨、描述是否形象生动等。

在翻译过程中,既要注意一般性修辞,又要注意特殊性修辞,但这里讨论的重点是一般性修辞,也就是在古诗韵体英译特别是唐代五绝韵体英译过程中,要注意一般性修辞的运用。将其落到实处,就是要在这一韵体英译过程中,做好修辞性调整工作,用好各种调整手段以达译诗目的,如措辞、增词、减词、加注、语序或词序调整、增加诗行等。下面以三首唐代绝句为例,对韵体英译中修辞性调整加以简单探讨。

---

① 张志公先生对修辞所下的定义,转引自"张光明,2002:1"。
② 吕叔湘先生对修辞的见解,转引自"张光明,2002:1"。

译例(1)

秋夜喜遇王处士　王绩

北场芸藿罢,东皋刈黍归。

相逢秋月满,更值夜萤飞。

An Autumn Evening

By *Wang Ji*

Finished weeding soybean in the north field,

Back from the east acres harvesting millet.

Come upon, in the full moon evening, my old friend,

While fireflies gleaming, tiny green lights flit.

Note: The poem describes the pastoral life featuring relaxed sentiment in the busy autumn.　　　　　　　　　（都森,陈玉筠,2011:3）

注:1. soybean: *Noun* (also soya bean) a bean of the soya plant 大豆

2. millet: *Noun* (mass noun) a fast-growing cereal which is widely grown in warm countries and regions with poor soils. The numerous small seeds are widely used to make flour or alcoholic drinks 黍;稷;小米;粟

3. firefly: *Noun* a soft-bodied beetle related to the glow-worm, the winged male and flightless female of which both have luminescent organs. The light is chiefly produced in flashes and typically functions as a signal between the sexes 火萤;熠萤;萤火虫

4. gleam: *Verb* [no obj.] shine brightly, especially with reflected light（尤指反光的）发光;闪烁 (e.g. Light gleamed on the china cats. 瓷猫身上闪着光。)

5. flit: *Verb* (flitted, flitting) [no obj., with adverbial of direction] move swiftly and lightly 轻快地移动 (e.g. Small birds flitted about in the branches. 小鸟在树枝间轻快跳跃。)

6. pastoral: *Adjective* associated with country life 乡村的;乡村生活的 (e.g. The view was pastoral, with rolling fields and grazing sheep. 眼前的景色如同一幅乡村风景画,有起伏的田野和正在吃草的羊群。)

王绩的这首《秋夜喜遇王处士》,诗题本身是点睛之笔,因诗体未提一个"喜"字,却在诗行间洋溢着见到老友王处士时的那种"喜"的

气氛。鉴于此,"译例(1)"中译者对诗题所做的修辞性调整,即减词省译,就有点欠妥当了。还是照直翻译,再对"王处士"增词补译为佳。此译例的译者采用韵体英译,第一、第三行应为不完全押韵,基本上属于"视觉韵"(eye rhyme),简称"视韵"。译诗的前两行基本上为直译,英语的"形合"(parataxis)特征体现得不完整,对"芸藿""东皋"的措辞可再斟酌;译诗的后两行做了一定量的修辞性调整,表达的效果还是可以的,如第三行的增词处理,增加了"my old friend",第四行语序的调整。另外,此译例中,译者还做了加注处理,这也算是一种修辞性调整,特别对于韵体英译很有必要,但是加注的内容要适当加以考虑,最好做"点睛"式加注处理,如历史、文化背景的加注处理,典故的加注处理等。无关紧要的加注,则可省掉。

译例(2)

塞下曲　卢纶

月黑雁飞高,单于夜遁逃。

欲将轻骑逐,大雪满弓刀。

A Border Song

By *Lu Lun*

Startled wild geese fly high in moonless night,

The Tartar chieftain trough the dark takes flight.

Our cavaliers chase him, armed with the bow

And the sword both coated with heavy snow.[①]

注:1. Tartar: *Noun* (historical) a member of the combined forces of central Asian peoples, including Mongols and Turks, who under the leadership of Genghis Khan conquered much of Asia and eastern Europe in the early 13th century, and under Tamerlane (14th century) established an empire with its capital at Samarkand (历史上用法)鞑靼人(包括蒙古人和土耳其人在内的中亚人联合部队的成员之一,13世纪早期在成吉思汗的率领下征服了亚洲大部分地区和东欧,14世纪在帖木儿的统治下建立了帝国,定都撒马尔罕)

---

① 许渊冲译,转引自"郭著章,江安,鲁文忠,2010:125"。

2. chieftain: *Noun* the leader of a people or clan 酋长；族长
3. cavalier: *Noun* (archaic) a horseman, especially a cavalryman（古旧用法）骑士（尤指骑兵）

卢纶的这首《塞下曲》共有六首，这是其中的第三首。在《全唐诗》第278卷中，诗题作《和张仆射塞下曲》，其中"仆射"（pú yè）是中国秦至宋代的官名，宋代以后被废除。"塞下曲"为乐府旧题，多写边塞军旅生活，算是古时候的一种战歌，所以在"译本（2）"中，译者将诗题经过一番修辞性调整，意译成"A Border Song"，虽然没有照顾到所有六首诗，有点"自私"，但还算是合理的，而宾纳译作"Border Songs（Ⅲ）"（郭著章，江安，鲁文忠，2010：125），照顾到了全局，则更为合理一些。原诗首联"月黑雁飞高，单于夜遁逃"中的两句之间其实是有一定关联的，"雁飞高"是由"夜遁逃"引发的，是"夜遁逃"的征兆。这样的逻辑关系，汉语思维理解起来问题不大，但译成英语则需通过修辞性调整，增加相关的逻辑关联词予以体现。因此，此译本在这方面体现不足。但是，为了做到韵体英译，此诗译者还是下了一番功夫，在语序上做了一定量的调整。尾联的翻译要把握住一个"欲"字，刻画的是出发追逐单于残部之前的情形。鉴于此，此译本的第三、第四行存着某些不足之处。另外，从修辞的角度考虑，在译诗最后一行的"sword"后加一个逗号，则前后语法、逻辑关系就更为明朗了。

译例（3）

江楼旧感　赵嘏

独上江楼思渺然，月光如水水如天。
同来望月人何处，风景依稀似去年。

RECOLLECTION

By *Zhao Gu*

Alone upon this river tower
What gloomy thoughts my heart devour!
Like waters still the moonbeams flow,
The river joins the sky below.

> But where are they who with me came
> To gaze upon her lambent flame?
> The scene is much like last year's: yet
> Those gone how can my heart forget?①

注:1. recollection: *Noun* [mass noun] the action or faculty of remembering or recollecting something 回忆；记忆；记忆力（e.g. To the best of my recollection no one ever had a bad word to say about him. 就我记忆所及，没有人说过他的坏话。）
2. gloomy: *Adjective* (gloomier, gloomiest) causing distress or depression 使悲伤（或消沉）的（e.g. a gloomy atmosphere 令人沮丧的气氛）
3. devour: *Verb* (be devoured) (of a person) be totally absorbed by a powerful feeling 心中充满（强烈的情感）（e.g. She was devoured by need. 她心中充满渴求。）
4. moonbeam: *Noun* a ray of moonlight 月光
5. lambent: *Adjective* (poetic/literary) (of light or fire) glowing, gleaming, or flickering with a soft radiance（诗/文用法）（光或火）闪烁的；摇曳的；发柔光的（e.g. the magical, lambent light of the north 北方神秘、闪烁的光）

汉语方块文字本身表意性很强，也就是说汉语语义具有一定的浓缩性。从这一点来看，翻译——不管是英译汉还是汉译英往往不是"一个萝卜一个坑"。汉语的古诗语言尤其如此，特别是绝句作品，短短几十个字，意义高度浓缩。考虑到上述因素，若译诗无法以与原诗对等的行数完成，则可考虑增加诗行。增加诗行本身也算是一种修辞性调整，且增加诗行后其他修辞性调整的难度虽极大地增加了，但却为韵体英译留足了空间。在"译例（3）"中，诗题一作《江楼旧感》或《江楼有感》，译诗诗题减少了原诗诗题的表达，只译出了类似"感旧"的"Recollection"，或多或少损失了一部分意象，因古人登高往往出于排忧的目的，以舒胸中郁闷之气。颇为可取的是，此译例译者为了韵体英译及诗意表达的需要，不惜代价增加了一倍的诗行数量，

---

① 佛来遮（W. J. B. Fletcher）译，转引自"吕叔湘，2002：280"。佛来遮是英国外交官，曾来华任领事，还在中山大学执过教。

化四行为八行,很好地达到了译诗的目的,诗意得以充分呈现。另外,由于汉英语言和文化本身的差异,译诗过程中特别是韵体英译过程中若做不到诗行对等,最佳的途径就是增加诗行。此时,若硬是要追求诗行对等,则势必"以行害意",如同"以韵害意",同样有害。

针对王昌龄的这首《送郭司仓》,其情景交融性比较强,欲采用韵体英译还要充分传达诗意,则需要做较大的修辞性调整。诗题中的"郭司仓"经过语序的调整后,可音译再加注。同时,"淮水"也可做同样的处理,以最大程度保留原诗的意象。为使译诗充分达意,可增加一倍的诗行数量,再做措辞、增词、减词、语序或词序调整等处理。

五、韵译探索:送郭司仓

送郭司仓 王昌龄

映门淮水绿,留骑主人心。

明月随良掾,春潮夜夜深。

A Feeling from Seeing off Mr. Guo with *Sicang* as His Official Title

By *WANG Chang-ling*

Reflective glow of Huaishui's green
Water forms on the door a scene,
Which makes me ask my guest to stay
For more drink ere he's on his way.
In vain, and let the bright moon go
With him, whose title's good but low,
But I remain alone in here,
List'ning to th' river's springtime tide
Rise higher each night loud and clear
As I think of him far and wide.

N. B.

1. *Sicang* is rather a low official title in ancient China, especially in Tang Dynasty. Here in this poem, the poet's friend Mr. Guo is such an

official, who is expected to be a good and clean one.

2. *Huaihe* or *Huaishui* is the Huaihe River or Huaishui River for short, and in particular, Huaishui (River) is the name of the river in ancient China. Located in the eastern part of China and between the Yellow River and the Yangtze River, it is one of the seven biggest rivers in China, which rises in China's southern He'nan Province and flows 1,000 km (621 miles) generally eastwards mainly through He'nan, Anhui and Jiangsu provinces to empty into the Huanghai Sea (the Yellow Sea), one of the inner seas of China, and the Yangtze River. In addition, Huaishui exerts a great influence upon Chinese men of letters, and as an important literary image, it is often mentioned in classical Chinese poetry.

(Translated by *WANG Yong-sheng*) （王永胜译）

注:1. title: *Noun* a name that describes someone's position or job 职称;职务 (e.g. Leese assumed the title of director-general. 利斯担任局长职务。)

2. reflective: *Adjective* produced by reflection 反射产生的 (e.g. a colourful reflective glow 色彩绚丽的反射光)

3. glow: *Noun* (in sing.) a steady radiance of light or heat 发出光(或热)(e.g. The setting sun cast a deep red glow over the city. 落日给城市上空投下一道深红色的霞光。)

4. ere: *Preposition & Conjunction* (poetic/literary or archaic) before (in time) (诗/文用法或古旧用法)在……之前(在时间上)(e.g. We hope you will return ere long. 我们希望你很快回来。)

5. in vain: without success or a result 徒劳地(e.g. They waited in vain for a response. 他们白等回音。)

6. List'ning = Listening

7. th' = the

8. loud and clear: said in a very clear voice or expressed very clearly 响亮而清晰;清楚而明白 (e.g. Tommy's voice came loud and clear from the back row. 汤米的声音从后排传来,响亮而清晰。)

9. far and wide: everywhere and many places; over a large area 到处;广泛地

参考文献

[01] BRESLIN R. Translation[M]. New York: Garden Press, 1976.
[02] BYNNER W. The Jade Mountain: A Chinese Anthology[M]. New York: Alfred A. Knopf, 1929.
[03] CHANG H C. Nature Poetry—Chinese Literature [M] Vol. 2. Edinburgh: Edinburgh University Press, 1977.
[04] CHIH F. Tu Fu: Selected Poems[M]. Honolulu, Hawaii: University Press of the Pacific, 2004.
[05] GILES H A. Chinese Poetry in English Verse (1898) [M]. Whitefish, Montana: Kessinger Publishing, 2009.
[06] GRAHAM A C. Poems of the Late T'ang[M]. New York: NYRB Classics, 2008.
[07] HARRIS P. Three Hundred Tang Poems (Everyman's Library Pocket Poets) [M]. New York: Random House, 2009.
[08] HINTON D. The Selected Poems of Li Po[M]. New York: New Directions Publishing Corporation, 1996.
[09] HINTON D. Classical Chinese Poetry: An Anthology[M]. New York: Farrar, Straus and Giroux, 2010.
[10] JENYNS S. A Further Selection from the Three Hundred Poems of the T'ang Dynasty[M]. London: John Murray, 1944.
[11] JOHNSON S M. Fifty Tang Poems[M]. San Francisco: Pocketscholar Press, 2000.
[12] LARSEN J. Willow, Wine, Mirror, Moon: Women's Poems from Tang China (Lannan Translations Selection Series) [M]. Rochester: BOA Editions Ltd., 2005.
[13] LARSEN J. Brocade River Poems: Selected Works of the Tang Dynasty Courtesan (Lockert Library of Poetry in Translation) [M]. Princeton: Princeton

University Press, 1987.
[14] LEGGE J. The Chinese Classics, Tr. Into English, with Preliminary Essays and Explanatory Notes by James Legge[M]. Ann Arbor, Michigan: University of Michigan Library, 2006.
[15] LOWELL A & AYSCOUGH F W. Fir-Flower Tablets: Poems Translated from the Chinese[M]. Carolina, Charleston, SC: Nabu Press, 2010.
[16] NEWMARK P. A Textbook of Translation[M]. London: Prentice Hall, 1988.
[17] NIDA E A, TABER C R. The Theory and Practice of Translation[M]. Leiden: Brill Academic Pub, 2003.
[18] OBATA S. The Works of Li Po: The Chinese Poet[M]. Carolina, Charleston, SC: Nabu Press, 2010.
[19] OWEN S. The Great Age of Chinese Poetry: The High T'ang[M]. New Haven and London: Yale University Press, 1981.
[20] OWEN S. An Anthology of Chinese Literature: Beginnings To 1911[M]. New York and London: W. W. Norton & Company, 1996.
[21] POUND E. Cathay (1915) [M]. Whitefish, Montana: Kessinger Publishing, 2010.
[22] REXROTH K. 100 Poems from the Chinese[M]. New York: New Directions Publishing Corporation, 1971.
[23] VENUTI L et al. Rethinking Translation: Discourse, Subjectivity and Ideology[M]. London and New York: Routledge, 1992.
[24] WALEY A. A Hundred and Seventy Chinese Poems[M]. Whitefish, Montana: Kessinger Publishing, 2007.
[25] WATSON B. Cold Mountain: 100 Poems by the T'ang Poet Han-shan[M]. New York: Columbia University Press, 1970.
[26] WYLIE A. Notes on Chinese Literature: With Introductory Remarks[M]. Charleston: BiblioLife, 2009.
[27] YIP W-L. Chinese Poetry: An Anthology of Major Modes and Genres (2nd Revised Edition) [M]. Durham: Duke University Press, 1997.
[28] YU P. The Poetry of Wang Wei: New Translations and Commentary[M]. Bloomington: Indiana University Press, 1980.
[29] 阿忆. 风雨北大 水木清华[M]. 贵阳: 贵州教育出版社, 2012.

[30] 艾克利,段宪文,王友怀.唐诗三百首注译[M].北京:太白文艺出版社,2005.
[31] 白建忠.何谓"石尤风"?[J].古典文学知识,2013(4):151-156.
[32] 白靖宇.文化与翻译[M].北京:中国社会科学出版社,2000.
[33] 包惠南,包昂.实用文化翻译学[M].上海:上海科学普及出版社,2000.
[34] 蔡廷干(Tsai Ting-Kan).唐诗英韵(Chinese Poems in English Rhyme)[M].芝加哥(Chicago):芝加哥大学出版社(University of Chicago Press),1932.
[35] 曹顺发.走近"形美":古汉诗英译实践点滴[M].北京:国防工业出版社,2007.
[36] 陈安定.英汉修辞与翻译[M].北京:中国青年出版社,2004.
[37] 何功杰.英语诗歌导读[M].苏州:苏州大学出版社,2011.
[38] 陈望道.修辞学发凡[M].上海:上海教育出版社,1997.
[39] 陈伟英.唐诗主语省略英译补出现象——解读文化差异及意境不可译性[J].浙江大学学报(人文社会科学版),2006(6):177—186.
[40] 初大告.中华隽词101[M].北京:新世界出版社,1987.
[41] 丛滋杭.中国古典诗歌英译理论研究[M].北京:国防工业出版社,2007.
[42] 单畅,王永胜.唐代五绝品读及英译探索(上)[M].长春:吉林大学出版社,2013.
[43] 单畅,王永胜.英文电影片名汉译的审美取向[J].当代电影,2013(6):126-129.
[44] 单畅,王永胜.英文短篇哲理诗101首汉译并注(英汉双语)[M].北京:中国商业出版社,2015.
[45] 邓安生,刘畅,杨永明.王维诗选译[M].成都:巴蜀书社,1990.
[46] 邓炎昌,刘润清.语言与文化——英汉语言文化对比[M].北京:外语教学与研究出版社,1989.
[47] 都森,陈玉筠.古韵新声——唐诗绝句英译108首(英汉对照)[M].武汉:华中科技大学出版社,2011.
[48] 樊养才.《春怨》一诗八种英译评析[J].西安外国语学院学报,2000(3):6—9.
[49] 范文澜.中国通史(第四册)[M].北京:人民出版社,2004.

[50] 范之麟. 李益诗注[M]. 上海:上海古籍出版社,1984.
[51] 范祖民. 实用英语修辞[M]. 北京:科学出版社,2010.
[52] 冯翠华. 英语修辞大全[M]. 北京:外语教学与研究出版社,2004.
[53] 冯庆华. 文体翻译论[M]. 上海:上海外语教育出版社,2002.
[54] 冯庆华. 实用翻译教程[M]. 上海:上海外语教育出版社,2008.
[55] 福建师范大学中文系古典文学教研室. 中国古代文学作品选析(中册)[M]. 福州:福建教育出版社,1986.
[56] 付朝. 孙子兵法结构研究[M]. 北京:解放军出版社,2010.
[57] 傅璇琮. 唐代诗人丛考[M]. 北京:中华书局,1996.
[58] 高玉昆. 论唐诗英译[J]. 国际安全研究,1994(4):21—29.
[59] 葛杰,仓阳卿. 中国古典文学作品选读:绝句三百首[M]. 上海:上海古籍出版社,1980.
[60] 葛景春. 李白诗选[M]. 北京:中华书局,2005.
[61] 葛晓音. 诗国高潮与盛唐文化[M]. 北京:北京大学出版社,1998.
[62] 龚景浩. 英译唐诗名作选[M]. 北京:商务印书馆,2006.
[63] 顾建国. 张九龄研究[M]. 北京:中华书局,2007.
[64] 顾青. 唐诗三百首[M]. 北京:中华书局,2009.
[66] 顾正阳. 古诗词曲英译美学研究[M]. 上海:上海大学出版社,2006.
[66] 顾正阳. 古诗词曲英译文化探索[M]. 上海:上海大学出版社,2007.
[67] 郭莉. 浅谈唐代巴蜀才子——记《唐才子传》中的巴蜀才子[J]. 天府新论,2006(S2):190—192.
[68] 郭著章,江安,鲁文忠. 唐诗精品百首英译(修订版)[M]. 武汉:武汉大学出版社,2010.
[69] 韩成武,张国伟. 唐诗三百首赏析[M]. 石家庄:河北人民出版社,1995.
[70] 韩泉欣. 孟郊集校注[M]. 杭州:浙江古籍出版社,1995.
[71] 陈邦炎. 唐人绝句鉴赏集[M]. 太原:北岳文艺出版社,1988.
[72] 陈婉俊. 唐诗三百首[M]. 北京:中华书局,1959.
[73] 侯真平. 梦溪笔谈[M]. 长沙:岳麓书社,2002.
[74] 胡小礼. 英文数字习语的结构类型及其译法初探[J]. 中国科技信息,2008(22):236—237.
[75] 胡筱颖. 国内唐诗英译研究回顾与反思(1980—2011)[J]. 译苑新谭,2013(5):087—094.

[76] 黄杲炘. 英诗汉译学[M]. 上海：上海外语教育出版社，2007.
[77] 黄国文. 翻译研究的语言学探索——古诗英译本的语言学分析[M]. 上海：上海外语教育出版社，2006.
[78] 黄国文. 功能语言学分析对翻译研究的启示——《清明》英译文的经验功能分析[J]. 外语与外语教学，2002(5)：1-6，11.
[79] 黄国文. 唐诗英译文中的引述现象分析[J]. 外语学刊，2002(3)：1-7.
[80] 黄皓峰. 刘方平研究[J]. 古籍研究，2005(2)：69-80.
[81] 黄鸣奋. 英语世界唐诗专题译、论著通考[J]. 国外社会科学，1995(1)：58-62.
[82] 霍松林. 万首唐人绝句校注集评（上册）[M]. 太原：山西人民出版社，1991.
[83] [宋]计有功. 唐诗纪事[M]. 上海：上海古籍出版社，1987.
[84] 江湖夜雨. 千年霜月千家诗：七言千家诗的全新解读[M]. 天津：天津教育出版社，2010.
[85] 江岚，罗时进. 早期英国汉学家对唐诗英译的贡献[J]. 上海大学学报（社会科学版），2009(02)：33-42.
[86] 金琳. 古诗词中叠音词的审美特性分析[J]. 语文知识，2003(10)：8-9.
[87] 金性尧. 唐诗三百首新注[M]. 上海：上海古籍出版社，1993.
[88] 施建中，隋淑芬. 金圣叹选批唐诗六百首[M]. 北京：北京出版社，1989.
[89] 景晓莺，王丹斌. 英语诗歌常识与名作研读[M]. 上海：上海交通大学出版社，2011.
[90] 雷磊. 论玉台体[J]. 求索，2004(3)：183-185，170.
[91] 李建军.《诗经》与周代原始宗教文化的演化[J]. 江西师范大学学报（哲学社会科学版），2005(2)：17-22.
[92] 李建军. 文化翻译论[M]. 上海：复旦大学出版社，2010.
[93] 李景白. 孟浩然诗集校注[M]. 成都：巴蜀书社，1988.
[94] 李梦生. 绝句三百首注评[M]. 南京：凤凰出版社，2007.
[95] 李淼. 唐诗三百首[M]. 长春：吉林文史出版社，2007.
[96] 李贻荫. "珠帘"与"蛾眉"的英译[J]. 翻译通讯，1984(12)：25-25.
[97] 李裕民. 王之涣作《登鹳雀楼》？——千古名诗原作者考辨[J]. 史志学刊，2015(1)：67-73.
[98] 李云逸. 卢照邻集校注[M]. 北京：中华书局，1998.

[99] 李云逸. 王昌龄诗注[M]. 上海:上海古籍出版社,1984.
[100] 梁守涛. 英诗格律浅说[M]. 北京:商务印书馆,1979.
[101] 廖梦麟. 唐诗《清明》三个英译本的语篇功能分析[J]. 琼州学院学报, 2013(3):64-67.
[102] 林巍. 中西文化比较及翻译研究[M]. 上海:华东理工大学出版社, 2009.
[103] 刘军平. 新译唐诗英韵百首[M]. 北京:中华书局,2002.
[104] 刘开扬. 高适诗集编年笺注[M]. 北京:中华书局,1981.
[105] 刘明华. 丛生的文体:唐宋五大文体的繁荣[M]. 南京:江苏教育出版社,2000.
[106] 刘首顺. 唐诗三百首全译[M]. 西安:陕西人民教育出版社,1986.
[107] [清]刘熙载. 艺概[M]. 上海:上海古籍出版社,1978.
[108] 刘永济. 唐人绝句精华[M]. 北京:人民文学出版社,1981.
[109] 卢炳群. 英译李贺诗百首[M]. 北京:国防工业出版社,2013.
[110] 卢军羽,席欢明. 汉语古诗词英译理论的构建:述评与展望[J]. 广东外语外贸大学学报,2008(2):75-78.
[111] 罗韬. 张九龄诗文选[M]. 广州:广东人民出版社,1994.
[112] 罗宗强. 语言文学丛著·唐诗小史[M]. 西安:陕西人民出版社,1987.
[113] 吕晴飞,李观鼎,刘方成. 汉魏六朝诗歌鉴赏辞典[M]. 北京:中国和平出版社,1990.
[114] 吕叔湘. 中诗英译比录[M]. 北京:中华书局,2002.
[115] 毛谷风. 略论唐人五言绝句[J]. 浙江师范大学学报(社会科学版), 1989(1):8-12.
[116] 毛华奋. 汉语古诗英译比读与研究[M]. 上海:上海社会科学院出版社,2007.
[117] 茅于美. 人文大讲堂·中西诗歌比较研究(第二版)[M]. 北京:中国人民大学出版社,2012.
[118] 蒙万夫,阎琦. 千家诗鉴赏辞典[M]. 西安:陕西人民教育出版社, 1991.
[119] 摩西. 唐诗的江山[M]. 北京:中国对外翻译出版公司,2008.
[120] 穆克宏. 盛唐著名诗人王昌龄[J]. 福建师大学报(哲学社会科学版), 1981(4):85—93,84.

[121] 人民文学出版社编辑部. 唐诗名译[M]. 北京：人民文学出版社，2000.
[122] 任国绪. 卢照邻集编年笺注[M]. 哈尔滨：黑龙江人民出版社，1989.
[123] 任国绪. 初唐四杰诗选[M]. 西安：陕西人民出版社，1992.
[124] 沙灵娜. 唐诗三百首全译[M]. 贵阳：贵州人民出版社，1983.
[125] 商务印书馆辞书研究中心. 新华成语词典[M]. 北京：商务印书馆，2002.
[126] 尚作恩，李孝堂，吴绍礼. 晚唐诗译释[M]. 哈尔滨：黑龙江人民出版社，1987.
[127] [清]沈德潜. 唐诗别裁集（全二册）[M]. 上海：上海古籍出版社，1979.
[128] 沈阳市作家协会. 时光行板：盛京文学网.2016卷[M]. 长春：吉林人民出版社，2018.
[129] 施议对. 人间词话译注（增订本）[M]. 长沙：岳麓书社，2008.
[130] 施蛰存. 唐诗百话[M]. 上海：上海古籍出版社，1987.
[131] 孙大雨. 古诗文英译集[M]. 上海：上海外语教育出版社，2000.
[132] 孙钦善. 高适集校注[M]. 上海：上海古籍出版社，1984.
[133] 孙艺风. 视角 阐释 文化：文学翻译与翻译理论[M]. 北京：清华大学出版社，2004.
[134] 谭燕保. "断裂"与"异化"：唐诗的"救赎"[J]. 武汉理工大学学报（社会科学版），2013(3)：481—486.
[135] 《唐诗鉴赏大全集》编委会. 唐诗鉴赏大全集[M]. 北京：中国华侨出版社，2010.
[136] 唐一鹤. 英译唐诗三百首[M]. 天津：天津人民出版社，2005.
[137] 陶敏，王友胜. 韦应物诗选[M]. 北京：中华书局，2005.
[138] 田耕宇. 唐音余韵：晚唐诗研究[M]. 成都：巴蜀书社，2001.
[139] 汪敬钦.《春怨》英译启示录——理解之于译诗[J]. 外语教学，2000(01)：60-63.
[140] 汪榕培，李正栓. 典籍英译研究[M]. 保定：河北大学出版社，2005.
[141] 王宝童. 王维诗百首（汉英对照图文本）[M]. 上海：上海世界图书出版公司，2005.
[142] 王臣. 月锦绣，锁清秋[M]. 武汉：武汉出版社，2011.
[143] 王臣. 染花集：最好的女子，最美的情事[M]. 北京：中国华侨出版社，

2011.

[144] 王大濂. 英译唐诗绝句百首[M]. 天津：百花文艺出版社，1998.
[145] 王定璋. 略论李端和他的诗歌[J]. 青海民族学院学报，1989(1)：43-49.
[146] 王海艳，刘秀华. 仁者见仁 智者见智——浅析中诗英译现状[J]. 辽宁工业大学学报(社会科学版)，2009(3)：48—50.
[147] 王洪，田军. 唐诗百科大辞典[M]. 北京：光明日报出版社，1990.
[148] 王建平. 汉诗英译中的语篇衔接与连贯[J]. 外国语言文学，2003(1)：36-40.
[149] 王力，岑麒祥，林焘. 古汉语常用字字典[M]. 4版，北京：商务印书馆，2005.
[150] 王宁. 翻译研究的文化转向[M]. 北京：清华大学出版社，2009.
[151] 王庆凯. 诗词格式谱典[M]. 广州：花城出版社，2008.
[152] 王守义，约翰·诺弗尔. 唐宋诗词英译[M]. 哈尔滨：黑龙江人民出版社，1989.
[153] 王文斌. 从两首唐诗的不同英译看文学翻译中的未定性和具体化[J]. 中国翻译，2001(2)：52-54.
[154] 王小可. 早期英国唐诗英译中的阴性化倾向[J]. 衡水学院学报，2013(5)：83-86.
[155] 王小如，王运熙，骆玉明，等. 汉魏六朝诗鉴赏辞典[M]. 上海：上海辞书出版社，1992.
[156] 王永胜，赵朋亮. 英文电影作品片名翻译比较研究[J]. 渤海大学学报(哲学社会科学版)，2007(6)：141-144.
[157] 王永义. 格律诗写作技巧[M]. 青岛：青岛出版社，1995.
[158] 文东. 当你读懂唐诗千首：古绝与律绝[M]. 广州：羊城晚报出版社，2015.
[159] 文殊. 唐宋绝句名篇英译[M]. 北京：外语教学与研究出版社，1995.
[160] 文殊. 诗词英译选[M]. 北京：外语教学与研究出版社，1989.
[161] 翁显良. 古诗英译[M]. 北京：北京出版社，1985.
[162] 翁显良. 古诗英译二十八首[J]. 外国语(上海外国语学院学报)，1988(6)：11-15，10.
[163] 吴伏生. 汉诗英译研究：理雅各、翟理斯、韦利、庞德[M]. 北京：学苑出版社，2012.

[164] 吴钧陶.汉英对照·唐诗三百首[M].长沙:湖南出版社,1997.
[165] 萧涤非,俞平伯,施蛰存,等.唐诗鉴赏辞典[M].上海:上海辞书出版社,2004.
[166] 熊飞.张九龄集校注[M].北京:中华书局,2008.
[167] 徐昌才.恋上大唐诗生活[M].西安:陕西师范大学出版总社有限公司,2011.
[168] 徐定祥.论李峤及其诗歌[J].江淮论坛,1992(6):95—102.
[169] 徐磊.只是当时已惘然:唐诗的美丽读法[M].北京:中国对外翻译出版公司,2007.
[170] 徐明霞.卢照邻集 杨炯集[M].北京:中华书局,1980.
[171] 徐鹏.孟浩然集校注[M].北京:人民文学出版社,1989.
[172] 徐四海.毛泽东诗词鉴赏[M].昆明:云南人民出版社,2005.
[173] 徐忠杰.唐诗二百首英译[M].北京:北京语言学院出版社,1990.
[174] 许敏.国内认知视阈下的古诗英译研究综述[J].宜春学院学报,2014(01):115—118.
[175] 许渊冲.李白诗选[M].长沙:湖南人民出版社,2007.
[176] 许渊冲,陆佩弦,吴钧陶,等.唐诗三百首新译(英汉对照)[M].北京:中国对外翻译出版公司,1988.
[177] 许渊冲.典籍英译,中国可算世界一流[J].中国外语,2006(5):70-72.
[178] 许渊冲.中诗英韵探胜——从《诗经》到《西厢记》[M].北京:北京大学出版社,1992.
[179] 许渊冲.唐诗三百首[M].北京:高等教育出版社,2000.
[180] 闫敬芳.白居易闲适诗中的友情[J].文山学院学报,2010(1):69-71,109.
[181] 杨彩玉,陈琪.从李白的诗歌看唐诗中数字的翻译[J].内蒙古农业大学学报(社会科学版),2004(4):117-119.
[182] 杨成虎.中国诗歌典籍英译散论[M].北京:国防工业出版社,2012.
[183] 杨宪益,戴乃迭.古诗苑汉英译丛:唐诗(中英文对照)[M].北京:外文出版社,2003.
[184] 杨秀梅,包通法.中国古典诗歌英译研究历史与现状[J].外语与外语教学,2009(12):57-60.
[185] 易经.诗歌翻译"三美"例释[J].常德师范学院学报(社会科学版),

2002(3):57-59.
- [186] 余浩然. 格律诗词写作[M]. 长沙:岳麓书社,2001.
- [187] 俞陛云. 大家小书·诗境浅说[M]. 北京:北京出版社,2011.
- [188] 喻守真. 唐诗三百首详析[M]. 北京:中华书局,1957.
- [189] 袁楚林. 中唐诗人雍裕之生平及著述考[J]. 北京化工大学学报(社会科学版),2015(4):79-82.
- [190] 袁行霈. 中国文学史(第1卷)[M]. 2版,北京:高等教育出版社,2005.
- [191] 詹福瑞,刘崇德,葛景春,等. 李白诗全译[M]. 石家庄:河北人民出版社,1997.
- [192] 张安祖. 唐诗中的红豆考原[J]. 文献,2007(1):186-189.
- [193] 张保红. 点染法:翁显良汉诗英译艺术研究[J]. 中国外语,2014(4):87-94,111.
- [194] 张富祥. 梦溪笔谈[M]. 北京:中华书局,2009.
- [195] 张固也. 中晚唐诗人于武陵考[J]. 吉林大学社会科学学报,2008(5):91-98.
- [196] 张光明. 英汉修辞思想比较与翻译[M]. 北京:军事谊文出版社,2002.
- [197] 张国浩. 李端诗人名考[J]. 信阳师范学院学报(哲学社会科学版),2009(2):115-118.
- [198] 《中国翻译》编辑部. 诗词翻译的艺术[M]. 北京:中国对外翻译出版公司,1987.
- [199] 张平. 浅析孟浩然《宿建德江》七个译本的叙述主体问题[J]. 文学前言,2008(2):217-222.
- [200] 张廷琛,魏博思. 唐诗一百首:汉英对照[M]. 北京:中国对外翻译出版公司,2007.
- [201] 张永刚,杨克宇,郎少俊,等. 中国古代文学简史与作品选(上册)[M]. 呼和浩特:内蒙古大学出版社,2012.
- [202] 张玉兰. 翻译美学理论对唐诗英译意境再现的指导作用[J]. 北京化工大学学报(社会科学版),2013(2):57-60,72.
- [203] 张跃伟,王永胜. 罗尔德·达尔短篇故事品读及汉译探索(第8卷)[M]. 哈尔滨:哈尔滨工业大学出版社,2016.
- [204] 张智中. 唐人白话绝句百首英译[M]. 北京:国防工业出版社,2009.

[205] 赵昌平.李白诗选评[M].上海:上海古籍出版社,2002.
[206] 赵昌平.唐诗三百首全解[M].上海:复旦大学出版社,2006.
[207] 赵建莉.中国古典文学作品选析丛书·初唐诗歌赏析[M].南宁:广西教育出版社,1990.
[208] 赵晓茹.浅议诗歌翻译中的直译和意译[J].北京城市学院学报,2010(4):88-92.
[209] 赵亚丽,苏占兵.婉约词赏读[M].北京:中国华侨出版社,2008.
[210] 赵燕,栗洪武.《李峤百咏》的启蒙思想与诗学价值[J].江西社会科学,2013(10):79-83.
[211] 周彦文,贺雄飞.年轻的潇洒——与汪国真对白[M].北京:国际文化出版公司,1991.
[212] 周志培.汉英对比与翻译中的转换[M].华东理工大学出版社,2003.
[213] 朱徽.中英诗艺比较研究[M].成都:四川大学出版社,2010.
[214] 朱徽.唐诗在美国的翻译与接受[J].四川大学学报,2004(4):84-89.
[215] 朱媛媛.汉诗英译研究现状[J].语文学刊(外语教育教学),2011(5):79-80.
[216] 祝尚书.卢照邻集笺注[M].上海:上海古籍出版社,1994.
[217] 卓振英.汉诗英译论纲[M].杭州:浙江大学出版社,2011.

后　记

　　一千二百多年前,唐代大诗人李白发出这样的感慨:"噫吁嚱,危乎高哉!蜀道之难,难于上青天!"

　　一千二百多年以后的今天,我们从事翻译研究,面对翻译实践,联想到太白之感慨,颇感译事之难,不亚于蜀道之难。于是,借题发挥,不禁发出这样的感慨:"噫吁嚱,艰乎难哉!译事之难,犹蜀道之难,难于上青天!"这样的感慨,一点儿都不为过。

　　有过之而无不及的,就是译事之中的译诗,乃难中之难,更是难于上青天了。同时,译诗也是文学翻译领域里的难点,可谓难上加难。

　　欲对唐代五绝加以品读,进行英译研究,再展开韵体英译探索,必先从浩如烟海的唐代五绝中筛选出一定数量的五绝诗作为样本,并加以简单的归类。这些样本诗不一定都十分出众,也不一定都名垂诗史,但都具有一定的代表性,有助于达到本研究的目的。对这些具有代表性唐代五绝作品的英语译文,即英译诗,本书著者在对这些作品不同的译本或与其相关的译例加以对比研究的基础上,最终做出韵译方面的探索。在韵译的探索中,首先力求意义和意象方面的贴切,再考虑形式的因素,特别是英译诗格律方面的因素。

　　在筛选、品读和翻译这些具有代表性的唐代五绝作品过程中,本书著者历尽了艰辛,特别是在韵体英译即韵译过程中,不时会遇到这样或那样的"坎坷"。诗人在创作过程中,为了格律的需要,可避开了一些常用词,转而采用生僻的古词或古人熟谙的典故,这就硬逼着译者硬着头皮去琢磨这样的词或典故该如何处理。另外,在译诗过程中,还要观照原诗的形式,特别是韵律方面,同时还要兼顾译语(即英语)诗歌的形式,特别是译语读者的诗歌审美习惯。对于这样的"坎坷",下笔前会来回踱步、反复思量、仔细斟酌,正如鲁迅先生在译完《死魂灵》谈到翻译时所言:"我向来总以为翻译比创作容易,因为至少是无须构想。但到真的一译,就会遇着难关,譬如一个名词或动词,写不出,创作时候可以回避,翻译上却不成,也还得想,一直弄到头昏眼花,好像在脑子里面摸一个急于要开箱子的钥匙,却没有。"(鲁迅《"题未定"草·且介亭杂文二集》)

在筛选、品读和翻译这些具有代表性的唐代五绝作品过程中,还会遇到语言及文化差异方面的"绊脚石",特别是具有典型汉文化因素的典故,处理起来颇费脑筋,正如严复在谈《天演论》翻译的《译例言》中所言:"新理踵出,名目纷繁,索之中文,渺不可得,即有牵合,终嫌参差,译者遇此,独有自具衡量,即义定名。"当然,与严复先生"索之中文"不同的是,本书著者在此是"索之英文"。另外,在翻译中对于查询无果的地方,也得认真加以思考,甚至经过了很长时间才"创造性"地下笔定论,可谓"一名之立,旬月踟蹰。我罪我知,是存明哲"(严复《译例言》)。由此可见,译事之难也好,或译诗之难也罢,都不亚于李太白笔下的"蜀道之难,难于上青天"了!

幸运的是,在筛选、品读和翻译这具有代表性的唐代五绝作品过程中,我们得到了许多朋友和同事热情的帮助和有力的支持,感激之情无以言表。

特别感谢本研究课题组全体成员!同时,我们十分感谢渤海大学外国语学院领导和同事给予我们热情的帮助和有力的支持!十分感谢陕西学前师范学院教育科学学院领导和同事给予我们热情的帮助和有力的支持!十分感谢哈尔滨工业大学出版社田新华编审!十分感谢为本书的出版而忙碌的所有编辑人员和工作人员!最后,十分感谢为本研究提供帮助的所有朋友和同仁!

当然,由于时间和能力所限,错误在所难免,还望读者赐教、斧正,并多提宝贵意见。本书肯定存在这样或那样的不足,但是我们本着扎实做学问、做学问如做人的思想,从起点出发,稳扎稳打,力戒浮躁之风,勿求好高骛远。

记得《礼记·中庸》里有言:"君子之道,譬如行远,必自迩,譬如登高,必自卑。"愿以此语共勉。

著 者

王永胜 李艳

2019 年 1 月 1 日